Forkel

27.12.1991

KRÖNERS TASCHENAUSGABE BAND 229
ISBN 3-520-22905-6

MAX WEBER

SOZIOLOGIE

UNIVERSAL-GESCHICHTLICHE ANALYSEN

POLITIK

MIT EINER EINLEITUNG VON
EDUARD BAUMGARTEN

HERAUSGEGEBEN UND ERLÄUTERT VON
JOHANNES WINCKELMANN

FÜNFTE, ÜBERARBEITETE AUFLAGE

ALFRED KRÖNER VERLAG STUTTGART

Druck: Friedrich Pustet, Regensburg

INHALT

VORWORT DES HERAUSGEBERS

Der Titel der Auswahlsammlung vereint die drei Hauptthemen von Max Webers Erkenntnisanliegen: die verstehende Soziologie, die universalgeschichtliche Forschung und die politische Theorie. Für einen Forscher vom Range Max Webers ist weder eine die volle Wirklichkeit erfassende Soziologie als Strukturlehre menschlichen Gemeinschaftshandelns, noch eine über den engen Rahmen der Tageserfahrung hinausreichende Wissenschaft von der Politik, die als methodisch gesicherte erfahrungswissenschaftliche Wahrheit auftreten wollen, denkbar, ohne daß hierfür ausgedehnte universalhistorische Untersuchungen über die Zusammenhänge gesellschaftlicher und geistiger Strukturen mit der Wirtschaft und Politik aller Zeiten und Völker die Grundlage bilden.

Mit Recht darf der Leser angesichts des bedeutenden Inhalts und Umfangs von Max Webers Werk erwarten, daß der Herausgeber einer solchen Auslese die Gesichtspunkte darlegt, die ihn hierbei geleitet haben.

Art und Umfang der Stoffbegrenzung ergaben sich nicht allein aus der Beschränkung des zur Verfügung stehenden Raumes. Als maßgeblicher Bestimmungsgrund trat vielmehr der mit der Auswahl verfolgte Zweck hinzu. Das Werk Max Webers soll durch diesen Band der Taschenausgabe einem Leserkreis nahegebracht werden, der über den Bereich der rein fachlichen Interessenten hinausreicht.

Um das erreichen zu können, schien es einmal erforderlich, die Forschung Max Webers in ihren grundsätzlichen und allgemein bedeutsamen Aspekten vor dem universal orientierten Hintergrund seines Fragens, zugleich jedoch in einem überschaubaren Gesamtzusammenhang dem Leser vorzuführen. Zum anderen aber sollte durch die Art der Stoffauswahl das geistige Bild des Verfassers selbst klar hervortreten. Dabei war es vor allem die Absicht, die philosophische Anthropologie Max Webers zum bestimmenden Faktor dieses Bildes zu machen.

Unter diesem doppelten Gesichtswinkel mußte die Auswahl den ganzen schöpferischen Gestaltungsprozeß Max Webers begleiten, wenngleich das Schwergewicht sich notwendig der späteren Schaffensperiode zuneigt, deren Gedankengänge zunehmend der philosophische Hintergrund durchleuchtet. So wird der Ertrag von Max Webers Forschungs- und Lebenserfahrung in einem Quer- und Längsschnitt gebracht. Aus dem zyklopischen Werk werden hier Kernstücke seiner umfassenden Gedankenwelt dargeboten. Nur in sich geschlossene Abhandlungen haben Aufnahme gefunden, die in ihrer Thematik für sich selbst sprechen, ihren Gegenstand vollständig darstellen und zugleich über sich hinaus auf das Allgemeine weisen.

In der hierauf gerichteten Begrenzung leistet unsere Auslese zugleich einen Beitrag zu dem Thema des Geschichtsbildes und der Weltanschauung der großen Philosophen, Historiker und Soziologen.

Mit diesen Aufgaben, die dem Bande gestellt sind, verbindet sich der Wunsch, den Leser nicht nur mit der Forschungsidee, dem Gegenstand und den prinzipiellen Ergebnissen von Max Webers Denkwelt vertraut zu machen, sondern ihn damit zugleich zur Lektüre und zum Studium der vollständigen Werke anzuregen. In diesem Bestreben wendet sich die Sammlung an das wache Interesse der gegenwärtigen Kulturgeneration. Von hier steht der Weg – je nach der Art der persönlichen Anteilnahme – zu Max Webers großer Soziologie ›Wirtschaft und Gesellschaft‹, zu den religionssoziologischen Studien, zur Wissenschaftslehre, zur universalen Sozial- und Wirtschaftsgeschichte, zu den politischen Schriften oder zu den mannigfachen Einzeluntersuchungen offen.

Wenn es der Ausgabe entscheidend auf die Heraushebung des philosophischen Max-Weber-Bildes im Spiegel seiner Erkenntnisleistung und Daseinshaltung ankam, so galt es in erster Linie, das dafür maßgebende Material in möglichster Vollständigkeit und Pointierung zusammenzufassen. Das schließt einen schweren Verzicht ein. Max Weber war Denker und Politiker in einer Person. Jedoch ist das Bild des Denkers und das des Politikers im Werk selbst in dem hier zu Gebote stehenden knappen Rahmen nicht zugleich in unmittelbarer Anschauung zu geben, ohne Gefahr zu laufen, von zu vielem zu wenig zu bringen. Darum mußte von der Einbeziehung auch der kämpferischen, in Max Webers eigenem Sinn politischen Persönlichkeit Abstand genommen werden. Um des prägnanten und tunlichst vollständigen Bildes seiner Gestalt als Denker und Gelehrter willen mußten die Kampfschriften und Streitdebatten hier beiseite bleiben.

Nichts würde indessen den Sinn des Gesagten stärker verfehlen als die Vorstellung, Max Weber sei »vor allem« Denker und Gelehrter gewesen. Das wäre durchaus unzutreffend und dem Lebenssinn seines Daseins in keiner Weise angemessen. Er war beides in einem: Forscher und Politiker zugleich, und in beidem die Gestalt einer wahrhaft philosophischen Existenz in unserer Zeit. »War Max Weber Politiker, Forscher, Philosoph, so doch nicht das eine und auch das andere, sondern der g a n z e Mensch, der die Welt in unerhörter Weite aus der Tiefe seines Wesens ergriff, das, unteilbar Eines, eigentlich das ist, was der Mensch als Mensch sein kann: Sucher der Wahrheit; als Philosoph ist er Politiker, als Philosoph Forscher.« [1]

So mischten sich
die Element' in ihm, daß die Natur
aufstehen durfte und der Welt verkünden:
Dies war ein Mann! [2]

Das Erscheinen der Schriftenauswahl ist ermöglicht worden durch das Entgegenkommen der Verleger der Originalausgaben, denen die einzelnen Abhandlungen entnommen werden durften. Dem Herausgeber und dem Alfred Kröner Verlag ist es ein aufrichtiges Bedürfnis, auch hier Herrn Dr. Hans Broermann als Inhaber des Verlages Duncker & Humblot und Herrn Hans G. Siebeck als Inhaber des Verlages J. C. B. Mohr (Paul Siebeck), der dieser Sammlung die weitaus meisten Beiträge zur Verfügung gestellt hat, ihren Dank auszusprechen. Johannes Winckelmann

VORWORT ZUR ZWEITEN AUFLAGE

Die Tatsache, daß drei Jahre nach dem Erscheinen des Bandes eine Neuauflage erforderlich geworden ist, zeigt das Interesse, das dem Werk Max Webers von einem wachsenden Leserkreis entgegengebracht wird.

Der Textteil des Bandes ist, von der Beseitigung geringfügiger Druckfehler abgesehen, unverändert geblieben. Jedoch wurde der Beitrag über Freiheit und Zwang in der Rechtsgemeinschaft (unten S. 76 ff.) mit dem inzwischen aufgefundenen Manuskript

[1] Karl Jaspers, Max Weber. Politiker, Forscher, Philosoph. Piper-Bücherei, 121. Band 1958, S. 13.

[2] Shakespeare, Julius Caesar, V, 5.

von Max Webers »Rechtssoziologie« in Übereinstimmung gebracht. Außerdem wurde dem früheren Vorwort der vorletzte Absatz eingefügt.

Die Ergänzungen beziehen sich fast ausnahmslos auf das Schriftenverzeichnis (unten S. 490 ff.). Die einschlägigen Quartalsbände der Jahrgänge 1908 und 1911 sowie die Jahresbände 1914–1920 der Frankfurter Zeitung sind einer genauen Durchsicht unterzogen worden.

Johannes Winckelmann

VORWORT ZUR FÜNFTEN AUFLAGE

Der Titel des Bandes wurde nunmehr entsprechend der Ausdrucks- und Auffassungsweise Max Webers gefaßt. Dieser hatte Idee und Inhaltlichkeit der europazentrischen Ranke-Burckhardtschen »Weltgeschichte« weit hinter sich gelassen und die »Universalgeschichte« der Kultur (im Text Seite 349) zu seinem historisch-soziologischen Untersuchungsfeld gemacht. Sie wurde ihm in doppelter Hinsicht Gegenstand der Forschung. Einerseits erstrebte er mittels konkret-empirischer soziologischer und ökonomischer Analyse des umfassenden universalhistorischen Materials eine wirklichkeitsnahe Geschichtserkenntnis. Andererseits diente das immense Material, das die Universalgeschichte darbot, ihm – neben und zugleich mit den aktuellen gesellschaftlich-wirtschaftlich-politischen Befunden – zur Gewinnung und Veranschaulichung soziologischer Begriffe, Regeln des Geschehens und Theorien. Schon die ersten Worte der Vorbemerkung zur vergleichenden Soziologie der Weltreligionen verdeutlichen, daß es sich bei diesen Studien um »universalgeschichtliche Probleme« handelt (im Text Seite 340).

Die Texte wurden mit den neuesten Fassungen in den Originalausgaben in Übereinstimmung gebracht. Die Bibliographien sind nach dem gegenwärtigen Stand fortgeführt, die Erläuterungen erneut durchgesehen, gleichfalls auf die letzten Auflagen umgestellt und teilweise ergänzt worden.

Johannes Winckelmann

EINLEITUNG

von Eduard Baumgarten

Max Weber war schon zu seinen Lebzeiten zum führenden deutschen Soziologen aufgestiegen. Als er im Jahre 1920 sechsundfünfzigjährig starb, waren seine Schriften, die ihn inzwischen zu einer geistigen Figur von Weltrang haben emporwachsen lassen, in Zeitschriften versteckt und weit verstreut. Die damaligen zahlreichen Verehrer seiner, wo immer er auftrat, mächtig einwirkenden Person, die Bewunderer seiner zwiefachen Forscherkraft: eines schier grenzenlosen historischen Wissens bei höchster systematisch-analytischer Denkschärfe – und schließlich die Begeisterten, die sich von ihm, der wieder und wieder auch als Politiker und politischer Publizist hervorgetreten war, erhofft hatten, daß er in leitender Stellung an der Führung der Nation nach deren Zusammenbruch im Jahre 1918 sich beteiligen würde – sie alle mischten in ihre Trauer um den plötzlich verstorbenen Mann ihre Unsicherheit und beinahe einen Streit darüber, *wer* er denn eigentlich gewesen sei, an welchem Punkt das Zentrum seiner außerordentlichen Wirksamkeit gelegen habe.

Manche sehen noch heute in ihm einen modernen Polyhistor, – jedoch nicht als Amateur auf vielen Gebieten, sondern als Fachmann vieler Gebiete. Sein Kollege an der Universität Freiburg, der Nationalökonom v. Schulze-Gävernitz meinte, die Tatsache, daß Max Weber eines Tages in Freiburg Professor der Nationalökonomie wurde, könne man nur einen Zufall nennen. Schon als Doktorand in Berlin hätte er ebensowohl eine Professur für Neuere Geschichte oder eine solche für Philosophie oder Kirchengeschichte innehaben können – ganz abgesehen davon, daß er, ehe er in Freiburg Nationalökonom wurde, tatsächlich in Berlin Professor für *Deutsches* und *Handels*-Recht gewesen war, nachdem er sich mit einer großen Arbeit aus dem Gebiet des *Römischen* Rechtes habilitiert hatte. Adolf von Harnack sagte später zu Theodor Heuss: er habe Überblick genug, um sagen zu können, »zwischen 1880 und 1920 sei Max Weber – international gesehen – zweifellos der Mann der größten geistigen

Konsumtionskraft« gewesen. Harnack fügte aber noch hinzu: es gab nichts, was dieser Mann nur las oder übernahm; nichts ergriff er, ohne sich – schon im Greifen – seinen eigenen Reim darauf zu machen.

Andere sahen und sehen in ihm die Zeit, die Epoche zu vollstem Bewußtsein gekommen, – sie erblicken insofern einen Philosophen in ihm. Am entschiedensten hat dies Karl Jaspers ausgesprochen: »Während andere Menschen wesentlich nur ihr persönliches Schicksal kennen, wirkte in seiner weiten Seele das Schicksal der Zeit. Wenn er auch mit der Gewalt seines menschlichen Herzens und seiner Liebe das Persönliche erfuhr und gestaltete, so war doch alles überwölbt von einem Größeren ... Die Idee philosophischer Existenz, absolut, allgemein und zeitlos, wie sie in letzter Tiefe sein mag, hat er doch in gegenwärtiger Welt in besonderer, originaler Erscheinung gezeigt ... Wenn er aber ein Philosoph war, so war er es vielleicht als einziger in unserer Zeit und in einem anderen Sinne als irgend jemand sonst heute Philosoph sein könnte.«

Vorsichtig, mit genauem Bedacht hat Friedrich Naumann zu Theodor Heuss geäußert: »Wenn einer von den heutigen Deutschen an dem Universalismus Goethes gemessen werden darf, geistig und seelisch, ohne zu verblassen, so ist es Max Weber.«

In einem engeren fachphilosophischen Sinn nannte sich Max Weber einen Anhänger des südwestdeutschen Neukantianismus: W. Windelband, H. Rickert. Bis zu einem gewissen Grade übernahm er auch von diesen beiden Schulhäuptern die Lehre vom unüberbrückbaren logischen Unterschied zwischen *Natur*wissenschaft und *Kultur*wissenschaft. In diesem Sinne hat er öfters selber seine Soziologie als ›Kulturwissenschaft‹ bezeichnet.

Aber gerade Rickert bemerkte rasch genug, daß Person und Werk Max Webers aus allen diesen ausgedachten Grenzen ausbrach. Wenn man schon versuche, Max Weber irgendwo einzuordnen, so könnte man ihn, meinte Rickert, am ehesten mit den großen Naturforschern der Renaissance vergleichen. »Was diese für die moderne Naturwissenschaft bedeuteten, wird vielleicht künftig Max Weber für eine moderne Sozialwissenschaft bedeuten.« – Es mischt sich in diesen Chor noch eine letzte, gewichtige Stimme –: der Theologe Ernst Troeltsch; für ihn war Max Weber im letzten Grunde Politiker. Troeltsch hat jahrelang in Heidelberg im selben Haus mit Weber gelebt. Sein weltberühmtes Werk ›Die Soziallehren der christlichen Kirchen und Gruppen‹ trägt diese häusliche Nähe und die grenzenlose Freigebigkeit Max Webers auf der Stirn; mehr als irgendein zweiter Fachgelehrter hat Troeltsch für sein eigenes Fach und für seine persönliche Umwendung zu religionssoziologischen Fragestellungen von Max Weber gelernt. Und doch meinte er, daß für diesen selbst das riesenhafte Reich seiner Gelehrsamkeit und Wissenschaft mehr nur ein ›Außenwerk‹ gewesen sei: Wonach Weber eigentlich gestrebt habe, war nach Troeltsch's Meinung das Leben eines für sein Volk sich einsetzenden politisch-verantwortlich Handelnden.

Allein, nicht als Politiker überlebt Max Weber sein Leben, sondern als Denker. Aber das Geheimnis seiner besonderen Art von Denken und Gelehrsamkeit lag allerdings darin, daß er aus den Instinkten und Augen eines Politikers heraus Forscher war. Von da aus hat sich ihm alles beim Forschen so blitzartig schnell und treffend ›gereimt‹; – und wenn der Historiker Meinecke recht damit hatte, daß unter den deutschen Gelehrten seiner Generation Max Weber »der einzige« gewesen sei, »den man ohne Vorbehalt genial nennen konnte« – so war wahrscheinlich dies der Punkt, aus dem das Moment seiner Genialität entsprang.

Längst hat sich inzwischen die verläßliche Kraft des Werks Max Webers an die Stelle des Wunderns und Staunens seiner Zeitgenossen gesetzt. In den Vereinigten Staaten erscheint seit den dreißiger Jahren eine Reihe von Ausgaben seiner Werke in glänzend lesbaren englischen Übersetzungen, trefflich erläutert und umsichtig-kritisch eingeleitet von ersten Forschern. Was Deutschland, die Heimat Max Webers, anlangt, so liegt sein Werk freilich noch immer wie ein großes Gebirge inmitten unserer geistigen Landschaft – dem Namen nach fast allen bekannt, aber kaum betreten und nur von ganz wenigen wirklich jemals erstiegen.

Das Leben

Max Weber wurde am 21. April 1864 in Erfurt als Sohn des späteren Berliner Stadtrates und nationalliberalen Abgeordneten Dr. Max Weber, sen., geboren. Er besucht 1873–1882 das Gymnasium in Berlin-Charlottenburg. Er studiert (1882–1886) an den Universitäten Heidelberg, Straßburg, Berlin, Göttingen Jura, daneben Geschichte, Philosophie, Theologie. 1886–1889 betätigt er sich gutachterlich im handelsrechtlichen Seminar von L. Goldschmidt in Berlin. Er durchforscht deutsche, italienische, spanische Quellen für eine Dissertation über die Handelsgesellschaften des Mittelalters. Um die gleiche Zeit arbeitet er im agrarhistorischen Seminar von August Meitzen. Nach seiner Promotion in Berlin 1889 stellt er im Auftrag des Vereins für Sozialpolitik (eine Gründung der sog. ›Kathedersozialisten‹) eine Erhebung an über die Lage der ostelbischen Landarbeiter. Er habilitiert sich 1892 mit einer umfangreichen Quellenuntersuchung zur Römischen Agrargeschichte. Schon anläßlich seiner Promotion hatte er die hauptsächlichen Thesen dieser Untersuchung öffentlich verteidigt gegen seine ›Opponenten‹. Einer der Prüfenden war der greise Meister der Römischen Geschichte, Theodor Mommsen. Mit scharfer Energie vertrat der junge Habilitand seine Thesen auch gegenüber dem ehrwürdigen Mann. Mommsen beschloß die aufsehenerregende Disputation mit den Worten: »Wenn ich einmal in die Grube fahren muß, so werde ich keinem lieber sagen: ›Sohn, da hast du meinen Speer, meinem Arm wird er zu schwer‹ als dem von mir hochgeschätzten Max Weber.«

Max Weber hatte sich zunächst mit dem Gedanken getragen, als Syndikus in ein Bremer Überseehandelshaus einzutreten. Als sich dieser Plan zerschlug, war er 1893, fast ein wenig unwillig, Professor der Rechte in Berlin geworden. Neben einer umfangreichen juristischen Lehrtätigkeit, der Vertretung des leitenden Anwalts in einer großen Berliner Anwaltspraxis und neben seiner gutachterlichen Mitwirkung bei der damals im Gang befindlichen deutschen Börsen-Enquête übernahm Max Weber für den Evangelisch-sozialen Kongreß eine zweite Enquête über die Lage der Landarbeiter in Ostdeutschland. Er legte über seine erste Agrar-Enquête einen nahezu tausend Seiten umfassenden Bericht vor. Im Verein für Sozialpolitik referierte darüber der deutsche Altmeister der Agrargeschichte, Professor Georg Friedrich Knapp. Sein Bericht schloß mit der Feststellung: die Enquête von Max Weber hat durch die Art ihrer Anlage, ihren Gedankenreichtum und ihre Resultate »in mir die Empfindung geweckt, daß es mit unserer Kennerschaft vorbei ist, daß wir von vorne zu lernen anfangen müssen«. Die beiden Agrar-Enquêten waren in der Tat Pionierarbeiten in der Art intensiver vorheriger Kontaktnahme mit den befragten Menschengruppen, der darauf aufgebauten Fragebogen-Methode und statistischen Auswertung der Antworten.

Im praktischen Resultat verlangte Max Weber die Schließung der polnischen Grenze gegen das Eindringen der polnischen Saisonarbeiter, die mit ihren niedrigeren Lebensansprüchen bewirkten, daß die qualitativ überlegenen, schollensässigen deutschen Arbeiter stadtwärts auswichen und diese Entwicklung einer negativen Auslese das wichtige Grenzland im Sinne deutscher Besiedlung zu entvölkern drohte. Da Max Weber von früh an allen Gefahren, die Deutschland von Osten her bedrohten, größten Ernst beimaß, hielt er gesunde Bevölkerungsverhältnisse in den deutschen Ostgebieten für das erste Gebot einer deutschen Volkswirtschaftspolitik. In der Hoffnung, daß sich der ›Alldeutsche Verband‹ für die von ihm geforderten Maßnahmen wirksam einsetzen würde, trat er diesem Verband bei. Rasch darüber belehrt, daß der Alldeutsche Verband für ›nationale‹ Fragen sich nur soweit engagierte, als sie mit den privatwirtschaftlichen Interessen der Großgrundbesitzer (hier: dem fortgesetzten Import billiger polnischer Saisonarbeiter) zusammenfielen, trat er 1899 mit einer entsprechenden Erklärung grundsätzlicher Art wieder aus.

Auf seine Verdienste bei diesen Landarbeiter-Erhebungen und der nachfolgenden Börsen-Enquête hin wurde Weber (1894) auf den Lehrstuhl für Nationalökonomie nach Freiburg, bald darauf (1897) nach Heidelberg berufen. In den genannten Zeitraum (1892–1897) fiel eine weitausgebreitete sozialpolitische Betätigung auf den Evangelisch-sozialen Kongressen sowie im Kreis der Christlich-Sozialen Friedrich Naumanns. Eine lebenslange Freundschaft mit Naumann entwickelte sich. In allem, was Naumann tat, z. B. beim Versuch, die in Reaktion gegen Bismarcks Sozialistengesetze staatsfeindlich gewordene Arbeiterschaft für eine nationale Haltung zurückzugewinnen, umgekehrt das einseitig nationalistische Bürgertum und ebenso die Kirchen zu modernen sozialen Gesinnungen zu erziehen; – vor allem bei der in eben diesem Sinne geplanten Gründung des ›National-sozialen Vereins‹, hat sich Naumann von Max Weber ständig praktisch beraten lassen. Der Pfarrer und Idealist suchte die massive Weltkenntnis, den harten Realismus des jungen Gelehrten. Theodor Heuss hat in seiner schönen Biographie Friedrich Naumanns von der aggressiven Schärfe der Kritik berichtet, die der jüngere Weber dem Älteren, der bei ihm Rat holte, zumutete und wie der Ältere, Naumann, die politisch-technische Überlegenheit des Jüngeren neidlos anerkannte. In diesem Kreis vorwiegend ethisch ausgerichteter Menschen der sogenannten bürgerlichen Linken, vertrat Max Weber, ausgleichend, die dort vernachlässigten Gesichtspunkte der ›Rechten‹, soweit er selbst sie für berechtigt hielt, – vor allem: den Primat der nationalen Macht gegenüber den Idealen sozialer Gerechtigkeit, gesellschaftlicher Wohlfahrt, menschlichen Glücks. Er trat für die Überzeugung ein, daß sozialer Reformeifer in utopische Gleise gerate, wofern er sich nicht vermählt mit gesinnungsmäßig gleich starkem Einsatz für die innere und äußere Festigung der deutschen Nation im Kreis ihrer mächtigen Nachbarn; daß es also gelte, die Arbeiter zu Mitträgern nationaler Macht und Verantwortung heranzubilden, statt in ihre Verelendungstheorien einzustimmen, die (von Marx her gesehen) das Ziel hatten, sie als Klasse gegen die Nation abzusondern.

Wie eine List der Vernunft oder wie ein Glücksfall der Natur will es uns heute erscheinen, daß Max Weber im Jahr seiner Berufung nach Heidelberg von einem schweren nervösen Zusammenbruch ereilt wurde, der ihn zu einem längeren völligen Rückzug in privates Dasein zuhaus und auf Reisen zwang. Die vorübergehende Erkrankung setzte diesen mächtigen Mann dazu frei, seinem Denken eine weit radikalere Richtung zu geben, Einsichten, die sich ihm jetzt erst voll eröffneten, mit einer Konzentration und Konsequenz sondergleichen zu entfalten und im Material der gesamten Weltgeschichte zu erproben. In diesen Jahren wurde Max Weber aus einem Juristen, Nationalökonomen und Politiker zum Soziologen. Das Erstlingswerk dieser neuen Schaffensperiode war die seither weltberühmt gewordene Untersuchung ›Die protestantische Ethik und der Geist des Kapitalismus‹. In dieser Schrift hat Max Weber – gegen Marx und dessen berühmte, genau umgekehrt lautende These gewandt – gezeigt, daß ›Geist‹ in Gestalt religiöser Vorstellungen die Macht hat, etwas so ›Materielles‹ wie ein Wirtschaftssystem, z. B. das kapitalistische, zwar nicht geradezu hervorzubringen, aber doch in entscheidenden Zügen zu prägen. Kapitalistische Produktionsweise setzt eine Arbeitsdisziplin und ein Berufsethos voraus, die beide religiöse, nämlich: asketische Gesinnungen zur Wurzel haben. Gegen Nietzsche gewandt zeigte er, daß Religiosität, in der Art wie sie in den eben angedeuteten Gleisen wirksam ist, nahezu nichts zu tun habe mit introvertierter Grausamkeit oder Ressentiment. Kein Aufstand unterdrückten Hasses findet hier statt, wohl aber Umformung von religiöser Unsicherheit und Todesangst in vornehme Selbstzucht, Weltherrschaftswille und Schaffenskraft.

Der Leser findet das Resumé dieser Schrift, das in fast gemächlichem Ton sich vorträgt, unten im Text (S. 357). Hier müssen wir die Nähe zeigen, in der der extrem dramatische

Aufbau der Gesamtschrift zu dem damaligen Moment des Lebens Max Webers steht. Aus den vielfältigsten Zusammenhängen der Welt, die er auf ebensoviele fachmännische Weisen zu beherrschen getrachtet hatte, sah er sich damals plötzlich vertrieben. Er war ungewollt zum Asketen geworden – einem Asketen, der Zeit hatte. Er wurde aber gewahr, daß die Menschen, die er im Betrieb der Welt zurückgelassen hatte, gleichfalls – und nicht minder ungewollt – Asketen waren, Asketen von allerdings sehr andersartiger Strenge: Asketen einer mit der Zeit geizenden und wuchernden Betriebsdisziplin, Asketen eines an ruhelosen ›Fortschritt‹ gefesselten Fachmenschentums. Das war die Askese des puritanischen Protestantismus, – eine Askese, die nicht aus der Welt floh, sondern mitten in ihr sich ansiedelnd, die Reform und Rationalisierung derselben betrieb: ›innerweltliche Askese‹, wie Max Weber sie benannt hat. Indem er sich auf dieses Phänomen stürzte, um von sich selber loszukommen, formte er in die Objektivierung und Projektion, die ihm gelang, alles mit ein, was ihm an Problematik und Sorge aus der Welt in seine Einsamkeit gefolgt war.

Im Umkreis dieser Arbeit, die er damals begann, sah er, wie angedeutet, zugleich eine umfassende Veranlassung, zwei wichtigsten Gestalten des 19. Jahrhunderts, Marx und Nietzsche, sowohl Gefolgschaft zu leisten wie entgegenzutreten. Er rückte schon durch diese einzige Arbeit – vollends durch die universalgeschichtlich ausgebreiteten religions-soziologischen Forschungen, die er an sie anschloß – als Nachfolger und Antipode in ihre Reihe ein und zu ihrem Range auf. Er übertrifft sie insofern, als er, durch ihre Augen sehend, jedoch ohne ihren Haß, Weltgeschichte schrieb. Wo immer Marx und Nietzsche weltgeschichtliche Vorgänge gewaltsam über einen oder wenige Leisten schlugen, löste Weber ihre einseitigen Betrachtungen mit schlagenden Beweisen auf. Er ersetzte ihre einbahnigen Erklärungsversuche durch den Pluralismus seiner Kausalanalysen – wahre Kausal-Filze, in die er massivste wie subtilste Motivationen sozialen Verhaltens bzw. Anlässe geschichtlicher Vorgänge einfing.

Max Weber hat auch seine deutschen Sorgen in jene berühmte Abhandlung hinein verwoben. Es war, wie er zeigte, nicht die lutherische, sondern die härtere kalvinisch-puritanische Reformation gewesen, die auf kapitalistischen Wirtschaftsgeist religiöse Prämien setzte. Die Prägung deutscher Religiosität und Geistigkeit durch Luther war, in Max Webers Augen, zwar mitbestimmend für den Reichtum des deutschen Gemüts, Humors usw., zugleich aber auch Ursprung für die politisch-submissive Fügsamkeit der Deutschen, ihre Abneigung gegen politisch-oppositionelle genossenschaftliche Initiative, ihre Art der ›Staatstreue‹, d. h. ihre Neigung, ein politisches System oder einen großen Führer wie Bismarck, nicht kritisch kooperativ, sondern symbolisch als ›Willen Gottes‹ zu begreifen: In ipsum factum deum videmus: den eigenen Gehorsam für den Fürst oder Vorgesetzten als Gehorsam gegen Gottes Ordnung sich zur religiösen Pflicht zu machen, wenn nicht gar zu metaphysischer Pflicht. Aus diesen Haltungen konnte die aggressive, revolutionäre, antitraditionalistische Wirtschaftsgesinnung des modernen Kapitalismus nicht wohl entspringen.

Allein, Max Weber wurde in jenen Jahren nicht nur zum Schöpfer der Religions-Soziologie als einer Sonderdisziplin, sondern zuerst und vor allem: zum Soziologen überhaupt im Sinn der Schaffung einer neuen Art von Sozialwissenschaft. In seiner damaligen Entfernung von der Welt sah er dieselbe hart auf der Kippe zu Kriegen mit ungewissen äußeren und inneren Folgen. Die Sozialwissenschaft kann nicht länger ihren Auftrag darin sehen, tradierte Formen gesellschaftlichen und staatlichen Lebens als ›Wesenheiten‹ in ihren vermeintlich festen historischen (oder gar metaphysisch fundierten) Strukturen hinzunehmen, zu würdigen und zu rühmen, sondern sie muß sich darauf einrichten, die *Chancen* abzuschätzen und die Techniken zu begreifen, kraft welcher sich soziale und staatliche Vorgänge im Druckfeld rascher Wandlungen oder Katastrophen durch Köpfe, die allen Tumulten gegenüber kühl bleiben, kontrollieren und zu rational gewollten Zielen hinsteuern lassen.

Von diesem politisch-wissenschaftlichen Willen her hat Max Weber in den nun folgenden Jahren die Denkweisen der deutschen historischen Schule sowohl in den Rechts- wie ökonomischen Disziplinen einer radikalen methodologischen Kritik unterzogen. Schonungslos hat er die verborgene Magie, die dort noch waltete, demaskiert; z. B. (mit besonderem Spott) die Kategorie des Volksgeistes, aus dem deutsche Historiker Bräuche und Institutionen usw. emanieren ließen, desgleichen einen andern Lieblingsbegriff der historischen Schulen: das ›irrationale Individuum‹. Seinem eigenen soziologischen Forschen, das damals anhob, lagen, des Genaueren, drei Wissenschaftsideen zu Grunde: 1. die Ersetzung historischer Betrachtungsweisen durch pragmatische Analysen: die Einführung des dynamischen Begriffs spezifischer *Chancen*, die das ›Sein‹ sozialer Erscheinungen definieren anstelle statischer Wesensbegriffe für die gleichen Erscheinungen; 2. die Konstruktion *idealtypischer Modelle*. 3. die Forderung *wertfreier* Analyse, d. h. der bewußten Scheidung der Tatsachenforschung von heimlich implizierten Werturteilen; der deutlichen Explikation der eine Forschung leitenden Wertgesichtspunkte; der präzis artikulierten Wertdiskussion zwischen den verschiedenen je möglichen bzw. tatsächlich wirksamen Voraussetzungen und Auswahlprinzipien verschiedener Forscher im gleichen Gegenstandsfeld. Bei der Zeichnung der Fundamente und Umrisse des Werkes wird unser Blick noch einmal auf die vorgenannten Prinzipien zurückgelenkt werden. Das letzte derselben warf auch in den äußeren Lebensgang Max Webers beträchtliche Wellen. Denn für dieses Prinzip entfachte er einen Kampf. Er selbst hatte sich schon während der Freiburger Zeit unter die Zucht desselben gestellt. In seiner Freiburger Antrittsvorlesung (1895): ›Der Nationalstaat und die Volkswirtschaftspolitik‹ hatte Max Weber neben den theoretischen Ergebnissen seiner Landarbeiter-Enquête, neben der Kritik der meistens naiv-optimistisch aus der Biologie in das menschliche Sozialleben übertragenen Begriffe wie ›Fortschritt‹, ›Auslese‹, ›Anpassung‹ (s. unten S. 284, 283, 279) auch jene praktischen Forderungen mitgeteilt, die wir oben erwähnt haben. Dabei wies er aber darauf hin, daß er in diesem Augenblick »nicht mehr als erklärender und analysierender Wissenschaftler – d. h.: international gültig – rede, sondern als Politiker mit ganz bestimmten (nationalen) Werturteilen«. Dieser Moment der Selbstkritik in seiner Freiburger Rede war in der Tat die erste öffentliche Kundgabe seiner späteren Lehre von der Wertfreiheit der Wissenschaft. Aber jetzt, aus seiner Entfernung gegenüber Universität und Lehrbetrieb, wurde er vollends gewahr, daß viele, wenn nicht die meisten seiner Kollegen beides – objektiv-gültiges Forschen und subjektive Werturteile – fahrlässig oder gar selbstgefällig durcheinandermengten. Als Student hatte er, in diesem Punkt schon völlig unnaiv und kritisch, den großen Historikern Mommsen und Treitschke zu Füßen gesessen und damals schon (wie später in seiner bekannten Rede ›Wissenschaft als Beruf‹) sich anheischig gemacht, an ihrem Beispiel »den Nachweis zu führen, daß, wo immer der Mann der Wissenschaft mit seinem eigenen Werturteil kommt, das volle Verstehen der Tatsachen aufhört«. Was aber sah er nun vollends im Bereich der Sozialwissenschaften sich zutragen? Marx hatte in den größten Dimensionen das Vorbild dafür gegeben, wie man Wissenschaft und prophetische Demagogie wirksam ineinander mengen kann. Jetzt machten sich Katheder-Prophetien auf allen nationalökonomischen und verwandten Lehrstühlen – wennschon auf weit harmlosere Weise – breit. Gegen dieses durch niemanden mehr kontrollierbare Unwesen stellte Max Weber den vorhin mitgeteilten dreifachen Katechismus für wertfreie Wissenschaft auf. Bei allen Gelegenheiten kämpfte er leidenschaftlich für ihn, – zuletzt in der auf sein Verlangen anberaumten Werturteilsdiskussion im Ausschuß des Vereins für Sozialpolitik (Wien, Januar 1914). Hieraus ging die große unten abgedruckte Abhandlung hervor (S. 263).

Max Weber hat damals vor allem auch gegenüber seinen eigenen praktischen Werturteilen eine wissenschaftlich vollendete Distanz gewonnen. Hinsichtlich der wiederholt erwähnten Grenzkämpfe zwischen Polen und Deutschen hatte Weber auch die Möglichkeit verschiedener rassischer Veranlagung in Betracht gezogen. Jetzt unterwarf er den Rassebegriff, seine Verwendung als politisch-demagogisches Instrument usw. einer eindringenden Kritik (Wirtschaft und Gesellschaft, 2, IV). Wichtiger aber: die Nation bedeutet für Max Weber bis zum Ende seines Lebens einen höchsten und unbezweifelbaren Wert. Theoretisch hat er jedoch die Phänomene ›Nation‹, ›Nationalbewußtsein‹ einer völlig wertfreien, d. h. seinen eigenen persönlichen Wertungen gegenüber absolut rücksichtslosen soziologischen Analyse unterworfen.

Nation bedeutet für ihn die Chance, daß neben anderen Willensträgern eine avantgardistische Intellektuellenschicht ein gebietsmäßig umgrenztes Volkstum unter bestimmten Voraussetzungen erfolgreich dazu führt, daß es seine geschichtliche Mission mit den Prestige-Interessen räumlicher oder indirekter Macht-Expansion identifiziert. Dasselbe Gemeinwesen oder Volkstum kann unter anderen Umständen die entgegengesetzte Chance realisieren, seine Stabilität und Blüte gerade dadurch zu konstituieren, daß es sich *nicht* im beschriebenen Sinn als »Nation« gebärdet. (W. u. G., 2, IV, 4; 2, VIII, 5.)

Der Entschluß Max Webers, trotz zurückkehrender Arbeitskraft das Leben als Privatgelehrter so bald nicht wieder aufzugeben, sondern auch fortan allen Amtspflichten und allem Betrieb fernzubleiben, bedeutete keineswegs persönliche Isolierung. Im Jahre 1904 war Weber in Amerika – grenzenlos schaulustig, so gesellig wie je in den neunziger Jahren. (Einen Teil des wissenschaftlichen Ertrags dieser Reise findet der Leser unten

S. 382 ff.) Im gleichen Jahr – noch vor der Reise – übernahm Weber zusammen mit W. Sombart und E. Jaffé die Redaktion des ›Archivs für Sozialwissenschaft und Sozialpolitik‹. An der Redaktion der 3. Auflage des Handwörterbuches der Staatswissenschaften war er in engem Benehmen mit Fachkollegen beteiligt. Er leitete das Komitee für die Vorbereitung des 13bändigen ›Grundriß der Sozialökonomik‹, dessen Abteilung III sein eigenes nachgelassenes Hauptwerk aufnehmen sollte: ›Wirtschaft und Gesellschaft‹. Er begründete und leitete die Deutsche Soziologische Gesellschaft. Im Jahre 1905, bei Ausbruch der russischen Revolution, lernte er in vierzehn Tagen wenigstens soweit Russisch, daß er Zeitungen lesen und exzerpieren konnte. Er schrieb in zwei stattlichen Sonderheften des ›Archivs‹ Chronik und Kommentar dieser Revolution, – so, als schriebe er nicht aus Heidelberg, sondern aus Petersburg, Moskau, Kiew.

Im Einvernehmen mit ihm berief die Fakultät auf Max Webers Lehrstuhl dessen Bruder Alfred. Praktisch-politisch meist einer Meinung (bei schwerwiegenden, vornehmlich wissenschaftstheoretischen Differenzen), traten die Brüder oft gemeinsam hervor. Das wichtigste Beispiel hierfür war die von Alfred Weber 1907 im Verein für Sozialpolitik angeregte Enquête über »Auslese und Anpassung (Berufswahl und Berufsschicksal) der Arbeiterschaft der geschlossenen Großindustrie«. Max Weber schrieb zur sachlichen und methodischen Orientierung der Mitarbeiter an dieser Erhebung eine ausführliche »Denkschrift« (1908). Mit dieser »Methodologischen Einleitung« Max Webers und seiner gleich folgenden großen Abhandlung »Zur Psychophysik der industriellen Arbeit« wurde damals der Grundstein gelegt für moderne Industrie- und Betriebs-Soziologie.

Das Jahr 1913 scheint der Höhepunkt der Produktivität Max Webers gewesen zu sein. In die Schubladen seines Schreibtisches legte er nacheinander eine ›Rechtssoziologie‹, eine systematische ›Religionssoziologie‹, eine teils fertige, 1919/20 neu geschriebene und vollendete Soziologie der Wirtschaft, eine kleine Musiksoziologie –: lauter wesentliche Teile seines für den ›Grundriß der Sozialökonomik‹ geplanten Werks ›Wirtschaft und Gesellschaft‹. Er veröffentlichte in der Zeitschrift ›Logos‹ seine ›Kategorien der verstehenden Soziologie‹. Das war keine drangvoll bahnbrechende Programmschrift mehr wie diejenige zu Beginn seiner neuen Produktionsphase 1904 (Von der Objektivität sozialwissenschaftlicher Erkenntnis), sondern das strömte ihm nun alles aus der Fülle zu. Er bereitete die historisch-religionssoziologische Artikelreihe über Konfuzianismus/Taoismus, Hinduismus/Buddhismus und Judentum vor. Sie erschien während des Krieges im ›Archiv für Sozialwissenschaft und Sozialpolitik‹.

1914 war Max Weber wieder unbeschränkt aktionsfähig. Er tat vorübergehend militärischen Dienst: er organisiert und leitet als Disziplinar-Offizier die Heidelberger Lazarette. Als man 1915 seiner nicht mehr bedurfte, saß er schon am nächsten Tag mit der gleichen Hingabe an seinem Schreibtisch und setzte seine Arbeit über die jüdischen Propheten an dem Punkte fort, wo er sie 1914 abgebrochen hatte. Immer wieder aber rief ihn jetzt der Krieg in die politische Arena. Nun aber griff er nicht mehr über Naumann, sondern unmittelbar ein – mit der eigenen Feder und dem eigenen öffentlichen Wort. Man sieht ihn von einem Kampf in den andern eintreten.

Max Weber bekämpfte durch den ganzen Krieg hin die deutsche Annexionspolitik. Seit dem Einmarsch der Deutschen in Belgien und seit der Eroberung Polens widersetzte er sich allen politischen Annexionsgelüsten, die sich an diese beiden militärischen Okkupationen anschlossen. Wieder und wieder forderte er eine unzweideutige und verbindliche Erklärung der Reichsregierung im Benehmen mit der Heeresleitung dahingehend, daß auch bei einem für Deutschland militärisch günstigen Kriegsverlauf niemals daran gedacht werde, aus der vorübergehenden militärischen Besetzung außerdeutscher europäischer Gebiete politische Ansprüche annexionistischer Art abzuleiten; daß Deutschland bei einem künftigen Friedensschluß grundsätzlich bereit sei, sämtliche militärische Faustpfänder wieder auszuhändigen. Dem mit der Länge des Krieges zunehmenden Lärm der deutschen Kriegsziel-Demagogen begegnete er in Vorträgen und Artikeln der Frankfurter Zeitung mit immer steigender Schärfe. Die Grundposition, von der er bei diesem Kampf ausging, lag für ihn selbst vom ersten Augenblick an wie folgt fest: jeder Zollbreit, um den »der deutsche Stiefel« in Europa so aufgestellt wird, daß er auch nur einem einzigen »Nachbarn auf den Zehen steht«, wird der künftigen deutschen Bündnispolitik ihre freien Wahlmöglichkeiten einschränken, sie also von neuem, wie vor 1914, zum Scheitern verurteilen. Mit Hilfe seiner nackten Militärmacht werde Deutschland niemals in der Lage sein, seine geschichtliche Mission als nationaler Machtstaat im Zentrum Europas zu erfüllen. Ohne ein Maximum an Augenmaß, Verantwortungsgefühl und Klugheit bei der künftigen

Führung seiner Außenpolitik werde Deutschland zunehmend – wie schon vor 1914 – an europäischer Macht einbüßen. Seine Machtstellung in Europa zu erhalten, sei aber gerade Deutschlands Verantwortung vor der Geschichte. Verlöre Deutschland diesen oder den nächsten Krieg, so würde sich im Zentrum Europas ein machtpolitisches Vakuum bilden mit der Folge, daß dann in Bälde die Vereinigten Staaten und Rußland sich zu zweit in die Weltherrschaft teilen werden. Dann werde ein Zeitalter heraufdämmern, in dem die Spielräume der freien und mannigfaltigen europäischen nationalen Kulturen ohnmächtig kollabieren werden unter dem kolossalen Andruck von Kulturkämpfen oder Religionskriegen unvorstellbarer Dimension zwischen den Idealen amerikanisch-angelsächsischer society und den (u. U. sozialistisch umgetauften) Zielen russischer Polizeistaats-Bürokratie als den dann allein noch maßgebenden beiden Weltmächten.

Max Weber bekämpfte den Plan des uneingeschränkten U-Bootkrieges. In einer den Parteiführern eingereichten Denkschrift stellte er die Rechenfehler des Marineamtes zusammen. Der U-Bootkrieg werde mit Sicherheit die amerikanische Kriegserklärung auslösen und damit wahrscheinlich den Verlust des Krieges bringen; alle anderen Berechnungen (insonderheit hinsichtlich einer voll-effektiven Blockade Englands) seien, wie er im Detail nachwies, Fehlberechnungen.

Seit 1917 rechnete Max Weber mit der militärischen Niederlage Deutschlands. Demokratische Wahlrechts- und Parlaments-Reformen, die er schon lange vor dem Kriege, gemeinsam mit Friedrich Naumann, gefordert hatte, hält er nunmehr für unaufschiebbar – trotz Krieg! In zwei großen Streitschriften, die erste im Sommer 1917 als Artikelfolge der Frankfurter Zeitung begonnen, trägt er mit schneidender Schärfe vor, was sofort zu tun sei, wenn anders die Nation den Ausgang des Krieges innenpolitisch bestehen wolle. (Parlament und Regierung im neugeordneten Deutschland, Frühjahr 1918; Wahlrecht und Demokratie in Deutschland, Dezember 1917.) Seine Absicht war, mit Reformen in der Richtung gemäßigter Demokratie nach englischen Mustern zugleich die Monarchie, auch für den Fall einer schweren militärischen Niederlage, zu retten. Von einer Revolution, die im Augenblick eines verlorenen Krieges zur Ausrufung der Republik führen würde, prophezeite er schon 1917, daß eine solche Revolution und eine solche Republik unter dem Odium der nationalen Niederlage dazu verurteilt wäre, zehn Jahre später von einer rechtsradikalen Gegenrevolution hinweggefegt zu werden. Um dieses weit vorausgesehene Unheil zu verhüten, verlangte er mitten im Kriege jene Reformen – und im Oktober/November 1918 die rechtzeitige Abdankung Wilhelms II. – auch diese wieder im Interesse der Rettung der monarchischen Institutionen, die nach seiner Meinung allein und am ehesten imstande sein würden, die von ihm befürchteten Radikalisierungen (Revolutionen und Konterrevolutionen) hintanzuhalten.

Die Unabhängigkeit seines Urteils bezeugte Max Weber nicht nur nach innen, sondern ebensosehr nach außen. Die neue deutsche Regierung berief ihn im März 1919 nach Paris zur Teilnahme an der Fertigung des deutschen Gegengutachtens zur Kriegsschuldfrage (sog. Vierergutachten im deutschen Weißbuch 1919). Schon im Januar hatte er in der Frankf. Ztg. seinen eigenen Standpunkt in 4 »Artikeln« fixiert:

»Artikel 1 eines künftigen Kriegsvölkerrechtsstatuts des zu schaffenden Völkerbundes müßte lauten: Ein Staat, der mobil macht, während noch verhandelt wird, verfällt dem internationalen Verruf. Es war ja ... jedem Staatsmann der Welt ... genau bekannt, daß ... eine russische Mobilmachung den Krieg nicht etwa nur unvermeidlich machte, sondern ihrerseits der Kriegsausbruch war.

Artikel 2 müßte lauten: Ein Staat, der bei Kriegsausbruch auf die Frage, ob er neutral bleiben werde, keine deutliche Erklärung abgibt, verfällt dem internationalen Verruf. So verhielt sich Frankreich ...

Artikel 3: Ein dauernd neutralisierter Staat kann sich auf seine Neutralität nur berufen, wenn er sich in den Stand gesetzt hat, sie nach allen Seiten hin gleichmäßig und möglichst wirksam zu schützen. Im Gegensatz zur Schweiz und zu Holland war es der politische Fehler Belgiens, dies nicht getan zu haben.

Artikel 4: Ein Neutraler, der von einer kriegführenden Seite einen Rechtsbruch ohne gewaltsame Abwehr duldet, darf zur Gewaltsamkeit auch gegen die andere Seite nicht greifen wegen solcher rechtswidriger Gegenmaßregeln, welche das einzige Mittel sind, die Folgen des gegnerischen Rechtsbruches wettzumachen.« (Hinweis auf die englische rechtswidrige, jedoch von Amerika geduldete Blockade.)

Diese Paragraphen betrafen jedoch seiner Meinung nach nur erst den äußeren Tatbestand: ›Schuld‹ in betreff der lediglich auslösenden Ursachen – noch nicht: Schuld hinsichtlich der eigentlichen Kriegsgründe. Was die Kriegsgründe betraf, so sah

Max Weber die *deutsche Schuld* im Lärm, in der Unzuverlässigkeit, im Leichtsinn der deutschen Politik seit der Jahrhundertwende, – in der mangelnden Bereitschaft, für eine Verständigung mit England, die diesen Krieg verhindert hätte, die nötigen Opfer zu bringen, – schließlich in der unbelehrbaren deutschen Blindheit gegenüber den schweren Defekten eines Regierungssystems, welches unter schlechten (d. h. parlamentarisch unkontrollierten) monarchischen Formen die Bestimmung politischer Entschlüsse unverantwortlichen, im geheimen operierenden Instanzen auslieferte. Die Verantwortung für die Entstehung des ersten Weltkrieges, soweit sie andere europäische Länder betraf, ist sodann von Max Weber in dem genannten Gutachten zum deutschen Weißbuch eingehend dargelegt worden. – Dem Frankfurter Kommentar zu diesen ausführlichen Erörterungen finden wir die Bemerkung vorangestellt, daß die rückwärtsgewendete Frage nach der Schuld am Kriege sinnlos sei ohne Festlegung der jetzt sich zeigenden Verantwortungen gegenüber der Zukunft. Diese Verantwortung belaste nicht den Besiegten, sondern den Sieger: »Saarbrücken, Bozen, Reichenberg, Danzig u. a. Orte in die Hände von Fremdvölkern gespielt, deutsche Flüsse oder Kanäle durch eine sogenannte Neutralisierung unserer Verfügung entzogen, Fronknechtschaft und Pfandbesitz für Ansprüche aus Schulden, welche die Folgen des Krieges rein als solchen sind – das alles würde selbstverständlich dazu führen, daß auch der politisch radikalste Arbeiter Deutschlands – nicht jetzt, wohl aber nach Jahr und Tag, wenn der jetzige Taumel und die Folgen der Ermattung vorüber sind – zum Chauvinisten würde und daß er gemeinsam mit den Intellektuellen-Schichten der Nation sich auf jene revolutionären Mittel der Selbstbestimmung besinnen müßte, wie sie jede Irredenta gebraucht hat und wie sie ein Siebzig-Millionenvolk (Deutschland und Österreich in eins gerechnet) natürlich ausgiebiger und nachdrücklicher gebrauchen kann als Serbien oder auch Italien es je getan haben.«

Wenngleich Max Weber mit solch leidenschaftlicher und vorausschauender Stellungnahme die damalige Volksmeinung in keiner Weise repräsentierte, so waren doch maßgebende Kreise der Ansicht, es sei nunmehr an der Zeit, daß er in eine leitende politische Stellung einrücke. Allein, die Parteihonoratioren der neuen demokratischen Partei, bei deren Gründung er mitgewirkt hatte, hintertrieben bei den Wahlen für die Nationalversammlung seine Spitzenkandidatur im Kreis Frankfurt. Tiefere Gründe für seine Ausschaltung lagen z. T. in ihm selbst. Wenn er nach dem Scheitern seiner Kandidatur den Satz schrieb: »Der Politiker muß Kompromisse machen, der Gelehrte darf sie nicht decken«, bezeichnete er damit die Schwierigkeiten, die ihm als Politiker im politischen Getümmel der Gelehrte bereitete.

Weber nahm, statt in die Nationalversammlung einzuziehen, einen Ruf an die Universität München an. Ehe er dort mit der wissenschaftlichen Arbeit begann, wirkte er noch am Entwurf der Weimarer Verfassung mit. Er befürchtete, daß diese Verfassung im praktischen Resultat sich als führerlose Demokratie auswirken werde und so jeglicher Demagogie, allen Massen-Emotionalitäten desto hilfloser ausgeliefert würde. Um dies zu verhüten, setzte er diejenigen Bestimmungen durch, die die politische Macht in der Stellung des Reichspräsidenten konzentrierten. Daß auch der Notverordnungsparagraph auf seinen Antrag zurückgehe, ist eine legendäre Pointierung dieser Politik. Nur scheinbar im Widerspruch zu ihr verstärkt Weber andererseits durch einen entsprechenden Antrag das Enquête-Recht des Parlaments, – um die abermalige Entwicklung einer unkontrollierten Beamtenherrschaft im Bereich der Exekutive, die er schon unter Wilhelm II. unentwegt bekämpft hatte, zu verhindern. Wieder hatte er englisch-amerikanische Vorbilder im Auge: Techniken der Heranbildung und Auslese von Führern mit ›Führercharisma‹ (wie er dies nannte), verbunden mit Techniken der Kontrolle und der Wieder-Ausschaltung von Führern für den Fall der Untauglichkeit oder des Machtmißbrauchs.

Im Sommersemester 1919 begann er in München seine Vorlesungen – über ›Die allgemeinsten Kategorien der Gesellschaftswissenschaft‹. Er konzentrierte sich im Wintersemester 1919/20 auf ein großes Kolleg: ›Abriß der universalen Sozial- und Wirtschaftsgeschichte‹. Er arbeitete unablässig an der Fertigstellung des ersten Bandes seines Hauptwerkes ›Wirtschaft und Gesellschaft‹, an der Redaktion einer dreibändigen Sammelausgabe seiner Religions-Soziologischen Untersuchungen. Zum erstenmal in seinem Leben hielt er Ernte.

Kurz vor seinem Tode warf er sich noch einmal für einen Augenblick ins politische Getümmel. In hellem Zorn kämpfte er gegen aufflackernden Antisemitismus an. Inmitten eines daraufhin gegen ihn von seiten der Korps inszenierten Studentenkrawalls verschaffte er sich auf unvergeßliche Weise das Wort. Scheinbar ganz unberührt von diesem wilden Vorfall kehrte er an seinen Schreibtisch zurück. Aber ein paar Tage später äußerte er: die zunehmende Brutalisierung des politischen Betragens stelle für die deutsche politische Zukunft eine schwarze Prognose.

Nach ein paar weiteren Monaten stiller unausgesetzter Arbeit ist Max Weber in München im Sommersemester, kurz nach Beginn einer Vorlesung über ›Allgemeine Staatslehre und Politik‹, am 14. Juni 1920, plötzlich an einer Lungenentzündung gestorben.

Das Werk

Nach Max Webers Tod hat seine Witwe, Marianne Weber[1], sein wissenschaftliches Werk aus der Zerstreuung in Archiven und Zeitschriften, aus fast druckfertigen oder auch aus erst halbfertigen weitläufigen, mitunter kaum entzifferbaren Manuskripten gesammelt und veröffentlicht. Max Weber selbst hat nur noch den Ersten Teil seines Hauptwerkes ›Wirtschaft und Gesellschaft‹ und den ersten Band der ›Gesammelten Aufsätze zur Religionssoziologie‹ unmittelbar vor seinem Tod in Druck gegeben. Diesem Zentrum des Gesamtwerks: der *Soziologie*, wie sie Weber in seinen religionssoziologischen Untersuchungen und in ›Wirtschaft und Gesellschaft‹ entwickelt hat, wenden wir uns abschließend zu.

Das methodische Fundament

Max Weber, der als erster eine methodisch konsequente Verhaltensforschung in seiner Soziologie zum Prinzip erhoben hat, ist von Karl Marx ausgegangen. Von Marx lernend und gegen Marx kämpfend, hat Weber seine methodischen Gleise gelegt. Vom jungen Marx besitzen wir eine Reihe philosophischer Thesen. Auf einen einzigen Satz reduziert lauten sie: Der Idealismus hat die Realität immer dargestellt in Gestalt abgelöster Objekte. Wir werden die Realität darstellen als Vollzug von Handlungen, als Praxis, also von der Seite der Subjekte. Diesen Satz kann man als den Embryo der Soziologie als Verhaltensforschung bezeichnen. Bei Max Weber findet sich nahezu der gleiche Gedanke. Er definiert seine Art von Soziologie als die

[1] Marianne Weber, geb. 1870, gest. 1954, war seit 1900 neben Helene Lange und Gertrud Bäumer führend in der deutschen Frauenbewegung. Sie veröffentlichte eine reich dokumentierte Biographie: Max Weber, Ein Lebensbild, Tübingen 1926, 2. Aufl. Heidelberg 1950.

»Wissenschaft vom menschlichen Handeln«, sofern es seinem Sinne nach auf das Handeln anderer bezogen ist. ›Sinn‹ soll dabei immer heißen: der subjektiv gemeinte Sinn in den Köpfen der Handelnden, »nicht etwa ein objektiv richtiger Sinn oder ein metaphysisch ergründeter wahrer Sinn«. Dies ist präzise zu Ende gedacht, was Marx meinte. Max Weber sah sich aber nicht nur dazu angetrieben, Marx zu präzisieren, sondern ferner noch zweierlei ihm gegenüber zu tun: 1. Einseitigkeiten in Marx' späteren Forschungsmethoden aufzudecken und diese dogmatischen Einseitigkeiten durch eine prinzipiell offene und vielschichtige Systematik zu ersetzen, 2. in Marx' Werk die Vermischung von genialer Wissenschaft mit demagogischer Prophetie auseinanderzureinigen.

Im selben Augenblick, wo dies beides geleistet war, stand die Soziologie als Verhaltensforschung auf ihrem Gleis. Marx lehrte: gegenüber dem Tier ist der Mensch als handelndes praktisches Wesen dazu frei, sich seine Welt selber zu schaffen, z. B. Werkzeuge und Güter zu produzieren. Das von ihm Produzierte wird nun aber zu seinem Milieu, das mehr und mehr darüber entscheidet, was er fernerhin noch sein und denken kann. Die Menschen werden zu Werkzeugen ihrer Werkzeuge. Das Milieu hat inskünftig alle Auslesefunktionen in der Hand gegenüber dem Tun und Lassen der Individuen. Über die Köpfe und Willen der Einzelnen weg spielt in den materiellen Gehäusen ihres Lebens ein Entwicklungsprozeß, der einer bestimmten inneren Mechanik (Dialektik) folgt. – Des genaueren lehrte Marx:

Die sogenannten freien geistigen Gebilde des Menschen z. B. Recht und Religion sind in Wahrheit bloße Überbauten, in denen sich dieser Prozeß spiegelt, zugleich bestätigt und bestärkt. Alles Entscheidende spielt sich in den zugrunde liegenden Prozessen des Milieus ab. Durch sie verschieben sich vor allem die Machtverhältnisse der Gesellschaftsklassen zueinander und die Lage des Macht-Kampfes zwischen denselben. Recht und Religion als Überbauten sind immer nur dazu da, die jeweilige Kampflage im Bewußtsein der Privilegierten und Stärkeren zu sanktionieren. – Max Weber leugnete nicht die Wahrheit der großartigen Entdeckungen, die in diesen Sätzen steckt. Gegen ihre Einseitigkeit zeigte er folgendes: das Abhängigkeitsverhältnis von Individuum und Milieu ist keineswegs eindeutig in der einen Richtung, die Marx herausgreift, fixiert. Einzelne Individuen haben immer wieder in einem präzisen kausalen Sinne, nämlich ›weichenstellend‹ gewirkt, derart, daß bestimmten Möglichkeiten (technischer, sozialer oder politischer Art), die in einem bestimmten geschichtlichen Milieu unter vielen anderen gegeben waren, überlegene Führungs-Chancen zugespielt wurden, während nun andere Möglichkeiten ganz oder teilweise ausgeschaltet oder zurückgedrängt werden. Insofern üben – in genauer Umkehrung des Satzes von Marx – auch die Individuen Auslesefunktionen aus, nun gegenüber dem Milieu. Was aber die Marxsche Überbaulehre anlangt, so zeigt Max Weber in seinen religionssoziologischen Untersuchungen, daß sie teils zutreffend, teils unzutreffend war. Religiöse Vorstellungen können in der Tat außerordentlich sozialkonservative, zähmende, Max Weber sagt: domestizierende Wirkungen ausüben im Verhalten der betreffenden Gläubigen; und es ist keine Frage, daß Angehörige privilegierter Klassen ein großes Interesse an diesem Sachverhalt zu haben pflegen. Es trifft zu, daß sich an rein religiös entsprungene Gottesvorstellungen etwa eines Propheten oder Heilandes entweder schon bei ihm selbst oder bei seinen Jüngern interessenmäßig bedingte Lehrmeinungen anhängen, die darauf abheben, Gott zuzumuten, daß es zu seinen Funktionen gehöre, bestehende Ordnungen direkt oder indirekt zu sanktionieren. Es ist aber ebensowohl und typischerweise möglich, daß ein Gedankensystem, das reiner Religiosität entspringt, in nachfolgenden Gläubigen eine Bewegung entfacht, die nicht sozialkonservativ, sondern extrem revolutionär wirkt. Allgemein vermag religiöses Denken durchaus neuartige soziale, sogar speziell wirtschaftliche Verhaltensweisen entscheidend anzustoßen, zu prägen und umzuprägen. Was Überbau, was Unterbau sei, läßt sich nicht a priori fixieren. Wie die kausalen Beziehungen zwischen vitalen oder materiellen Interessen und geistigen Bildungen hin- und herspielen, das ist von Fall zu Fall zu erforschen durch vorurteilslose Analyse des faktischen Verhaltens von Propheten, Heilanden, Priestern, Reformatoren, Seelsorgern und gleichzeitiges Studium des Verhaltens ihrer Gefolgschaften.

Von unmittelbar gegenwärtigem Interesse ist nun aber die Art, wie Max Weber aus den wissenschaftlichen Einsichten von Marx das Moment der demagogischen Prophetie herausgereinigt hat. Marx glaubte, wissenschaftlich beweisen zu können, daß die kapitalistische Wirtschaftsform in eine Diktatur des Proletariats ausmünden müsse; er prophezeite, daß hierdurch und durch die gleichzeitige Vergesellschaftung des Privateigentums alle Klassenkämpfe abgelöst würden durch ein Zeitalter der »Assoziation freier Individuen«. Max Weber hält entgegen, daß zwar eine künftige Vergesellschaftung des Privateigentums theoretisch durchaus denkbar, aber praktisch nicht durchführbar sei auf dem Weg einer proletarischen Diktatur, sondern nur auf dem Weg einer Diktatur von Beamten, d. h. einer absolut befehlsgewaltigen Zentral-Planungsbehörde.

Wie es also mit der Abschaffung der Klassenkämpfe und mit der Assoziation freier Individuen bestellt sein werde, fände man – unter Verzicht auf Prophetie – wissenschaftlich dadurch heraus, daß man das wahrscheinliche Verhalten solcher Beamten und der ihnen Gehorchenden untersucht. Man wird leicht den inneren Kampfcharakter in diesem Verhalten entdecken. Der Klassenkampf wird also abgelöst werden durch den Kampf in anderen Formen, z. B. durch den Kampf zwischen den verschiedenen Rangstufen der von der Zentrale herunter Befehlenden und den Rangstufen der Gehorchenden. Statt offenen Klassenkampfes also innerer Kampf im Rahmen von Disziplin. Was Disziplin bedeutet, ist zu studieren an den historisch bekannten Formen disziplinären Verhaltens. Disziplin hat sich vor allem an drei Stellen der Erde aus ganz verschiedenen Ursprüngen gebildet: im militärischen Männerhaus (später Kasernen); im Kloster; in der modernen Fabrik. Max Weber fügte noch hinzu, daß im Falle einer von Marx erhofften totalen wirtschaftlichen Revolution die Diktatur der Beamten auftreten werde in Kombination mit kürzer oder länger anhaltender charismatischer Herrschaft, d. h. Herrschaft einzelner Führer, denen glaubenswillige Massen-Gefolgschaften anhängen.

Der Umriß des Werks

1. Die historische Religionssoziologie

Das soeben besprochene formelle Marxsche Problem ›Unterbau/Überbau‹ hat die Führung in den universalgeschichtlich-religionssoziologischen Untersuchungen, in denen Max Weber das Thema seiner Schrift über die protestantische Ethik und den Geist des Kapitalismus in die gesamte europäische und außereuropäische Weltgeschichte zurückverfolgt hat. Die Frage, die Weber an die chinesische und indische Sozialgeschichte stellt, lautete: was für Formen der Religion und Religiosität waren dafür wesentlich mitverantwortlich, daß sich kein fortschrittsgläubiger Rationalismus in diesen Ländern auszubilden vermochte und hiermit für eine kapitalistische Wirtschaftsentfaltung das tragende Berufsethos fehlte, ja religiöse Sanktionen aller Art einer solchen Entwicklung entscheidend entgegenstanden? Den Kreis dieser Untersuchungen beschloß die Analyse der jüdischen Sendungsprophetie, die jenem europäischen Rationalismus, jenem aktiven Reform- und Fortschrittswillen der puritanischen Religiosität wichtige Fundamente gelegt hat.

2. Wirtschaft und Gesellschaft

Der Marxsche Gedanke, daß der werkzeugschaffende Mensch sich seine festen Milieu-Gehäuse baut, ist in diesem Hauptwerk Webers führend. Zugleich aber fragt Weber: welche Freiheitsgrade kann der Mensch sich in seinen Gehäusen bewahren? Was für spezifische Chancen bestehen hierfür, wenn Herrschaft, Wirtschaft, Religion, Recht sich in diesen oder jenen typischen Formen entwickeln? Nach einer methodischen Einleitung (über Verstehen und Erklären, über idealtypische Begriffsbildung, über den Begriff der Chance) beginnt das Werk mit einem Abriß des menschlichen Gesellschaftsaufbaus von nur zwanzig Seiten, die in der gesamten soziologischen Literatur der Welt ihresgleichen nicht haben. Von der primären sozialen Beziehung (: wechselweise Orientierung der Handelnden aneinander) wird aufwärts Stein um Stein gefügt, bis die ›Anstalten‹ des Staates und der Kirche vor uns stehen. Die nach oben immer fortschreitenden Kategorien lauten: Soziale Beziehung – Brauch, Sitte – legitime Ordnung: Konvention, Recht – Geltungsgründe der legitimen Ordnung: Tradition, Glauben, Satzung – Kampf – Vergemeinschaftung und Vergesellschaftung – offene und geschlossene Beziehungen – Zurechnung des Handelns, Vertretungsbeziehungen – Begriff und Arten der ›Verbände‹ – Ordnungen eines Verbandes – Verwaltungsordnung und Regulierungsordnung – Betrieb und Betriebsverband, Verein, Anstalt – Macht, Herrschaft – Politischer Verband (Staat), Hierokratischer Verband (Kirche).

In dieser komprimierten Fibel des menschlichen Gesellschaftsaufbaus ist jede Kategorie durch angehängte historische Glossen von gedrängtester, aber doch eminent anschaulicher Art belebt. Es folgt, in der gleichen systematisch konzisen, zugleich historisch glossierten Form eine Soziologie der Wirtschaft und eine Soziologie der Herrschaft.

Die Soziologie der Wirtschaft ist zentriert um die Phänomene Markt; Geld; Verkehrswirtschaft und Planwirtschaft. Hinsichtlich dieser beiden letzteren entwickelte Weber seine Kunst der idealtypischen Modelle in analytisch besonders glänzender, weit vorausschauender Art. Es gibt laut Weber nur zwei reine Formen der Wirtschaft: a) Planwirtschaft (optimaler Typus: *ein* zentraler Planungsstab); b) Verkehrswirtschaft (optimaler Typus: völlige Dezentralisation der Planungsvorgänge auf zahllose Betriebe und Haushalte bei vollständig freier Konkurrenz auf allen Märkten). Die formale Konsequenz in beiden reinen Formen bildet materialiter jeweils schwerste systemeigene Spannungen aus. Der erste Typus führt zur Diktatur (nicht der Arbeiter, sondern der dann systemnotwendigen totalitären Verwaltungsbürokratie); der zweite Typus führt – je formal freier, desto zwingender – zur Expropriation der Arbeiter von ihren Arbeitsstellen und Arbeitsmitteln und zur Aufrichtung der Herrschaft unpersönlicher, vordem unvorstellbar wirkungsvoller Disziplin.

Das hier anklingende Marxsche Problem der Trennung der Arbeiter von ihren Arbeitsmitteln hat Max Weber als ein universelles Phänomen gefaßt. Auch der moderne Beamte, Klinikassistent, Institutsdirektor, Offizier arbeitet in diesem Zustand der Expropriation hinsichtlich seiner Werkzeuge, die nicht mehr sein Eigentum sind. Auch er ist insoweit ›Proletarier‹. Diesen Expropriationsvorgängen als einem Mittel der Konzentration von Herrschaft kraft Verfügungsgewalt über entscheidende Verwaltungsmittel geht Max Weber insbesondere in seiner Soziologie der Herrschaft und in seiner Soziologie des Rechts des genaueren nach.

Soziologie der Herrschaft. Im reinen Typus gibt es laut Max Weber drei Formen der Herrschaft: a) rational-legale (gestützt auf den Glauben an die Gültigkeit korrekt paktierter, sachgemäßer Satzungen); b) traditionale (gestützt auf den Glauben an die Gültigkeit des Ewig-Gestrigen); c) charismatische (gestützt auf den Glauben an die zwingende Außeralltäglichkeit von ›Gnadengaben‹ in Propheten, Heerführern, Demagogen). Gegen die Verfestigung des Handelns unter den Herrschaftsformen a und b gibt es hauptsächlich diese dritte, historisch immer wiederkehrende Möglichkeit charismatischer (revolutionärer) Herrschaft. Die Freiheit, die sie bringt, ist typischerweise zugleich systematisch ausgeübter Zwang zu ›freiwilligem‹ Gefolgschaftsrausch.

Von dieser Typologie aus entwickelte Max Weber unter a seine weltberühmte Darstellung und Analyse der Bürokratie in ihren ältesten (ägyptischen) wie modernsten (europäisch-amerikanischen) Formen; unter b seine weitläufigen Analysen und Darstellungen des Patriarchalismus, Feudalismus in allen Gebieten der Welt und allen Zeiten; unter c seine klassischen Darstellungen charismatischen Führertums und der Formen der ›Veralltäglichung‹ solchen Führer-Charismas. Die Formen der Expropriation und Appropriation von Führungs-, Herrschafts- und Verwaltungsmitteln variieren von Grund auf in jedem der drei Typen der Herrschaft. Max Weber entwickelte alle diese Momente auch in einer Kurzfassung, die posthum in den »Preußischen Jahrbüchern« erschienen ist (unten S. 151).

Die Rechtssoziologie ist ein älteres Manuskript (1913). Es hat nicht die vorhin beschriebene Form der historisch glossierten Paragraphen-Systematik; Max Weber selbst aber bezeichnete dieses Teilwerk als das vielleicht fertigste Erzeugnis seiner Feder. Wieder sind Marxsche Gedanken, freilich gänzlich ihrer eifernden Dogmatik entkleidet, Thema: wie schafft sich der handelnde Mensch ›Recht‹ als Werkzeug seines Handelns und Herrschens? Antwort: von unter sich völlig verschiedenen Ursprüngen her. Öffentliches Recht und Privatrecht, objektives Recht und subjektive Anspruchs-Rechte, Verwaltungsrecht und Kriminalrecht entspringen jeweils total verschiedenen sozialen Situationen und menschlichen Antrieben. Wieder ist Webers Leitthema der Vorgang zunehmender Rationalisierung menschlichen Handelns, hier in der gegensätzlichen Entwicklung einer formalen und materialen Rationalisierung des Rechts. Überall entwickeln sich gerade im Recht formale Qualitäten der Rationalität, die bestimmte materiale Bedürfnisse des Handelns (materiale Gerechtigkeit, Wohlfahrt) nur teilweise fördern und ihnen teilweise entgegenarbeiten. Die Untersuchungen enden mit der Analyse der formalen Qualitäten des revolutionär geschaffenen Rechts (Naturrecht) und des modernen Rechts. Diese formalen Qualitäten sind es, die die modernen Rechtsvorgänge berechenbar machen. Die kapitalistische Wirtschaft, die durchgehend auf dem Prinzip der Kalkulation, der Berechenbarkeit aller Daten, beruht, hat diese Entwicklung des Rechts zu formaler Rationalität gefördert und könnte ohne dieselbe ihre Betriebe und Unternehmungen keinen Tag führen.

Die systematische Religionssoziologie. Max Weber hatte in seiner Schrift ›Die protestantische Ethik und der Geist des Kapitalismus‹ und in seinen universal-historischen religionssoziologischen Untersuchungen Marx in der oben geschilderten Art ›positiv kritisiert‹. Indessen hat Weber niemals darauf abgehoben, die materialistische Geschichtsdeutung lediglich umzukehren in eine spiritualistische Konstruktion, in eine Deutung der Religionen als Unterbau, und der Wirtschaftsformen als Überbau. Ihm lag vielmehr daran, Wirtschaft und Religion, hin und her, in ihren wechselseitigen Einflüssen und Abhängigkeiten zu zeigen. In dem großen systematischen religions-soziologischen Kapitel in ›Wirtschaft und Gesellschaft‹ sehen wir Weber vorwiegend diejenigen tiefgründigen Abhängigkeiten aufzeigen, in denen religiöse Haltungen und Glaubensweisen sich zu vitalen Interessen, Klassenlagen, Alltagsbedürfnissen befinden. Hier also läßt Weber sich vorurteilslos und undogmatisch von Gesichtspunkten leiten, die bei Marx und Nietzsche einseitig und dogmatisch fixiert waren. Aber selbst wo er vorbehaltlos auf den Gleisen dieser seiner beiden wichtigsten Vorgänger forscht, sind seine Untersuchungen anders als bei Marx und Nietzsche ohne maliziöse Nebengedanken geführt. Der komplizierte Weg des Menschen zu absolut geistigen Zielen wird nicht verhöhnt, sondern lediglich in seinen vitalen Verwicklungen bloßgelegt. Indem die Spuren instinktiver Interessen, die Hand des Menschen im Gerüst auch der sublimsten religiösen Bauwerke gezeigt wird, wird das Absolute oder das Göttliche nicht zu Boden geschlagen, sondern in seine eigene Sphäre des reinen Geheimnisses gehoben. Die Ausschlachtung des Göttlichen oder des Absoluten oder des Geheimnisvollen zum Zweck dogmatischer Erklärung natürlichdeutbarer Vorgänge wird verhindert. Dem Pluralismus natürlicher Kausalitäten ist überall freier Lauf gelassen.

Die systematische Religionssoziologie in Wirtschaft und Gesellschaft enthält eine fast grenzenlos weiträumige, menschliche Antriebe und Motivationen von Grund auf bloßlegende Anthropologie – eine Lehre vom Menschen als einem Wesen, das sich, äußerlich handelnd, immer zugleich auch Werkzeuge der inneren Balance, der inneren Orientierungen, der Selbsttröstung, der Selbstanspornung und Emporreckung zu Hochzielen schafft – innere Werkzeuge, die ihm schließlich zu festem geistigen ›Milieu‹ gerinnen. In diesem Werk hat Max Weber intensiver als in irgendeinem anderen die Arbeit von Marx und Nietzsche fortgeführt, d. h. er hat ihre kategorischen Theorien oder Aperçus in historisch allenthalben geprüfte und weiterhin nachprüfbare Forschung verwandelt.

Die Aneignung des Werks Max Webers

Max Weber hat nicht nach Jüngern Ausschau gehalten. Seine wissenschaftliche Arbeit hat er betontermaßen dem Fortschritt, der Verwandlung überantwortet. Die Aneignung seines Werkes wird unserer Generation, deren Lebensumstände sich so tief gegen die seinigen verändert haben, desto lebendiger gelingen, je weniger wir uns scheuen, bestimmte Positionen, die er zu seiner Zeit eingenommen hat, mit solchen, die uns inzwischen natürlich und notwendig erscheinen, in positiver Kritik zu konfrontieren.

Man hat Webers Forderung der Wertfreiheit der Wissenschaft als utopisch und abwegig kritisiert. Kaum mit Recht. Man hat mit ein paar fahrlässigen Griffen seine Lehre umgedeutet in Standpunktslosigkeit oder Relativismus. Nichts lag ihm ferner. Was er forderte, faßt er in wenigen geharnischten Sätzen zusammen: die Wissenschaft ist in der Lage, erstens dem Menschen zu zeigen, was er sinnvollerweise *wollen* kann, zweitens was er zweckmäßigerweise *tun* kann; aber sie kann ihm nicht sagen, was er wollen und tun *soll*. Entscheidung und Tat überläßt sie dem einzelnen zu eigener Wahl. Jede praktische Entscheidung ist einseitig, glaubensgetragen, kampfentschlossen und schuldverfangen. Wissenschaft kann nicht an der Stelle von Glaube, Einseitigkeit, Kampf und Schuld dem Handelnden seine individuelle Verantwortung durch generelle Entscheide abnehmen. Wissenschaft kann nur das Gewissen der praktisch Handelnden klären, ihr Gefühl für die Tragweite und den Sinn ihres Tuns schärfen.

Dies ist auch für uns ein unvermindert belebender Appell. Und doch sind hier, versteckterweise, der Wissenschaft an Stellen Grenzen gezogen, wo wir sie nicht mehr ziehen zu dürfen meinen.

Der Leser wird im Text (S. 267 f., 327, 329 f., 334) des öfteren Webers Auffassung begegnen, daß jede wissenschaftliche Diskussion von Gegnern in Glaubenssachen (Wertdiskussion) im wesentlichen immer nur der Erprobung und Festigung des eigenen Glaubens dient. Das erscheint uns heute wie eine genaue Analogie zu Webers Glauben an den unbedingten Wert nationaler *Souveränität*. Soll denn aber wirklich in solchen Diskussionen, in denen uns Andersdenkende, andern Göttern Anhangende gegenüberstehen, jeder nur immer eigensinnig auf seinem Glauben bestehen, treulich dem eigenen Gott dienen, den anderen abweisen? Oder schließt die von Weber so oft geforderte Wertdiskussion, die nach seiner Meinung mit wissenschaftlichen Mitteln möglich ist, nicht als Folge der Diskussion die Verwandlung des eigenen Standortes ein? Max Weber würde vielleicht antworten: Nun wohl, nicht nur das Gebot der Liebe möge gelten, soweit immer ihre Macht zu echtem, wechselseitigem Lernen und Ausgleich reicht; auch die Macht des möglichen Besseren, das bei zwei ehrlich Diskutierenden wie ein gesetzlich objektiver, streng lenkender Richter zwischen ihren beiden Intentionen auftritt, möge wirken soweit wie immer möglich. Aber beides, vor allem diese letztere Bereitschaft, uns in evidenter Strenge richten zu lassen, wird auf Grenzen stoßen.

Max Weber setzte der Wissenschaft und wissenschaftlich orientiertem Handeln Grenzen durch die Instanz rätselhafter Gewalten, die er Schicksal nannte, und durch die Instanz des Geschmacks, die er den Dämon der Individuen nennt. Seit Max Webers Tod, seit der plötzlichen Vermehrung der technischen Chancen für die Selbstvernichtung der Menschheit, ist vielleicht vieles von dem, was noch zu Lebzeiten Max Webers unbedenklich als Geschmackssache den individuellen Dämonen anheimgegeben oder den Launen des Schicksals überantwortet bleiben mochte, vor die Schranken öffentlicher Entscheidung gefordert. Unter dem angestiegenen Gefahrendruck scheinen sich für solche öffentlichen Entscheidungen sogar teilweise schon die nötigen Prinzipien anzubieten und sogar auszuweisen.

Allein, Wissenschaft – als aufgeschreckte Ärztin – wird entweder naiv und vermessen oder besonnen und kritisch verfahren, je nachdem, ob wir zu Max Webers Niveau realistischer Diagnosen aufzusteigen vermögen oder ob wir, abermals ideologiesüchtig oder rezepthungrig oder sonstwie kleingläubig, unterhalb desselben operieren werden. Um Max Webers diagnostischer Mächtigkeit uns zu versichern, wird es nötig sein, durch manche seiner idealtypisch anvisierten Zusammenhänge vollends zu funktionalen Zusammenhängen durchzustoßen, d. h. in seinen großartigen Einsichten, die er als bloße, geschichtlich bedingte, ›Betrachtungsweisen‹ auszugeben liebte, nach Gesetzmäßigkeiten zu forschen, die der fortdauernden Natur menschlichen Handelns und Zusammenhandelns verläßlich einwohnen.

DIE SOZIALEN GRÜNDE DES UNTERGANGS DER ANTIKEN KULTUR

I.

Das römische Reich wurde nicht von außen her zerstört, etwa infolge zahlenmäßiger Überlegenheit seiner Gegner oder der Unfähigkeit seiner politischen Leiter. Im letzten Jahrhundert seines Bestehens hatte Rom seine eisernen Kanzler: Heldengestalten wie Stilicho, germanische Kühnheit mit raffinierter diplomatischer Kunst vereinigend, standen an seiner Spitze. Warum gelang ihnen nicht, was die Analphabeten aus dem Merowinger-, Karolinger- und Sachsenstamme erreichten und gegen Sarazenen und Hunnen behaupteten? – Das Reich war längst nicht mehr es selbst; als es zerfiel, brach es nicht plötzlich unter einem gewaltigen Stoß zusammen. Die Völkerwanderung zog vielmehr nur das Fazit einer längst im Fluß befindlichen Entwicklung.

Vor allem aber: die *Kultur* des römischen Altertums ist nicht erst durch den Zerfall des *Reiches* zum Versinken gebracht worden. Ihre Blüte hat das römische Reich als politischer Verband um Jahrhunderte überdauert. Sie war längst dahin. Schon anfangs des dritten Jahrhunderts versiegte die römische Literatur. Die Kunst der Juristen verfiel wie ihre Schulen. Die griechische und lateinische Dichtung schliefen den Todesschlaf. Die Geschichtsschreibung verkümmerte bis zu fast völligem Verschwinden, und selbst die Inschriften begannen zu schweigen. Die lateinische Sprache war bald in voller Degeneration begriffen. – Als anderthalb Jahrhunderte später mit dem Erlöschen der weströmischen Kaiserwürde der äußere Abschluß erfolgt, hat man den Eindruck, daß die Barbarei längst von innen heraus gesiegt hatte. Auch entstehen im Gefolge der Völkerwanderung keineswegs etwa völlig neue Verhältnisse auf dem Boden des zerfallenen Reichs; das Merowingerreich, wenigstens in Gallien, trägt zunächst in allem noch ganz die Züge der römischen Provinz. – Und die Frage, die sich für uns erhebt, ist also: Woher jene *Kulturdämmerung* in der antiken Welt?

Mannigfache Erklärungen pflegen gegeben zu werden, teils ganz verfehlt, teils einen richtigen Gesichtspunkt in falsche Beleuchtung rückend:

Der Despotismus habe die antiken Menschen, ihr Staatsleben und ihre Kultur gewissermaßen psychisch erdrücken müssen. – Aber der Despotismus Friedrichs des Großen war ein Hebel des Aufschwungs. –

Der angebliche Luxus und die tatsächliche Sittenlosigkeit der höchsten Gesellschaftskreise hätten das Rachegericht der Geschichte heraufbeschworen. – Aber beide sind ihrerseits Symptome. Weit gewaltigere Vorgänge als das Verschulden Einzelner waren es, wie wir sehen werden, welche die antike Kultur versinken ließen. –

Das emanzipierte römische Weib und die Sprengung der Festigkeit der Ehe in den herrschenden Klassen hätten die Grundlagen der Gesellschaft aufgelöst. Was ein tendenziöser Reaktionär, wie Tacitus, über die germanische Frau, jenes armselige Arbeitstier eines kriegerischen Bauern, fabelt, sprechen ähnlich Gestimmte ihm heute nach. In Wahrheit hat die unvermeidliche »deutsche Frau« so wenig den Sieg der Germanen entschieden, wie der unvermeidliche »preußische Schulmeister« die Schlacht bei Königgrätz. – Wir werden vielmehr sehen, daß die *Wiederherstellung* der Familie in den *unteren* Schichten der Gesellschaft mit dem Niedergang der antiken Kultur zusammenhängt. –

Aus dem Altertum selbst dringt Plinius' Stimme zu uns: »Latifundia perdidere Italiam«. Also – heißt es von der einen Seite – die Junker waren es, die Rom verdarben. Ja – heißt es von der anderen – aber nur, weil sie dem fremden Getreideimport erlagen: mit dem Antrag Kanitz also säßen die Cäsaren noch heute auf ihrem Throne. Wir werden sehen, daß die erste Stufe zur *Wiederherstellung* des

*Bauern*standes mit dem Untergang der antiken Kultur erstiegen wird. –

Damit auch eine vermeintlich »Darwinistische« Hypothese nicht fehle, so meint ein Neuester u. a.: der Ausleseprozeß, der sich durch die Aushebung zum Heer vollzog und die Kräftigsten zur Ehelosigkeit verdammte, habe die antike Rasse degeneriert. – Wir werden sehen, daß vielmehr die zunehmende Ergänzung des Heeres *aus sich* selbst mit dem Untergang des Römerreichs Hand in Hand geht.

Genug davon. – Nur noch eine Bemerkung, ehe wir zur Sache kommen:

Es kommt dem Eindruck, den der Erzähler macht, zugute, wenn sein Publikum die Empfindung hat: de te narratur fabula, und wenn er mit einem discite moniti! schließen kann. In dieser günstigen Lage befindet sich die folgende Erörterung *nicht*. Für unsere heutigen sozialen Probleme haben wir aus der Geschichte des Altertums wenig oder nichts zu lernen. Ein heutiger Proletarier und ein antiker Sklave verständen sich so wenig wie ein Europäer und ein Chinese. Unsere Probleme sind völlig anderer Art. Nur ein *historisches* Interesse besitzt das Schauspiel, das wir betrachten, allerdings eines der eigenartigsten, das die Geschichte kennt: die innere Selbstauflösung einer alten Kultur.

Jene eben hervorgehobenen *Eigentümlichkeiten* der sozialen Struktur der antiken Gesellschaft sind es, die wir uns zunächst klar machen müssen. Wir werden sehen, daß durch sie der Kreislauf der antiken Kulturentwicklung bestimmt wurde. –

2.

Die Kultur des Altertums ist ihrem Wesen nach zunächst: *städtische* Kultur. Die Stadt ist Trägerin des politischen Lebens wie der Kunst und Literatur. Auch ökonomisch eignet, wenigstens in der historischen Frühzeit, dem Altertum diejenige Wirtschaftsform, die wir heute »Stadtwirtschaft« zu nennen pflegen. Die Stadt des Altertums ist in hellenischer Zeit nicht wesentlich verschieden von der

Stadt des Mittelalters. Soweit sie verschieden ist, handelt es sich um Unterschiede von Klima und Rasse des Mittelmeers gegen diejenigen Zentraleuropas, ähnlich wie noch jetzt englische und italienische Arbeiter und deutsche und italienische Handwerker sich unterscheiden. – Ökonomisch ruht auch die antike Stadt ursprünglich auf dem Austausch der Produkte des städtischen Gewerbes mit den Erzeugnissen eines engen ländlichen Umkreises auf dem städtischen Markt. Dieser Austausch *unmittelbar* vom Produzenten zum Konsumenten *deckt* im wesentlichen den Bedarf, ohne Zufuhr von außen. – Aristoteles' Ideal: die *αὐτάρκεια* (Selbstgenügsamkeit) der Stadt – war in der Mehrzahl der hellenischen Städte verwirklicht gewesen.

Allerdings: auf diesem lokalen Unterbau erhebt sich seit grauer Vorzeit ein internationaler Handel, der ein bedeutendes Gebiet und zahlreiche Gegenstände umfaßt. Wir hören in der Geschichte gerade von *den* Städten, deren Schiffe seine Träger sind, aber weil wir gerade von ihnen hören, vergessen wir leicht eins: seine *quantitative* Unerheblichkeit. Zunächst: Die Kultur des europäischen Altertums ist *Küstenkultur*, wie seine Geschichte zunächst Geschichte von Küstenstädten. Neben dem technisch fein durchgebildeten städtischen Verkehr steht schroff die Naturalwirtschaft der barbarischen Bauern des Binnenlandes, in Gaugenossenschaften oder unter der Herrschaft feudaler Patriarchen gebunden. Nur über See oder auf großen Strömen vollzieht sich wirklich dauernd und stetig ein internationaler Verkehr. Ein Binnenverkehr, der sich auch nur mit dem des Mittelalters vergleichen ließe, existiert im europäischen Altertum nicht. Die vielgepriesenen römischen Straßen sind so wenig Träger eines auch nur entfernt an neuere Verhältnisse erinnernden Verkehrs wie die römische Post. Ungeheuer sind die Unterschiede in der Rentabilität von Binnengütern gegen solche an Wasserstraßen. Die Nachbarschaft der Landstraßen der römischen Zeit galt im Altertum im allgemeinen nicht als *Vorteil*, sondern als *Plage*, der Einquartierung und – des Ungeziefers wegen: sie sind Militär- und nicht Verkehrsstraßen.

Auf diesem noch unzersetzten naturalwirtschaftlichen Grunde wurzelt der Tauschverkehr nicht tief: eine *dünne Schicht hochwertiger Artikel* ist es – Edelmetalle, Bernstein, wertvolle Gewebe, einige Eisen- und Töpferwaren u. dgl. –, welche wirklich Gegenstand stetigen Handels sind; zumeist Luxusgegenstände, welche infolge ihres hohen Preises die gewaltigen Transportkosten tragen können. Ein solcher Handel ist mit dem modernen Verkehr überhaupt nicht vergleichbar. Es wäre, als ob heute etwa nur Champagner, Seide u. dgl. gehandelt würde, während jede Handelsstatistik uns zeigt, wie die *Massen*bedürfnisse allein heute die großen Ziffern der Handelsbilanzen ausmachen. – Freilich ereignet es sich, daß Städte wie Athen und Rom auch in ihrem Getreidebedarf auf Zufuhr angewiesen werden. Aber dann handelt es sich stets um Erscheinungen von welthistorischer Abnormität und um einen Bedarf, dessen Deckung die *Gesamtheit* in die Hand nimmt, weil sie sie dem freien Verkehr weder überlassen will noch kann.

Nicht die Massen sind mit ihren Alltagsbedürfnissen am internationalen Verkehr interessiert, sondern eine *dünne* Schicht *besitzender* Klassen. Daraus ergibt sich eines: die *zunehmende Vermögensdifferenzierung* ist im Altertum Voraussetzung der aufsteigenden Handelsblüte. Diese Vermögensdifferenzierung aber – und damit kommen wir zu einem dritten, entscheidenden Punkt – vollzieht sich in einer ganz bestimmten Form und Richtung: Die antike Kultur ist *Sklavenkultur*. – Von Anfang an steht neben der freien Arbeit der Stadt die unfreie des platten Landes, neben der freien Arbeitsteilung durch *Tausch*verkehr auf dem städtischen Markt die unfreie Arbeitsteilung durch *Organisation* der eigenwirtschaftlichen Gütererzeugung im ländlichen Gutshof – wiederum wie im Mittelalter. Und wie im Mittelalter, so bestand auch im Altertum der naturgemäße Antagonismus beider Formen des Zusammenwirkens menschlicher Arbeit. Der Fortschritt beruht auf *fortschreitender* Arbeitsteilung. Bei *freier* Arbeit ist diese – zunächst – identisch mit fortschreitender *Ausdehnung des*

Marktes, extensiv durch geographische, intensiv durch personale Erweiterung des Tauschkreises: daher sucht die Bürgerschaft der Stadt die Fronhöfe zu sprengen, ihre Hintersassen in den freien Tauschverkehr einzubeziehen. Bei *unfreier* Arbeit vollzieht sie sich durch fortschreitende *Menschenanhäufung;* je mehr Sklaven oder Hintersassen, desto weitergehende Spezialisierung der unfreien Berufe ist möglich. Aber während aus dem Mittelalter die *freie* Arbeit und der Güter*verkehr* in zunehmendem Maß als Sieger hervorgehen, verläuft die Entwicklung des Altertums *umgekehrt.* Was ist der Grund? Es ist derselbe, der auch den technischen Fortschritten des Altertums ihre Schranken setzte: die *»Billigkeit« der Menschen*, wie sie durch den Charakter der unausgesetzten Kriege des Altertums hervorgebracht wurde. Der Krieg des Altertums ist zugleich Sklavenjagd; er bringt fortgesetzt Material auf den Sklavenmarkt und begünstigt so in unerhörter Weise die unfreie Arbeit und die Menschenanhäufung. Damit wurde das freie Gewerbe zum Stillstand auf der Stufe der besitzlosen Kunden-Lohnarbeit verurteilt. Es wurde verhindert, daß mit Entwicklung der Konkurrenz freier Unternehmer mit freier Lohnarbeit um den Absatz auf dem Markt diejenige ökonomische Prämie auf arbeitsparende Erfindungen entstand, welche die letzteren in der Neuzeit hervorrief. Hingegen schwillt im Altertum unausgesetzt das ökonomische Schwergewicht der unfreien Arbeit im »Oikos«. Nur die Sklavenbesitzer vermögen ihren Bedarf arbeitsteilig durch Sklavenarbeit zu versorgen und in ihrer Lebenshaltung aufzusteigen. Nur der Sklavenbetrieb vermag neben der Deckung des eigenen Bedarfs zunehmend für den Markt zu produzieren.

Damit wird die ökonomische Entwicklung des Altertums in die ihr eigentümliche, vom Mittelalter abweichende Bahn gelenkt. Im Mittelalter entwickelt sich zunächst die freie Arbeitsteilung innerhalb des lokalen Wirtschaftsgebiets der Stadt auf Grundlage der Kundenproduktion und des Lokalmarkts *intensiv* weiter. Sodann läßt der zunehmende Verkehr nach außen mit interlokaler Produktionsteilung, zunächst im Verlagssystem, dann in der Manufaktur, Betriebsformen für den Absatz auf *fremdem* Markte auf Grundlage *freier* Arbeit entstehen. Und die Entwicklung der *modernen* Volkswirtschaft geht mit der Erscheinung parallel, daß die Bedarfsdeckung der breiten *Massen* zunehmend im Wege des interlokalen und schließlich internationalen Gütertausches erfolgt. – Im Altertum dagegen geht – so sahen wir – mit der Entwicklung des internationalen Verkehrs parallel die Zusammenballung unfreier Arbeit im großen Sklavenhaushalt. Es schiebt sich so *unter* den verkehrswirtschaftlichen Überbau ein stets sich verbreiternder Unterbau mit verkehrs*loser* Bedarfsdeckung: die fortwährend Menschen aufsaugenden Sklavenkomplexe, deren Bedarf in der Hauptsache *nicht* auf dem Markt, sondern *eigen*wirtschaftlich gedeckt wird. Je weiter die Entwicklung des Bedürfnisstandes der obersten, menschenbesitzenden Schicht und damit die *extensive* Entwicklung des Verkehrs fortschreitet, desto mehr verliert der Verkehr an *Intensität*, desto mehr entwickelt er sich zu einem dünnen Netz, welches über eine naturalwirtschaftliche Unterlage ausgebreitet ist, dessen Maschen sich zwar verfeinern, dessen Fäden aber zugleich immer dünner werden. – Im Mittelalter bereitet sich der Übergang von der lokalen Kundenproduktion zur interlokalen Marktproduktion durch langsames Hereindringen der Unternehmung und des Konkurrenzprinzips von außen nach innen in die Tiefen der lokalen Wirtschaftsgemeinschaft vor, im Altertum läßt der internationale Verkehr die »Oiken« wachsen, welche der *lokalen* Verkehrswirtschaft den Nährboden entziehen.

3.

Am gewaltigsten hat sich diese Entwicklung vollzogen auf dem Boden Roms. Rom ist zunächst – nach dem Sieg der Plebs – ein erobernder Bauern- oder besser: Ackerbürgerstaat. Jeder Krieg ist Landnahme zur Kolonisation. Der Sohn des grundbesitzenden Bürgers, für den kein Platz im Vatererbe ist, ficht im Heer für den Besitz der eigenen

Scholle und damit des Vollbürgerrechts. Darin liegt das Geheimnis seiner Expansivkraft. Das hörte mit der überseeischen Eroberung auf: nicht mehr das kolonisatorische Interesse der Bauern, sondern das der Ausbeutung der Provinz durch die Aristokratie ist das maßgebende. Die Kriege bezwecken Menschenjagd und Konfiskation von Land zur Ausbeutung durch große Domänen- und Gefällpächter. Der zweite punische Krieg dezimierte überdies den Bauernstand in der Heimat, – die Folgen seines Niedergangs sind zum Teil auch Hannibals späte Rache. Der Rückschlag gegen die gracchische Bewegung entscheidet endgültig den Sieg der Sklavenarbeit in der Landwirtschaft. Seitdem sind die Sklavenbesitzer allein Träger der aufsteigenden Lebenshaltung, der Steigerung der Kaufkraft, der Entwicklung der Absatzproduktion. Nicht daß die freie Arbeit überhaupt verschwunden wäre, – aber die Sklavenbetriebe sind allein das *fortschreitende* Element. Die landwirtschaftlichen Schriftsteller Roms setzen Sklavenarbeit als selbstverständliche Grundlage der Arbeitsverfassung voraus.

In *entscheidender* Weise verstärkt wurde endlich die Kulturbedeutung der unfreien Arbeit durch die Einbeziehung großer Binnenlandsflächen – Spanien, Gallien, Illyrien, die Donauländer – in den Kreis der römischen Welt. Der Schwerpunkt der Bevölkerung des Römischen Reichs rückte in das *Binnenland.* Damit machte die antike Kultur den Versuch, ihren Schauplatz zu wechseln, aus einer Küstenkultur Binnenkultur zu werden. Sie verbreitete sich über ein ungeheures Wirtschaftsgebiet, welches selbst in Jahrhunderten unmöglich für den Güterverkehr und die geldwirtschaftliche Bedarfsdeckung auch nur entfernt in dem Maße gewonnen werden konnte, wie dies an der Mittelmeerküste der Fall war. Wenn, wie schon gesagt, der interlokale Güterverkehr des Altertums selbst in jenen Küstengebieten nur eine dünne und sich verdünnende Decke darstellte, so mußten die Maschen des Verkehrsnetzes im Binnenlande noch wesentlich lockerer sein. Hier im Binnenland war der Kulturfortschritt auf dem

Wege der *freien* Arbeitsteilung durch Entwicklung eines *intensiven* Güter*verkehrs* zunächst überhaupt *nicht möglich*. Nur das Emporsteigen einer Grundaristokratie, die auf Sklavenbesitz und unfreier Arbeitsteilung – auf dem Oikos – ruhte, konnte hier die Form der allmählichen Einbeziehung in den mittelländischen Kulturkreis sein. In noch stärkerem Maße als an der Küste mußte im Binnenland der unendlich kostspieligere Verkehr sich zunächst ausschließlich auf die Deckung von Luxusbedürfnissen der obersten, Menschen besitzenden Schicht beschränken, und ebenso andererseits die Möglichkeit einer Absatzproduktion einer dünnen Schicht großer Sklavenbetriebe vorbehalten sein.

Der Sklavenhalter ist so der ökonomische Träger der antiken Kultur geworden, die Organisation der Sklavenarbeit bildet den unentbehrlichen Unterbau der römischen Gesellschaft, und wir müssen uns mit ihrer sozialen Eigenart etwas näher befassen.

Das bei weitem klarste Bild vermögen wir uns nach der Lage der Quellen von den *landwirtschaftlichen* Betrieben der spätrepublikanischen und frühkaiserlichen Zeit zu machen. Und zugleich ist der Großgrundbesitz die Grundform des Reichtums, auf dessen Unterlage auch die spekulativ verwendeten Vermögen ruhen: auch der römische Großspekulant ist normalerweise Großgrundbesitzer, schon weil für die lukrativste Spekulation: die öffentliche Pacht und Submission, die Grundstückskaution vorgeschrieben ist. –

4.

Der Typus des römischen Großgrundbesitzers ist nicht ein selbst den Betrieb leitender Landwirt, sondern ein Mann, der in der Stadt lebt, politisch tätig ist und vor allen Dingen Geldrente beziehen will. Die Verwaltung seines Gutes selbst liegt in der Hand unfreier Inspektoren (villici). Für die Art der Bewirtschaftung sind nun im allgemeinen folgende Verhältnisse maßgebend:

Die Getreideproduktion ist für den Absatz zumeist unrentabel. Rom z. B. ist als Markt durch die staatliche Getreideversorgung verschlossen, und einen Transport aus dem *Binnenland* heraus trägt der Preis des Getreides überhaupt nicht. Überdies eignet sich Sklavenarbeit nicht für den Getreidebau, zumal in der römischen Art der Reihenkultur, die viele und sorgfältige Arbeit, also Eigeninteresse des Arbeiters, erfordert. Daher ist der Getreidebau meist mindestens zum Teil *verpachtet* an »coloni«: Parzellenbauern, die Nachfahren der freien, aus dem Besitz gedrängten Bauernschaft. Ein solcher colonus ist nun von Anfang an *nicht* etwa ein freiwirtschaftender, selbständiger Pächter und landwirtschaftlicher Unternehmer. Der Herr stellt das Inventar, der villicus kontrolliert den Betrieb. Von Anfang an ist es ferner offenbar häufig gewesen, daß ihm *Arbeits*leistungen, insbesondere wohl Erntehilfe, auferlegt wurden. Die Vergebung des Ackers an coloni gilt als eine Form der Bewirtschaftung seitens des *Herrn* »vermittels« der Parzellisten (»per« colonos).

Die *Absatz*produktion des *Gutes* in »eigener Regie« umfaßt dagegen in erster Linie hochwertige Produkte: Öl und Wein, daneben Gartengewächse, sowie Viehmast, Geflügelzucht und Spezialkulturen für Tafelbedürfnisse der allein kaufkräftigen obersten Schicht der römischen Gesellschaft. Diese Kulturen haben das Getreide zurückgedrängt auf das minder ergiebige Land, welches die coloni innehaben. Der Gutsbetrieb ist plantagenartig, und die Gutsarbeiter sind *Sklaven.* Sklavenfamilia und coloni nebeneinander sind auch in der Kaiserzeit die regelmäßigen Insassen der großen Güter.

Uns interessieren hier zunächst die Sklaven. Wie finden wir sie?

Sehen wir uns das Idealschema an, welches die landwirtschaftlichen Schriftsteller uns überliefern. Die Behausung für das »sprechende Inventar« (instrumentum vocale), den Sklavenstall also, finden wir bei dem des Viehs (instrumentum »semivocale«). Er enthält die Schlafsäle, wir finden ein Lazarett (valetudinarium), ein Arrestlokal (carcer), eine Werkstatt der »Ökonomiehandwerker« (ergastulum), und alsbald steigt vor dem inneren Auge eines jeden, der den bunten Rock getragen hat, ein wohlvertrautes Bild auf: die *Kaserne.* Und in der Tat: die Existenz des Sklaven ist normalerweise eine *Kasernenexistenz.* Geschlafen und gegessen wird gemeinsam unter Aufsicht des villicus; die bessere Garnitur der Kleidung ist »auf Kammer« abgegeben an die als »Kammerunteroffizier« funktionierende Inspektorsfrau (villica); monatlich findet Appell statt zur Revision der Bekleidung. Die Arbeit ist streng militärisch diszipliniert: in Korporalschaften (decuriae) wird des Morgens angetreten und unter Aufsicht der »Treiber« (monitores) abmarschiert. Das war auch unentbehrlich. Mit unfreier Arbeit für den Markt zu produzieren, ist ohne die Peitsche noch niemals dauernd möglich gewesen. –

Für uns wichtig aber ist vor allem ein Moment, welches sich aus dieser Form der Kasernenexistenz ergibt: der kasernierte Sklave ist nicht nur *eigentumslos*, sondern auch *familienlos.* Nur der villicus lebt in seiner Sonderzelle dauernd mit einem Weibe zusammen in Sklavenehe (contubernium), entsprechend etwa dem verheirateten Feldwebel und Unteroffizier in der modernen Kaserne, – ja es soll nach den Agrarschriftstellern dies im Interesse des Herrn für den villicus sogar »Vorschrift« sein. Und wie stets Eigentum und Einzelfamilie einander korrespondieren, so auch hier: der Sklavenehe entspricht das Sklaveneigentum. Der villicus – nach den Agrarschriftstellern offenbar er allein – hat ein peculium: ursprünglich, wie der Name zeigt, einen eigenen Viehbesitz, den er auf die herrschaftliche Weide treibt, wie heute[1] noch im deutschen Osten der Gutstagelöhner. Der breiten Masse der Sklaven fehlt, wie das peculium, so auch das monogamische Geschlechtsverhältnis. Der Geschlechtsverkehr ist eine Art beaufsichtigter Prostitution mit *Prämien* an die Sklavinnen für die Aufzucht von Kindern: bei drei auferzogenen Kindern gaben manche Herren die Freiheit. – Schon dies letztere Verfahren zeigt, *welche Folgen* das Fehlen der monogamischen Familie zeitigte. Nur im Schoße der Fa-

[1] Vor 1914. (H.)

milie gedeiht der Mensch. Die Sklavenkaserne vermochte sich nicht aus sich selbst zu reproduzieren, sie war auf den *fortwährenden Zukauf* von Sklaven zur Ergänzung angewiesen, und tatsächlich wird von den Agrarschriftstellern dieser Zukauf auch als regelmäßig stattfindend vorausgesetzt.

Der antike Sklavenbetrieb ist gefräßig an Menschen, wie der moderne Hochofen an Kohlen. Der *Sklavenmarkt* und dessen regelmäßige und auskömmliche Versorgung mit Menschenmaterial ist *unentbehrliche Voraussetzung* der für den Markt produzierenden Sklavenkaserne. Man kaufte billig: Verbrecher und ähnliches billige Material solle man nehmen, empfiehlt Varro mit der charakteristischen Motivierung: solches Gesindel sei meist »gerissener« (»velocior est animus hominum improborum«). – Damit ist dieser Betrieb abhängig von regelmäßiger *Menschenzufuhr* auf den Sklavenmarkt. Wie, wenn diese einmal versagte? Das mußte auf die Sklavenkasernen wirken, wie die Erschöpfung der Kohlenlager auf die Hochöfen wirken würde. – Und dieser Moment trat ein. Wir kommen damit zu dem Wendepunkt in der Entwicklung der antiken Kultur.

5.

Fragt man, welcher Zeitpunkt es ist, von dem anfangend man den zunächst latenten, bald offensichtlichen Niedergang der römischen Macht und Kultur datieren soll, so wird aus keinem deutschen Kopf die unwillkürliche Vorstellung zu verbannen sein: die Teutoburger Schlacht. Und in der Tat, ein Kern von Berechtigung steckt in dieser populären Vorstellung, trotzdem ihr der Augenschein zuwiderläuft, welcher uns das Römerreich unter Trajan auf der Höhe seiner Macht zeigt. Freilich nicht die Schlacht selbst – eine Schlappe, wie sie jede Nation im Vordringen gegen Barbaren erleidet – war das Entscheidende, sondern was sich ihr anschloß: die *Einstellung* der *Eroberungskriege* am Rhein durch Tiberius, welche durch die Aufgabe Daciens unter Hadrian an der Donau ihre Parallele fand.

Damit wurde der expansiven Tendenz des Römerreichs ein Ende bereitet; und mit der inneren und – in der Hauptsache auch – äußeren Befriedung des antiken Kulturkreises schrumpft die regelmäßige Versorgung der Sklavenmärkte mit Menschenmaterial. Ein gewaltiger *akuter* Arbeitermangel scheint schon unter Tiberius die Folge gewesen zu sein. Wir hören, daß er die ergastula der Güter revidieren lassen mußte, weil die Großgrundbesitzer Menschenraub trieben, – wie die Raubritter lagen sie, so scheint es, an der Straße, nur nicht auf der Ausschau nach Geld und Gut, sondern nach Arbeitskräften für ihre verödenden Felder. Wichtiger war die langsam, aber mächtig sich vollziehende *chronische* Wirkung: die Unmöglichkeit des Fortschreitens der Produktion auf Grundlage der Sklavenkasernen. Diese setzten die fortgesetzte Sklavenzufuhr voraus, sie vermochten sich nicht selbst zu tragen. Sie mußten verfallen, wenn die Zufuhr dauernd stockte. – Die Abnahme der »Billigkeit« des Menschenmaterials scheint nach dem Eindruck, den man aus den späteren Agrarschriftstellern entnimmt, zunächst zur Verbesserung der Technik durch Züchtung von Qualitätsarbeitern geführt zu haben. Aber nachdem die letzten Angriffskriege des zweiten Jahrhunderts, die tatsächlich schon den Charakter von Sklavenjagden angenommen hatten, zu Ende gegangen waren, mußten die großen Plantagen mit ihren ehe- und eigentumslosen Sklaven zusammenschrumpfen.

Daß und wie dies tatsächlich geschah, lehrt uns die Vergleichung der Zustände der Sklaven in den landwirtschaftlichen Großbetrieben, wie sie uns die *römischen* Schriftsteller erkennen lassen, mit ihrer Lage auf den Gütern der *Karolingerzeit*, die wir aus Karls des Großen Domäneninstruktion (Capitulare de villis imperialibus) und den Klosterinventarien jener Zeit kennen lernen. Hier wie dort finden wir den Sklaven als landwirtschaftlichen Arbeiter und zwar hier wie dort gleich rechtlos und insbesondere der gleich schrankenlosen Disposition des Herrn über seine Arbeitskraft unterworfen. Darin also ist kein Unterschied eingetreten. Ebenso sind zahlreiche Einzelheiten der römischen Grundherrschaft übernommen, – finden wir doch auch in der Terminologie z. B. das Weiberhaus (γυναικεῖον) des Altertums im »genitium« wieder. Aber *eines* ist von Grund aus geändert: die römischen Sklaven finden wir in der »kommunistischen« Sklavenkaserne, – den servus der Karolingerzeit aber in der Kate (mansus servilis) auf dem vom Herrn ihm geliehenen Lande als fronpflichtigen Kleinbauern. Er ist der *Familie zurückgegeben*, und mit der Familie hat sich auch der *Eigenbesitz* eingestellt. – Diese *Abschichtung des Sklaven aus dem »Oikos«* hat sich in der spätrömischen Zeit vollzogen, und in der Tat: *sie* mußte ja die Folge der mangelnden Selbstergänzung der Sklavenkasernen sein. Der Herr sicherte, indem er den Sklaven als Erbuntertanen wieder in den Kreis der Einzelfamilie stellte, sich den Nachwuchs und dadurch die dauernde Versorgung mit Arbeitskräften, welche durch Zukauf auf dem zusammenschrumpfenden Sklavenmarkt, dessen letzte Reste in der Karolingerzeit verschwanden, nicht mehr beschafft werden konnten. Er wälzte das Risiko der Unterhaltung des Sklaven, welches in den Plantagen er – der Herr – trug, auf den Sklaven selbst ab. Die Bedeutung dieser langsam, aber sicher fortschreitenden Entwicklung war tiefgreifend. Es handelt sich um einen gewaltigen Wandlungsprozeß in den untersten Schichten der Gesellschaft: Familie und Eigenbesitz wurden ihnen zurückgegeben. Und ich möchte hier nur andeuten, wie dies der siegreichen Entwicklung des Christentums parallel geht: in den Sklavenkasernen hätte es schwerlich Boden gefunden, die unfreien afrikanischen Bauern der Zeit Augustins aber waren bereits Träger einer Sektenbewegung.

Während so der Sklave sozial zum unfreien Fronbauern emporsteigt, steigt gleichzeitig der Kolonus zum hörigen Bauern hinab. Das geschah, indem sein Verhältnis zum Gutsherrn immer mehr den Charakter eines *Arbeitsverhältnisses* annahm. Ursprünglich ist die *Rente*, die er zahlt, dasjenige, worauf es dem Herrn hauptsächlich ankommt, wennschon, wie gesagt, von Anfang an daneben Arbeitsleistungen für das Gut vorgekommen sein werden. Schon in frühkaiserlicher Zeit aber wird von den Agrarschriftstellern auf die *Arbeit* des Kolonus der Hauptnachdruck gelegt, und je mehr die Sklavenarbeit knapp wurde, desto mehr mußte dies der Fall sein. Afrikanische Inschriften aus Kommodus' Zeit zeigen uns, daß der Kolonus dort bereits ein mit Land belehnter und dagegen zu bestimmten Diensten verpflichteter Fronbauer geworden war. Und dieser *ökonomischen* Verschiebung in der Stellung der Kolonen trat bald eine *rechtliche* an die Seite, welche auch formell seine Behandlung als *Arbeits*kraft des Gutes zum Ausdruck brachte: die Schollenfestigkeit. Um ihre Herausbildung zu verstehen, müssen wir in Kürze einige verwaltungsrechtliche Betrachtungen einflechten.

Die römische Verwaltungsorganisation ruhte zu Ende der Republik und zu Beginn der Kaiserzeit auf der *Stadtgemeinde*, dem municipium, als administrativer Unterlage, ganz ebenso wie die antike Kultur auf der Stadt als ökonomischem Untergrund. Systematisch hatte man die in den Reichsverband einbezogenen Gebiete als Stadtgemeinden – in den verschiedensten Abstufungen staatsrechtlicher Abhängigkeit – organisiert, die verwaltungsrechtliche Form des municipium über das Gebiet des Reichs verbreitet. Die Stadt ist der normale, unterste Verwaltungsbezirk. Die Stadtmagistrate haften dem Staat für Steuern und Rekrutenkontingente. – Im Verlauf der Kaiserzeit finden wir aber ein Umschwenken der Entwicklung. Die großen Güter suchen sich mit Erfolg der Einbeziehung in die Gemeinden zu *entziehen;* je mehr der Schwerpunkt des Reichs mit zunehmender Bevölkerung des Binnenlandes ins Innere rückt, desto mehr stellt die agrarische Binnenbevölkerung die Rekruten; desto bestimmender werden aber auch die Interessen der »Agrarier« des Altertums, der großen Grundherren, für die Politik des Staates. Wenn wir heute[2] Widerstand finden bei dem Versuch, die großen Güter des deutschen Ostens in die Landgemeinden zu *»inkommunalisieren«*, so widerstand der römische Kaiserstaat der *Exkommunalisierungs*tendenz der Güter nur wenig. Massen-

[2] Vor 1914. (H.)

haft erscheinen die »saltus« und »territoria« neben den Städten, – Verwaltungsbezirke, in denen der Gutsherr die Ortsobrigkeit ist, ähnlich wie die deutschen Rittergutsbesitzer des Ostens in den »Gutsbezirken«. Der Gutsbesitzer war es hier, an den sich der Staat wegen der Steuern des territorium hielt – er verauslagte sie eventuell für die »Hintersassen« und zog sie wieder von ihnen ein – und der das Rekrutenkontingent der Grundherrschaft stellte: die Rekrutengestellung galt infolgedessen bald ebenso wie irgendeine andere öffentliche Leistung für eine Last des Gutes, dessen Arbeitskräfte – die Kolonen – sie ja dezimierte.

Damit waren die Wege geebnet für die rechtliche Bindung des gutsherrlichen Kolonus an die Scholle.

Im Römischen Reich war – von bestimmten staatsrechtlichen Verhältnissen abgesehen – eine allgemeine Freizügigkeit unter rechtlichen Garantien niemals vorhanden. Erinnern wir uns z. B. nur, wie dem Verfasser des Lukas-Evangeliums die Vorstellung geläufig ist, daß zu Zwecken der Schatzung jedermann in seine Heimatgemeinde (origo) – wir würden sagen: an seinen Unterstützungswohnsitz – abgeschoben werden konnte, – so die Eltern Christi nach Bethlehem. Die origo des *Kolonus* ist aber der *Gutsbezirk* seines Herrn.

Wir finden nun ferner schon früh das Institut der Zwangsrückführung zur Erfüllung öffentlich-rechtlicher Pflichten. Den Senator zwar, der dauernd die Sitzung schwänzte, pfändete man nur. Mit dem Provinzialstadtrat, dem Decurio, der sich seiner Pflicht entzog, machte man weniger Umstände: er wurde auf Requisition der Gemeinde zurückgeholt. Oft genug wurde das nötig, denn das Stadtratsamt des römischen Altertums mit seiner Haftung für das Steuersoll der Gemeinde bot geringe Reize. Und als später mit Verfall und Verwischung aller juristischen Formen diese Rückführungsansprüche bald in dem einen Begriff des Anspruchs auf Herausgabe, der alten dinglichen Klage (vindicatio), aufgingen, da jagten die Gemeinden mit dieser Klage hinter ihren entlaufenen Stadträten her ebenso wie etwa hinter einem entlaufenen Gemeindebullen.

Was dem Decurio recht war, war dem Kolonus billig. Seine Fronpflicht gegenüber dem Gutsherrn wurde, da dieser Fronberechtigter und Obrigkeit in einer Person war, von öffentlichen Lasten nicht unterschieden und er zur Pflicht zurückgeführt, wenn er sich ihr entzog. So wurde er tatsächlich auf dem Wege der Verwaltungspraxis ein dauernd in den Gutsbezirk und damit unter die Gutsherrschaft des Besitzers gebannter, schollenfester Fronbauer. Er wurde dem Staate gegenüber gewissermaßen »mediatisiert«. Und darüber erhob sich nun der »reichsunmittelbare« Stand der Grundherren, der »possessores«, den wir in der späteren Kaiserzeit ebenso wie im ostgotischen und Merowingerreich als feststehenden Typus finden. Die *ständische Gliederung* hatte an Stelle des alten einfachen Gegensatzes von Freien und Unfreien begonnen. Eine in ihren einzelnen Stadien fast unmerkliche Entwicklung führte dazu, weil die ökonomischen Verhältnisse dahin drängten. Die Entwicklung der *feudalen Gesellschaft* lag in der Luft schon des spätrömischen Reiches.

Denn es ist offenbar, daß wir in dieser spätkaiserlichen Grundherrschaft mit dem Nebeneinanderstehen der beiden Kategorien fronpflichtiger Bauern: unfreier (servi) mit »ungemessener« Dienstpflicht und persönlich freier (coloni, tributarii) mit fest bestimmten Leistungen in Geld, Naturalabgaben, später mehr und mehr auch Natural*quoten*, und daneben – nicht immer, aber regelmäßig – festen Fronpflichten, bereits den Typus des *mittelalterlichen Fronhofs* vor uns haben.

Mit Fronarbeit aber unter den Verkehrsverhältnissen des Altertums *für den Absatz* zu produzieren, war eine Unmöglichkeit. Für die Absatzproduktion war die disziplinierte Sklavenkaserne Vorbedingung. Zumal im Binnenland mußten mit deren Zergliederung in Bauernkaten die Absatzproduktion wegfallen, die dünnen Fäden des Verkehrs, die über die naturalwirtschaftliche Unterlage gesponnen waren, sich allmählich weiter lockern und zerreißen. Deutlich sehen wir das schon bei dem letzten erheblicheren römischen landwirtschaftlichen Schriftsteller, Palladius, der empfiehlt, möglichst sich so einzurichten, daß die Arbeit des Gutes alle Bedürfnisse decke, sich selbst trage, und so *den Kauf* entbehrlich mache. War die Spinnerei und Weberei ebenso wie das Mahlen und Backen von jeher von den Frauen des Gutshofs eigenwirtschaftlich besorgt worden, so stellte man nun auch Schmiede-, Tischler-, Maurer-, Zimmermannsarbeit und schließlich den Gesamtbedarf an gewerblichen Leistungen auf dem Gute mit dessen unfreien Fronhandwerkern her. Damit aber trat die dünne Schicht von *freien*, meist gegen Lohn und Kost arbeitenden, gewerblichen Arbeitern der Städte in ihrer relativen Bedeutung noch weiter zurück: die ökonomisch obenanstehenden Wirtschaften der Grundherren deckten ihren Bedarf *natural*wirtschaftlich.

Arbeitsteilige Deckung des Eigenbedarfs des Gutsherrn wird in stets zunehmendem Maße der den »Oikos« beherrschende ökonomische Zweck. Die großen Güter lösen sich vom Markte der Stadt. Die Masse der mittleren und kleineren Städte büßen damit ihren wirtschaftlichen Nährboden: den stadtwirtschaftlichen Arbeits- und Güter*austausch* mit dem umliegenden Lande, immer mehr ein. Sichtbar für uns, selbst durch das trübe, zerbrochene Glas der spätkaiserlichen Rechtsquellen, verfallen daher die Städte. Stets von neuem eifern die Kaiser gegen die Flucht aus der Stadt, dagegen insbesondere, daß die *Possessoren* ihre Behausungen in der Stadt aufgeben und abreißen, Getäfel und Einrichtung auf ihre Landsitze übertragen.

6.

Auf dies Zusammensinken der Städte wirkt verstärkend hin die *staatliche Finanzpolitik*. Auch sie wird mit zunehmendem Finanzbedarf zunehmend *naturalwirtschaftlich*, der Fiskus ein »Oikos«, der seinen Bedarf so wenig wie möglich am Markt und so viel wie möglich aus eigenen Mitteln deckt, – damit aber die Bildung von *Geld*vermögen hemmt. Eine Wohltat war es vom Standpunkt der Untertanen, daß ein Hauptspekulationsgeschäft: die Steuerpacht, beseitigt wurde und die eigene Abgabenerhebung [des Staates] an die Stelle trat. Rationeller war vielleicht die Besorgung der staatlichen Getreidezufuhr durch Schiffe, deren Herstellung der Staat durch Landanweisung belohnte, statt durch Vergebung an Unternehmer. Finanziell vorteilhaft war auch die offenbar zunehmende Monopolisierung zahlreicher einträglicher Zweige des Handels und der staatliche Bergbaubetrieb. Aber alles dies hemmte naturgemäß die Bildung privater Kapitalien und jeden Ansatz zur Entwicklung einer Schicht, die unseren modernen bürgerlichen Klassen entsprochen hätte. Und die Entwicklung dieses naturalwirtschaftlichen Finanzwesens vollzog sich zunehmend, je mehr das Reich aus einem das Land ausbeutenden Städtekonglomerat, welches seinen wirtschaftlichen Schwerpunkt an der Küste und in ihrem Verkehr fand, zu einem Staatswesen wurde, welches naturalwirtschaftliche Binnenländer politisch sich einzuverleiben und zu organisieren suchte. Die damit ungeheuer anschwellenden Staatsbedürfnisse *geld*wirtschaftlich zu decken, gestattete die dazu viel zu dünne Schale des Verkehrs nicht. Mit Notwendigkeit schwoll vielmehr der *naturalwirtschaftliche Faktor* im staatlichen Finanzwesen an.

Die Abgaben der Provinzen an den Staat waren von jeher zum guten Teil Natural-, zumal Getreideabgaben, aus denen die staatlichen Magazine gespeist wurden. In der Kaiserzeit wurde auch alles das, dessen die Verwaltung an gewerblichen Produkten bedurfte, immer weniger durch Kauf auf dem Markt oder Submission und immer mehr dadurch aufgebracht, daß man die Lieferung dem städtischen Gewerbe in natura auferlegte, welches zu diesem Behuf oft in Zwangszünften vereinigt wurde. Das drängte den kümmerlichen, freien Handwerker in die Situation eines faktisch erblichen Zunfthörigen. – Jene Naturaleinnahmen verbrauchte der Fiskus durch entsprechende Naturalausgaben. So suchte er namentlich die beiden Hauptposten seines Ausgabebudgets naturalwirtschaftlich zu dekken: das *Beamtentum* und die *Armee*. Allein hier hatte die Naturalwirtschaft ihre Schranke.

Einen großen Binnenstaat regiert man dauernd nur durch ein besoldetes Berufsbeamtentum, welches die Stadtstaaten des Altertums zu entbehren vermochten. Die Gehälter der Staatsbeamten der diokletianischen Monarchie sind in sehr starkem Maße *Natural*gehalte; sie sehen aus etwa wie ein stark vergrößertes Deputat eines heutigen mecklenburgischen Gutstagelöhners: einige Tausend Scheffel Getreide, eine bestimmte Kopfzahl Vieh, entsprechende Quantitäten Salz, Öl usw., kurz alle Gegenstände, deren der Beamte zu seiner Nahrung, Bekleidung und sonstigen Unterhaltung bedarf, werden auf die kaiserlichen Magazine angewiesen, daneben ein relativ recht mäßiges Taschengeld in bar. Aber trotz dieser offensichtlichen Tendenz zur Naturaldeckung zwang die Unterhaltung einer bedeutenden Beamtenhierarchie zu erheblichen Bargeldausgaben. Und in noch höherem Grade war dies der Fall mit der Deckung der militärischen Bedürfnisse des Reichs.

Ein Binnenstaat mit bedrohter Grenze bedarf eines *stehenden Heeres*. Das alte, auf Wehrpflicht und Selbstequipierung der Grundbesitzer ruhende Bürgerheer war schon zu Ende der Republik in ein vom Staat ausgerüstetes Heer mit proletarischer Rekrutierung verwandelt, – die Stütze der Cäsaren. Die Kaiserzeit schuf dann das nicht nur faktisch, sondern auch rechtlich stehende *Berufs*heer. Um ein solches zu halten, braucht man zweierlei: *Rekruten* und *Geld*. Das Rekrutenbedürfnis war der Grund, weshalb die merkantilistischen Herrscher im Zeitalter des »aufgeklärten« Despotismus, so Friedrich II. und Maria Theresia, den Großbetrieb in der Landwirtschaft niederhielten, indem sie das Bauernlegen verboten. Nicht aus Humanitätsgründen und Liebe für die Bauern geschah dies. Nicht der einzelne Bauer wurde geschützt, – ihn durfte der Gutsherr getrost fortjagen, sofern er nur einen an die Stelle setzte. Vielmehr war der Grund: wenn, nach Friedrich Wilhelm I., »überflüssige Bauernkerls« eine Quelle der Rekrutierung sein sollten, mußten solche *da sein*. Deshalb wurde die Verminderung des vorhandenen Bauern*quantums* durch Einziehung von Bauernstellen verboten, weil sie die Rekrutierung gefährdete und das Land entvölkerte. – Aus ähnlichem Grunde griffen auch die Cäsaren in die Verhältnisse der Kolonen ein und verboten z. B. die Steigerung ihrer Lasten. –

Andererseits beförderten die merkantilistischen Herrscher kräftig die großen Manufakturen, weil sie das Staatsgebiet »peuplierten« und – zweitens – *Geld* ins Land brachten. Friedrich der Große verfolgte mit Steckbriefen nicht nur seine desertierenden Soldaten, sondern auch seine desertierenden Arbeiter und – Fabrikanten. *Dies* war den Cäsaren *verschlossen*, da eine für den Absatz produzierende Großindustrie mit freier Arbeit nicht existierte und nicht entstehen konnte. Vielmehr ging mit dem Sinken der Städte und des Verkehrs und mit dem Rückfall in die Naturalwirtschaft umgekehrt die Möglichkeit, steigende *Geld*steuern zu erschwingen, für das Land immer mehr *verloren*. Und bei dem Arbeitermangel, den das Versiegen des Sklavenmarktes brachte, war die Rekrutierung aus den Kolonen eine für die Güter ruinöse Last, der sie sich mit allen Mitteln zu entziehen suchten. Aus der verfallenden Stadt flieht der Kantonpflichtige auf das Land in die Kolonenhörigkeit, weil der unter dem Druck des Arbeitermangels stehende Possessor das Interesse hat, ihn der Rekrutierung zu entziehen. Die späteren Cäsaren kämpfen ebenso gegen die Flucht der Bürger aufs Land wie die späteren Hohenstaufen gegen die Flucht der Hörigen in die Städte. –

Deutlich finden wir die Rückwirkung dieser Rekrutennot im Heere der Kaiserzeit. Italien ist seit Vespasian aushebungsfrei; seit Hadrian schwindet die Mischung der Kontingente und sucht man zur Kostenersparung vielmehr die Heere möglichst aus dem Bezirk ihres Standorts zu rekrutieren, – der früheste Vorbote vom Zerfall des Reichs. Aber noch weiter: wenn man die Heimatsangaben der entlassenen Soldaten durch die Jahrhunderte verfolgt, so zeigt sich, daß die Zahl derjenigen, welche als »Lagerkinder« (castrenses) bezeichnet sind, in der Kaiserzeit von wenigen

Prozenten der Gesamtheit bis auf einen der Hälfte nahekommenden Bruchteil sich steigert, – mit andern Worten: das römische Heer erzeugt sich zu einem fortwährend zunehmenden Bruchteil aus sich selbst. Wie an Stelle des ehelosen Kasernensklaven der Bauer im Schoße eigener Familie tritt, so – wenigstens zum Teil – an Stelle des ehelosen Kasernen- oder richtiger Lagersoldaten der in Soldatenehe stehende, faktisch erbliche Berufssöldner. Und auch die zunehmende Rekrutierung des Heeres aus Barbaren hat in erster Linie den Zweck der Schonung der Arbeitskräfte des eigenen Landes, insbesondere der Arbeitskräfte der großen Güter. Völlig naturalwirtschaftlich versucht man endlich durch Beleihung von Barbaren mit Land gegen Kriegsdienstpflicht die Grenzwache zu bestreiten, und diese Form, der entfernte Vorbote des Lehens, findet zunehmende Verwendung. Das Heer, welches das Reich beherrscht, wird so ein von jeder Beziehung zur einheimischen Bevölkerung sich immer mehr loslösender Barbarenhaufe. Der siegreiche Einbruch der Barbaren von *außerhalb* bedeutete deshalb für die Provinzialen im Innern des Reiches im ersten Augenblick wesentlich nur einen Wechsel der Einquartierung: selbst die Form des römischen Einquartierungswesens wurde ja übernommen. Es scheint, daß in Gallien die Barbaren keineswegs überall als Eroberer gefürchtet, sondern hie und da als Befreier von dem Druck der römischen Verwaltung begrüßt wurden. – Und das ist begreiflich.

Denn nicht nur die Gestellung der *Rekruten* war es, die aus den Mitteln der eigenen Bevölkerung zu bestreiten dem alternden Reich schwer fiel, sondern schwerer noch drückten die in Naturalwirtschaft zurücksinkenden Völker die *Geldsteuern*, ohne welche ein Soldheer schlechterdings nicht zu unterhalten ist. Um die Geldaufbringung dreht sich immer mehr die ganze Staatskunst, und immer deutlicher zeigt sich die ökonomische Unfähigkeit der wesentlich nur noch für den Eigenbedarf produzierenden Possessoren, *Geld*abgaben zu leisten. Ja, wenn der Kaiser ihnen gesagt hätte: »Wohlan, laßt eure Kolonen euch Waffen schmieden, setzt euch zu Pferde und schützt mit mir die

Scholle, von der ihr lebt«, – *dies* hätten sie ökonomisch leisten können. Aber damit wäre man eben schon im Mittelalter und *beim Feudalheer* gewesen. In der Tat: wie die feudale Gliederung der Gesellschaft, so war die *feudale Wehrverfassung* das Ziel, welchem die spätrömische Entwicklung zustrebte und welches – nach dem kurzen und nur lokalen Rückschlag in der Völkerwanderungszeit zugunsten kolonisierender Bauernheere – schon in der Karolingerzeit in der Hauptsache erreicht wurde. Allein mit feudalen Ritterheeren kann man zwar fremde Kronen erobern, die Landesmark eines beschränkten Territoriums verteidigen, aber nicht die Einheit eines Weltreichs wahren und hundertmeilige Grenzen gegen landhungrige Eroberer halten: deshalb war für die spätrömische Zeit der Übergang zu *der* Form der Heeresverfassung, welche dem naturalwirtschaftlichen Untergrund entsprach, nicht möglich. *Daher* mußte Diokletian die Reorganisation der Staatsfinanzen auf dem Boden einheitlicher *Geld*steuern versuchen, und bis zuletzt blieb die *Stadt* die offizielle unterste Zelle des Staatsorganismus. Aber die *ökonomische* Unterlage der breiten Masse der römischen Städte schwand immer mehr: sie saßen wie Schröpfköpfe im Interesse des geldbedürftigen staatlichen Verwaltungsapparats auf einem Untergrund, der sich mit einem Netz von Grundherrschaften überzogen hatte. Der Zerfall des Reichs war die notwendige politische Folge des allmählichen Schwindens des Verkehrs und der Zunahme der Naturalwirtschaft. Er bedeutete im wesentlichen nur den Wegfall jenes Verwaltungsapparats und damit des geldwirtschaftlichen politischen Überbaus, der dem naturalwirtschaftlichen ökonomischen Unterbau nicht mehr angepaßt war.

7.

Als dann nach einem halben Jahrtausend der späte Testamentsvollstrecker Diokletians, Karl der Große, die politische Einheit des Okzidents wieder erweckte, da geschah dies auf streng naturalwirtschaftlicher Grundlage. Wer die

Instruktion für die Domänenverwalter (villici) liest – das berühmte Capitulare de villis, durch seine Sachkunde und Barschheit an Verfügungen Friedrich Wilhelms I. erinnernd –, findet die deutlichste Illustration dazu. Neben dem König figuriert auch die Königin als Oberinstanz: die *Hausfrau* des Königs ist sein Finanzminister. Und das mit Recht: es handelt sich bei dieser »Finanzverwaltung« vornehmlich um die Bedürfnisse des königlichen Küchenzettels und Haushalts, der mit dem »Staatshaushalt« identisch ist. Es wird verfügt, was von den Inspektoren an den Hof des Königs zu liefern ist: z. B. Getreide, Fleisch, Gewebe, merkwürdig große Quantitäten Seife usw., kurz was der König verbraucht für sich, für seine Haus- und Tischgenossen und für den politischen Dienst, z. B. Pferde und Fuhrwerke für den Krieg. *Verschwunden* ist das *stehende Heer* und das *besoldete Beamtentum* und damit – selbst dem Begriff nach – die Steuer. Seine Beamten speist der König am eigenen Tisch oder stattet sie mit Land aus; das sich selbst ausrüstende Heer aber ist im Begriff, endgültig ein Reiterheer und damit ein Wehrstand ritterlicher Grundherren zu werden. *Verschwunden* ist aber auch der *interlokale Güteraustausch:* die Fäden des Verkehrs zwischen den eigenwirtschaftlichen Zellen des Wirtschaftslebens sind gerissen, der Handel [ist] auf die Stufe des Wandergewerbes in den Händen Stammfremder – Griechen und Juden – zurückentwickelt.

Verschwunden ist die *Stadt,* – die Karolingerzeit kennt sie als spezifischen verwaltungsrechtlichen Begriff überhaupt nicht. Die *Grund*herrschaften sind die Träger der Kultur – auch die Unterlage der Klöster; Grundherren die politischen Funktionäre; ein Grundherr, der größte, [ist] der König selbst, – ein überaus ländlicher Analphabet. Auf dem Lande liegen seine Pfalzen, deshalb hat er keine Residenz: er ist ein Herrscher, der, um seines Lebensunterhalts willen, mehr reist, als selbst moderne Monarchen, – denn er lebt, indem er von Pfalz zu Pfalz zieht und verzehrt, was für ihn aufgespeichert ist. – *Die Kultur ist ländlich geworden.* –

Der Kreislauf der ökonomischen Entwicklung des Altertums hat sich vollendet. Scheinbar völlig vernichtet ist seine Geistesarbeit. Versunken ist mit dem Verkehr die Marmorpracht der antiken Städte und damit alles das, was von geistigen Gütern auf ihnen ruhte: Kunst und Literatur, die Wissenschaft und die feinen Formen des antiken Verkehrsrechts. Und an den Gutshöfen der Possessoren und Senioren ertönt noch nicht der Minnesang. Unwillkürlich wehmütig berührt uns das Schauspiel, wie eine scheinbar dem Höchsten zustrebende Entwicklung ihre materielle Unterlage verliert und in sich selbst zusammenbricht. Allein was ist es denn, was wir in diesem gewaltigen Vorgang vor uns sehen? In den Tiefen der Gesellschaft vollzogen sich und mußten sich vollziehen organische Strukturänderungen, die im ganzen doch einen gewaltigen Gesundungsprozeß bedeuteten. Die Einzelfamilie und der Privatbesitz wurden den Massen der Unfreien zurückgegeben; diese selbst aus der Situation des »sprechenden Inventars« langsam wieder in den Kreis der Menschen hinaufgehoben, deren Familienexistenz das emporwachsende Christentum dann mit zähen moralischen Garantien umgab: schon die spätkaiserlichen Bauernschutzgesetze erkennen den Zusammenhalt der unfreien Familie in einem vorher nicht gekannten Maße an. Freilich sank zugleich ein Teil der freien Bevölkerung zu faktischer Hörigkeit und die raffiniert gebildete Aristokratie des Altertums zur Barbarei herab. Der naturalwirtschaftliche Untergrund, den das Anschwellen der unfreien Arbeit der antiken Kulturentwicklung untergeschoben hatte, war zunächst immer weiter gewuchert, je mehr der Sklavenbesitz die Vermögen differenzierte, und hatte nach dem Übergang des politischen Schwergewichts von der Küste auf das Binnenland und nach dem Versiegen der Menschenzufuhr seine zum Feudalismus drängende Struktur auch dem ursprünglich verkehrswirtschaftlichen Oberbau aufgezwungen. So schwand die dünn gewordene Hülle der antiken Kultur, und das Geistesleben der okzidentalen Menschheit sank in lange Nacht. Sein Niedersinken gemahnt aber an jenen

Riesen der hellenischen Mythe, der neue Kraft gewann, wenn er am Busen der Mutter Erde ruhte. Fremdartig wäre freilich den alten Klassikern ihre Umgebung erschienen, wäre etwa einer von ihnen in der Karolingerzeit in seinen Pergamenten erwacht und hätte er die Welt aus seiner Klosterzelle gemustert: die Düngerluft des Fronhofes hätte ihn angeweht. Allein sie schliefen nun den Winterschlaf, wie die Kultur überhaupt, im Schoße des wieder ländlich gewordenen Wirtschaftslebens. Und es weckte sie auch nicht Minnesang und Turnier der feudalen Gesellschaft. Erst als auf der Grundlage der freien Arbeitsteilung und des Verkehrs die *Stadt* im Mittelalter wieder erstanden war, als dann der Übergang zur Volkswirtschaft die bürgerliche Freiheit vorbereitete und die Gebundenheit unter den äußeren und inneren Autoritäten des Feudalzeitalters sprengte, da erhob sich der alte Riese in neuer Kraft und hob auch das geistige Vermächtnis des Altertums empor an das Licht der modernen bürgerlichen Kultur.

WIRTSCHAFT UND GESELLSCHAFT IM ROM DER KAISERZEIT

Auch in der Kaiserzeit hat die Polis ihren Siegeszug durch die antike Welt fortgesetzt. Wie die Makedonen mit der Gründung von »Alexandreschata« die Grenze Turkestans berührten, so hat die Römerherrschaft, mit den Synoikismen der Lusitanier, den Koloniegründungen und der noch wichtigeren städtischen Organisation der *Untertanen* in Britannien, Gallien und Mauretanien, am Rhein und der Donau, wo immer sie möglich schien, der Polis eine ähnliche Siegeslaufbahn im Okzident bereitet. Auch hier, und hier noch mehr als im Hellenismus, sind es oft riesige Landgebiete, welche den Städten »attribuiert« werden. Durch Verlegung der Verwaltung in die Zentralstadt, weiterhin durch Schaffung eines privilegierten Dekurionenstandes aus den Höchstbesteuerten, wird die Zusammensiedelung möglichst aller, mindestens aber eines Teils der *großen* Grundbesitzer in der Stadt indirekt (zuweilen auch direkt) erzwungen . . Im Anschluß an den Staat hat in der christlichen Kaiserzeit auch die *Kirche* an die Polis angeknüpft. Ihre Anhängerschaft war dem Schwerpunkt nach von jeher – bis das Prinzip »coge intrare« zur Geltung kam – *städtisch (klein*bürgerlich): der Ausdruck »paganus«, der im Altertum allmählich seinen despektierlichen Beigeschmack vom Standpunkt des Stadtbürgers her empfangen hatte, wurde nun, wie im Jargon der Militärmonarchie auf den »Zivilisten«, so in der Kirche auf den »Heiden« angewendet. Und als die Kirche sich offiziell als Staat im Staat zu organisieren begann, führte sie zunehmend streng den Grundsatz durch, daß ein Bischof nur in einer *Stadt* residieren kann. –

Auch in den *römischen* Synoikismen standen politische Interessen oft in Konflikt mit ökonomischen: wie die *»Di-*

oikismen« von Mantineia und Patrai dem Wunsch der Grundbesitzer, auf ihren Gütern zu leben, entgegenkommen, so zeigt sich der Widerstand gegen den Synoikismos in der Kaiserzeit oft, und je länger je mehr, namentlich in den Binnenstädten, wo die Stadt keine Chancen der Kapitalanlage im Seeverkehr bot. Jedenfalls aber ist überall Sklavenarbeit oder Kolonenpacht bei einem starken Maß von Absentismus eine Folge, welche die Schaffung von Städten, zumal mit großen Binnenlandgebieten, unvermeidlich mit sich brachte. Seit dem 3. Jahrh., und seitdem dauernd, stößt dann der Fortschritt der Stadtorganisation auf offenbar steigende Schwierigkeiten. Ehe deren Gründe berührt werden, überschauen wir noch einmal die Eigenart der antiken Polis und fragen hier vor allem: wie sie sich denn zur »Stadt« des *Mittelalters* verhält. Die Kombination von Grundbesitz und Teilnahme am Markt als Grundlagen des Bürgertums, die allmähliche Akkumulation von Grundbesitz mittels der Handelsgewinne, die Behandlung der Grundbesitzlosen als »Gäste« (Metöken), die Bürgerleiturgien gegenüber dem Stadtherrn, militärische Organisation der Bürgerschaft, speziell: der für Militärzwecke wichtigen Gewerbe, die soziale Scheidung zwischen Reitern und Fußvolk, – dies alles findet sich in den *Anfängen* mittelalterlicher Städte ebenso, wie wir es in der Frühzeit der antiken Polis beobachten. Aber im übrigen sind die Unterschiede ganz gewaltige. Freilich ist zunächst sehr nachdrücklich daran zu erinnern, wie verschieden, in ihrer sozialen Struktur, die Städte des Mittelalters untereinander sind. Um gleich einen wichtigen Punkt vorwegzunehmen: das Verhältnis zum ritterlichen *Adel*, – der ja in der antiken Stadt überall und immer den *Kern* der Städteentwicklung ausmacht. So verhalten sich z. B. Genua, für dessen Anfänge in gewissem Sinn das gleiche zutrifft, Florenz, wo die Bürgerschaft das »incasamento« des Landadels erzwang und das zeitweise eine Art von politischer »Strafversetzung in den Adelsstand« kannte, sodann jene zahlreichen Städte, welche den Adel direkt oder indirekt zum Eintritt in die Zünfte nötigten, andererseits Freiburg i. B.

und andere Orte, wo dem Adel die Niederlassung in der Stadt *verboten* war, und schließlich jene zahlreichen Städte (die Mehrzahl der großen), welche das Aufsteigen eines ritterlichen Patriziats *aus* dem Bürgertum heraus erlebt haben, offensichtlich recht verschieden voneinander. Ganz allgemein läßt sich [in Bezug auf die mittelalterliche Entwicklung] wohl sagen, daß die mittelländischen *See*städte mit ihrem Überwiegen reiner Handelsinteressen und Handelsvermögen dem Stadttypus der antiken *Groß*stadt am nächsten stehen und daß auch die (sekundären) *reinen* Ackerbürgerstädtchen den antiken Kleinstädten immerhin ähnlich sind, während dagegen die *Industrie*städte einen von der antiken Polis stark abweichenden Typus zeigen. So flüssig diese Unterschiede – wie *alle* noch so großen ökonomischen Differenzen – sind, so liegt doch, trotz Goldschmidts Widerspruch, in Lastigs These, daß die spezifischen Neuschöpfungen auf dem Gebiet des gewerblichen *Kapital*rechts vornehmlich von den Industriestädten, wie Florenz, getragen werden, sehr viel Richtiges. Daß das *Arbeitsrecht*, die soziale Macht der Zünfte und die zünftige Ordnung des Arbeitsverhältnisses, die erste Organisation *freier Arbeit* also, – zu der sich im Altertum mancherlei Ansätze finden, aber eben nur Ansätze, nichts Fertiges, – wesentlich diesen »Industriestädten« verdankt wird, liegt auf der Hand. –

Das Karolingerreich kennt und reguliert den Sklavenmarkt. In den Binnengebieten Osteuropas blieb der Sklavenhandel ebenso bestehen wie in den mittelländischen Seestädten (Genua), – er schwand dagegen in den industriellen Binnenstädten. Nicht daß diesen etwa die Leibeigenschaft von Anfang an *fremd* gewesen wäre. *Im Gegenteil:* die Handwerker und auch die Händler, welche in eine neu konzessionierte Stadt ziehen, sind zu einem recht beträchtlichen Teil Leibeigene, die der Herr – wie der antike Sklavenbesitzer seine »χωρὶς οἰκοῦντες« – in die Stadt entläßt, um an ihren Abgaben und Hinterlassenschaften zu profitieren, und die erst allmählich (teilweise nach Jahrhunderten) persönlich ganz frei werden. Wie die Sklaven des Altertums, von denen der Herr »*ἀποφορά*« bezieht, gehen auch diese Leibeigenen neben ihren freien Berufsgenossen ihrem Erwerb nach. Der *Unterschied* aber ist, daß dies Gemenge von Freien und Unfreien hier einen »Zweckverband« bildete, der die Standesdifferenzen innerhalb seines Bereichs *ignorierte* und aus dem weiterhin eine autonome *Gemeinde* mit bestimmten Freiheitsrechten erwuchs, daß also *sie*, die von ihrem Boden oder ihrem Leibe Zinsenden, und *nicht*, wie in der Antike, die *Herren*, die *»Stadt«* darstellen, – wenigstens in jenem Typus der »industriellen Binnenstadt«, überhaupt in allen den Städten, in welchen die Zünfte bestimmenden Einfluß gewannen. »Binnenstadt« ist dabei natürlich nicht etwa gleich: »Stadt in einem nach außen gänzlich verkehrs*losen* Gebiet« zu verstehen: – in einem solchen Gebiet gibt es nirgends eine Stadtentwicklung. Sondern sie ist gemeint als eine Stadt, deren Produktion und Konsum dem *Schwer*punkt nach auf *lokaler* Marktbildung beruht. Und »Industriestadt« ist im Mittelalter selbstredend nicht eine Stadt, deren Bedarf an Landwirtschaftsprodukten *nur* durch Absatz eigener gewerblicher Produkte gedeckt wird, sondern eine solche, bei der die Konzentration des *freien* Gewerbes *wesentliche* Grundlage des Nahrungsspielraums und zugleich das *Spezifikum* gegenüber dem platten Lande bildet. Städte, deren Existenz auf binnenländischen Boden- und Sklavenrenten beruht, wie Moskau bis in dieses Jahrhundert, und ihr ökonomischer Gegenpol: Städte, welche, wie Genua, auf Seehandelsgewinn, überseeischer Kapitalanlage und kolonialer Plantagenwirtschaft basieren, stehen *beide* der antiken Polis näher als das, was zwischen diesen Extremen liegt: die mittelalterliche *Industriestadt* im eben erläuterten Sinn.

Daß Industriestadt und Handelsstadt immer wieder ineinanderfließen (Venedig und erst recht Flandern und viele oberdeutsche und rheinische Städte), ist ebenfalls ganz zweifellos, und daß im Altertum das *Gewerbe* von erheblicher Bedeutung für die Entwicklung der Polis sein konnte, ebenso. Gleichwohl bleibt der Unterschied ganz gewaltig. Und, was das Wichtigste und Entscheidende ist:

die Position des antiken Gewerbes – soziale wie ökonomische – *steigt nicht* mit der Entwicklung des Reichtums, erreicht *nirgends* die Höhe der großen mittelalterlichen Gewerbezentren, während die ganze spezifisch *moderne* kapitalistische Entwicklung, die des *gewerblichen* Kapitalismus, an die von eben jenen »Industriestädten« geschaffenen Rechtsformen anknüpft, also an das, was der antiken Polis *fehlt*. Der »Demiurg« der Frühzeit der antiken Polis *sinkt* mit der Entwicklung der Sklavenkapitalien. Jenes Gemenge freier und unfreier kleiner Leute dagegen, welches zu Beginn des Mittelalters, *ganz ebenso* verachtet wie im Altertum, *ganz ebenso* wie damals, gegenüber den Kaufleuten, von den Ämtern ausgeschlossen, die »Handwerke« konstituiert, *steigt* ökonomisch und politisch auf. Gewiß kennt das Altertum, wie uns die Bücher von Liebenam und Ziebarth zeigen, Handwerkerkorporationen. Aber, während – ganz wie im Mittelalter – die *militärisch* wichtigen Handwerker der Frühzeit politische Wehr- und Stimmkörper bilden, *fehlt* jede irgend erhebliche Bedeutung der Handwerkerverbände gerade der »klassischen« Zeit der Antike *gänzlich*. Erst mit dem Schrumpfen der relativen Bedeutung des Kauf*sklaven*tums begegnen Handwerkerverbände von sozialer Erheblichkeit, – aber *ohne* die typischen Rechte der mittelalterlichen Zünfte, für die vielmehr erst in der allerspätesten Zeit, nach dem völligen Untergang des Kapitalismus, Ansätze hervortreten, auf die L. M. Hartmann mit Recht hingewiesen hat.

Wie der antiken Polis gerade das Charakteristischste an der Stadtentwicklung des Mittelalters: die *Zunft* mit ihrem Kampf gegen das Patriziat und die Konstituierung von spezifischen *Zunft*städten, fehlt, so fehlt der mittelalterlichen Stadt so gut wie *jede* Analogie für die charakteristischste Erscheinung in der *freien* Städteentwicklung des Altertums: den Kampf der *Bauern* gegen das Patriziat und die Konstituierung der »Hoplitenpolis«: der Herrschaft der wehrfähigen Bauern über die Stadt. Die typische mittelalterliche Stadt schließt anfangs den Bauern vom Anteil am Bürgerrecht prinzipiell aus, und als sie ihn später als

»Ausbürger« unter ihren Schutz nehmen will, wird sie durch Adel und Fürsten daran gehindert. Und der Grundbesitz, den die reich werdenden Bürger erwerben, bedeutet nicht eine Erweiterung des Land*gebietes*. Natürlich finden sich »Übergänge« auch hier wie überall in der Geschichte. *Nirgends* erscheint im Altertum die »Hoplitenpolis« wirklich *rein* ausgeprägt, weder in Athen nach Kleisthenes und Ephialtes, noch in Rom nach dem hortensischen Gesetz, noch irgendwo; und ferner ist natürlich nicht aus dem Auge zu verlieren, daß die »Hoplitenschaft« eben doch als *sehr* wesentlichen Bestandteil die *städtischen* Kleinbürger – speziell: *Haus*besitzer – mit umschloß. Andererseits soll auch die Bedeutung der kleinen Ackerbürger im Mittelalter und die verwaltungsrechtliche Rolle der »Sondergemeinden« in den Städten nicht vergessen werden, vollends nicht die Rolle des Land*gebietes* in italienischen Stadtstaaten. Aber wer nicht die *ausschließliche* Aufgabe der »Geschichte« darin erblickt, sich selbst durch den Nachweis, daß »alles schon dagewesen« [sei] und alle oder doch fast alle Unterschiede solche des *Maßes* seien – was gewiß richtig ist –, überflüssig zu machen, der wird den Nachdruck auf die *Verschiedenheiten* legen, die, trotz aller Parallelen, hervortreten, und die Gleichartigkeiten nur benutzen, um die *Eigen*art jedes von beiden Entwicklungskreisen gegenüber dem anderen zu ermitteln. Diese ist aber wahrlich groß genug. Wo im Mittelalter die *Zünfte* die Stadtherrschaft erobern und zu politischen Zwecken den Stadtadel wie jeden, der politische Rechte ausüben will, zwingen, sich in eine Zunft einschreiben, von ihr besteuern und kontrollieren zu lassen, da steht im Altertum der δῆμος, das *Dorf*, welches – z. B. fast im ganzen Umkreis der attischen Herrschaft – zu politischen Zwecken den gleichen Zwang übt. Wo das Altertum nach Grundrentenklassen die Ausrüstungspflicht abstuft, da das Mittelalter nach Zünften. Der Unterschied ist außerordentlich auffallend und zeigt allein schon, daß »die mittelalterliche«, d. h. die dem Mittelalter spezifische, Stadt ökonomisch und sozial in entscheidenden Punkten gänzlich anders konstituiert war als die antike. Und zwar in dem Sinne, daß das Mittelalter *unserer* kapitalistischen Entwicklung längst vor dem Auftauchen kapitalistischer Organisationsformen *näher* stand als die Polis.

Das tritt in den Frontstellungen der sozialen Kämpfe hier und dort hervor. Im Altertum ist der *typische* Gegensatz einfach der *Vermögens*gegensatz: Grundherr – Kleinbesitzer. Der Kampf dreht sich zunächst um *politische* Gleichstellung und *Lasten*verteilung. Wo er eine *ökonomische* Spannung zwischen den Klassen in sich schließt, ist er, abgesehen von den Fragen des öffentlichen Landes, letztlich *fast* gänzlich auf die Gegensätze zu bringen: 1. Landbesitzer – Deklassierter, oder aber 2. die Vorstufe dazu: Gläubiger – *Schuldner*. Schuldner ist dabei, zwar nicht nur, aber sehr wesentlich, der *Bauer* draußen *vor* der Stadt. Nun ist der Gegensatz der *Zünfte* gegen die Geschlechter *anfangs* auf der Höhe unseres Mittelalters (13./14. Jahrh.) mit den Kämpfen der Polis des antiken »Mittelalters« immerhin noch vergleichbar: politische Entrechtung, finanzpolitische Bedrückung und Benachteiligung im Allmendgenuß stehen im Vordergrund. Aber nicht die *Bauern* draußen *vor* der Stadt, sondern die Handwerker *drinnen* stellen die Kerntruppe der Opposition. Und als dann die beginnende kapitalistische Entwicklung eingreift, handelt es sich bei den nun entstehenden Kämpfen keineswegs mehr, wie in der Antike, um bloße Gegensätze der Besitz*größe* oder einfacher Gläubiger-Schuldner-Beziehungen. Sondern, je klarer sich spezifisch *ökonomische* Spannungen herausarbeiten, desto bestimmter prägt sich der im Altertum in *dieser* Art gar nicht praktische Gegensatz aus: Kaufmann – *Handwerker*. Der antike Bauer will nicht Schuldknecht und damit *land*wirtschaftliche Arbeitskraft eines stadtsässigen Grund- und Geld-*Rentners* sein. Der Handwerker der spätmittelalterlichen Städte will nicht Hausindustrieller und damit *gewerbliche* Arbeitskraft eines kapitalistischen *»Unternehmers«* werden. *Nach* dem Siege der Zünfte aber tritt überdies noch ein neuer sozialer Kontrast hervor, den das Altertum nicht kannte: der zwischen

»Meister« und »Geselle«. Der antike Fronarbeiter im Orient »streikt« mit dem Schrei: »gib uns unser (traditionelles) Brot«. Der antike *Land*sklave empört sich, um wieder ein Freier zu werden, – von Empörungen und Kämpfen der antiken *Gewerbe*sklaven dagegen hören wir *nichts*. Gerade das Gewerbe war in der Antike der Lage des Sklaven günstig: es bot ihm, im Gegensatz zur Landwirtschaft, die Chancen des Loskaufs. Vollends für soziale Forderungen freier »Handwerks*gesellen*« fehlt jedes Objekt, weil die »Gesellen« selbst fehlen (oder doch, wo sie etwa existierten, keine sozial relevante *Klasse* bildeten). Fast alle antiken *sozialen* Kämpfe sind, und zwar *gerade:* in den *Stadt*staaten, letztlich Kämpfe um *Boden*besitz und Boden*recht*, – ein Problem, welches in dieser Art und gar als ein spezifisch *städtisches*, im Mittelalter gar nicht existiert, sondern wesentlich den Konflikten zwischen *land*sässigen Klassen: dem Bauern und den ihm übergelagerten *nicht* städtischen Schichten (je nachdem Grundherren oder politischen Herren) angehört, wie sie in den wechselvollen, meist unglücklichen, Freiheitskämpfen der Bauern in England, Frankreich, Deutschland zum Austrag kamen. Gewiß: die Städte haben in diesen Gegensätzen oft Partei genommen, in Italien den Feudalismus niedergeworfen, in Deutschland ihn (auf die Dauer vergebens) bekämpft. Aber nur in einzelnen der größeren (italienischen) Stadt*staaten* war dies ein Kampf *innerhalb* der Stadtgemeinschaft oder ihres Gebiets. Das Ringen der Hoplitenschaften des okzidentalen Altertums gegen den *Stadt*adel fände daher im Mittelalter seine Parallele nur etwa in den Kämpfen der Schweizer Gewalthaufen gegen die feudale Ritterschaft und die Territorialherren.

Diesem Unterschied liegt einer der wichtigsten Gegensätze antiker und mittelalterlicher Städteentwicklung zugrunde: der Unterschied des Sitzes und Charakters des *Adels* und der *Fürsten*. Während die antike Polisentwicklung mit dem *Stadt*königtum beginnt und zuerst dessen Verdrängung durch den *Stadt*adel, dann aber die politische Emanzipation des *Landes* und dessen Herrschaft über die

Stadt bringt, steht an der Spitze der mittelalterlichen Entwicklung ein *land*sässiger Grundherrenadel und ein spezifisch *ländliches* König- und Fürstentum und ist die mittelalterliche Stadtentwicklung Emanzipation der *städtischen* Bürger aus grundherrlicher und öffentlich-rechtlicher Abhängigkeit von jenen *nicht*städtischen Gewalten. Zwar darf man auch hier den Gegensatz nicht verabsolutieren. Gerade die großen Handelsstädte am Südrande der Städteentwicklung des Mittelalters, wie Pisa, Venedig, Genua, und ebenso viele große französische und spanische Städte, sind in hohem Maße Sitze des Adels gewesen und erst recht: *geworden*, in Italien schließlich derart, daß man im 18. Jahrh. in Toscana die »città« vom »borgo« und »castello« außer nach der kirchlichen Qualifikation (Bischofssitz oder nicht) auch geradezu nach dem Range des Adels schied, der darin seinen Wohnsitz hatte. Und die Eidverbrüderungen, durch welche in solchen Städten – z. B. in Genua durch die »compagna communis« – die Autonomie der Stadt usurpiert wurde, könnten, trotz aller Unterschiede in ihrer sozialen Zusammensetzung, sehr wohl an die Synoikismen der antiken Städte erinnern. Wenigstens kann man sie damit *vergleichen:* auch in diesen romanischen Städten des frühen Mittelalters ist der Adel, und zwar führend, mit dabei. Und – was damit zusammenhängt – es ist auch die ökonomische Basis des neu entstehenden Städtepatriziats dieser Städte im Prinzip dem der antiken Polisgeschlechter verwandt: Überseehandel, diskontinuierlich in der Form der commenda (wie im alten Orient), kombiniert mit bedeutendem und, infolge der Handelsgewinne, wachsendem Grundbesitz. Diese letzterwähnte Ähnlichkeit in der ökonomischen Struktur des *Stadtpatriziats* mit dem Patriziat der Frühantike ist sogar den Städten des Mittelalters ziemlich generell eigen. Dagegen ist die Beziehung zu den eigentlichen *feudalen* Gewalten bei der großen Mehrzahl der mittelalterlichen Städte, zumal der nordeuropäischen und der kontinentalen Gewerbestädte, sowohl nach der Art der Entstehung wie nach ihrer späteren Entwicklung ganz abweichend von der freien Polis des Altertums. Dies ist die Folge des Umstandes, daß die Stadtentwicklung des Mittelalters in zwar sehr locker zusammenhängende, aber eben doch immerhin zusammenhängende, große *Lehensstaaten* eingebettet war, von Fürsten und Grundherren konzessioniert und privilegiert, rundum von ihrem Gebiet umgeben und, auch wo die Abhängigkeit sich noch so stark lockerte, dennoch in Maß und Art ihrer Entfaltung gebunden, weil immer wieder auf Kompromisse mit ihnen angewiesen. Gerade hieraus folgte ein sehr viel ausgeprägter »bürgerlicher«, auf den Erwerb durch Gewerbemonopolisierung und Kleinhandel gegründeter Charakter als bei den Schöpfungen des mittelländischen Seehandelspatriziats. Sie *unterscheiden* sich durch diesen weit spezifischer »ökonomischen« Charakter von Anfang an sehr stark von der antiken Polis der klassischen Zeit, – während die hellenistischen Städte und diejenigen der Spätantike ihnen gerade darin näher stehen. Die breite Masse der mittelalterlichen Städte ist entstanden durch Ansiedlung auf dem Terrain eines Fürsten oder Grundherrn, der davon Bodenzinse, Marktgebühren, Gerichtsgefälle erhoffte, – eine gradlinige Fortbildung der bloßen »Markt«-konzessionen, die bereits den gleichen Zweck verfolgten. Die Spekulation schlug bei den Städte-, wie vorher bei den Marktgründungen, zuweilen fehl. Gelang sie, so wurde das vom Herrn hergegebene Terrain besiedelt von einem Gemenge von freien und unfreien Züglern, welche Hausgrund, Garten, Allmendnutzung und das *Verkehrsrecht* auf dem Markt der Stadt, bald auch Verkehrs*privilegien:* Stapel, Bannmeile usw. erhielten. Diese Ansiedelung wird durchweg alsbald oder im Laufe kurzer Zeit *Festung* und gewinnt allmählich ein, freilich im Einzelfall sehr verschieden großes, Maß von Unabhängigkeit gegenüber ihrem Gründer, zuweilen volle Loslösung, zuweilen auch bloße ökonomische und Polizei-Autonomie, in den großen Städten aber der Regel nach: volle innere und, der Tatsache nach, äußere Autonomie unter Aufrechterhaltung von Grundzinsrechten und Gerichtsherrlichkeit des Stadtherrn, der also zwar *auch* politisch, aber doch *überwiegend* ökonomisch (als Gebühren- und Zinsenperzipient) an ihnen interessiert bleibt. Daß die Stadtbürgerschaft ihre Autonomie innerhalb der staatlichen Verbände bis etwa in das 15. Jahrh. hinein zunehmend *erweiterte*, – während die hellenistischen und römischen Städte die ihre innerhalb der monarchischen Staaten zunehmend *verloren*, – hat seinen Grund in dem Gegensatz der *Struktur* der Staatengebilde, in welche die eine und die andere eingebettet waren.

Der monarchische Staat des Altertums ist oder wird: *bureaukratischer* Staat. In Ägypten ist aus der Königsklientel schon im 2. Jahrtausend die universelle Herrschaft der Bureaukratie herausgewachsen. Diese Herrschaft und die Theokratie haben gemeinsam im Orient die Entwicklung der freien Polis erdrückt; das Römerreich ging unter der Monarchie den gleichen Gang. Im mittelalterlichen Okzident geht die Umbildung der Ministerialität in die Amtsverfassung parallel mit der Ausbildung der Territorialgewalt, die, im wesentlichen, seit dem 13. Jahrh. beginnt, im 16. endgültig befestigt ist und *seitdem*, schon mit dem 15. Jahrh. anfangend, die Autonomie der Städte zunehmend beseitigt, sie dem dynastischen bureaukratischen Staat eingliedert. Während des ganzen frühen und auf der Höhe des Mittelalters aber ist der sich entwickelnden *Stadt* Raum zur Entfaltung ihrer entscheidenden Eigenarten gegeben: sie ist in dieser Zeit nicht nur die Hauptträgerin der Geldwirtschaft, sondern, damit zusammenhängend, auch der Verwaltung kraft *amtlicher* Pflicht, und sie ist rings umgeben von der Hierarchie, der auf Lehens- und Dienstbeziehungen ruhenden Machtverhältnisse, *an denen* (generell gesprochen) *ihre Bürger als solche nicht teilhaben*. Das hat gewichtige Konsequenzen: in der Polis, mit ihrer Gliederung in Phylen, Phratrien und ökonomisch abgestufte Wehrklassen, bei welcher der Militarismus schlechthin alles durchdringt, Militärleistung und Bürgerrecht einfach *identisch* sind, hängt auch schlechthin alles: Handelsmonopole, Chancen des Bodenwuchers, letztlich und vor allem: Boden*besitz* am militärischen Erfolg in dem chronischen

Kriegszustand der einen Stadt gegen – im letzten Grunde – alle anderen Städte. Die Polis ist in der klassischen Periode die *vollkommenste* Militärorganisation, die das Altertum hervorgebracht hatte. Sie ist *wesentlich* zu *Militär*zwecken gegründet, ebenso wie die Masse der *mittelalterlichen* Städte *wesentlich* zu *ökonomischen* Zwecken gegründet wird. Zu dem Militarismus und dem rücksichtslosen kriegerischen Umsichgreifen der antiken Polis finden sich *Analogien* in den Seestädten Italiens: die erbarmungslose Vernichtung Amalfis durch Pisa, die Lahmlegung Pisas durch Genua, der Kampf Genuas gegen Venedig sind nach Ziel und Mitteln durchaus »antike« Polispolitik. Es finden sich Analogien auch im Binnenland: Zerstörung Fiesoles, Unterwerfung Arrezzos, Lahmlegung Sienas durch Florenz, und auch die Politik der Hanse bietet Anklänge. Im ganzen aber, zumal im kontinentalen französisch-deutschen Binnenlande und in England, ist eine kriegerische Beutepolitik als *Stadt*politik von Anfang an nicht durchführbar. Die Stadt ist *nicht*, wie im frühen Altertum, der vollkommenste Militärorganismus: *Binnen*landstädte können in der Periode des Ritterkampfes, im eigentlichen Mittelalter, nur ihre Unabhängigkeit und den *Landfrieden* für ihre *Verkehrs*interessen erwerben und behaupten und dies nur im *Bunde* miteinander. Erst die Zeit der Kondottieri und der Soldheere gibt, selbst in Italien, ihrer Geldmacht das Übergewicht *da*, wo der Kapitalismus hinlänglich entwickelt ist, um die Mittel zu liefern (auch der Unabhängigkeitskampf der niederländischen Städte ist zu *Lande* – von der Verteidigung der Mauern abgesehen – gänzlich mit *Sold*heeren durchgeführt worden, ganz ebenso wie die Expansion von Florenz). Die Stadt (im Binnenland) ist bei allem Gewicht, welches auf die Wehrhaftigkeit der Bürger gelegt werden mußte, doch von Anfang an, und *zunehmend*, »bürgerlichen« Charakters, auf friedlichen *Markt*erwerb zugeschnitten. Der »Bürger« ist im Mittelalter von Anfang an in *weit* höherem Maße »homo oeconomicus«, als der Bürger einer antiken Polis es sein will oder kann. Es fällt vor allen Dingen, im schärfsten Gegensatz zur antiken Polis,

Landeroberung zum Zweck von Kleruchien normalerweise gänzlich außerhalb seines Gesichtskreises, schon einfach weil keine Reflektanten für solche: keine deklassierten, ihres Bodenbesitzes beraubten, verschuldeten oder Bodenbesitz für ihre Nachfahren suchenden *Bauern* als treibendes Element der Stadtpolitik in ihr vorhanden sind, mochte auch das städtische *Patriziat*, ganz wie im Altertum, sein Geld häufig in Landgütern anlegen. –

Auch für das Vordringen der *Bauern* selbst, in den Urwald und nach Osten hin, war ja eine *erobernde* Expansion zur Landokkupation nach Art des Altertums im Mittelalter durch ihre Einfügung in die *feudale* Organisation ausgeschlossen. Jene Expansion lag jetzt in den Händen der Grund- und Territorialherren. Als Ziel der Politik einer (normalen) mittelalterlichen *Stadt* wäre die „Kleruchie" ebensosehr eine *militärische* wie ökonomische Unmöglichkeit, – während sie der antiken Polis *normal* ist. Das Interesse der mittelalterlichen Bürgerschaft – außerhalb der wenigen großen Städte, welche *Übersee*beziehungen handelnd und kolonisierend ausbeuten – wird und bleibt instradiert in der Richtung auf *friedliche* Erweiterung des – lokalen und interlokalen – *Waren*absatzes. Natürlich: seine *ganz* großen Gewinnchancen fand (wie Sombart mit Recht betont) in der zweiten Hälfte des Mittelalters der entstehende *Kapitalismus* auch jetzt da, wo ihm Staatspachten (Genua, Florenz) oder, vor allem, die Deckung königlichen Finanzbedarfs in die Hände gerieten. Aber: *dieser* Vorgang und alle jene Gestalten, welche an ihm hängen – die Acciajuoli, Bardi, Peruzzi, Medici, Fugger usw. –, sind *nichts Neues* gegenüber dem Altertum, welches sie seit den »Geldmännern« Hammurabis bis zu Crassus ganz ebenso kennt; *nicht hier*, und *nicht* in der Frage nach der Art der Akkumulation der ersten großen Geldvermögen liegt das Problem von der Herkunft der *Eigenart* der spätmittelalterlichen und neuzeitlichen Wirtschaftsverfassung, schließlich also auch: des *modernen* Kapitalismus, beschlossen. Sondern die entscheidenden Fragen liegen einerseits in der Entwicklung des *Marktes:* wie entwickelte sich im Mittelalter die *Abnehmerschaft* für die später kapitalistisch organisierten *Gewerbe?*, — auf der anderen [Seite] in der Richtung der Ordnung der *Produktion:* wie geriet das Verwertungsstreben des Kapitals in die Bahn der Schaffung *derjenigen* Organisationen »freier« Arbeit, welche das Altertum *nicht* gekannt hat? Diese Probleme sind hier nicht zu erörtern.

Nur einige Bemerkungen über den Gegensatz der mittelalterlichen zur *antiken* Entwicklung, soweit *agrarische* Bedingungen mitspielen, sind dem bisher Gesagten noch hinzuzufügen. Die langsame, aber stetige Hebung der ökonomischen Lage der mittelalterlichen Bauernschaft, die erst mit dem Stocken der inneren Kolonisation, im Walde und nach Osten zu, ihr Ende erreicht, die aber im Mittelalter das Entstehen eines langsam sich erweiternden *Marktes* für die Städte — wie umgekehrt die Städteentwicklung das Entstehen von Absatzmöglichkeit für bäuerliche Produkte — bedeutete, hängt, wie schon die letzten Bemerkungen vermuten ließen, letztlich ebenso wie jene vorher besprochene spezifisch »bürgerliche« Entwicklung der mittelalterlichen im Gegensatz zu den antiken Städten, an den Lebensbedingungen, welche in jener Zeit die *außerhalb* der Städte etablierte *feudale Gesellschaftsorganisation* dem kontinentalen Bauern gewährte. Ein Blick auf ihren Gegensatz zu Parallelerscheinungen des *Altertums* scheint am Platz.

[Angesichts der] großen Bedeutung *feudaler* Elemente während des ganzen Altertums und bei der ungeheuren Macht des Religiösen im Alltagsleben der Antike, wo auch die künstlichsten, rein rationalen, Phylenbildungen u. dgl. alsbald religiöse Bedeutsamkeit attrahieren, darf auch für die spätere Zeit die Zähigkeit feudaler Treuverhältnisse nicht unterschätzt werden. Auch ist der *Ausgangs*punkt der feudalen Entwicklung in beiden Fällen ein gemeinsamer. Am Anfang der Entwicklung steht im Mittelalter wie im Altertum die *Gefolgschaft* (trustis) des Gaufürsten, die, in größerem Maßstabe, wiederkehrt als Gefolgschaft des *Königs*, hier wie im Altertum oft angesehen als landfremd oder jedenfalls außerhalb des Landrechts stehend, durch die königliche Banngewalt gedeckt. Hier wie dort finden sich die Ansätze zu einer königlichen Magazinverwaltung, Versorgung des Heeres aus den Magazinen (Capitulare de villis), Teuerungspolitik usw. Hier wie dort ist es der, letztlich, aus jener Gefolgschaft – wenn auch unter Verwertung mannigfacher außerhalb des speziellen Gefolgschaftswesens liegender Rechtsinstitute – sich entwickelnde *ritterliche Adel*, dessen Machtstellung und Unentbehrlichkeit den König zunehmend bindet, von sich abhängig macht, zuweilen zum reinen Wahlkönig degradiert und das Land beherrscht. Aber wie der König kein Stadtkönig ist, so ist auch der Adel kein Stadtadel und ist es auch – im kontinentalen Gebiet wenigstens, im teilweisen Gegensatz zum mittelländischen – im Mittelalter nicht geworden. Ebenso die *Grundherrschaften*. Im Altertum sind sie bis in die Kaiserzeit die Basis *städtischer* Rentnerexistenzen. Dies zunächst einfach deshalb, weil das, was wir Altertum *nennen*, ein *Küsten*kulturgebiet umspannt: schon die thessalische Grundherrschaft trägt, scheint es, einen dem Mittelalter näher stehenden Charakter, – von den eigentlichen Binnenlandflächen erfahren wir erst in der hellenistischen und besonders der Kaiserzeit etwas. Im Mittelalter rückt dagegen der Schwerpunkt jenes historischen Kontinuum, welches von den Pharaonen zu unserer Kultur führt, in das *Binnen*land. Die Masse der Grundherrschaften sind nicht suburbane, sondern *ländliche* Gebilde, welche *land*sässige Existenzen mit ihrem Anhang (Fürsten und freie Vasallen mit ihren ritterlichen Ministerialen) tragen sollen. Diese Funktion versehen nun die Grundherrschaften keineswegs ausschließlich, die großen nicht immer vorwiegend, in *natural*wirtschaftlicher Form. Im Gegenteil: der König, die Fürsten, die großen Vasallen, sie alle wollen auch hier am *Verkehr* profitieren. Die Gründungen von Märkten und Städten sind, wie schon erwähnt, fürstliche und grundherrliche Gebühren- und Rentenspekulationen. Aber: Adel und Grundherren sind *nicht*, wie im Altertum, *als solche* Stadtbürger, – im Gegenteil: sie suchen ihre Herrenhöfe gegen die Einbeziehung in die

»freie« Genossenschaft der Stadt, isolierend, zu schützen, den Städten das Recht, »Ausbürger« sich anzugliedern, zu nehmen. Ländliche und städtische Interessenkreise suchen sich also zu *scheiden*. Daß sie das nicht entfernt vollkommen erreichen, versteht sich, aber sie nähern sich dem immerhin in einem Maße, wie das in der Polis des Altertums: dem militärischen Exerzierplatz und Standlager, nie und nimmer möglich war. Und auch die innere soziale Gliederung der feudalen Schichten ist eine andere als im Altertum. Die Lehensträger der orientalischen Fürsten, die Heloten, Oikees, Klienten, Prekaristen und Kolonen der mittelländischen Grundherren sind in der Zeit des antiken Rittertums kleine Leute, die als Troß und, allenfalls, leichte Fußkämpfer einen zu *Wagen* in die Schlacht fahrenden Einzelkämpfer begleiten. In der Zeit des *Hopliten*heeres braucht der gepanzerte Vollhoplit lediglich ein bis zwei Leute (Heloten, Sklaven) als Träger und zur Bedienung. Die (bis in die klassische Zeit hinein steigbügellose!) Reiterei des Altertums dagegen steht technisch tief bis in die Partherzeit. Dagegen das Lehensheer des Mittelalters ist ein *Reiter*heer von Anfang an und solange es besteht, mit steigender Vervollkommnung der Panzerung, Bewaffnung und Disziplin. Solche bäuerlichen *κλῆροι*, wie sie die *μάχιμοι* usw. des Orients oder (wahrscheinlich!) die Klienten in Rom bewirtschaften, überhaupt eine derartig gedrückte soziale Stellung, wie sie die im *antiken* Klientelverband stehenden Lehensleute einnehmen, konnten daher selbst den in der Lehenshierarchie am untersten Ende stehenden Ministerialen, *wenn* sie gewappnet mit in den Krieg ziehen sollten, nicht geboten werden. Ihr Leben mußte ihnen immer die *»ritterliche«* Lebensweise gewähren. Alles, was »Bauer« ist, bleibt *unter* dieser Schicht, die notwendig wesentlich *Rentner*schicht ist. (Ich vereinfache die tatsächlich vielfach komplizierteren Sachverhalte hier etwas.)

Und recht wesentlich mit darauf, *daß* schon die unterste, dem Bauern übergelagerte Schicht ein *Rentner*stand ist, mit Standesinteressen, welche dem Ökonomischen *ab*gekehrt sind, während andererseits die Bauern selbst eine zunehmend *un*kriegerische Klasse werden, ruht die Art der Entwicklung der kontinentalen Bauernschaft im frühen Mittelalter. Diese Bauernschaft hat territoriale Eroberungen größten Stils gemacht, so groß, wie die irgendeines antiken Hoplitenheeres, aber, ebenso wie die Stadt, im wesentlichen *friedlich* und überdies: wesentlich im Dienste feudaler Rentner. Die Rodung des Waldes und die Besetzung des Kolonisationsbodens des Ostens vollzogen sich beide unter Einwirkung des *Renten*interesses der *Herren*schicht. Weil nun für dies gewaltige Werk »innerer Kolonisation« die Sklaven 1. quantitativ gemangelt hätten, 2. die *Ernährung* von Sklaven höhere (und *steigende*) *Kosten* gemacht hätte, 3. weil – das Entscheidende – qualitativ Sklavenarbeit zur Schaffung von Bauernnahrungen »von wilder Wurzel aus« oder auf dem östlichen Sandboden nicht mit Vorteil brauchbar war, so bedeutete jene Siedlung eine mächtige Expansion »freier«, d. h. hier: wesentlich feste Abgaben leistender Bauern, wirkte das individualistische Squatter-Recht des germanischen »Bifanc« im Urwald genau umgekehrt wie das Okkupationsrecht auf den eroberten Terrains Roms (wo es die *Plantagen* schaffen half) und vollends entgegengesetzt gegenüber der, notwendig bureaukratisch gelenkten, Schaffung von Neuland durch *Kanal*bau in den orientalischen Staaten der Frühzeit. Die Bauernschaft des Mittelalters war so lange eine expansive, aufsteigende Klasse, als die rein feudale, *Renten* und nicht *Marktgewinn* suchende, Herrenschicht des reinen *Lehens*staates über ihr stand. Die Wucht der Naturalwirtschaft auf den, für die Verkehrsmittel der Vergangenheit, ungeheuren Binnengebieten hielt das Tempo der Entwicklung von *Fern*absatzchancen für landwirtschaftliche Produkte lange genug nieder, um der Bauernwirtschaft Zeit zur Eroberung Mitteleuropas zu geben. Gegen Ende des Mittelalters ist der *grundherrliche*, aber (normalerweise!) wesentlich nur mit *traditionellen* Abgaben belastete Bauer der Typus des Landwirts, die nahe Stadt sein normaler Markt, er selbst, da die Stadt das Gewerbe für sich nach Möglichkeit monopolisiert, die »Störer« und Landgewerbetreibenden tunlichst ekrasiert hat, der normale, aber sichere Abnehmer der Masse der städtischen gewerblichen Produkte. Das *Lehens*heer und der *Lehens*staat haben den rein ökonomisch expansiven Bauern und die rein ökonomisch expansive Stadt des Mittelalters schaffen helfen. –

An *diesen* Zustand knüpft das Eingreifen des modernen *Kapitalismus* im Gewerbe wie in der Landwirtschaft an. Gewiß: indem er ihn allmählich *auflöste. Aber:* man möge doch ja nicht die Existenz dieser, durch tausendfältig miteinander verzahnte Berechtigungen, Privilegien, genossenschaftliche Bildungen, Zwangs-, Stapel-, Bann- und Marktrechte usw., vor allem durch die traditionellen oder oktroyierten *Preis*regulierungen geschaffenen Verkehrsunterlagen für die Entwicklung des Kapitalismus unterschätzen. Sie sind ihm *Hemmnis* seines Profitstrebens, aber *Stütze* seines *Kalküls,* der nicht auf dem absoluten Flugsand orientalischen Feilschens hätte bauen können. Denn auf jeden Fall ist die durch tausend Fäden zusammenhängende Güterverkehrs-Organisation des Mittelalters, wie sie sich innerhalb des theokratisch-feudalen Gehäuses der damaligen Welt entwickeln konnte, eine der Komponenten eines dem Kalkül zugänglichen Güter*marktes*, ebenso wie die in jener Organisation verklammerte Schicht *freier*, bäuerlich-kleinbürgerlicher Existenzen jenen breiten, *relativ* stabilen *Abnehmer*kreis darstellte, dessen der moderne Kapitalismus für seine Waren bedurfte.

Der Gegensatz, der in der Entwicklung von Bürgertum und Bauernwirtschaft im okzidentalen Mittelalter gegenüber dem Altertum sich zeigt, ist also in *erster* Linie bedingt durch den *Wechsel des geographischen Schauplatzes*, in *zweiter*, damit durch die verschiedensten Ursachenreihen zusammenhängender [Linie] durch die abweichende *militärische* Entwicklung des Mittelalters. Während das Ritterheer im Mittelalter die feudale Gesellschaftsordnung erzwang, und seine Ablösung durch das Landsknechtsheer und dann (seit Moritz von Oranien) die disziplinierte moderne Truppe den Sieg der modernen Staatsordnung mit herbeiführte, hat das Altertum zwei große militärtechnische Umwälzungen erlebt: die Einführung des *Pferdes*, von Osten (sei es Iran, sei es Turan) her, schuf (wie im Mittelalter) die Burg, den orientalischen Eroberungsstaat und die mittelländische ritterliche Gesellschaft. Das *Eisen*, die Stoßwaffe, der disziplinierte Nahkampf gepanzerter Hopliten, schuf das Großbauern- und Kleinbürgerheer und damit die antike »Bürgerpolis«. – Alles weitere ist dann Konsequenz des Schauplatzes, auf welchem diese tätig wurde. Denn kriegerisch, erobernd, Handelsmonopole und Tributuntertanen, daneben aber Land zur Versorgung des Nachwuchses der Hopliten oder Gelegenheit zur Vermehrung der *Renten* der Kleinbürger suchend, war sie, wo immer sich ihr Chancen boten, von Anfang an und ist es immer und überall geblieben, wo nicht ihr Umsichgreifen durch politische Übermacht gehemmt wurde.

Die *Ökonomik* und *Technik* der Wirtschaft hat dagegen in den Zeiten seit den Ramessiden und Assurbanipal, mit Ausnahme der Erfindung der Münze, im Altertum offenbar *relativ* geringe Fortschritte gemacht. Wieviel – oder wie wenig – die im Licht der Geschichte liegende Zeit des Altertums an *technischen* Neuerungen geschaffen hat, wird sich erst entscheiden lassen, wenn einmal eine dem heutigen Quellenstand entsprechende *Industrie*geschichte Ägyptens und Mesopotamiens (für die *Technik:* vornehmlich Ägyptens) vorliegt. Es ist sehr möglich, daß alsdann der Orient – wie er der Vater aller bis gegen Ende unseres Mittelalters hinein herrschenden *Handels*formen (Babylon), ferner der Fronhöfe (Ägypten), der unfreien Heimarbeit (Ägypten), des Leiturgiesystems (Ägypten), der *Bureaukratie* (Ägypten), der Kloster- und anderer kirchlicher Organisationen (Ägypten, Juden) war, – auch als Schöpfer der größten Zahl aller *technischen* Neuerungen erscheint, welche auf dem Gebiet des *Gewerbes* bis zum Ende des Mittelalters gemacht worden sind. Auf *landwirtschafts*technischem Gebiet sind im Lauf des Altertums einzelne Umgestaltungen zu verzeichnen, welche der *Vergrößerung* der, mit einem gegebenen Quantum Arbeit in gegebener Zeit zu bewältigenden Fläche, also der Arbeitsersparung, dienten (bessere Dresch-, Pflüge- und Erntewerkzeuge – die letzteren beiden charakteristischerweise erst nach Schluß der klassischen Epoche und im nordischen *Binnenland)*. Im Gewerbe ist, wenn, wie billig, von den Kriegsmaschinen und den ihnen verwandten Hebevorrichtungen u. dgl. wesentlich bei *öffentlichen* Arbeiten verwandten Instrumenten abgesehen wird, der Fortschritt, soviel erkennbar, hauptsächlich ein der *Spezialisierung* des *Einzel*arbeiters, nicht oder doch nicht in wesentlichem Maß, der Arbeits*vereinigung* dienender. Und Ähnliches sehen wir auf dem Gebiet der *Ökonomik* des Gewerbes. Beides kann, nach der Natur der inneren Gliederung des antiken Gewerbes und des Verwertungsinteresses des Sklavenbesitzes, nicht Wunder nehmen. –

Auf dem Boden der mittelalterlichen Handels- und Gewerbeorganisation, teils *neben* ihr, teils innerhalb ihrer, immer aber, trotz allen Kampfes gegen die Zünfte, unter Benützung der durch sie geschaffenen Geleise und Rechtsformen, schuf sich der moderne Kapitalismus die Bedingungen seines Wachstums. Aus der den Handel von Hammurabi bis in das 13. Jahrh. beherrschenden commenda schuf er die Kommanditgesellschaft (Ansätze im Altertum nur – charakteristischerweise – bei *Staats*pachtgesellschaften). Die im Altertum nur in rohen Artjel-artigen Formen vorhandene Solidarhaft von Teilhabern wird in die schon sehr feinen Formen des spätmittelalterlichen Rechts der Handels- und Industriegesellschaften: Sondervermögen, Firma usw. sublimiert. Es entstehen, m. a. W., jetzt die Rechtsformen für den kontinuierlichen kapitalistischen Handels- und Gewerbe*betrieb*, während das Altertum, im reinen *Privat*verkehr jedenfalls, bei Rechtsformen stehen geblieben war, die auf *dis*kontinuierliche *Gelegenheitsanlage* von Kapital *zugeschnitten* waren. Im Mittelalter beginnt das Kapital, sobald es das Gebiet der *gewerblichen* Produktion ergreift, alsbald die *Synthese* der kleinen Handwerkerbetriebe. Von der Organisation des Absatzes und weiterhin der Beschaffung des Rohstoffes schreitet sie unaufhaltsam in das Innere des Produktionsprozesses fort und kombiniert allmählich neue, der Rationalisierung der Technik angepaßte, künstliche, von der Familie sich zunehmend loslösende Betriebseinheiten von zunehmender Größe und – generell gesprochen – zunehmender innerer Gliederung durch Arbeitszerlegung und -vereinigung. Im Altertum bemerken wir, auf dem Gebiet der rein privaten Betriebe, derart *nichts.* Selbst die Zusammenballung von Dutzenden, ja von Tausenden von Sklaven in einzelnen *Vermögen*, auch da, wo die Sklaven *derselben* gewerblichen *Branche* angehören, war keine Schaffung von »Groß-*betrieben*« im ökonomischen Sinn, so wenig wie etwa heute die Anlage eines Vermögens in Aktien verschiedener Brauereien die Schaffung einer *neuen* Brauerei bedeutet. Denn um eine Anlage von *Vermögen* handelt es sich auch dort: die Ökonomik und Technik der Produktion wird davon gar nicht berührt, die Sklaven bleiben, was sie waren: *Klein*handwerker, die ein vermögender Mann als *Renten*quelle, oder: – das ist das Maximum der *Annäherung* an einen kapitalistischen »Großbetrieb« – ein Importeur (z. B. Demosthenes) als Verarbeiter seines Rohstoffs verwertet. Wir sehen, wie *labil*, bei der geringen Bedeutung »stehenden Kapitals«, diese Zusammenballungen waren, wie vollkommen beherrscht das Schicksal des »Betriebes« vom Schicksal des Vermögens ist, und es ist abschließend hier noch eins hinzuzufügen: wenn wir in den Sklavenvermögen des Altertums auf Zusammenhäufungen von ganz heterogenen Handwerkern stoßen (Timarchos), so ist das ebensowenig ein Zufall, wie wenn wir etwa in dem Wertpapierbestand eines modernen Vermögens äußerst heterogene, in ihren Verzinsungschancen unter ganz entgegengesetzten Bedingungen stehende Aktien antreffen. Eine solche Anlage in möglichst *heterogenen* Papieren ist, wie jedermann weiß, ein Gebot der Vorsicht, – ganz das gleiche aber gilt im Altertum für die Vermögensanlage in Sklaven, soweit es sich nicht um Arbeiter für so absolut stetige Gewerbe wie Edelmetallbergwerke (Nikias) oder um Verwertung eigenen Kaufmannsgutes (Demosthenes) handelte. Es war, in anderen Fällen, direkt ein Gebot der Vorsicht, *heterogene* Handwerker zusammenzukaufen, – eine Versicherung gegen Verlust, wie wir sie auf dem Gebiet der Mietsrenten in der Beteiligung *desselben* Mannes an dem Besitz von Anteilen möglichst vieler verschiedener Häuser antreffen. Daraus aber folgt: Der »Kapitalismus« auf dem Gebiet des Gewerbes war im Altertum, weil er *Renten*kapitalismus war, in gewissem Sinne direkt *gegen* die Schaffung von »Großbetrieben«, die *ein* spezifisches Produkt herstellen, interessiert. Dazu hatte der *Absatz* gewerblicher Produkte, mindestens der Absatz nach *außen*, viel zu sehr den Charakter des *Gelegenheits*absatzes, der von zahllosen politischen Peripetien, vor allem aber, in einem in *dieser* Art seit dem Spätmittelalter nur selten vorkommenden Maße, von den Schwankungen des *Getreide*preises abhängig war: der Spielraum, den bei der *Masse* – und *deren* Bedürfnisse sind es, die der *moderne* Kapitalismus deckt – im Altertum die Ausgaben für das absolut Unentbehrliche übrig ließen, ihre Kaufkraft für gewerbliche Produkte, blieb so eng und labil, daß auf dieser schmalen Basis kein sozial mächtiges zünftiges Gewerbe, noch weniger große »Hausindustrien« oder gar »Fabriken« existieren konnten. –

Mit diesen – notgedrungen, wenn die nun einmal zweifellos vorhandenen Unterschiede hervortreten sollten, – etwas pointierten Ausführungen soll gewiß nicht bestritten werden, daß die gewerblichen Betriebe des Altertums hier und da eine gewisse *Annäherung* an einen rationalen »Großbetrieb« bedeutet haben mögen: das verlohnte sehr eine besondere Untersuchung. Aber das für das Altertum *Charakteristische* ist jene gerade entgegengesetzte Entwicklung, die sich dem *modernen* gewerblichen Kapitalismus nicht annähert, sondern sich von ihm *entfernt*. Es ist ganz wesentlich auch die Tatsache, daß das Verwertungsstreben des Kapitals im Altertum auf *Sklaven*arbeit stieß, welche diese Entwicklung instradiert hat. Daß *dies* im Mittelalter anders war, beruhte, neben rein historischen Gründen, doch vor allem wiederum auf der Verlegung des *geo-*

graphischen Schauplatzes der kapitalistischen Entwicklung. Die klimatisch bedingte, ganz andersartige Entwicklung des *Bedürfnis*standes, die klimatische *Hausgebundenheit* des nordischen Menschen während langer Jahreszeiten im Gegensatz zur Aushäusigkeit, zum »ἀγοράζειν« des antiken (dem etwa das Caféleben der heutigen Spanier und Italiener entspricht), die – auch ohne jegliche »Rassen«-Hypothesen – schon direkt aus den für jede neue Generation wieder gegebenen klimatischen Lebensbedingungen erklärlichen »Temperaments«-Differenzen, vor allem die zahlreichen *Binnen*verkehrszentren mit ihrer alles Sprunghafte ausschließenden stetigen Expansion von Konsum und Produktion, – das alles sind *neue* Bedingungen, in welche die technischen Traditionen des Altertums hineingezogen wurden und mit denen das wieder erwachende Verwertungsstreben des Kapitals zu rechnen hatte. Nicht nur war die Verwendung von Sklavenarbeit, infolge der höheren Erhaltungskosten, an sich im Norden benachteiligt, sondern die oben geschilderte *militärische* Struktur des Mittelalters schloß gerade auch die Sitze des Gewerbes: die *Städte*, von Sklavenraubkriegen nach Art der Poleis des Altertums aus, und die Fehden der Ritterschaft des Binnenlandes ergaben als Kampfpreis den Wechsel des *Herrn* der abgabepflichtigen Bauernschaft, die Ausdehnung der eigenen Grund- und Territorialhoheit auf Kosten der eines anderen, aber nicht die Fortschleppung der Menschen, wie in den *See*raubkriegen der antiken Küstenkultur. Die Sklaverei ging, mit steigender Kultur des Binnenlandes, mindestens relativ, zurück, während die Entwicklung »freier« Arbeit aus allen jenen oben aufgezählten Momenten (die nähere Begründung führte zu weit) Vorteile zog. Endlich: während in den Kämpfen der Poleis des Altertums bis zum Ende der römischen Republik *jeder* Krieg im Prinzip die gewaltsame Vernichtung des ganzen Bodenbesitzstandes, riesige Konfiskationen und Neusiedelungen bedeutete, die Polis also in dieser Hinsicht auf dem Standpunkt der germanischen Völkerwanderung verharrte, war das Mittelalter in aller seiner Fehdelust, und vollends die beginnende

Neuzeit, dennoch eine, am antiken, etwa hellenischen, Maßstab gemessen, »befriedete« Völkergemeinschaft. Gewiß hat der moderne Kapitalismus im Mittelalter und in der Neuzeit seine gewaltigsten Gewinne aus dem »Kriegsbedarf« gezogen. Aber das, was *neu* war: die kapitalistische Organisation der *gewerblichen* Güterproduktion, ruhte doch auf jener »Befriedung« welche unter allen politischen Peripetien dennoch die Kontinuität der ökonomischen Entwicklung erhielt und an welcher neben den großen Lehensstaaten vor allem auch die gemeinsame *Kirche* ihren Anteil hatte. Im Altertum dagegen war schon die *Gründung* der Polis ein politisch-militärisch motivierter Akt, und ebenso hing ihre Fortentwicklung an militärischen Vorgängen; und darum *lebte* der Kapitalismus dort letztlich allein vom Politischen, er war, sozusagen, nur indirekt ökonomisch: das politische Auf und Ab der Polis mit seinen variierenden Chancen von Staatspachten, Menschen- und (speziell in Rom) Bodenraub war sein Element. Als, im Hellenismus und im römischen Reich, die Oikumene *befriedet* wurde, da haben auch auf dem Boden der antiken Stadt, die nunmehr zur Trägerin ausschließlich *ökonomischer* Interessen wurde, die vorher nur in Ansätzen vorhandenen Berufsvereine der Händler und Handwerker sich reich entwickelt. Sie lassen sich, vom spätantiken Staat für seine Zwecke ausgenutzt, bis zum Einsetzen der ersten Anfänge der mittelalterlichen Zünfte verfolgen. Aber für den antiken *Kapitalismus* hatte die Todesstunde geschlagen: der Friede und der monarchische Staat, der Übergang von der Küsten- zur Binnenkultur *erdrückten* ihn, wie er nun einmal war, statt ihm, wie man a priori glauben sollte, erst recht zur Blüte zu verhelfen. Jenen Übergang zum Frieden und zur Binnenkultur aber hat endgültig die *römische Kaiserzeit* vollzogen.

Das Kaiserreich brachte, vorläufig unter Tiberius, endgültig seit Hadrian, den Frieden und das Aufhören der Boden- und Menschenraubkriege, und zugleich die Einbeziehung großer Binnenlandflächen: Galliens, der Rhein- und Donauländer, Illyriens und (zu der alten Provinz Makedonien) auch des ganzen Innern der Balkanhalbinsel, in das Reich. Der Friede bedeutete das allmähliche Versiegen der Sklavenzufuhr: für einen Menschenverschleiß, wie ihn die Plantagen, nach Varros Ideal, betreiben sollten, und wie ihn die Bergwerke bedurften, war die spekulative Sklavenaufzucht und der friedliche Sklavenhandel nicht ausreichend. Der Sklavenpreis *stieg* anfangs rapide, weil die Versorgung des Marktes mangelte, – in der Spätzeit des Reiches steht er umgekehrt außerordentlich *niedrig*, weil inzwischen der *Bedarf* durch Umgestaltungen in der Wirtschaftsorganisation tief gesunken war. Ich habe dies Moment der Sklavenmarktverhältnisse früher etwas exklusiv überschätzt, man möge es aber nicht *unter*schätzen. Der Zerfall der Sklavenkasernen, die Herstellung des Familienlebens des Sklaven, damit das Schrumpfen des *Kapitalismus* in den landwirtschaftlichen Großbetrieben, ist Tatsache und hängt *auch* und sicher in starkem Maß (die Quellen lassen die »Leutenot« erkennen) mit jenen Verschiebungen zusammen. Die großen Besitzungen der riesigen verkehrsschwachen Binnenlandflächen des Nordens konnten ohnehin nicht nach dem Muster der karthagisch-römischen Plantage bewirtschaftet werden. Schon Tacitus (oder sein Gewährsmann) hat, wahrscheinlich bei den Fürsten der Ubier an der Rheingrenze, die Naturalrentengrundherrschaft gesehen, wie sie in der Frankenzeit das Feld behauptet, und stellt sie zu den römischen Sklavenkasernen mit ihrer militärischen Robotordnung in Gegensatz. –

Langsam begann die römische villa mit ihrer immerhin hohen Kultur nach Norden, schließlich bis an die Grenze Schottlands, vorzudringen. Diese villa ruht dabei – auch das lassen die Quellen erkennen – auf einer immer breiteren Grundlage und muß dies tun, weil das, was für eine »herrschaftliche« Existenz nötig wird, ein immer größeres Areal erfordert. Der Prozeß der Vergrößerung der Großgrundbesitzungen, der schon in der Republik im Gange war, setzt sich fort, und damit zugleich ihre allmähliche Loslösung vom Markt, der für ihre Bedarfsdeckung immer entbehrlicher wird. Gewaltsam sucht die Monarchie – wie die Quellen erkennen lassen: gegen immer stärkeren Widerstand der Possessoren – diese zu synoikisieren. Aber die Stadtflucht behält die Oberhand. Die Aristokratie wird in starkem Maße *land*säßig, und das heißt: das Mittelalter bereitet sich vor, die Bedeutung der Städte sinkt, sozial wie ökonomisch. *Absolut* hat der Güterverkehr, etwa in den 3 1/2 Jahrhunderten von Gracchus bis Caracalla, im Gebiet des in der Kaiserzeit vom Römerreich umspannten orbis terrarum sicherlich ganz gewaltig zugenommen. *Relativ* aber, bei Vergleich seiner Umsätze mit dem Ausmaß der in den spezifischen antiken *Kultur*kreis als Bürger oder Untertanen *einbezogenen* Gebiete und Menschen dürfte das gleiche *nicht* der Fall sein. Denn dieser Kreis hatte sich riesig erweitert. Die antike Kultur begann aus einer Küstenkultur eine Binnenlandkultur zu werden und, nach Maßgabe der gegebenen Verkehrsmittel, *mußte* das eine *relative* Abnahme der Verkehrs*intensität* bedeuten. In den Küstengebieten wurde der Unterhalt und die Kleidung der Sklaven in den großen Oikoi ganz oder teilweise auf dem *Markt* gedeckt. Die Sklaven oder Kolonen des Possessors im Binnenlande leben selbstredend naturalwirtschaftlich: nur die dünne Herrenschicht hat hier Bedürfnisse, die zum Einkauf Anlaß geben und durch Verkauf von Überschüssen des Guts gedeckt werden. Dieser Verkehr ist ein dünnes Fadennetz über der naturalwirtschaftlichen Unterlage. Die Massen der großen Hauptstädte andererseits versorgt nicht der Privatverkehr, sondern die staatliche Annona. Diese Entwicklung schloß natürlich durchaus nicht etwa eine absolute *Zu*nahme der Besiedelung und des Anbaus des Bodens in den neuangegliederten Binnengebieten aus: nichts ist vielmehr sicherer, als daß beides in starkem Maße stattfand. Aber eben dies *steigerte* die Wirkung der Kulturverschiebung. Der Binnenkulturcharakter tritt in zweierlei am markantesten hervor: in der Entwaffnung der Polis, der endgültigen Beseitigung ihrer selbständigen Politik, damit aber auch aller der *kapitalistischen* Interessen und Gewinnchancen, die an ihr gehangen hatten, und in dem Hervortreten des *binnen*ländischen *Großgrundbesitzer-*

standes und seiner Interessen in der Reichspolitik. Dies letztere hat gewichtige auch rein politische Konsequenzen. Die Abnahme der Offensivkraft des römischen Heeres, wie sie so augenfällig in der Verzettelung der geschlossenen Heerkörper über die ganze weite Nordgrenze hin hervortritt, hat jedenfalls *auch* ihren Grund in der Zunahme des *Kultur*standes der provinziellen *land*sässigen Possessoren, welche von dem Heere vor allem *Schutz* und Bewachung ihres Besitzes, also *defensive* Aufgaben verlangen. Damit verbindet sich der *monarchische* Charakter des Staates, der alle typischen Konsequenzen der Monarchien des Altertums mit sich führt. Der italische Städtebund hatte seinerzeit mit seinem Bürgeraufgebot die Kelten zu Boden geworfen, deren Stärke reichlich derjenigen der Goten und Vandalen (je 15 000 bis 20 000 Krieger etwa) gleichkam, und hatte im hannibalischen Kriege eine Heeresmacht auf die Beine gebracht, für welche die Bewältigung der sog. »Völkerwanderung« eine Bagatelle gewesen wäre. Aber – ganz abgesehen von der Frage, ob die *soziale* Schichtung der Kaiserzeit noch eine Gründung der Wehrpflicht auf die *Selbst*equipierung eines Bürger- (und das heißt, in der antiken Polis: *Bauern-*)Aufgebotes gestattet hätte –, solche jeweils ad hoc erfolgende Bürgeraufgebote waren nicht fähig, einen ständigen Verteidigungsdienst einer quer durch ganz Europa laufenden Landesgrenze zu übernehmen, wie es das Interesse der binnenländischen Possessoren und der Domänenpächter verlangte. Das konnte nur ein stehendes, und also, nach den Verhältnissen des Altertums: ein Berufsheer. Und mit diesen Interessen des jetzt der Kultur erschlossenen Binnenlandes begegnete sich das *dynastische* Interesse des Monarchen, hier wie überall. Dynastisches Berufsheer und dynastische Bureaukratie traten nun, nach hellenistisch-ägyptischem Vorbild, an die Stelle der für ein Weltreich ganz unzulänglichen Polisverwaltung, und es war nur das konsequente Schlußglied der Entwicklung, als der monarchische Staat sich mit Verlegung der Residenz in den Osten auch ausdrücklich als Erbe des *Hellenismus* bekannte.

Gewiß: Augustus und alle hervorragenden Gestalten der ersten beiden Jahrhunderte waren Römerkaiser, vorsichtig in der Ausdehnung des Bürgerrechts, zumal nach Osten hin, und auf die Erhaltung der Privilegien des Römertums bedacht. Aber: um die herrschende Nation ihrerseits zu beherrschen, entwaffneten sie sie allmählich, wie die Heimatsangaben der Veteranen in den Militärdiplomen deutlich genug zeigen. Und so war es möglich, daß durch einen einfachen Staatsstreich, ohne Lärm und Widerstand, die Herrschaft der Römer unter den Severen *gebrochen* wurde, und ein, jeder Kulturtradition barer Stamm wie die Illyrier, abwechselnd mit Orientalen, sich der Beherrschung des Reichs bemächtigte. Das Ausscheiden der Römergeschlechter aus den Offiziers- und Beamtenstellen, das Schwinden der alten festen Verwaltungs*tradition* des Römeradels (nicht »Rassen«-Einflüsse, für die auch hier gar kein greifbarer Beweis vorliegt) mußte den Staat in seinen Grundfesten erschüttern, und in der Tat folgte, dank der (wie Domaszewski nachweist) ins Rasende steigenden Donative an das allmächtige Heer, der Staatsbankerott, damit ein Generationen lang dauernder Zusammenbruch der antiken Geldwirtschaft (die späteren Bestimmungen über den »Schatzfund« zeigen, wo die Barmittel, hier wie immer in ähnlichen Fällen, geblieben waren) und ein Zerfall des Reiches, welches nun auf ganz neuer Basis wieder zusammengefügt wurde. Auch die römische Monarchie wurde nun ein *Leiturgiestaat* nach hellenistisch-ägyptischem Muster. Die Ansätze dazu reichen weit in das zweite Jahrhundert zurück. Die ständische Schichtung, wie sie die Kaiserzeit vornahm: vom höchst privilegierten Senatorenstand bis zu der, in einer Art von Hoflieferantenkult (Augustales) zusammengeschlossenen, kleinstädtischen Freigelassenenbourgeoisie, die Dekurionatsverfassung und die Organisation der exterritorialen Domänen und Grundherrschaften bildeten die soziale Grundlage für die Ausdehnung des Bürgerrechts durch Caracalla auf alle diese privilegierten Schichten des Reichs, denen die kopfsteuerpflichtigen λαοί, plebs, coloni, tributarii, gegenüberstanden. Jene, von den »sordida munera« des gemeinen Mannes eximierten Schichten der »possessores«, Grundherren, bilden nun auch offiziell die, sozusagen, »reichsunmittelbaren« Untertanen. Schon dieser Zustand – die Fortbildung der Lage der Untertanen unter der Republik – trägt hellenistisches Gepräge, gleichviel wieviel davon direkt als entlehnt zu gelten hat: die Bedingungen der antiken Monarchie brachten diese Gestaltungen mit sich. Die Art der Deckung der Heeresverpflegung und der Landversorgung der Legionen, die nun ein faktisch erblicher Stand verheirateter Grenzer wurden, ist zweifellos vom Osten, speziell Ägypten, entlehnt, erst recht natürlich Monopole, Staatswerkstätten, Zwangszünfte, Solidarhaft der Dekurionen für die Steuern und alle die anderen Leiturgien, die, wie ein festes Netz, den Einzelnen umstricken und an seine Funktion binden. – In diesem Netz hat der antike Staat auch, langsam aber sicher, den *Kapitalismus* erstickt. Denn wie kommt es doch, daß nicht wenigstens die ersten 2 Jahrhunderte der Kaiserzeit, und daß nicht, nach Wiederherstellung der Ordnung und des Friedens, das 4. Jahrhundert, Zeiträume (relativ) tiefen *Friedens*, wie sie die ganze »klassische« Zeit des Altertums nicht kannte, Blütezeiten kapitalistischer Wirtschaft waren? Zunahme der *Geld*wirtschaft steht, mindestens bis in die Zeit Mark Aurels etwa, fest, – aber »Geldwirtschaft« ist eben nicht gleich »Kapitalismus«. Große *Grund*herrschaften entstehen und wachsen, auf der anderen Seite dringen die Kleinhändler und Kleinhandwerker des Ostens während der ganzen, auch noch der letzten, Kaiserzeit in den Okzident vor (hier sind sie ja die Träger des Christentums). Aber von Fortschritten *kapitalistischer* Wirtschaftsorganisation hören wir weder im Handel, noch in der Landwirtschaft, noch vollends im Gewerbe etwas. Im Gegenteil: die »königlichen Kaufleute« der ersten Kaiserzeit, die nach dem Norden hin handelten, schwinden, Kleinkrämervolk rückt vor. Die Verkehrssteuern versiegen in der Zeit des großen Zusammenbruchs im 3. Jahrh. so völlig, daß (wie Domaszewski nachweist) selbst die Erhebungsbeamten wegfallen. Und die flaue Lage, der Druck nach unten, datiert schon aus Mark Aurels Zeiten, wie die Papyri wahrscheinlich machen.

Das Altertum hatte wahrlich härtere Kriegszustände erlebt als die Verwirrungsperiode des 3. Jahrhunderts, – warum erholte es sich nicht wieder davon? Weil der Kapitalismus des Altertums *politisch* verankert war, an der *privaten* Ausbeutung politischer Herrschaftsverhältnisse in einem expansiven Stadtstaat hing und mit dem Wegfall dieser Quelle der Kapitalbildung diese letztere stockte. Es war das erste Werk der Kaiser, daß sie die *Steuern* regulierten und die Willkür der Staatspächter einschränkten. Wie die ptolemäische Verwaltung, so konnten auch sie zunächst das Kapital und die Geschäftserfahrung des Staatspächters nicht entbehren. Aber sie sahen begreiflicherweise, je mehr ihre eigene Bureaukratie die erforderliche Übersicht gewann, desto weniger ein, weshalb sie dem Staatspächter ohne Not privaten Profit gönnen sollten, sie gingen auf der Bahn der »Verstaatlichung« des Erhebungswesens immer weiter, und, wie Domaszewski und Rostowzew gezeigt haben: der Staats*pächter* endet als Staats*beamter*. Durch den Schutz ihrer *Untertanen* einerseits, durch die *Befriedung* der Welt andererseits, setzte das Kaiserreich den Kapitalismus auf den Aussterbeetat. Schrumpfen des Sklavenmarktes, Schwinden aller jener Chancen, die der Kampf zwischen Polis und Polis bot, Schwinden der gewaltsamen Monopolisierungen von Handelswegen durch die einzelnen Poleis, Verstopfung überhaupt der *privaten* Ausbeutung von Domänen und Untertanen, das bedeutete für den Kapitalismus des Altertums die Entziehung seines Nährbodens. Daß er vollends im diokletianischen Leiturgiestaat keinen archimedischen Punkt für die Verankerung seines Gewinnstrebens fand, ist selbstverständlich. Die bureaukratische Ordnung tötete, wie jede politische Initiative der Untertanen, so auch die *ökonomische*, für welche ja die entsprechenden Chancen fehlten.

Jeder Kapitalismus verwandelt »Vermögen« der besitzenden Schichten in »Kapital«, – das Kaiserreich schaltete »Kapital« aus und hielt sich, wie der ptolemäische Staat, an das »*Vermögen*« der besitzenden Schichten. Mit ihrem *Besitz*, nicht mehr, wie in der antiken Polis, mit Speer und Panzer, hatten die besitzenden Klassen ihm jetzt, als Garanten seiner Einkünfte und Staatsbedürfnisse, zu dienen. Damit an Stelle dieser *direkten* Benutzung der bemittelten Untertanen in Form des Leiturgiestaates die *indirekte*, in Form des Bündnisses zwischen Monarchie und Kapital im *merkantilistischen* Staat der Neuzeit, trete, bedurfte es der Entwicklung des *gewerblichen* Kapitalismus und des Beispiels des privaten kapitalistischen Reichtums der Niederlande und Englands. – Die Unterbindung der privaten ökonomischen Initiative durch die Bureaukratie ist nichts der Antike Spezifisches.

Jede Bureaukratie hat die *Tendenz*, durch Umsichgreifen die gleiche Wirkung zu erreichen. Auch die unsrige. Und während im Altertum die Politik der Polis den »Schrittmacher« für den Kapitalismus bilden mußte, ist *heute* der Kapitalismus Schrittmacher der *Bureaukratisierung der Wirtschaft*. Denken wir uns Kohlen, Eisen und alle Bergprodukte, alle Teile der Hüttenindustrie, ferner Sprit, Zucker, Tabak, Zündhölzer und überhaupt möglichst alle heute schon hochgradig kartellierten Massenprodukte in Staats- oder de facto staatlich kontrollierte Betriebe übernommen, den Domänenbesitz und die Fideikommisse und staatlich kontrollierte Rentengüter vervielfacht und den »Antrag Kanitz« in seinen Konsequenzen durchgeführt, für den Heeresbedarf und den Bedarf der Staatsbeamten staatlich geleitete Werkstätten und Konsumvereine, die Binnenschiffahrt an staatliche Schlepperei gebunden, die Seeschiffahrt staatlich kontrolliert, alle Eisenbahnen usw. verstaatlicht, dazu etwa noch die Baumwolleinfuhr durch Staatsverträge geregelt und staatlich geleitet und alle diese Betriebe in bureaukratischer »Ordnung« geführt, staatlich »kontrollierte« Syndikate, alles Übrige zünftig, durch zahllose Befähigungsnachweise akademischer und anderer Art, reguliert, den Typus des »rentier paisible« verallgemeinert, – so wäre, unter einem militaristisch-dynastischen

Regime, der Zustand der späteren Kaiserzeit, nur auf technisch vollkommenerer Grundlage, erreicht. Von der Qualität seiner Vorfahren in der Zeit der Städtebünde hat der heutige deutsche »Bürger« schließlich nicht sehr viel mehr als der Athener in der Zeit der Caesaren von denjenigen der Marathonkämpfer. Die »Ordnung« ist sein Panier, – meist auch wenn er »Sozialdemokrat« ist. Die Bureaukratisierung der Gesellschaft wird bei uns des Kapitalismus aller Voraussicht nach *irgendwann* ebenso Herr werden, wie im Altertum. Auch bei uns wird dann an Stelle der »Anarchie der Produktion« jene »Ordnung« treten, welche, im Prinzip ähnlich, die römische Kaiserzeit und, noch mehr, das »neue Reich« in Ägypten und die Ptolemäerherrschaft auszeichnet. Und man glaube nur ja nicht, daß der Waffendienst in einem bureaukratisch mit Kriegsmaschinen versehenen, gekleideten, sustentierten, gedrillten, kommandierten Kasernenheer ein »Gegengewicht« bieten könne, und daß überhaupt der moderne militärische Zwangsrobot in *dynastischen* Staaten mit der bürgerlichen Wehrhaftigkeit der fernen Vergangenheit innere Verwandtschaft habe. – Doch diese Perspektiven gehören nicht hierher. Das Kontinuum der mittelländisch-europäischen Kulturentwicklung kannte *bisher* weder abgeschlossene »Kreisläufe« *noch* eine eindeutig orientierte »gradlinige« Entwicklung. Zeitweise gänzlich versunkene Erscheinungen der antiken Kultur sind später in einer ihnen fremden Welt wieder aufgetaucht. Andererseits sind, wie die Städte der Spätantike, speziell des Hellenismus, auf dem Gebiet des Gewerbes, so die spätantiken *Grundherrschaften* auf agrarischem Gebiet *Vorstufen* des Mittelalters gewesen.

WIRTSCHAFT UND GESELLSCHAFT IM ALLGEMEINEN

Wesen der Wirtschaft
Wirtschafts-, wirtschaftende und wirtschaftsregulierende Gemeinschaft

Die Vergemeinschaftungen haben ihrer ganz überwiegenden Mehrzahl nach irgendwelche Beziehungen zur Wirtschaft. Unter Wirtschaft soll hier nicht, wie ein unzweckmäßiger Sprachgebrauch will, jedes zweckrational angelegte Handeln verstanden werden. Ein nach den Lehren irgendeiner Religion zweckmäßig eingerichtetes Gebet um ein inneres »Gut« ist für uns kein Akt des Wirtschaftens. Auch nicht jedes Handeln oder Schaffen, welches dem Prinzip der Sparsamkeit folgt. Nicht nur ist eine, noch so bewußt bei einer Begriffsbildung geübte, Denkökonomie gewiß kein Wirtschaften, sondern auch etwa die Durchführung des künstlerischen Prinzips der »Ökonomie der Mittel« hat mit Wirtschaften nichts zu tun und ist, an Rentabilitätsmaßstäben gemessen, ein oft höchst unökonomisches Produkt immer erneuter vereinfachender Umschaffensarbeit. Und ebenso ist die Befolgung der universellen technischen Maxime des »Optimum«: relativ größter Erfolg mit geringstem Aufwand, rein an sich noch nicht Wirtschaften, sondern: zweckrational orientierte *Technik*. Von *Wirtschaft* wollen wenigstens wir hier vielmehr nur reden, wo einem Bedürfnis, oder einem Komplex solcher, ein im Vergleich dazu, nach der Schätzung des Handelnden, *knapper* Vorrat von Mitteln und möglichen Handlungen zu seiner Deckung gegenübersteht und dieser Sachverhalt Ursache eines spezifisch mit ihm rechnenden *Verhaltens* wird. Entscheidend ist dabei für zweckrationales Handeln selbstverständlich: daß diese Knappheit *subjektiv* vorausgesetzt und das Handeln daran orientiert ist. Alle nähere Kasuistik und Terminologie bleiben hier außer Erörterung.

Man kann unter zwei verschiedenen Gesichtspunkten wirtschaften. Einmal zur Deckung eines gegebenen eigenen *Bedarfs*. Dieser kann Bedarf für alle denkbaren Zwecke, von der Nahrung bis zur religiösen Erbauung sein, wenn dafür im Verhältnis zum Bedarf knappe Güter oder mögliche Handlungen erforderlich werden. Es ist an sich konventionell, daß man allerdings in spezifisch betontem Sinn an die Deckung der Alltagsbedürfnisse, an den sog. materiellen Bedarf denkt, wenn von Wirtschaft die Rede ist. Gebete und Seelenmessen *können* in der Tat ebensogut Gegenstände der Wirtschaft werden, wenn die für ihre Veranstaltung qualifizierten Personen und deren Handeln knapp und daher nur ebenso gegen Entgelt zu beschaffen sind wie das tägliche Brot. Die künstlerisch meist hoch gewerteten Zeichnungen der Buschmänner sind nicht Objekte der Wirtschaft, überhaupt nicht Produkte von Arbeiten im ökonomischen Sinn. Wohl aber werden Produkte künstlerischen Schaffens, die meist weit niedriger gewertet zu werden pflegen, Gegenstände wirtschaftlichen Handelns, wenn der spezifisch ökonomische Sachverhalt: Knappheit im Verhältnis zum Begehr, sich einstellt. Gegenüber der Wirtschaft zur Deckung des eigenen Bedarfs ist die zweite Art des Wirtschaftens Wirtschaft zum *Erwerb*, d. h. die Ausnutzung des spezifisch ökonomischen Sachverhalts: der Knappheit begehrter Güter, zur Erzielung eigenen *Gewinns* an Verfügung über diese Güter.

Das soziale Handeln kann nun zur Wirtschaft in verschiedenartige Beziehungen treten.

Gesellschaftshandeln kann, seinem von den Beteiligten subjektiv irgendwie erfaßten Sinn nach, ausgerichtet sein auf rein wirtschaftliche Erfolge: Bedarfsdeckung oder Erwerb. Dann begründet es Wirtschaftsgemeinschaft. Oder es kann sich des eigenen Wirtschaftens als Mittel für die anderweitigen Erfolge, auf die es ausgerichtet ist, bedienen: wirtschaftende Gemeinschaften. Oder es finden sich wirtschaftliche mit außerwirtschaftlichen Erfolgen in der

Ausgerichtetheit eines Gemeinschaftshandelns kombiniert. Oder endlich: es ist keins von alledem der Fall. Die Grenze der beiden erstgenannten Kategorien ist flüssig. Ganz streng genommen ist der erstgenannte Tatbestand ja nur bei solchen Gemeinschaften vorhanden, welche durch Ausnutzung des spezifisch ökonomischen Sachverhalts Gewinn zu erzielen streben. Also bei den Erwerbswirtschaftsgemeinschaften. Denn alle auf Bedarfsdeckung, gleichviel welcher Art, gerichteten Gemeinschaften bedienen sich des Wirtschaftens nur soweit, als dies nach Lage der Relation von Bedarf und Gütern unumgänglich ist. Die Wirtschaft einer Familie, einer milden Stiftung oder Militärverwaltung, einer Vergesellschaftung zur gemeinsamen Rodung von Wald oder zu einem gemeinsamen Jagdzug stehen darin einander gleich. Gewiß scheint ein Unterschied zu bestehen: ob ein Gemeinschaftshandeln wesentlich deshalb überhaupt zur Existenz gelangt, um dem spezifisch ökonomischen Sachverhalt bei der Bedarfsdeckung gerecht zu werden, wie dies unter den Beispielen z. B. bei der Rodungsvergesellschaftung der Fall ist; oder ob primär andere Zwecke (Abrichtung für den Kriegsdienst) verfolgt werden, die nur, weil sie eben faktisch auf den ökonomischen Sachverhalt stoßen, das Wirtschaften erzwingen. Tatsächlich ist das aber eine sehr flüssige und nur so weit deutlich vollziehbare Scheidung, als das Gemeinschaftshandeln Züge aufweist, die auch beim Fortdenken des ökonomischen Sachverhalts, bei Unterstellung also einer Verfügung über praktisch unbeschränkte Vorräte von Gütern und möglichen Handlungen der möglichen Art, die gleichen bleiben müßten.

Auch ein weder wirtschaftliche noch wirtschaftende Gemeinschaften darstellendes Gemeinschaftshandeln aber kann in seiner Entstehung, seinem Fortbestand, der Art seiner Struktur und seines Ablaufs durch wirtschaftliche Ursachen, welche auf den ökonomischen Sachverhalt zurückgehen, mitbestimmt sein und ist insoweit ökonomisch *determiniert.* Umgekehrt kann es seinerseits für die Art und den Verlauf eines Wirtschaftens ein ins Gewicht fallendes ursächliches Moment bilden: ökonomisch *relevant* sein. Meist wird beides zusammentreffen. Gemeinschaftshandeln, welches weder eine Wirtschaftsgemeinschaft noch eine wirtschaftende Gemeinschaft darstellt, ist nichts Ungewöhnliches. Jeder gemeinsame Spaziergang kann ein solches konstituieren. Gemeinschaften, die nicht ökonomisch relevant sind, sind ebenfalls recht häufig. Einen Sonderfall innerhalb der wirtschaftlich relevanten Gemeinschaften bilden solche, welche zwar ihrerseits keine »Wirtschaftsgemeinschaften« sind, d. h. deren Organe nicht durch eigene Mitarbeit oder durch konkrete Anordnungen, Gebote und Verbote, den Verlauf einer Wirtschaft kontinuierlich bestimmen, deren Ordnungen aber das wirtschaftliche Verhalten der Beteiligten regulieren: »wirtschaftsregulierende Gemeinschaften«, wie alle Arten politischer, viele religiöse und zahlreiche andere Gemeinschaften, darunter solche, welche eigens zu dem Zweck der Wirtschaftsregulierung vergesellschaftet sind (Fischerei- und Markgenossenschaften u. dgl.). Gemeinschaften, die nicht irgendwie ökonomisch determiniert sind, sind – wie gesagt – höchst selten. Dagegen ist der Grad, in dem dies der Fall ist, sehr verschieden, und vor allem fehlt – entgegen der Annahme der sog. materialistischen Geschichtsauffassung – die Eindeutigkeit der ökonomischen Determiniertheit des Gemeinschaftshandelns durch ökonomische Momente. Erscheinungen, welche die Analyse der Wirtschaft als »gleich« beurteilen muß, sind sehr häufig mit einer, für die soziologische Betrachtung sehr stark verschiedenen Struktur der sie umschließenden oder mit ihnen koexistierenden Gemeinschaften aller Art, auch der Wirtschafts- und wirtschaftenden Gemeinschaften, vereinbar. Auch die Formulierung: daß ein »funktioneller« Zusammenhang der Wirtschaft mit den sozialen Gebilden bestehe, ist ein historisch nicht allgemein begründbares Vorurteil, wenn darunter eine eindeutige gegenseitige Bedingtheit verstanden wird. Denn die Strukturformen des Gemeinschaftshandelns haben, wie wir immer wieder sehen, ihre »Eigengesetzlichkeit« und können auch davon abgesehen im Einzelfall stets durch andere als wirtschaftliche Ursachen in ihrer Gestaltung mitbestimmt sein. Dagegen pflegt allerdings an irgendeinem Punkt für die Struktur fast aller, und jedenfalls aller »kulturbedeutsamen« Gemeinschaften der Zustand der Wirtschaft ursächlich bedeutsam, oft ausschlaggebend wichtig zu werden. Umgekehrt pflegt aber auch die Wirtschaft irgendwie durch die eigengesetzlich bedingte Struktur des Gemeinschaftshandelns, innerhalb dessen sie sich vollzieht, beeinflußt zu sein. Darüber, wann und wie dies der Fall sei, läßt sich etwas ganz Allgemeines von Belang nicht aussagen. Wohl aber läßt sich Allgemeines über den Grad der Wahlverwandtschaft konkreter Strukturformen des Gemeinschaftshandelns mit konkreten Wirtschaftsformen aussagen, d. h. darüber: ob und wie stark sie sich gegenseitig in ihrem Bestande begünstigen oder umgekehrt einander hemmen oder ausschließen: einander »adäquat« oder »inadäquat« sind. Und ferner lassen sich wenigstens einige allgemeine Sätze über die Art aufstellen, wie ökonomische Interessen überhaupt zu Gemeinschaftshandeln bestimmten Charakters zu führen pflegen.

Offene und geschlossene Wirtschaftsbeziehungen

Eine bei allen Formen von Gemeinschaften sehr häufig vorkommende Art von wirtschaftlicher Bedingtheit wird durch den Wettbewerb um ökonomische Chancen: Amtsstellungen, Kundschaft, Gelegenheit zu okkupatorischem oder Arbeitsgewinn und dergleichen, geschaffen. Mit wachsender Zahl der Konkurrenten im Verhältnis zum Erwerbsspielraum wächst hier das Interesse der an der Konkurrenz Beteiligten, diese irgendwie einzuschränken. Die Form, in der dies zu geschehen pflegt, ist die: daß irgendein äußerlich feststellbares Merkmal eines Teils der (aktuell oder potentiell) Mitkonkurrierenden: Rasse, Sprache, Konfession, örtliche oder soziale Herkunft, Abstammung, Wohnsitz usw. von den anderen zum Anlaß genommen wird, ihren Ausschluß vom Mitbewerb zu erstreben. Welches im Einzelfall dies Merkmal ist, bleibt gleichgültig: es wird jeweils an das nächste sich darbietende angeknüpft. Das so entstandene Gemeinschaftshandeln der einen kann dann ein entsprechendes der anderen, gegen die es sich wendet, hervorrufen. – Die gemeinsam handelnden Konkurrenten sind nun unbeschadet ihrer fortdauernden Konkurrenz untereinander doch nach außen eine »Interessentengemeinschaft« geworden, die Tendenz, eine irgendwie geartete »Vergesellschaftung« mit rationaler Ordnung entstehen zu lassen, wächst, und bei Fortbestand des monopolistischen Interesses kommt der Zeitpunkt, wo sie selbst oder eine andere Gemeinschaft, deren Handeln die Interessenten beeinflussen können (z. B. die politische Gemeinschaft), eine Ordnung setzen, welche Monopole zugunsten der Begrenzung des Wettbewerbs schafft, und daß fortan zu deren Durchführung, eventuell mit Gewalt, sich bestimmte Personen ein für allemal als »Organe« bereithalten. Dann ist aus der Interessentengemeinschaft eine »Rechtsgemeinschaft« geworden: die Betreffenden sind »Rechtsgenossen«. Dieser Prozeß der »Schließung« einer Gemeinschaft, wie wir ihn nennen wollen, ist ein typisch sich wiederholender Vorgang, die Quelle des »Eigentums« am Boden ebenso wie aller zünftigen und anderen Gruppenmonopole. Handle es sich um die »genossenschaftliche Organisation«, und das heißt stets: um den nach außen geschlossenen, monopolistischen Zusammenschluß von z. B. ihrer örtlichen Provenienz nach bezeichneten Fischereiinteressenten eines bestimmten Gewässers, oder etwa um die Bildung eines »Verbandes der Diplomingenieure«, welcher das rechtliche oder faktische Monopol auf bestimmte Stellen für seine Mitglieder gegen die Nichtdiplomierten zu erzwingen sucht, oder um die Schließung der Teilnahme an den Äckern, Weide- und Allmendnutzungen eines Dorfes gegen Außenstehende, oder um »nationale« Handlungsgehilfen, oder um landes- oder ortsgebürtige Ministerialen, Ritter, Universitätsgraduierte, Handwerker, oder um Militäranwärter oder was sie sonst seien, die zunächst ein Gemeinschaftshandeln, dann eventuell eine Vergesellschaftung entwickeln, – stets ist dabei als treibende Kraft die Tendenz zum Monopolisieren bestimmter, und zwar der Regel nach ökonomischer Chancen beteiligt. Eine Tendenz, die sich gegen andere Mitbewerber, welche durch ein gemeinsames positives oder negatives Merkmal gekennzeichnet sind, richtet. Und das Ziel ist in irgendeinem Umfang stets *Schließung* der betreffenden (sozialen und ökonomischen) Chancen gegen Außenstehende. Diese Schließung kann, wenn erreicht, in ihrem Erfolg sehr verschieden weit gehen. Namentlich insofern, als die Zuteilung monopolistischer Chancen an die *einzelnen* Beteiligten dabei in verschiedenem Maße definitiv sein kann. Jene Chancen können dabei *innerhalb* des Kreises der monopolistisch Privilegierten entweder ganz »offen« bleiben, so daß diese unter sich frei darum weiter konkurrieren. So z. B. bei den auf Bildungspatentbesitzer bestimmter Art (geprüfte Anwärter auf irgendwelche Anstellungen bezüglich dieser, oder z. B. Handwerker mit Meisterprüfung bezüglich des Kundenwettbewerbs oder der Lehrlingshaltung) in ihrer Zugänglichkeit beschränkten Chancen. Oder sie können irgendwie *auch nach innen* »geschlossen« werden. Entweder so, daß ein »Turnus« stattfindet: die kurzfristige Ernennung mancher Amtspfründeninhaber gehörte dem Zweck nach dahin. Oder so, daß die einzelnen Chancen nur auf Widerruf an Einzelne vergeben werden. So bei den in der »strengen« Flurgemeinschaft z. B. des russischen Mir an die Einzelnen vergebenen Verfügungsgewalten über Äcker. Oder so, daß sie lebenslänglich vergeben werden, – die Regel bei allen Präbenden, Ämtern, Monopolen von Handwerksmeistern, Allmendackerrechten, namentlich auch ursprünglich den Ackerzuteilungen innerhalb der meisten flurgemeinschaftlichen Dorfverbände u. dgl. Oder so, daß sie endgültig an den Einzelnen und seine Erben vergeben werden und nur eine Verfügungsgewalt des einzelnen Prätendenten im Wege der Abtretung an andere nicht zugelassen wird oder doch die Abtretung auf den Kreis der Gemeinschaftsgenossen beschränkt ist: der κλῆρος, die Kriegerpräbende des Altertums, die Dienstlehen der Ministerialen, Erbämter- und Erbhandwerkermonopole gehören dahin. Oder schließlich so, daß nur die Zahl der Chancen geschlossen bleibt, der Erwerb jeder einzelnen aber auch ohne Wissen und Willen der anderen Gemeinschafter durch jeden Dritten vom jeweiligen Inhaber möglich ist, so wie bei den Inhaberaktien. Wir wollen diese verschiedenen Stadien der mehr oder minder definitiven inneren Schließung der Gemeinschaft Stadien der *Appropriation* der von der Gemeinschaft monopolisierten sozialen und ökonomischen Chancen nennen. Die völlige Freigabe der appropriierten Monopolchancen zum Austausch auch nach außen: ihre Verwandlung in völlig »freies« *Eigentum*, bedeutet natürlich die Sprengung der alten monopolisierten Vergemeinschaftung, als deren caput mortuum nun sich appropriierte Verfügungsgewalten als »erworbene Rechte« in der Hand der Einzelnen im Güterverkehr befinden. Denn ausnahmslos alles »Eigentum« an Naturgütern ist historisch aus der allmählichen Appropriation monopolistischer Genossenanteile entstanden, und Objekt der Appropriation waren, anders als heute, nicht nur konkrete Sachgüter, sondern ganz ebenso soziale und ökonomische Chancen aller denkbaren Art. Selbstverständlich ist Grad und Art der Appropriation und ebenso die Leichtigkeit, mit der sich der Appropriationsprozeß im Innern der Gemeinschaft überhaupt vollzieht, sehr verschieden je nach der technischen Natur der Objekte und der Chancen, um die es sich handelt und welche die Appropriation in sehr verschiedenem Grade nahelegen können. Die Chance z. B., aus einem bestimmten Ackerstück durch dessen Bearbeitung Unterhalts- oder Erwerbsgüter zu gewinnen, ist an ein sinnfälliges und eindeutig abgrenzbares sachliches Objekt: eben das konkrete unvermehrbare Ackerstück gebunden, was in dieser Art etwa bei einer »Kundschaft« nicht der Fall ist. Daß das Objekt selbst erst durch Meliorierung Ertrag bringt, also in gewissem Sinn selbst »Arbeitsprodukt« der Nutzenden wird, motiviert dagegen die Appropriation nicht. Denn das pflegt bei einer akquirierten »Kundschaft« zwar in anderer Art, aber in noch weit höherem Maß zuzutreffen. Sondern rein technisch ist eine

»Kundschaft« nicht so leicht – sozusagen – »einzutragen« wie ein Stück Grund und Boden. Es ist naturgemäß, daß auch das Maß der Appropriation darnach verschieden weit zu gehen pflegt. Aber hier kommt es darauf an festzuhalten, daß prinzipiell die Appropriation im einen wie im andern Fall der gleiche, nur verschieden leicht durchführbare Vorgang ist: die »Schließung« der monopolisierten, sozialen oder ökonomischen, Chancen auch nach innen, den Genossen gegenüber. Die Gemeinschaften sind darnach in verschiedenem Grade nach außen und innen »offen« oder »geschlossen«.

Gemeinschaftsformen und ökonomische Interessen

Diese monopolistische Tendenz nimmt nun spezifische Formen an, wo es sich um Gemeinschaftsbildungen von Menschen handelt, welche anderen gegenüber durch eine gleiche, vermittels Erziehung, Lehre, Übung *zu erwerbende* spezifische Qualität ausgezeichnet sind: durch ökonomische Qualifikationen irgendwelcher Art, durch gleiche oder ähnliche Amtsstellung, durch ritterliche oder asketische oder sonst irgendwie spezifizierte Richtung der Lebensführung und ähnliches. Hier pflegt das Gemeinschaftshandeln, wenn es eine Vergesellschaftung aus sich hervortreibt, dieser die Formen der *»Zunft«* zu geben. Ein Kreis von Vollberechtigten monopolisiert die Verfügung über die betreffenden ideellen, sozialen und ökonomischen Güter, Pflichten und Lebensstellungen als »Beruf«. Er läßt nur den zur vollen Ausübung des gleichen Berufs zu, der 1. ein Noviziat zwecks geregelter Vorbildung durchgemacht, 2. seine Qualifikation dargetan, 3. eventuell noch weitere Karenzzeiten und Leistungen hinter sich hat. In ganz typischer Art wiederholt sich das von den pennalistischen Vergesellschaftungen des Studententums bis zu den Rittereinungen einerseits, den Zünften der Handwerker andererseits und [ferner] den Qualifikationserfordernissen der modernen Beamten und Angestellten. Dabei kann zwar überall auch das Interesse an der Sicherung der guten

Leistung mitspielen, an welcher alle Beteiligten unbeschadet ihrer eventuell fortbestehenden Konkurrenz untereinander ideell und materiell mitinteressiert sein können: die örtlichen Handwerker im Interesse des guten Rufs ihrer Waren, Ministerialen und Ritter einer bestimmten Einung im Interesse des Rufs ihrer Tüchtigkeit und auch direkt im eigensten Interesse ihrer militärischen Sicherheit, Asketengemeinschaften aus dem Interesse heraus, daß die Götter und Dämonen nicht durch falsche Manipulationen gegen alle Beteiligten erzürnt werden (wer z. B. bei einem rituellen Singtanz falsch singt, wird ursprünglich bei fast allen »Naturvölkern« alsbald zur Sühne erschlagen). Normalerweise aber steht voran das Interesse an der Einschränkung des Angebots von Anwärtern auf die Pfründen und Ehren der betreffenden Berufsstellung. Die Noviziate und Karenzzeiten ebenso wie die »Meisterstücke« und was sonst gefordert wird (namentlich: ausgiebige Regalierung der Genossen) stellen oft mehr ökonomische als eigentliche Qualifikationsansprüche an die Anwärter.

Solche monopolistischen Tendenzen und ihnen verwandte ökonomische Erwägungen haben historisch oft eine bedeutende Rolle bei der *Hemmung* der Ausbreitung von Gemeinschaften gespielt. Die attische Bürgerrechtspolitik der Demokratie z. B., welche den Kreis der an den Vorteilen des Bürgerrechts Teilnehmenden zunehmend zu schließen trachtete, hat der politischen Machtexpansion Schranken gesetzt. Eine ökonomische Interessenkonstellation anderer, aber letztlich doch ähnlicher Art brachte die Propaganda des Quäkertums zum Stillstand. Das ursprüngliche religiös gebotene Bekehrungsinteresse des Islam fand seine Schranken an dem Interesse der erobernden Kriegerschicht: daß eine nicht islamische und daher minderberechtigte Bevölkerung dabliebe, welcher die für den Unterhalt der vollberechtigten Gläubigen erforderlichen Abgaben und Lasten auferlegt werden konnten – ein Sachverhalt, welcher den Typus abgibt für sehr viele ähnliche Erscheinungen.

Typisch ist auf der anderen Seite der Fall, daß Menschen »von« der Übernahme der Interessenvertretung oder in anderer Art von der Existenz einer Gemeinschaft ideell oder auch ökonomisch ihre Existenz fristen und daß infolgedessen das Gemeinschaftshandeln propagiert wird, fortbesteht und sich zur Vergesellschaftung entwickelt in Fällen, wo dies sonst vielleicht nicht eingetreten wäre. Ideell kann ein solches Interesse in der verschiedensten Art begründet sein: die Ideologen der Romantik und ihre Nachzügler z. B. haben im 19. Jahrhundert zahlreiche verfallende Sprachgemeinschaften »interessanter« Völkerschaften erst zu bewußter Pflege ihres Sprachbesitzes erweckt. Deutsche Gymnasiallehrer und Professoren haben kleine slawische Sprachgemeinschaften, mit denen sie sich beschäftigten und über die sie Bücher zu schreiben das ideelle Bedürfnis fühlten, vor dem Untergang bewahren helfen.

Immerhin ist dieses rein ideologische »Leben« einer Gemeinschaft ein nicht so tragfähiger Hebel, wie ihn die ökonomische Interessiertheit abgibt. Wenn insbesondere eine Gruppe von Menschen jemanden dafür bezahlt, daß er zu planvoller Wahrnehmung der allen gemeinsamen Interessen sich ständig (als »Organ«) bereit hält und [dementsprechend] handelt, oder wenn eine solche Interessenvertretung sich sonstwie direkt oder indirekt »bezahlt« macht, so ist damit eine Vergesellschaftung geschaffen, die unter allen Umständen eine starke Garantie für den Fortbestand des Gemeinschaftshandelns darstellt. Mag es sich etwa um die entgeltliche Propaganda von (verhüllten oder unverhüllten) Sexualinteressen oder von anderen »ideellen« oder endlich von ökonomischen Interessen (Gewerkschaften, Arbeitgeberverbänden und ähnlichen Organisationen) handeln, sei es in Gestalt von in Stücklohn bezahlten Vortragsrednern oder mit Gehalt entlohnten »Sekretären« und dergleichen, immer sind nun Personen da, welche »berufsmäßig« an der Erhaltung der vorhandenen und der Gewinnung neuer Mitglieder interessiert sind. Ein planmäßiger rationaler »Betrieb« ist an die Stelle des intermittierenden und irrationalen Gelegenheitshandelns getreten und funktioniert weiter, auch wenn der ursprüngliche Enthusiasmus der Beteiligten selbst für ihre Ideale längst verflogen ist.

Eigentlich »kapitalistische« Interessen können in der allerverschiedensten Art an der Propaganda eines bestimmten Gemeinschaftshandelns interessiert sein. So z.B., wie die Besitzer von Vorräten deutschen Frakturdruckmaterials an der fortdauernden Verwendung dieser »nationalen« Schriftform. Oder so, wie diejenigen Gastwirte, welche trotz des Militärboykotts ihre Räume für sozialdemokratische Versammlungen zur Verfügung halten, an der Mitgliederzahl der Partei. Ungezählte Beispiele dieses Typus liegen für jede Art von Gemeinschaftshandeln jedermann nahe.

Das allen Fällen derartiger ökonomischer Interessiertheit, sei es seitens der Angestellten oder seitens kapitalistischer Mächte, Gemeinsame ist, daß das Interesse am »Inhalt« der gemeinsamen Ideale der Mitglieder notwendig hinter dem Interesse an dem Fortbestand oder der Propaganda der Gemeinschaft rein als solchem, gleichviel welches der Inhalt ihres Handelns ist, zurücktritt. Ein großartiges Beispiel dieser Art ist die vollkommene Entleerung der amerikanischen Parteien von festen sachlichen Idealen. Das größte ist aber natürlich die typische Verknüpfung kapitalistischer Interessen mit der Expansion politischer Gemeinschaften, wie es von jeher bestanden hat. Einerseits ist die Möglichkeit der Beeinflussung des Wirtschaftslebens durch diese Gemeinschaften außerordentlich groß, und andererseits können sie sich zwangsweise ungeheure Einkünfte verschaffen und darüber disponieren, so daß sich an ihnen, direkt und indirekt, am meisten verdienen läßt: direkt durch entgeltliche Übernahme von Leistungen oder durch Bevorschussung von Einkünften, indirekt durch Ausbeutung von Objekten, welche sie politisch okkupieren. Das Schwergewicht des kapitalistischen Erwerbs lag in der Antike und in der beginnenden Neuzeit in solchen, durch Beziehungen zur politischen Gewalt rein als solcher zu erzielenden »imperialistischen« Gewinnen, und er verschiebt sich heute wieder zunehmend nach dieser Richtung hin. Jede Ausdehnung des Machtgebiets einer solchen Gemeinschaft vermehrt dann die Gewinnchancen der betreffenden Interessenten.

Diesen ökonomischen Interessen, welche in der Richtung der Propagierung einer Gemeinschaft wirken, treten nun, außer den schon besprochenen monopolistischen Tendenzen, unter Umständen andere Interessen entgegen, welche gerade umgekehrt durch die Geschlossenheit und Exklusivität einer Gemeinschaft gespeist werden. Wir stellten schon früher allgemein fest, daß fast jeder auf rein freiwilligem Beitritt ruhende Zweckverband über den primären Erfolg hinaus, auf den das vergesellschaftete Handeln ausgerichtet ist, Beziehungen zwischen den Beteiligten zu stiften pflegt, welche Grundlage eines unter Umständen auf ganz heterogene Erfolge ausgerichteten Gemeinschaftshandelns werden können: an die Vergesellschaftung knüpft sich regelmäßig eine »übergreifende« Vergemeinschaftung. Natürlich nur bei einem Teil der Vergesellschaftungen, denjenigen nämlich, deren Gemeinschaftshandeln eine irgendwelche, nicht rein geschäftliche, »persönliche« gesellschaftliche Berührung voraussetzt. Die Qualität eines »Aktionärs« zum Beispiel erwirbt man ohne alle Rücksicht auf persönlich-menschliche Eigenschaften und regelmäßig ohne Wissen und Willen der Mitbeteiligten rein kraft eines ökonomischen Tauschakts über die Aktie. Ähnliches gilt für alle diejenigen Vergesellschaftungen, welche den Beitritt von einer rein formalen Bedingung oder Leistung abhängig machen und auf die Prüfung der Person des Einzelnen verzichten. Dies ist besonders häufig bei gewissen Arten von reinen Wirtschaftsgemeinschaften, ebenso bei manchen Vereinen mit rein politischem Zweck der Fall und wird im allgemeinen überall um so mehr zur Regel, je rationaler und spezialisierter der Zweck der Vereinigung ist. Immerhin gibt es der Vergesellschaftungen sehr viele, bei denen einerseits die Zulassung, ausdrücklich oder stillschweigend, gewisse spezifische Qualifikationen voraussetzt und bei denen andererseits, im Zusammenhang damit, jene übergreifende Vergemeinschaftung regelmäßig stattfindet. Dies ist natürlich besonders dann der Fall, wenn die Gemeinschafter die Zulassung jedes neuen Beteiligten an eine Prüfung und Zustimmung zur Aufnahme seiner Person knüpfen. Der einzelne Beteiligte wird dann, normalerweise wenigstens, nicht nur nach seinen Funktionen und nach seiner für den ausdrücklichen Zweck des Verbandes wesentlichen Leistungsfähigkeit, sondern auch nach seinem »Sein«, nach der Wertschätzung seiner Gesamtpersönlichkeit von seiten der anderen Mitbeteiligten geprüft. Es ist hier nicht der Ort, die einzelnen Vergesellschaftungen darnach zu klassifizieren, wie stark oder wie schwach dieses Auslesemoment bei ihnen wirkt. Genug, daß es bei den allerverschiedensten Arten tatsächlich existiert. Eine religiöse Sekte nicht nur, sondern ebenso ein geselliger Verein, etwa ein Kriegerverein, selbst ein Kegelklub läßt im allgemeinen niemanden zur Beteiligung zu, dessen Gesamtpersönlichkeit von den anderen Beteiligten verworfen wird. Eben dies nun »legitimiert« den Zugelassenen nach außen, Dritten gegenüber, weit über seine für den Zweck des Verbandes wichtigen Qualitäten hinaus. Die Beteiligung am Gemeinschaftshandeln ferner schafft ihm Beziehungen (»Konnexionen«), welche zu seinen Gunsten ebenfalls weit über den Kreis der speziellen Verbandszwecke hinaus wirksam werden. Es ist daher etwas Alltägliches, daß Leute einem religiösen oder studentischen oder politischen oder anderen Verband angehören, obwohl ihnen die dort gepflegten Interessen an sich durchaus gleichgültig sind, lediglich um jener wirtschaftlich nutzbaren »Legitimationen« und »Konnexionen« willen, welche diese Zugehörigkeit mit sich bringt. Während nun diese Motive an sich einen starken Anreiz zur Beteiligung an der Gemeinschaft zu enthalten und also ihre Propagierung zu fördern scheinen, wirkt in gerade entgegengesetztem Sinn das Interesse der Beteiligten daran, jene Vorteile zu monopolisieren und auch in ihrem ökonomischen Nutzwert dadurch zu steigern, daß sie auf einen möglichst kleinen und exklusiven Kreis beschränkt bleiben. Und je kleiner und exklusiver er ist, desto höher steht neben dem direkten Nutzwert überdies auch das soziale Prestige, welches die Zugehörigkeit verleiht.

Endlich ist noch eine häufige Beziehung zwischen Wirtschaft und Gemeinschaftshandeln kurz zu streifen: die bewußte Inaussichtstellung konkreter wirtschaftlicher Vorteile im Interesse der Propagierung und Erhaltung einer primär außerwirtschaftlichen Gemeinschaft. Sie pflegt naturgemäß besonders da aufzutreten, wo mehrere Gemeinschaften ähnlicher Art miteinander um Mitglieder konkurrieren. So namentlich politische Parteien und religiöse Gemeinschaften. Die amerikanischen Sekten konkurrieren durch Arrangement von künstlerischen und anderen Darbietungen und Unterhaltungen aller Art einschließlich des Sports, durch Unterbietung in den Bedingungen der Zulassung geschiedener Gatten zur Einsegnung neuer Ehen (das schrankenlose Unterbieten auf diesem Gebiet ist neuestens durch eine reguläre »Kartell«bildung eingeschränkt worden). Die religiösen und politischen Parteien veranstalten neben Landpartien und ähnlichem noch allerhand Gründungen von »Jugendverbänden«, »Frauengruppen« u. dgl., und überall beteiligen sie sich eifrig an rein kommunalen oder anderen an sich unpolitischen Angelegenheiten, die ihnen Gelegenheit geben, in Konkurrenz miteinander lokalen Privatinteressenten ökonomische Gefälligkeiten zu erweisen. Die Invasion kommunaler oder genossenschaftlicher oder anderer Gemeinschaften durch solche politische, religiöse und andere Gruppen ist in sehr starkem Maße ganz direkt dadurch ökonomisch bedingt, daß sie Gelegenheit gibt, Funktionäre der [eindringenden] Gemeinschaft direkt durch Amtspfründen und soziales Prestige zu versorgen und damit zugleich die Kosten des eigenen Betriebs auf andere Gemeinschaften zu überwälzen. Kommunale oder genossenschaftliche oder Konsumvereinsämter, Ämter in Krankenkassen und Gewerkschaften und ähnliches sind Objekte, die sich dazu eignen. Und in größtem Maßstab selbstverständlich politische Ämter und Pfründen oder andere, von der politischen Gewalt zu vergebende, soziale oder als Versorgungsgelegenheiten geschätzte Stellungen, die Universitätsprofessuren eingeschlossen. Das »parlamentarische« System bietet Gemeinschaften aller Art, wenn sie hinlänglich stark an Zahl sind, die Möglichkeit, sich ähnlich den politischen Parteien selbst – zu deren normalem Wesen gerade dies gehört – derartige Versorgungsmittel für ihre Führer und Mitglieder zu verschaffen. In unserem Zusammenhang ist speziell nur die allgemeine Tatsache festzustellen: daß auch die direkte Schaffung ökonomischer Organisationen, namentlich zu propagandistischen Zwecken, seitens außerökonomischer Gemeinschaften verwendet wird. Ein beträchtlicher Teil des modernen karitativen Betriebs der religiösen Gemeinschaften dient diesem Zweck. Erst recht die Gründung von »christlichen«, »liberalen«, »sozialistischen«, »nationalen« Gewerkschaften und Hilfskassen, die Gewährung von Gelegenheit zum Sparen und zur Versicherung. In sehr großem Maßstabe ferner die Konsumvereins- und Genossenschaftsgründung: bei manchen italienischen Genossenschaften mußte der Beichtzettel vorgelegt werden, um Arbeit zu erhalten. Für die Polen in Deutschland[1] war die Organisation des Kredits, der Entschuldung, der Ansiedlung in ungewöhnlich großartiger Weise entwickelt, und die russischen Parteien aller Richtungen beschritten in der Revolutionszeit[2] sofort systematisch ähnliche höchst moderne Wege. Gründung von Erwerbsbetrieben: Banken, Hotels (wie die sozialistische »Hôtellerie du Peuple« in Ostende) und schließlich auch von gewerblichen Produktionsbetrieben (auch in Belgien) kommen ebenfalls vor. Die im Besitz der Macht innerhalb einer politischen Gemeinschaft befindlichen Gruppen, namentlich also das Beamtentum, pflegen dann zur Erhaltung ihrer eigenen Machtstellung ähnliche Wege zu beschreiten, von der Züchtung »patriotischer« Vereine und Veranstaltungen aller Art mit Gewährung ökonomischer Vorteile angefangen bis zur Schaffung von bürokratisch kontrollierten Kreditfonds (»Preußenkasse«) und ähnlichem.

[1] Vor 1914. (H.)
[2] Von 1905–1906. (H.)

Das Mit- und Gegeneinanderwirken von einerseits propagandistisch, andererseits monopolistisch wirkenden ökonomischen Interessen innerhalb aller möglichen Arten von Gemeinschaften war hier nur im allgemeinen festzustellen und durch einige besonders typische Beispiele zu illustrieren. Es weiter ins einzelne zu verfolgen, müssen wir uns versagen, da dies eine Spezialuntersuchung aller einzelnen Arten von Vergesellschaftungen bedingen würde.

FREIHEIT UND ZWANG IN DER RECHTSGEMEINSCHAFT

Die Entwicklung der rechtlich geordneten Beziehungen zur Kontraktgesellschaft und des Rechts selber zur Vertragsfreiheit, speziell zu einer durch Rechtsschemata reglementierten Ermächtigungsautonomie, pflegt man als Abnahme der Gebundenheit und Zunahme individualistischer Freiheit zu charakterisieren. Dies trifft in relativem Sinn formal zu. Die Möglichkeit, mit anderen in Kontraktbeziehungen zu treten, deren Inhalt durchaus individuell vereinbart wird, und ebenso die Möglichkeit, von einer wachsend großen Zahl von Schemata nach Belieben Gebrauch zu machen, welche das Recht für [die] Vergesellschaftung im weitesten Sinn des Wortes zur Verfügung stellt, ist im modernen Recht wenigstens auf dem Gebiet des Sachgüterverkehrs und der persönlichen Arbeits- und Dienstleistungen ganz außerordentlich gegenüber der Vergangenheit erweitert. Inwieweit dadurch nun auch im praktischen Ergebnis eine Zunahme der individuellen Freiheit in der Bestimmung der Bedingungen der eigenen Lebensführung dargeboten worden ist oder inwieweit trotzdem, und zum Teil vielleicht in Verbindung damit, eine Zunahme der zwangsmäßigen Schematisierung der Lebensführung eingetreten ist, dies kann durchaus nicht aus der Entwicklung der Rechtsformen allein abgelesen werden. Denn die formal noch so große Mannigfaltigkeit der zulässigen Kontraktschemata und auch die formale Ermächtigung, nach eigenem Belieben unter Absehen von allen offiziellen Schemata Kontraktinhalte zu schaffen, gewährleistet an sich in keiner Art, daß diese formalen Möglichkeiten auch tatsächlich jedermann zugänglich seien. Dies hindert vor allem die vom Recht garantierte Differenzierung der tatsächlichen Besitzverteilung. Das formale Recht eines Arbeiters, einen Arbeitsvertrag jeden beliebigen Inhalts mit jedem beliebigen

Unternehmer einzugehen, bedeutet für den Arbeitsuchenden praktisch nicht die mindeste Freiheit in der eigenen Gestaltung der Arbeitsbedingungen und garantiert ihm an sich auch keinerlei Einfluß darauf. Sondern mindestens zunächst folgt daraus lediglich die Möglichkeit für den auf dem Markt Mächtigeren, in diesem Falle normalerweise den Unternehmer, diese Bedingungen nach seinem Ermessen festzusetzen, sie dem Arbeitsuchenden zur Annahme oder Ablehnung anzubieten und – bei der durchschnittlich stärkeren ökonomischen Dringlichkeit seines Arbeitsangebots für den Arbeitsuchenden – diesem zu oktroyieren. Das Resultat der Vertragsfreiheit ist also in erster Linie: die Eröffnung der Chance, durch kluge Verwendung von Güterbesitz auf dem Markt diesen unbehindert durch Rechtsschranken als Mittel der Erlangung von Macht über andere zu nutzen. Die Marktmachtinteressenten sind die Interessenten einer solchen Rechtsordnung. In ihrem Interesse vornehmlich liegt insbesondere die Schaffung von »Ermächtigungsrechtssätzen«, welche Schemata von gültigen Vereinbarungen schaffen, die bei formaler Freiheit der Benutzung durch Alle doch tatsächlich nur den Besitzenden zugänglich sind und also im Erfolge deren und nur deren Autonomie und Machtstellung stützen.

Es ist auch deshalb notwendig, diesen Sachverhalt speziell hervorzuheben, um nicht in den geläufigen Irrtum zu verfallen: daß diejenige Art von »Dezentralisation der Rechtsschöpfung« (ein Ausdruck Andreas Voigts), welche in Gestalt dieser modernen Form der schematisch begrenzten Autonomie der Interessenten durch Rechtsgeschäfte vorliegt, etwa identisch sei mit einer Herabsetzung des innerhalb einer Rechtsgemeinschaft geübten Maßes von *Zwang* im Vergleich mit anderen, z. B. »sozialistisch« geordneten Gemeinschaften. Die relative Zurückdrängung des durch Gebots- und Verbotsnormen angedrohten Zwanges durch steigende Bedeutung der »Vertragsfreiheit«, speziell der Ermächtigungssätze, welche alles der »freien« Vereinbarung überlassen, ist formell gewiß eine Verminderung des Zwangs. Aber offenbar lediglich zugunsten derjenigen, welche von jenen Ermächtigungen Gebrauch zu machen ökonomisch in der Lage sind. Inwieweit dadurch materiell das Gesamtquantum von »Freiheit« innerhalb einer gegebenen Rechtsgemeinschaft vermehrt wird, ist aber durchaus eine Frage der konkreten Wirtschaftsordnung und speziell der Art der Besitzverteilung, jedenfalls aber ist es nicht aus dem Inhalt des Rechts abzulesen. In einer »sozialistischen« Gemeinschaft z. B. würden Ermächtigungssätze der hier erörterten Art sicherlich eine geringe Rolle spielen; es würden ferner die Stellen, welche Zwang üben, die Art des Zwanges und diejenigen, gegen welche er sich eventuell richtet, andere sein als bei der privatwirtschaftlichen Ordnung. In dieser letzteren wird der Zwang zum erheblichen Teil durch den privaten Besitzer der Produktions- und Erwerbsmittel kraft dieses seines ihm vom Recht garantierten Besitzes und in der Form der Machtentfaltung im Marktkampf geübt. Diese Art von Zwang macht mit dem Satz »coactus voluit« insofern besonders konsequent ernst, als er sich aller *autoritären* Formen enthält. Es steht im »freien« Belieben der Arbeitsmarktinteressenten, sich den Bedingungen des, kraft der Rechtsgarantie seines Besitzes, ökonomisch Stärkeren zu fügen. In einer sozialistischen Gemeinschaft würden formell die direkten Gebots- und Verbotsanordnungen einer, wie immer zu denkenden, einheitlichen, die wirtschaftliche Tätigkeit regelnden Instanz weit stärker hervortreten. Diesen Anordnungen würde im Fall des Widerstrebens Nachachtung durch »Zwang« irgendwelcher Art, nur nicht durch Marktkampf, verschafft werden. Wo aber dabei im Ergebnis das Mehr an Zwang überhaupt und wo das Mehr an faktischer persönlicher Freiheitssphäre liegen würde, das ist jedenfalls nicht durch bloße Analyse des im einen und anderen Fall geltenden oder denkbaren formalen Rechts zu entscheiden. Soziologisch erfaßbar ist heute lediglich jener Unterschied der qualitativen Eigenart des Zwanges und dessen Verteilung unter die an der Rechtsgemeinschaft jeweils Beteiligten.

Eine (demokratisch) sozialistische Ordnung (im Sinn

der heute gangbaren Ideologien) lehnt den Zwang nicht nur in der Form ab, wie er auf Grund des privaten Besitzes durch den Marktkampf geübt wird, sondern andererseits auch den direkten Zwang kraft rein *persönlicher* Autoritätsansprüche. Sie könnte nur die Geltung vereinbarter abstrakter Gesetze (einerlei, ob dieser Name gewählt wird) kennen. Die Marktgemeinschaft ihrerseits kennt direkten Zwang kraft persönlicher Autorität formal ebenfalls nicht. Sie gebiert an seiner Stelle aus sich heraus eine Zwangslage – und zwar diese prinzipiell unterschiedslos gegen Arbeiter wie Unternehmer, Produzenten wie Konsumenten – in der ganz unpersönlichen Form der Unvermeidlichkeit, sich den rein ökonomischen »Gesetzen« des Marktkampfs anzupassen, bei Strafe des (mindestens relativen) Verlustes an ökonomischer Macht, unter Umständen von ökonomischer Existenzmöglichkeit überhaupt. Sie macht, auf dem Boden der kapitalistischen Organisation, auch die tatsächlich bestehenden persönlichen und autoritären Unterordnungsverhältnisse im kapitalistischen »Betrieb« zu Objekten des »Arbeitsmarktverkehrs«. Die Entleerung von allen normalen gefühlsmäßigen Inhalten autoritärer Beziehungen aber hindert dabei nicht, daß der autoritäre Charakter des Zwangs dennoch fortbesteht und unter Umständen sich steigert. Je umfassender die Gebilde, deren Bestand in spezifischer Art auf »Disziplin« ruht: die kapitalistischen gewerblichen Betriebe, anwachsen, desto rücksichtsloser kann unter Umständen autoritärer Zwang in ihnen geübt werden, und desto kleiner wird der Kreis derjenigen, in deren Händen sich die Macht zusammenballt, Zwang dieser Art gegen andere zu üben und diese Macht sich durch Vermittlung der Rechtsordnung garantieren zu lassen. Eine formell noch so viele »Freiheitsrechte« und »Ermächtigungen« verbürgende und darbietende und noch so wenig Gebots- und Verbotsnormen enthaltende Rechtsordnung kann daher in ihrer *faktischen* Wirkung einer quantitativ und qualitativ sehr bedeutenden Steigerung nicht nur des Zwangs überhaupt, sondern auch einer Steigerung des autoritären Charakters der Zwangsgewalten dienen.

POLITISCHE GEMEINSCHAFTEN UND WIRTSCHAFT

Machtprestige und Großmächte

Alle politischen Gebilde sind Gewaltgebilde. Aber Art und Maß der Anwendung oder Androhung von Gewalt nach außen, anderen gleichartigen Gebilden gegenüber, spielt für Struktur und Schicksal politischer Gemeinschaften eine spezifische Rolle. Nicht jedes politische Gebilde ist in gleichem Maße »expansiv« in dem Sinn, daß es Macht nach außen, d. h. Bereithalten von Gewalt zwecks Erwerbs der politischen Gewalt über andere Gebiete und Gemeinschaften, sei es in Form von Einverleibung oder von Abhängigkeit, anstrebt. Die politischen Gebilde sind also in verschiedenem Umfang nach außen gewendete Gewaltgebilde. Die Schweiz, als ein durch Kollektivgarantie der großen Machtgebilde »neutralisiertes«, außerdem auch teils (aus verschiedenen Gründen) nicht sehr stark zur Einverleibung begehrtes, teils und vor allem durch gegenseitige Eifersucht von unter sich gleich mächtigen Nachbargemeinschaften davor geschütztes politisches Gebilde, und das relativ wenig bedrohte Norwegen sind es weniger als das kolonialbesitzende Holland, dies weniger als Belgien wegen dessen besonders bedrohtem Kolonialbesitz und eigener militärischen Bedrohtheit im Fall eines Kriegs seiner mächtigen Nachbarn, und auch als Schweden. Politische Gebilde können also in ihrem Verhalten nach außen mehr »autonomistisch« oder mehr »expansiv« gerichtet sein und dies Verhalten wechseln.

Alle »Macht« politischer Gebilde trägt in sich eine spezifische Dynamik: sie kann die Basis für eine spezifische »Prestige«-Prätention ihrer Angehörigen werden, welche ihr Verhalten nach außen beeinflußt. Die Erfahrung lehrt, daß Prestigeprätentionen von jeher einen schwer abzuschätzenden, generell nicht bestimmbaren, aber sehr fühlbaren Einschlag in die Entstehung von Kriegen gegeben haben: ein Reich der »Ehre«, »ständischer« Ordnung vergleichbar, erstreckt sich auch auf die Beziehungen der politischen Gebilde untereinander; feudale Herrenschichten, ebenso wie moderne Offiziers- oder Amtsbürokratien, sind die naturgemäßen primären Träger dieses rein an der Macht des eigenen politischen Gebildes als solcher orientierten »Prestige«-Strebens. Denn Macht des eigenen politischen Gebildes bedeutet für sie eigene Macht und eigenes machtbedingtes Prestigegefühl, Expansion der Macht nach außen aber außerdem noch für die Beamten und Offiziere Vermehrung der Amtsstellen und Pfründen, Verbesserung der Avancementschancen (für den Offizier selbst im Fall eines verlorenen Krieges), für die Lehensmannen Gewinnung von neuen lehnbaren Objekten zur Versorgung ihres Nachwuchses: diese Chancen (nicht, wie man wohl gesagt hat, die »Übervölkerung«) rief Papst Urban II. in seiner Kreuzzugsrede auf. Aber über diese naturgemäß und überall vorhandenen direkten ökonomischen Interessen der von der Ausübung politischer Macht lebenden Schichten hinaus ist dies »Prestige«-Streben eine innerhalb aller spezifischen Machtgebilde und daher auch der politischen verbreitete Erscheinung. Es ist nicht einfach mit dem »Nationalstolz« und auch nicht mit dem bloßen »Stolz« auf wirkliche oder geglaubte Vorzüge oder auf den bloßen Besitz eines eigenen politischen Gemeinwesens identisch. Dieser Stolz kann, wie bei den Schweizern und Norwegern, sehr entwickelt, aber praktisch rein autonomistisch und von politischen Prestigeprätentionen frei sein, während das reine Machtprestige, als »Ehre der Macht«, praktisch: die Ehre der Macht über andere Gebilde, die *Machtexpansion*, wenn auch nicht immer in Form der Einverleibung oder Unterwerfung, bedeutet. Naturgegebene Träger dieser Prestigeprätention sind die quantitativ großen politischen Gemeinschaften. Jedes politische Gebilde zieht naturgemäß schon an sich die Nachbarschaft schwacher politischer Gebilde derjenigen starker vor. Und da überdies jede große politische Gemeinschaft, als potentieller Prätendent von Prestige, eine potentielle Bedrohung für alle Nachbargebilde bedeutet, so ist sie zugleich selbst ständig latent bedroht, rein deshalb, weil sie ein großes und starkes Machtgebilde ist. Und vollends jedes Aufflammen der Prestigeprätentionen an irgendeiner Stelle – normalerweiser die Folge akuter politischer Bedrohung des Friedens – ruft kraft einer unvermeidlichen »Machtdynamik« sofort die Konkurrenz aller anderen möglichen Prestigeträger in die Schranken: die Geschichte des letzten Jahrzehnts[1], speziell der Beziehungen Deutschlands zu Frankreich, zeigt die eminente Wirkung dieses irrationalen Elements aller politischen Außenbeziehungen. Da das Prestigegefühl zugleich den für die Zuversichtlichkeit im Fall des Kampfes wichtigen pathetischen Glauben an die reale Existenz der eigenen Macht zu stärken geeignet ist, so sind die spezifischen Interessenten jedes politischen Machtgebildes geneigt, jenes Gefühl systematisch zu pflegen. Jene politischen Gemeinschaften, welche jeweilig als Träger des Machtprestiges auftreten, pflegt man heute »Großmächte« zu nennen. Innerhalb eines jeden Nebeneinander politischer Gemeinschaften pflegen sich einzelne als »Großmächte« eine Interessiertheit an politischen und ökonomischen Vorgängen eines großen, heute meist eines die ganze Fläche des Planeten umfassenden, Umkreises zuzuschreiben und zu usurpieren. Im hellenischen Altertum war der »König«, d. h. der Perserkönig, trotz seiner Niederlage die anerkannteste Großmacht. An ihn wendete sich Sparta, um unter seiner Sanktion der hellenischen Welt den Königsfrieden (Frieden des Antalkidas) zu oktroyieren. Später, vor der Schaffung eines römischen Weltreichs, usurpierte das römische Gemeinwesen eine solche Rolle. Großmachtgebilde sind aus allgemeinen Gründen der »Machtdynamik« allerdings rein als solche sehr oft zugleich expansive, d. h. auf gewaltsame oder durch Gewaltandrohung erzielte Ausdehnung des Gebietsumfangs der eigenen politischen Gemeinschaft

[1] Vor dem ersten Weltkrieg. (H.)

eingestellte Verbände. Aber sie sind es dennoch nicht notwendig und immer. Ihre Haltung in dieser Hinsicht wechselt oft, und dabei spielen in sehr gewichtiger Art auch ökonomische Momente mit. Die englische Politik z. B. hatte zeitweise ganz bewußt auf weitere politische Expansion und selbst auf die Festhaltung der Kolonien durch Gewaltmittel verzichtet, zugunsten einer »kleinenglischen«, politisch autonomistischen Beschränkung auf den für unerschütterlich gehaltenen ökonomischen Primat. Gewichtige Repräsentanten der römischen Honoratiorenherrschaft hätten nach den punischen Kriegen gern ein ähnliches »kleinrömisches« Programm: Beschränkung der politischen Unterwerfung auf Italien und die Nachbarinseln, durchgeführt. Die spartanische Aristokratie hat die politische Expansion ganz bewußt autonomistisch beschränkt, soweit sie konnte, und sich mit der Zertrümmerung aller, ihrer Macht und ihrem Prestige bedrohlichen, anderen politischen Bildungen zugunsten des Städtepartikularismus begnügt. In solchen und den meisten ähnlichen Fällen pflegen mehr oder minder klare Befürchtungen der herrschenden Honoratiorenschichten – des römischen Amtsadels, der englischen und anderer liberaler Honoratioren, der spartiatischen Herrenschichten – gegen die mit dem chronisch erobernden »Imperialismus« sehr leicht verbundenen Tendenzen zugunsten der Entwicklung eines »Imperator«, d. h. eines charismatischen Kriegsfürsten, auf Kosten der eigenen Machtstellung der Honoratioren im Spiel zu sein. Die englische wie die römische Politik aber wurden nach kurzer Zeit, und zwar mit durch kapitalistische Expansionsinteressen, aus ihrer Selbstbeschränkung wieder herausgezwungen und zur politischen Expansion genötigt.

Die wirtschaftlichen Grundlagen des Imperialismus

Man könnte geneigt sein zu glauben, daß überhaupt die Bildung und ebenso die Expansion von Großmachtgebilden stets primär ökonomisch bedingt sei. Am nächsten liegt die Generalisierung der in einzelnen Fällen in der Tat zutreffenden Annahme, daß ein bereits bestehender, besonders intensiver Güterverkehr in einem Gebiet die normale Vorbedingung und auch der Anlaß seiner politischen Einigung sei. Das Beispiel des Zollvereins liegt äußerst nahe, und es gibt zahlreiche andere. Allein genaueres Zusehen verrät sehr oft, daß dieses Zusammenfallen kein notwendiges und das Kausalverhältnis keineswegs eindeutig gerichtet ist. Was z. B. Deutschland anlangt, so ist es zu einem einheitlichen Wirtschaftsgebiet, d. h. einem Gebiet, dessen Insassen den Absatz der von ihnen erzeugten Güter in erster Linie auf dem eigenen Markt suchen, erst durch die in ihrem Verlauf rein politisch bedingten Zollinien an seinen Grenzen zusammengeschlossen worden. Das, bei einem gänzlichen Fortfall aller Zollschranken gegebene, also rein ökonomisch determinierte Absatzgebiet der kleberarmen ostdeutschen Getreideüberschüsse war nicht der deutsche Westen, sondern der englische Markt. Die Berg- und Hüttenprodukte und die schweren Eisenwaren des deutschen Westens hatten ihren rein ökonomisch determinierten Markt keineswegs im deutschen Osten und dieser seine rein ökonomisch determinierten Lieferanten von Gewerbeprodukten zumeist nicht im deutschen Westen. Vor allem waren, und sind zum Teil auch noch, nicht die inneren Verkehrslinien (Eisenbahnen) Deutschlands die ökonomisch determinierten Transportwege für spezifisch schwere Güter zwischen Osten und Westen. Der Osten wäre dagegen ökonomischer Standort für starke Industrien, deren rein ökonomisch determinierter Markt und Hinterland der ganze Westen Rußlands wäre und welche jetzt[2] durch die russischen Zollschranken unterbunden und unmittelbar hinter die russische Zollgrenze nach Polen verschoben sind. Durch diese Entwicklung ist bekanntlich der politische Anschluß der russischen Polen an die russische Reichsidee, der rein politisch eine Unmöglichkeit schien, in den Bereich des Möglichen gerückt. Hier wirken also rein ökonomisch determinierte Marktbeziehungen politisch zusammenschließend. Aber Deutschland ist entgegen den rein ökonomi-

[2] Vor 1914. (H.)

schen Determinanten politisch geeinigt. Derartige Sachverhalte: daß die Grenzen einer politischen Gemeinschaft mit den rein geographisch gegebenen Standortsbedingungen im Konflikt liegen und ein nach ökonomischen Determinanten auseinanderstrebendes Gebiet umfassen, sind nichts Ungewöhnliches. Gegenüber den durch solche Situationen allerdings fast stets entstehenden ökonomischen Interessenspannungen ist das politische Band, wenn es einmal geschaffen ist, nicht immer, aber doch bei sonst günstigen Bedingungen (Sprachgemeinschaft), sehr oft so ungleich stärker, daß, wie z. B in Deutschland, aus Anlaß jener Spannungen niemand an eine politische Trennung auch nur denkt.

Und so ist es auch nicht richtig, daß Großstaatenbildung immer auf den Bahnen des Güterexportes wandert, obwohl es uns heute, wo der Imperialismus (der kontinentale: russische und amerikanische, ebenso wie der überseeische: englische und diesem nachgebildete) regelmäßig, zumal in politisch schwachen Fremdgebieten, den Spuren schon vorhandener kapitalistischer Interessen folgt, naheliegt, die Dinge so anzusehen, und obwohl der Export natürlich, wenigstens für die Bildung der großen überseeischen Herrschaftsgebiete der Vergangenheit: im athenischen wie im karthagischen und römischen Überseereich, seine maßgebende Rolle spielte. Aber schon in diesen antiken Staatenbildungen sind doch andere ökonomische Interessen: namentlich das Streben nach Grundrenten-, Steuerpacht-, Amtssportel- und ähnlichem Gewinn mindestens von gleicher, oft weit größerer Bedeutung als Handelsgewinne gewesen. Innerhalb dieses letzteren Motivs der Expansion wiederum trat sehr stark zurück das, im modern-kapitalistischen Zeitalter vorwaltend herrschende »Absatz«-Interesse *nach* den Fremdgebieten gegenüber dem Interesse an dem Besitz von Gebieten, *aus* welchen Güter (Rohstoffe) in das Inland importiert werden. Bei den großen Flächenstaatenbildungen des Binnenlandes vollends war in der Vergangenheit eine maßgebende Rolle des Güterverkehrs durchaus nicht die

Regel. Am stärksten bei den orientalischen Flußuferstaaten, besonders Ägypten, die darin den Überseestaaten ähnlich geartet waren. Aber etwa das »Reich« der Mongolen, – in welchem für die Zentralverwaltung die Beweglichkeit der herrschenden Reiterschicht die fehlenden sachlichen Verkehrsmittel ersetzte, – ruhte gewiß nicht auf intensivem Güterverkehr. Auch das chinesische wie das persische und wie das römische Reich der Kaiserzeit, nach seinem Übergang vom Küsten- zum Kontinentalreich, erstanden und bestanden nicht auf der Basis eines schon früher vorhandenen besonders intensiven Güterbinnenverkehrs oder besonders hochentwickelter Verkehrsmittel. Die römische *kontinentale* Expansion war zwar sehr stark durch kapitalistische Interessen mitbedingt (nicht etwa: ausschließlich kapitalistisch bedingt). Aber diese kapitalistischen Interessen waren vor allem doch solche von Steuerpächtern, Amtsjägern und Bodenspekulanten, nicht aber in erster Linie von Interessenten eines besonders hochentwickelten Güterverkehrs. Der persischen Expansion haben überhaupt keinerlei »kapitalistische« Interessenten: weder als Triebkraft noch als Schrittmacher, gedient, ebensowenig wie den Schöpfern des Chinesenreichs oder denen der Karolingermonarchie. Natürlich fehlte auch hier die wirtschaftliche Bedeutung des Güterverkehrs keineswegs überhaupt; aber andere Motive: Vermehrung der fürstlichen Einkünfte, Pfründen, Lehen, Ämter und soziale Ehren für die Lehensmannen, Ritter, Offiziere, Beamten, jüngeren Söhne von Erbbeamten usw. haben bei jeder politischen Binnenlandsexpansion der Vergangenheit und auch bei den Kreuzzügen mitgespielt. Die hier zwar nicht ausschlaggebend, aber allerdings bedeutend mitwirkenden Interessen der Seehandelsstädte traten erst sekundär hinzu: der erste Kreuzzug war dem Schwerpunkt nach eine Überlandkampagne.

Der Güterverkehr hat jedenfalls keineswegs der Regel nach der politischen Expansion die Wege gewiesen. Die Kausalbeziehung ist sehr oft umgekehrt. Diejenigen von den genannten Reichen, deren Verwaltung dazu technisch imstande war, haben ihrerseits sich die Verkehrsmittel, mindestens im Landverkehr, für die Zwecke ihrer Verwaltung erst geschaffen. Dem Prinzip nach nicht selten nur für diese Zwecke und ohne Rücksicht darauf, ob sie vorhandenen oder künftigen Bedürfnissen des Güterverkehrs zustatten kamen. Unter den heutigen[3] Verhältnissen ist wohl Rußland dasjenige politische Gebilde, welches die meisten nicht primär ökonomisch, sondern politisch bedingten Verkehrsmittel (heute: Eisenbahnen) geschaffen hat. Doch ist die österreichische Südbahn (ihre Papiere heißen noch immer[3], politisch erinnerungsbelastet: »Lombarden«) ebenfalls ein Beispiel, und es gibt wohl kein politisches Gebilde ohne »Militärbahnen«. Immerhin sind zwar größere derartige Leistungen doch auch zugleich in der Erwartung eines auf die Dauer ihre Rentabilität garantierenden Verkehrs geschaffen. In der Vergangenheit lag es nicht anders. Bei den altrömischen Militärstraßen ist ein Verkehrszweck mindestens nicht beweisbar, bei den persischen und römischen Posten aber, die nur politischen Zwecken dienten, war es ganz sicher nicht der Fall. Trotzdem war auch in der Vergangenheit die Entwicklung des Güterverkehrs natürlich die normale Folge der politischen Einigung, welche ihn erst unter eine sichere Rechtsgarantie stellte. Ausnahmslos aber ist auch diese Regel nicht. Denn die Entwicklung des Güterverkehrs ist, außer an Befriedung und formale Rechtssicherheit, auch an bestimmte wirtschaftliche Bedingungen (speziell die Entfaltung des Kapitalismus) gebunden, und es ist nicht ausgeschlossen, daß diese Entfaltung durch die Art der Staatsverwaltung eines politischen Einheitsgebildes geradezu unterbunden wird, wie dies z. B. im späteren Römerreich der Fall war. Das an die Stelle des Städtebundes tretende, auf stark naturalwirtschaftlicher Basis ruhende Einheitsgebilde bedingte hier eine zunehmend leiturgische Aufbringung der Mittel für Heer und Verwaltung, welche den Kapitalismus direkt erstickte.

Bildet also der Güterverkehr als solcher keineswegs das

[3] Vor 1914. (H.)

ausschlaggebende Moment bei politischen Expansionen, so ist die Struktur der Wirtschaft im allgemeinen doch sowohl für das Maß wie für die Art der politischen Expansion sehr stark mitbestimmend. »Urwüchsiges« Objekt der gewaltsamen Aneignung ist – neben Weibern, Vieh und Sklaven – vor allem der Grund und Boden, sobald er knapp wird. Bei erobernden bäuerlichen Gemeinschaften ist die direkte Landnahme unter Ausrottung der bisherigen bodensässigen Bevölkerung das Natürliche. Die germanische Völkerwanderung ist nur zu einem im ganzen mäßigen Teil so verlaufen, in geschlossener Masse wohl bis etwas über die heutige Sprachgrenze hinaus, im übrigen aber nur strichweise. Wie weit dabei eine durch Übervölkerung bedingte »Landnot« mitsprach oder der politische Druck anderer Stämme oder einfach die gute Gelegenheit, muß dahingestellt bleiben: jedenfalls haben einzelne dieser zur Eroberung ausziehenden Gruppen sich noch lange Zeit hindurch ihre Fluranteilsrechte in der Heimat für den Fall der Heimkehr reservieren lassen. Der Grund und Boden des in mehr oder minder gewaltsamer Form politisch einverleibten, bis dahin fremden Gebietes spielt aber auch bei anderen ökonomischen Strukturformen eine bedeutende Rolle für die Art, wie das Recht des Siegers ausgenützt wird. Die Grundrente ist, wie namentlich Oppenheimer mit Recht immer wieder betont hat, sehr oft Produkt gewaltsamer politischer Unterwerfung. Bei naturalwirtschaftlicher und zugleich feudaler Struktur natürlich in der Art, daß die Bauernschaft des einverleibten Gebiets nicht ausgerottet, sondern umgekehrt geschont und den Eroberern als Grundherren zinspflichtig gemacht wird. Überall, wo das Heer nicht mehr ein auf Selbstausrüstung der Gemeinfreien gestellter Volksheerbann und noch nicht ein Sold- oder bürokratisches Massenheer, sondern ein auf Selbstausrüstung gestelltes Ritterheer ist: bei Persern, Arabern, Türken, Normannen und überhaupt okzidentalen Lehensmannen, ist dies geschehen. Aber auch bei handelsplutokratischen erobernden Gemeinwesen bedeutet das Grundrenteninteresse überall sehr viel, denn da Handelsgewinne mit Vorliebe in Grundbesitz und Schuldknechten »angelegt« wurden, so war die Gewinnung von fruchtbarem, grundrentefähigem Boden noch in der Antike das normale Ziel der Kriege. Der in der hellenischen Frühgeschichte eine Art von Epoche markierende »lelantische« Krieg wurde fast gänzlich zur See zwischen Handelsstädten geführt; Streitobjekt der führenden Patriziate von Chalkis und Eretria war aber ursprünglich die fruchtbare lelantische Flur. Der attische Seebund bot dem Demos der herrschenden Stadt neben Tributleistungen verschiedener Art als eines der wichtigsten Privilegien offenbar die Durchbrechung des Bodenmonopols der Untertanenstädte: das Recht der Athener, überall Boden zu erwerben und hypothekarisch zu beleihen. In erster Linie das gleiche bedeutet, praktisch genommen, die Herstellung des »commercium« verbündeter Städte mit Rom, und auch die Überseeinteressen der im römischen Einflußgebiet massenhaft verbreiteten Italiker waren sicherlich zum Teil Bodeninteressen wesentlich kapitalistischer Art, wie wir sie aus den verrinischen Reden kennen. Kapitalistische Bodeninteressen können mit den bäuerlichen bei der Expansion in Konflikt geraten. Ein solcher hat in der langen Epoche der Ständekämpfe in Rom bis zu den Gracchen bei der Expansionspolitik seine Rolle gespielt: die großen Geld-, Vieh- und Menschenbesitzer wünschten den neu gewonnenen Boden naturgemäß als öffentliches pachtbares Land (ager publicus) behandelt zu sehen, die Bauern, solange es sich um nicht zu entlegene Gebiete handelte, verlangten seine Aufteilung für die Landversorgung ihres Nachwuchses; die starken Kompromisse beider Interessen spiegeln sich in der im einzelnen gewiß wenig zuverlässigen Tradition doch deutlich wieder.

Die überseeische Expansion Roms zeigt, soweit sie ökonomisch bedingt ist, Züge – und zwar in so ausgeprägter Art und zugleich so gewaltigem Maßstabe zum erstenmal in der Geschichte –, welche seitdem, in den Grundzügen ähnlich, immer wiederkehrten und noch heute wiederkehkehren. Sie sind einem, bei aller Flüssigkeit der Übergänge zu anderen Arten, dennoch spezifischen Typus kapitalistischer Beziehungen eigen – oder vielmehr: sie bieten ihm die Existenzbedingungen –, den wir imperialistischen Kapitalismus nennen wollen. Es sind die kapitalistischen Interessen von Steuerpächtern, Staatsgläubigern, Staatslieferanten, staatlich privilegierten Außenhandelskapitalisten und Kolonialkapitalisten. Ihre Profitchancen ruhen durchweg auf der direkten Ausbeutung politischer Zwangsgewalten, und zwar expansiv gerichteter Zwangsgewalt. Der Erwerb überseeischer »Kolonien« seitens einer politischen Gemeinschaft gibt kapitalistischen Interessenten gewaltige Gewinnchancen durch gewaltsame Versklavung oder doch glebae adscriptio der Insassen zur Ausbeutung als Plantagenarbeitskräfte (in großem Maßstab anscheinend zuerst von den Karthagern, in ganz großem Stil zuletzt von den Spaniern in Südamerika, den Engländern in den amerikanischen Südstaaten und den Holländern in Indonesien organisiert), ferner durch gewaltsame Monopolisierung des Handels mit diesen Kolonien und eventuell anderer Teile des Außenhandels. Die Steuern der neu okkupierten Gebiete geben, wo immer der eigene Apparat der politischen Gemeinschaft nicht zu ihrer Beitreibung geeignet ist, kapitalistischen Steuerpächtern Gewinnchancen. Die gewaltsame Expansion durch Krieg und die Rüstungen dafür schaffen, vorausgesetzt, daß die sachlichen Betriebsmittel des Kriegs nicht, wie im reinen Feudalismus, durch Selbstausrüstung, sondern durch die politische Gemeinschaft als solche beschafft werden, den weitaus ergiebigsten Anlaß zur Inanspruchnahme von Kredit größten Umfangs und steigern die Gewinnchancen der kapitalistischen Staatsgläubiger, welche schon im zweiten punischen Kriege der römischen Politik ihre Bedingungen vorschrieben. Oder, wo das endgültige Staatsgläubigertum eine Massenschicht von Staatsrentnern (Konsolbesitzern) geworden ist – der für die Gegenwart charakteristische Zustand –, schaffen sie die Chancen für die »emittierenden« Banken. In der gleichen Richtung liegen die Interessen der Lieferanten von Kriegsmaterial. Es werden dabei ökonomische Mächte ins

Leben gerufen, welche an dem Entstehen kriegerischer Konflikte als solcher, einerlei welchen Ausgang sie für die eigene Gemeinschaft nehmen, interessiert sind. Schon Aristophanes scheidet die am Krieg von den am Frieden interessierten Gewerben, obwohl – wie auch in seiner Aufzählung zum Ausdruck kommt – der Schwerpunkt wenigstens für das Landheer damals noch in der Selbstausrüstung und daher in Bestellungen der einzelnen Bürger beim Handwerker: Schwertfeger, Panzermacher usw. liegt. Schon damals aber sind die großen privaten Handelslager, die man oft als »Fabriken« anspricht, vor allem Waffenlager. Heute ist der annähernd einzige Auftraggeber für Kriegsmaterial und Kriegsmaschinen die politische Gemeinschaft als solche, und das steigert den kapitalistischen Charakter. Banken, welche Kriegsanleihen finanzieren, und heute große Teile der schweren Industrie, nicht nur die direkten Lieferanten von Panzerplatten und Geschützen, sind am Kriegführen quand même ökonomisch interessiert; ein verlorener Krieg bringt ihnen erhöhte Inanspruchnahme so gut wie ein gewonnener, und das eigene politische und ökonomische Interesse der an einer politischen Gemeinschaft Beteiligten an der Existenz großer inländischer Fabriken von Kriegsmaschinen nötigt sie, zu dulden, daß diese die ganze Welt, auch die politischen Gegner, mit solchen versorgen.

Welche ökonomischen Gegengewichte die imperialistischen kapitalistischen Interessen finden, hängt – soweit dabei direkt rein kapitalistische Motive mitspielen – vor allem von dem Verhältnis der Rentabilität der ersteren zu der der pazifistisch gerichteten kapitalistischen Interessen ab, und dies wieder steht mit dem Verhältnis zwischen gemeinwirtschaftlicher und privatwirtschaftlicher Bedarfsdeckung in engem Zusammenhang. Diese ist daher auch für die Art der von den politischen Gemeinschaften gestützten ökonomischen Expansionstendenzen in hohem Maße bestimmend. Der imperialistische Kapitalismus, zumal der koloniale Beutekapitalismus auf der Grundlage direkter Gewalt und Zwangsarbeit, hat im allgemeinen zu allen Zeiten die weitaus größten Gewinnchancen geboten, weit größere als normalerweise der auf friedlichen Austausch mit den Angehörigen anderer politischer Gemeinschaften gerichtete Exportgewerbebetrieb. Daher hat es ihn zu allen Zeiten und überall gegeben, wo irgendwelches erhebliche Maß von gemeinwirtschaftlicher Bedarfsdeckung durch die politische Gemeinschaft als solche oder ihre Unterabteilungen (Gemeinden) bestand. Je stärker diese, desto größer die Bedeutung des imperialistischen Kapitalismus. Verdienstchancen im politischen »Ausland«, zumal in Gebieten, welche politisch und ökonomisch neu »erschlossen«, d. h. in die spezifisch modernen Organisationsformen der öffentlichen und privaten »Betriebe« gebracht werden, entstehen heute wieder zunehmend in [Form von] »Staatsaufträgen« für Waffen, von [seitens] der politischen Gemeinschaft besorgten oder [seitens] mit Monopolen ausgestatteter [Unternehmen vergebenen] Eisenbahn- und anderen Bauten, [von] monopolistischen Abgabe-, Handels- und Gewerbeorganisationen und -konzessionen [oder von] Staatsanleihen. Das Vorwiegen derartiger Verdienstchancen steigert sich, auf Kosten der durch den gewöhnlichen privaten Güteraustausch zu erzielenden Gewinne, zunehmend mit zunehmender Bedeutung der Gemeinwirtschaft als Bedarfsdeckungsform überhaupt. Und durchaus parallel damit geht die Tendenz der politisch gestützten ökonomischen Expansion und des Wettbewerbs der einzelnen politischen Gemeinschaften, deren Beteiligte anlagefähiges Kapital zur Verfügung haben dahin, sich derartige Monopole und Beteiligungen an »Staatsaufträgen« zu verschaffen, und tritt die Bedeutung der bloßen »offenen Tür« für den privaten Güterimport in den Hintergrund. Da nun die sicherste Garantie für die Monopolisierung dieser an der Gemeinwirtschaft des fremden Gebiets haftenden Gewinnchancen zugunsten der eigenen politischen Gemeinschaftsgenossen die politische Okkupation oder doch die Unterwerfung der fremden politischen Gewalt in der Form des »Protektorats« oder ähnlichen Formen ist, so tritt auch diese »imperialistische« Richtung der Expansion wieder zunehmend an die Stelle der pazifistischen, nur »Handelsfreiheit« erstrebenden. Diese gewann nur so lange die Oberhand, als die privatwirtschaftliche Organisation der Bedarfsdeckung auch das Optimum der kapitalistischen Gewinnchancen nach der Seite des friedlichen, nicht – wenigstens nicht durch politische Gewalt – monopolisierten Güteraustauschs verschoben hatte. Das universelle Wiederaufleben des »imperialistischen« Kapitalismus, welcher von jeher die normale Form der Wirkung kapitalistischer Interessen auf die Politik war, und mit ihr des politischen Expansionsdrangs, ist also kein Zufallsprodukt, und für absehbare Zeit muß die Prognose zu seinen Gunsten lauten.

Diese Situation würde sich schwerlich grundsätzlich ändern, wenn wir für einen Augenblick als gedankliches Experiment die einzelnen politischen Gemeinschaften als irgendwie »staatssozialistische«, d. h. ein Maximum von ökonomischem Bedarf gemeinwirtschaftlich deckende Verbände denken. Jeder solche politische Gemeinwirtschaftsverband würde im »internationalen« Austausch diejenigen unentbehrlichen Güter, welche in seinem Gebiet nicht erzeugt werden (in Deutschland z. B. Baumwolle), so billig wie möglich von denjenigen zu erwerben suchen, die ein natürliches Monopol dieses Besitzes haben und auszunützen trachten würden, und keinerlei Wahrscheinlichkeit spricht dafür, daß, wo Gewalt am leichtesten zu günstigen Tauschbedingungen führen würde, sie nicht angewendet würde. Dadurch entstünde eine, wenn nicht formelle, doch tatsächliche Tributpflicht des Schwächeren, und es ist übrigens auch nicht abzusehen, warum die stärksten staatssozialistischen Gemeinschaften es verschmähen sollten, für ihre Teilhaber von schwächeren Gemeinschaften auch ganz ausdrückliche Tribute, ganz wie es in der frühen Vergangenheit überall geschah, zu erpressen, wo sie könnten. Die »Masse« der Teilhaber einer politischen Gemeinschaft ist auch ohne »Staatssozialismus« ökonomisch so wenig notwendig pazifistisch interessiert wie irgendeine Einzelschicht. Der attische Demos – und nicht nur er – lebte ökonomisch vom Krieg, der ihm Sold und, im Fall des Sieges,

Tribute der Untertanen einbrachte, welche faktisch in der kaum verhüllenden Form von Präsenzgeldern bei Volksversammlungen, Gerichtsverhandlungen und öffentlichen Festen unter die Vollbürger verteilt wurden. Hier war das Interesse an imperialistischer Politik und Macht jedem Vollbürger handgreiflich. Die heutigen, von außerhalb einer politischen Gemeinschaft an deren Beteiligte fließenden Erträgnisse, auch diejenigen imperialistischen Ursprungs und faktisch »tribut«artigen Charakters, ergeben eine so handgreifliche Interessenkonstellation für die Massen nicht. Denn die Tribute an die »Gläubigervölker« erfolgen unter der heutigen Wirtschaftsordnung in der Form der Abführung von ausländischen Schuldzinsen oder Kapitalgewinnen an die besitzenden Schichten des »Gläubigervolks«. Dächte man sich diese Tribute gestrichen, so bedeutete das einen immerhin für Länder wie etwa England, Frankreich, Deutschland sehr fühlbaren Rückgang der Kaufkraft auch für Inlandsprodukte, welcher den Arbeitsmarkt zu ungunsten der betreffenden Arbeiter beeinflussen würde. Wenn trotzdem die Arbeiterschaft auch in Gläubigerstaaten in sehr starkem Maße pazifistisch gesonnen ist und insbesondere an dem Fortbestand und der zwangsweisen Beitreibung solcher Tribute von ausländischen zahlungssäumigen Schuldnergemeinschaften oder an der Erzwingung der Anteilnahme an der Ausbeutung fremder Kolonialgebiete und Staatsaufträge meist keinerlei Interesse zeigt, so ist dies zunächst ein naturgemäßes Produkt der unmittelbaren Klassenlage und der sozialen und politischen Situation innerhalb der Gemeinschaften in einer kapitalistischen Wirtschaftsepoche. Die Tributberechtigten gehören der gegnerischen Klasse an, welche zugleich die politische Gemeinschaft beherrscht, und jede erfolgreiche imperialistische Zwangspolitik nach außen stärkt normalerweise mindestens zunächst auch »im Innern« das Prestige und damit die Machtstellung und den Einfluß derjenigen Klassen, Stände, Parteien, unter deren Führung der Erfolg errungen ist. Zu diesen mehr durch die soziale und politische Konstellation bedingten Quellen von pazifistischen

Sympathien treten bei den »Massen«, zumal den proletarischen, ökonomische. Jede Anlage von Kapitalien in der Kriegsmaschinen- und Kriegsmaterialproduktion schafft zwar Arbeits- und Erwerbsgelegenheit, jeder Staatsauftrag kann im Einzelfall ein Element direkter Konjunkturbesserung und erst recht indirekt, durch Steigerung der Intensität des Erwerbsstrebens und durch Nachfragesteigerung, eine Quelle gesteigerter Zuversicht in die ökonomischen Chancen der beteiligten Industrien und also einer Haussestimmung werden. Aber sie entzieht die Kapitalien anderen Verwendungsarten und erschwert die Bedarfsdeckung auf anderen Gebieten, und vor allem werden die Mittel in Form von Zwangsabgaben aufgebracht, welche – ganz abgesehen von den durch »merkantilistische« Rücksichten gegebenen Schranken der Heranziehung des Besitzes – die herrschenden Schichten normalerweise kraft ihrer sozialen und politischen Macht auf die Massen abzuwälzen verstehen. Die mit Militärkosten wenig belasteten Länder (Amerika), namentlich auch die Kleinstaaten haben nicht selten eine, relativ gemessen, stärkere ökonomische Expansion ihrer Angehörigen – so die Schweizer – als Großmachtgebilde und werden außerdem zuweilen leichter zur ökonomischen Ausbeutung des Auslandes zugelassen, weil ihnen gegenüber nicht die Befürchtung besteht, daß die politische der ökonomischen Einmischung folgen werde. Wenn die pazifistischen Interessen der kleinbürgerlichen und proletarischen Schichten trotz allem erfahrungsgemäß sehr oft und leicht versagen, so liegen – wenn wir von besonderen Fällen, wie der Hoffnung in übervölkerten Ländern auf den Erwerb von Auswanderungsgebieten, absehen – die Gründe teils in der stärkeren Zugänglichkeit jeder nicht organisierten »Masse« für Emotionen, teils in der unbestimmten Vorstellung von irgendwelchen, durch den Krieg entstehenden, unerwarteten Chancen, teils in dem Umstand, daß die »Massen« im Gegensatz zu anderen Interessenten subjektiv weniger auf das Spiel setzen. »Monarchen« haben für ihren Thron einen verlorenen Krieg, die Machthaber und Interessenten einer »republikanischen

Verfassung« umgekehrt einen siegreichen »General« zu fürchten, die Überzahl des besitzenden Bürgertums ökonomische Verluste infolge der Hemmung der Erwerbsarbeit, die herrschende Honoratiorenschicht unter Umständen eine gewaltsame Machtumstellung zugunsten der Besitzlosen im Fall einer Desorganisation durch Niederlage, die »Massen« als solche, wenigstens in ihrer subjektiven Vorstellung, nichts direkt Greifbares außer äußerstenfalls dem Leben selbst, eine Gefährdung, deren Einschätzung und Wirkung eine gerade in ihrer Vorstellung stark schwankende Größe darstellt und durch emotionale Beeinflussung im ganzen leicht auf Null reduzierbar ist.

ÜBER EINIGE KATEGORIEN DER VERSTEHENDEN SOZIOLOGIE

I.

Sinn einer »verstehenden« Soziologie

Menschliches (»äußeres« oder »inneres«) Verhalten zeigt sowohl Zusammenhänge wie Regelmäßigkeiten des Verlaufs wie alles Geschehen. Was aber, wenigstens im vollen Sinne, nur menschlichem Verhalten eignet, sind Zusammenhänge und Regelmäßigkeiten, deren Ablauf *verständlich* deutbar ist. Ein durch Deutung gewonnenes »Verständnis« menschlichen Verhaltens enthält zunächst eine spezifische, sehr verschieden große, qualitative »Evidenz«. Daß eine Deutung diese Evidenz in besonders hohem Maße besitzt, beweist an sich noch nichts für ihre empirische Gültigkeit. Denn ein in seinem äußeren Ablauf und Resultat gleiches Sichverhalten kann auf unter sich höchst verschiedenartigen Konstellationen von Motiven beruhen, deren verständlich-evidenteste nicht immer auch die wirklich im Spiel gewesene ist. Immer muß vielmehr das »Verstehen« des Zusammenhangs noch mit den sonst gewöhnlichen Methoden kausaler Zurechnung, soweit möglich, kontrolliert werden, ehe eine noch so evidente Deutung zur gültigen »verständlichen Erklärung« wird. Das Höchstmaß an »Evidenz« besitzt nun die zweckrationale Deutung. Zweckrationales Sichverhalten soll ein solches heißen, welches ausschließlich orientiert ist an *(subjektiv)* als adäquat vorgestellten Mitteln für (subjektiv) eindeutig erfaßte Zwecke. Keineswegs nur zweckrationales Handeln ist uns verständlich: wir »verstehen« auch den typischen Ablauf der Affekte und ihre typischen Konsequenzen für das Verhalten. Das »Verständliche« hat für die empirischen Disziplinen flüssige Grenzen. Die Ekstase und das mystische Erlebnis sind ebenso wie vor allem gewisse Arten psychopathischer Zusammenhänge oder das Verhalten kleiner Kinder (oder etwa: der uns hier nichts angehenden Tiere) unserem Verstehen und verstehenden Erklären nicht in gleichem Maße wie andere Vorgänge zugänglich. Nicht etwa das »Abnorme« als solches entzieht sich dem verstehenden Erklären. Im Gegenteil: das, als einem »Richtigkeitstypus« (im bald zu erörternden Wortsinn) entsprechend, absolut »Verständliche« und zugleich »Einfachste« zu erfassen, kann gerade die Tat des aus dem Durchschnitt weit Hervorragenden sein. Man muß, wie oft gesagt worden ist, »nicht Cäsar sein, um Cäsar zu verstehen«. Sonst wäre alle Geschichtsschreibung sinnlos. Umgekehrt gibt es Hergänge, die wir als »eigene« und zwar »psychische« ganz alltägliche Leistungen eines Menschen ansehen, die aber in ihrem Zusammenhang jene qualitativ spezifische Evidenz, welche das Verständliche auszeichnet, überhaupt nicht besitzen. Ganz ebenso wie viele psychopathische Vorgänge ist z. B. der Ablauf der Gedächtnis- und intellektuellen Übungserscheinungen nur teilweise »verstehbar«. Feststellbare Regelmäßigkeiten solcher psychischen Vorgänge behandeln die verstehenden Wissenschaften daher ganz wie die Gesetzlichkeiten der physischen Natur.

Die spezifische Evidenz des zweckrationalen Sichverhaltens hat natürlich nicht zur Folge, daß etwa speziell die rationale Deutung als Ziel soziologischer Erklärung anzusehen wäre. Bei der Rolle, welche »zweckirrationale« Affekte und »Gefühlslagen« im Handeln des Menschen spielen, und da auch jede zweckrational verstehende Betrachtung fortgesetzt auf Zwecke stößt, die ihrerseits *nicht* mehr wieder als rationale »Mittel« für andere Zwecke gedeutet, sondern nur als nicht weiter rational deutbare Zielrichtungen hingenommen werden müssen, — mag ihre Entstehung als solche dann auch weiterhin Gegenstand »psychologisch« verstehender Erklärung sein, — könnte man ebensogut das gerade Gegenteil behaupten. Allerdings aber bildet das rational deutbare Sichverhalten bei der soziologischen Analyse verständlicher Zusammenhänge sehr oft den geeignetsten »Idealtypus«: die Soziologie wie die Geschichte deuten zunächst »pragmatisch«, aus rational verständlichen Zusammenhängen des Handelns. Derart verfährt z. B. die Sozialökonomik mit ihrer rationalen Konstruktion des »Wirtschaftsmenschen«. Ebenso aber überhaupt die verstehende Soziologie. Denn als ihr spezifisches Objekt gilt uns nicht jede beliebige Art von »innerer Lage« oder äußerem Sichverhalten, sondern: *Handeln*. »Handeln« aber (mit Einschluß des gewollten Unterlassens und Duldens) heißt uns stets ein verständliches, und das heißt ein durch irgendeinen, sei es auch mehr oder minder unbemerkt, »gehabten« oder »gemeinten« *(subjektiven) Sinn* spezifiziertes Sichverhalten zu »Objekten«. Die buddhistische Kontemplation und die christliche Askese der Gesinnung sind subjektiv sinnhaft auf für die Handelnden »innere«, das rationale ökonomische Schalten eines Menschen mit Sachgütern auf »äußere« Objekte bezogen. Das für die verstehende Soziologie spezifisch wichtige Handeln nun ist im speziellen ein Verhalten, welches 1. dem subjektiv gemeinten Sinn des Handelnden nach auf das *Verhalten anderer* bezogen, 2. durch diese seine sinnhafte Bezogenheit in seinem Verlauf *mitbestimmt* und also 3. aus diesem (subjektiv) gemeinten Sinn heraus verständlich *erklärbar* ist. Subjektiv sinnhaft auf die Außenwelt und speziell auf das Handeln anderer bezogen sind nun auch die Affekthandlungen und die für den Ablauf des Handelns, also indirekt, relevanten »Gefühlslagen«, wie etwa: »Würdegefühl«, »Stolz«, »Neid«, »Eifersucht«. Die verstehende Soziologie interessieren daran aber nicht die physiologischen und früher sogenannten »psychophysischen« Erscheinungsformen: Pulskurven z. B. oder Verschiebungen des Reaktionstempos und dergleichen, auch nicht die nackt psychischen Gegebenheiten, z. B. die Kombination der Spannungs-, Lust- und Unlustgefühle, durch die sie charakterisiert werden können. Sondern sie differenziert ihrerseits nach den typischen *sinn*haften (vor allem: Außen-) Bezogenheiten des Handelns, und deshalb dient ihr – wie wir sehen werden – das Zweckrationale als Idealtypus, gerade um die

Tragweite des Zweck*ir*rationalen abschätzen zu können. Wenn man den (subjektiv gemeinten) Sinn seiner Bezogenheit als die »Innenseite« des menschlichen Verhaltens bezeichnen wollte – ein nicht unbedenklicher Sprachgebrauch! –, *nur* dann würde man sagen können: daß die verstehende Soziologie jene Erscheinungen ausschließlich »von innen heraus«, d. h. aber dann: nicht durch Aufzählung ihrer physischen *oder psychischen* Phänomene, betrachtet. Unterschiede der psychologischen Qualitäten eines Verhaltens sind also nicht schon als solche für uns relevant. Gleichheit der sinnhaften Bezogenheit ist nicht gebunden an Gleichheit der im Spiel befindlichen »psychischen« Konstellationen, so sicher es ist, daß Unterschiede auf jeder Seite durch solche auf der andern bedingt sein können. Aber z. B. eine Kategorie wie »Gewinnstreben« gehört in schlechterdings keine »Psychologie«. Denn das »gleiche« Streben nach »Rentabilität« des »gleichen« geschäftlichen Unternehmens kann bei zwei aufeinanderfolgenden Inhabern nicht nur mit absolut heterogenen »Charakterqualitäten« Hand in Hand gehen, sondern direkt in seinem ganz gleichen Verlauf und Enderfolg durch gerade entgegengesetzte letzte »psychische« Konstellationen und Charakterqualitäten bedingt sein, und auch die (für die Psychologie) letzten dabei maßgebenden »Zielrichtungen« brauchen keinerlei Verwandtschaft miteinander zu haben. Vorgänge, welche *nicht* einen auf das Verhalten anderer subjektiv bezogenen Sinn haben, sind um deswillen nicht etwa soziologisch *gleichgültig*. Im Gegenteil können gerade sie die entscheidenden Bedingungen, und also: Bestimmungsgründe des Handelns in sich schließen. Auf die in sich sinnfremde »Außenwelt«, auf Dinge und Vorgänge der Natur, ist ja das Handeln zu einem für die verstehenden Wissenschaften sehr wesentlichen Teil sinnhaft bezogen: das theoretisch konstruierte Handeln des isolierten Wirtschaftsmenschen z. B. ganz ausschließlich. Aber die Relevanz von Vorgängen ohne subjektive »Sinnbezogenheit«, wie etwa des Ablaufs der Geburten- und Sterbeziffern, der Ausleseprozesse der anthropologischen Typen, ebenso aber die der nackt psychischen Tatbestände besteht für die verstehende Soziologie ganz ebenso lediglich in ihrer Rolle als »Bedingungen« und »Folgen«, an denen sinnhaftes Handeln orientiert wird, wie etwa für die Wirtschaftslehre diejenige von klimatischen oder pflanzenphysiologischen Sachverhalten.

Die Vorgänge der Vererbung z. B. sind nicht aus einem subjektiv gemeinten Sinn verständlich, und sie sind es natürlich nur um so weniger, je exakter die naturwissenschaftlichen Feststellungen ihrer Bedingungen werden. Gesetzt z. B., es gelänge einmal, – wir drücken uns hier bewußt »unfachmäßig« aus – das Maß von Vorhandensein bestimmter soziologisch relevanter Qualitäten und Triebe, z. B. solcher, welche entweder die Entstehung des Strebens nach bestimmten Arten von sozialer Macht oder die Chance, diese zu erlangen, begünstigen: etwa die Fähigkeit zur rationalen Orientierung des Handelns im allgemeinen oder bestimmte andere angebbare intellektuelle Qualitäten im besonderen, – irgendwie mit einem Schädelindex oder mit der Herkunft aus bestimmten durch irgendwelche Merkmale bezeichenbaren Menschengruppen in annähernd eindeutigen Zusammenhang zu bringen. Dann hätte die verstehende Soziologie diese speziellen Tatsachen bei ihrer Arbeit selbstverständlich ganz ebenso in Anschlag zu bringen, wie z. B. die Tatsache des Aufeinanderfolgens der typischen Altersstufen oder etwa der Sterblichkeit der Menschen im allgemeinen. Ihre eigene Aufgabe aber begänne erst genau da, wo deutend zu erklären wäre: 1. durch welches sinnhaft auf Objekte, sei es der Außenwelt oder sei es der eigenen Innenwelt bezogene Handeln die mit jenen spezifischen ererbten Qualitäten begabten Menschen nun die dadurch mitbedingten oder begünstigten Inhalte ihres Strebens durchzusetzen suchten, wieweit und warum dies gelang oder warum nicht?, – 2. welche verständlichen Folgen dieses (erbgutbedingte) Streben wiederum für das sinnhaft bezogene Verhalten *anderer* Menschen gehabt hat.

II.

Verhältnis zur »Psychologie«

Die verstehende Soziologie ist nach allem Gesagten nicht Teil einer »Psychologie«. Die unmittelbar »verständlichste Art« der sinnhaften Struktur eines Handelns ist ja das subjektiv streng rational orientierte Handeln nach Mitteln, welche (subjektiv) für eindeutig adäquat zur Erreichung von (subjektiv) eindeutig und klar erfaßten Zwecken gehalten werden. Und zwar am meisten dann, wenn auch dem Forscher jene Mittel für diese Zwecke geeignet scheinen. Wenn man ein solches Handeln »erklärt«, so heißt das aber gewiß nicht: daß man es aus »psychischen« Sachverhalten, sondern offenbar gerade umgekehrt: daß man es aus den Erwartungen, welche subjektiv über das Verhalten der *Objekte* gehegt wurden (subjektive Zweckrationalität), und nach gültigen Erfahrungen gehegt werden durften (objektive Richtigkeitsrationalität), und ganz ausschließlich aus diesen, ableiten will. Je eindeutiger ein Handeln dem Typus der Richtigkeitsrationalität entsprechend orientiert ist, desto weniger wird sein Ablauf durch irgendwelche psychologischen Erwägungen überhaupt sinnhaft verständlicher. Umgekehrt bedarf jede Erklärung von »irrationalen« Vorgängen, d. h. solchen, bei welchen entweder die »objektiv« richtigen Bedingungen des zweckrationalen Handelns unbeachtet oder (was zweierlei ist) auch subjektiv die zweckrationalen Erwägungen des Handelnden relativ weitgehend ausgeschaltet waren, eine »Börsenpanik« z. B., — vor allen Dingen der Feststellung: wie denn im rationalen idealtypischen Grenzfall absoluter Zweck- und Richtigkeitsrationalität gehandelt worden *wäre*. Denn erst, wenn dies feststeht, kann, wie die einfachste Erwägung lehrt, die kausale Zurechnung des Verlaufs sowohl zu objektiv wie zu subjektiv »irrationalen« Komponenten überhaupt vollzogen werden, weil man erst dann weiß: was denn überhaupt an dem Handeln — wie man sich charakteristisch auszudrücken pflegt: — »nur psychologisch« erklärlich, d. h. aber: Zusammenhängen zuzurechnen ist, welche auf objektiv irrtümlicher Orientiertheit oder auch auf subjektiver Zweckirrationalität und im letzten Fall entweder auf nur in Erfahrungsregeln erfaßbaren, aber ganz unverständlichen oder auf verständlich, aber nicht zweckrational, deutbaren Motiven ruht. Ein anderes Mittel gibt es also auch für die Feststellung nicht: was denn an dem – nehmen wir einmal an: vollständig bekannten – »psychischen« Befund für den Verlauf des Handelns relevant geworden ist. Dies gilt absolut ausnahmslos für schlechthin alle historische und soziologische Zurechnung. Die letzten mit »Evidenz« erfaßbaren und in *diesem* Sinne »verstehbaren« (»einfühlungsmäßig nacherlebbaren«) »Zielrichtungen« aber, auf welche eine verstehende Psychologie stößt (etwa: der »Geschlechtstrieb«), sind nur noch Gegebenheiten, welche im Prinzip ganz ebenso wie jede andere, auch eine ganz sinnfremde, Konstellation von Faktizitäten einfach hinzunehmen sind. Zwischen dem absolut (subjektiv) zweckrational orientierten Handeln und den absolut unverständlichen psychischen Gegebenheiten in der Mitte liegen nun, in der Realität durch gleitende Übergänge verbunden, die üblicherweise so genannten »psychologisch« verständlichen (zweckirrationalen) Zusammenhänge, auf deren höchst schwierige Kasuistik hier auch nicht einmal andeutend eingegangen werden könnte. – Subjektiv zweckrational orientiertes und am objektiv Gültigen »richtig« orientiertes (»richtigkeitsrationales«) Handeln sind an sich gänzlich zweierlei. Dem Forscher kann ein von ihm zu erklärendes Handeln im höchsten Grade zweckrational, dabei aber an für ihn ganz ungültigen Annahmen des Handelnden orientiert erscheinen. An magischen Vorstellungen orientiertes Handeln beispielsweise ist subjektiv oft weit zweckrationaleren Charakters als irgend ein nicht magisches »religiöses« Sichverhalten, da die Religiosität ja gerade mit zunehmender Entzauberung der Welt zunehmend (subjektiv) zweckirrationalere Sinnbezogenheiten (»gesinnungshafte« oder mystische z. B.) anzunehmen genötigt ist. Auch abgesehen von der Zurechnung (s. o.) haben aber Geschichtsschreibung und Soziologie immer wieder *auch* mit den Beziehungen des tatsächlichen Ablaufs eines sinnhaft verständlichen Handelns zu demjenigen Typus zu tun, den dies Handeln annehmen »müßte«, *wenn* es dem (für den Forscher selbst) »Gültigen«, wir wollen sagen: dem »Richtigkeitstypus«, entsprechen sollte. Denn es kann für bestimmte (*nicht:* alle) Zwecke der Geschichtsschreibung und Soziologie die Tatsache, daß ein subjektiv sinnhaft orientiertes Sichverhalten (Denken und Tun) sich einem Richtigkeitstypus entsprechend, widersprechend oder mehr oder minder ihm sich annähernd orientiert, ein »um seiner selbst willen«, d. h. infolge der leitenden Wertbeziehungen höchst wichtiger Sachverhalt sein. Und ferner wird dies meist für den äußeren Ablauf – den »Erfolg« – des Handelns ein höchst entscheidendes kausales Moment sein. Ein Sachverhalt also, für welchen die konkret historischen oder typisch soziologischen Vorbedingungen in jedem Fall soweit aufzudecken sind, daß das Maß von Identität, Abweichung oder Widerspruch des empirischen Ablaufs gegenüber dem Richtigkeitstypus als verständlich *und dadurch* als durch die Kategorie der »sinnhaft adäquaten Verursachung« erklärt erscheint. Koinzidenz mit dem »Richtigkeitstypus« ist der »verständlichste«, weil »sinnhaft adäquateste« Kausalzusammenhang. »Sinnhaft adäquat verursacht« erscheint es der Geschichte der Logik, daß einem Denker bei einem bestimmt gearteten subjektiv sinnhaften Zusammenhang von Erörterungen über logische Fragen (»Problemlage«) ein dem Richtigkeitstypus der »Lösung« sich annähernder Gedanke »einfällt«. Im Prinzip ebenso, wie die Orientierung eines Handelns am »erfahrungsgemäß« Wirklichen uns spezifisch »sinnhaft adäquat verursacht« erscheint. Eine faktisch weitgehende Annäherung des realen Ablaufs eines Handelns an den Richtigkeitstypus, also *fakt*ische *objektive* Richtigkeitsrationalität, ist aber sehr weit davon entfernt, notwendig zusammenzufallen mit subjektiv zweckrationalem, d. h. nach eindeutig vollbewußten Zwecken und vollbewußt als »adäquat« gewählten Mitteln orientiertem Handeln. Ganz wesentliche Teile der verstehend psychologischen Arbeit bestehen ja zurzeit[1] gerade in der Aufdeckung ungenügend oder gar nicht bemerkter und also in diesem Sinne nicht subjektiv rational orientierter Zusammenhänge, die aber dennoch tatsächlich in der Richtung eines weitgehend objektiv »rational« verständlichen Zusammenhanges verlaufen. Sehen wir von gewissen Teilen der Arbeit der sog. Psychoanalyse hier ganz ab, welche diesen Charakter haben, so enthält z. B. auch eine Konstruktion wie Nietzsches Theorie des Ressentiments eine Deutung, welche aus dem Pragma einer Interessenlage eine – ungenügend oder gar nicht bemerkte, weil aus verständlichen Gründen »uneingestandene« – objektive Rationalität des äußeren oder inneren Sichverhaltens ableitet. Übrigens ganz genau im (methodisch) gleichen Sinne, wie die ihr darin um Jahrzehnte vorangegangene Theorie des ökonomischen Materialismus es ebenfalls tut. In solchen Fällen geraten nun freilich sehr leicht das subjektiv, wenn auch unbemerkt, Zweckrationale und das objektiv Richtigkeitsrationale in eine nicht immer ganz geklärte Beziehung zueinander, die uns jedoch hier nicht weiter angehen soll. Es kam nur darauf an, das jederzeit Problematische und Begrenzte gerade des »nur Psychologischen« am »Verstehen« skizzenhaft (und notwendig ungenau) anzudeuten. Auf der einen Seite steht eine unbemerkte (»uneingestandene«) relativ weitgehende Rationalität des scheinbar gänzlich zweckirrationalen Verhaltens: »verständlich« ist es wegen jener Rationalität. Auf der andern Seite die hundertfach (namentlich in der Kulturgeschichte) zu belegende Tatsache, daß scheinbar direkt zweckrational bedingte Erscheinungen in Wahrheit durch ganz irrationale Motive historisch ins Leben gerufen waren und nachher, weil veränderte Lebensbedingungen ihnen ein hohes Maß von technischer »*Richtigkeits*rationalität« zuwachsen ließen, als »angepaßt« überlebten und sich zuweilen universell verbreiteten.

Die Soziologie nimmt natürlich Notiz nicht nur von der Existenz »vorgeschobener Motive« des Handelns, von

[1] 1913. (H.)

»stellvertretenden Befriedigungen« von Triebrichtungen und dergleichen, sondern erst recht davon: daß auch schlechthin »unverständliche« qualitative Bestandteile eines Motivationsablaufs diesen in der eingreifendsten Weise auch in seiner sinnhaften Bezogenheit und in der Art seiner Auswirkung mitbestimmen. Das in seiner sinnhaften Bezogenheit »gleiche« Handeln nimmt schon bei rein quantitativ verschiedenem »Reaktionstempo« der handelnd Beteiligten zuweilen einen im schließlichen Effekt radikal verschiedenen Verlauf. Eben solche Unterschiede und erst recht qualitative Stimmungslagen lenken die ihrer »sinnhaften« Bezogenheit nach ursprünglich »gleich« angesponnenen Motivationsketten im Effekt oft in auch sinnhaft heterogene Bahnen.

Es sind für die Soziologie 1. der mehr oder minder annähernd erreichte Richtigkeitstypus, 2. der (subjektiv) zweckrational orientierte Typus, 3. das nur mehr oder minder bewußt oder bemerkt, und mehr oder minder eindeutig zweckrational orientierte, 4. das nicht zweckrational, aber in sinnhaft verständlichem Zusammenhang, 5. das in mehr oder minder sinnhaft verständlichem, durch unverständliche Elemente mehr oder minder stark unterbrochenem oder mitbestimmtem Zusammenhang motivierte Sichverhalten, und endlich 6. die ganz unverständlichen psychischen oder physischen Tatbestände »in« und »an« einem Menschen durch völlig gleitende Übergänge verbunden. Daß nicht jedes »richtigkeitsrational« ablaufende Handeln subjektiv zweck-rational bedingt war, weiß sie, und daß insbesondere nicht die logisch rational erschließbaren, sondern die – wie man sagt – »psychologischen« Zusammenhänge das reale Handeln bestimmen, ist ihr selbstverständlich. Logisch läßt sich z. B. aus mystisch-kontemplativer Religiosität die Unbekümmertheit um das Heil anderer, aus dem Prädestinationsglauben Fatalismus oder auch ethischer Anomismus als »Konsequenz« erschließen. Tatsächlich kann die erstere in bestimmten typischen Fällen zu einer Art von Euphorie führen, welche subjektiv als ein eigentümliches objektloses Liebesgefühl »gehabt«

wird: – soweit liegt ein wenigstens *partiell* »unverständlicher« Zusammenhang vor –, und es wird nun dieses Gefühl oft als »Liebesakosmismus« in sozialem Handeln »abreagiert«: – ein, natürlich nicht »zweckrational«, wohl aber psychologisch, »verständlicher« Zusammenhang. Und der Prädestinationsglaube kann, bei Vorhandensein gewisser (durchaus verständlicher) Bedingungen, sogar in spezifisch rational verständlicher Art die Fähigkeit zu aktiv ethischem Handeln dem Gläubigen zum Erkenntnisgrund seiner persönlichen Seligkeit werden lassen und damit diese Qualität in teils zweckrational, teils sinnhaft restlos verständlicher Art zur Entfaltung bringen. Andererseits aber kann nun der Standpunkt des Prädestinationsglaubens seinerseits in »psychologisch« verständlicher Art Produkt sehr bestimmter, wiederum in ihren Zusammenhängen sinnhaft verständlicher, Lebensschicksale und (als Gegebenheiten hinzunehmender) »Charakter«-Qualitäten sein. – Genug: die Beziehungen zur »Psychologie« sind für die verstehende Soziologie in jedem Einzelfall verschieden gelagert. Die objektive Richtigkeitsrationalität dient ihr gegenüber dem empirischen Handeln, die Zweckrationalität gegenüber dem psychologisch sinnhaft Verständlichen, das sinnhaft verständliche gegenüber dem unverstehbar motivierten Handeln als Idealtypus, durch Vergleichung mit welchem die kausal relevanten Irrationalitäten (im jeweils verschiedenen Sinn des Worts) zum Zweck der kausalen Zurechnung festgestellt werden.

Wogegen sich die Soziologie aber auflehnen würde, wäre die Annahme: daß »Verstehen« und kausales »Erklären« *keine* Beziehung zueinander hätten, so richtig es ist, daß sie durchaus am entgegengesetzten Pol des Geschehens mit ihrer Arbeit beginnen, insbesondere die statistische Häufigkeit eines Sichverhaltens dieses um keine Spur sinnhaft »verständlicher« macht und optimale »Verständlichkeit« als solche gar nichts für die Häufigkeit besagt, bei absoluter subjektiver Zweckrationalität sogar meist gegen sie spricht. Denn dessen ungeachtet sind sinnhaft verstandene seelische Zusammenhänge und speziell zweckrational orientierte Motivationsabläufe für die Soziologie durchaus dazu qualifiziert, als Glieder einer Kausalkette zu figurieren, welche z. B. mit »äußeren« Verumständungen beginnt und im Endpunkt wieder auf »äußeres« Sichverhalten führt. »Sinnhafte« Deutungen konkreten Verhaltens rein als solche sind natürlich auch für sie, selbst bei größter »Evidenz«, zunächst nur Hypothesen der Zurechnung. Sie bedürfen also der tunlichsten Verifikation mit prinzipiell genau den gleichen Mitteln wie jede andere Hypothese. Sie gelten uns als brauchbare Hypothesen dann, wenn wir ein, im Einzelfall höchst verschieden großes Maß von »Chance« dafür annehmen dürfen, daß (subjektiv) »sinnhafte« Motivationsverkettungen vorliegen. Kausalketten, in welche zweckrational orientierte Motivationen durch deutende Hypothesen eingeschaltet sind, sind ja unter bestimmten dafür günstigen Umständen, und zwar gerade auch in bezug auf eben jene Rationalität, direkt der statistischen Nachprüfung und in diesen Fällen also einem (relativ) optimalen Beweise ihrer Gültigkeit als »Erklärungen« zugänglich. Und umgekehrt sind statistische Daten (und dazu gehören z. B. auch viele Daten der »Experimentalpsychologie«), wo immer sie den Ablauf oder die Folgen eines Verhaltens angeben, welches irgend etwas verständlich Deutbares in sich schließt, für uns erst dann »erklärt«, wenn sie auch wirklich im konkreten Fall sinnhaft gedeutet sind.

Der Grad der *Richtigkeits*rationalität eines Handelns endlich ist für eine empirische Disziplin eine *empirische* Frage. Denn empirische Disziplinen arbeiten, wo immer es sich um die realen Beziehungen zwischen ihren *Objekten* (und nicht: um ihre eigenen logischen Voraussetzungen) handelt, unvermeidlich mit dem »naiven Realismus«, nur je nach der qualitativen Art des Objekts in verschiedenen Formen. Auch die mathematischen und logischen Sätze und Normen sind daher, wo sie Objekt soziologischer Forschung sind, z. B. wenn der Grad ihrer richtigkeitsrationalen »Anwendung« zum Ziel statistischer Untersuchung wird, für uns gerade »logisch« gar nichts als: konventionelle Gepflogenheiten eines praktischen Sichverhaltens, – obwohl ihre Geltung doch andererseits »Voraussetzung« der Arbeit des Forschers ist. Gewiß gibt es jene wichtigen Problematiken innerhalb unserer Arbeit, in welchen gerade das Verhältnis des empirischen Verhaltens zum Richtigkeitstypus auch reales kausales *Entwicklungsmoment* empirischer Vorgänge wird. Aber diesen Sachverhalt als solchen aufzuzeigen, ist nicht etwa eine das Objekt des empirischen Charakters beraubende, sondern eine durch Wertbeziehungen bestimmte, die Art der verwendeten Idealtypen und ihre Funktion bedingende Zielrichtung der Arbeit. Die wichtige und selbst in ihrem Sinn schwierige allgemeine Problematik des »Rationalen« in der Geschichte braucht hier nicht nebenher erledigt zu werden. Denn für die allgemeinen Begriffe der *Soziologie* jedenfalls ist, logisch betrachtet, die Verwendung des »Richtigkeitstypus« prinzipiell nur *ein* Fall der Bildung von Idealtypen, wenn auch oft ein höchst wichtiger Fall. Gerade dem logischen Prinzip nach versieht er diese Rolle prinzipiell nicht anders wie, unter Umständen, ein zweckmäßig gewählter »Irrtumstypus« sie, je nach dem Zweck der Untersuchung, auch versehen kann. Für einen solchen ist freilich noch immer die Distanz gegen das »Gültige« maßgebend. Aber *logisch* ist es auch kein Unterschied, ob ein Idealtypus aus sinnhaft verständlichen oder aus spezifisch sinnfremden Zusammenhängen gebildet wird. Wie im ersten Fall die gültige »Norm«, so bildet im zweiten Fall eine empirisch zum »reinen« Typus sublimierte Faktizität den Idealtypus. Auch im ersten Fall ist aber nicht das empirische *Material* geformt durch Kategorien der »Geltungssphäre«. Sondern es ist eben nur der konstruierte Idealtypus dieser entnommen. Und es hängt durchaus von den Wertbeziehungen ab, inwieweit gerade ein Richtigkeitstypus als Idealtypus zweckmäßig wird.

III.
Verhältnis zur Rechtsdogmatik

Das Ziel der Betrachtung: »Verstehen«, ist schließlich auch der Grund, weshalb die verstehende Soziologie (in unserem Sinne) das Einzelindividuum und sein Handeln als unterste Einheit, als ihr »Atom« – wenn der an sich bedenkliche Vergleich hier einmal erlaubt ist – behandelt. Die Aufgabe anderer Betrachtungsweisen kann es sehr wohl mit sich bringen, das Einzelindividuum vielleicht als einen Komplex psychischer, chemischer oder anderer »Prozesse« irgendwelcher Art zu behandeln. Für die Soziologie aber kommt alles die Schwelle eines sinnhaft deutbaren Sichverhaltens zu (inneren oder äußeren) »Objekten« Unterschreitende nur ebenso in Betracht, wie die Vorgänge der »sinnfremden« Natur: als Bedingung oder subjektiver Bezogenheitsgegenstand des ersteren. Aus dem gleichen Grunde ist aber für diese Betrachtungsweise der Einzelne auch nach oben zu die Grenze und der einzige Träger sinnhaften Sichverhaltens. Keine scheinbar abweichende Ausdrucksform darf dies verschleiern. Es liegt in der Eigenart nicht nur der Sprache, sondern auch unseres Denkens, daß die Begriffe, in denen Handeln erfaßt wird, dieses im Gewande eines beharrenden Seins, eines dinghaften oder ein Eigenleben führenden »personenhaften« Gebildes, erscheinen lassen. So auch und ganz besonders in der Soziologie. Begriffe wie »Staat«, »Genossenschaft«, »Feudalismus« und ähnliche bezeichnen für die Soziologie, allgemein gesagt, Kategorien für bestimmte Arten menschlichen Zusammenhandelns, und es ist also ihre Aufgabe, sie auf »verständliches« Handeln, und das heißt ausnahmslos: auf Handeln der beteiligten Einzelmenschen, zu reduzieren. Dies ist bei anderen Betrachtungsweisen keineswegs notwendig der Fall. Vor allem ist darin die soziologische von der juristischen Betrachtungsweise geschieden. Die Jurisprudenz behandelt z. B. unter Umständen den »Staat« ebenso als »Rechtspersönlichkeit« wie einen Einzelmenschen, weil ihre auf objektive Sinndeutung und das heißt:

den gelten*sollenden* Inhalt von Rechtssätzen gerichtete Arbeit jenes begriffliche Hilfsmittel als nützlich, vielleicht unentbehrlich, erscheinen läßt. Ganz ebenso wie ein Rechtssatz Embryonen als »Rechtspersönlichkeiten« behandelt, während für empirisch verstehende Disziplinen auch beim Kinde der Übergang von reinen Faktizitäten des praktisch relevanten Verhaltens zum sinnhaft verständlichen »Handeln« durchaus flüssig ist. Die Soziologie hat es dagegen, soweit für sie das »Recht« als Objekt in Betracht kommt, nicht mit der Ermittlung des logisch richtigen *»objektiven«* Sinngehaltes von »Rechtssätzen« zu tun, sondern mit einem *Handeln*, als dessen Determinanten und Resultanten natürlich unter anderem auch *Vorstellungen* von Menschen über den »Sinn« und das »Gelten« bestimmter Rechtssätze eine bedeutsame Rolle spielen. Darüber, also über das Konstatieren des tatsächlichen Vorhandenseins einer solchen Geltungsvorstellung, geht sie nur in der Weise hinaus, daß sie 1. auch die *Wahrscheinlichkeit* des Verbreitetseins solcher Vorstellungen in Betracht zieht, und 2. durch folgende Überlegung: daß empirisch jeweilig bestimmte Vorstellungen über den »Sinn« eines als geltend vorgestellten »Rechtssatzes« in den Köpfen bestimmter Menschen herrschen, hat unter bestimmten angebbaren Umständen die Konsequenz, daß das Handeln rational an bestimmten »Erwartungen« orientiert werden kann, gibt also konkreten Individuen bestimmte »Chancen«. Dadurch kann deren Verhalten erheblich beeinflußt werden. Dies ist die begriffliche soziologische Bedeutung der empirischen »Geltung« eines »Rechtssatzes«. Für die soziologische Betrachtung steht daher auch hinter dem Worte »Staat« – wenn sie es überhaupt verwendet – *nur* ein Ablauf von menschlichem Handeln besonderer Art. Wenn sie nun genötigt ist, hier wie oft das gleiche Wort wie die juristische Wissenschaft zu gebrauchen, so ist doch dessen juristisch »richtiger« Sinn dabei nicht der von ihr gemeinte. Es ist aber allerdings das unvermeidliche Schicksal aller Soziologie: daß sie für die Betrachtung des überall stetige Übergänge zwischen den »typischen« Fällen zeigenden realen Handelns sehr oft die scharfen, weil auf syllogistischer Interpretation von Normen ruhenden, juristischen Ausdrücke verwenden muß, um ihnen dann ihren eigenen, von dem juristischen der Wurzel nach verschiedenen, Sinn unterzuschieben. Und dazu kommt noch, daß, der Natur des Objekts entsprechend, fortwährend so verfahren werden muß: daß »eingelebte« und aus dem Alltag bekannte sinnhafte Zusammenhänge zur Definition anderer verwendet und dann nachträglich ihrerseits wieder mit Hilfe dieser letzteren definiert werden müssen. Wir gehen einige solche Definitionen durch.

IV.

»Gemeinschaftshandeln«

Von »Gemeinschaftshandeln« wollen wir da sprechen, wo menschliches Handeln subjektiv *sinnhaft* auf das Verhalten anderer Menschen bezogen wird. Ein ungewollter Zusammenprall zweier Radfahrer z. B. soll uns nicht Gemeinschaftshandeln heißen. Wohl aber ihre etwaigen vorherigen Versuche einander auszuweichen, oder, nach einem Zusammenstoß, ihre etwaige »Prügelei« oder »Verhandlung« über gütlichen »Ausgleich«. Nicht etwa nur Gemeinschaftshandeln ist für die soziologische Kausalzurechnung wichtig. Aber es ist das primäre Objekt einer »verstehenden« Soziologie. Einen wichtigen normalen – wenn auch nicht unentbehrlichen – Bestandteil des Gemeinschaftshandelns bildet insbesondere dessen sinnhafte Orientierung an den *Erwartungen* eines bestimmten Verhaltens anderer und den darnach für den Erfolg des eigenen Handelns *(subjektiv)* geschätzten Chancen. Ein äußerst verständlicher und wichtiger Erklärungsgrund des Handelns ist dabei das *objektive* Bestehen dieser Chancen, d. h. die größere oder geringere, in einem »objektiven Möglichkeitsurteil« ausdrückbare Wahrscheinlichkeit, daß diese Erwartungen mit Recht gehegt werden. Davon bald mehr. Wir bleiben zunächst bei dem Tatbestand der subjektiv gehegten Erwartung. – Speziell alles im früher definierten

Sinn »zweckrationale« Handeln überhaupt ist an Erwartungen orientiert. Im Prinzip scheint es daher zunächst dasselbe, ob Erwartungen bestimmter, sei es ohne Zutun des Handelnden, sei es als Reaktionen auf sein gerade auf ihren Eintritt abgezwecktes Handeln erwarteter, *Natur*vorgänge oder ob in ähnlicher Art Erwartungen eines bestimmten Verhaltens anderer *Menschen* dem eigenen Handeln des Erwartenden die Wege weisen. Aber: die Erwartungen eines bestimmten Verhaltens anderer Menschen können sich bei dem subjektiv rational Handelnden auch darauf gründen, daß er ein subjektiv *sinnhaftes* Verhalten von ihnen erwarten, also auch dessen Chancen aus bestimmten *sinnhaften* Beziehungen, mit einem verschieden großen Grade von Wahrscheinlichkeit, voraus berechnen zu können subjektiv glaubt. Insbesondere kann sich diese Erwartung darauf subjektiv gründen, daß der Handelnde sich mit dem oder den anderen »verständigt«, »Vereinbarungen« mit ihnen getroffen hat, deren »Innehaltung«, dem von ihm selbst gemeinten Sinn gemäß, er von ihnen zu gewärtigen Anlaß zu haben glaubt. Schon dies ergibt eine dem Gemeinschaftshandeln spezifische qualitative Besonderheit, weil eine sehr wesentliche Erweiterung desjenigen Umkreises von Erwartungen, an welchen der Handelnde sein eigenes Handeln zweckrational orientieren zu können glauben wird. Der mögliche (subjektiv gemeinte) Sinn des Gemeinschaftshandelns erschöpft sich freilich nicht etwa in der Orientierung speziell an »Erwartungen« des »Handelns« Dritter. Im Grenzfall kann davon gänzlich abgesehen und das auf Dritte sinnbezogene Handeln lediglich an dem subjektiv geglaubten »Wert« seines Sinngehaltes als solchen (»Pflicht« oder was es sei) orientiert, das Handeln also nicht erwartungsorientiert, sondern wertorientiert sein. Ebenso muß bei den »Erwartungen« nicht ein Handeln, sondern es kann auch z. B. nur ein inneres Sichverhalten (etwa eine »Freude«) des Dritten den Inhalt der Erwartung ausmachen. Der Übergang vom Idealtypus des sinnhaften Bezogenseins des eignen auf ein *sinn*haftes Verhalten des Dritten endlich zu dem Fall, wo der Dritte (etwa ein Säugling) lediglich als »Objekt« in Betracht kommt, ist empirisch durchaus flüssig. Das an Erwartungen sinnhaften Handelns orientierte Handeln ist uns nur der rationale Grenzfall.

Stets aber ist uns »Gemeinschaftshandeln« ein entweder 1. *historisch* beobachtetes oder 2. ein *theoretisch*, als objektiv »möglich« oder »wahrscheinlich« konstruiertes Sichverhalten von *Einzelnen* zum aktuellen oder zum vorgestellten potentiellen Sichverhalten anderer Einzelner. Das ist ganz streng festzuhalten auch bei jenen Kategorien, welche nun weiter zu erörtern sind.

V.

»Vergesellschaftung« und »Gesellschaftshandeln«

Vergesellschaftetes Handeln *(»Gesellschaftshandeln«)* wollen wir ein Gemeinschaftshandeln dann und soweit nennen, als es 1. sinnhaft orientiert ist an Erwartungen, die gehegt werden auf Grund von Ordnungen, wenn 2. deren »Satzung« rein zweckrational erfolgte im Hinblick auf das als Folge erwartete Handeln der Vergesellschafteten, und wenn 3. die sinnhafte Orientierung subjektiv zweckrational geschieht. – Eine gesatzte Ordnung in dem hier gemeinten rein empirischen Sinn ist – wie hier nur ganz provisorisch definiert sei – entweder 1. eine einseitige, im rationalen Grenzfall: ausdrückliche, Aufforderung von Menschen an andere Menschen oder 2. eine, im Grenzfall: ausdrückliche, beiderseitige Erklärung von Menschen zueinander, mit dem subjektiv gemeinten Inhalt: daß eine bestimmte Art von Handeln in Aussicht gestellt oder erwartet werde. Alles Nähere darüber bleibt zunächst dahingestellt.

Daß ein Handeln subjektiv sinnhaft an einer gesatzten Ordnung »orientiert« wird, kann nun zunächst bedeuten, daß dem subjektiv von den Vergesellschafteten in Aussicht genommenen Handeln auch ihr tatsächliches Handeln objektiv entspricht. Der Sinn einer gesatzten Ordnung und also das eigene in Aussicht gestellte wie das von anderen erwartete Handeln kann aber von den einzelnen Vergesellschafteten untereinander verschieden erfaßt worden sein oder später gedeutet werden, so daß ein Handeln, welches subjektiv entsprechend einer (von den Beteiligten subjektiv für mit sich identisch gehaltenen) Ordnung orientiert ist, nicht notwendig ein auch objektiv in gleichen Fällen gleichartiges Handeln sein muß. Und ferner kann eine »Orientierung« des Handelns an einer gesetzten Ordnung auch darin bestehen, daß deren subjektiv erfaßtem Sinn von einem Vergesellschafteten bewußt *entgegen*gehandelt wird. Auch indem jemand bewußt und absichtsvoll dem von ihm subjektiv erfaßten Sinn der Ordnung eines Kartenspiels entgegen, also »falsch« spielt, bleibt er dennoch als »Mitspieler« vergesellschaftet, im Gegensatz zu jemandem, der sich dem Weiterspielen entzieht. Ganz ebenso wie ein »Dieb« oder ein »Totschläger« sein Verhalten an eben jenen Ordnungen, denen er subjektiv bewußt sinnhaft zuwiderhandelt, dennoch dadurch orientiert, daß er sein Tun oder seine Person verhehlt. Das Entscheidende für die empirische »Geltung« einer zweckrational gesatzten Ordnung ist also nicht: daß die einzelnen Handelnden ihr eigenes Handeln kontinuierlich dem von ihnen subjektiv gedeuteten Sinngehalt *entsprechend* orientieren. Sie kann vielmehr zweierlei Dinge bedeuten: 1. daß tatsächlich (subjektiv) die Einzelnen im Durchschnitt wie die Falschspieler und Diebe die Erwartung hegen, daß die *anderen* Vergesellschafteten ihr Verhalten durchschnittlich so gestalten werden: »als ob« sie die Innehaltung der gesatzten Ordnung zur Richtschnur ihres Handelns nähmen; 2. daß sie, nach der durchschnittlich anzuwendenden Beurteilung von Chancen menschlichen Sichverhaltens, solche Erwartungen objektiv hegen *konnten* (eine besondere Formung der Kategorie der »adäquaten Verursachtheit«). Logisch ist an sich beides (1 und 2) streng auseinanderzuhalten. Das eine ist ein bei den das Beobachtungs*objekt* bildenden Handelnden *subjektiv* vorliegender, d. h. vom Forscher als »durchschnittlich« vorhanden angenommener, Tatbestand. Das andere ist eine von dem erkennenden *Subjekt* (Forscher) *objektiv* unter Berücksichtigung der *wahrscheinlichen* Kenntnisse und Denkgepflogenheiten der Beteiligten zu kalkulierende Chance. Bei Bildung genereller Begriffe schätzt aber die Soziologie ein durchschnittliches Maß von Vorhandensein der zur Abschätzung jener Chancen erforderlichen »Fähigkeiten« des Auffassens auch den am Handeln Beteiligten als subjektiv vorhanden zu. Das heißt: sie setzt ein für allemal idealtypisch voraus, daß objektiv vorhandene Durchschnittschancen von den zweckrational Handelnden durchschnittlich auch subjektiv annähernd in Rechnung gestellt werden. Daher soll auch uns die empirische »Geltung« einer Ordnung in der objektiven Begründetheit jener Durchschnittserwartungen (Kategorie der »objektiven Möglichkeit«) bestehen. In dem speziellen Sinn: daß uns nach Lage der jeweils durchschnittlich wahrscheinlichen Tatsachenberechnung ein subjektiv seinem Sinngehalt nach *durchschnittlich* an ihnen orientiertes Handeln als »adäquat verursacht« gilt. Dabei fungieren also die *objektiv* abschätzbaren Chancen der möglichen Erwartungen auch als zulänglicher verständlicher *Erkenntnis*grund für das wahrscheinliche Vorhandensein jener Erwartungen bei den Handelnden. Beides koinzidiert hier der Tatsache nach im Ausdruck fast unvermeidlich, ohne daß aber natürlich der logische Abgrund verwischt werden dürfte. Nur im erstgedachten Sinn: als objektives Möglichkeitsurteil, ist es selbstverständlich gemeint, daß jene Chancen den subjektiven Erwartungen der Handelnden sinnhaft zur Grundlage zu dienen durchschnittlich geeignet seien *»und daher«* tatsächlich (in einem relevanten Maße) dienten. Es ist nun schon klar, daß mit dem bisher Gesagten zwischen der logisch scheinbar exklusiven Alternative: Fortbestand oder Nichtmehrbestand einer Vergesellschaftung, in der Realität eine lückenlose Skala von Übergängen gegeben ist. Sobald freilich alle beteiligten Kartenspieler voneinander gegenseitig »wissen«, daß die vereinbarten Spielregeln überhaupt nicht mehr innegehalten werden, oder sobald keine normalerweise in Rechnung zu stellende Chance objektiv besteht »und daher« subjektiv keine solche mehr in Rechnung gestellt wird, daß z. B. der Zerstörer fremden Lebens sich um die Ordnung, die er bewußt verletzt, *normalerweise* überhaupt noch kümmert, *weil* eben die Verletzung für ihn keinerlei Konsequenzen voraussehen läßt, – in solchen Fällen ist deren empirische Existenz nicht mehr gegeben und besteht also auch die betreffende Vergesellschaftung nicht mehr. Sie besteht so lange und insoweit, als ein an ihren Ordnungen irgendwie dem durchschnittlich gemeinten Sinn nach orientiertes Handeln noch in einem praktisch *relevanten* Umfang abläuft. Dies aber ist ein flüssiger Tatbestand.

Aus dem Gesagten folgt z. B. auch, daß das reale Handeln der Einzelnen subjektiv sinnhaft sehr wohl an *mehreren* Ordnungen orientiert sein kann, welche einander nach den jeweils konventionellen Denkgepflogenheiten sinnhaft »widersprechen«, dennoch aber nebeneinander empirisch »gelten«. Die durchschnittlich herrschenden Anschauungen vom »Sinn« unserer Gesetzgebung z. B. verbieten absolut den Zweikampf. Gewisse weitverbreitete Vorstellungen vom »Sinn« als geltend angenommener gesellschaftlicher Konventionen gebieten ihn [2]. Indem der Einzelne ihn vollzieht, orientiert er sein Handeln an diesen konventionellen Ordnungen. Indem er aber dabei sein Tun verhehlt, orientiert er es an den Ordnungen der Gesetze. Die praktische Wirkung des empirischen, d. h. hier und immer: des *durchschnittlich* für die subjektive sinnhafte Orientierung des Handelns zu erwartenden »Geltens« der beiderseitigen Ordnungen ist in diesem Fall also verschieden. Eine empirische »Geltung« aber, d. h. die Tatsache, daß das Handeln durch sinnhafte Orientierung an ihrem (subjektiv erfaßten) Sinn orientiert und dadurch beeinflußt wird, schreiben wir beiden zu. Als normalen Ausdruck der empirischen »Geltung« einer Ordnung werden wir aber freilich die Chance ihres »Befolgtwerdens« ansehen. Das heißt also, daß die Vergesellschafteten durchschnittlich sowohl auf das nach der Durchschnittsauffassung »ordnungsge-

[2] Vor 1914. (H.)

mäße« Verhalten anderer mit Wahrscheinlichkeit zählen, als auch im Durchschnitt ihr eigenes Handeln den gleichartigen Erwartungen anderer gemäß einrichten (»ordnungsgemäßes Gesellschaftshandeln«). Alsbald sei betont: die empirische »Geltung« einer Ordnung erschöpft sich nicht in der durchschnittlichen Begründetheit der »Erwartungen« der Vergesellschafteten in bezug auf ihr faktisches Verhalten. Dies ist nur die rationalste und dabei soziologisch unmittelbar greifbarste Bedeutung. Aber ein *ausschließlich* bei allen Beteiligten nur an »Erwartungen« des Verhaltens *anderer* orientiertes Verhalten eines jeden von ihnen wäre nur der absolute Grenzfall zum bloßen »Gemeinschaftshandeln« und bedeutete die absolute Labilität auch dieser Erwartungen selbst. Diese letzteren sind vielmehr gerade um so mehr mit durchschnittlicher Wahrscheinlichkeit »begründet«, je mehr im Durchschnitt darauf gezählt werden darf, daß die Beteiligten ihr eigenes Handeln *nicht* bloß an den Erwartungen des Handelns der anderen orientieren, sondern je mehr bei ihnen die subjektive Ansicht in relevantem Maß verbreitet ist, daß die (subjektiv sinnhaft erfaßte) »Legalität« gegenüber der Ordnung »verbindlich« für sie sei.

Das Verhalten des »Diebes« und »Falschspielers« werden wir als (subjektiv) »ordnungswidriges« Gesellschaftshandeln bezeichnen, ein subjektiv der Intention nach ordnungsgemäß, aber dabei von der Durchschnittsdeutung der Ordnung abweichend orientiertes Handeln als objektiv »abnormes« Gesellschaftshandeln. Jenseits dieser Kategorien liegen die Fälle des nur »vergesellschaftungsbedingten« Handelns: Jemand sieht sich entweder bei seinem sonstigen Handeln veranlaßt, zweckrational auf die Notwendigkeiten Rücksicht zu nehmen, welche er durch die Vergesellschaftung sich auferlegt hat (z. B. um dadurch bedingter Ausgaben willen anderweite Ausgaben zu unterlassen). Oder er wird in seinem anderweiten Handeln (z. B. in der Entwicklung seiner »Freundschaften« oder seines gesamten »Lebensstils«), ohne dies zweckrational zu wollen und zu bemerken, durch die Orientiertheit gewisser

Teile seines Handelns an vereinbarten Ordnungen (z. B. die einer religiösen Sekte) beeinflußt. Alle diese Unterschiede sind in der Realität flüssig. Kein prinzipieller Unterschied überhaupt liegt darin: ob Gesellschaftshandeln in sinnhaften Beziehungen unter den Vergesellschafteten gegenseitig oder zu Dritten abläuft; denn gerade dies letztere kann den vorwiegend gemeinten Sinn der Vereinbarung bilden. Dagegen kann man das an den Ordnungen der Vergesellschaftung orientierte Handeln unterscheiden in »gesellschaftsbezogenes«, d. h. direkt zu den (wie immer: *subjektiv* sinnhaft gedeuteten) Ordnungen der Vergesellschaftung Stellung nehmend, also dem gemeinten Sinn nach auf die planvolle allgemeine Durchsetzung ihrer empirischen Geltung oder umgekehrt auf ihre Änderung und Ergänzung gerichtet, oder nur »gesellschaftsgeregeltes«, d. h. an diesen Ordnungen orientiert, aber nicht in jenem Sinne »gesellschaftsbezogen«. Auch dieser Unterschied ist flüssig.

Rationaler Idealtypus der Vergesellschaftung ist uns vorläufig der *»Zweckverein«*: ein Gesellschaftshandeln mit einer zweckrational von *allen* Beteiligten *vereinbarten* Ordnung des Inhalts und der Mittel des Gesellschaftshandelns. In der Vereinbarung der Ordnung (»Satzung«) haben im idealtypischen Rationalitätsfall die vergesellschaftet Handelnden subjektiv eindeutig auch ausbedungen, welches in welchen Formen sich vollziehende Handeln welcher (oder in welcher Art zu bestimmender) Personen (»Vereinsorgane«) »dem Verein zugerechnet« werden soll und welchen »Sinn«, d. h. welche Folgen für die sich Vergesellschaftenden dies haben soll. Ferner: ob und welche Sachgüter und Leistungen für die vereinbarten Zwecke des Gesellschaftshandelns (»Vereinszwecke«) verfügbar sein sollen (»Zweckvermögen«). Ebenso: welche Vereinsorgane und wie sie darüber disponieren sollen; welche Leistungen die Beteiligten für Vereinszwecke zu bieten, welches Handeln ihnen »geboten«, »verboten«, oder »erlaubt« sein soll und was sie selbst auf Grund ihrer Beteiligung an Vorteilen zu gewärtigen haben. Endlich: ob und welche Vereinsorgane und unter welchen Bedingungen und durch welche Mittel sie auf die Innehaltung der vereinbarten Ordnung hinzuwirken sich bereithalten sollen (»Zwangsapparat«). Jeder am Gesellschaftshandeln Beteiligte verläßt sich in einem gewissen Umfang darauf, daß die anderen Beteiligten sich (annähernd und durchschnittlich) der Vereinbarung gemäß verhalten werden und zieht diese Erwartung bei der rationalen Orientierung seines eigenen Handelns in Rechnung. Die Gründe, welche der Einzelne für jene Zuversicht zu haben glaubt, sind für die empirische Existenz des Vereins gleichgültig, wenn er objektiv annehmen *darf*: daß, dem Erfolge nach, *irgend*welche wie immer gearteten Interessen der anderen ihnen die Innehaltung der vereinbarten Ordnung durchschnittlich mit hinlänglicher Wirkung anempfehlen. Natürlich aber kann die von ihm vorausgesetzte Chance, daß im Falle der Nichtinnehaltung die Ausübung physischen oder (noch so milden, z. B. nur in der christlichen »brüderlichen Vermahnung« bestehenden) psychischen Zwanges in Aussicht stehe, die subjektive Sicherheit, daß jene Zuversicht im Durchschnitt nicht enttäuscht werde, und die objektive Wahrscheinlichkeit, daß jene Erwartungen begründet sind, stark erhöhen. Das, nach seinem subjektiv *durchschnittlich* als gemeint vorausgesetzten Sinngehalt, eine »Vereinbarung« bedeutende Handeln heißt uns, im Gegensatz zum an dieser Vereinbarung orientierten »Gesellschaftshandeln«, das »Vergesellschaftungshandeln«. – Innerhalb des an der Vereinbarung orientierten Handelns ist die wichtigste Art des »gesellschaftsbezogenen« Gesellschaftshandelns einerseits das spezifische Gesellschaftshandeln der »Organe«, andererseits das Gesellschaftshandeln der Vergesellschafteten, welches sinnhaft auf jenes Handeln der Organe bezogen ist. Speziell innerhalb der später zu erörternden Vergesellschaftungskategorie der »Anstalten« (insbesondere des »Staates«) pflegt man diejenigen Ordnungen, welche zur Orientierung dieses Handelns geschaffen sind: das Anstaltsrecht (im Staat das »öffentliche Recht«) von den das sonstige Handeln der Vergesellschafteten regelnden Ordnungen zu scheiden. Aber auch innerhalb des Zweckvereins gilt die gleiche Scheidung (»Vereinsrecht« gegenüber den *durch* den Verein geschaffenen Ordnungen). Doch sollen uns diese (flüssigen) Gegensätze hier nicht beschäftigen.

Bei voller Entwicklung ist der Zweckverein kein ephemeres, sondern ein perennierendes »soziales Gebilde«. Das bedeutet: trotz des Wechsels der am Gesellschaftshandeln Beteiligten, d. h. also: trotz der Nichtmehrbeteiligung bisheriger und der Beteiligung immer neuer Personen, natürlich – im idealtypischen Grenzfall – stets kraft spezieller neuer Vereinbarung, betrachtet man ihn als mit sich identisch bleibend. Dies geschieht so lange, als trotz des Wechsels der Personen ein an den »gleichen« Ordnungen des Verbandes orientiertes Handeln in einem soziologisch relevanten Umfang tatsächlich erwartet werden darf. »Gleich« aber ist die (subjektiv erfaßte) Ordnung im soziologischen Sinne solange, als die durchschnittlichen Denkgepflogenheiten der Vergesellschafteten diese Identität bezüglich der durchschnittlich für wichtig angesehenen Punkte annehmen. Sie können sie mehr oder minder eindeutig und mehr oder minder annähernd annehmen: die »Gleichheit« ist soziologisch ein durchaus nur relativ und gleitend bestehender Sachverhalt. Die im Verein Vergesellschafteten können Ordnungen durch neues Vergesellschaftungshandeln bewußt ändern, oder diese können durch Veränderung der sich durchsetzenden durchschnittlichen Auffassung ihres »Sinnes« oder, und namentlich, durch Veränderung der Umstände, ohne neues Vergesellschaftungshandeln die Art ihrer praktischen Bedeutung für das Handeln wechseln (»Bedeutungswandel«, – ungenau auch »Zweckwandel« genannt) oder ganz verlieren. In solchen Fällen hängt es sowohl 1. von der Kontinuierlichkeit der Änderungen, wie 2. von dem relativen Umfang der, in Gestalt entsprechend sich orientierenden Handelns, empirisch fortbestehenden alten Ordnungen, wie 3. von dem Fortbestand der entweder aus den gleichen oder gleichartig ausgelesenen Personen bestehenden oder doch gleichartig handelnden Verbandsorgane und Zwangsapparate ab: ob der Soziologe das verändert ablaufende Gesellschaftshandeln zweckmäßigerweise als eine »Fortsetzung« des alten oder als ein »neues« soziales Gebilde betrachtet. Wiederum liegt also ein durchaus in gleitenden Übergängen verlaufender Tatbestand vor. Ebenso ist es durchaus eine Frage des Einzelfalls (und also: der durch den konkreten Forschungszweck bestimmten Zweckmäßigkeit), wann man eine Vergesellschaftung als ein »selbständiges« Gebilde und wann man sie als »Teil« einer übergreifenden Vergesellschaftung ansieht. Das letztere aber kann prinzipiell in zweierlei Arten der Fall sein. 1. Einmal so, daß die empirisch »geltenden« *Ordnungen* eines Gesellschafthandelns nicht ausschließlich der Satzung durch die an diesem Handeln Beteiligten entspringen (autonome Ordnungen), sondern daß das Gesellschaftshandeln mitbedingt ist dadurch, daß die Beteiligten dasselbe (immer: normalerweise) auch an den Ordnungen einer anderen Vergesellschaftung, an der sie beteiligt sind, orientieren (heteronome Ordnungen: so etwa das Gesellschaftshandeln der Kirche an den Ordnungen der politischen Gewalt oder umgekehrt). 2. Oder aber so, daß die Organe einer Vergesellschaftung ihrerseits wieder in bestimmter Art vergesellschaftet sind in einem umfassenderen Gebilde von Verbandsorganen einer anderen Vergesellschaftung: so etwa die Organe eines »Regiments« im Gesamtapparat einer »Heeresverwaltung« (heterokephaler im Gegensatz zum autokephalen Zweckverband, wie ihn etwa ein freier Verein oder ein selbständiger »Staat« darstellt). Heteronomie der Ordnungen und Heterokephalie der Organe fallen oft, aber nicht notwendig zusammen. Das Gesellschaftshandeln in einem autokephalen Verein ist heute normalerweise durch die Orientierung des Handelns seiner Mitglieder an Satzungen des politischen Verbandes mitbedingt, also heteronom. Die sozialistische »Vergesellschaftung« der Produktionsmittel würde bedeuten: daß das heute schon zum erheblichen Teil heteronome, d. h. an Ordnungen anderer, vor allem politischer Verbände orientierte Gesellschaftshandeln jedes einzelnen, jetzt im Prinzip autokephalen, »Betriebes« heterokephal gegenüber den Organen einer (irgendwelchen) »Gesamtheit« würde. –

Nicht jede vereinbarte Vergesellschaftung führt aber zum Entstehen eines Zweckvereins, für welchen nach der Definition 1. die Vereinbarung *genereller* Regeln und 2. die Existenz eigener Verbands*organe* konstitutiv sein sollen. Eine Vergesellschaftung (»Gelegenheitsvergesellschaftung«) kann auch einen ganz ephemer gemeinten Sinn haben, etwa einen sofort auszuführenden gemeinsamen Totschlag aus Rache, und es können also alle als Charakteristika der Zweckvereine erwähnten Bestandteile fehlen, bis auf die rational vereinbarte »Ordnung« des Gesellschaftshandelns, welche nach der gewählten Definition konstitutives Merkmal sein soll. Ein bequemes Beispiel für die Stufenfolge: von der Gelegenheitsvergesellschaftung angefangen bis zum Zweckverein ist die der industriellen »Kartellierungen« von der einfachen einmaligen Verabredung von Unterbietungsgrenzen zwischen einzelnen Konkurrenten bis zum »Syndikat« mit großem eigenen Vermögen, Verkaufskontoren und einem umfassenden Apparat von Organen. Gemeinsam ist ihnen allen nur die vereinbarte Ordnung, deren Inhalt bei der hier idealtypisch vorauszusetzenden ausdrücklichen Festsetzung aller Punkte mindestens die Abmachung enthält: was unter den Beteiligten als geboten, oder umgekehrt: was als verboten, oder ferner auch: was als erlaubt gelten solle. Beim isolierten (unter Abstraktion von jeder Existenz einer »Rechtsordnung« zu denkenden) Tausch wird z.B. im idealtypischen Fall der vollen Explizität mindestens vereinbart: 1. als geboten: die Übergabe und eventuell noch die Pflicht der Garantie des Besitzes der Tauschgüter gegen Dritte, – 2. als verboten: die Zurücknahme, 3. als erlaubt: die beliebige Verfügung jedes Teils über das ertauschte Gut. – Ein solcher isolierter rationaler »Tausch« dieses Typus ist einer der Grenzfälle der »organlosen« Vergesellschaftung. Ihm fehlen, außer der vereinbarten Ordnung, alle jene Merkmale, welche dem Zweckverein eignen. Er kann heteronom geordnet sein (durch Rechtsordnung oder Konvention) oder ganz autonom dastehen, in seinen »Erwartungen« bedingt durch das beiderseitige Vertrauen, daß der *andere* Teil sich aus gleichviel welchen Interessen vereinbarungsgemäß verhalten werde. Aber er ist weder ein autokephales noch ein heterokephales Gesellschaftshandeln, weil er überhaupt nicht als perennierendes »Gebilde« auftritt. Und auch das Auftreten von Tauschakten als Massenerscheinungen, auch als in sich kausal zusammenhängender Massenerscheinungen (»Markt«), stellt natürlich keineswegs ein Zweckvereinsgebilde dar, sondern ist gerade umgekehrt von diesem grundsätzlich geschieden. Der Fall des Tauschs ist zugleich geeignet zu veranschaulichen, daß das die Vergesellschaftung *herbeiführende* Handeln (Vergesellschaftungshandeln) nicht notwendig nur an den Erwartungen des Handelns der sich Vergesellschaftenden selbst orientiert sein muß. Sondern, im Beispiel, außerdem an den Erwartungen, daß Dritte, Unbeteiligte das Resultat des Tausches: »Besitzwechsel«, »respektieren« werden. Insoweit ist es bloßes »Gemeinschaftshandeln« von der Art, die wir später »Einverständnishandeln« nennen werden.

Historisch finden wir die Stufenleiter der Entwicklung von der Gelegenheitsvergesellschaftung ausgehend und fortschreitend zum perennierenden »Gebilde« oft. Der typische Keim derjenigen Vergesellschaftung, welche wir heute »Staat« nennen, liegt in freien Gelegenheitsvergesellschaftungen von Beutelustigen zu einem Kriegszug unter selbstgewähltem Führer einerseits, in der Gelegenheitsvergesellschaftung der Bedrohten zur Abwehr andererseits. Es fehlt völlig das Zweckvermögen und die Dauer. Ist der Beutezug oder die Abwehr gelungen (oder: mißlungen) und die Beute verteilt, so hört die Vergesellschaftung zu bestehen auf. Von da bis zur Dauervergesellschaftung der Kriegerschaft mit systematischer Besteuerung der Frauen, Waffenlosen, Unterworfenen und weiter zur Usurpierung richterlichen und verwaltenden Gesellschaftshandelns führt in lückenlosen Übergängen ein weiter Weg.

Umgekehrt kann aber auch – und das ist einer der verschiedenen bei Entstehung der »Volkswirtschaft« beteiligten Prozesse – aus den der Bedürfnisdeckung halber bestehenden perennierenden Vergesellschaftungen durch Zerfall das amorphe, ein »Gemeinschaftshandeln« darstellende Gebilde des »Markts« hervorgehen.

Das »psychische« Verhalten der Beteiligten, die Frage also: aus welchen letzten »inneren Lagen« heraus sie sich vergesellschaften und dann ihr Handeln an den vereinbarten Ordnungen orientieren, – ob sie sich ihnen lediglich aus nüchterner Zweckmäßigkeitserwägung oder aus leidenschaftlichem Attachement an die vereinbarten oder vorausgesetzten Vergesellschaftungszwecke, oder unter widerwilliger Hinnahme dieser als unvermeidlichen Übels, oder weil sie dem Gewohnten entsprechen, oder warum sonst, fügen, – dies ist für die Existenz der Vergesellschaftung so lange gleichgültig, als im Effekt, in einem soziologisch relevanten Umfang, die Chance jener Orientierung an der Vereinbarung tatsächlich besteht. Mit ihrer Beteiligung am Gesellschaftshandeln können ja die einzelnen Beteiligten gänzlich verschiedene, entgegengesetzte, und gegeneinander gerichtete Zwecke verfolgen und tun dies sehr häufig. Der Kriegsvölkerrechtsverband, die Rechtsvergesellschaftung für das Gemeinschaftshandeln auf dem Markt mit seinem Tausch- und Preiskampf sind nur besonders deutliche Beispiele dieses überall wiederkehrenden Sachverhalts. Alles Gesellschaftshandeln ist natürlich Ausdruck einer auf die Orientierung des Handelns, des fremden und eigenen, an seinen Ordnungen, aber an sich auf *gar nichts* sonst gerichteten und daher sehr verschieden gearteten Interessenkonstellation bei den Beteiligten. Deren Inhalt läßt sich ganz allgemein nur rein formal dahin kennzeichnen, wie es schon mehrfach geschah: daß der Einzelne auf das durch die Vergesellschaftung vereinbarte Handeln des oder der *Anderen* rechnen und daran sein eigenes Handeln orientieren zu können ein Interesse zu haben glaubt.

VI.

»Einverständnis«

Es gibt Komplexe von Gemeinschaftshandeln, welche *ohne* eine zweckrational vereinbarte Ordnung dennoch 1. im Effekt so ablaufen, als ob eine solche stattgefunden hätte, und bei welchen 2. dieser spezifische Effekt durch die Art der Sinnbezogenheit des Handelns der Einzelnen mitbestimmt ist. – Jedes zweckrationale Eintauschen von »Geld« z. B. enthält, neben dem Einzelakt der Vergesellschaftung mit dem Tauschpartner, die sinnhafte Bezogenheit auf künftiges Handeln eines nur unbestimmt vorgestellten und vorstellbaren Umkreises von aktuellen und potentiellen Geldbesitzern, Geldliebhabern und Geldtauschreflektanten. Denn an der Erwartung, daß auch andere Geld »nehmen« werden, welche den Geldgebrauch erst möglich macht, wird das eigene Handeln orientiert. Die sinnhafte Orientierung ist dabei zwar, im allgemeinen, eine solche an den eigenen und indirekt auch an vorgestellten fremden individuellen Interessen an der eigenen bzw. der fremden Güterbedarfsdeckung. Aber sie ist keine Orientierung an einer gesatzten Ordnung über die Art der Güterbedarfsdeckung der vorgestellten Beteiligten. Vielmehr ist das, mindestens relative, Fehlen einer solchen (»gemeinwirtschaftlichen«) Ordnung der Bedarfsdeckung der am Geldgebrauch Beteiligten ja gerade Voraussetzung des Geldgebrauchs. Dennoch ist nun dessen Gesamtresultat normalerweise in vieler Hinsicht so geartet, »als ob« es durch Orientierung an einer Ordnung der Bedarfsdeckung aller Beteiligten erreicht worden sei. Und zwar ist dies der Fall *infolge* der sinnhaften Bezogenheit des Handelns des Geldgebrauchers, dessen Lage, wie die jedes Tauschenden beim Tausch, innerhalb gewisser Grenzen durchschnittlich so gestaltet ist, daß sein Interesse ihm ein gewisses Maß von Rücksichtnahme auf die Interessen anderer normalerweise auferlegen wird, weil diese die normalen Bestimmungsgründe für diejenigen »Erwartungen« sind, die er seinerseits von ihrem Handeln hegen darf. Der

»Markt«, als idealtypischer Komplex derartigen Handelns, zeigt also das oben mit »als ob« eingeführte Merkmal.

Eine *Sprach*gemeinschaft wird im idealtypischen »zweckrationalen« Grenzfall dargestellt durch zahlreiche einzelne Akte von Gemeinschaftshandeln, die orientiert sind an der Erwartung, bei einem Anderen »Verständnis« eines gemeinten Sinns zu erreichen. Daß dies massenhaft zwischen einer Vielheit von Menschen durch sinnhaft ähnlichen Gebrauch bestimmter äußerlich ähnlicher Symbole irgendwie annähernd so abläuft, »als ob« die Sprechenden ihr Verhalten an grammatischen zweckvoll vereinbarten Regeln orientierten, stellt, da es durch jene Sinnbezogenheit der Akte der individuellen Sprechenden determiniert ist, ebenfalls einen Fall dar, der dem eingangs erwähnten Merkmal entspricht.

Gemeinsam ist beiden aber fast ausschließlich jenes Merkmal. Denn die Art, wie jener Gesamteffekt entsteht, läßt sich zwar für beide Fälle in einigen äußerlichen Parallelen illustrieren, die aber keinen erheblichen Erkenntniswert haben. Auf das »als ob« läßt sich also hier nur eine beidemale vorhandene *Problem*stellung für die Soziologie begründen, die aber sofort auf inhaltlich ganz verschiedene Begriffsreihen führt. Alle Analogien mit dem »Organismus« und ähnlichen Begriffen der Biologie sind zur Unfruchtbarkeit verurteilt. Dazu tritt nun, daß keineswegs *nur* durch Gemeinschaftshandeln von Menschen ein Gesamteffekt hervorgebracht werden kann, welcher so aussieht, »als ob« das Handeln durch vereinbarte Ordnung determiniert sei, sondern ebenso und noch weit drastischer durch die verschiedenen Formen »gleichartigen« und »Massen«handelns, welche dem Gemeinschaftshandeln nicht zugehören.

Denn zum »Gemeinschaftshandeln« soll ja nach der gewählten Definition sinnhafte Bezogenheit des Handelns der Einen »auf« das der Anderen gehören. »Gleichartigkeit« des Verhaltens Mehrerer genügt also nicht. Auch nicht jede Art von »Wechselwirkung«. Auch nicht die »Nachahmung« rein als solche. Eine »Rasse« wird, möge das Verhalten der ihr Zugehörigen in irgendeinem Punkte noch so gleichartig sein, zur »Rassengemeinschaft« für uns erst da, wo ein Handeln der Rassezugehörigen in gegenseitiger sinnhafter Bezogenheit entsteht: wenn z. B., um das absolute Minimum zu nehmen, Rassezugehörige in irgendeiner Hinsicht sich von der »rassefremden« Umwelt »absondern« *mit Bezug* darauf, daß andere Rassezugehörige es auch tun (gleichviel ob in gleicher Art und Umfang). Wenn in einer Straße eine Masse von Passanten auf einen Regenschauer durch Aufspannen des Schirms reagieren, so ist das kein Gemeinschaftshandeln (sondern: ein »massenhaft gleichartiges« Handeln). Auch nicht dasjenige Handeln, welches durch den bloßen, nicht mit sinnhafter Bezogenheit verbundenen »Einfluß« des Verhaltens Anderer hervorgerufen wird. Beispielsweise bei einer Panik. Oder wenn eine Masse von Straßenpassanten im Fall eines Gedränges irgendeiner »Massensuggestion« unterliegt. In solchen Fällen einer Beeinflussung des Verhaltens der Einzelnen durch die *bloße Tatsache*, daß auch andere Situationsbeteiligte sich in bestimmter Art verhalten, wollen wir von »massenbedingtem Sichverhalten« sprechen. Denn es ist kein Zweifel, daß die bloße Tatsache der simultan und selbst der örtlich getrennt handelnden, aber (z. B. durch die Presse) zueinander in Beziehung gesetzten »Masse« die Art des Verhaltens aller Einzelnen in einer hier nicht zu erörternden Art, deren Analyse den Gegenstand »massenpsychologischer« Untersuchung bildet, beeinflussen kann. Der Übergang vom »massenbedingten Handeln« zum Gemeinschaftshandeln ist natürlich in der Realität vollkommen flüssig. Schon die Panik enthält selbstverständlich neben rein massenbedingtem auch Elemente von Gemeinschaftshandeln. Das Verhalten jener Straßenpassanten entwickelt sich dazu, wenn etwa bei Bedrohung durch einen bewaffneten Trunkenbold eine Vielzahl von ihnen sich auf diesen stürzt und ihn durch gemeinsames, eventuell »arbeitsteiliges«, Zugreifen festhält. Oder wenn das gleiche geschieht, um einem schwer Verletzten gemeinsame Nothilfe angedeihen zu lassen. Da hier »arbeitsteilig« gehandelt wird, zeigt sich die Selbstverständlichkeit, daß Gemeinschaftshandeln nichts mit »gleichartigem« Handeln als solchem zu tun hat, sondern oft das Gegenteil bedeutet. Darin liegt auch die Verschiedenheit vom »nachahmenden« Handeln. »Nachahmung« kann bloßes »massenbedingtes« Sichverhalten oder mehr ein am Verhalten des Nachgeahmten im Sinn der »Nachbildung« orientiertes Handeln sein. Und dies wiederum mehr wegen einer – zweckrationalen oder andern – Schätzung des Wertes des nachgeahmten Handelns an sich, oder nur in sinnhafter Bezogenheit auf Erwartungen: z. B. aus »Konkurrenz«-Notwendigkeiten. Es führt eine umfassende Skala von Übergängen bis zu jenem Fall eines sehr spezifischen Gemeinschaftshandelns: wo ein Sichverhalten um deswillen nachgebildet wird, weil es als Merkmal der Zugehörigkeit zu einem Kreise von Menschen gilt, welche – gleichviel aus welchem Grunde – eine spezifische »soziale Ehre« beanspruchen und, in gewissem Umfang, auch genießen. Dieser letztere Fall aber überschreitet offenbar schon den Bereich des nur »nachahmenden« Handelns und wird durch diese Kategorie nicht erschöpfend charakterisiert.

Das Bestehen einer »Sprachgemeinschaft« bedeutet für uns nicht, daß massenbedingte Gleichartigkeit bei der Hervorbringung bestimmter Lautkomplexe existiere (das ist gar nicht erforderlich), auch nicht nur, daß der eine »nachahmt«, was andere tun, sondern vielmehr ein Verhalten bei »Äußerungen«, welches an bestimmten, innerhalb eines Menschenkreises durchschnittlich bestehenden Chancen sich »verständlich« zu machen, sinnhaft orientiert ist und daher diesen sinnhaften Effekt im Durchschnitt auch erwarten »darf«. Ebenso wie »Herrschaft« nicht bedeutet: daß eine stärkere Naturkraft sich irgendwie Bahn bricht, sondern: ein sinnhaftes Bezogensein des Handelns der einen (»Befehl«) auf das der anderen (»Gehorsam«) und entsprechend umgekehrt, derart, daß im Durchschnitt auf das Eintreffen der Erwartungen, an welchen das Handeln beiderseits orientiert ist, gezählt werden *darf*.

Eine durch brauchbare Merkmale ausgezeichnete Kategorie von Erscheinungen gibt also jenes durch »als ob« gekennzeichnete Phänomen nicht ab. Wir wollen statt dessen im Anschluß an das über die »Nachahmung« und die »Herrschaft« soeben Gesagte eine andere Unterscheidung in dies Vielerlei von Sachverhalten hineintragen. Unter *»Einverständnis«* nämlich wollen wir den Tatbestand verstehen, daß ein an Erwartungen des Verhaltens Anderer orientiertes Handeln um deswillen eine empirisch »geltende« Chance hat, diese Erwartungen erfüllt zu sehen, weil die Wahrscheinlichkeit objektiv besteht, daß diese Anderen jene Erwartungen trotz des Fehlens einer Vereinbarung als sinnhaft »gültig« für ihr Verhalten praktisch behandeln werden. Begrifflich gleichgültig sind die Motive, aus welchen dieses Verhalten der Anderen erwartet werden darf. Der Inbegriff von Gemeinschaftshandeln, welches und soweit es in einer durch Orientierung an solchen »Einverständnis«-Chancen bedingten Art abläuft, soll »Einverständnishandeln« heißen.

Das objektiv – im Sinn der abschätzbaren Chancen – »geltende« Einverständnis ist natürlich nicht zu verwechseln mit dem subjektiven Zählen des einzelnen Handelnden darauf, daß andere die von ihm gehegten Erwartungen als sinnhaft gültig behandeln werden. Ebensowenig wie die empirische Geltung einer vereinbarten Ordnung mit der subjektiven Erwartung der Innehaltung ihres subjektiv gemeinten Sinnes. In beiden Fällen besteht aber zwischen dem (logisch unter der Kategorie der »objektiven Möglichkeit« erfaßten) *durchschnittlichen* objektiven Gelten der Chance und den jeweils *durchschnittlichen* subjektiven Erwartungen gegenseitig die Beziehung der verständlich adäquaten Verursachtheit. – Das subjektive Orientieren des Handelns am Einverständnis kann, ebenso wie bei der Vereinbarung, im Einzelfall nur scheinbar oder nur annähernd vorliegen, und das wird auf den Grad und die Eindeutigkeit der empirischen Geltungschancen nicht ohne Wirkung bleiben. Die einzelnen durch Einverständnis Vergemeinschafteten können absichtsvoll einverständniswidrig, ganz ebenso wie die Vergesellschafteten vereinbarungswidrig handeln. Wie bei der Vergesellschaftung der »Dieb« unseres Beispiels, so kann z. B. beim Herrschafts-Einverständnis der »Ungehorsame« dennoch an dessen, subjektiv erfaßten, Sinngehalt sein Handeln (durch Verhehlung) orientieren. Der Begriff »Einverständnis« darf daher auch in subjektiver Hinsicht nicht etwa verwechselt werden mit der »Zufriedenheit« der Beteiligten über dessen empirische Geltung. Furcht vor üblen Folgen kann das »Sichfügen« in den durchschnittlichen Sinngehalt einer Gewaltherrschaftsbeziehung ganz ebenso bedingen wie das Eingehen einer dem Einzelnen unerwünschten »freien« Vereinbarung. Dauernde Unzufriedenheit gefährdet freilich die Chancen des empirischen Bestandes, hebt aber das Einverständnis so lange nicht auf, als der Gewaltherrscher auf eine (dem durchschnittlich erfaßten Sinn entsprechende) Befolgung seiner Befehle zählen zu können objektiv eine relevante Chance hat. Warum? ist insofern wichtig, als – ganz wie bei der Vergesellschaftung – die *bloße* Orientiertheit an den »Erwartungen« des Verhaltens des oder der *Anderen* (z. B. bloße »Furcht« der »Gehorchenden« vor dem »Herrn«) den Grenzfall und ein hohes Maß von Labilität bedeutet, da die »Erwartungen« auch hier um so mehr objektiv »begründet« sind, je mehr mit Wahrscheinlichkeit darauf gezählt werden kann, daß die »Einverstandenen« durchschnittlich ein (subjektiv) »einverständnisgemäßes« Handeln als für sie (gleichviel warum) »verbindlich« *ansehen* werden. Auch Vereinbarungen »gelten« letztlich kraft dieses (Legalitäts-)Einverständnisses. Geltendes Einverständnis darf dabei nicht mit »stillschweigender Vereinbarung« identifiziert werden. Natürlich führt von der explicite vereinbarten Ordnung zum Einverständnis eine Skala von Übergängen, auf welcher sich *auch* ein solches Verhalten findet, welches die Beteiligten durchschnittlich gegenseitig als eine stillschweigend vereinbarte Ordnung praktisch behandeln. Dies bietet aber prinzipiell gegenüber der ausdrücklichen Vereinbarung keine Besonderheit. Und eine »undeutliche« Vereinbarung ist empirisch eine nach den jeweils verbreiteten Deutungsgewohnheiten der *Chance* verschiedener praktischer Konsequenzen besonders stark ausgesetzte Ordnung. Dagegen das »geltende« Einverständnis in seinem reinen Typus enthält nichts mehr von Satzung oder, speziell, von Vereinbarung. Die durch Einverständnis Vergemeinschafteten können unter Umständen persönlich nie etwas voneinander gewußt haben, und dabei kann dennoch das Einverständnis sogar eine empirisch fast unverbrüchlich geltende »Norm« darstellen: so beim sexuellen Verhalten zwischen erstmalig zusammentreffenden Mitgliedern einer exogamen Sippe, die sich ja oft weithin durch politische und selbst sprachverschiedene Gemeinschaften hindurch erstreckt. Ebenso beim Geldgebrauch, wo das Einverständnis in der Chance des nach dem gemeinten Sinn bei dem betreffenden Tauschakt als Geld behandelten Gutes besteht, von einer unbekannten Vielzahl als »gültiges« Mittel zur Zahlung von Schulden, d. h. zur Ableistung eines als »verbindlich« geltenden Gemeinschaftshandelns behandelt zu werden.

Es gehört *nicht jedes* Gemeinschaftshandeln zur Kategorie des Einverständnishandelns, sondern erst jenes, welches durchschnittlich seine Orientierung eben auf die Chance des Einverständnisses gründet. Die soziale Absonderung von Rassegenossen also z. B. dann, wenn in irgendeinem relevanten Grade darauf gezählt werden darf, daß die Beteiligten sie im Durchschnitt wie ein *verbindliches* Verhalten praktisch behandeln werden. Sonst liegt, je nachdem, massenbedingtes oder einfaches Gemeinschaftshandeln der Einzelnen ohne Einverständnis vor. Die Flüssigkeit des Übergangs liegt auf der Hand. Besonders stark ist sie in Fällen wie bei der Festhaltung des Trunkenbolds oder der Nothilfe. Mehr als bloß faktisches Zusammen*wirken* durch einfaches Gemeinschaftshandeln liegt da bei den einzelnen Mithandelnden subjektiv nur dann vor, wenn das Handeln an irgendeinem als empirisch »geltend« vorausgesetzten Einverständnis orientiert ist, also etwa: daß jeder Einzelne bei jenem aktuellen Zusammenhandeln so weit und so lange beteiligt zu bleiben sich verbunden halten werde, wie dies dem durchschnittlich erfaßten »Sinn« desselben entspreche. Jene beiden Beispiele verhalten sich dabei graduell durchschnittlich verschieden: Nothilfehandeln mehr im Sinn des Bestehens einer Einverständnischance, also eines Einverständnishandelns, das andere mehr als bloß faktisch zusammenwirkendes Gemeinschaftshandeln. Und natürlich ist nicht jedes äußerlich als ein »Zusammenwirken« sich präsentierende Verhalten Mehrerer schon ein Gemeinschafts- oder gar ein Einverständnishandeln. Und ein äußerliches Zusammenhandeln gehört andererseits keineswegs zum Begriff des Einverständnishandelns. Es fehlt z. B. in allen Fällen der sinnhaften Bezogenheit auf das Handeln unbekannter Dritter ganz. In ähnlicher Art wie in jenen beiden Beispielen unterscheidet sich graduell auch das Einverständnishandeln der Sippegenossen von dem auf das potentielle Handeln anderer Tauschreflektanten bezogenen Gemeinschaftshandeln. Nur soweit, als im letzteren Fall die Erwartungen sich auf Chancen der durchschnittlichen Orientiertheit des fremden Handelns an angenommenen *Gültig*keiten gründet, also normalerweise nur soweit sie »Legalitätserwartungen« sind, konstituieren sie hier Einverständnis. Und nur insoweit ist also das Handeln Einverständnishandeln. Im übrigen nur: einverständnis*bedingtes* Gemeinschaftshandeln. Andererseits zeigt schon das Beispiel der Nothilfe, daß das »Einverständnis« zum Inhalt auch eine ganz konkrete Zweckbezogenheit ohne abstrakten »Regel«-Charakter haben kann. Es kann aber auch in Fällen, wo wir ein »Perennieren« einer und derselben Einverständnisvergemeinschaftung, etwa einer »Freundschaft«, annehmen, ein fortwährend inhaltlich wechselnder und nur durch Bezugnahme auf einen idealtypisch konstruierbaren, von dem jeweils Handelnden irgendwie als geltend behandelten, perennierenden *Sinn*gehalt angebbarer Inhalt sein. Auch dieser kann bei bleibender Identität der Personen wechseln: dann ist es auch hier durchaus Frage der Zweckmäßigkeit, ob man die nunmehrige Beziehung als veränderte »Fortsetzung« oder als »neu« bezeichnen will. Dies Beispiel, und erst recht etwa das einer erotischen Beziehung, zeigt ferner, daß selbstverständlich die das Einverständnis konstituierenden Sinnbezogenheiten und »Erwartungen« nicht im mindesten den Charakter eines zweckrationalen Kalküls und einer Orientierung an rational konstruierbaren »Ordnungen« haben müssen. Die »geltende« Orientiertheit an »Erwartungen« besagt beim Einverständnis vielmehr lediglich, daß der eine durchschnittlich sein eigenes Verhalten auf einen bestimmten mehr oder minder häufig als »gültig« angenommenen, aber dabei vielleicht höchst irrationalen Sinngehalt des (inneren oder äußeren) Verhaltens des anderen einstellen zu können die *Chance* hat. Durchaus eine Frage des Einzelfalls ist es daher auch, ganz ebenso wie bei der Vergesellschaftung: inwieweit aus dem durchschnittlich etwa in »Regeln« angebbaren Sinngehalt des Einverständnisses durchschnittlich generelle Regelmäßig*keiten* des praktischen Verhaltens folgen. Denn auch hier ist das einverständnis*bedingte* Handeln nicht mit dem Einverständnishandeln identisch. »Standeskonvention« z. B. ist ein Einverständnishandeln, konstituiert durch dasjenige Verhalten, welches jeweils durchschnittlich als obligatorisch empirisch »gilt«: Durch das »Geltungs«-Einverständnis unterscheidet sich die »Konvention« von der bloßen, auf irgendeiner »Eingeübtheit« und gewohnten »Eingestelltheit« beruhenden »Sitte«, wie durch das Fehlen des Zwangsapparats vom »Recht«, – natürlich nach beiden Seiten flüssig. Eine Standeskonvention kann nun aber faktische Konsequenzen für das Verhalten der Teilhaber herbeizuführen geeignet sein, welche empirisch nicht als einverständnismäßig obligatorisch gelten. Feudale Konventionen z. B. können die Auffassung des Handels als widersittlich bedingen und infolgedessen eine Herabsetzung des Maßes der eigenen Legalität im Verkehr mit Händlern herbeiführen.

Gänzlich verschiedene subjektive Motive, Zwecke und »innere Lagen«, zweckrational oder »nur psychologisch« verständliche, können als Resultante ein seiner subjektiven

Sinnbezogenheit nach gleiches Gemeinschaftshandeln, und ebenso ein seiner empirischen Geltung nach gleiches »Einverständnis« erzeugen. Reale Grundlage des Einverständnishandelns ist lediglich eine auf die je nachdem verschieden eindeutige Geltung des »Einverständnisses« und nichts anderes hinwirkende Konstellation »äußerlicher« oder »innerlicher« Interessen, deren Bestand durch untereinander im übrigen sehr heterogene innere Lagen und Zwecke der Einzelnen bedingt sein kann. Damit ist natürlich nicht etwa geleugnet, daß für die einzelnen, nach der vorwaltenden subjektiven »Sinnrichtung« zu scheidenden Arten von Gemeinschaftshandeln sowohl wie speziell von Einverständnishandeln sich recht wohl Motive, Interessen und »innere Lagen« inhaltlich angeben lassen, welche durchschnittlich am häufigsten deren Entstehung und Fortbestand begründen. Eben diese Feststellung ist ja eine der Aufgaben jeder inhaltlichen Soziologie. Solche ganz allgemeine Begriffe aber, wie sie hier zu definieren waren, sind notwendig inhaltsarm. Flüssig ist natürlich der Übergang vom Einverständnishandeln zum Gesellschaftshandeln, – welches ja lediglich den durch Satzung geordneten Spezialfall darstellt. So geht das Einverständnishandeln von Trambahnpassagieren, welche in einem Konflikt eines anderen Passagiers mit dem Schaffner für jenen »Partei ergreifen«, in Gesellschaftshandeln über, wenn sie sich nachher etwa zu einer gemeinsamen »Beschwerde« verbinden. Und vollends wo immer zweckrational eine Ordnung geschaffen wird, ist »Vergesellschaftung« vorhanden, wenn auch in höchst verschiedenem Umfang und Sinn. So entsteht Vergesellschaftung schon, wenn etwa für die sich einverständnismäßig, aber ohne Vereinbarung, »absondernden« Rassegenossen eine »Zeitschrift« mit »Verlegern«, »Herausgebern«, »Mitarbeitern«, »Abonnenten« gegründet wird, von der aus nun das bisher amorphe Einverständnishandeln »Direktiven« mit verschieden großen Geltungschancen empfängt. Oder wenn für eine Sprachgemeinschaft eine »Akademie« nach Art der Crusca und »Schulen«, in denen grammatische Regeln gelehrt werden, entstehen. Oder für die »Herrschaft« ein Apparat von rationalen Ordnungen und Beamten. Und umgekehrt pflegt fast jeder Vergesellschaftung ein über den Umkreis ihrer rationalen Zwecke hinaus übergreifendes (»vergesellschaftungs*bedingtes*«) Einverständnishandeln zwischen den Vergesellschafteten zu entspringen. Jeder Kegelklub hat für das Verhalten der Teilnehmer zueinander »konventionelle« Konsequenzen, d. h. er stiftet außerhalb der Vergesellschaftung liegendes, an »Einverständnis« orientiertes Gemeinschaftshandeln.

Der einzelne Mensch ist nun bei seinem Handeln fortwährend an zahlreichem und immer anderem Gemeinschaftshandeln, Einverständnishandeln und Gesellschaftshandeln beteiligt. Sein Gemeinschaftshandeln kann denkbarerweise in jedem einzelnen Akt auf einen anderen Umkreis fremden Handelns und auf andere Einverständnisse und Vergesellschaftungen sinnhaft bezogen sein. Je zahlreicher und mannigfaltiger nach der Art der für sie konstitutiven Chancen nun die Umkreise sind, an denen der Einzelne sein Handeln *rational* orientiert, desto weiter ist die »rationale gesellschaftliche *Differenzierung*« vorgeschritten, je mehr es den Charakter der *Vergesellschaftung* annimmt, desto weiter die »rationale gesellschaftliche *Organisation*«. An einer Vielzahl von Arten des Gemeinschaftshandelns kann dabei der Einzelne natürlich auch durch einen und denselben Akt seines Handelns beteiligt sein. Ein Tauschakt, den jemand mit X, dem Bevollmächtigten von Y, vollzieht, der etwa seinerseits »Organ« eines Zweckvereins ist, enthält 1. eine Sprach- und 2. Schriftvergesellschaftung, 3. eine Tauschvergesellschaftung mit X persönlich, 4. eine solche mit Y persönlich, 5. eine solche mit dem Gesellschaftshandeln der an jenem Zweckverein Beteiligten; 6. ist der Tauschakt in seinen Bedingungen an den Erwartungen des potentiellen Handelns anderer Tauschreflektanten (Konkurrenten von beiden Seiten) und an den entsprechenden Legalitätseinverständnissen mit orientiert usw. Eine Handlung muß zwar Gemeinschaftshandeln darstellen, um Einverständnis*handeln* zu sein, nicht aber um einverständnis*orientiert* zu sein. Jede Disposition über Vorräte und Besitztümer eines Menschen ist, ganz abgesehen davon, daß sie normalerweise erst durch die Chance des Schutzes, welchen der Zwangsapparat der politischen Gemeinschaft gewährt, möglich wird, auch dann und soweit einverständnisorientiert, als sie im Hinblick auf die Möglichkeit der Veränderung der eigenen Vorräte durch Tausch nach außen erfolgt. Vollends eine geldwirtschaftliche »Privatwirtschaft« umschließt eitel Gesellschafts-, Einverständnis- und Gemeinschaftshandeln. Nur der rein theoretische Grenzfall: die Robinsonade, ist von allem Gemeinschaftshandeln und daher auch von allem einverständnisorientierten Handeln völlig frei. Denn sie ist sinnhaft lediglich auf die Erwartungen des Verhaltens der Naturobjekte bezogen. Ihre bloße Denkbarkeit genügt daher, um deutlich zu illustrieren, daß nicht alles »*wirtschaft*liche« Handeln schon begrifflich *Gemeinschafts*handeln in sich schließt. Der Sachverhalt ist vielmehr ganz generell der, daß gerade die begrifflich »reinsten« Typen in den einzelnen Sphären des Handelns jenseits des Gemeinschaftshandelns und der Einverständnisse liegen, auf dem Gebiet des Religiösen ebenso wie in der Wirtschaft, der wissenschaftlichen und künstlerischen Konzeption. Der Weg der »Objektivation« führt nicht notwendig, freilich aber der Regel nach schnell zum Gemeinschaftshandeln und, wenn auch nicht notwendig immer, so doch in aller Regel speziell zum Einverständnishandeln.

Ganz und gar nicht darf man, nach allem Gesagten, Gemeinschaftshandeln, Einverständnis und Vergesellschaftung etwa mit der Vorstellung eines »Mit- und Füreinander« im Gegensatz zu einem »Gegeneinander« identifizieren. Nicht nur selbstverständlich die ganz amorphe Vergemeinschaftung, sondern auch »Einverständnis« ist für uns durchaus nicht identisch mit »Exklusivität« gegen andere. Ob ein Einverständnishandeln »offen« ist, d. h. jederzeit jedem, der da will, die Beteiligung möglich ist, oder ob und in welchem Maße es »geschlossen« ist, d. h.

die Beteiligten die Teilnahme daran für Dritte, rein einverständnismäßig oder durch Vergesellschaftung, unmöglich machen, ist Frage des Einzelfalles. Eine konkrete Sprachgemeinschaft oder Marktgemeinschaft haben jeweils irgendwo (meist: flüssige) Grenzen. D. h. jeweils kann normalerweise nicht jeder überhaupt existierende Mensch bei den »Erwartungen« als – aktueller und potentieller – Teilhaber des Einverständnisses in Betracht gezogen werden, sondern nur eine, oft höchst unbestimmt zu begrenzende Vielheit. Aber die Sprachgemeinschaftsbeteiligten z. B. haben normalerweise kein Interesse am Ausschluß Dritter vom Einverständnis (wohl natürlich, je nach Umständen, an einer konkreten Konversation), und auch die Marktinteressenten sind oft gerade an der »Erweiterung« des Marktes interessiert. Dennoch können sowohl eine Sprache (als sakrale, ständische oder Geheimsprache), wie ein Markt monopolistisch durch Einverständnis und Vergesellschaftung »geschlossen« werden. Und andererseits kann selbst die normalerweise durch Vergesellschaftung geschlossene Beteiligung am spezifischen Gemeinschaftshandeln konkreter politischer Machtgebilde, gerade im Machtinteresse, weitgehend (für »Einwanderer«) offengehalten werden.

Die am Einverständnishandeln Beteiligten *können* mit diesem ein gemeinsames gegen außen gerichtetes Interesse verfolgen. Aber dies ist nicht nötig. Einverständnishandeln ist nicht gleich »Solidarität«, und auch Gesellschaftshandeln ist keineswegs ein exklusiver Gegensatz zu demjenigen Gemeinschaftshandeln von Menschen, welches wir *»Kampf«* nennen, d. h. – ganz allgemein – dem Streben, den eigenen Willen gegen einen widerstrebenden anderen, unter Orientierung an den Erwartungen des Verhaltens des Andern, durchzusetzen. Der Kampf durchzieht vielmehr potentiell alle Arten von Gemeinschaftshandeln überhaupt. Inwieweit z. B. ein Akt der Vergesellschaftung den Ausdruck der Solidarität gegen Dritte oder einen Interessenkompromiß oder nur eine aus irgendwelchen Gründen den Beteiligten erwünscht gewesene Verschiebung der Kampfformen und Kampfgegenstände dem durchschnittlich (aber vielleicht individuell verschieden) subjektiv gemeinten Zweck nach praktisch bedeutet, ist Sache des Einzelfalls. Oft von jedem etwas. Es gibt keinerlei Einverständnisgemeinschaft, einschließlich der mit schrankenlosestem Hingabegefühl verknüpften, wie etwa erotischer oder karitativer Beziehungen, welche nicht, jenem Gefühl zum Trotz, rücksichtsloseste Vergewaltigung des anderen in sich schließen könnte. Und die Mehrzahl aller »Kämpfe« schließt andererseits irgendein Maß von Vergesellschaftung oder Einverständnis ein. Es liegt hier der bei soziologischen Begriffen häufige Fall vor, daß deren Tatbestände sich teilweise überdecken, und zwar vermöge der gleichen, nur von verschiedenen Gesichtspunkten aus angesehenen Merkmale. Der von jeglicher Art von Vergemeinschaftung mit dem Gegner ganz freie Kampf ist nur ein Grenzfall. Von einem Mongolensturm etwa ausgehend, über die heutige, »völkerrechtlich«, sei es noch so prekär, mitbedingte Art der Kriegsführung, weiter über die ritterliche Fehde, wo die zulässigen Waffen und Kampfmittel geregelt werden (»Messieurs les Anglais, tirez les premiers«), zum geregelten gerichtlichen Zweikampf und zur freundschaftlichen »Bestimmungsmensur«, die schon dem sportlichen »Wettkampf« zugehört, finden wir stufenweise zunehmende Fragmente einer Einverständnis-Vergemeinschaftung der Kämpfer, und wo der gewaltsame Kampf in »Konkurrenz«, sei es um olympische Kränze oder Wahlstimmen oder sonstige Machtmittel oder um soziale Ehre oder Gewinn übergeht, vollzieht er sich durchaus auf dem Boden einer rationalen Vergesellschaftung, deren Ordnungen dabei als »Spielregeln« dienen, welche die Kampfformen bestimmen, damit aber auch die Kampfchancen verschieben. Die von Stufe zu Stufe zunehmende »Befriedung« im Sinn des Zurücktretens physischer Gewaltanwendung schiebt diese nur zurück, ohne jemals den Appell an sie ganz auszuschalten. Nur ist im Verlauf der historischen Entwicklung ihre Anwendung zunehmend von dem Zwangsapparat *einer* bestimmten

Art von Vergesellschaftung oder Einverständnis-Gemeinschaft: der politischen, monopolisiert und in die Form der geordneten Zwangsandrohung durch die Mächtigen und schließlich durch eine formell sich neutral gebärdende Gewalt verwandelt worden. Der Umstand, daß »Zwang«, physischer oder psychischer Art, irgendwie fast allen Vergemeinschaftungen zugrunde liegt, hat uns nun noch kurz, aber nur soweit, als es zur Ergänzung der bisherigen idealtypischen Begriffe erforderlich ist, zu beschäftigen.

VII.

»Anstalt« und »Verband«

Ein Sachverhalt ist uns in den gelegentlich verwerteten Beispielen schon mehrfach begegnet und jetzt noch spezieller herauszuheben: der Fall nämlich, daß jemand »ohne sein Zutun« an einer Einverständnisgemeinschaft beteiligt wird und bleibt. Das ist bei einem amorphen Einverständnishandeln – etwa des »Sprechens« – etwas keiner weiteren Erörterung Bedürftiges. Denn jeder ist jeweilig an ihm »beteiligt«, dessen jeweiliges Handeln der von uns als Merkmal angenommenen Voraussetzung (Einverständnis) entspricht. Aber nicht immer so einfach liegt es im übrigen. Es wurde oben als Idealtypus der »Vergesellschaftung« der auf einer ausdrücklichen Vereinbarung von Mitteln, Zwekken, Ordnungen beruhende rationale »Zweckverein« hingestellt. Dabei wurde nun schon festgestellt, daß und in welchem Sinn ein solcher als ein trotz des Wechsels der Beteiligten perennierendes Gebilde angesehen werden kann. Immerhin war noch vorausgesetzt, daß die »Beteiligung« der Einzelnen: die im Durchschnitt begründete Erwartung, daß jeder sein Handeln an der Ordnung orientiere, auf besonderer rationaler Vereinbarung mit allen Einzelnen beruhe. Es gibt aber sehr wichtige Vergesellschaftungsformen, bei denen das Gesellschaftshandeln in weitgehendem Maße wie beim Zweckverein rational durch von Menschen geschaffene Satzungen nach Mitteln und Zwecken geordnet, also »vergesellschaftet« ist und innerhalb deren dennoch geradezu als Grundvoraussetzung ihres Bestandes gilt: daß der Einzelne normalerweise in die Beteiligung am Gesellschaftshandeln und also in die Mitbetroffenheit von jenen Erwartungen der Orientiertheit seines Handelns an jenen von Menschen geschaffenen Ordnungen *ohne* sein Zutun hineingerät. Das für sie konstitutive Gemeinschaftshandeln ist gerade dadurch charakterisiert, daß beim Vorliegen gewisser objektiver Tatbestände bei einer Person von dieser die Beteiligung am Gemeinschaftshandeln, insbesondere also die Orientierung ihres Handelns an den Ordnungen erwartet, und zwar im Durchschnitt deshalb mit Recht erwartet wird, weil die betreffenden Einzelnen empirisch als zur Teilnahme an dem für die Gemeinschaft konstitutiven Gemeinschaftshandeln »verpflichtet« gelten und weil die Chance besteht, daß sie eventuell auch gegen ihren Widerstand dazu (sei es auch in noch so gelinder Form) angehalten werden durch einen »Zwangsapparat«. Die Tatbestände, an welche jene Erwartung in einem besonders wichtigen Fall: dem der politischen Gemeinschaft, sich knüpft, sind z. B. vor allem: Abstammung von bestimmten Personen oder Geburt und unter Umständen sogar bloßer Aufenthalt oder doch schon bestimmte Handlungen innerhalb eines bestimmten Gebietes. Die normale Art des Eintritts des Einzelnen in die Gemeinschaft ist dann, daß er in die Beteiligung »hineingeboren« und »hineinerzogen« wird. Wir wollen solche Gemeinschaften, bei denen dieser Sachverhalt, – also 1. im Gegensatz zum freiwilligen »Zweckverein«: die Zurechnung auf Grund rein objektiver Tatbestände unabhängig von Erklärungen der Zugerechneten, – 2. im Gegensatz zu den einer absichtsvollen rationalen Ordnung entbehrenden, in dieser Hinsicht also amorphen Einverständnisvergemeinschaftungen: die Existenz solcher rationaler von Menschen geschaffener Ordnungen und eines Zwangsapparates als einer das Handeln *mit*bestimmenden Tatsache, – gegeben ist, als *»Anstalten«* bezeichnen. Nicht jede Gemeinschaft also, in die man normalerweise hineingeboren und -erzogen wird, ist »Anstalt«: nicht z. B. die Sprachgemeinschaft oder die Hausgemeinschaft. Denn beide entbehren derartiger rationaler Satzungen. Wohl aber diejenige Strukturform der politischen Gemeinschaft, welche man als »Staat«, und z. B. diejenige der religiösen, welche man im strengen technischen Sinn als »Kirche« zu bezeichnen pflegt.

Wie das an einer rationalen Vereinbarung orientierte Gesellschaftshandeln zum Einverständnishandeln, so verhält sich die Anstalt mit ihren rationalen Satzungen zum *»Verband«*. Als Verbandshandeln gilt uns ein nicht an Satzung, sondern an Einverständnis orientiertes, also: ein Einverständnishandeln, bei welchem 1. die Zurechnung des Einzelnen zur Teilnahme einverständnismäßig ohne sein eigenes darauf zweckrational gerichtetes Zutun erfolgt und bei welchem ferner 2. trotz des Fehlens einer darauf abgezweckten gesatzten Ordnung dennoch jeweils bestimmte Personen (Gewalthaber) einverständnismäßig *wirksame* Ordnungen für das Handeln der einverständnismäßig zum Verband gerechneten Beteiligten erlassen, wenn ferner 3. sie selbst oder andere Personen sich zur eventuellen Ausübung von physischem oder psychischem, wie immer geartetem, Zwang gegen einverständniswidrig sich verhaltende Teilnehmer bereit halten. Stets handelt es sich natürlich, wie bei allem »Einverständnis«, um *durchschnittlich* eindeutig verstandenen Sinngehalt und wandelbare *Durchschnitts*chancen der empirischen Geltung. Die urwüchsige »Hausgemeinschaft«, bei welcher der »Hausherr«, – ebenso ein der rationalen Satzung entbehrendes »patrimoniales« politisches Gebilde, bei welchem der »Fürst«, – ebenso die Gemeinschaft eines »Propheten« mit »Jüngern«, bei welcher der erstere, – eine nur einverständnismäßig bestehende religiöse »Gemeinde«, bei welcher etwa ein erblicher »Hierarch«, – der Gewalthaber ist, sind »Verbände« von leidlich reinem Typus. Der Fall bietet prinzipiell sonst gegenüber dem anderweitigen »Einverständnishandeln« keine Besonderheiten, und dessen ganze Kasuistik ist sinngemäß darauf anwendbar. In der modernen Zivilisation ist nun fast alles Verbandshandeln mindestens partiell durch rationale Ordnungen – die »Hausgemeinschaft« z. B. heteronom durch das von der Staatsanstalt gesatzte »Familienrecht« – irgendwie geordnet. Der Übergang zur »Anstalt« ist also flüssig. Dies um so mehr, als es andererseits nur sehr wenige »reine« Typen von Anstalten gibt. Denn je vielseitiger das sie konstituierende Anstaltshandeln ist, desto regelmäßiger ist jeweils nicht dessen Gesamtheit zweckrational durch Satzung geordnet. Diejenigen Satzungen z. B., welche für das Gesellschaftshandeln politischer Anstalten – wir nehmen ad hoc an: durchweg zweckrational – geschaffen werden und den Namen »Gesetze« führen, greifen, in aller Regel wenigstens, zunächst nur fragmentarisch Tatbestände heraus, deren rationale Ordnung von irgendwelchen Interessenten jeweils erstrebt wird. Das tatsächlich den Bestand des Gebildes konstituierende Einverständnishandeln übergreift also nicht nur normalerweise ihr an zweckrationalen Satzungen orientierbares Gesellschaftshandeln, wie dies ja auch bei den meisten Zweckvereinen der Fall ist, sondern es ist auch normalerweise dem letzteren gegenüber das ältere. Das »Anstaltshandeln« ist der rational geordnete Teil eines »Verbandshandelns«, die Anstalt ein partiell rational geordneter Verband. Oder – der Übergang ist soziologisch angesehen durchaus flüssig – die Anstalt ist zwar eine völlig rationale »Neuschöpfung«, aber doch nicht in einem gänzlich »verbandsleeren« Geltungsbereich. Sondern es wird schon vorher bestehendes Verbandshandeln oder verbandsgeregeltes Handeln, z. B. unter »Annexion« oder Vereinigung der bisherigen Verbände zur neuen Gesamtanstalt, vermittelst einer Serie von darauf gerichteten Satzungen entweder gänzlich neuen Ordnungen für das verbandsbezogene oder aber für das verbandsgeregelte Handeln oder für beides unterstellt; oder es wird nur ein Wechsel des Verbandes, auf den das Handeln nunmehr zu beziehen bzw. als durch dessen Ordnungen betroffen es anzusehen ist, oder nur ein Wechsel des Personals der Anstaltsorgane und speziell des Zwangsapparates vorgenommen.

Die Entstehung neuer *Anstalts*-Satzungen jeder Art nun vollzieht sich durchweg, mag sie mit einem als »Neuschöpfung« einer Anstalt zu betrachtenden Hergang verbunden sein oder im normalen Verlauf des Anstaltshandelns geschehen, nur in den allerseltensten Fällen durch autonome »Vereinbarung« aller an demjenigen künftigen Handeln Beteiligten, für welches nach dem durchschnittlich gemeinten Sinn Loyalität gegenüber der Satzung erwartet wird. Sondern fast ausschließlich durch *»Oktroyierung«*. Diese bedeutet: Bestimmte Menschen proklamieren eine Satzung als für das verbandsbezogene oder verbandsgeregelte Handeln geltend, und die Anstaltsgenossen (oder der Anstaltsmacht Unterworfenen) fügen sich dem tatsächlich mehr oder minder vollständig durch mehr oder minder eindeutige sinnhaft loyale Orientierung ihres Handelns daran. Das besagt: die gesatzte Ordnung tritt bei den Anstalten in empirische Geltung in Gestalt von »Einverständnis«. Dies ist auch hier wohl zu unterscheiden von »Einverstandensein« oder so etwas wie »stillschweigender Vereinbarung«. Vielmehr ist es auch hier zu verstehen als die Durchschnitts*chance*, daß die nach (durchschnittlichem) Sinnverständnis als von der oktroyierten Satzung betroffen »Gemeinten« sie auch tatsächlich – begrifflich einerlei, ob aus Furcht, religiösem Glauben, Pietät gegen den Herrscher, oder rein zweckrationaler Erwägung oder welchen Motiven auch immer – praktisch als »gültig« für ihr Verhalten *behandeln*, ihr Handeln also daran, im Durchschnitt im Sinn der Satzungsgemäßheit, orientieren werden. – Die Oktroyierung kann von »Anstaltsorganen« durch ihr spezifisches, kraft Einverständnisses empirisch geltendes, satzungsgemäßes Anstaltshandeln geschaffen werden (autonome Oktroyierung), wie etwa die Gesetze einer nach außen ganz oder teilweise autonomen Anstalt (z. B. eines »Staats«). Oder sie kann »heteronom«, von außen her, z. B. etwa für das Gesellschaftshandeln der Genossen einer Kirche oder Gemeinde oder eines sonstigen anstaltsmäßigen Verbandes durch Oktroyierung seitens eines anderen, z. B. eines politischen, Verbandes erfolgen, der sich die an der heteronom geordneten Gemeinschaft Beteiligten in ihrem Gemeinschaftshandeln fügen.

Die ganz überwältigende Mehrzahl aller Satzungen *sowohl* von Anstalten *wie* von Vereinen ist dem Ursprung nach nicht vereinbart, sondern oktroyiert, das heißt: von Menschen und Menschengruppen, welche aus irgendwelchem Grunde faktisch das Gemeinschaftshandeln nach ihrem Willen zu beeinflussen vermochten, diesem auf Grund von »Einverständniserwartung« auferlegt. Diese faktische Macht der Oktroyierung kann nun ihrerseits als gewissen, persönlich oder nach Merkmalen bestimmten oder nach Regeln (z. B. durch Wahl) auszulesenden, Menschen zukommend einverständnismäßig empirisch »gelten«. Dann kann man diese empirisch geltenden, weil im faktischen Durchschnitt hinlänglich das Handeln der Beteiligten bestimmenden, Prätensionen und Vorstellungen von einer »geltenden« Oktroyierungsgewalt die »Verfassung« der betreffenden Anstalt nennen. Sie ist in sehr verschiedenem Umfang in rationalen ausdrücklichen Satzungen niedergelegt. Oft sind es gerade die praktisch wichtigsten Fragen nicht, und zwar zuweilen auch, aus hier nicht zu erörternden Gründen, absichtlich nicht. Satzungen geben daher über die empirisch geltende, letztlich stets auf verbandsmäßigem »Einverständnis« ruhende, Oktroyierungsgewalt nur unsicheren Aufschluß. Denn in Wahrheit ist natürlich die jeweils nur abschätzbare *Chance:* welchen Menschen, inwieweit und in welchen Hinsichten, sich letztlich die nach der üblichen Deutung jeweils gemeinten Zwangsbeteiligten praktisch durchschnittlich *»fügen«* würden, der entscheidende Inhalt desjenigen »Einverständnisses«, welches die *wirklich* empirisch geltende »Verfassung« darstellt. Die Urheber zweckrationaler Verfassungen können durch diese die Oktroyierung von bindenden Satzungen auch z. B. an die Zustimmung der Mehrheit der Genossen oder der Mehrheit gewisser nach bestimmten Merkmalen bezeichneter oder nach Regeln auszulesender Personen knüpfen. Auch das bleibt der Minderheit gegenüber natürlich durchaus eine »Oktroyierung«, wie die vielfach auch bei uns im Mittelalter verbreitet gewesene und z. B. im russischen Mir bis an die Schwelle der Gegenwart herrschende Auffassung noch nicht vergessen hatte: daß eine »gültige« Satzung eigentlich (trotz des offiziell schon bestehenden Majorisierungsprinzips) die persönliche Zustimmung aller derjenigen erfordere, die sie binden solle.

Der Sache nach aber beruht jegliche Oktroyierungsmacht auf einem spezifischen, in seinem Umfang und seiner Art jeweils wechselnden Einfluß – der *»Herrschaft«* – konkreter Menschen (Propheten, Könige, Patrimonialherren, Hausväter, Ältester oder anderer Honoratioren, Beamter, Partei- oder anderer »Führer« von höchst wichtig *verschiedenem* soziologischen Charakter) auf das Verbandshandeln der Anderen. Dieser Einfluß ruht wiederum auf charakteristisch verschiedenen Motiven, darunter *auch* auf der Chance der Anwendung von physischem oder psychischem Zwang irgendwelcher Art. Aber auch hier gilt, daß das bloß an Erwartungen (insbesondere: »Furcht« der Gehorchenden) orientierte Einverständnishandeln nur den relativ labilen Grenzfall bildet. Die Chance der empirischen Geltung des Einverständnisses wird auch hier unter sonst gleichen Umständen um so höher zu veranschlagen sein, je mehr im Durchschnitt darauf gezählt werden kann, daß die Gehorchenden aus *dem* Grunde gehorchen, weil sie die Herrschaftsbeziehung als für sich *»verbindlich«* auch *»subjektiv* ansehen. Soweit dies durchschnittlich oder annähernd der Fall ist, so weit ruht »Herrschaft« auf dem *»Legitimitäts«*-Einverständnis. Die Herrschaft als wichtigste Grundlage fast alles Verbandshandelns, deren Problematik hier einsetzt, ist notwendig ein Objekt gesonderter, hier nicht zu erledigender Betrachtung. Denn für ihre soziologische Analyse kommt es entscheidend auf die verschiedenen möglichen, subjektiv sinnhaften, Grundlagen jenes *»Legitimitäts«*-Einverständnisses an, welches überall da, wo nicht nackte Furcht vor direkt drohender Gewalt die Fügsamkeit bedingt, in grundlegend wichtiger Art ihren spezifischen Charakter bestimmt. Dies Problem kann aber nicht nebenbei erörtert werden, und daher muß hier der naheliegende Versuch, nun den hier beginnenden »eigentlichen« Problemen der soziologischen Verbands- und Anstaltstheorie nahezutreten, unterbleiben.

Der Weg der Entwicklung führt zwar im einzelnen immer wieder – wie wir dies früher sahen – auch von konkreten rationalen zweckverbandsmäßigen Ordnungen zur Stiftung von »übergreifendem« Einverständnishandeln. Aber im ganzen ist, im Verlauf der für uns übersehbaren geschichtlichen Entwicklung, zwar nicht eindeutig ein »Ersatz« von Einverständnishandeln durch Vergesellschaftung, wohl aber eine immer weitergreifende zweckrationale Ordnung des Einverständnishandelns durch Satzung und insbesondere eine immer weitere Umwandlung von Verbänden in zweckrational geordnete Anstalten zu konstatieren.

Was bedeutet nun aber die Rationalisierung der Ordnungen einer Gemeinschaft praktisch? Damit ein Kontorist oder selbst der Leiter eines Kontors die Vorschriften der Buchführung »kenne« und sein Handeln an ihnen durch richtige – oder auch im Einzelfall, infolge von Irrtum oder Betrug, falsche – Anwendung orientiere, ist offenbar nicht erfordert, daß er die rationalen Prinzipien, an deren Hand jene Normen *erdacht* worden sind, gegenwärtig habe. Damit wir das Einmaleins »richtig« anwenden, ist nicht notwendig, daß wir die algebraischen Sätze, welche z. B. der Subtraktions-Maxime: »9 von 2 geht nicht, da borge ich mir 1«, zugrunde liegen, rational eingesehen haben. Die empirische »Geltung« des Einmaleins ist ein Fall der »Einverständnisgeltung«. »Einverständnis« und »Verständnis« sind aber nicht identisch. Das Einmaleins wird uns als Kindern ganz ebenso »oktroyiert« wie einem Untertan eine rationale Anordnung eines Despoten. Und zwar im innerlichsten Sinn, als etwas von uns in seinen Gründen und selbst Zwecken zunächst ganz Unverstandenes, dennoch aber verbindlich »Geltendes«. Das »Einverständnis« ist zunächst also schlichte »Fügung« in das Gewohnte, *weil* es gewohnt ist. Mehr oder minder bleibt es so. Nicht an der Hand rationaler Erwägungen, sondern an der Hand eingeübter (oktroyierter) empirischer Gegenproben stellt man fest, ob man einverständnismäßig »richtig« gerechnet hat. Dies findet sich auf allen Gebieten wieder: so wenn wir einen elektrischen Trambahnwagen oder einen hydraulischen Lift oder eine Flinte sachgemäß benutzen, ohne von den naturwissenschaftlichen Regeln, auf denen ihre Konstruktion beruht, irgend etwas zu wissen, in welche selbst der Tramwagenführer und Büchsenmacher nur unvollkommen eingeweiht sein können. Kein normaler Konsument weiß heute auch nur ungefähr um die Herstellungstechnik seiner Alltagsgebrauchsgüter, meist nicht einmal darum, aus welchen Stoffen und von welcher Industrie sie produziert werden. Ihn interessieren eben nur die für ihn praktisch wichtigen Erwartungen des Verhaltens dieser Artefakte. Nicht anders steht es aber mit sozialen Institutionen, wie etwa dem Gelde. Wie dieses eigentlich zu seinen merkwürdigen Sonderqualitäten kommt, weiß der Geldgebraucher nicht, – da sich ja selbst die Fachgelehrten darüber heftig streiten. Ähnlich bei den zweckrational geschaffenen Ordnungen. Solange die Schaffung eines neuen »Gesetzes« oder eines neuen Paragraphen der »Vereinsstatuten« diskutiert wird, pflegen wenigstens die praktisch besonders stark davon berührten Interessenten den wirklich gemeinten »Sinn« einer Neuordnung zu durchschauen. Ist sie praktisch »eingelebt«, so kann dieser ursprünglich von den Schöpfern, mehr oder minder einheitlich, gemeinte Sinn so völlig vergessen oder durch Bedeutungswandel verdeckt werden, daß der Bruchteil der Richter und Anwälte, welcher den »Zweck«, zu welchem verwickelte Rechtsnormen seinerzeit vereinbart oder oktroyiert worden sind, wirklich durchschaut, winzig ist, das »Publikum« aber selbst die Tatsache des Geschaffenseins und der empirischen »Geltung« der Rechtsnormen und also der daraus folgenden »Chancen« gerade soweit kennt, als zur Vermeidung der allerdrastischsten Unannehmlichkeiten unerläßlich ist. Mit steigender Kompliziertheit der Ordnungen und fortschreitender Differenzierung des gesellschaftlichen Lebens wird dieser Tatbestand immer universeller. Am besten kennen zweifellos den empirisch geltenden Sinn von gesatzten Ordnungen, d. h. die durchschnittlich daraus, daß sie einmal geschaffen wurden und nun in einer bestimmten Art durchschnittlich interpretiert und durch den Zwangsapparat garantiert sind, mit Wahrscheinlichkeit folgenden »Erwartungen« gerade diejenigen, welche planvoll einverständnis*widrig* zu handeln, sie also zu »verletzen« oder zu »umgehen« beabsichtigen. Die rationalen Ordnungen einer Vergesellschaftung, sei sie Anstalt oder Verein, werden also von den Einen zu bestimmten unter sich wieder vielleicht sehr verschieden gedachten Zwecken oktroyiert oder »suggeriert«. Von den Zweiten, den »Organen« der Vergesellschaftung, werden sie – jedoch *nicht* notwendig in Kenntnis jener Zwecke ihrer Schaffung – mehr oder minder gleichartig subjektiv gedeutet und aktiv durchgeführt. Von den Dritten werden sie, soweit für ihre Privatzwecke absolut nötig, subjektiv in verschiedener Annäherung an jene Art der üblichen Durchführung gekannt und zum Mittel der Orientierung ihres (legalen oder illegalen) Handelns gemacht, weil sie bestimmte Erwartungen bezüglich des Verhaltens anderer (der »Organe« sowohl wie der Anstalts- oder Vereinsgenossen) erwecken. Von den Vierten aber, und das ist die »Masse«, wird ein dem durchschnittlich verstandenen Sinn in irgendeiner Annäherung entsprechendes Handeln »traditionell« – wie wir sagen – eingeübt und meist ohne alle Kenntnis von Zweck und Sinn, ja selbst Existenz, der Ordnungen innegehalten. Die empirische »Geltung« *gerade* einer »rationalen« Ordnung ruht also dem Schwerpunkt nach ihrerseits wieder auf dem Einverständnis der Fügsamkeit in das Gewohnte, Eingelebte, Anerzogene, immer sich Wiederholende. Auf seine subjektive Struktur hin angesehen, hat das Verhalten oft sogar überwiegend den Typus eines mehr oder minder annähernd gleichmäßigen Massenhandelns ohne jede Sinnbezogenheit. Der Fortschritt der gesellschaftlichen Differenzierung und Rationalisierung bedeutet also, wenn auch nicht absolut immer, so im Resultat durchaus normalerweise, ein im ganzen immer weiteres Distanzieren der durch die rationalen Techniken und Ordnungen praktisch Betroffenen von deren rationaler Basis, die ihnen, im ganzen, verborgener zu sein pflegt wie dem »Wilden« der Sinn der magischen Prozeduren seines Zauberers. Ganz und gar nicht eine Universalisierung des Wissens um die Bedingtheiten und Zusammenhänge des Gemeinschaftshandelns bewirkt also dessen Rationalisierung, sondern meist das gerade Gegenteil. Der »Wilde« weiß von den ökonomischen und sozialen Bedingungen seiner eigenen Existenz unendlich viel mehr als der im üblichen Sinn »Zivilisierte«. Und es trifft dabei auch nicht universell zu, daß das Handeln des »Zivilisierten« durchweg subjektiv zweckrationaler abläufe. Dies liegt vielmehr für die einzelnen Sphären des Handelns verschieden: ein Problem für sich. Was der Lage des »Zivilisierten« in dieser Hinsicht ihre spezifisch »rationale« Note gibt, im Gegensatz zu der des »Wilden«, ist vielmehr: 1. der generell eingelebte *Glaube* daran, daß die Bedingungen seines Alltagslebens, heißen sie nun: Trambahn oder Lift oder Geld oder Gericht oder Militär oder Medizin, *prinzipiell* rationalen Wesens, d. h. der rationalen Kenntnis, Schaffung und Kontrolle zugängliche menschliche Artefakte seien, – was für den Charakter des »Einverständnisses« gewisse gewichtige Konsequenzen hat, – 2. die Zuversicht darauf, daß sie rational, d. h. nach bekannten Regeln und nicht, wie die Gewalten, welche der Wilde durch seinen Zauberer beeinflussen will, irrational funktionieren, daß man, im Prinzip wenigstens, mit ihnen »rechnen«, ihr Verhalten *»kalkulieren«*, sein eigenes Handeln an eindeutigen, durch sie geschaffenen Erwartungen orientieren könne. Und hier liegt das spezifische Interesse des rationalen kapitalistischen »Betriebes« an »rationalen« Ordnungen, deren praktisches Funktionieren er in seinen Chancen ebenso berechnen kann wie das einer Maschine.

DIE DREI REINEN TYPEN DER LEGITIMEN HERRSCHAFT

Legitimität der Herrschaft; Legitimitätsgründe

Herrschaft, d. h. die Chance, Gehorsam für einen bestimmten Befehl zu finden, kann auf verschiedenen Motiven der Fügsamkeit beruhen: Sie kann rein durch Interessenlage, also durch zweckrationale Erwägungen von Vorteilen und Nachteilen seitens des Gehorchenden, bedingt sein. Oder andererseits durch bloße »Sitte«, die dumpfe Gewöhnung an das eingelebte Handeln; oder sie kann rein affektuell, durch *bloße* persönliche Neigung des Beherrschten, begründet sein. Eine Herrschaft, welche *nur* auf solchen Grundlagen ruhte, wäre aber relativ labil. Bei Herrschenden und Beherrschten pflegt vielmehr die Herrschaft durch *Rechtsgründe*, Gründe ihrer »Legitimität«, innerlich gestützt zu werden, und die Erschütterung dieses Legitimitätsglaubens pflegt weitgehende Folgen zu haben.

An »Legitimitätsgründen« der Herrschaft gibt es, in ganz reiner Form, nur drei, von denen – im reinen Typus – jeder mit einer grundverschiedenen soziologischen Struktur des Verwaltungsstabs und der Verwaltungsmittel verknüpft ist.

I.

Legale Herrschaft

Legale Herrschaft kraft Satzung. Reinster Typus ist die bürokratische Herrschaft. Grundvorstellung ist: daß durch formal korrekt gewillkürte Satzung beliebiges Recht geschaffen und [bestehendes beliebig] abgeändert werden könne. Der Herrschaftsverband ist entweder gewählt oder bestellt, er selbst und alle seine Teile sind *Betriebe*. Ein heteronomer und heterokephaler (Teil-)Betrieb soll Behörde heißen. Der Verwaltungsstab besteht aus vom Herrn ernannten *Beamten*, die Gehorchenden sind Verbands-*Mitglieder* (»Bürger«, »Genossen«).

Gehorcht wird nicht der Person, kraft deren Eigenrecht, sondern der gesatzten *Regel*, die dafür maßgebend ist, wem und inwieweit ihr zu gehorchen ist. Auch der Befehlende selbst gehorcht, indem er einen Befehl erläßt, einer Regel: dem »Gesetz« oder »Reglement«, einer *formal* abstrakten Norm. Der Typus des Befehlenden ist der *»Vorgesetzte«*, dessen Herrschaftsrecht durch gesatzte *Regel* legitimiert ist, innerhalb einer *sachlichen »Kompetenz«*, deren Abgrenzung auf Spezialisierung nach sachlicher Zweckmäßigkeit und nach den fachlichen Ansprüchen an die Leistung des Beamten beruht. Der Typus des Beamten ist der geschulte *Fach*beamte, dessen Dienstverhältnis auf Kontrakt beruht, mit festem, nach dem Rang des Amtes, nicht nach dem Maß der Arbeit abgestuftem Gehalt und Pensionsrecht nach festen Regeln des Avancements. Seine Verwaltung ist *Berufs*arbeit kraft *sachlicher Amtspflicht*; ihr Ideal ist, »sine ira et studio«, ohne allen Einfluß persönlicher Motive oder gefühlsmäßiger Einflüsse, frei von Willkür und Unberechenbarkeiten, insbesondere »ohne Ansehen der Person« streng formalistisch nach rationalen Regeln und – wo diese versagen – nach »sachlichen« Zweckmäßigkeitsgesichtspunkten zu verfügen. Die Gehorsamspflicht ist abgestuft in einer Hierarchie von Ämtern mit Unterordnung der unteren unter die oberen und geregeltem Beschwerdeverfahren. Grundlage des technischen Funktionierens ist: die *Betriebsdisziplin*.

1. Unter den Typus der »legalen« Herrschaft fällt natürlich nicht etwa nur die moderne Struktur von Staat und Gemeinde, sondern ebenso das Herrschaftsverhältnis im privaten kapitalistischen Betrieb, in einem Zweckverband oder Verein gleichviel welcher Art, der über einen ausgiebigen hierarchisch gegliederten Verwaltungsstab verfügt. Die modernen politischen Verbände sind nur die hervorragendsten Repräsentanten des Typus. Die Herrschaft

im privaten kapitalistischen Betrieb ist zwar teilweise heteronom: die Ordnung ist teilweise staatlich vorgeschrieben, – und bezüglich des Zwangsstabes gänzlich heterokephal: der staatliche Gerichts- und Polizeistab versieht (normalerweise) diese Funktionen, – aber er ist autokephal in seiner zunehmend bürokratischen Verwaltungsorganisation. Daß der Eintritt in den Herrschaftsverband formell freiwillig erfolgt ist, ändert, da die Kündigung ebenso formell »frei« ist und dies die Beherrschten den Betriebsnormen normalerweise infolge der Bedingungen des Arbeitsmarktes unterwirft, nichts an dem Herrschaftscharakter, dessen soziologische Verwandtschaft mit der modernen staatlichen Herrschaft die Erörterung der ökonomischen Grundlagen der Herrschaft noch deutlicher machen wird. Die Geltung des »Vertrages« als Basis stempelt den kapitalistischen Betrieb zu einem hervorragenden Typus der »legalen« Herrschaftsbeziehung.

2. Die Bürokratie ist der technisch reinste Typus der legalen Herrschaft. Aber keine Herrschaft ist *nur* bürokratisch, d. h. nur durch kontraktlich engagierte und ernannte Beamte geführt. Das ist gar nicht möglich. Die höchsten Spitzen der politischen Verbände sind entweder »Monarchen« (erbcharismatische Herrscher, s. u.) oder vom Volke gewählte »Präsidenten« (also plebiszitär-charismatische Herren, s. u.) oder von einer parlamentarischen Körperschaft gewählt, wo dann deren Mitglieder oder vielmehr die, je nachdem mehr charismatischen oder mehr honorationrenhaften (s. u.) Führer ihrer vorherrschenden Parteien die tatsächlichen Herren sind. Ebenso ist der Verwaltungsstab fast nirgends wirklich rein bürokratisch, sondern es pflegen in den allermannigfachsten Formen teils Honoratioren, teils Interessenvertreter an der Verwaltung beteiligt zu sein (bei weitem am meisten in der sogenannten Selbstverwaltung). Entscheidend ist aber: daß die kontinuierliche Arbeit überwiegend und zunehmend auf den bürokratischen Kräften ruht. Die ganze Entwicklungsgeschichte des modernen Staates insbesondere ist identisch mit der Geschichte des modernen Beamtentums und bürokrati-

schen Betriebes (s. u.), ebenso wie die ganze Entwicklung des modernen Hochkapitalismus identisch ist mit zunehmender Bürokratisierung der Wirtschaftsbetriebe. Der Anteil der bürokratischen Herrschaftsformen steigt überall.

3. Die Bürokratie ist nicht der einzige Typus legaler Herrschaft. Das Turnus-, Los- und Wahlbeamtentum, die Parlaments- und Komiteeverwaltung und alle Arten kollegialer Herrschafts- und Verwaltungskörper fallen darunter, falls ihre Kompetenz auf gesatzten Regeln beruht und die Ausübung des Herrschaftsrechtes dem Typus legalen Verwaltens entspricht. In der Entstehungszeit des modernen Staates haben kollegiale Körperschaften sehr wesentlich zur Entwicklung der legalen Herrschaftsform beigetragen; und besonders der Begriff der »Behörde« verdankt ihnen seine Entstehung. Andererseits spielt das Wahlbeamtentum in der Vorgeschichte der modernen Beamtenverwaltung (und auch heute in den Demokratien) eine große Rolle.

II.

Traditionelle Herrschaft

Traditionelle Herrschaft, kraft Glaubens an die Heiligkeit der von jeher vorhandenen Ordnungen und Herrengewalten. Reinster Typus ist die patriarchalische Herrschaft. Der Herrschaftsverband ist Vergemeinschaftung, der Typus des Befehlenden der »Herr«, der Verwaltungsstab »Diener«, die Gehorchenden sind »Untertanen«. Gehorcht wird der Person kraft ihrer durch Herkommen geheiligten Eigenwürde: aus Pietät. Der Inhalt der Befehle ist durch Tradition gebunden, deren rücksichtslose Verletzung seitens des Herrn die Legitimität seiner eigenen, lediglich auf ihrer Heiligkeit ruhenden, Herrschaft selbst gefährden würde. Neues Recht gegenüber den Traditionsnormen zu schaffen, gilt als prinzipiell unmöglich. Es geschieht der Tatsache nach im Wege der »Erkenntnis« eines Satzes als »von jeher geltend« (durch »Weistum«). Außerhalb der Normen der Tradition dagegen ist der Wille des

Herrn nur durch Schranken, welche im Einzelfall das Billigkeitsgefühl zieht, also in äußerst elastischer Art gebunden: seine Herrschaft zerfällt daher in ein streng traditionsgebundenes Gebiet und ein solches der freien Gnade und Willkür, in dem er nach Gefallen, Zuneigung, Abneigung und rein persönlichen, insbesondere auch durch persönliche Gefälligkeiten zu beeinflussenden Gesichtspunkten schaltet. Soweit aber der Verwaltung und Streitschlichtung Prinzipien zugrunde gelegt werden, sind es solche der materialen ethischen Billigkeit, Gerechtigkeit oder utilitaristischen Zweckmäßigkeit, nicht solche formaler Art wie bei der legalen Herrschaft. Ganz ebenso verfährt sein Verwaltungsstab. Dieser besteht aus persönlich Abhängigen (Hausangehörigen oder Hausbeamten) oder aus Verwandten oder persönlichen Freunden (Günstlingen) oder durch persönliches Treuband Verbundenen (Vasallen, Tributärfürsten). Der bürokratische Begriff der »Kompetenz« als einer sachlich abgegrenzten Zuständigkeitssphäre fehlt. Der Umfang der »legitimen« Befehlsgewalt der einzelnen Diener richtet sich nach dem Einzelbelieben des Herrn, dem sie auch bezüglich ihrer Verwendung in wichtigeren oder ranghöheren Rollen gänzlich anheimgegeben sind. Tatsächlich richtet sie sich weitgehend darnach: was die Bediensteten gegenüber der Fügsamkeit der Unterworfenen sich gestatten dürfen. Nicht sachliche Amtspflicht und Amtsdisziplin, sondern persönliche Dienertreue beherrscht die Beziehungen des Verwaltungsstabes.

Indessen sind in der Art seiner Stellung zwei charakteristisch geschiedene Formen zu beobachten:

1. Die rein patriarchale Struktur der Verwaltung: Die Diener sind in völliger persönlicher Abhängigkeit vom Herrn, entweder rein patrimonial rekrutiert: Sklaven, Hörige, Eunuchen, – oder extrapatrimonial aus [nicht] gänzlich rechtlosen Schichten: Günstlinge, *Plebejer*. Ihre Verwaltung ist völlig heteronom und heterokephal; es besteht keinerlei Eigenrecht der Verwaltenden an ihrem Amt, aber auch keinerlei *Fach*auslese und keine ständische Ehre

des Beamten; die sachlichen Verwaltungsmittel werden gänzlich für den Herrn in dessen eigener Regie bewirtschaftet. Bei der vollkommenen Abhängigkeit des Verwaltungsstabes vom Herrn fehlt jede Garantie gegen Herrenwillkür, deren mögliches Ausmaß daher hier am größten ist. Der reinste Typus ist die *sultanistische* Herrschaft. Alle wirklichen »Despotien« hatten diesen Charakter, bei welchem die Herrschaft wie ein gewöhnliches Vermögensrecht des Herrn behandelt wird.

2. Die ständische Struktur: Die Diener sind nicht persönliche Diener des Herrn, sondern unabhängige, kraft Eigenstellung als sozial prominent geltende Leute; sie sind durch Privileg oder Konzession des Herrn mit ihrem Amt *beliehen* (tatsächlich oder der Legitimitätsfiktion nach) oder haben durch Rechtsgeschäft (Kauf, Pfand, Pacht) ein nicht beliebig entziehbares Eigenrecht an dem ihnen appropriierten Amt [erworben], ihre Verwaltung ist demgemäß, wenn auch begrenzt, autokephal und autonom, die sachlichen Verwaltungsmittel befinden sich in ihrer Regie, nicht in der des Herrn: *ständische* Herrschaft. – Die Konkurrenz der Amtsinhaber um den Gewaltsbereich ihrer Ämter (und deren Einnahmen) bedingt dann die gegenseitige Abgrenzung ihrer inhaltlichen Verwaltungsbereiche und steht an Stelle der »Kompetenz«. Die hierarchische Gliederung ist durch Privileg (de non evocando, non appellando) sehr oft durchbrochen. Die Kategorie der »Disziplin« fehlt. Tradition, Privileg, feudale oder patrimoniale Treuebeziehungen, ständische Ehre und »guter Wille« regeln die Gesamtbeziehungen. Die Herrenmacht ist also zwischen dem Herrn und dem appropriierten und privilegierten Verwaltungsstab geteilt, und diese ständische *Gewaltenteilung* stereotypiert die Art der Verwaltung hochgradig.

Die patriarchale Herrschaft (des Familienvaters, Sippenchefs, »Landesvaters«) ist nur der reinste Typus der traditionalen Herrschaft. Jede Art von »Obrigkeit«, die lediglich kraft eingelebter Gewöhnung mit Erfolg legitime Autorität in Anspruch nimmt, gehört der gleichen Kategorie an und stellt nur nicht eine so klare Ausprägung dar. Die durch Erziehung und Gewöhnung eingelebte Pietät in der Beziehung des Kindes zum Familienoberhaupt ist der am meisten typische Gegensatz einerseits zur Stellung eines kontraktlich angestellten Arbeiters in einem Betriebe, andererseits zur emotionalen Glaubensbeziehung eines Gemeindemitgliedes zu einem Propheten. Und auch tatsächlich ist der Hausverband eine Keimzelle traditionaler Herrschaftsbeziehungen. Die typischen »Beamten« des Patrimonial- und Feudalstaates sind Hausbeamte mit zunächst rein dem Haushalt angehörigen Aufgaben (Truchseß, Kämmerer, Marschall, Schenke, Seneschal, Hausmeier).

Das Nebeneinander der streng traditionsgebundenen und der freien Sphäre des Handelns ist allen traditionalen Herrschaftsformen gemeinsam. Innerhalb dieser freien Sphäre muß das Handeln des Herrn oder seines Verwaltungsstabes erkauft oder durch persönliche Beziehungen verdient werden. (Das Gebührenwesen hat darin einen seiner Ursprünge.) Das entscheidend wichtige Fehlen formalen Rechts und statt dessen die Herrschaft materialer Prinzipien in der Verwaltung und Streitschlichtung ist gleichfalls allen traditionalen Herrschaftsformen gemeinsam und hat besonders für die Beziehung zur Wirtschaft weitgehende Konsequenzen. Der Patriarch ebenso wie der patrimoniale Herrscher regiert und entscheidet nach den Prinzipien der »Kadijustiz«: einerseits streng traditional gebunden, soweit diese Bindung aber Freiheit läßt, nach juristisch unformalen und irrationalen Billigkeits- und Gerechtigkeitsgesichtspunkten des Einzelfalls, und zwar auch »unter Ansehung der Person«. Alle Kodifikationen und Gesetze patrimonialer Herrscher atmen den Geist des sogenannten »Wohlfahrtsstaates«: eine Kombination sozialethischer mit sozialutilitaristischen Prinzipien herrscht vor und durchbricht jede formale Strenge des Rechtes.

Die Scheidung der patriarchalen von der ständischen Struktur der traditionalen Herrschaft ist grundlegend für die ganze Staatssoziologie der vorbürokratischen Epoche. (In vollem Umfang verständlich wird der Gegensatz freilich erst in Verbindung mit seiner später zu besprechenden wirtschaftlichen Seite: Trennung des Verwaltungsstabes von den sachlichen Verwaltungsmitteln oder Appropriation der sachlichen Verwaltungsmittel durch den Verwaltungsstab.) Die ganze Frage, ob und welche »Stände« es als Träger ideeller Kulturgüter gab, ist geschichtlich in erster Linie dadurch mitbedingt worden. Die Verwaltung durch patrimonial Abhängige (Sklaven, Hörige), wie sie im vorderasiatischen Orient und in Ägypten bis hinab zur Mamelûkenzeit sich findet, ist der extremste und scheinbar (nicht immer wirklich) konsequenteste Typus der ganz ständelosen rein patriarchalen Herrschaft. Die Verwaltung durch freie Plebejer steht dem rationalen Beamtentum relativ nahe. Die Verwaltung durch Literaten kann je nach dem Charakter dieser (typischer Gegensatz: Brahmanen einerseits, Mandarinen andererseits, und beiden gegenüber wiederum: buddhistische und christliche Kleriker) sehr verschiedenen Charakter haben, nähert sich aber stets dem ständischen Typus. Dieser wird am eindeutigsten durch Adelsverwaltung repräsentiert, in reinster Form durch den Feudalismus, der das ganz persönliche Treueverhältnis und den Appell an die ständische Ehre des mit dem Amt beliehenen Ritters an die Stelle der sachlichen rationalen Amtspflicht setzt.

Alle Arten ständischer, auf mehr oder minder fester Appropriation der Verwaltungsmacht ruhender Herrschaft stehen im Verhältnis zum Patriarchalismus insofern der legalen Herrschaft näher, als sie, kraft der Garantien, welche die Zuständigkeiten der Privilegierten umgeben, den Charakter eines besondersartigen »Rechtsgrundes« haben (Folge der ständischen »Gewaltenteilung«), der den patriarchalischen Gebilden mit ihren völlig der Willkür des Herrn anheimgegebenen Verwaltungen fehlt. Andererseits steht die straffe Disziplin und das fehlende Eigenrecht des Verwaltungsstabes beim Patriarchalismus technisch der Amtsdisziplin der legalen Herrschaft näher als die durch Appropriation zerspaltene und dabei stereotypierte Verwaltung der ständischen Gebilde, und ist die

Verwendung von Plebejern (Juristen) im Herrendienst in Europa geradezu der Vorläufer des modernen Staates gewesen.

III.

Charismatische Herrschaft

Charismatische Herrschaft, kraft affektueller Hingabe an die Person des Herrn und ihre Gnadengaben (Charisma), insbesondere: magische Fähigkeiten, Offenbarungen oder Heldentum, Macht des Geistes und der Rede. Das ewig Neue, Außerwerktägliche, Niedagewesene und die emotionale Hingenommenheit dadurch sind hier Quellen persönlicher Hingebung. Reinste Typen sind die Herrschaft des Propheten, des Kriegshelden, des großen Demagogen. Der Herrschaftsverband ist die Vergemeinschaftung in der Gemeinde oder Gefolgschaft. Der Typus des Befehlenden ist der *Führer*. Der Typus des Gehorchenden ist der *»Jünger«*. Ganz ausschließlich dem Führer rein persönlich um seiner persönlichen, unwerktäglichen Qualitäten willen wird gehorcht, nicht wegen gesatzter Stellung oder traditionaler Würde. Daher auch nur, solange ihm diese Qualitäten zugeschrieben werden: sein Charisma sich durch deren Erweise *bewährt*. Wenn er von seinem Gotte »verlassen« oder seiner Heldenkraft oder des Glaubens der Massen an seine Führerqualität beraubt ist, fällt seine Herrschaft dahin. Der Verwaltungsstab ist ausgelesen nach Charisma und persönlicher Hingabe: dagegen weder nach Fachqualifikation (wie der Beamte), noch nach Stand (wie der ständische Verwaltungsstab), noch nach Haus- oder anderer persönlicher Abhängigkeit (wie im Gegensatz dazu der patriarchale Verwaltungsstab). Es fehlt der rationale Begriff der »Kompetenz« ebenso wie der ständische des »Privilegs«. Maßgebend für den Umfang der Legitimation des beauftragten Gefolgsmannes oder Jüngers ist lediglich die Sendung des Herrn und seine persönliche charismatische Qualifikation. Der Verwaltung – soweit dieser Name adäquat ist – fehlt jede Orientierung an Regeln, sei es gesatzten, sei es traditionalen. Aktuelle Offenbarung oder aktuelle Schöpfung, Tat und Beispiel, Entscheidung von Fall zu Fall, jedenfalls also – am Maßstab gesatzter Ordnungen gemessen – *irrational,* charakterisiert sie. An Tradition ist sie nicht gebunden: »es steht geschrieben, ich aber sage Euch« gilt für den Propheten; für den Kriegshelden schwinden die legitimen Ordnungen gegenüber der Neuschaffung kraft der Gewalt des Schwertes, für den Demagogen kraft des von ihm verkündeten und suggerierten revolutionären »Naturrechtes« dahin. Die genuine Form charismatischer Rechtsweisung und Streitschlichtung ist die Verkündung des Spruches durch den Herrn oder »Weisen« und seine Anerkennung durch die (Wehr- oder Glaubens-) Gemeinde, welche pflichtmäßig ist, falls ihr nicht eine konkurrierende Weisung eines Andern mit dem Anspruch auf charismatische Geltung entgegengestellt wird. In diesem Fall liegt ein letztlich nur durch das *Vertrauen* der Gemeinde zu entscheidender Führerkampf vor, bei dem nur auf einer Seite Recht, auf der anderen sühnepflichtiges Unrecht vorliegen kann.

a). Der Typus der charismatischen Herrschaft ist zuerst von R. Sohm in seinem Kirchenrecht für die altchristliche Gemeinde – noch ohne die Erkenntnis, daß es sich um einen Typus handele, – glänzend entwickelt, der Ausdruck ist seitdem mehrfach ohne Erkenntnis der Tragweite gebraucht worden. – Die frühe Vergangenheit kennt neben geringen Ansätzen »gesatzter« Herrschaft, die freilich keineswegs gänzlich fehlen, die Aufteilung der Gesamtheit aller Herrschaftsverhältnisse unter Tradition und Charisma. Neben dem »Wirtschaftshäuptling« (Sachem) der Indianer, einer wesentlich traditionalen Figur, steht der charismatische Kriegsfürst (dem deutschen »Herzog« entsprechend) mit seiner Gefolgschaft. Jagd- und Kriegszüge, die beide einen persönlich mit außerwerktäglichen Qualitäten ausgerüsteten Führer verlangen, sind die weltlichen, die Magie ist die »geistliche« Stätte des charismatischen Führertums. Seitdem geht mit den Propheten und Kriegsfürsten aller Zeiten die charismatische Herrschaft über Menschen durch die Jahrhunderte. Der charismatische Politiker – »Demagoge« – ist Produkt des okzidentalen Stadtstaates. Im Stadtstaat Jerusalem trat er nur im religiösen Gewande, als Prophet auf; die Verfassung von Athen dagegen war seit den Neuerungen des Perikles und Ephialtes völlig auf seine Existenz zugeschnitten, ohne welche die Staatsmaschine keinen Augenblick funktionieren würde.

b). Die charismatische Autorität ruht auf dem »Glauben« an den Propheten, der »Anerkennung«, die der charismatische Kriegsheld, der Held der Straße oder der Demagoge persönlich findet, und fällt mit ihm dahin. Gleichwohl leitet sie ihre Autorität nicht etwa *aus* dieser Anerkennung durch die Beherrschten ab. Sondern umgekehrt: Glaube und Anerkennung gelten als *Pflicht*, deren Erfüllung der charismatisch Legitimierte für sich fordert, deren Verletzung er ahndet. Die charismatische Autorität ist zwar eine der großen revolutionären Mächte der Geschichte, aber sie ist in ihrer ganz reinen Form durchaus autoritären, herrschaftlichen Charakters.

c). Es versteht sich, daß der Ausdruck »Charisma« hier in einem gänzlich wertfreien Sinn gebraucht wird. Der manische Wutanfall des nordischen »Berserkers«, die Mirakel und Offenbarungen irgendeiner Winkelprophetie, die demagogischen Gaben des Kleon sind der Soziologie genau so gut »Charisma« wie die Qualitäten eines Napoleon, Jesus, Perikles. Denn für uns entscheidend ist nur, ob sie als Charisma galten und *wirkten*, d. h. Anerkennung fanden. Dafür ist »Bewährung« die Grundvoraussetzung: durch Wunder, Erfolge, Wohlergehen der Gefolgschaft oder der Untertanen muß sich der charismatische Herr als »von Gottes Gnaden« bewähren. Nur solange gilt er dafür, als er das kann. Ist ihm Erfolg versagt, so wankt seine Herrschaft. Dieser charismatische Begriff des »Gottesgnadentums« hatte da, wo er bestand, entscheidende Konsequenzen. Der chinesische Monarch war in seiner Stellung bedroht, sobald Dürre, Überschwemmung, Mißerfolg im Felde oder andere Unfälle es fraglich erscheinen ließen, ob er in der Gnade des Himmels stehe. Öffentliche Selbstanklage und Buße, bei hartnäckigem Unheil: Absetzung und eventuell Opferung, drohten ihm. Die Beglaubigung durch Wunder verlangte man von jedem Propheten (noch Luther von den Zwickauern).

Der Bestand auch bei weitem der meisten, ihrem Grundcharakter nach *legalen* Herrschaftsverhältnisse ruht, soweit bei ihrer Stabilität der Legitimitätsglauben mitspricht, auf gemischten Grundlagen. Traditionale Eingewöhnung und »Prestige« (Charisma) rücken mit dem – letztlich ebenfalls eingelebten – Glauben an die Bedeutung der formalen Legalität zusammen: die Erschütterung eines von ihnen durch gegenüber der Tradition ungewohnte Anforderungen an die Beherrschten, außergewöhnliches, das Prestige vernichtendes Mißgeschick oder Verletzung der üblichen formalen legalen Korrektheit erschüttert den Legitimitätsglauben in gleichem Maße. Bei *allen* Herrschaftsverhältnissen aber ist für den kontinuierlichen Bestand der tatsächlichen Fügsamkeit der Beherrschten höchst entscheidend vor allem die Tatsache der Existenz des Verwaltungsstabes und seines *kontinuierlichen*, auf Durchführung der Ordnungen und (direkte oder indirekte) Erzwingung der Unterwerfung unter die Herrschaft gerichteten Handelns. Die Sicherung dieses die Herrschaft realisierenden Handelns ist das, was man mit dem Ausdruck »Organisation« meint. Für die hiernach so überaus wichtige Herrenloyalität des Verwaltungsstabes selbst wiederum ist dessen Interessensolidarität mit dem Herrn – ideell sowohl wie materiell – ausschlaggebend. Für die Beziehungen des Herrn zum Verwaltungsstab gilt im allgemeinen der Satz, daß in der Regel der Herr, kraft der Vereinzelung der Zugehörigen des Stabes und der Solidarität jedes Mitgliedes mit ihm, jedem widerstrebenden Einzelnen gegenüber der Stärkere ist, allen zusammen gegenüber aber jedenfalls dann der Schwächere, wenn sie sich – wie zahlreiche Stabskategorien der Vergangenheit und Gegenwart gelegentlich taten – vergesellschaften. Es bedarf aber einer planvollen Vereinbarung der Glieder des Verwaltungsstabes, um durch Obstruktion oder bewußte Gegenaktion die Einwirkung des Herrn auf das Verbandshandeln und hiermit seine Herrschaft lahmzulegen. Und ebenso bedarf es der Schaffung eines eigenen Verwaltungsstabes.

d). Die charismatische Herrschaft ist eine spezifisch *außeralltägliche* und rein persönliche soziale Beziehung. Bei kontinuierlichem Bestand, spätestens aber mit dem Wegfall des persönlichen Charismaträgers, hat das Herrschaftsverhältnis – in letzterem Fall dann, wenn es nicht zugleich erlischt, sondern in irgendeiner Art fortbesteht und also die Autorität des Herrn auf Nachfolger übergeht – die Tendenz, sich zu *veralltäglichen*: 1. durch Traditionalisierung der Ordnungen. Anstelle der kontinuierlichen charismatischen Neuschöpfung im Recht und Verwaltungsbefehl durch den Charismaträger oder charismatisch qualifizierten Verwaltungsstab tritt die Autorität der Präjudizien und Präzedenzien, die sie schufen oder die ihnen zugeschrieben werden; 2. durch Übergang des charismatischen Verwaltungsstabes: der Jüngerschaft oder Gefolgschaft, in einen legalen oder ständischen Stab durch Übernahme von internen oder von durch Privileg appropriierten Herrschaftsrechten (Lehen, Pfründe); 3. durch Umbildung des Sinnes des Charisma selbst. Dafür ist maßgebend die Art der Lösung der aus ideellen wie (sehr oft vor allem) materiellen Gründen brennenden Frage des *Nachfolgeproblems*. Diese ist in verschiedener Art möglich: das bloße passive Abwarten des Auftretens eines neuen charismatisch beglaubigten oder qualifizierten Herrn pflegt, zumal wenn sein Erscheinen auf sich warten läßt und starke Interessen, gleichviel welcher Art, mit der Fortdauer des Herrschaftsverbandes verknüpft sind, durch aktives Handeln für seine Gewinnung ersetzt zu werden.

a) Durch Aufsuchung nach Merkmalen der charismatischen Qualifikation. Ein ziemlich reiner Typus: das Suchen des neuen Dalai Lama. Der streng persönliche, außeralltägliche Charakter des Charisma wandelt sich dadurch in eine nach Regeln feststellbare Qualität.

b) Durch Orakel, Los oder andere Techniken der Bezeichnung. Der Glaube an die Person des charismatisch

Qualifizierten wandelt sich dadurch zum Glauben an die betreffende Technik.

c) Durch Bezeichnung des charismatisch Qualifizierten: 1. Durch den Charismaträger selbst: Nachfolgerdesignation, eine sehr häufige Form, sowohl bei Propheten wie bei Kriegsfürsten. Der Glaube an die Eigenlegitimität des Charisma wandelt sich dadurch in den Glauben an den legitimen Erwerb der Herrschaft kraft rechtlicher und göttlicher Designation.

2. Durch die charismatisch qualifizierte Jüngerschaft oder Gefolgschaft unter Hinzutritt der Anerkennung seitens der religiösen resp. militärischen Gemeinde. Die Auffassung als »Wahl«- bzw. »Vorwahl«-Recht für dieses Verfahren ist sekundär. Dieser moderne Begriff ist ganz fernzuhalten. Es handelt sich der ursprünglichen Idee nach nicht um eine »Abstimmung« über Wahlkandidaten, zwischen denen freie Auswahl besteht, sondern um Feststellung und Anerkennung des *»richtigen«*, des als charismatisch qualifiziert zur Nachfolge *berufenen* Herrn. Eine »falsche« Wahl war daher ein zu sühnendes Unrecht. Das eigentliche Postulat war: daß es möglich sein müßte, Einstimmigkeit zu erzielen, das Gegenteil Irrung und Schwäche sei.

In jedem Falle galt alsdann der Glaube nicht mehr der Person rein als solcher, sondern der »richtig« und »gültig« bezeichneten (und evtl. inthronisierten) oder sonst in die Macht nach Art eines Besitzobjekts eingewiesenen Person des Herrn.

3. Durch *»Erbcharisma«* in der Vorstellung, daß die charismatische Qualifikation im Blute liege.

Der an sich naheliegende Gedanke ist zunächst der eines »Erbrechts« an der Herrschaft. Dieser Gedanke ist nur im Okzident im Mittelalter herrschend geworden. Sehr oft haftet das Charisma nur an der Sippe und es muß der neue aktuelle Träger erst besonders festgestellt werden: nach einer der unter a) bis c) erwähnten Regeln und Methoden. Wo bezüglich der Person feste Regeln bestehen, sind diese nicht einheitlich. Nur im mittelalterlichen Okzident und in Japan ist durchweg ganz eindeutig das »Primogeniturerbrecht« an der Krone durchgedrungen, sehr zur Erhöhung der Stabilität der dortigen Herrschaft, da alle anderen Formen zu internen Konflikten Anlaß geben.

Der Glaube gilt dann nicht mehr der Person rein als solcher, sondern dem »legitimen« Erben der Dynastie: Der rein aktuelle und außeralltägliche Charakter des Charisma ist sehr stark traditionalisierend umgewandelt und auch der Begriff des »Gottesgnadentums« in seinem Sinne völlig verändert (= Herr zu eigenem vollem Recht, nicht kraft durch die Beherrschten anerkanntem *persönlichen* Charisma). Von persönlichen Qualitäten ist der Herrenanspruch dann *völlig* unabhängig.

4. Durch rituelle Versachlichung des Charisma: Der Glaube, daß es eine durch eine bestimmte Art von Hierurgie, Salbung, Händeauflegung oder andere sakramentale Akte, übertragbare oder erzeugbare magische Qualität sei.

Der Glaube gilt dann nicht mehr der Person des Charismaträgers – von deren Qualitäten der Herrschaftsanspruch vielmehr (wie besonders klar durch das katholische Prinzip des character indelebilis des Priesters durchgeführt ist) völlig unabhängig ist –, sondern der Wirksamkeit des betreffenden sakramentalen Aktes.

5. Das seinem primären Sinn nach autoritär gedeutete charismatische Legitimitätsprinzip kann antiautoritär umgedeutet werden. Die tatsächliche Geltung der charismatischen Herrschaft ruht auf der Anerkennung der konkreten *Person* als der charismatisch qualifizierten und bewährten durch die Beherrschten. Nach der genuinen Auffassung des Charisma wird diese Anerkennung dem legitimen, weil qualifizierten Prätendenten *geschuldet*. Dieses Verhältnis kann indessen leicht dahin umgedeutet werden: daß die freie Anerkennung durch die Beherrschten ihrerseits die Voraussetzung der Legitimität und ihre Grundlage sei (demokratische Legitimität). Dann wird die Anerkennung zur »Wahl« und der kraft eigenem Charisma legitimierte Herr zu einem Gewalthaber von Gnaden der Beherrschten und kraft Mandats. Sowohl die Designation durch die Gefolgschaft, wie die Akklamation durch die (militärische oder

religiöse) Gemeinde, wie das Plebiszit haben geschichtlich oft den Charakter einer durch Abstimmung vollzogenen Wahl angenommen und dadurch den seinen charismatischen Ansprüchen gemäß gekorenen Herrn zu einem von den Beherrschten rein nach ihrem Belieben gewählten *Beamten* gemacht.

Ebenso entwickelt sich der charismatische Grundsatz: daß eine charismatische Rechtsweisung der Gemeinde (Wehrgemeinde oder religiösen Gemeinde) verkündigt und von ihr *anerkannt* werden müsse, und so die vorhandene Möglichkeit: daß verschiedene und entgegengesetzte Weisungen konkurrieren und dann durch charismatische Mittel, letztlich durch Bekenntnis der Gemeinde zur *richtigen* Weisung, die Entscheidung getroffen wird, leicht zu der – *legalen* – Vorstellung: daß die Beherrschten über das geltensollende Recht durch Willenskundgebung frei bestimmen und daß die Zählung der Stimmen das dafür legitime Mittel sei (Majoritätsprinzip).

Der Unterschied zwischen einem gewählten *Führer* und einem gewählten Beamten bleibt dann lediglich ein solcher des Sinnes, den der Gewählte selbst seinem Verhalten gibt und – nach seinen persönlichen Qualitäten – gegenüber dem Stab und den Beherrschten zu geben *vermag*: der Beamte wird sich gänzlich als Mandatar seines Herrn, hier also der Wähler, der Führer sich als ausschließlich eigenverantwortlich verhalten; dieser wird also, solange er ihr Vertrauen mit Erfolg in Anspruch nimmt, durchaus nach eigenem Ermessen handeln *(Führer-Demokratie)* und nicht wie der Beamte gemäß dem (in einem »imperativen Mandat«) ausgesprochenen oder vermuteten Willen der Wähler.

DER BERUF ZUR POLITIK

Was vermag die Politik als »Beruf« an inneren Freuden zu bieten, und welche persönlichen Vorbedingungen setzt sie bei dem voraus, der sich ihr zuwendet?

Nun, sie gewährt zunächst: Machtgefühl. Selbst in den formell bescheidenen Stellungen vermag den Berufspolitiker das Bewußtsein von Einfluß auf Menschen, von Teilnahme an der Macht über sie, vor allem aber: das Gefühl, einen Nervenstrang historisch wichtigen Geschehens mit in Händen zu halten, über den Alltag hinauszuheben. Aber die Frage ist nun für ihn: durch welche Qualitäten kann er hoffen, dieser (sei es auch im Einzelfall noch so eng umschriebenen) Macht und also der Verantwortung, die sie auf ihn legt, gerecht zu werden? Damit betreten wir das Gebiet ethischer Fragen; denn dahin gehört die Frage: was für ein Mensch man sein muß, um seine Hand in die Speichen des Rades der Geschichte legen zu dürfen.

Man kann sagen, daß drei Qualitäten vornehmlich entscheidend sind für den Politiker: Leidenschaft – Verantwortungsgefühl – Augenmaß. Leidenschaft im Sinne von *Sachlichkeit:* leidenschaftliche Hingabe an eine »Sache«, an den Gott oder Dämon, der ihr Gebieter ist. Nicht im Sinne jenes inneren Gebarens, welches mein verstorbener Freund Georg Simmel als »sterile Aufgeregtheit« zu bezeichnen pflegte, wie sie einem bestimmten Typus vor allem russischer Intellektueller (nicht etwa: allen von ihnen!) eignete, und welches jetzt[1] in diesem Karneval, den man mit dem stolzen Namen einer »Revolution« schmückt, eine so große Rolle auch bei unseren Intellektuellen spielt: eine ins Leere verlaufende »Romantik des intellektuell Interessanten« ohne alles sachliche Verantwortungsgefühl. Denn mit der bloßen, als noch so echt empfundenen Lei-

[1] 1919. (H.)

denschaft ist es freilich nicht getan. Sie macht nicht zum Politiker, wenn sie nicht, als Dienst an einer »Sache«, auch die *Verantwortlichkeit* gegenüber ebendieser Sache zum entscheidenden Leitstern des Handelns macht. Und dazu bedarf es – und das ist die entscheidende psychologische Qualität des Politikers – des *Augenmaßes*, der Fähigkeit, die Realitäten mit innerer Sammlung und Ruhe auf sich wirken zu lassen, also: der *Distanz* zu den Dingen und Menschen. »Distanzlosigkeit«, rein als solche, ist eine der Todsünden jedes Politikers und eine jener Qualitäten, deren Züchtung bei dem Nachwuchs unserer Intellektuellen sie zu politischer Unfähigkeit verurteilen wird. Denn das Problem ist eben: wie heiße Leidenschaft und kühles Augenmaß miteinander in derselben Seele zusammengezwungen werden können? Politik wird mit dem Kopfe gemacht, nicht mit anderen Teilen des Körpers oder der Seele. Und doch kann die Hingabe an sie, wenn sie nicht ein frivoles intellektuelles Spiel, sondern menschlich echtes Handeln sein soll, nur aus Leidenschaft geboren und gespeist werden. Jene starke Bändigung der Seele aber, die den leidenschaftlichen Politiker auszeichnet, und ihn von den bloßen »steril aufgeregten« politischen Dilettanten unterscheidet, ist nur durch die Gewöhnung an Distanz – in jedem Sinn des Wortes – möglich. Die »Stärke« einer politischen »Persönlichkeit« bedeutet in allererster Linie den Besitz dieser Qualitäten.

Einen ganz trivialen, allzu menschlichen Feind hat daher der Politiker täglich und stündlich zu überwinden: die ganz gemeine *Eitelkeit*, die Todfeindin aller sachlichen Hingabe und aller Distanz, in diesem Fall: der Distanz sich selbst gegenüber.

Eitelkeit ist eine sehr verbreitete Eigenschaft, und vielleicht ist niemand ganz frei davon. Und in akademischen und Gelehrtenkreisen ist sie eine Art von Berufskrankheit. Aber gerade beim Gelehrten ist sie, so antipathisch sie sich äußern mag, relativ harmlos in dem Sinn, daß sie in aller Regel den wissenschaftlichen Betrieb nicht stört. Ganz anders beim Politiker. Er arbeitet mit dem Streben nach *Macht* als unvermeidlichem Mittel. »Machtinstinkt« – wie man sich auszudrücken pflegt – gehört daher in der Tat zu seinen normalen Qualitäten. Die Sünde gegen den heiligen Geist seines Berufs aber beginnt da, wo dieses Machtstreben *unsachlich* und ein Gegenstand rein persönlicher Selbstberauschung wird, anstatt ausschließlich in den Dienst der »Sache« zu treten. Denn es gibt letztlich nur zwei Arten von Todsünden auf dem Gebiet der Politik: Unsachlichkeit und – oft, aber nicht immer, damit identisch – Verantwortungslosigkeit. Die Eitelkeit: das Bedürfnis, selbst möglichst sichtbar in den Vordergrund zu treten, führt den Politiker am stärksten in Versuchung, eine von beiden, oder beide, zu begehen. Um so mehr, als der Demagoge auf »Wirkung« zu rechnen gezwungen ist, – er ist eben deshalb stets in Gefahr, sowohl zum Schauspieler zu werden, wie die Verantwortung für die Folgen seines Tuns leicht zu nehmen und nur nach dem »Eindruck« zu fragen, den er macht. Seine Unsachlichkeit legt ihm nahe, den glänzenden Schein der Macht statt der wirklichen Macht zu erstreben, seine Verantwortungslosigkeit aber: die Macht lediglich um ihrer selbst willen, ohne inhaltlichen Zweck, zu genießen. Denn obwohl, oder vielmehr: gerade *weil* Macht das unvermeidliche Mittel, und Machtstreben daher eine der treibenden Kräfte der Politik ist, gibt es keine verderblichere Verzerrung der politischen Kraft, als das parvenumäßige Bramarbasieren mit Macht und die eitle Selbstbespiegelung in dem Gefühl der Macht, überhaupt jede Anbetung der Macht rein als solcher. Der bloße »Machtpolitiker«, wie ihn ein auch bei uns eifrig betriebener Kult zu verklären sucht, mag stark wirken, aber er wirkt in der Tat ins Leere und Sinnlose. Darin haben die Kritiker der »Machtpolitik« vollkommen recht. An dem plötzlichen inneren Zusammenbruch typischer Träger dieser Gesinnung haben wir erleben können, welche innere Schwäche und Ohnmacht sich hinter dieser protzigen, aber gänzlich leeren Geste verbirgt. Sie ist Produkt einer höchst dürftigen und oberflächlichen Blasiertheit gegenüber dem *Sinn* menschlichen Handelns, welche keinerlei Verwandtschaft hat mit dem Wissen um die Tragik, in die alles Tun, zumal aber das politische Tun, in Wahrheit verflochten ist.

Es ist durchaus wahr und eine – jetzt hier nicht näher zu begründende – Grundtatsache aller Geschichte, daß das schließliche Resultat politischen Handelns oft, nein: geradezu regelmäßig, in völlig unadäquatem, oft in geradezu paradoxem Verhältnis zu seinem ursprünglichen Sinn steht. Aber deshalb darf dieser Sinn: der Dienst an einer *Sache*, doch nicht etwa fehlen, wenn anders das Handeln inneren Halt haben soll. *Wie* die Sache auszusehen hat, in deren Dienst der Politiker Macht erstrebt und Macht verwendet, ist Glaubenssache. Er kann nationalen oder menschheitlichen, sozialen und ethischen oder kulturlichen, innerweltlichen oder religiösen Zielen dienen, er kann getragen sein von starkem Glauben an den »Fortschritt« – gleichviel in welchem Sinn – oder aber diese Art von Glauben kühl ablehnen, kann im Dienst einer »Idee« zu stehen beanspruchen oder unter prinzipieller Ablehnung dieses Anspruchs äußeren Zielen des Alltagslebens dienen wollen, – immer muß irgendein Glaube *da* sein. Sonst lastet in der Tat – das ist völlig richtig – der Fluch kreatürlicher Nichtigkeit auch auf den äußerlich stärksten politischen Erfolgen.

Mit dem Gesagten sind wir schon in der Erörterung des letzten uns hier angehenden Problems begriffen: des *Ethos* der Politik als »Sache«. Welchen Beruf kann sie selbst, ganz unabhängig von ihren Zielen, innerhalb der sittlichen Gesamtökonomie der Lebensführung ausfüllen? Welches ist, sozusagen, der ethische Ort, an dem sie beheimatet ist? Da stoßen nun freilich letzte Weltanschauungen aufeinander, zwischen denen schließlich *gewählt* werden muß. Gehen wir resolut an das neuerdings [2] wieder – nach meiner Ansicht in recht verkehrter Art – aufgerollte Problem heran.

Befreien wir es aber zunächst von einer ganz trivialen Verfälschung. Es kann nämlich zunächst die Ethik auf-

[2] 1919 gesprochen. (H.)

treten in einer sittlich höchst fatalen Rolle. Nehmen wir Beispiele. Man wird selten finden, daß ein Mann, dessen Liebe sich von einer Frau ab- und einer anderen zuwendet, nicht das Bedürfnis empfindet, dies dadurch vor sich selbst zu legitimieren, daß er sagt: sie war meiner Liebe nicht wert, oder sie hat mich enttäuscht, oder was dergleichen »Gründe« mehr sind. Eine Unritterlichkeit, die zu dem schlichten Schicksal, daß er sie nicht mehr liebt und daß die Frau das tragen muß, in tiefer Unritterlichkeit sich eine »Legitimität« hinzudichtet, kraft deren er für sich ein Recht in Anspruch nimmt und zu dem Unglück noch das Unrecht auf sie zu wälzen trachtet. Ganz ebenso verfährt der erfolgreiche erotische Konkurrent: der Gegner muß der wertlosere sein, sonst wäre er nicht unterlegen. Nichts anderes ist es aber selbstverständlich, wenn nach irgendeinem siegreichen Krieg der Sieger in würdeloser Rechthaberei beansprucht: ich siegte, denn ich hatte recht. Oder, wenn jemand unter den Fürchterlichkeiten des Krieges seelisch zusammenbricht und nun, anstatt schlicht zu sagen: es war eben zu viel, jetzt das Bedürfnis empfindet, seine Kriegsmüdigkeit vor sich selbst zu legitimieren, indem er die Empfindung substituiert: ich konnte das deshalb nicht ertragen, weil ich für eine sittlich schlechte Sache fechten mußte. Und ebenso bei dem im Kriege Besiegten. Statt nach alter Weiber Art nach einem Kriege nach dem »Schuldigen« zu suchen, – wo doch die Struktur der Gesellschaft den Krieg erzeugte –, wird jede männliche und herbe Haltung dem Feinde sagen: »Wir verloren den Krieg, – ihr habt ihn gewonnen. Das ist nun erledigt: nun laßt uns darüber reden, welche Konsequenzen zu ziehen sind entsprechend den *sachlichen* Interessen, die im Spiel waren, und – die Hauptsache – angesichts der Verantwortung vor der *Zukunft*, die vor allem den Sieger belastet.« Alles andere ist würdelos und rächt sich. Verletzung ihrer Interessen verzeiht eine Nation, nicht aber Verletzung ihrer Ehre, am wenigsten eine solche durch pfäffische Rechthaberei. Jedes neue Dokument, das nach Jahrzehnten ans Licht kommt, läßt das würdelose Gezeter, den Haß und

Zorn wieder aufleben, statt daß der Krieg mit seinem Ende wenigstens *sittlich* begraben würde. Das ist nur durch Sachlichkeit und Ritterlichkeit, vor allem nur: durch *Würde* möglich. Nie aber durch eine »Ethik«, die in Wahrheit eine Würdelosigkeit beider Seiten bedeutet. Anstatt sich um das zu kümmern, was den Politiker angeht: die Zukunft und die Verantwortung vor ihr, befaßt sie sich mit politisch sterilen, weil unaustragbaren Fragen der Schuld in der Vergangenheit. *Dies* zu tun, ist politische Schuld, wenn es irgendeine gibt. Und dabei wird überdies die unvermeidliche Verfälschung des ganzen Problems durch sehr materielle Interessen übersehen: Interessen des Siegers am höchstmöglichen Gewinn – moralischen und materiellen –, Hoffnungen des Besiegten darauf, durch Schuldbekenntnisse Vorteile einzuhandeln: wenn es irgend etwas gibt, was *»gemein«* ist, dann dies, und das ist die Folge dieser Art von Benutzung der »Ethik« als Mittel des »Rechthabens«.

Wie steht es denn aber mit der wirklichen Beziehung zwischen *Ethik und Politik*? Haben sie, wie man gelegentlich gesagt hat, gar nichts miteinander zu tun? Oder ist es umgekehrt richtig, daß »dieselbe« Ethik für das politische Handeln wie für jedes andere gelte? Man hat zuweilen geglaubt, zwischen diesen beiden Behauptungen bestehe eine ausschließliche Alternative: entweder die eine oder die andere sei richtig. Aber ist es denn wahr, daß für erotische und geschäftliche, familiäre und amtliche Beziehungen, für die Beziehungen zu Ehefrau, Gemüsefrau, Sohn, Konkurrenten, Freund, Angeklagten die inhaltlich *gleichen* Gebote von irgendeiner Ethik der Welt aufgestellt werden könnten? Sollte es wirklich für die ethischen Anforderungen an die Politik so gleichgültig sein, daß diese mit einem sehr spezifischen *Mittel:* Macht, hinter der *Gewaltsamkeit* steht, arbeitet? Sehen wir nicht, daß die bolschewistischen und spartakistischen Ideologen, eben weil sie dieses Mittel der Politik anwenden, genau die *gleichen* Resultate herbeiführen wie irgendein militaristischer Diktator? Wodurch als eben durch die Person der Gewalthaber und ihren

Dilettantismus unterscheidet sich die Herrschaft der Arbeiter- und Soldatenräte von der eines beliebigen Machthabers des alten Regimes? Wodurch die Polemik der meisten Vertreter der vermeintlich neuen Ethik selbst gegen die von ihnen kritisierten Gegner von der irgendwelcher anderer Demagogen? Durch die edle Absicht!, wird gesagt werden. Gut. Aber das *Mittel* ist es, wovon hier die Rede ist, und den Adel ihrer letzten Absichten nehmen die befehdeten Gegner mit voller subjektiver Wirklichkeit ganz ebenso für sich in Anspruch. »Wer zum Schwert greift, wird durch das Schwert umkommen«, und Kampf ist überall Kampf. Also: – die Ethik der *Bergpredigt?* Mit der Bergpredigt – gemeint ist: die absolute Ethik des Evangeliums – ist es eine ernstere Sache, als die glauben, die diese Gebote gern zitieren. Mit ihr ist nicht zu spaßen. Von ihr gilt, was man von der Kausalität in der Wissenschaft gesagt hat: sie ist kein Fiaker, den man beliebig halten lassen kann, um nach Befinden ein- und auszusteigen. Sondern: ganz *oder* garnicht, *das* gerade ist ihr Sinn, wenn etwas anderes als Trivialitäten herauskommen soll. Also z. B. der reiche Jüngling: »Er aber ging traurig davon, denn er hatte viele Güter«. Das evangelische Gebot ist unbedingt und eindeutig: gib her, was du hast – *alles*, schlechthin. Der Politiker wird sagen: eine sozial sinnlose Zumutung, solange es nicht für *alle* durchgesetzt wird. Also: Besteuerung, Wegsteuerung, Konfiskation, – mit einem Wort: Zwang und Ordnung gegen *alle*. Das ethische Gebot aber fragt darnach *gar nicht*, das ist sein Wesen. Oder: »Halte den anderen Backen hin!« Unbedingt, ohne zu fragen, wieso es dem andern zukommt, zu schlagen. Eine Ethik der Würdelosigkeit – außer: für einen Heiligen. Das ist es: man muß ein Heiliger sein in *allem*, zum mindesten dem Wollen nach, muß leben wie Jesus, die Apostel, der heilige Franz und seinesgleichen, *dann* ist die Ethik sinnvoll und Ausdruck einer Würde. *Sonst nicht.* Denn wenn es in Konsequenz der akosmistischen Liebesethik heißt: »dem Übel nicht widerstehen mit Gewalt«, – so gilt für den Politiker umgekehrt der Satz: du *sollst* dem

Übel gewaltsam widerstehen, sonst – bist du für seine Überhandnahme *verantwortlich*. Wer nach der Ethik des Evangeliums handeln will, der enthalte sich der Streiks – denn sie sind: Zwang – und gehe in die gelben Gewerkschaften. Er rede aber vor allen Dingen nicht von »Revolution«. Denn jene Ethik will doch wohl nicht lehren: daß gerade der Bürgerkrieg der einzig legitime Krieg sei. Der nach dem Evangelium handelnde Pazifist wird die Waffen ablehnen oder fortwerfen, wie es in Deutschland empfohlen wurde, als ethische Pflicht, um dem Krieg und damit: jedem Krieg, ein Ende zu machen. Der Politiker wird sagen: das einzig sichere Mittel, den Krieg für alle *absehbare* Zeit zu diskreditieren, wäre ein status-quo-Friede gewesen. Dann hätten sich die Völker gefragt: wozu war der Krieg? Er wäre ad absurdum geführt gewesen, – was jetzt nicht möglich ist. Denn für die Sieger – mindestens für einen Teil von ihnen – wird er sich politisch rentiert haben. Und dafür ist jenes Verhalten verantwortlich, das uns jeden Widerstand unmöglich machte. Nun wird – wenn die Ermattungsepoche vorbei sein wird – *der Frieden diskreditiert sein, nicht der Krieg:* eine Folge der absoluten Ethik.

Endlich: die Wahrheitspflicht. Sie ist für die absolute Ethik unbedingt. Also, hat man gefolgert: Publikation aller, vor allem der das eigene Land belastenden Dokumente und auf Grund dieser einseitigen Publikation: Schuldbekenntnis, einseitig, bedingungslos, ohne Rücksicht auf die Folgen. Der Politiker wird finden, daß im Erfolg dadurch die Wahrheit nicht gefördert, sondern durch Mißbrauch und Entfesselung von Leidenschaft sicher verdunkelt wird; daß nur eine allseitige planmäßige Feststellung durch Unparteiische Frucht bringen könnte, jedes andere Vorgehen für die Nation, die derartig verfährt, Folgen haben kann, die in Jahrzehnten nicht wieder gut zu machen sind. Aber nach »Folgen« *fragt* eben die absolute Ethik nicht.

Da liegt der entscheidende Punkt. Wir müssen uns klarmachen, daß alles ethisch orientierte Handeln unter *zwei* voneinander grundverschiedenen, unaustragbar gegensätzlichen Maximen stehen kann: es kann »gesinnungsethisch« oder »verantwortungsethisch« orientiert sein. Nicht daß Gesinnungsethik mit Verantwortungslosigkeit und Verantwortungsethik mit Gesinnungslosigkeit identisch wäre. Davon ist natürlich keine Rede. Aber es ist ein abgrundtiefer Gegensatz, ob man unter der gesinnungsethischen Maxime handelt – religiös geredet: »Der Christ tut recht und stellt den Erfolg Gott anheim« –, *oder* unter der verantwortungsethischen: daß man für die (voraussehbaren) *Folgen* seines Handelns aufzukommen hat. Man mag einem überzeugten gesinnungsethischen Syndikalisten noch so überzeugend darlegen, daß die Folgen seines Tuns die Steigerung der Chancen der Reaktion, gesteigerte Bedrückung seiner Klasse, Hemmung ihres Aufstiegs sein werden, – und es wird auf ihn gar keinen Eindruck machen. Wenn die Folgen einer aus reiner Gesinnung fließenden Handlung üble sind, so gilt ihm nicht der Handelnde, sondern die Welt dafür verantwortlich, die Dummheit der anderen Menschen oder – der Wille des Gottes, der sie so schuf. Der Verantwortungsethiker dagegen rechnet mit eben jenen durchschnittlichen Defekten der Menschen, – er hat, wie Fichte richtig gesagt hat, gar kein Recht, ihre Güte und Vollkommenheit vorauszusetzen, er fühlt sich nicht in der Lage, die Folgen eigenen Tuns, soweit er sie voraussehen konnte, auf andere abzuwälzen. Er wird sagen: diese Folgen werden meinem Tun zugerechnet. »Verantwortlich« fühlt sich der Gesinnungsethiker nur dafür, daß die Flamme der reinen Gesinnung, die Flamme z. B. des Protestes gegen die Ungerechtigkeit der sozialen Ordnung, nicht erlischt. Sie stets neu anzufachen, ist der Zweck seiner, vom möglichen Erfolg her beurteilt, ganz irrationalen Taten, die nur exemplarischen Wert haben können und sollen.

Aber auch damit ist das Problem noch nicht zu Ende. Keine Ethik der Welt kommt um die Tatsache herum, daß die Erreichung »guter« Zwecke in zahlreichen Fällen daran gebunden ist, daß man sittlich bedenkliche oder mindestens gefährliche Mittel und die Möglichkeit oder auch die Wahrscheinlichkeit übler Nebenerfolge mit in den Kauf nimmt, und keine Ethik der Welt kann ergeben: wann und in welchem Umfang der ethisch gute Zweck die ethisch gefährlichen Mittel und Nebenerfolge »heiligt«.

Für die Politik ist das entscheidende Mittel: die Gewaltsamkeit, und wie groß die Tragweite der Spannung zwischen Mittel und Zweck, ethisch angesehen, ist, kann man daraus entnehmen, daß, wie jedermann weiß, sich die revolutionären Sozialisten (Zimmerwalder Richtung) schon während des Krieges[3] zu dem Prinzip bekannten, welches man dahin prägnant formulieren könnte: »Wenn wir vor der Wahl stehen, entweder noch einige Jahre Krieg und dann Revolution oder jetzt Friede und keine Revolution, so wählen wir: noch einige Jahre Krieg!« Auf die weitere Frage: »Was kann diese Revolution mit sich bringen?«, würde jeder wissenschaftlich geschulte Sozialist geantwortet haben: daß von einem Übergang zu einer Wirtschaft, die man sozialistisch nennen könne in *seinem* Sinne, keine Rede sei, sondern daß eben wieder eine Bourgeoisiewirtschaft entstehen würde, die nur die feudalen Elemente und dynastischen Reste abgestreift haben könnte. – Für dieses bescheidene Resultat also: »noch einige Jahre Krieg«! Man wird doch wohl sagen dürfen, daß man hier auch bei sehr handfest sozialistischer Überzeugung den Zweck ablehnen könne, der derartige Mittel erfordert. Beim Bolschewismus und Spartakismus, überhaupt bei jeder Art von revolutionärem Sozialismus, liegt aber die Sache genau ebenso, und es ist natürlich höchst lächerlich, wenn von dieser Seite die »Gewaltpolitiker« des alten Regimes wegen der Anwendung des gleichen Mittels *sittlich* verworfen werden, – so durchaus berechtigt die Ablehnung ihrer *Ziele* sein mag.

Hier, an diesem Problem der Heiligung der Mittel durch den Zweck, scheint nun auch die Gesinnungsethik überhaupt scheitern zu müssen. Und in der Tat hat sie logischerweise nur die Möglichkeit: *jedes* Handeln, welches

[3] 1914–1918. (H.)

sittlich gefährliche Mittel anwendet, zu *verwerfen*. Logischerweise. In der Welt der Realitäten machen wir freilich stets erneut die Erfahrung, daß der Gesinnungsethiker plötzlich umschlägt in den chiliastischen Propheten, daß z.B. diejenigen, die soeben »Liebe gegen Gewalt« gepredigt haben, im nächsten Augenblick zur Gewalt aufrufen, – zur *letzten* Gewalt, die dann den Zustand der Vernichtung *aller* Gewaltsamkeit bringen würde, – ebenso wie unsere Militärs den Soldaten bei jeder Offensive sagten: es sei die letzte, sie werde den Sieg und dann den Frieden bringen. Der Gesinnungsethiker erträgt die ethische Irrationalität der Welt nicht. Er ist kosmisch-ethischer »Rationalist«. Jeder, der Dostojewski kennt, erinnert sich der Szene mit dem Großinquisitor, wo das Problem treffend auseinandergelegt ist. Es ist nicht möglich, Gesinnungsethik und Verantwortungsethik unter einen Hut zu bringen oder ethisch zu dekretieren: welcher Zweck *welches* Mittel heiligen solle, wenn man diesem Prinzip überhaupt irgendwelche Konzessionen macht.

Der von mir der zweifellosen Lauterkeit seiner Gesinnung nach persönlich hochgeschätzte, als Politiker freilich unbedingt abgelehnte Kollege F.W.Foerster glaubt, in seinem Buche um die Schwierigkeit herumzukommen durch die einfache These: aus Gutem kann nur Gutes, aus Bösem nur Böses folgen. Dann existierte freilich diese ganze Problematik nicht. Aber es ist doch erstaunlich, daß 2500 Jahre nach den Upanishaden eine solche These noch das Licht der Welt erblicken konnte. Nicht nur der ganze Verlauf der Weltgeschichte, sondern jede rückhaltlose Prüfung der Alltagserfahrung sagt ja das Gegenteil. Die Entwicklung aller Religionen der Erde beruht darauf, daß das Gegenteil wahr ist. Das uralte Problem der Theodizee ist ja die Frage: Wie kommt es, daß eine Macht, die als zugleich allmächtig und gütig hingestellt wird, eine derartig irrationale Welt des unverdienten Leidens, des ungestraften Unrechts und der unverbesserlichen Dummheit hat erschaffen können. Entweder ist sie das eine nicht oder das andere nicht, oder es regieren gänzlich andere Ausgleichs-

und Vergeltungsprinzipien das Leben, solche, die wir metaphysisch deuten können, oder auch solche, die unserer Deutung für immer entzogen sind. Dies Problem: die Erfahrung von der Irrationalität der Welt war ja die treibende Kraft aller Religionsentwicklung. Die indische Karmanlehre und der persische Dualismus, die Erbsünde, die Prädestination und der Deus absconditus sind alle aus dieser Erfahrung herausgewachsen. Auch die alten Christen wußten sehr genau, daß die Welt von Dämonen regiert sei, und daß, wer mit der Politik, das heißt: mit Macht und Gewaltsamkeit als Mitteln, sich einläßt, mit diabolischen Mächten einen Pakt schließt, und daß für sein Handeln es *nicht* wahr ist, daß aus Gutem nur Gutes, aus Bösem nur Böses kommen könne, sondern oft das Gegenteil. Wer das nicht sieht, ist in der Tat politisch ein Kind.

Die religiöse Ethik hat sich mit der Tatsache, daß wir in verschiedene, untereinander verschiedenen Gesetzen unterstehende Lebensordnungen hineingestellt sind, verschieden abgefunden. Der hellenische Polytheismus opferte der Aphrodite ebenso wie der Hera, dem Dionysos wie dem Apollon und wußte: sie lagen untereinander nicht selten im Streit. – Die hinduistische Lebensordnung machte jeden der verschiedenen Berufe zum Gegenstand eines besonderen ethischen Gesetzes, eines Dharma, und schied sie kastenmäßig für immer voneinander, stellte sie dabei in eine feste Ranghierarchie, aus der es für den Hieringeborenen kein Entrinnen gab, außer in der Wiedergeburt im nächsten Leben, und stellte sie dadurch in verschieden große Distanz zu den höchsten religiösen Heilsgütern. So war es ihr möglich, das Dharma jeder einzelnen Kaste, von den Asketen und Brahmanen bis zu den Spitzbuben und Dirnen, den immanenten Eigengesetzlichkeiten des Berufs entsprechend auszubauen. Darunter auch Krieg und Politik. Die Einordnung des Krieges in die Gesamtheit der Lebensordnungen finden wir vollzogen im Bhagavadgîtâ, in der Unterredung zwischen Krishna und Arjuna. »Tue das notwendige« – d. h. das nach dem Dharma der Kriegerkaste und ihren Regeln pflichtmäßige, dem Kriegszweck entsprechend sachlich notwendige – »Werk«: das schädigt das religiöse Heil nach diesem Glauben nicht, sondern dient ihm. Indras Himmel war dem indischen Krieger beim Heldentod von jeher ebenso sicher wie Walhall dem Germanen. Nirvâna aber hätte jener ebenso verschmäht, wie dieser das christliche Paradies mit seinen Engelchören. Diese Spezialisierung der Ethik ermöglichte der indischen Ethik eine gänzlich ungebrochene, nur den Eigengesetzen der Politik folgende, ja diese radikal steigernde Behandlung dieser königlichen Kunst. Der wirklich radikale »Macchiavellismus« im populären Sinn dieses Wortes ist in der indischen Literatur im Arthashâstra des Kautilya (lange vorchristlich, angeblich aus Chandraguptas Zeit) klassisch vertreten; dagegen ist Macchiavellis »Principe« harmlos. – In der katholischen Ethik, der Professor Foerster sonst nahesteht, sind bekanntlich die »consilia evangelica« eine Sonderethik für die mit dem Charisma des heiligen Lebens Begabten. Da steht neben dem Mönch, der kein Blut vergießen und keinen Erwerb suchen darf, der fromme Ritter und Bürger, die, der eine dies, der andere jenes, dürfen. Die Abstufung der Ethik und ihre Einfügung in einen Organismus der Heilslehre ist minder konsequent als in Indien, mußte und durfte dies auch nach den christlichen Glaubensvoraussetzungen sein. Die erbsündliche Verderbtheit der Welt gestattete eine Einfügung der Gewaltsamkeit in die Ethik als Zuchtmittel gegen die Sünde und die seelengefährdenden Ketzer relativ leicht. – Die rein gesinnungsethischen, akosmistischen Forderungen der Bergpredigt aber und das darauf ruhende religiöse Naturrecht als absolute Forderung behielten ihre revolutionierende Gewalt und traten in fast allen Zeiten sozialer Erschütterung mit elementarer Wucht auf den Plan. Sie schufen insbesondere die radikal-pazifistischen Sekten, deren eine in Pennsylvanien das Experiment eines nach außen gewaltlosen Staatswesens machte, – tragisch in seinem Verlauf insofern, als die Quäker, als der Unabhängigkeitskrieg ausbrach, für ihre Ideale, die er vertrat, nicht mit der Waffe eintreten konnten. – Der normale Protestantismus dagegen legitimierte den Staat, also: das Mittel der Gewaltsamkeit, als göttliche Einrichtung absolut und den legitimen Obrigkeitsstaat insbesondere. Die ethische Verantwortung für den Krieg nahm Luther dem Einzelnen ab und wälzte sie auf die Obrigkeit, der zu gehorchen in anderen Dingen als Glaubenssachen niemals schuldhaft sein konnte. – Der Kalvinismus wieder kannte prinzipiell die Gewalt als Mittel der Glaubensverteidigung, also den Glaubenskrieg, der im Islâm von Anfang an Lebenselement war. – Man sieht: es ist durchaus *nicht* moderner, aus dem Heroenkult der Renaissance geborener Unglaube, der das Problem der politischen Ethik aufwirft. Alle Religionen haben damit gerungen, mit höchst verschiedenem Erfolg, – und nach dem Gesagten konnte es auch nicht anders sein. Das spezifische Mittel der *legitimen Gewaltsamkeit* rein als solches in der Hand menschlicher Verbände ist es, was die Besonderheit aller ethischen Probleme der Politik bedingt.

Wer immer mit diesem Mittel paktiert, zu welchen Zwecken immer – und jeder Politiker tut das –, der ist seinen spezifischen Konsequenzen ausgeliefert. In besonders hohem Maß ist es der Glaubenskämpfer, der religiöse wie der revolutionäre. Nehmen wir getrost die Gegenwart als Beispiel an. Wer die absolute Gerechtigkeit auf Erden mit *Gewalt* herstellen will, der bedarf dazu der Gefolgschaft: des menschlichen »Apparates«. Diesem muß er die nötigen inneren und äußeren Prämien – himmlischen oder irdischen Lohn – in Aussicht stellen, sonst funktioniert er nicht. Also innere: unter der Bedingung des modernen Klassenkampfes Befriedigung des Hasses und der Rachsucht, vor allem: des Ressentiments und des Bedürfnisses nach pseudoethischer Rechthaberei, also des Verlästerungs- und Verketzerungsbedürfnisses gegen die Gegner. Äußere: Abenteuer, Sieg, Beute, Macht und Pfründen. Von dem Funktionieren dieses seines Apparates ist der Führer in seinem Erfolg völlig abhängig. Daher auch von *dessen* – nicht: von seinen eigenen – Motiven. Davon also, daß der Gefolgschaft: der roten Garde, den Spitzeln, den Agitatoren, deren er bedarf, jene Prämien *dauernd* gewährt werden können. Was er unter solchen Bedingungen seines Wirkens tatsächlich erreicht, steht daher nicht in seiner Hand, sondern ist ihm vorgeschrieben durch jene ethisch überwiegend gemeinen Motive des Handelns seiner Gefolgschaft, die nur im Zaum gehalten werden, solange ehrlicher Glaube an seine Person und seine Sache wenigstens einen Teil der Genossenschaft: wohl nie auf Erden auch nur die Mehrzahl, beseelt. Aber nicht nur ist dieser Glaube, auch wo er subjektiv ehrlich ist, in einem sehr großen Teil der Fälle in Wahrheit nur die ethische »Legitimierung« der Rache-, Macht-, Beute- und Pfründensucht: – darüber lassen wir uns nichts vorreden, denn die materialistische Geschichtsdeutung ist auch kein beliebig zu besteigender Fiaker und macht vor den Trägern von Revolutionen nicht halt! –, sondern vor allem: der traditionalistische *Alltag* kommt nach der emotionalen Revolution, der Glaubensheld und vor allem der Glaube selbst schwindet oder wird – was noch wirksamer ist – Bestandteil der konventionellen Phrase der politischen Banausen und Techniker. Diese Entwicklung vollzieht sich gerade beim Glaubenskampf besonders schnell, weil er von echten *Führern:* Propheten der Revolution, geleitet oder inspiriert zu werden pflegt. Denn wie bei jedem Führerapparat, so auch hier, ist die Entleerung und Versachlichung, die seelische Proletarisierung im Interesse der »Disziplin«, eine der Bedingungen des Erfolges. Die herrschend gewordene Gefolgschaft eines Glaubenskämpfers pflegt daher besonders leicht in eine ganz gewöhnliche Pfründnerschicht zu entarten.

Wer Politik überhaupt und wer vollends Politik als Beruf betreiben will, hat sich jener ethischen Paradoxien und seiner Verantwortung für das, was aus *ihm selbst* unter ihrem Druck werden kann, bewußt zu sein. Er läßt sich, ich wiederhole es, mit den diabolischen Mächten ein, die in jeder Gewaltsamkeit lauern. Die großen Virtuosen der akosmistischen Menschenliebe und Güte, mochten sie aus Nazareth oder aus Assisi oder aus indischen Königsschlössern stammen, haben nicht mit dem politischen Mittel: der

Gewalt, gearbeitet, ihr Reich war »nicht von dieser Welt«, und doch wirkten und wirken sie in dieser Welt, und die Figuren des Platon Karatajew und der Dostojewskischen Heiligen sind immer noch ihre adäquatesten Nachkonstruktionen. Wer das Heil seiner Seele und die Rettung anderer Seelen sucht, der sucht das nicht auf dem Wege der Politik, die ganz andere Aufgaben hat: solche, die nur mit Gewalt zu lösen sind. Der Genius, oder Dämon, der Politik lebt mit dem Gott der Liebe, auch mit dem Christengott in seiner kirchlichen Ausprägung, in einer inneren Spannung, die jederzeit in unaustragbarem Konflikt ausbrechen kann. Das wußten die Menschen auch in den Zeiten der Kirchenherrschaft. Wieder und wieder lag das Interdikt – und das bedeutete damals eine für die Menschen und ihr Seelenheil weit massivere Macht als die (mit Fichte zu reden) »kalte Billigung« des kantianischen ethischen Urteils – auf Florenz, die Bürger aber fochten gegen den Kirchenstaat. Und mit Bezug auf solche Situationen läßt Macchiavelli an einer schönen Stelle, irre ich nicht: der Florentiner Geschichten, einen seiner Helden jene Bürger preisen, denen die Größe der Vaterstadt höher stand als das Heil ihrer Seele.

Wenn wir statt Vaterstadt oder »Vaterland«, was ja zur Zeit nicht jedem ein eindeutiger Wert sein mag, sagen: »die Zukunft des Sozialismus« oder auch der »internationalen Befriedung«, – dann haben wir das Problem in der Art, wie es jetzt liegt. Denn das alles, erstrebt durch *politisches* Handeln, welches mit gewaltsamen Mitteln und auf dem Wege der Verantwortungsethik arbeitet, gefährdet das »Heil der Seele«. Wenn ihm aber mit reiner Gesinnungsethik im Glaubenskampf nachgejagt wird, dann kann es Schaden leiden und diskreditiert werden auf Generationen hinaus, weil die Verantwortung für die *Folgen* fehlt. Denn dann bleiben dem Handelnden jene diabolischen Mächte, die im Spiel sind, unbewußt. Sie sind unerbittlich und schaffen Konsequenzen für sein Handeln, auch für ihn selbst innerlich, denen er hilflos preisgegeben ist, wenn er sie nicht sieht. »Der Teufel, der ist alt.« Und nicht die Jahre, nicht das Lebensalter ist bei dem Satz gemeint: »so werdet alt, ihn zu verstehen«. Mit dem Datum des Geburtsscheines bei Diskussionen überstochen zu werden, habe auch ich mir nie gefallen lassen; aber die bloße Tatsache, daß einer 20 Jahre zählt und ich über 50 bin, kann mich schließlich auch nicht veranlassen zu meinen, das allein wäre eine Leistung, vor der ich in Ehrfurcht ersterbe. Nicht das Alter macht es. Aber allerdings: die geschulte Rücksichtslosigkeit des Blickes in die Realitäten des Lebens, und die Fähigkeit, sie zu ertragen und ihnen innerlich gewachsen zu sein.

Wahrlich: Politik wird zwar mit dem Kopf, aber ganz gewiß nicht *nur* mit dem Kopf gemacht. Darin haben die Gesinnungsethiker durchaus recht. Ob man aber als Gesinnungsethiker oder als Verantwortungsethiker handeln *soll*, und wann das eine und das andere, darüber kann man niemandem Vorschriften machen. Nur eins kann man sagen: wenn jetzt in diesen Zeiten einer, wie Viele glauben, *nicht* »sterilen« Aufgeregtheit – aber Aufgeregtheit ist eben doch und durchaus nicht immer echte Leidenschaft –, wenn da *plötzlich* die Gesinnungspolitiker massenhaft in das Kraut schießen mit der Parole: »Die Welt ist dumm und gemein, nicht ich; die Verantwortung für die Folgen trifft nicht mich, sondern die anderen, in deren Dienst ich arbeite, und deren Dummheit oder Gemeinheit ich ausrotten werde«, so sage ich offen: daß ich zunächst einmal nach dem Maße des *inneren Schwergewichts* frage, das hinter dieser Gesinnungsethik steht, und den Eindruck habe: daß ich es in neun von zehn Fällen mit Windbeuteln zu tun habe, die nicht real fühlen, was sie auf sich nehmen, sondern sich an romantischen Sensationen berauschen. Das interessiert mich menschlich nicht sehr und erschüttert mich ganz und gar nicht. Während es unermeßlich erschütternd ist, wenn ein *reifer* Mensch – einerlei ob jung oder alt an Jahren –, der diese Verantwortung für die Folgen real und mit voller Seele empfindet und verantwortungsethisch handelt, an irgendeinem Punkt sagt: »Ich kann nicht anders, hier stehe ich.« Das ist etwas, was menschlich echt ist und ergreift. Denn diese Lage muß freilich für *jeden* von uns, der nicht innerlich tot ist, irgendwann eintreten *können.* Insofern sind Gesinnungsethik und Verantwortungsethik nicht absolute Gegensätze, sondern Ergänzungen, die zusammen erst den echten Menschen ausmachen, den, der den »Beruf zur Politik« haben *kann.*

Und nun wollen wir uns nach zehn Jahren über diesen Punkt einmal wieder sprechen[4]. Wenn dann, wie ich leider befürchten muß, aus einer ganzen Reihe von Gründen, die Zeit der Reaktion längst hereingebrochen und von dem, was gewiß Viele und, wie ich offen gestehe, auch ich gewünscht und gehofft haben, wenig, vielleicht nicht gerade nichts, aber wenigstens dem Scheine nach wenig in Erfüllung gegangen ist – das ist sehr wahrscheinlich, es wird mich nicht zerbrechen, aber es ist freilich eine innerliche Belastung, das zu wissen –, dann wünschte ich wohl zu sehen, was aus denjenigen, die jetzt sich als echte »Gesinnungspolitiker« fühlen und an dem Rausch teilnehmen, den diese Revolution bedeutet, – was aus denen im inneren Sinne des Wortes »geworden« ist. Es wäre ja schön, wenn die Sache so wäre, daß dann Shakespeares 102. Sonett gelten würde:

Damals war Lenz und unsere Liebe grün,
Da grüßt' ich täglich sie mit meinem Sang,
So schlägt die Nachtigall in Sommers Blühn –
Und schweigt den Ton in reifrer Tage Gang.

Aber so ist die Sache nicht. Nicht das Blühen des Sommers liegt vor uns, sondern zunächst eine Polarnacht von eisiger Finsternis und Härte, mag äußerlich jetzt siegen welche Gruppe auch immer. Denn: wo nichts ist, da hat nicht nur der Kaiser, sondern auch der Proletarier sein Recht verloren. Wenn diese Nacht langsam weichen wird, wer wird dann von denen noch leben, deren Lenz jetzt scheinbar so üppig geblüht hat? Und was wird aus der heutigen Jugend dann innerlich geworden sein? Verbitterung oder Banausentum, einfaches stumpfes Hinnehmen der

[4] Gesagt 1919. (H.)

Welt und des Berufes oder, das dritte und nicht seltenste: mystische Weltflucht bei denen, welche die Gabe dafür haben, oder – oft und übel – sie als Mode sich anquälen? In jedem solchen Fall werde ich die Konsequenz ziehen: die sind ihrem eigenen Tun *nicht* gewachsen gewesen, *nicht* gewachsen auch der Welt, so wie sie wirklich ist, und ihrem Alltag: sie haben den Beruf zur Politik, den sie für sich in sich glaubten, objektiv und tatsächlich im innerlichsten Sinn nicht gehabt. Sie hätten besser getan, die Brüderlichkeit schlicht und einfach von Mensch zu Mensch zu pflegen und im übrigen rein sachlich an ihres Tages Arbeit zu wirken.

Die Politik bedeutet ein starkes langsames Bohren von harten Brettern mit Leidenschaft und Augenmaß zugleich. Es ist ja durchaus richtig, und alle geschichtliche Erfahrung bestätigt es, daß man das Mögliche nicht erreichte, wenn nicht immer wieder in der Welt nach dem Unmöglichen gegriffen worden wäre. Aber der, der das tun kann, muß ein Führer und nicht nur das, sondern auch – in einem sehr schlichten Wortsinn – ein Held sein. Und auch die, welche beides nicht sind, müssen sich wappnen mit jener Festigkeit des Herzens, die auch dem Scheitern aller Hoffnungen gewachsen ist, jetzt schon, sonst werden sie nicht imstande sein, auch nur durchzusetzen, was heute möglich ist. Nur wer sicher ist, daß er daran nicht zerbricht, wenn die Welt, von seinem Standpunkt aus gesehen, zu dumm oder zu gemein ist für das, was er ihr bieten will, daß er all dem gegenüber: »dennoch!« zu sagen vermag, nur der hat den »Beruf« zur Politik.

DIE »OBJEKTIVITÄT« SOZIALWISSENSCHAFTLICHER ERKENNTNIS

I.

Wir alle wissen, daß unsere Wissenschaft, wie mit Ausnahme vielleicht der politischen Geschichte jede Wissenschaft, deren Objekt menschliche Kulturinstitutionen und Kulturvorgänge sind, geschichtlich zuerst von *praktischen* Gesichtspunkten ausging. Werturteile über bestimmte wirtschaftspolitische Maßnahmen des Staates zu produzieren, war ihr nächster und zunächst einziger Zweck. Sie war »Technik« etwa in dem Sinne, in welchem es auch die klinischen Disziplinen der medizinischen Wissenschaften sind. Es ist nun bekannt, wie diese Stellung sich allmählich veränderte, ohne daß doch eine *prinzipielle* Scheidung von Erkenntnis des »Seienden« und des »Seinsollenden« vollzogen wurde. Gegen diese Scheidung wirkte zunächst die Meinung, daß unabänderlich gleiche Naturgesetze, sodann die andere, daß ein eindeutiges Entwicklungsprinzip die wirtschaftlichen Vorgänge beherrsche und daß also das *Seinsollende* entweder – im ersten Falle – mit dem unabänderlich *Seienden*, oder – im zweiten Falle – mit dem unvermeidlich *Werdenden* zusammenfalle. Mit dem Erwachen des historischen Sinnes gewann dann in unserer Wissenschaft eine Kombination von ethischem Evolutionismus und historischem Relativismus die Herrschaft, welche versuchte, die ethischen Normen ihres formalen Charakters zu entkleiden, durch Hineinbeziehung der Gesamtheit der Kulturwerte in den Bereich des »Sittlichen« dies letztere *inhaltlich* zu bestimmen und so die Nationalökonomie zur Dignität einer »ethischen Wissenschaft« auf empirischer Grundlage zu erheben. Indem man die Gesamtheit aller möglichen Kulturideale mit dem Stempel des

»Sittlichen« versah, verflüchtigte man die spezifische Dignität der ethischen Imperative, ohne doch für die »Objektivität« der Geltung jener Ideale irgend etwas zu gewinnen. Indessen kann und muß eine prinzipielle Auseinandersetzung damit hier beiseite bleiben: wir halten uns lediglich an die Tatsache, daß noch heute die unklare Ansicht nicht geschwunden, sondern besonders den Praktikern ganz begreiflicherweise geläufig ist, daß die Nationalökonomie *Werturteile* aus einer spezifisch »wirtschaftlichen Weltanschauung« heraus produziere und zu produzieren habe. –

Unsere Zeitschrift als Vertreterin einer empirischen Fachdisziplin muß, wie wir gleich vorweg feststellen wollen, diese Ansicht *grundsätzlich ablehnen*, denn wir sind der Meinung, daß es niemals Aufgabe einer Erfahrungswissenschaft sein kann, bindende Normen und Ideale zu ermitteln, um daraus für die Praxis Rezepte ableiten zu können.

Was folgt aber aus diesem Satze? Keineswegs, daß Werturteile deshalb, weil sie in letzter Instanz auf bestimmten Idealen fußen und daher »subjektiven« Ursprungs sind, der wissenschaftlichen Diskussion überhaupt *entzogen* seien. Die Praxis und der Zweck unserer Zeitschrift würde einen solchen Satz ja immer wieder desavouieren. Die Kritik macht vor den Werturteilen nicht Halt. Die Frage ist vielmehr: Was *bedeutet* und bezweckt wissenschaftliche Kritik von Idealen und Werturteilen? Sie erfordert eine etwas eingehendere Betrachtung.

Jede denkende Besinnung auf die letzten Elemente sinnvollen menschlichen Handelns ist zunächst gebunden an die Kategorien »Zweck« und »Mittel«. Wir wollen etwas in concreto entweder »um seines eigenen Wertes willen« oder als Mittel im Dienste des in letzter Linie Gewollten. Der wissenschaftlichen Betrachtung zugänglich ist nun zunächst unbedingt die Frage der Geeignetheit der Mittel bei gegebenem Zweck. Da wir (innerhalb der jeweiligen Grenzen unseres Wissens) gültig festzustellen vermögen, *welche* Mittel zu einem vorgestellten Zwecke zu führen geeignet oder ungeeignet sind, so können wir auf diesem Wege die Chancen, mit bestimmten zur Verfügung stehenden Mitteln einen bestimmten Zweck überhaupt zu erreichen, abwägen und mithin indirekt die Zwecksetzung selbst, auf Grund der jeweiligen historischen Situation, als praktisch sinnvoll oder aber als nach Lage der gegebenen Verhältnisse sinnlos kritisieren. Wir können weiter, *wenn* die Möglichkeit der Erreichung eines vorgestellten Zweckes gegeben erscheint, natürlich immer innerhalb der Grenzen unseres jeweiligen Wissens, die *Folgen* feststellen, welche die Anwendung der erforderlichen Mittel *neben* der eventuellen Erreichung des beabsichtigten Zweckes, infolge des Allzusammenhanges alles Geschehens, haben würde. Wir bieten alsdann dem Handelnden die Möglichkeit der Abwägung dieser ungewollten gegen die gewollten Folgen seines Handelns und damit die Antwort auf die Frage: was *»kostet«* die Erreichung des gewollten Zweckes in Gestalt der voraussichtlich eintretenden Verletzung *anderer* Werte? Da in der großen Überzahl aller Fälle jeder erstrebte Zweck in diesem Sinne etwas »kostet« oder doch kosten kann, so kann an der Abwägung von Zweck und Folgen des Handelns gegeneinander keine Selbstbesinnung verantwortlich handelnder Menschen vorbeigehen, und sie zu ermöglichen, ist eine der wesentlichsten Funktionen der *technischen* Kritik, welche wir bisher betrachtet haben. Jene Abwägung selbst nun aber zur Entscheidung zu bringen, ist freilich *nicht* mehr eine mögliche Aufgabe der Wissenschaft, sondern des wollenden Menschen: er wägt und wählt nach seinem eigenen Gewissen und seiner persönlichen Weltanschauung zwischen den Werten, um die es sich handelt. Die Wissenschaft kann ihm zu dem *Bewußtsein* verhelfen, daß *alles* Handeln, und natürlich auch, je nach den Umständen, das *Nicht*-Handeln, in seinen Konsequenzen eine *Parteinahme* zugunsten bestimmter Werte bedeutet, und damit – was heute so besonders gern verkannt wird – regelmäßig *gegen andere*. Die Wahl zu treffen, ist seine Sache.

Was wir ihm für diesen Entschluß nun noch weiter

bieten können ist: *Kenntnis* der *Bedeutung* des Gewollten selbst. Wir können ihn die Zwecke nach Zusammenhang und Bedeutung kennen lehren, die er will, und zwischen denen er wählt, zunächst durch Aufzeigung und logisch zusammenhängende Entwicklung der »Ideen«, die dem konkreten Zweck zugrunde liegen oder liegen können. Denn es ist selbstverständlich eine der wesentlichsten Aufgaben einer jeden Wissenschaft vom menschlichen Kulturleben, diese »Ideen«, für welche teils wirklich, teils vermeintlich gekämpft worden ist und gekämpft wird, dem geistigen Verständnis zu erschließen. Das überschreitet nicht die Grenzen einer Wissenschaft, welche »denkende Ordnung der empirischen Wirklichkeit« erstrebt, so wenig die Mittel, die dieser Deutung geistiger Werte dienen, »Induktionen« im gewöhnlichen Sinne des Wortes sind. Allerdings fällt diese Aufgabe wenigstens teilweise aus dem Rahmen der ökonomischen Fachdisziplin in ihrer üblichen arbeitsteiligen Spezialisation heraus; es handelt sich um Aufgaben der *Sozialphilosophie*. Allein die historische Macht der Ideen ist für die Entwicklung des Soziallebens eine so gewaltige gewesen und ist es noch, daß unsere Zeitschrift sich dieser Aufgabe niemals entziehen, deren Pflege vielmehr in den Kreis ihrer wichtigsten Pflichten einbeziehen wird.

Aber die wissenschaftliche Behandlung der Werturteile möchte nun weiter die gewollten Zwecke und die ihnen zugrunde liegenden Ideale nicht nur verstehen und nacherleben lassen, sondern vor allem auch kritisch »beurteilen« lehren. *Diese* Kritik freilich kann nur dialektischen Charakter haben, d. h. sie kann nur eine formal-logische Beurteilung des in den geschichtlich gegebenen Werturteilen und Ideen vorliegenden Materials, eine Prüfung der Ideale an dem Postulat der inneren *Widerspruchslosigkeit* des Gewollten sein. Sie kann, indem sie sich diesen Zweck setzt, dem Wollenden verhelfen zur Selbstbesinnung auf diejenigen letzten Axiome, welche dem Inhalt seines Wollens zugrunde liegen, auf die letzten Wertmaßstäbe, von denen er unbewußt ausgeht oder — um konsequent zu sein – ausgehen müßte. Diese letzten Maßstäbe, welche sich in dem konkreten Werturteil manifestieren, zum *Bewußtsein* zu bringen, ist nun allerdings das letzte, was sie, ohne den Boden der Spekulation zu betreten, leisten kann. Ob sich das urteilende Subjekt zu diesen letzten Maßstäben bekennen *soll*, ist seine persönlichste Angelegenheit und eine Frage seines Wollens und Gewissens, nicht des Erfahrungswissens.

Eine empirische Wissenschaft vermag niemanden zu lehren, was er *soll*, sondern nur, was er *kann* und – unter Umständen – was er *will*. Richtig ist, daß die persönlichen Weltanschauungen auf dem Gebiet unserer Wissenschaften unausgesetzt hineinzuspielen pflegen auch in die wissenschaftliche Argumentation, sie immer wieder trüben, das Gewicht wissenschaftlicher Argumente auch auf dem Gebiet der Ermittlung einfacher kausaler Zusammenhänge von Tatsachen verschieden einschätzen lassen, je nachdem das Resultat die Chancen der persönlichen Ideale: die Möglichkeit, etwas Bestimmtes zu wollen, mindert oder steigert. Auch die Herausgeber und Mitarbeiter unserer Zeitschrift werden in dieser Hinsicht sicherlich »nichts Menschliches von sich fern glauben«. Aber von diesem Bekenntnis menschlicher Schwäche ist es ein weiter Weg bis zu dem Glauben an eine »ethische« Wissenschaft der Nationalökonomie, welche aus ihrem Stoff Ideale oder durch Anwendung allgemeiner ethischer Imperative auf ihren Stoff konkrete Normen zu produzieren hätte. – Richtig ist noch etwas weiteres: gerade jene innersten Elemente der »Persönlichkeit«, die höchsten und letzten Werturteile, die unser Handeln bestimmen und unserem Leben Sinn und Bedeutung geben, werden von uns als etwas *»objektiv«* Wertvolles empfunden. Wir können sie ja nur vertreten, wenn sie uns als geltend, als aus unseren höchsten Lebenswerten fließend, sich darstellen und so, im Kampfe gegen die Widerstände des Lebens, entwickelt werden. Und sicherlich liegt die Würde der »Persönlichkeit« darin beschlossen, daß es für sie Werte gibt, auf die sie ihr eigenes Leben bezieht, – und lägen diese Werte auch im einzelnen Falle ausschließlich *innerhalb* der Sphäre der eigenen Individualität: dann gilt ihr eben das »Sichausleben« in *denjenigen* ihrer Interessen, für welche sie die *Geltung als Werte* beansprucht, als die Idee, auf welche sie sich bezieht. Nur unter der Voraussetzung des Glaubens an Werte jedenfalls hat der Versuch Sinn, Werturteile nach außen zu vertreten. Aber: die *Geltung* solcher Werte zu *beurteilen*, ist Sache des *Glaubens*, daneben *vielleicht* eine Aufgabe spekulativer Betrachtung und Deutung des Lebens und der Welt auf ihren Sinn hin, sicherlich aber *nicht* Gegenstand einer Erfahrungswissenschaft in dem Sinne, in welchem sie an dieser Stelle gepflegt werden soll. Für diese Scheidung fällt nicht – wie oft geglaubt wird – entscheidend ins Gewicht die empirisch erweisliche Tatsache, daß jene letzten Ziele historisch wandelbar und streitig sind. Denn auch die Erkenntnis der sichersten Sätze unseres theoretischen – etwa des exakt naturwissenschaftlichen oder mathematischen – Wissens ist, ebenso wie die Schärfung und Verfeinerung des Gewissens, erst Produkt der Kultur. Allein wenn wir speziell an die praktischen Probleme der Wirtschafts- und Sozialpolitik (im üblichen Wortsinn) denken, so zeigt sich zwar, daß es zahlreiche, ja unzählige praktische *Einzelfragen* gibt, bei deren Erörterung man in allseitiger Übereinstimmung von gewissen Zwecken als *selbstverständlich* gegeben ausgeht – man denke etwa an Notstandskredite, an konkrete Aufgaben der sozialen Hygiene, der Armenpflege, an Maßregeln wie die Fabrikinspektionen, die Gewerbegerichte, die Arbeitsnachweise, große Teile der Arbeiterschutzgesetzgebung –, bei denen also, wenigstens scheinbar, nur nach den *Mitteln* zur Erreichung des Zweckes gefragt wird. Aber selbst wenn wir hier – was die Wissenschaft niemals ungestraft tun würde – den Schein der Selbstverständlichkeit für Wahrheit nehmen und die Konflikte, in welche der Versuch der praktischen Durchführung alsbald hineinführt, für rein technische Fragen der Zweckmäßigkeit ansehen wollten – was recht oft irrig wäre –, so müßten wir doch bemerken, daß auch dieser *Schein* der Selbstverständlichkeit der regulativen Wertmaßstäbe sofort verschwindet, wenn wir von den konkreten Problemen karitativ-polizeilicher Wohlfahrts- und Wirtschafts*pflege* aufsteigen zu den Fragen der Wirtschafts- und Sozial*politik*. Das Kennzeichen des sozial*politischen* Charakters eines Problems ist es ja geradezu, daß es *nicht* auf Grund bloß technischer Erwägungen aus feststehenden Zwecken heraus zu erledigen ist, daß um die regulativen Wertmaßstäbe selbst *gestritten* werden kann und *muß*, weil das Problem in die Region der allgemeinen *Kultur*fragen hineinragt. Und es wird gestritten nicht nur, wie wir heute so gern glauben, zwischen »Klasseninteressen«, *sondern auch zwischen Weltanschauungen*, – wobei die Wahrheit natürlich vollkommen bestehen bleibt, daß dafür, *welche* Weltanschauung der Einzelne vertritt, neben manchem anderen auch und sicherlich in ganz hervorragendem Maße der Grad von Wahlverwandtschaft entscheidend zu werden pflegt, der sie mit seinem »Klasseninteresse« – wenn wir diesen nur scheinbar eindeutigen Begriff hier einmal akzeptieren – verbindet. Sicher ist unter allen Umständen Eines: je »allgemeiner« das Problem ist, um das es sich handelt, d. h. aber hier: je weittragender seine Kultur*bedeutung*, desto weniger ist es einer eindeutigen Beantwortung aus dem Material des Erfahrungswissens heraus zugänglich, desto mehr spielen die letzten höchst persönlichen Axiome des Glaubens und der Wertideen hinein. Es ist einfach eine Naivität, wenn auch von Fachmännern gelegentlich immer noch geglaubt wird, es gelte, für die praktische Sozialwissenschaft vor allem »ein Prinzip« aufzustellen und wissenschaftlich als gültig zu erhärten, aus welchem alsdann die Normen für die Lösung der praktischen Einzelprobleme eindeutig deduzierbar seien. So sehr »prinzipielle« Erörterungen praktischer Probleme, d. h. die Zurückführung der unreflektiert sich aufdrängenden Werturteile auf ihren Ideengehalt, in der Sozialwissenschaft vonnöten sind, und so sehr unsere Zeitschrift speziell sich gerade auch ihnen zu widmen beabsichtigt, – die Schaffung eines praktischen Generalnenners für unsere Probleme in Gestalt allgemein gültiger letzter Ideale kann sicherlich weder ihre Aufgabe noch überhaupt die irgendeiner Erfahrungswissenschaft sein: sie wäre als solche nicht etwa nur praktisch unlösbar, sondern in sich widersinnig. Und wie immer Grund und Art der Verbindlichkeit ethischer Imperative gedeutet werden mag, sicher ist, daß aus ihnen, als aus Normen für das konkret bedingte Handeln des *Einzelnen*, nicht *Kulturinhalte* als gesollt eindeutig *deduzierbar* sind, und zwar um so weniger, je umfassender die Inhalte sind, um die es sich handelt. Nur positive Religionen – präziser ausgedrückt: dogmatisch gebundene *Sekten* – vermögen dem Inhalt von *Kulturwerten* die Dignität unbedingt gültiger *ethischer* Gebote zu verleihen. Außerhalb ihrer sind Kulturideale, die der Einzelne verwirklichen *will*, und ethische Pflichten, die er erfüllen *soll*, von prinzipiell verschiedener Dignität. Das Schicksal einer Kulturepoche, die vom Baum der Erkenntnis gegessen hat, ist es, wissen zu müssen, daß wir den *Sinn* des Weltgeschehens nicht aus dem noch so sehr vervollkommneten Ergebnis seiner Durchforschung ablesen können, sondern ihn selbst zu schaffen imstande sein müssen, daß »Weltanschauungen« niemals Produkt fortschreitenden *Erfahrungs*wissens sein können, und daß also die höchsten Ideale, die uns am mächtigsten bewegen, für alle Zeit nur im Kampf mit anderen Idealen sich auswirken, die Anderen ebenso heilig sind, wie uns die unseren.

Nur ein optimistischer Synkretismus, wie er zuweilen das Ergebnis des entwicklungsgeschichtlichen Relativismus ist, kann sich über den gewaltigen Ernst dieser Sachlage entweder theoretisch hinwegtäuschen oder ihren Konsequenzen praktisch ausweichen. Es kann selbstverständlich subjektiv im einzelnen Falle genau ebenso pflichtgemäß für den praktischen Politiker sein, zwischen vorhandenen Gegensätzen der Meinungen zu vermitteln, als für eine von ihnen Partei zu ergreifen. Aber mit *wissenschaftlicher* »Objektivität« hat das nicht das Allermindeste zu tun. Die »mittlere Linie« *ist um kein Haarbreit mehr wissenschaftliche Wahrheit* als die extremsten Parteiideale von rechts oder links. Nirgends ist das Interesse der Wissenschaft auf die Dauer schlechter aufgehoben als da, wo man unbequeme Tatsachen und die Realitäten des Lebens in ihrer Härte nicht sehen will. Das Archiv wird die schwere Selbsttäuschung, man könne durch Synthese von mehreren oder auf der Diagonale zwischen mehreren Parteiansichten praktische Normen von *wissenschaftlicher Gültigkeit* gewinnen, unbedingt bekämpfen, denn sie ist, weil sie ihre eigenen Wertmaßstäbe relativistisch zu verhüllen liebt, weit gefährlicher für die Unbefangenheit der Forschung als der alte naive Glaube der Parteien an die wissenschaftliche »Beweisbarkeit« ihrer Dogmen. Die Fähigkeit der *Unterscheidung* zwischen Erkennen und Beurteilen und die Erfüllung sowohl der wissenschaftlichen Pflicht, die Wahrheit der Tatsachen zu sehen, als der praktischen, für die eigenen Ideale einzutreten, ist das, woran wir uns wieder stärker gewöhnen wollen.

Es ist und bleibt – *darauf* kommt es für uns an – für alle Zeit ein unüberbrückbarer Unterschied, ob eine Argumentation sich an unser Gefühl und unsere Fähigkeit, für konkrete praktische Ziele oder für Kulturformen und Kulturinhalte uns zu begeistern, wendet, oder, wo einmal die Geltung ethischer Normen in Frage steht, an unser Gewissen, *oder* endlich an unser Vermögen und Bedürfnis, die empirische Wirklichkeit in einer Weise *denkend zu ordnen*, welche den Anspruch auf *Geltung* als *Erfahrungs*wahrheit erhebt. Und dieser Satz bleibt richtig, trotzdem, wie sich noch zeigen wird, jene höchsten »Werte« des *praktischen* Interesses für die *Richtung*, welche die ordnende Tätigkeit des Denkens auf dem Gebiete der Kulturwissenschaften jeweils einschlägt, von entscheidender Bedeutung sind und immer bleiben werden. Denn es ist und bleibt wahr, daß eine methodisch korrekte wissenschaftliche Beweisführung auf dem Gebiete der Sozialwissenschaften, wenn sie ihren Zweck erreicht haben will, auch von einem Chinesen als richtig anerkannt werden muß oder – richtiger gesagt – daß sie dieses, vielleicht wegen Materialmangels nicht voll erreichbare Ziel jedenfalls *erstreben* muß, daß ferner auch die *logische* Analyse eines Ideals auf seinen Gehalt und auf seine letzten Axiome hin und die Aufzeigung der aus seiner Verfolgung sich logischer und praktischer Weise ergebenden Konsequenzen, wenn sie als gelungen gelten soll, auch für ihn gültig sein muß, – während ihm für unsere ethischen Imperative das »Gehör« fehlen kann, und während er das Ideal selbst und die daraus fließenden konkreten *Wertungen* ablehnen kann und sicherlich ablehnen wird, ohne dadurch dem wissenschaftlichen Wert jener denkenden *Analyse* irgend zu nahe zu treten. Sicherlich wird unsere Zeitschrift die immer und unvermeidlich sich wiederholenden Versuche, den *Sinn* des Kulturlebens eindeutig zu bestimmen, nicht etwa ignorieren. Im Gegenteil: sie gehören ja selbst zu den wichtigsten Erzeugnissen eben dieses Kulturlebens und unter Umständen auch zu seinen mächtigsten treibenden Kräften. Wir werden daher den Verlauf auch der in *diesem* Sinne »sozialphilosophischen« Erörterungen jederzeit sorgsam verfolgen. Ja, noch mehr: es liegt hier das Vorurteil durchaus fern, als ob Betrachtungen des Kulturlebens, die über die denkende Ordnung des empirisch Gegebenen hinausgehend die Welt metaphysisch zu deuten versuchen, etwa schon um dieses ihres Charakters willen keine Aufgabe im Dienste der Erkenntnis erfüllen *könnten*. Wo diese Aufgaben etwa liegen würden, ist freilich ein Problem zunächst der Erkenntnislehre, dessen Beantwortung hier für unsere Zwecke dahingestellt bleiben muß und auch kann. Denn eines halten wir für *unsere* Arbeit fest: eine sozialwissenschaftliche Zeitschrift in unserem Sinne soll, soweit sie *Wissenschaft* treibt, ein Ort sein, wo Wahrheit gesucht wird, die – um im Beispiel zu bleiben – auch für den Chinesen die Geltung einer denkenden Ordnung der empirischen Wirklichkeit beansprucht. –

Freilich können die Herausgeber weder sich selbst noch ihren Mitarbeitern ein für allemal verbieten, die Ideale, die sie beseelen, auch in Werturteilen zum Ausdruck zu bringen. Nur erwachsen daraus zwei wichtige Pflichten. Zunächst die: in jedem Augenblick den Lesern und sich selbst scharf zum Bewußtsein zu bringen, *welches* die Maßstäbe sind, an denen die Wirklichkeit gemessen und aus denen das Werturteil abgeleitet wird, anstatt, wie es nur allzuoft geschieht, durch unpräzises Ineinanderschieben von Werten verschiedenster Art sich um die Konflikte zwischen den Idealen herumzutäuschen und »jedem etwas bieten« zu wollen. Wird dieser Pflicht streng genügt, dann kann die praktisch urteilende Stellungnahme im rein wissenschaftlichen Interesse nicht nur unschädlich, sondern direkt nützlich, ja, geboten sein: in der wissenschaftlichen Kritik von gesetzgeberischen und anderen praktischen Vorschlägen ist die Aufklärung der Motive des Gesetzgebers und der Ideale des kritisierten Schriftstellers in ihrer Tragweite sehr oft gar nicht anders in anschaulich-verständliche Form zu bringen, als durch *Konfrontierung* der von ihnen zugrunde gelegten Wertmaßstäbe mit *anderen*, und dann natürlich am besten: mit den eigenen. Jede sinnvolle *Wertung* fremden *Wollens* kann nur Kritik aus einer eigenen »Weltanschauung« heraus, Bekämpfung des *fremden* Ideals vom Boden eines *eigenen* Ideals aus sein. *Soll* also im einzelnen Fall das letzte Wertaxiom, welches einem praktischen Wollen zugrunde liegt, nicht nur festgestellt und wissenschaftlich analysiert, sondern in seinen Beziehungen zu *anderen* Wertaxiomen veranschaulicht werden, so ist eben »positive« Kritik durch zusammenhängende Darlegung der letzteren unvermeidlich.

Es wird also in den Spalten der Zeitschrift – speziell bei der Besprechung von Gesetzen – neben der Sozial*wissenschaft* – der denkenden Ordnung der Tatsachen – unvermeidlich auch die Sozial*politik* – die Darlegung von Idealen – zu Worte kommen. Aber: wir denken nicht daran, derartige Auseinandersetzungen für *»Wissenschaft«* auszugeben und werden uns nach besten Kräften hüten, sie damit vermischen und verwechseln zu lassen. Die *Wissenschaft* ist es dann nicht mehr, welche spricht, und das zweite fundamentale Gebot wissenschaftlicher Unbefangenheit ist es deshalb: in solchen Fällen den Lesern (und – sagen wir wiederum – vor allem sich selbst!) jederzeit deutlich zu machen, *daß* und *wo* der denkende Forscher aufhört und der wollende Mensch anfängt zu sprechen, *wo* die Argumente sich an den Verstand und *wo* sie sich an das Gefühl wenden. Die stete Vermischung wissenschaftlicher Erörterung der Tatsachen und wertender Raisonnements ist eine der zwar noch immer verbreitetsten, aber auch schädlichsten Eigenarten von Arbeiten unseres Faches. Gegen diese *Vermischung, nicht* etwa gegen das Eintreten für die eigenen Ideale richten sich die vorstehenden Ausführungen. *Gesinnungslosigkeit* und *wissenschaftliche* »Objektivität« haben keinerlei innere Verwandtschaft. – Das Archiv ist, wenigstens seiner Absicht nach, niemals ein Ort gewesen und soll es auch nicht werden, an welchem Polemik gegen bestimmte politische oder sozialpolitische Parteien getrieben wird, ebensowenig eine Stelle, an der für oder gegen politische oder sozialpolitische Ideale geworben wird; dafür gibt es andere Organe. Die Eigenart der Zeitschrift hat vielmehr von Anfang an gerade darin bestanden und soll, soviel an den Herausgebern liegt, auch fernerhin darin bestehen, daß in ihr scharfe politische Gegner sich zu wissenschaftlicher Arbeit zusammenfinden. Sie war bisher kein »sozialistisches« und wird künftig kein »bürgerliches« Organ sein. Sie schließt von ihrem Mitarbeiterkreise niemand aus, der sich auf den Boden wissenschaftlicher Diskussion stellen will. Sie kann kein Tummelplatz von »Erwiderungen«, Repliken und Dupliken sein, aber sie schützt niemand, auch nicht ihre Mitarbeiter und ebensowenig ihre Herausgeber dagegen, in ihren Spalten der denkbar schärfsten sachlich-wissenschaftlichen Kritik ausgesetzt zu sein. Wer das nicht ertragen kann, oder wer auf dem Standpunkt steht, mit Leuten, die im Dienste anderer Ideale arbeiten als er selbst, auch im Dienste wissenschaftlicher Erkenntnis nicht zusammenwirken zu wollen, der mag ihr fernbleiben.

Nun ist aber freilich – wir wollen uns darüber nicht täuschen – mit diesem letzten Satze praktisch zur Zeit leider mehr gesagt, als es auf den ersten Blick scheint. Zunächst hat, wie schon angedeutet, die Möglichkeit, mit politischen Gegnern sich auf neutralem Boden – geselligem oder ideellem – unbefangen zusammenzufinden, leider erfahrungsgemäß überall und zumal unter deutschen Verhältnissen ihre psychologischen Schranken. An sich als ein Zeichen parteifanatischer Beschränktheit und unentwickelter politischer Kultur unbedingt bekämpfenswert, gewinnt dieses Moment für eine Zeitschrift wie die unsrige eine ganz wesentliche Verstärkung durch den Umstand, daß auf dem Gebiet der Sozialwissenschaften der Anstoß zur Aufrollung *wissenschaftlicher* Probleme erfahrungsgemäß regelmäßig durch *praktische* »Fragen« gegeben wird, so daß die bloße Anerkennung des Bestehens eines wissenschaftlichen Problems in Personalunion steht mit einem bestimmt gerichteten Wollen lebendiger Menschen. In den Spalten einer Zeitschrift, welche unter dem Einflusse des allgemeinen Interesses für ein konkretes Problem ins Leben tritt, werden sich daher als Mitarbeiter regelmäßig Menschen zusammenfinden, die ihr persönliches Interesse diesem Problem deshalb zuwenden, weil bestimmte konkrete Zustände ihnen im Widerspruch mit idealen Werten, an die sie glauben, zu stehen, jene Werte zu gefährden scheinen. Die Wahlverwandtschaft ähnlicher Ideale wird alsdann diesen Mitarbeiterkreis zusammenhalten und sich neu rekrutieren lassen, und dies wird der Zeitschrift wenigstens bei der Behandlung praktisch-sozial*politischer* Probleme einen bestimmten *»Charakter«* aufprägen, wie er die unvermeidliche Begleiterscheinung jedes Zusammenwirkens lebendig empfindender Menschen ist, deren wertende Stellungnahme zu den Problemen auch bei der rein theoretischen Arbeit nicht immer ganz unterdrückt wird und bei der Kritik *praktischer* Vorschläge und Maßnahmen auch – unter den oben erörterten Voraussetzungen – ganz legitimerweise zum Ausdruck kommt. Das Archiv nun trat in einem Zeitraum ins Leben, als bestimmte praktische Probleme der »Arbeiterfrage«, im überkommenen Sinne des Wortes, im Vordergrund der sozialwissenschaftlichen Erörterungen standen. Diejenigen Persönlichkeiten, für welche mit den Problemen, die es behandeln wollte, die höchsten und entscheidenden Wertideen sich verknüpften, und welche deshalb seine regelmäßigsten Mitarbeiter wurden, waren eben daher zugleich auch Vertreter einer durch jene Wertideen gleich oder doch ähnlich gefärbten Kulturauffassung. Jedermann weiß denn auch, daß, wenn die Zeitschrift den Gedanken, eine »Tendenz« zu verfolgen, durch die ausdrückliche Beschränkung auf »wissenschaftliche« Erörterungen und durch die ausdrückliche Einladung an »Angehörige aller politischen Lager« bestimmt ablehnte, sie trotzdem sicherlich einen »Charakter« im obigen Sinn besaß. Er wurde durch den Kreis ihrer regelmäßigen Mitarbeiter geschaffen. Es waren im allgemeinen Männer, denen, bei aller sonstigen Verschiedenheit der Ansichten, der Schutz der physischen Gesundheit der Arbeitermassen und die Ermöglichung steigender Anteilnahme an den materiellen und geistigen Gütern unserer Kultur für sie, als Ziel – als Mittel aber die Verbindung staatlichen Eingreifens in die materielle Interessensphäre mit freiheitlicher Fortentwicklung der bestehenden Staats- und Rechtsordnung vorschwebten, und die – welches immer ihre Ansicht über die Gestaltung der Gesellschaftsordnung in der ferneren Zukunft sein mochte – für die *Gegenwart* die kapitalistische Entwicklung bejahten, nicht weil sie ihnen, gegenüber den älteren Formen gesellschaftlicher Gliederung, als die bessere, sondern weil sie ihnen als praktisch unvermeidlich und der Versuch grundsätzlichen Kampfes gegen sie nicht als Förderung, sondern als Hemmung des Emporsteigens der Arbeiterklasse an das Licht der Kultur erschien. Unter den in Deutschland heute bestehenden Verhältnissen – sie bedürfen hier nicht der näheren Klarlegung – war dies und wäre es auch heute nicht zu vermeiden. Ja, es kam im tatsächlichen Erfolg der Allseitigkeit der Beteiligung an der wissenschaftlichen Diskussion direkt zugute und war für die Zeitschrift eher ein Moment der Stärke, ja – unter den gegebenen Verhältnissen – sogar vielleicht einer der Titel ihrer Existenzberechtigung.

Unzweifelhaft ist es nun, daß die Entwicklung eines »Charakters« in diesem Sinne bei einer wissenschaftlichen Zeitschrift eine Gefahr für die Unbefangenheit der wissenschaftlichen Arbeit bedeuten *kann* und dann wirklich bedeuten *müßte*, wenn die Auswahl der Mitarbeiter eine planvoll einseitige würde: in diesem Falle bedeutete die Züchtung jenes »Charakters« praktisch dasselbe wie das Bestehen einer »Tendenz«. Die Herausgeber sind sich der Verantwortung, die ihnen diese Sachlage auferlegt, durchaus bewußt. Sie beabsichtigen weder den Charakter des Archivs planvoll zu ändern, noch etwa ihn durch geflissentliche Beschränkung des Mitarbeiterkreises auf Gelehrte mit bestimmten Parteimeinungen künstlich zu konservieren. Sie nehmen ihn als gegeben hin und warten seine weitere »Entwicklung« ab. *Wie* er sich in Zukunft gestaltet und vielleicht, infolge der unvermeidlichen Erweiterung unseres Mitarbeiterkreises, *um*gestaltet, das wird zunächst von der Eigenart derjenigen Persönlichkeiten abhängen, die mit der Absicht, wissenschaftlicher Arbeit zu dienen, in diesen Kreis eintreten und in den Spalten der Zeitschrift heimisch werden oder bleiben. Und er wird weiter durch die Erweiterung der *Probleme* bedingt sein, deren Förderung sich die Zeitschrift zum Ziel setzt.

Mit dieser Bemerkung gelangen wir zu der bisher noch nicht erörterten Frage der *sachlichen Abgrenzung* unseres Arbeitsgebietes. Hierauf kann aber eine Antwort nicht gegeben werden, ohne auch hier die Frage nach der Natur des Zieles sozialwissenschaftlicher Erkenntnis überhaupt aufzurollen. Wir haben bisher, indem wir »Werturteile« und »Erfahrungswissen« prinzipiell schieden, vorausgesetzt, daß es eine unbedingt gültige Art der Erkenntnis, d. h. der denkenden Ordnung der empirischen Wirklichkeit auf dem Gebiet der Sozialwissenschaften tatsächlich gebe. Diese Annahme wird jetzt insofern zum Problem, als wir erörtern müssen, was objektive »Geltung« der Wahrheit, die wir erstreben, auf unserem Gebiet bedeuten *kann*. Daß das Problem als solches besteht und hier nicht spintisierend geschaffen wird, kann niemandem entgehen, der den Kampf um Methode, »Grundbegriffe« und Voraussetzungen, den steten Wechsel der »Gesichtspunkte« und die stete Neubestimmung der »Begriffe«, die verwendet werden, beobachtet und sieht, wie theoretische und historische Betrachtungsform noch immer durch eine scheinbar unüberbrückbare Kluft getrennt sind: »*zwei* Nationalökonomien«, wie ein verzweifelnder Wiener Examinand seinerzeit jammernd klagte. Was heißt hier Objektivität? Lediglich *diese* Frage wollen die nachfolgenden Ausführungen erörtern.

II.

Die Zeitschrift hat von Anfang an die Gegenstände, mit denen sie sich befaßte, als sozial-*ökonomische* behandelt. So wenig Sinn es nun hätte, hier Begriffsbestimmungen und Abgrenzungen von Wissenschaften vorzunehmen, so müssen wir uns doch darüber summarisch ins klare setzen, was das bedeutet.

Daß unsere physische Existenz ebenso wie die Befriedigung unserer idealsten Bedürfnisse überall auf die quantitative Begrenztheit und qualitative Unzulänglichkeit der dafür benötigten äußeren Mittel stößt, daß es zu ihrer Befriedigung der planvollen Vorsorge und der Arbeit, des Kampfes mit der Natur und der Vergesellschaftung mit Menschen bedarf, das ist, möglichst unpräzis ausgedrückt, der grundlegende Tatbestand, an den sich alle jene Erscheinungen knüpfen, die wir im weitesten Sinne als »sozialökonomische« bezeichnen. Die Qualität eines Vorganges als »sozial-ökonomischer« Erscheinung ist nun nicht etwas, was ihm als solchem »objektiv« anhaftet. Sie ist vielmehr bedingt durch die Richtung unseres Erkenntnis*interesses*, wie sie sich aus der spezifischen Kulturbedeutung ergibt, die wir dem betreffenden Vorgange im einzelnen Fall beilegen. Wo immer ein Vorgang des Kulturlebens in denjenigen Teilen seiner Eigenart, auf welchen für uns seine spezifische *Bedeutung* beruht, direkt oder in noch so vermittelter Weise an jenem Tatbestand verankert ist, da enthält er oder kann er wenigstens, so *weit* dies der Fall ist, ein sozialwissenschaftliches *Problem* enthalten, d. h. eine Aufgabe für eine Disziplin, welche die Aufklärung der Tragweite jenes grundlegenden Tatbestandes zu ihrem Gegenstande macht.

Wir können nun innerhalb der sozialökonomischen Probleme unterscheiden: Vorgänge und Komplexe von solchen, Normen, Institutionen usw., deren Kulturbedeutung für uns wesentlich auf ihrer ökonomischen Seite beruht, die uns – wie z. B. etwa Vorgänge des Börsen- und Banklebens – zunächst wesentlich nur unter *diesem* Gesichtspunkt interessieren. Dies wird regelmäßig (aber nicht etwa ausschließlich) dann der Fall sein, wenn es sich um Institutionen handelt, welche *bewußt* zu ökonomischen Zwekken geschaffen wurden oder benutzt werden. Solche Objekte unseres Erkennens können wir i. e. S. »wirtschaftliche« Vorgänge bzw. Institutionen nennen. Dazu treten andere, die – wie z. B. etwa Vorgänge des *religiösen* Lebens – uns nicht oder doch sicherlich nicht in erster Linie unter dem Gesichtspunkt ihrer ökonomischen Bedeutung und um dieser willen interessieren, die aber unter Umständen unter diesem Gesichtspunkt Bedeutung gewinnen, weil von ihnen *Wirkungen* ausgehen, die uns unter ökonomischen Gesichtspunkten interessieren: »ökonomisch relevante« Erscheinungen. Und endlich gibt es unter den *nicht* in unserem Sinne »wirtschaftlichen« Erscheinungen solche, deren ökonomische Wirkungen für uns von keinem oder doch nicht erheblichem Interesse sind: etwa die Richtung des künstlerischen Geschmacks einer Zeit, – die aber ihrerseits im Einzelfalle in gewissen bedeutsamen Seiten ihrer Eigenart durch ökonomische Motive, also z. B. in unserem Falle etwa durch die Art der sozialen Gliederung des künstlerisch interessierten Publikums mehr oder minder stark mit *beeinflußt* sind: ökonomisch *bedingte* Erscheinungen. Jener Komplex menschlicher Beziehungen, Normen und normbestimmter Verhältnisse, die wir »Staat« nennen, ist beispielsweise bezüglich der staatlichen Finanzwirtschaft eine »wirtschaftliche« Erscheinung; – insofern er gesetzgeberisch oder sonst auf das Wirtschaftsleben einwirkt (und zwar auch da, wo ganz andere als ökonomische Gesichtspunkte sein Verhalten bewußt bestimmen), ist er

»ökonomisch relevant«; – sofern endlich sein Verhalten und seine Eigenart auch in anderen als in seinen »wirtschaftlichen« Beziehungen durch ökonomische Motive mitbestimmt wird, ist er »ökonomisch bedingt«. Es versteht sich nach dem Gesagten von selbst, daß einerseits der Umkreis der »wirtschaftlichen« Erscheinungen ein flüssiger und nicht scharf abzugrenzender ist, und daß andererseits natürlich keineswegs etwa die »wirtschaftlichen« Seiten einer Erscheinung *nur* »wirtschaftlich bedingt« oder *nur* »wirtschaftlich wirksam« sind, und daß eine Erscheinung überhaupt die Qualität einer »wirtschaftlichen« nur insoweit und *nur* so lange behält, als unser *Interesse* sich der *Bedeutung*, die sie für den materiellen Kampf ums Dasein besitzt, ausschließlich zuwendet.

Unsere Zeitschrift nun befaßt sich wie die sozialökonomische Wissenschaft seit Marx und Roscher nicht nur mit »wirtschaftlichen«, sondern auch mit »wirtschaftlich relevanten« und »wirtschaftlich bedingten« Erscheinungen. Der Umkreis derartiger Objekte erstreckt sich natürlich – flüssig, wie er je nach der jeweiligen Richtung unseres Interesses ist, – offenbar durch die Gesamtheit aller Kulturvorgänge. Spezifisch ökonomische Motive – d. h. Motive, die in ihrer für uns bedeutsamen Eigenart an jenem grundlegenden Tatbestand verankert sind – werden überall da wirksam, wo die Befriedigung eines noch so immateriellen Bedürfnisses an die Verwendung *begrenzter* äußerer Mittel gebunden ist. Ihre Wucht hat deshalb überall nicht nur die Form der Befriedigung, sondern auch den Inhalt von Kulturbedürfnissen auch der innerlichsten Art mitbestimmt und umgestaltet. Der indirekte Einfluß, der unter dem Drucke »materieller« Interessen stehenden sozialen Beziehungen, Institutionen und Gruppierungen der Menschen, erstreckt sich (oft unbewußt) auf alle Kulturgebiete ohne Ausnahme, bis in die feinsten Nuancierungen des ästhetischen und religiösen Empfindens hinein. Die Vorgänge des alltäglichen Lebens nicht minder wie die »historischen« Ereignisse der hohen Politik, Kollektiv- und Massenerscheinungen ebenso wie »singuläre« Handlungen von Staatsmännern oder individuelle literarische und künstlerische Leistungen sind durch sie mitbeeinflußt, – »ökonomisch bedingt«. Andererseits wirkt die Gesamtheit aller Lebenserscheinungen und Lebensbedingungen einer historisch gegebenen Kultur auf die Gestaltung der materiellen Bedürfnisse, auf die Art ihrer Befriedigung, auf die Bildung der materiellen Interessengruppen und auf die Art ihrer Machtmittel und damit auf die Art des Verlaufes der »ökonomischen Entwicklung« ein, – wird »ökonomisch relevant«. Soweit unsere Wissenschaft *wirtschaftliche* Kulturerscheinungen im kausalen Regressus individuellen Ursachen – ökonomischen oder nicht ökonomischen Charakters – zurechnet, erstrebt sie »historische« Erkenntnis. Soweit sie *ein* spezifisches Element der Kulturerscheinungen: das ökonomische, in seiner Kulturbedeutung durch die verschiedensten Kulturzusammenhänge hindurch verfolgt, erstrebt sie Geschichts*interpretation* unter einem spezifischen Gesichtspunkt und bietet ein Teilbild, eine *Vorarbeit* für die volle historische Kulturerkenntnis.

Wenn nun auch nicht überall, wo ein Hineinspielen ökonomischer Momente als Folge oder Ursache stattfindet, ein sozialökonomisches *Problem* vorliegt – denn ein solches entsteht nur da, wo die Bedeutung jener Faktoren eben *problematisch* und nur durch die Anwendung der Methoden der sozial-ökonomischen Wissenschaft sicher feststellbar ist –, so ergibt sich doch der schier unübersehbare Umkreis des Arbeitsgebietes der sozial-ökonomischen Betrachtungsweise.

Unsere Zeitschrift hat nun schon bisher in wohlerwogener Selbstbeschränkung auf die Pflege einer ganzen Reihe höchst wichtiger Spezialgebiete unserer Disziplin, wie namentlich der deskriptiven Wirtschaftskunde, der Wirtschaftsgeschichte im engeren Sinne und der Statistik, im allgemeinen verzichtet. Ebenso hat sie die Erörterung der finanztechnischen Fragen und die technisch-ökonomischen Probleme der Markt- und Preisbildung in der modernen Tauschwirtschaft anderen Organen überlassen. Ihr Arbeitsgebiet waren gewisse Interessenkonstellationen und

-konflikte, welche durch die führende Rolle des Verwertung suchenden Kapitals in der Wirtschaft der modernen Kulturländer entstanden sind, in ihrer heutigen Bedeutung und ihrem geschichtlichen Gewordensein. Sie hat sich dabei nicht auf die im engsten Sinne »soziale Frage« genannten praktischen und entwicklungsgeschichtlichen Probleme: die Beziehungen der modernen Lohnarbeiterklasse zu der bestehenden Gesellschaftsordnung, beschränkt. Freilich mußte die wissenschaftliche Vertiefung des im Laufe der 80er Jahre [des 19. Jahrh.] bei uns sich verbreitenden Interesses gerade an dieser Spezialfrage zunächst eine ihrer wesentlichsten Aufgaben sein. Allein je mehr die praktische Behandlung der Arbeiterverhältnisse auch bei uns dauernder Gegenstand der gesetzgebenden Tätigkeit und der öffentlichen Erörterung geworden ist, um so mehr mußte der Schwerpunkt der wissenschaftlichen Arbeit sich auf die Feststellung der universelleren Zusammenhänge, in welche diese Probleme hineingehören, verschieben und damit in die Aufgabe einer Analyse *aller*, durch die Eigenart der ökonomischen Grundlagen unserer Kultur geschaffenen und insofern spezifisch modernen Kulturprobleme ausmünden. Die Zeitschrift hat denn auch schon sehr bald die verschiedensten, teils »ökonomisch relevanten«, teils »ökonomisch bedingten« Lebensverhältnisse auch der übrigen großen Klassen der modernen Kulturnationen und deren Beziehungen zueinander historisch, statistisch und theoretisch zu behandeln begonnen. Wir ziehen nur die Konsequenzen dieses Verhaltens, wenn wir jetzt als eigenstes Arbeitsgebiet unserer Zeitschrift die wissenschaftliche Erforschung der *allgemeinen Kulturbedeutung der sozialökonomischen Struktur des menschlichen Gemeinschaftslebens* und seiner historischen Organisationsformen bezeichnen. – Dies und nichts anderes meinen wir, wenn wir unsere Zeitschrift »Archiv für Sozialwissenschaft« genannt haben. Das Wort soll hier die geschichtliche und theoretische Beschäftigung mit den gleichen Problemen umfassen, deren praktische Lösung Gegenstand der »Sozial*politik*« im weitesten Sinne dieses Wortes ist. Wir machen dabei von dem Rechte Gebrauch, den Ausdruck »sozial« in seiner durch konkrete Gegenwartsprobleme bestimmten Bedeutung zu verwenden. Will man solche Disziplinen, welche die Vorgänge des menschlichen Lebens unter dem Gesichtspunkt ihrer *Kulturbedeutung* betrachten, »Kulturwissenschaften« nennen, so gehört die Sozialwissenschaft in unserem Sinne in diese Kategorie hinein. Wir werden bald sehen, welche prinzipiellen Konsequenzen das hat.

Unzweifelhaft bedeutet die Heraushebung der *sozialökonomischen* Seite des Kulturlebens eine sehr fühlbare Begrenzung unserer Themata. Man wird sagen, daß der ökonomische oder, wie man unpräzis gesagt hat, der »materialistische« Gesichtspunkt, von dem aus das Kulturleben hier betrachtet wird, »einseitig« sei. Sicherlich, und diese Einseitigkeit ist beabsichtigt. Der Glaube, es sei die Aufgabe fortschreitender wissenschaftlicher Arbeit, die »Einseitigkeit« der ökonomischen Betrachtungsweise dadurch zu heilen, daß sie zu einer *allgemeinen* Sozialwissenschaft erweitert werde, krankt zunächst an dem Fehler, daß der Gesichtspunkt des »Sozialen«, also der Beziehung zwischen Menschen, nur dann irgend welche zur Abgrenzung wissenschaftlicher Probleme ausreichende Bestimmtheit besitzt, wenn er mit irgend einem speziellen inhaltlichen Prädikat versehen ist. Sonst umfaßte er, als Objekt einer Wissenschaft gedacht, natürlich z. B. die Philologie ebensowohl wie die Kirchengeschichte und namentlich alle jene Disziplinen, die mit dem wichtigsten konstitutiven Elemente jedes Kulturlebens: dem Staat, und mit der wichtigsten Form seiner normativen Regelung: dem Recht, sich beschäftigen. Daß die Sozialökonomik sich mit »sozialen« Beziehungen befaßt, ist so wenig ein Grund, sie als notwendigen Vorläufer einer »allgemeinen Sozialwissenschaft« zu denken, wie etwa der Umstand, daß sie sich mit Lebenserscheinungen befaßt, dazu nötigt, sie als Teil der Biologie, oder der andere, daß sie es mit Vorgängen auf einem Himmelskörper zu tun hat, dazu, sie als Teil einer künftigen vermehrten und verbesserten Astronomie anzusehen. Nicht die *»sachlichen«* Zusammenhänge der

»Dinge«, sondern die *gedanklichen* Zusammenhänge der *Probleme* liegen den Arbeitsgebieten der Wissenschaften zugrunde: wo mit neuer Methode einem neuen Problem nachgegangen wird und dadurch Wahrheiten entdeckt werden, welche neue bedeutsame Gesichtspunkte eröffnen, da entsteht eine neue »Wissenschaft«. –

Es ist nun kein Zufall, daß der Begriff des »Sozialen«, der einen ganz allgemeinen Sinn zu haben scheint, sobald man ihn auf seine Verwendung hin kontrolliert, stets eine durchaus besondere, spezifisch gefärbte, wenn auch meist unbestimmte, Bedeutung an sich trägt; das »allgemeine« beruht bei ihm tatsächlich in nichts anderem als eben in seiner Unbestimmtheit. Er bietet eben, wenn man ihn in seiner »allgemeinen« Bedeutung nimmt, keinerlei spezifische *Gesichtspunkte*, unter denen man die *Bedeutung* bestimmter Kulturelemente beleuchten könnte.

Frei von dem veralteten Glauben, daß die Gesamtheit der Kulturerscheinungen sich als Produkt oder als Funktion »materieller« Interessenkonstellationen *deduzieren* lasse, glauben wir unsererseits doch, daß die *Analyse der sozialen Erscheinungen und Kulturvorgänge* unter dem speziellen Gesichtspunkte ihrer *ökonomischen* Bedingtheit und Tragweite ein wissenschaftliches Prinzip von schöpferischer Fruchtbarkeit war und, bei umsichtiger Anwendung und Freiheit von dogmatischer Befangenheit, auch in aller absehbarer Zeit noch bleiben wird. Die sogenannte »materialistische Geschichtsauffassung« als *»Weltanschauung«* oder als Generalnenner kausaler Erklärung der historischen Wirklichkeit ist auf das Bestimmteste abzulehnen, – die Pflege der ökonomischen Geschichts*interpretation* ist einer der wesentlichsten Zwecke unserer Zeitschrift. Das bedarf der näheren Erläuterung.

Die sogenannte »materialistische Geschichtsauffassung« in dem *alten* genial-primitiven Sinne etwa des kommunistischen Manifests beherrscht heute wohl nur noch die Köpfe von Laien und Dilettanten. Bei ihnen findet sich allerdings noch immer die eigentümliche Erscheinung verbreitet, daß ihrem Kausalbedürfnis bei der Erklärung einer historischen

Erscheinung so lange nicht Genüge geschehen ist, als nicht irgendwie und irgendwo ökonomische Ursachen als mitspielend nachgewiesen sind (oder zu sein scheinen); ist dies aber der Fall, dann begnügen sie sich wiederum mit der fadenscheinigsten Hypothese und den allgemeinsten Redewendungen, weil nunmehr ihrem dogmatischen Bedürfnis, daß die ökonomischen »Triebkräfte« die »eigentlichen«, einzig »wahren«, in »letzter Instanz überall Ausschlag gebenden« seien, Genüge geschehen ist. Die Erscheinung ist ja nichts Einzigartiges. Es haben fast alle Wissenschaften, von der Philologie bis zur Biologie, gelegentlich den Anspruch erhoben, Produzenten nicht nur von Fachwissen, sondern auch von »Weltanschauungen« zu sein. Und unter dem Eindruck der gewaltigen Kulturbedeutung der *modernen* ökonomischen Umwälzungen und speziell der überragenden Tragweite der »Arbeiterfrage« glitt der unausrottbare monistische Zug jedes gegen sich selbst unkritischen Erkennens naturgemäß auf diesen Weg. Der gleiche Zug kommt jetzt, wo in zunehmender Schärfe der politische und handelspolitische Kampf der Nationen untereinander um die Welt gekämpft wird, der Anthropologie zugute: ist doch der Glaube weit verbreitet, daß »in letzter Linie« alles historische Geschehen Ausfluß des Spiels angeborener »Rassenqualitäten« gegeneinander sei. An die Stelle der kritiklosen bloßen Beschreibung von »Volkscharakteren« trat die noch kritiklosere Aufstellung von eigenen »Gesellschaftstheorien« auf »naturwissenschaftlicher« Grundlage. Wir werden in unserer Zeitschrift die Entwicklung der anthropologischen Forschung, soweit sie für unsere Gesichtspunkte Bedeutung gewinnt, sorgsam verfolgen. Es steht zu hoffen, daß der Zustand, in welchem die kausale Zurückführung von Kulturvorgängen auf die »Rasse« lediglich unser *Nicht*wissen dokumentierte – ähnlich wie etwa die Bezugnahme auf das »Milieu« oder, früher, auf die »Zeitumstände« –, allmählich durch methodisch geschulte Arbeit überwunden wird. Wenn etwas dieser Forschung bisher geschadet hat, so ist es die Vorstellung eifriger Dilettanten, daß sie für die Erkenntnis der

Kultur etwas spezifisch Anderes und Erheblicheres leisten könnte, als die Erweiterung der Möglichkeit sicherer Zurechnung einzelner *konkreter* Kulturvorgänge der historischen Wirklichkeit zu *konkreten historisch* gegebenen Ursachen durch Gewinnung *exakten*, unter spezifischen Gesichtspunkten erhobenen Beobachtungsmaterials. Ausschließlich soweit sie uns *dies* zu bieten vermögen, haben ihre Ergebnisse für uns Interesse und qualifizieren sie die »Rassenbiologie« als etwas mehr als ein Produkt des modernen wissenschaftlichen Gründungsfiebers.

Nicht anders steht es um die Bedeutung der ökonomischen Interpretation des Geschichtlichen. Wenn nach einer Periode grenzenloser Überschätzung heute beinahe die Gefahr besteht, daß sie in ihrer wissenschaftlichen Leistungsfähigkeit *unter*wertet werde, so ist das die Folge der beispiellosen Unkritik, mit welcher die ökonomische Deutung der Wirklichkeit als »universelle« Methode in dem Sinn einer Deduktion aller Kulturerscheinungen – d. h. alles an ihnen für uns Wesentlichen – als in letzter Instanz ökonomisch bedingt verwendet wurde. Heute ist die logische Form, in der sie auftritt, nicht ganz einheitlich. Wo für die rein ökonomische Erklärung sich Schwierigkeiten ergeben, stehen verschiedene Mittel zur Verfügung, um ihre Allgemeingültigkeit als entscheidendes ursächliches Moment aufrecht zu erhalten. Entweder man behandelt alles das, was in der historischen Wirklichkeit *nicht* aus ökonomischen Motiven deduzierbar ist, als eben *deshalb* wissenschaftlich *bedeutungslose* »Zufälligkeit«. Oder man dehnt den Begriff des Ökonomischen bis zur Unkenntlichkeit, so daß alle menschlichen Interessen, welche irgendwie an äußere Mittel gebunden sind, in jenen Begriff einbezogen werden. Steht historisch fest, daß auf zwei in ökonomischer Hinsicht *gleiche* Situationen dennoch *verschieden* reagiert wurde – infolge der Differenzen der politischen und religiösen, klimatischen und der zahllosen anderen *nicht* ökonomischen Determinanten –, dann degradiert man, um die Suprematie des Ökonomischen zu erhalten, alle diese Momente zu den historisch zufälligen »Bedingungen«, unter denen die ökonomischen Motive als »Ursachen« wirken. Es versteht sich aber, daß alle jene für die ökonomische Betrachtung »zufälligen« Momente ganz in demselben Sinne wie die ökonomischen je ihren eigenen Gesetzen folgen, und daß für eine Betrachtungsweise, welche *ihre* spezifische Bedeutung verfolgt, die jeweiligen *ökonomischen* »Bedingungen« ganz in dem gleichen Sinne »historisch zufällig« sind, wie umgekehrt. Ein beliebter Versuch, demgegenüber die überragende Bedeutung des Ökonomischen zu retten, besteht endlich darin, daß man das konstante Mit- und Aufeinanderwirken der einzelnen Elemente des Kulturlebens in eine kausale oder funktionelle *Abhängigkeit* des einen von den anderen oder vielmehr aller übrigen von einem: dem ökonomischen, deutet. Wo eine bestimmte einzelne *nicht* wirtschaftliche Institution historisch auch eine bestimmte »Funktion« im Dienste von ökonomischen Klasseninteressen versehen hat, d.h. diesen dienstbar geworden ist, wo z.B. etwa bestimmte religiöse Institutionen als »schwarze Polizei« sich verwenden lassen und verwendet werden, wird dann die ganze Institution entweder als für diese Funktion geschaffen, oder – ganz metaphysisch – als durch eine vom Ökonomischen ausgehende »Entwicklungstendenz« geprägt, vorgestellt.

Es bedarf heute für keinen Fachmann mehr der Ausführung, daß *diese* Deutung des Zweckes der ökonomischen Kulturanalyse der Ausfluß teils einer bestimmten geschichtlichen Konstellation, die das wissenschaftliche Interesse bestimmten ökonomisch bedingten Kulturproblemen zuwendete, teils eines rabiaten wissenschaftlichen Ressortpatriotismus war und daß sie heute mindestens veraltet ist. Die Reduktion auf ökonomische Ursachen *allein* ist auf *keinem* Gebiete der Kulturerscheinungen je in irgend einem Sinn erschöpfend, auch nicht auf demjenigen der »wirtschaftlichen« Vorgänge. Prinzipiell ist eine *Bank*geschichte irgend eines Volkes, die nur die ökonomischen Motive zur Erklärung heranziehen wollte, natürlich ganz ebenso unmöglich, wie es etwa eine »Erklärung« der Sixtinischen Madonna aus den sozial-ökonomischen Grundlagen des Kulturlebens zur Zeit ihrer Entstehung sein würde, und sie ist in keiner Weise prinzipiell erschöpfender als es etwa die Ableitung des Kapitalismus aus gewissen Umgestaltungen religiöser Bewußtseinsinhalte, die bei der Genesis des kapitalistischen Geistes mitspielten, oder etwa irgend eines politischen Gebildes aus geographischen Bedingungen sein würden. In *allen* diesen Fällen ist für das Maß der Bedeutung, die wir ökonomischen Bedingungen beizumessen haben, entscheidend, welcher Klasse von Ursachen *diejenigen* spezifischen Elemente der betreffenden Erscheinung, denen wir im einzelnen Falle *Bedeutung* beilegen, auf die es uns ankommt, *zuzurechnen* sind. Das Recht der *einseitigen* Analyse der Kulturwirklichkeit unter spezifischen »Gesichtspunkten« aber – in unserem Falle dem ihrer ökonomischen Bedingtheit – ergibt sich zunächst rein methodisch aus dem Umstande, daß die Einschulung des Auges auf die Beobachtung der Wirkung qualitativ gleichartiger Ursachenkategorien und die stete Verwendung des gleichen begrifflich-methodischen Apparates alle Vorteile der Arbeitsteilung bietet. Sie ist so lange nicht »willkürlich«, als der *Erfolg* für sie spricht, d. h. als sie Erkenntnis von Zusammenhängen liefert, welche für die kausale Zurechnung konkreter historischer Vorgänge sich als *wertvoll* erweisen. *Aber:* die *»Einseitigkeit«* und Unwirklichkeit der rein ökonomischen Interpretation des Geschichtlichen ist überhaupt nur ein Spezialfall eines ganz allgemein für die wissenschaftliche Erkenntnis der Kulturwirklichkeit geltenden Prinzips. Dies in seinen logischen Grundlagen und in seinen allgemeinen methodischen Konsequenzen uns zu verdeutlichen, ist der wesentliche Zweck der weiteren Auseinandersetzungen.

Es *gibt keine* schlechthin »objektive« wissenschaftliche Analyse des Kulturlebens oder – was vielleicht etwas Engeres, für unsern Zweck aber sicher nichts wesentlich anderes bedeutet – der »sozialen Erscheinungen« *unabhängig* von speziellen und »einseitigen« Gesichtspunkten, nach denen sie – ausdrücklich oder stillschweigend, bewußt oder unbewußt – als Forschungsobjekt ausgewählt, analysiert und darstellend gegliedert werden. Der Grund liegt in der Eigenart des Erkenntnisziels einer jeden sozialwissenschaftlichen Arbeit, die über eine rein *formale* Betrachtung der *Normen* – rechtlichen oder konventionellen – des sozialen Beieinanderseins hinausgehen will.

Die Sozialwissenschaft, die *wir* treiben wollen, ist eine *Wirklichkeitwissenschaft.* Wir wollen die uns umgebende Wirklichkeit des Lebens, in welches wir hineingestellt sind, *in ihrer Eigenart* verstehen – den Zusammenhang und die Kultur*bedeutung* ihrer einzelnen Erscheinungen in ihrer heutigen Gestaltung einerseits, die Gründe ihres geschichtlichen So-und-nicht-anders-Gewordenseins andererseits. Nun bietet uns das Leben, sobald wir uns auf die Art, in der es uns unmittelbar entgegentritt, zu besinnen suchen, eine schlechthin unendliche Mannigfaltigkeit von nach- und nebeneinander auftauchenden und vergehenden Vorgängen, »in« uns und »außer« uns. Und die absolute Unendlichkeit dieser Mannigfaltigkeit bleibt intensiv durchaus ungemindert auch dann bestehen, wenn wir ein einzelnes »Objekt« – etwa einen konkreten Tauschakt – isoliert ins Auge fassen, – sobald wir nämlich ernstlich versuchen wollen, dies »Einzelne« *erschöpfend in allen* seinen individuellen Bestandteilen auch nur zu beschreiben, geschweige denn es in seiner kausalen Bedingtheit zu erfassen. Alle denkende Erkenntnis der unendlichen Wirklichkeit durch den endlichen Menschengeist beruht daher auf der stillschweigenden Voraussetzung, daß jeweils nur ein endlicher *Teil* derselben den Gegenstand wissenschaftlicher Erfassung bilden, daß nur er »wesentlich« im Sinne von »wissenswert« sein solle. Nach welchen Prinzipien aber wird dieser Teil ausgesondert? Immer wieder hat man geglaubt, das entscheidende Merkmal auch in den Kulturwissenschaften in letzter Linie in der »gesetzmäßigen« Wiederkehr bestimmter ursächlicher Verknüpfungen finden zu können. Das, was die »Gesetze«, die wir in dem unübersehbar mannigfaltigen Ablauf der Erscheinungen zu erkennen vermögen, in sich enthalten, muß – nach dieser Auffassung – das allein wissenschaftlich »Wesentliche«

an ihnen sein: sobald wir die »Gesetzlichkeit« einer ursächlichen Verknüpfung, sei es mit den Mitteln umfassender historischer Induktion als ausnahmslos geltend nachgewiesen, sei es für die innere Erfahrung zur unmittelbar anschaulichen Evidenz gebracht haben, ordnet sich ja jeder so gefundenen Formel jede noch so groß gedachte Zahl gleichartiger Fälle unter. Was nach dieser Heraushebung des »Gesetzmäßigen« jeweils von der individuellen Wirklichkeit unbegriffen verbleibt, gilt entweder als wissenschaftlich noch unverarbeiteter Rückstand, der durch immer weitere Vervollkommnung des »Gesetzes«-Systems in dies hineinzuarbeiten sei, oder aber es bleibt als »zufällig« und eben *deshalb* wissenschaftlich unwesentlich überhaupt beiseite, eben *weil* es nicht »gesetzlich begreifbar« ist, *also* nicht zum »Typus« des Vorgangs gehört und daher nur Gegenstand »müßiger Neugier« sein kann. Immer wieder taucht demgemäß – selbst bei Vertretern der historischen Schule – die Vorstellung auf, das Ideal, dem alle, also auch die Kulturerkenntnis zustrebe und, wenn auch für eine ferne Zukunft, zustreben könne, sei ein System von Lehrsätzen, aus dem die Wirklichkeit deduziert« werden könnte. Ein Führer der Naturwissenschaft hat bekanntlich geglaubt, als das (faktisch unerreichbare) ideale Ziel einer solchen Verarbeitung der Kulturwirklichkeit eine *»astronomische«* Erkenntnis der Lebensvorgänge bezeichnen zu können. Lassen wir uns, so oft diese Dinge nun auch schon erörtert sind, die Mühe nicht verdrießen, auch unsererseits hier etwas näher zuzusehen. Zunächst fällt in die Augen, daß diejenige »astronomische« Erkenntnis, an welche dabei gedacht wird, *keine* Erkenntnis von *Gesetzen* ist, sondern vielmehr die »Gesetze«, mit denen sie arbeitet, als *Voraussetzungen* ihrer Arbeit anderen Disziplinen, wie der Mechanik, entnimmt. Sie selbst aber interessiert sich für die Frage: welches *individuelle* Ergebnis die Wirkung jener Gesetze auf eine *individuell* gestaltete *Konstellation* erzeugt, da diese individuellen Konstellationen für uns *Bedeutung* haben. Jede individuelle Konstellation, die sie uns »erklärt« oder voraussagt, ist natürlich kausal nur erklärbar als Folge einer anderen gleich individuellen ihr vorhergehenden, und soweit wir zurückgreifen in den grauen Nebel der fernsten Vergangenheit, – stets bleibt die Wirklichkeit, *für* welche die Gesetze gelten, gleich individuell, gleich wenig *aus* den Gesetzen *deduzierbar*. Ein kosmischer »Urzustand«, der einen nicht oder weniger individuellen Charakter an sich trüge, als es die kosmische Wirklichkeit der Gegenwart ist, wäre natürlich ein *sinnloser* Gedanke: – aber spukt nicht ein Rest ähnlicher Vorstellungen auf unserem Gebiet in jenen bald naturrechtlich erschlossenen, bald durch Beobachtung an »Naturvölkern« verifizierten Annahmen ökonomisch-sozialer »Urzustände« ohne historische »Zufälligkeiten«, – so des »primitiven Agrarkommunismus«, der sexuellen »Promiskuität« usw., – aus denen heraus alsdann durch eine Art von Sündenfall ins Konkrete die individuelle historische Entwicklung entsteht?

Ausgangspunkt des sozialwissenschaftlichen Interesses ist nun zweifellos die *wirkliche*, also individuelle Gestaltung des uns umgebenden sozialen Kulturlebens in seinem *universellen*, aber deshalb natürlich nicht minder *individuell* gestalteten, Zusammenhange und in seinem Gewordensein aus anderen, selbstverständlich wiederum individuell gearteten, sozialen Kulturzuständen heraus. Offenbar liegt hier der Sachverhalt, den wir eben an der Astronomie als einem (auch von den Logikern regelmäßig zum gleichen Behufe herangezogenen) Grenzfalle erläuterten, in spezifisch gesteigertem Maße vor. Während für die Astronomie die Weltkörper nur in ihren *quantitativen*, exakter Messung zugänglichen Beziehungen für unser Interesse in Betracht kommen, ist die *qualitative* Färbung der Vorgänge das, worauf es uns in der Sozialwissenschaft ankommt. Dazu tritt, daß es sich in den Sozialwissenschaften um die Wirkung *geistiger* Vorgänge handelt, welche nacherlebend zu *»verstehen«* natürlich eine Aufgabe spezifisch anderer Art ist, als sie die Formeln der exakten Naturerkenntnis überhaupt lösen können oder wollen. Immerhin sind diese Unterschiede nicht an sich derart prinzipielle, wie es auf den ersten Blick scheint. Ohne Qualitäten kommen – von der reinen Mechanik abgesehen – auch die exakten Naturwissenschaften nicht aus; wir stoßen ferner auf unserem Spezialgebiet auf die – freilich schiefe – Meinung, daß wenigstens die für unsere Kultur fundamentale Erscheinung des geldwirtschaftlichen Verkehrs quantifizierbar und *eben deshalb* »gesetzlich« erfaßbar sei; und endlich hängt es von der engeren oder weiteren Fassung des Begriffs »Gesetz« ab, ob man auch Regelmäßigkeiten, die, weil nicht quantifizierbar, keiner zahlenmäßigen Erfassung zugänglich sind, darunter verstehen will. Was speziell die Mitwirkung »geistiger« Motive anlangt, so schließt sie jedenfalls die Aufstellung von *Regeln* rationalen Handelns nicht aus, und vor allem ist die Ansicht noch heute nicht ganz verschwunden, daß es eben die Aufgabe der *Psychologie* sei, eine der Mathematik vergleichbare Rolle für die einzelnen »Geisteswissenschaften« zu spielen, indem sie die komplizierten Erscheinungen des Soziallebens auf ihre psychischen Bedingungen und Wirkungen hin zu zergliedern, diese auf möglichst einfache psychische Faktoren zurückzuführen, letztere wieder gattungsmäßig zu klassifizieren und in ihren funktionellen Zusammenhängen zu untersuchen habe. Damit wäre dann, wenn auch keine »Mechanik«, so doch eine Art von »Chemie« des Soziallebens in seinen psychischen Grundlagen geschaffen. Ob derartige Untersuchungen jemals wertvolle und – was davon verschieden ist – für die *Kultur*wissenschaften brauchbare Einzelergebnisse liefern würden, können wir hier nicht entscheiden wollen. Für die Frage aber, ob das *Ziel* sozialökonomischer Erkenntnis in unserem Sinn: Erkenntnis der *Wirklichkeit* in ihrer Kultur*bedeutung* und ihrem kausalen Zusammenhang durch die Aufsuchung des sich gesetzmäßig Wiederholenden erreicht werden kann, wäre dies ohne allen Belang. Gesetzt den Fall, es gelänge einmal, sei es mittels der Psychologie, sei es auf anderem Wege, alle jemals beobachteten und weiterhin auch alle in irgend einer Zukunft denkbaren ursächlichen Verknüpfungen von Vorgängen des menschlichen

Zusammenlebens auf irgend welche einfache letzte »Faktoren« hin zu analysieren, und dann in einer ungeheuren Kasuistik von Begriffen und streng gesetzlich geltenden Regeln erschöpfend zu erfassen, – was würde das Resultat für die Erkenntnis der *geschichtlich* gegebenen Kulturwelt, oder auch nur irgend einer Einzelerscheinung daraus – etwa des Kapitalismus in seinem Gewordensein und seiner Kulturbedeutung –, besagen? Als Erkenntnis*mittel* ebensoviel und ebensowenig wie etwa ein Lexikon der organischen chemischen Verbindungen für die *biogenetische* Erkenntnis der Tier- und Pflanzenwelt. Im einen Falle wie im andern würde eine sicherlich wichtige und nützliche Vorarbeit geleistet sein. Im einen Fall so wenig wie im andern ließe sich aber aus jenen »Gesetzen« und »Faktoren« die Wirklichkeit des Lebens jemals *deduzieren*, – nicht etwa deshalb nicht, weil noch irgend welche höhere und geheimnisvolle »Kräfte« (»Dominanten«, »Entelechien« oder wie man sie sonst genannt hat) in den Lebenserscheinungen stecken müßten – das ist eine Frage ganz für sich –, sondern schon einfach deswegen, weil es uns für die Erkenntnis der Wirklichkeit auf die *Konstellation* ankommt, in der sich jene (hypothetischen!) »Faktoren«, zu einer geschichtlich für uns *bedeutsamen* Kulturerscheinung gruppiert, vorfinden, und weil, *wenn* wir nun diese individuelle Gruppierung »kausal erklären« wollen, wir immer auf andere, ganz ebenso individuelle Gruppierungen zurückgreifen müßten, aus denen wir sie, natürlich unter Benutzung jener (hypothetischen!) »Gesetzes«-Begriffe »erklären« würden. Jene (hypothetischen) »Gesetze« und »Faktoren« festzustellen, wäre für uns also jedenfalls nur die *erste* der mehreren Arbeiten, die zu der von uns erstrebten Erkenntnis führen würden. Die Analyse und ordnende Darstellung der jeweils historisch gegebenen, individuellen Gruppierung jener »Faktoren« und ihres dadurch bedingten konkreten, in seiner Art *bedeutsamen* Zusammenwirkens und vor allem die *Verständlichmachung* des Grundes und der Art dieser Bedeutsamkeit wäre die nächste, zwar unter Verwendung jener Vorarbeit zu lösende, aber ihr gegenüber völlig neue und *selbständige* Aufgabe. Die Zurückverfolgung der einzelnen, für die *Gegenwart* bedeutsamen, individuellen Eigentümlichkeiten dieser Gruppierungen in ihrem Gewordensein, so weit in die Vergangenheit als möglich, und ihre historische Erklärung aus früheren, wiederum individuellen Konstellationen wäre die dritte, – die Abschätzung möglicher Zukunftskonstellationen endlich eine denkbare vierte Aufgabe.

Für alle diese Zwecke wäre das Vorhandensein klarer Begriffe und die Kenntnis jener (hypothetischen) »Gesetze« offenbar als Erkenntnis*mittel* – aber auch *nur* als solches – von großem Werte, ja sie wäre zu diesem Zwecke schlechthin unentbehrlich. Aber selbst in dieser Funktion zeigt sich an *einem* entscheidenden Punkte sofort die Grenze ihrer Tragweite, und mit deren Feststellung gelangen wir zu der entscheidenden Eigenart kulturwissenschaftlicher Betrachtungsweise. Wir haben als »Kulturwissenschaften« solche Disziplinen bezeichnet, welche die Lebenserscheinungen in ihrer Kultur*bedeutung* zu erkennen streben. Die *Bedeutung* der Gestaltung einer Kulturerscheinung und der *Grund* dieser Bedeutung kann aber aus keinem noch so vollkommenen System von Gesetzesbegriffen entnommen, begründet und verständlich gemacht werden, denn sie setzt die Beziehung der Kulturerscheinungen *auf Wertideen* voraus. Der Begriff der Kultur ist ein *Wertbegriff*. Die empirische Wirklichkeit *ist* für uns »Kultur«, weil und sofern wir sie mit Wertideen in Beziehung setzen; sie umfaßt diejenigen Bestandteile der Wirklichkeit, welche durch jene Beziehung für uns *bedeutsam* werden, und *nur* diese. Ein winziger Teil der jeweils betrachteten individuellen Wirklichkeit wird von unserm durch jene Wertideen bedingten Interesse gefärbt, er allein hat Bedeutung für uns; er hat sie, weil er Beziehungen aufweist, die für uns infolge ihrer Verknüpfung mit Wertideen *wichtig* sind. Nur weil und soweit dies der Fall ist, ist er in seiner individuellen Eigenart für uns wissenswert. *Was* aber für uns Bedeutung hat, das ist natürlich durch keine »voraussetzungslose« Untersuchung des empirisch Gegebenen zu erschließen, sondern seine Feststellung ist Voraussetzung dafür, daß etwas *Gegenstand* der Untersuchung wird. Das Bedeutsame koinzidiert natürlich auch als solches mit keinem Gesetze als solchem, und zwar um so weniger, je allgemeingültiger jenes Gesetz ist. Denn die spezifische *Bedeutung*, die ein Bestandteil der Wirklichkeit für uns hat, findet sich natürlich gerade *nicht* in denjenigen seiner Beziehungen, die er mit möglichst vielen anderen teilt. Die Beziehung der Wirklichkeit auf Wertideen, die ihr Bedeutung verleihen, und die Heraushebung und Ordnung der dadurch gefärbten Bestandteile des Wirklichen unter dem Gesichtspunkt ihrer Kultur*bedeutung* ist ein gänzlich heterogener und disparater Gesichtspunkt gegenüber der Analyse der Wirklichkeit auf *Gesetze* und ihrer Ordnung in generellen Begriffen. Beide Arten der denkenden Ordnung des Wirklichen haben keinerlei notwendige logische Beziehungen zueinander. Sie können in einem Einzelfall einmal koinzidieren, aber es ist von den verhängnisvollsten Folgen, wenn dies zufällige Zusammentreffen über ihr *prinzipielles* Auseinanderfallen täuscht. Es *kann* die Kultur*bedeutung* einer Erscheinung, z. B. des geldwirtschaftlichen Tausches, darin bestehen, daß er als Massenerscheinung auftritt, wie dies eine fundamentale Komponente des heutigen Kulturlebens ist. Alsdann ist aber eben die *historische* Tatsache, daß er diese Rolle spielt, das, was in seiner Kultur*bedeutung* verständlich zu machen, in seiner historischen Entstehung kausal zu erklären ist. Die Untersuchung des *generellen* Wesens des Tausches und der *Technik* des Marktverkehrs ist eine – höchst wichtige und unentbehrliche! – *Vor*arbeit. Aber nicht nur ist damit die Frage nicht beantwortet, wie denn historisch der Tausch zu seiner heutigen fundamentalen Bedeutung gekommen ist, sondern vor allen Dingen: das, worauf es uns in letzter Linie doch ankommt: die *Kulturbedeutung* der Geldwirtschaft, um derentwillen wir uns für jene Schilderung der Verkehrstechnik ja allein interessieren, um derentwillen allein es heute eine Wissenschaft gibt, welche sich mit jener Technik befaßt, – sie folgt aus keinem jener »Gesetze«. Die *gattungsmäßigen Merkmale* des Tausches, Kaufs usw. interessieren den Juristen, – was uns angeht, ist die Aufgabe, eben jene *Kulturbedeutung* der *historischen* Tatsache, daß der Tausch heute Massenerscheinung ist, zu analysieren. Wo sie erklärt werden soll, wo wir verstehen wollen, was unsere sozialökonomische Kultur etwa von der des Altertums, in welcher der Tausch ja genau die gleichen gattungsmäßigen Qualitäten aufwies wie heute, *unterscheidet*, worin also die *Bedeutung* der »Geldwirtschaft« liegt, da ragen logische Prinzipien durchaus heterogener Herkunft in die Untersuchung hinein: wir werden jene Begriffe, welche die Untersuchung der gattungsmäßigen Elemente der ökonomischen Massenerscheinungen uns liefert, zwar, *soweit* in ihnen bedeutungsvolle Bestandteile unserer Kultur enthalten sind, als Darstellungs*mittel* verwenden: – nicht nur aber ist das *Ziel* unserer Arbeit durch die noch so genaue Darstellung jener Begriffe und Gesetze nicht erreicht, sondern die Frage, was zum Gegenstand der gattungsmäßigen Begriffsbildung gemacht werden soll, ist gar nicht »voraussetzungslos«, sondern eben im Hinblick auf die *Bedeutung* entschieden worden, welche bestimmte Bestandteile jener unendlichen Mannigfaltigkeit, die wir »Verkehr« nennen, für die Kultur besitzen. Wir erstreben eben die Erkenntnis einer historischen, d. h. einer in ihrer *Eigenart bedeutungsvollen*, Erscheinung. Und das entscheidende dabei ist: nur durch die Voraussetzung, daß ein *endlicher* Teil der unendlichen Fülle der Erscheinungen allein *bedeutungsvoll* sei, wird der Gedanke einer Erkenntnis *individueller* Erscheinungen überhaupt logisch sinnvoll. Wir ständen, selbst mit der denkbar umfassendsten Kenntnis *aller* »Gesetze« des Geschehens, ratlos vor der Frage: wie ist *kausale Erklärung* einer *individuellen* Tatsache überhaupt *möglich?*, – da schon eine *Beschreibung* selbst des kleinsten Ausschnittes der Wirklichkeit ja niemals erschöpfend denkbar ist. Die Zahl und Art der Ursachen, die irgend ein individuelles Ereignis bestimmt haben, ist ja stets *unendlich*, und es gibt keinerlei in den Dingen selbst liegendes Merkmal, einen Teil von ihnen als allein in Betracht kommend auszusondern. Ein Chaos von »Existenzialurteilen« über unzählige einzelne Wahrnehmungen wäre das einzige, was der Versuch eines ernstlich »voraussetzungslosen« Erkennens der Wirklichkeit erzielen würde. Und selbst dieses Ergebnis wäre nur scheinbar möglich, denn die Wirklichkeit jeder einzelnen Wahrnehmung zeigt bei näherem Zusehen ja stets unendlich viele einzelne Bestandteile, die nie erschöpfend in Wahrnehmungsurteilen ausgesprochen werden können. In dieses Chaos bringt *nur* der Umstand Ordnung, daß in jedem Fall nur ein *Teil* der individuellen Wirklichkeit für uns Interesse und *Bedeutung* hat, weil nur er in Beziehung steht zu den *Kulturwertideen*, mit welchen wir an die Wirklichkeit herantreten. Nur bestimmte *Seiten* der stets unendlich mannigfaltigen Einzelerscheinungen: diejenigen, welchen wir eine allgemeine *Kulturbedeutung* beimessen, sind daher wissenswert, sie allein sind Gegenstand der kausalen Erklärung. Auch diese kausale Erklärung selbst weist dann wiederum die gleiche Erscheinung auf: ein *erschöpfender* kausaler Regressus von irgend einer konkreten Erscheinung in ihrer *vollen* Wirklichkeit aus ist nicht nur praktisch unmöglich, sondern einfach ein Unding. Nur diejenigen Ursachen, welchen die im Einzelfalle *»wesentlichen«* Bestandteile eines Geschehens *zuzurechnen* sind, greifen wir heraus: die Kausalfrage ist, wo es sich um die *Individualität* einer Erscheinung handelt, nicht eine Frage nach *Gesetzen*, sondern nach konkreten kausalen *Zusammenhängen*, nicht eine Frage, welcher Formel die Erscheinung als Exemplar unterzuordnen, sondern die Frage, welcher individuellen Konstellation sie als Ergebnis zuzurechnen ist: sie ist *Zurechnungsfrage*. Wo immer die kausale Erklärung einer »Kulturerscheinung« – eines *»historischen Individuums«*, wie wir im Anschluß an einen in der Methodologie unserer Disziplin schon gelegentlich gebrauchten und jetzt in der Logik in präziser Formulierung üblich werdenden Ausdruck sagen wollen – in Betracht kommt, da kann die Kenntnis von *Gesetzen* der Verursachung nicht *Zweck*, sondern nur *Mittel* der Untersuchung sein. Sie erleichtert und ermöglicht uns die kausale Zurechnung der in ihrer Individualität kulturbedeutsamen Bestandteile der Erscheinungen zu ihren konkreten Ursachen. Soweit, und nur soweit, als sie dies leistet, ist sie für die Erkenntnis individueller Zusammenhänge wertvoll. Und je »allgemeiner«, d. h. abstrakter, die Gesetze sind, desto weniger leisten sie für die Bedürfnisse der kausalen Zurechnung *individueller* Erscheinungen und damit indirekt für das Verständnis der Bedeutung der Kulturvorgänge.

Was folgt nun aus alledem?

Natürlich nicht etwa, daß auf dem Gebiet der Kulturwissenschaften die Erkenntnis des *Generellen*, die Bildung abstrakter Gattungsbegriffe, die Erkenntnis von Regelmäßigkeiten und der Versuch der Formulierung von *»gesetzlichen«* Zusammenhängen keine wissenschaftliche Berechtigung hätte. Im geraden Gegenteil: wenn die kausale Erkenntnis des Historikers *Zurechnung* konkreter Erfolge zu konkreten Ursachen ist, so ist eine *gültige* Zurechnung irgend eines individuellen Erfolges ohne die Verwendung »nomologischer« Kenntnis – Kenntnis der Regelmäßigkeiten der kausalen Zusammenhänge – überhaupt nicht *möglich*. Ob einem einzelnen individuellen Bestandteil eines Zusammenhanges in der Wirklichkeit in concreto kausale Bedeutung für den Erfolg, um dessen kausale Erklärung es sich handelt, beizumessen ist, kann ja im Zweifelsfalle *nur* durch Abschätzung der Einwirkungen, welche wir von ihm und den *anderen*, für die Erklärung mit in Betracht kommenden Bestandteilen des gleichen Komplexes *generell* zu erwarten pflegen: welche [mithin] *»adäquate«* Wirkungen der betreffenden ursächlichen Elemente sind, bestimmt werden. Inwieweit der Historiker (im weitesten Sinne des Wortes) mit seiner aus der persönlichen Lebenserfahrung gespeisten und methodisch geschulten Phantasie diese Zurechnung sicher vollziehen kann und inwieweit er auf die Hilfe spezieller Wissenschaften angewiesen ist, welche sie ihm ermöglichen, das hängt vom Einzelfalle ab. Überall aber und so auch auf dem Gebiet komplizierter wirtschaftlicher Vorgänge ist die *Sicherheit* der Zurechnung um so größer, je gesicherter und umfassender unsere generelle Erkenntnis ist. Daß es sich dabei stets, auch bei allen sog. »wirtschaftlichen Gesetzen« ohne Ausnahme, nicht um im engeren, exakt naturwissenschaftlichen Sinne »gesetzliche«, sondern um in Regeln ausgedrückte *adäquate* ursächliche Zusammenhänge, um eine hier nicht näher zu analysierende Anwendung der Kategorie der »objektiven Möglichkeit« handelt, tut diesem Satz nicht den mindesten Eintrag. Nur ist eben die Aufstellung solcher Regelmäßigkeiten nicht *Ziel*, sondern *Mittel* der Erkenntnis, und ob es Sinn hat, eine aus der Alltagserfahrung bekannte Regelmäßigkeit ursächlicher Verknüpfung als »Gesetz« in eine Formel zu bringen, ist in jedem einzelnen Fall eine Zweckmäßigkeitsfrage. Für die exakte Naturwissenschaft sind die »Gesetze« um so wichtiger und wertvoller, je *allgemeingültiger* sie sind; für die Erkenntnis der historischen Erscheinungen in ihrer konkreten Voraussetzung sind die *allgemeinsten* Gesetze, weil die inhaltleersten, regelmäßig auch die wertlosesten. Denn je umfassender die Geltung eines *Gattungs*begriffes – sein *Umfang* – ist, desto mehr führt er uns von der Fülle der Wirklichkeit *ab*, da er ja, *um* das Gemeinsame möglichst vieler Erscheinungen zu enthalten, möglichst abstrakt, also inhalts*arm* sein muß. Die Erkenntnis des Generellen ist uns in den Kulturwissenschaften nie um ihrer selbst willen wertvoll.

Was sich nun als Resultat des bisher Gesagten ergibt, ist, daß eine »objektive« Behandlung der Kulturvorgänge in dem Sinne, daß als idealer Zweck der wissenschaftlichen Arbeit die Reduktion des Empirischen auf »Gesetze« zu gelten hätte, sinnlos ist. Sie ist dies *nicht* etwa, wie oft behauptet worden ist, deshalb, weil die Kulturvorgänge oder etwa die geistigen Vorgänge »objektiv« weniger gesetzlich abliefen, sondern weil 1. Erkenntnis von sozialen Gesetzen keine Erkenntnis des sozial Wirklichen ist, sondern nur eins von den verschiedenen Hilfsmitteln, die unser Denken zu diesem Behufe braucht, und weil 2. keine Erkenntnis von *Kultur*vorgängen anders denkbar ist, als auf der Grundlage der *Bedeutung*, welche die stets individuell geartete Wirklichkeit des Lebens in bestimmten *einzelnen* Beziehungen für uns hat. In *welchem* Sinn und in *welchen* Beziehungen dies der Fall ist, enthüllt uns aber kein Gesetz, denn das entscheidet sich nach den *Wertideen*, unter denen wir die »Kultur« jeweils im einzelnen Falle betrachten. »Kultur« ist ein vom Standpunkt des *Menschen* aus mit Sinn und Bedeutung bedachter endlicher Ausschnitt aus der sinnlosen Unendlichkeit des Weltgeschehens. Sie ist es für den Menschen auch dann, wenn er einer *konkreten* Kultur als Todfeind sich entgegenstellt und »Rückkehr zur Natur« verlangt. Denn auch zu dieser Stellungnahme kann er nur gelangen, indem er die konkrete Kultur auf seine Wertideen *bezieht* und »zu leicht« befindet. Dieser *rein logisch-formale* Tatbestand ist gemeint, wenn hier von der logisch notwendigen Verankerung aller historischen Individuen an »Wertideen« gesprochen wird. Transzendentale Voraussetzung jeder *Kulturwissenschaft* ist *nicht* etwa, daß wir eine bestimmte oder überhaupt irgend eine »Kultur« *wertvoll* finden, sondern daß wir Kultur*menschen* sind, begabt mit der Fähigkeit und dem Willen, bewußt zur Welt *Stellung* zu nehmen und ihr einen *Sinn* zu verleihen. Welches immer dieser Sinn sein mag, er wird dazu führen, daß wir im Leben bestimmte Erscheinungen des menschlichen Zusammenseins aus ihm heraus *beurteilen*, zu ihnen als *bedeutsam* (positiv oder negativ) Stellung nehmen. Welches immer der Inhalt dieser Stellungnahme sei, – diese Erscheinungen haben für uns Kultur*bedeutung*, auf dieser Bedeutung beruht allein ihr wissenschaftliches Interesse. Wenn also hier im Anschluß an den Sprachgebrauch moderner Logiker von der Bedingtheit der Kulturerkenntnis durch *Wert*ideen gesprochen wird, so ist das hoffentlich Mißverständnissen so grober Art, wie der Meinung, Kulturbedeutung solle nur *wertvollen* Erscheinungen zugesprochen werden, nicht ausgesetzt. Eine *Kultur*erscheinung ist die Prostitution so gut wie die Religion oder das Geld, alle drei deshalb und *nur* deshalb und *nur* soweit, als ihre Existenz und die Form, die sie *historisch* annehmen, unsere Kultur*interessen* direkt oder indirekt berühren, als sie unseren Erkenntnistrieb unter Gesichtspunkten erregen, die hergeleitet sind aus den Wertideen, welche das Stück Wirklichkeit, welches in jenen Begriffen gedacht wird, für uns *bedeutsam* machen.

Alle Erkenntnis der Kulturwirklichkeit ist, wie sich daraus ergibt, stets eine Erkenntnis unter spezifisch *besonderten Gesichtspunkten.* Wenn wir von dem Historiker und Sozialforscher als elementare Voraussetzung verlangen, daß er Wichtiges von Unwichtigem unterscheiden könne, und daß er für diese Unterscheidung die erforderlichen »Gesichtspunkte« habe, so heißt das lediglich, daß er verstehen müsse, die Vorgänge der Wirklichkeit – bewußt oder unbewußt – auf universelle »Kulturwerte« zu beziehen und danach *die* Zusammenhänge herauszuheben, welche für uns bedeutsam sind. Wenn immer wieder die Meinung auftritt, jene Gesichtspunkte könnten dem »Stoff selbst entnommen« werden, so entspringt das der naiven Selbsttäuschung des Fachgelehrten, der nicht beachtet, daß er von vornherein kraft der Wertideen, mit denen er unbewußt an den Stoff herangegangen ist, aus einer absoluten Unendlichkeit einen winzigen Bestandteil als *das* herausgehoben hat, auf dessen Betrachtung es ihm allein *ankommt.* In dieser immer und überall bewußt oder unbewußt erfolgenden Auswahl *einzelner* spezieller »Seiten« des Geschehens waltet auch dasjenige Element kulturwissenschaftlicher Arbeit, welches jener oft gehörten Behauptung zugrunde liegt, daß das »Persönliche« eines wissenschaftlichen Werkes das eigentlich Wertvolle an ihm sei, daß sich in jedem Werk, solle es anders zu existieren wert sein, »eine Persönlichkeit« aussprechen müsse. Gewiß: ohne Wertideen des Forschers gäbe es kein Prinzip der Stoffauswahl und keine sinnvolle Erkenntnis des individuell Wirklichen, und wie ohne den *Glauben* des Forschers an die *Bedeutung* irgendwelcher Kulturinhalte jede Arbeit an der Erkenntnis der *individuellen* Wirklichkeit schlechthin sinnlos ist, so wird die Richtung seines persönlichen Glaubens, die Farbenbrechung der Werte im Spiegel seiner Seele, seiner Arbeit die Richtung weisen. Und die Werte, auf welche der wissenschaftliche Genius die Objekte seiner Forschung bezieht, werden die »Auffassung« einer ganzen Epoche zu bestimmen, d. h. entscheidend zu sein vermögen: nicht nur für das, was als »wertvoll«, sondern auch für das, was als bedeutsam oder bedeutungslos, als »wichtig« und »unwichtig« in den Erscheinungen gilt.

Die kulturwissenschaftliche Erkenntnis in unserem Sinn ist also insofern an »subjektive« Voraussetzungen *gebunden*, als sie sich nur um diejenigen Bestandteile der Wirklichkeit kümmert, welche irgend eine – noch so indirekte – Beziehung zu Vorgängen haben, denen wir Kultur*bedeutung* beilegen. Sie ist trotzdem natürlich rein *kausale* Erkenntnis genau in dem gleichen Sinn wie die Erkenntnis bedeutsamer individueller Naturvorgänge, welche qualitativen Charakter haben. Neben die mancherlei Verirrungen, welche das Hinübergreifen formal-juristischen Denkens in die Sphäre der Kulturwissenschaften gezeitigt hat, ist neuerdings u. a. der Versuch getreten, die »materialistische Geschichtsauffassung« durch eine Reihe geistreicher Trugschlüsse prinzipiell zu »widerlegen«, indem ausgeführt wurde, daß, da alles Wirtschaftsleben sich in rechtlich oder konventionell *geregelten Formen* abspielen müsse, alle ökonomische »Entwicklung« die Form von Bestrebungen zur Schaffung neuer *Rechtsformen* annehmen müsse, also nur aus *sittlichen* Maximen verständlich und *aus diesem Grunde* von jeder »natürlichen« Entwicklung dem Wesen nach verschieden sei. Die Erkenntnis der wirtschaftlichen Entwicklung sei daher »teleologischen« Charakters. Ohne hier die Bedeutung des vieldeutigen Begriffs der »Entwicklung« für die Sozialwissenschaft oder auch den logisch nicht minder vieldeutigen Begriff des »Teleologischen« erörtern zu wollen, sei demgegenüber hier nur festgestellt, daß sie jedenfalls nicht in *dem* Sinn »teleologisch« zu sein genötigt ist, wie diese Ansicht voraussetzt. Bei völliger formaler Identität der geltenden Rechtsnormen kann die Kultur*bedeutung* der normierten Rechts*verhältnisse* und damit auch der Normen selbst sich grundstürzend ändern. Ja, will man sich denn einmal in Zukunftsphantasien spintisierend vertiefen, so könnte jemand sich z. B. eine »Vergesellschaftung der Produktionsmittel« theoretisch als vollzogen denken, ohne daß irgend eine auf diesen Erfolg bewußt abzielende »Bestrebung« entstanden wäre und ohne daß irgend ein Paragraph unserer Gesetzgebung verschwände oder neu hinzuträte: das statistische Vorkommen der einzelnen rechtlich normierten Beziehungen freilich wäre von Grund aus geändert, bei vielen auf Null gesunken, ein großer Teil der Rechtsnormen *praktisch* bedeutungslos, ihre ganze Kulturbedeutung bis zur Unkenntlichkeit verändert. Erörterungen de lege ferenda konnte daher die »materialistische« Geschichtstheorie mit Recht ausscheiden, denn ihr zentraler Gesichtspunkt war gerade der unvermeidliche *Bedeutungs*wandel der Rechtsinstitutionen. Wem die schlichte Arbeit kausalen Verständnisses der historischen Wirklichkeit subaltern erscheint, der mag sie meiden, – sie durch irgend eine »Teleologie« zu ersetzen, ist unmöglich. »Zweck« ist für *unsere* Betrachtung die Vorstellung eines *Erfolges*, welche *Ursache* einer Handlung wird; wie *jede* Ursache, welche zu einem *bedeutungsvollen* Erfolg beiträgt oder beitragen kann, so berücksichtigen wir auch diese. Und ihre *spezifische* Bedeutung beruht nur darauf, daß wir menschliches Handeln nicht nur *konstatieren*, sondern *verstehen* können und wollen. –

Ohne alle Frage sind nun jene Wertideen »subjektiv«. Zwischen dem »historischen« Interesse an einer Familienchronik und demjenigen an der Entwicklung der denkbar größten Kulturerscheinungen, welche einer Nation oder der Menschheit in langen Epochen gemeinsam waren und sind, besteht eine unendliche Stufenleiter der »Bedeutungen«, deren Staffeln für jeden einzelnen von uns eine andere Reihenfolge haben werden. Und ebenso sind sie natürlich historisch wandelbar mit dem Charakter der Kultur und der die Menschen beherrschenden Gedanken selbst. Daraus folgt nun aber selbstverständlich *nicht*, daß auch die kulturwissenschaftliche *Forschung* nur *Ergebnisse* haben könne, die »subjektiv« in *dem* Sinne seien, daß sie für den einen *gelten* und für den andern nicht. Was wechselt, ist vielmehr der Grad, in dem sie den einen *interessieren* und den andern nicht. Mit anderen Worten: *was* Gegenstand der Untersuchung wird, und wie weit diese Untersuchung sich in die Unendlichkeit der Kausalzusammenhänge erstreckt, das bestimmen die den Forscher und seine Zeit beherrschenden Wertideen; – im Wie?, in der Methode der Forschung, ist der leitende »Gesichtspunkt« zwar für die Bildung der begrifflichen Hilfsmittel, die er verwendet, bestimmend, in der Art ihrer Verwendung aber ist der Forscher selbstverständlich hier wie überall an die Normen unseres Denkens gebunden. Denn wissenschaftliche Wahrheit ist nur, was für alle gelten *will*, die Wahrheit *wollen*.

Aber allerdings folgt daraus eins: die Sinnlosigkeit des selbst die Historiker unseres Faches gelegentlich beherrschenden Gedankens, daß es das, wenn auch noch so ferne, Ziel der Kulturwissenschaften sein könne, ein geschlossenes System von Begriffen zu bilden, in dem die Wirklichkeit in einer in irgendeinem Sinne *endgültigen* Gliederung zusammengefaßt und aus dem heraus sie dann wieder deduziert werden könnte. Endlos wälzt sich der Strom des unermeßlichen Geschehens der Ewigkeit entgegen. Immer neu und anders gefärbt bilden sich die Kulturprobleme, welche die Menschen bewegen, flüssig bleibt damit der Umkreis dessen, was aus jenem stets gleich unendlichen Strome des Individuellen Sinn und Bedeutung für uns erhält, »historisches Individuum« wird. Es wechseln die Gedankenzusammenhänge, unter denen es betrachtet und wissenschaftlich erfaßt wird. Die Ausgangspunkte der Kulturwissenschaften bleiben damit wandelbar in die grenzenlose Zukunft hinein, solange nicht chinesische Erstarrung des Geisteslebens die Menschheit entwöhnt, neue Fragen an das immer gleich unerschöpfliche Leben zu stellen. Ein System der Kulturwissenschaften auch nur in dem Sinne einer definitiven, objektiv gültigen, systematisierenden Fixierung der *Fragen* und *Gebiete*, von denen sie zu handeln berufen sein sollen, wäre ein Unsinn in sich: stets kann bei einem solchen Versuch nur eine Aneinanderreihung von mehreren, spezifisch besonderten, untereinander vielfach heterogenen und disparaten Gesichtspunkten herauskommen, unter denen die Wirklichkeit für uns jeweils »Kultur«, d. h. in ihrer Eigenart bedeutungsvoll war oder ist. –

Nach diesen langwierigen Auseinandersetzungen können wir uns nun endlich der Frage zuwenden, die uns bei einer Betrachtung der »Objektivität« der Kulturerkenntnis *methodisch* interessiert: welches ist die logische Funktion und Struktur der *Begriffe*, mit der unsere, wie jede, Wissenschaft arbeitet, oder spezieller mit Rücksicht auf das entscheidende Problem gewendet: welches ist die Bedeutung der *Theorie* und der theoretischen Begriffsbildung für die Erkenntnis der Kulturwirklichkeit?

Die Nationalökonomie war – wir sahen es schon – ursprünglich wenigstens dem Schwerpunkt ihrer Erörterungen nach »Technik«, d. h. sie betrachtete die Erscheinungen der Wirklichkeit von einem, wenigstens scheinbar, eindeutigen, feststehenden praktischen Wertgesichtspunkt aus: dem der Vermehrung des »Reichtums« der Staatsangehörigen. Sie war andererseits von Anfang an nicht *nur* »Technik«, denn sie wurde eingegliedert in die mächtige Einheit der naturrechtlichen und rationalistischen Weltanschauung des achtzehnten Jahrhunderts. Aber die Eigenart jener Weltanschauung mit ihrem optimistischen Glauben an die theoretische und praktische Rationalisierbarkeit des Wirklichen wirkte wesentlich insofern, als sie *hinderte*, daß der *problematische* Charakter jenes als selbstverständlich vorausgesetzten Gesichtspunktes entdeckt wurde. Wie die rationale Betrachtung der sozialen Wirklichkeit im engen Zusammenhalt mit der modernen Entwicklung der Naturwissenschaft entstanden war, so blieb sie in der ganzen Art ihrer Betrachtung ihr verwandt. In den naturwissenschaftlichen Disziplinen nun war der praktische Wertgesichtspunkt des unmittelbar technisch Nützlichen von Anfang an mit der als Erbteil der Antike überkommenen und weiter entwickelten Hoffnung eng verbunden, auf dem

Wege der generalisierenden Abstraktion und der Analyse des Empirischen auf gesetzliche Zusammenhänge hin zu einer rein »objektiven«, d. h. hier: von allen Werten losgelösten, und zugleich durchaus rationalen, d. h. von allen individuellen »Zufälligkeiten« befreiten monistischen Erkenntnis der gesamten Wirklichkeit in Gestalt eines *Begriffs*systems von metaphysischer *Geltung* und von mathematischer *Form* zu gelangen. Die an Wertgesichtspunkte geketteten naturwissenschaftlichen Disziplinen, wie die klinische Medizin und noch mehr die gewöhnlich sogenannte »Technologie«, wurden rein praktische »Kunstlehren«. Die Werte, denen sie zu dienen hatten: Gesundheit des Patienten, technische Vervollkommnung eines konkreten Produktionsprozesses etc. standen für jede von ihnen jeweils fest. Die Mittel, die sie anwendeten, waren und konnten nur sein die Verwertung der durch die theoretischen Disziplinen gefundenen Gesetzesbegriffe. Jeder prinzipielle Fortschritt in der Bildung dieser war oder konnte doch sein auch ein Fortschritt der praktischen Disziplin. Bei feststehendem Zweck war ja die fortschreitende Reduktion der einzelnen praktischen Fragen (eines Krankheitsfalles, eines technischen Problems) als Spezialfall auf generell geltende Gesetze, also die Erweiterung des theoretischen Erkennens, unmittelbar mit der Ausweitung der technisch-praktischen Möglichkeiten verknüpft und identisch. Als dann die moderne Biologie auch diejenigen Bestandteile der Wirklichkeit, die uns *historisch*, d. h. in der Art ihres So-und-nicht-anders-Gewordenseins interessieren, unter den Begriff eines allgemeingültigen Entwicklungsprinzips gebracht hatte, welches wenigstens dem Anschein nach – aber freilich nicht in Wahrheit – alles an jenen Objekten Wesentliche in ein Schema generell geltender Gesetze einzuordnen gestattete, da schien die Götterdämmerung aller Wertgesichtspunkte in allen Wissenschaften heraufzuziehen. Denn da ja doch auch das sogenannte historische Geschehen ein Teil der gesamten Wirklichkeit war, und das Kausalprinzip, die Voraussetzung aller wissenschaftlichen Arbeit, die Auflösung alles Geschehens in generell geltende »Gesetze« zu fordern schien, da endlich der ungeheure Erfolg der Naturwissenschaften, die mit diesem Gedanken ernst gemacht hatten, zutage lag, so schien ein anderer Sinn des wissenschaftlichen Arbeitens als die Auffindung der *Gesetze* des Geschehens überhaupt nicht vorstellbar. Nur das »Gesetzmäßige« konnte das wissenschaftlich Wesentliche an den Erscheinungen sein, »individuelle« Vorgänge konnten nur als »Typen«, d. h. hier: als illustrative Repräsentanten der Gesetze, in Betracht kommen; ein Interesse an ihnen um ihrer selbst willen schien »kein wissenschaftliches« Interesse zu sein.

Die mächtigen Rückwirkungen dieser glaubensfrohen Stimmung des naturalistischen Monismus auf die ökonomischen Disziplinen hier zu verfolgen, ist unmöglich. Als die sozialistische Kritik und die Arbeit der Historiker die ursprünglichen Wertgesichtspunkte in Probleme zu verwandeln begannen, hielt die mächtige Entwicklung der biologischen Forschung auf der einen Seite, der Einfluß des Hegelschen Panlogismus auf der anderen Seite die Nationalökonomie davon ab, das Verhältnis von Begriff und Wirklichkeit in vollem Umfang deutlich zu erkennen. Das Resultat, soweit es uns hier interessiert, ist, daß trotz des gewaltigen Dammes, welchen die deutsche idealistische Philosophie seit Fichte, die Leistungen der deutschen historischen Rechtsschule und die Arbeit der historischen Schule der deutschen Nationalökonomie dem Eindringen naturalistischer Dogmen entgegenbauten, dennoch und zum Teil *infolge* dieser Arbeit an entscheidenden Stellen die Gesichtspunkte des Naturalismus noch immer unüberwunden sind. Dahin gehört insbesondere das noch immer problematisch gebliebene Verhältnis zwischen »theoretischer« und »historischer« Arbeit in unserem Fache.

In unvermittelter und anscheinend unüberbrückbarer Schroffheit steht noch heute die »abstrakt«-theoretische Methode der empirisch-historischen Forschung [in unserer Disziplin] gegenüber. Sie erkennt durchaus richtig die methodische Unmöglichkeit, durch Formulierung von »Gesetzen« die geschichtliche Erkenntnis der Wirklichkeit zu ersetzen oder umgekehrt durch bloßes Aneinanderreihen historischer Beobachtungen zu »Gesetzen« im strengen Sinne zu gelangen. Um nun solche zu gewinnen, – denn daß dies die Wissenschaft als höchstes Ziel zu erstreben habe, steht ihr fest –, geht sie von der Tatsache aus, daß wir die Zusammenhänge menschlichen Handelns beständig selbst in ihrer Realität unmittelbar erleben, daher – so meint sie – dessen Ablauf mit axiomatischer Evidenz direkt verständlich machen und so in seinen »Gesetzen« erschließen können. Die einzig exakte Form der Erkenntnis, die Formulierung unmittelbar anschaulich *evidenter* Gesetze, sei aber zugleich die einzige, welche den Schluß auf die nicht unmittelbar beobachteten Vorgänge zulasse, daher sei mindestens für die fundamentalen Phänomene des wirtschaftlichen Lebens die Aufstellung eines Systems von abstrakten und – infolgedessen – rein formalen Lehrsätzen nach Analogie derjenigen der exakten Naturwissenschaften das einzige Mittel geistiger Beherrschung der gesellschaftlichen Mannigfaltigkeit. Trotz der prinzipiellen methodischen Scheidung gesetzlicher und historischer Erkenntnis, welche der Schöpfer der Theorie als *Erster* und *Einziger* vollzogen hatte, wird nun aber für die Lehrsätze der abstrakten Theorie von ihm empirische *Geltung* im Sinne der *Deduzierbarkeit* der Wirklichkeit aus den »Gesetzen« in Anspruch genommen. Zwar nicht im Sinne der empirischen Geltung der abstrakten ökonomischen Lehrsätze für sich allein, sondern in der Art, daß, wenn man entsprechende »exakte« Theorien von allen *übrigen* in Betracht kommenden Faktoren gebildet haben werde, diese sämtlichen abstrakten Theorien *zusammen* dann die wahre Realität der Dinge – d.h.: das, was von der Wirklichkeit wissenswert sei – in sich enthalten müßten. Die exakte ökonomische Theorie stelle die Wirkung *eines* psychischen Motivs fest, andere Theorien hätten die Aufgabe, alle übrigen Motive in ähnlicher Art in Lehrsätzen von hypothetischer Geltung zu entwickeln. Für das Ergebnis der theoretischen Arbeit, die abstrakten Preisbildungs-, Zins-, Renten-usw.-Theorien, wurde demgemäß hie und da phantastischerweise in Anspruch genommen: sie könnten, nach – angeblicher – Analogie physikalischer Lehrsätze, dazu verwendet werden, aus gegebenen realen Prämissen *quantitativ bestimmte* Resultate – also Gesetze im strengsten Sinne – mit Gültigkeit für die Wirklichkeit des Lebens zu *deduzieren*, da die Wirtschaft des Menschen bei gegebenem Zweck in bezug auf die Mittel eindeutig »determiniert« sei. Es wurde nicht beachtet, daß, um dies Resultat in irgendeinem noch so einfachen Falle erzielen zu können, die *Gesamtheit* der jeweiligen historischen Wirklichkeit einschließlich aller ihrer kausalen Zusammenhänge als »gegeben« gesetzt und als *bekannt* vorausgesetzt werden müßte und daß, wenn dem endlichen Geist *diese* Kenntnis zugänglich würde, irgendein Erkenntniswert einer abstrakten Theorie nicht vorstellbar wäre. Das naturalistische Vorurteil, daß in jenen Begriffen etwas den exakten Naturwissenschaften Verwandtes geschaffen werden solle, hatte eben dahin geführt, daß man den Sinn dieser theoretischen Gedankengebilde falsch verstand. Man glaubte, es handele sich um die psychologische Isolierung eines spezifischen »Triebes«, des Erwerbstriebes, im Menschen, oder aber um die isolierte Beobachtung einer spezifischen Maxime menschlichen Handelns, des sogenannten wirtschaftlichen Prinzips. Die abstrakte Theorie meinte, sich auf psychologische *Axiome* stützen zu können, und die Folge war, daß die Historiker nach einer *empirischen* Psychologie riefen, um die Nichtgeltung jener Axiome beweisen und den Verlauf der wirtschaftlichen Vorgänge psychologisch ableiten zu können. Wir wollen nun an dieser Stelle den Glauben an die Bedeutung einer – erst zu schaffenden – systematischen Wissenschaft der »Sozialpsychologie« als künftiger Grundlage der Kulturwissenschaften, speziell der Sozialökonomik, nicht eingehend kritisieren. Gerade die bisher vorliegenden, zum Teil glänzenden Ansätze psychologischer Interpretation ökonomischer Erscheinungen zeigen jedenfalls, daß *nicht* von der Analyse psychologischer Qualitäten des Menschen zur Analyse der gesellschaftlichen Institutionen fortgeschritten wird, sondern gerade umgekehrt: die Aufhellung der psychologischen Voraussetzungen und Wirkungen der Institutionen die genaue Bekanntschaft mit diesen letzteren und die wissenschaftliche Analyse ihrer Zusammenhänge *voraussetzt*. Die psychologische Analyse bedeutet alsdann lediglich eine im konkreten Fall höchst wertvolle Vertiefung der Erkenntnis ihrer historischen Kultur*bedingtheit* und Kultur*bedeutung*. Das, was uns an dem psychischen Verhalten des Menschen in seinen sozialen Beziehungen interessiert, ist eben in jedem Falle je nach der spezifischen Kulturbedeutung der Beziehung, um die es sich handelt, spezifisch besondert. Es handelt sich dabei um untereinander höchst heterogene und höchst konkret kombinierte psychische Motive und Einflüsse. Die sozialpsychologische Forschung bedeutet eine Durchmusterung verschiedener *einzelner*, untereinander vielfach disparater Gattungen von Kulturelementen auf ihre Deutungsfähigkeit für unser nacherlebendes Verständnis hin. Wir werden durch sie, von der Kenntnis der einzelnen Institutionen ausgehend, deren Kulturbedingtheit und Kulturbedeutung in steigendem Maße geistig *verstehen* lernen, nicht aber die Institutionen aus psychologischen Gesetzen deduzieren oder aus psychologischen Elementarerscheinungen *erklären* wollen.

So ist denn auch die weitschichtige Polemik, welche sich um die Frage der psychologischen Berechtigung der abstrakt theoretischen Aufstellungen, um die Tragweite des »Erwerbstriebes« und des »wirtschaftlichen Prinzips« usw. gedreht hat, wenig fruchtbar gewesen.

Es handelt sich bei den Aufstellungen der abstrakten Theorie nur scheinbar um »Deduktionen« aus psychologischen Grundmotiven, in Wahrheit vielmehr um einen Spezialfall einer Form der Begriffsbildung, welche den Wissenschaften von der menschlichen Kultur eigentümlich und in gewissem Umfang unentbehrlich ist. Es lohnt sich, sie an dieser Stelle etwas eingehender zu charakterisieren, da wir dadurch der prinzipiellen Frage nach der Bedeutung der Theorie für die sozialwissenschaftliche Erkenntnis näher kommen. Dabei lassen wir es ein für allemal unerörtert, ob *die* theoretischen Gebilde, welche wir als Beispiele heranziehen oder auf die wir anspielen, so wie sie sind, dem Zwecke entsprechen, dem sie dienen wollen, ob sie also sachlich *zweckmäßig* gebildet sind. Die Frage, wie weit z.B. die heutige »abstrakte Theorie« noch ausgesponnen werden soll, ist schließlich auch eine Frage der Ökonomie der wissenschaftlichen Arbeit, deren doch auch andere Probleme harren. Auch die »Grenznutzentheorie« untersteht dem »Gesetz des Grenznutzens«. –

Wir haben in der abstrakten Wirtschaftstheorie ein Beispiel jener Synthesen vor uns, welche man als *»Ideen«* historischer Erscheinungen zu bezeichnen pflegt. Sie bietet uns ein *Ideal*bild der Vorgänge auf dem Gütermarkt bei tauschwirtschaftlicher Gesellschaftsorganisation, freier Konkurrenz und streng rationalem Handeln. Dieses Gedankenbild vereinigt bestimmte Beziehungen und Vorgänge des historischen Lebens zu einem in sich widerspruchslosen Kosmos *gedachter* Zusammenhänge. Inhaltlich trägt diese Konstruktion den Charakter einer *Utopie* an sich, die durch *gedankliche* Steigerung bestimmter Elemente der Wirklichkeit gewonnen ist. Ihr Verhältnis zu den empirisch gegebenen Tatsachen des Lebens besteht lediglich darin, daß da, wo Zusammenhänge der in jener Konstruktion abstrakt dargestellten Art, also vom »Markt« abhängige Vorgänge, in der Wirklichkeit als in irgend einem Grade wirksam *festgestellt* sind oder *vermutet* werden, wir uns die *Eigenart* dieses Zusammenhangs an einem *Idealtypus* pragmatisch *veranschaulichen* und verständlich machen können. Diese Möglichkeit kann sowohl heuristisch wie für die Darstellung von Wert, ja unentbehrlich sein. Für die *Forschung* will der idealtypische Begriff das Zurechnungsurteil schulen: er *ist* keine »Hypothese«, aber er will der Hypothesenbildung die Richtung weisen. Er *ist* nicht eine *Darstellung* des Wirklichen, aber er will der Darstellung eindeutige Ausdrucksmittel verleihen. Es ist also die »Idee« der *historisch* gegebenen modernen verkehrswirtschaftlichen Organisation der Gesellschaft, die uns da nach ganz denselben logischen Prinzipien entwickelt wird, wie man

z. B. die Idee der »Stadtwirtschaft« des Mittelalters als »genetischen« Begriff konstruiert hat. Tut man dies, so bildet man den Begriff »Stadtwirtschaft« *nicht* etwa als einen *Durchschnitt* der in sämtlichen beobachteten Städten tatsächlich bestehenden Wirtschaftsprinzipien, sondern ebenfalls als einen *Idealtypus*. Er wird gewonnen durch einseitige *Steigerung eines* oder *einiger* Gesichtspunkte und durch Zusammenschluß einer Fülle von diffus und diskret, hier mehr, dort weniger, stellenweise gar nicht, vorhandenen *Einzel*erscheinungen, die sich jenen einseitig herausgehobenen Gesichtspunkten fügen, zu einem in sich einheitlichen *Gedanken*bilde. In seiner begrifflichen Reinheit ist dieses Gedankenbild nirgends in der Wirklichkeit empirisch vorfindbar, es ist eine *Utopie*, und für die *historische* Arbeit erwächst die Aufgabe, in jedem *einzelnen Falle* festzustellen, wie nahe oder wie fern die Wirklichkeit jenem Idealbilde steht, inwieweit also der ökonomische Charakter der Verhältnisse einer bestimmten Stadt als »stadtwirtschaftlich« im begrifflichen Sinn anzusprechen ist. Für den Zweck der Erforschung und Veranschaulichung aber leistet jener Begriff, vorsichtig angewendet seine spezifischen Dienste. – Ganz in der gleichen Art kann man, um noch ein weiteres Beispiel zu analysieren, die »Idee« des »Handwerks« in einer Utopie zeichnen, indem man bestimmte Züge, die sich diffus bei Gewerbetreibenden der verschiedensten Zeiten und Länder vorfinden, einseitig in ihren Konsequenzen gesteigert zu einem in sich widerspruchslosen Idealbilde zusammenfügt und auf einen *Gedanken*ausdruck bezieht, den man darin manifestiert findet. Man kann dann ferner den Versuch machen, eine Gesellschaft zu zeichnen, in der alle Zweige wirtschaftlicher, ja selbst geistiger Tätigkeit von Maximen beherrscht werden, die uns als Anwendung des gleichen Prinzips erscheinen, welches dem zum Idealtypus erhobenen »Handwerk« charakteristisch ist. Man kann nun weiter jenem Idealtypus des Handwerks als Antithese einen entsprechenden Idealtypus einer kapitalistischen Gewerbeverfassung, aus gewissen Zügen der modernen Großindustrie abstrahiert, entgegensetzen und daran anschließend den Versuch machen, die Utopie einer »kapitalistischen«, d. h. allein durch das Verwertungsinteresse privater Kapitalien beherrschten Kultur zu zeichnen. Sie hätte einzelne diffus vorhandene Züge des modernen materiellen und geistigen Kulturlebens in ihrer Eigenart gesteigert zu einem für unsere Betrachtung widerspruchslosen Idealbilde zusammenzuschließen. Das wäre dann ein Versuch der Zeichnung einer *»Idee« der kapitalistischen Kultur,* – ob und wie er etwa gelingen könnte, müssen wir hier ganz dahingestellt sein lassen. Nun ist es möglich, oder vielmehr, es muß als sicher angesehen werden, daß mehrere, ja sicherlich jeweils sehr zahlreiche Utopien dieser Art sich entwerfen lassen, von denen *keine* der anderen gleicht, von denen erst recht *keine* in der empirischen Wirklichkeit als tatsächlich geltende Ordnung der gesellschaftlichen Zustände zu beobachten ist, von denen aber doch *jede* den Anspruch erhebt, eine Darstellung der »Idee« der kapitalistischen Kultur zu sein, und von denen auch *jede* diesen Anspruch insofern erheben *kann,* als jede tatsächlich gewisse, in ihrer *Eigenart bedeutungsvolle* Züge unserer Kultur der Wirklichkeit entnommen und in ein einheitliches Idealbild gebracht hat. Denn diejenigen Phänomene, die uns als Kulturerscheinungen interessieren, leiten regelmäßig dieses unser Interesse – ihre »Kultur*bedeutung«* – aus sehr verschiedenen Wertideen ab, zu denen wir sie in Beziehung setzen können. Wie es deshalb die verschiedensten »Gesichtspunkte« gibt, unter denen wir sie als für uns bedeutsam betrachten können, so lassen sich die allerverschiedensten Prinzipien der Auswahl der in einen Idealtypus einer bestimmten Kultur aufzunehmenden Zusammenhänge zur Anwendung bringen.

Was ist nun aber die Bedeutung solcher idealtypischen Begriffe für eine *Erfahrungs*wissenschaft, wie wir sie treiben wollen? Vorweg sei hervorgehoben, daß der Gedanke des Sein*sollenden,* »Vorbildlichen« von diesen in rein *logischem* Sinn »idealen« Gedankengebilden, die wir besprechen, hier zunächst sorgsam fernzuhalten ist. Es handelt sich um die Konstruktion von Zusammenhängen, welche unserer *Phantasie* als zulänglich motiviert und also »objektiv möglich«, unserem nomologischen Wissen als *adäquat* erscheinen.

Wer auf dem Standpunkt steht, daß die Erkenntnis der historischen Wirklichkeit »voraussetzungslose« Abbildung »objektiver« Tatsachen sein solle oder könne, wird ihnen jeden Wert absprechen. Und selbst wer erkannt hat, daß es eine »Voraussetzungslosigkeit« im logischen Sinn auf dem Boden der Wirklichkeit nicht gibt und auch das einfachste Aktenexzerpt oder Urkundenregest nur durch Bezugnahme auf »Bedeutungen«, und damit auf Wertideen als letzte Instanz, irgend welchen wissenschaftlichen Sinn haben kann, wird doch die Konstruktion irgend welcher historischer »Utopien« als ein für die Unbefangenheit der historischen Arbeit gefährliches Veranschaulichungsmittel, überwiegend aber einfach als Spielerei ansehen. Und in der Tat: *ob* es sich um reines Gedankenspiel oder um eine wissenschaftlich fruchtbare Begriffsbildung handelt, kann a priori niemals entschieden werden; es gibt auch hier nur einen Maßstab: den des Erfolges für die Erkenntnis konkreter Kulturerscheinungen in ihrem Zusammenhang, ihrer ursächlichen Bedingtheit und ihrer *Bedeutung*. Nicht als Ziel, sondern als *Mittel* kommt mithin die Bildung abstrakter Idealtypen in Betracht. Jede aufmerksame Beobachtung der begrifflichen Elemente historischer Darstellung zeigt nun aber, daß der Historiker, sobald er den Versuch unternimmt, über das bloße Konstatieren konkreter Zusammenhänge hinaus die *Kulturbedeutung* eines noch so einfachen individuellen Vorgangs festzustellen, ihn zu »charakterisieren«, mit Begriffen arbeitet und arbeiten *muß*, welche regelmäßig nur in Idealtypen scharf und eindeutig bestimmbar sind. Oder sind Begriffe wie etwa: »Individualismus«, »Imperialismus«, »Feudalismus«, »Merkantilismus« »konventionell« und die zahllosen Begriffsbildungen ähnlicher Art, mittels deren wir uns der Wirklichkeit denkend und verstehend zu bemächtigen suchen, ihrem Inhalt nach durch »voraussetzunglose« *Beschreibung* irgend *einer* konkreten Erscheinung oder aber durch abstrahierende Zusammenfassung dessen, was *mehreren* konkreten Erscheinungen *gemeinsam* ist, zu bestimmen? Die Sprache, die der Historiker spricht, enthält in hunderten von Worten solche unbestimmten, dem unreflektiert waltenden Bedürfnis des Ausdrucks entnommenen Gedankenbilder, deren Bedeutung zunächst nur anschaulich empfunden, nicht klar gedacht wird. In unendlich vielen Fällen, zumal auf dem Gebiet der darstellenden politischen Geschichte, tut nun die Unbestimmtheit ihres Inhaltes der Klarheit der Darstellung sicherlich keinen Eintrag. Es genügt dann, daß im einzelnen Falle *empfunden* wird, was dem Historiker vorschwebt, oder aber man kann sich damit begnügen, daß eine *partikuläre* Bestimmtheit des Begriffsinhaltes von *relativer* Bedeutung für den einzelnen Fall als gedacht vorschwebt. Je schärfer aber die Bedeutsamkeit einer Kulturerscheinung zum klaren Bewußtsein gebracht werden soll, desto unabweislicher wird das Bedürfnis, mit klaren und nicht nur partikulär, sondern allseitig bestimmten Begriffen zu arbeiten. Eine »Definition« jener Synthesen des historischen Denkens nach dem Schema: genus proximum, differentia specifica ist natürlich ein Unding: man mache doch die Probe. Eine solche Form der Feststellung der Wortbedeutung gibt es nur auf dem Boden dogmatischer Disziplinen, welche mit Syllogismen arbeiten. Eine einfach »schildernde Auflösung« jener Begriffe in ihre Bestandteile gibt es ebenfalls nicht oder nur scheinbar, denn es kommt eben darauf an, *welche* dieser Bestandteile denn als wesentlich gelten sollen. Es bleibt, wenn eine genetische Definition des Begriffsinhaltes versucht werden soll, nur die Form des Idealtypus im oben fixierten Sinn. Er ist ein Gedankenbild, welches nicht die historische Wirklichkeit oder gar die »eigentliche« Wirklichkeit *ist*, welches noch viel weniger dazu da ist, als ein Schema zu dienen, *in* welches die Wirklichkeit als *Exemplar* eingeordnet werden sollte, sondern welches die Bedeutung eines rein idealen *Grenz*begriffes hat, an welchem die Wirklichkeit zur Verdeutlichung bestimmter bedeutsamer Bestandteile ihres empirischen Gehaltes *gemessen*, mit dem sie *verglichen* wird. Solche Begriffe sind Gebilde, in welchen wir Zusammenhänge unter Verwendung der Kategorie der objektiven Möglichkeit konstruieren, die unsere, an der Wirklichkeit orientierte und geschulte *Phantasie* als adäquat *beurteilt*.

Der Idealtypus ist in dieser Funktion insbesondere der Versuch, historische Individuen oder deren Einzelbestandteile in *genetische* Begriffe zu fassen. Man nehme etwa die Begriffe: »Kirche« und »Sekte«. Sie lassen sich rein klassifizierend in Merkmalskomplexe auflösen, wobei dann nicht nur die Grenze zwischen beiden, sondern auch der Begriffsinhalt stets flüssig bleiben muß. Will ich aber den Begriff der »Sekte« *genetisch*, z. B. in bezug auf gewisse wichtige Kulturbedeutungen, die der »Sektengeist« für die moderne Kultur gehabt hat, erfassen, so werden bestimmte Merkmale beider *wesentlich*, weil sie in adäquater ursächlicher Beziehung zu jenen Wirkungen stehen. Die Begriffe werden aber alsdann zugleich *ideal*typisch, d. h. in voller begrifflicher *Reinheit* sind sie nicht oder nur vereinzelt vertreten. Hier wie überall führt eben jeder nicht *rein* klassifikatorische Begriff von der Wirklichkeit ab. Aber die diskursive Natur unseres Erkennens: der Umstand, daß wir die Wirklichkeit nur durch eine Kette von Vorstellungsveränderungen hindurch erfassen, postuliert eine solche Begriffsstenographie. Unsere Phantasie kann ihre ausdrückliche begriffliche Formulierung sicherlich oft als Mittel der *Forschung* entbehren, – für die *Darstellung* ist, soweit sie eindeutig sein will, ihre Verwendung auf dem Boden der Kulturanalyse in zahlreichen Fällen ganz unvermeidlich. Wer sie grundsätzlich verwirft, muß sich auf die formale, etwa die rechtshistorische Seite der Kulturerscheinungen beschränken. Der Kosmos der *rechtlichen* Normen ist natürlich zugleich begrifflich klar bestimmbar *und* (im *rechtlichen* Sinn!) für die historische Wirklichkeit *geltend*. Aber ihre praktische *Bedeutung* ist es, mit der die Arbeit der Sozialwissenschaft in unserem Sinn zu tun hat. Diese Bedeutung aber ist sehr oft nur durch Beziehung des empirisch Gegebenen auf einen idealen Grenzfall eindeutig zum Bewußtsein zu bringen. Lehnt der Historiker (im weitesten Sinne des Wortes) einen Formulierungsversuch eines solchen Idealtypus als »theoretische Konstruktion«, d. h. als für seinen konkreten Erkenntniszweck nicht tauglich oder entbehrlich, ab, so ist die Folge regelmäßig entweder, daß er, bewußt oder unbewußt, andere ähnliche *ohne* sprachliche Formulierung und logische Bearbeitung verwendet, oder daß er im Gebiet des unbestimmt »Empfundenen« stecken bleibt.

Nichts aber ist allerdings gefährlicher als die, naturalistischen Vorurteilen entstammende, *Vermischung* von Theorie und Geschichte, sei es in der Form, daß man glaubt, in jenen theoretischen Begriffsbildern den »eigentlichen« Gehalt, das »Wesen« der geschichtlichen Wirklichkeit fixiert zu haben, oder daß man sie als ein Prokrustesbett benutzt, in welches die Geschichte hineingezwängt werden soll, oder daß man gar die »Ideen« als eine hinter der Flucht der Erscheinungen stehende »eigentliche« Wirklichkeit, als reale »Kräfte« hypostasiert, die sich in der Geschichte auswirkten.

Speziell diese letztere Gefahr liegt nun um so näher, als wir unter »Ideen« einer Epoche auch und sogar in erster Linie Gedanken oder Ideale zu verstehen gewohnt sind, welche die Masse oder einen geschichtlich ins Gewicht fallenden Teil der Menschen jener Epoche selbst *beherrscht haben* und dadurch für deren Kultureigenart als Komponenten bedeutsan gewesen sind. Und es kommt noch zweierlei hinzu: Zunächst der Umstand, daß zwischen der »Idee« im Sinn von praktischer oder theoretischer Gedankenrichtung und der »Idee« im Sinn eines *von uns* als begriffliches Hilfsmittel konstruierten Ideal*typus* einer Epoche regelmäßig bestimmte Beziehungen bestehen. Ein Idealtypus bestimmter gesellschaftlicher Zustände, welcher sich aus gewissen charakteristischen sozialen Erscheinungen einer Epoche abstrahieren läßt, kann – und dies ist sogar recht häufig der Fall – den Zeitgenossen selbst als praktisch zu erstrebendes Ideal oder doch als

Maxime für die Regelung bestimmter sozialer Beziehungen vorgeschwebt haben. So steht es schon mit der »Idee« des »Nahrungsschutzes« und manchen Theorien der Kanonisten, speziell des heiligen Thomas, im Verhältnis zu dem heute verwendeten idealtypischen Begriff der »Stadtwirtschaft« des Mittelalters, den wir oben besprachen. Erst recht steht es so mit dem berüchtigten »Grundbegriff« der Nationalökonomie: dem des »wirtschaftlichen *Werts*«. Von der Scholastik an bis in die Marxsche Theorie hinein verquickt sich hier der Gedanke von etwas »objektiv« Geltendem, d. h. also: Sein*sollendem*, mit einer Abstraktion aus dem empirischen Verlauf der Preisbildung. Und jener Gedanke, daß der »Wert« der Güter nach bestimmten »naturrechtlichen« Prinzipien reguliert sein *solle*, hat unermeßliche Bedeutung für die Kulturentwicklung – und zwar nicht nur des Mittelalters – gehabt und hat sie noch. Und er hat speziell auch die empirische Preisbildung intensiv beeinflußt. *Was* aber unter jenem *theoretischen* Begriff gedacht *wird* und gedacht werden kann, das ist *nur* durch scharfe, das heißt idealtypische Begriffsbildung wirklich eindeutig klar zu machen, – das sollte der Spott über die »Robinsonaden« der abstrakten Theorie jedenfalls so lange bedenken, als er nichts Besseres, d. h. hier: *Klareres* an die Stelle zu setzen vermag.

Das Kausalverhältnis zwischen der historisch konstatierbaren, die Menschen beherrschenden, *Idee* und denjenigen Bestandteilen der historischen Wirklichkeit, aus welchen der ihr korrespondierende Ideal*typus* sich abstrahieren läßt, kann dabei natürlich höchst verschieden gestaltet sein. Festzuhalten ist prinzipiell nur, daß beides selbstverständlich grundverschiedene Dinge sind. Nun aber tritt noch etwas weiteres hinzu: Jene die Menschen einer Epoche beherrschenden, d. h. diffus in ihnen wirksamen »Ideen« *selbst* können wir, sobald es sich dabei um irgend kompliziertere Gedankengebilde handelt, mit begrifflicher Schärfe wiederum nur *in Gestalt eines Idealtypus* erfassen, weil sie empirisch ja in den Köpfen einer unbestimmten und wechselnden Vielzahl von Individuen leben und in ihnen die mannigfachsten Abschattierungen nach Form und Inhalt, Klarheit und Sinn erfahren. Diejenigen Bestandteile des Geisteslebens der einzelnen Individuen in einer bestimmten Epoche des Mittelalters z. B., die wir als »das Christentum« der betreffenden Individuen ansprechen dürfen, würden, *wenn* wir sie vollständig zur Darstellung zu bringen vermöchten, natürlich ein Chaos unendlich differenzierter und höchst widerspruchsvoller Gedanken- und Gefühlszusammenhänge aller Art sein, trotzdem die Kirche des Mittelalters die Einheit des Glaubens und der Sitten sicherlich in besonders hohem Maße durchzusetzen vermocht hat. Wirft man nun die Frage auf, was denn in diesem Chaos *das* »Christentum« des Mittelalters, mit dem man doch fortwährend als mit einem feststehenden Begriff operieren muß, gewesen sei, worin *das* »Christliche«, welches wir in den Institutionen des Mittelalters finden, denn liege, so zeigt sich alsbald, daß auch hier in jedem einzelnen Fall ein von uns geschaffenes reines Gedankengebilde verwendet wird. Es ist eine Verbindung von Glaubenssätzen, Kirchenrechts- und sittlichen Normen, Maximen der Lebensführung und zahllosen Einzelzusammenhängen, die *wir* zu einer »Idee« verbinden: eine Synthese, zu der wir ohne die Verwendung idealtypischer Begriffe gar nicht widerspruchslos zu gelangen vermöchten.

Die logische Struktur der Begriffssysteme, in denen wir solche »Ideen« zur Darstellung bringen, und ihr Verhältnis zu dem, was uns in der empirischen Wirklichkeit unmittelbar gegeben ist, sind nun natürlich höchst verschieden. Verhältnismäßig einfach gestaltet sich die Sache noch, wenn es sich um Fälle handelt, in denen ein oder einige wenige leicht in Formeln zu fassende theoretische Leitsätze – etwa der Prädestinationsglaube Calvins – oder klar formulierbare sittliche Postulate es sind, welche sich der Menschen bemächtigt und historische Wirkungen erzeugt haben, so daß wir die »Idee« in eine Hierarchie von Gedanken gliedern können, welche logisch aus jenen Leitsätzen sich entwickeln. Schon dann wird freilich leicht übersehen, daß, so gewaltig die Bedeutung auch der rein *logisch* zwingenden Macht des Gedankens in der Geschichte gewesen ist – der Marxismus ist ein hervorragendes Beispiel dafür –, doch der empirisch-historische Vorgang in den Köpfen der Menschen regelmäßig als ein *psycho*logisch, nicht als ein logisch bedingter verstanden werden muß. Deutlicher noch zeigt sich der idealtypische Charakter solcher Synthesen von historisch wirksamen Ideen dann, wenn jene grundlegenden Leitsätze und Postulate gar nicht oder nicht mehr in den Köpfen derjenigen Einzelnen leben, die von den aus ihnen logisch folgenden oder von ihnen durch Assoziation ausgelösten Gedanken beherrscht sind, weil die historisch ursprünglich zugrunde liegende »Idee« entweder abgestorben ist, oder überhaupt nur in ihren Konsequenzen in die Breite gedrungen war. Und noch entschiedener tritt der Charakter der Synthese als einer »Idee«, die *wir* schaffen, dann hervor, wenn jene grundlegenden Leitsätze von Anfang an nur unvollkommen oder gar nicht zum deutlichen Bewußtsein gekommen sind oder wenigstens nicht die Form klarer Gedankenzusammenhänge angenommen haben. Wenn alsdann diese Prozedur von uns vorgenommen wird, wie es unendlich oft geschieht und auch geschehen muß, so handelt es sich bei dieser »Idee« – etwa des »Liberalismus« einer bestimmten Periode oder des »Methodismus« oder irgendeiner gedanklich unentwickelten Spielart des »Sozialismus« – um einen *reinen* Idealtypus ganz des gleichen Charakters wie die Synthesen von »Prinzipien« einer Wirtschaftsepoche, von denen wir ausgingen. Je umfassender die Zusammenhänge sind, um deren Darstellung es sich handelt, und je vielseitiger ihre Kultur*bedeutung* gewesen ist, desto *mehr* nähert sich ihre zusammenfassende systematische Darstellung in einem Begriffs- und Gedankensystem dem Charakter des Idealtypus, desto *weniger* ist es möglich, mit *einem* derartigen Begriffe auszukommen, desto natürlicher und unumgänglicher daher die immer wiederholten Versuche, immer *neue* Seiten der Bedeutsamkeit durch neue Bildung idealtypischer Begriffe zum Bewußtsein zu bringen. Alle Darstellungen eines *»Wesens«* des Christentums z. B. sind

Idealtypen von stets und notwendig nur sehr relativer und problematischer Gültigkeit, wenn sie als historische Darstellung des empirisch Vorhandenen angesehen sein wollen, dagegen von hohem heuristischem Wert für die Forschung und hohem systematischem Wert für die Darstellung, wenn sie lediglich als begriffliche Mittel zur *Vergleichung* und *Messung* der Wirklichkeit an ihnen verwendet werden. In dieser Funktion sind sie geradezu unentbehrlich.

Nun aber haftet solchen idealtypischen Darstellungen regelmäßig noch ein anderes, ihre Bedeutung noch weiter komplizierendes Moment an. Sie wollen sein, oder sind unbewußt, regelmäßig Idealtypen nicht nur im *logischen*, sondern auch im *praktischen* Sinne: *vorbildliche* Typen, welche – in unserem Beispiel – das enthalten, was das Christentum nach der Ansicht des Darstellers sein *soll*, was an ihm das *für ihn* »Wesentliche«, *weil dauernd Wertvolle* ist. Ist dies aber bewußt oder – häufiger – unbewußt der Fall, dann enthalten sie Ideale, *auf* welche der Darsteller das Christentum *wertend* bezieht: Aufgaben und Ziele, auf die hin er seine »Idee« des Christentums ausrichtet und natürlich von den Werten, auf welche die Zeitgenossen, etwa die Urchristen, das Christentum bezogen, höchst verschieden sein können, ja zweifellos immer sein werden. In dieser Bedeutung sind die »Ideen« dann aber natürlich nicht mehr rein *logische* Hilfsmittel, nicht mehr Begriffe, an welchen die Wirklichkeit vergleichend *gemessen*, sondern Ideale, aus denen sie wertend *beurteilt* wird. Es handelt sich hier *nicht* mehr um den rein theoretischen Vorgang der *Beziehung* des Empirischen auf Werte, sondern um Wert*urteile*, welche in den »Begriff« des Christentums aufgenommen sind. *Weil* hier der Idealtypus empirische *Geltung* beansprucht, ragt er in die Region der wertenden *Deutung* des Christentums hinein: der Boden der Erfahrungswissenschaft ist verlassen; es liegt ein persönliches Bekenntnis vor, *nicht* eine ideal-typische *Begriffs*bildung. So prinzipiell dieser Unterschied ist, so tritt die *Vermischung* jener beiden grundverschiedenen Bedeutungen der »Idee«

im Verlauf der historischen Arbeit doch außerordentlich häufig ein. Sie liegt immer sehr nahe, sobald der darstellende Historiker seine »Auffassung« einer Persönlichkeit oder Epoche zu entwickeln beginnt. Im Gegensatz zu den konstant bleibenden ethischen Maßstäben, die Schlosser im Geiste des Rationalismus verwendete, hat der moderne relativistisch eingeschulte Historiker, der die Epoche, von der er spricht, einerseits »aus ihr selbst verstehen«, andererseits doch auch »beurteilen« will, das Bedürfnis, die Maßstäbe seines Urteils »dem Stoff« zu entnehmen, d. h. die »Idee« im Sinne des *Ideals* aus der »Idee« im Sinne des »Ideal*typus*« herauswachsen zu lassen. Und das ästhetisch Reizvolle eines solchen Verfahrens verlockt ihn fortwährend dazu, die Linie, wo beide sich scheiden, zu verwischen – eine Halbheit, welche einerseits das wertende Urteilen nicht lassen kann, andererseits die Verantwortung für ihre Urteile von sich abzulehnen trachtet. Demgegenüber ist es aber eine *elementare Pflicht der wissenschaftlichen Selbstkontrolle* und das einzige Mittel zur Verhütung von Erschleichungen, die logisch *vergleichende* Beziehung der Wirklichkeit auf Ideal*typen* im logischen Sinne von der wertenden *Beurteilung* der Wirklichkeit aus *Idealen* heraus scharf zu scheiden. Ein »Idealtypus« in unserem Sinne ist, wie noch einmal wiederholt sein mag, etwas gegenüber der *wertenden* Beurteilung völlig Indifferentes, er hat mit irgend einer anderen als einer rein *logischen* »Vollkommenheit« nichts zu tun. Es gibt Idealtypen von Bordellen so gut wie von Religionen, und es gibt von den ersteren sowohl Idealtypen von solchen, die vom Standpunkt der heutigen Polizeiethik aus technisch »zweckmäßig« erscheinen würden, wie von solchen, bei denen das gerade Gegenteil der Fall ist.

Notgedrungen muß hier die eingehende Erörterung des weitaus kompliziertesten und interessantesten Falles: die Frage der logischen Struktur des *Staatsbegriffes* beiseite bleiben. Nur folgendes sei dazu bemerkt: Wenn wir fragen, was in der empirischen Wirklichkeit dem Gedanken »Staat« entspricht, so finden wir eine Unendlichkeit diffuser und diskreter menschlicher Handlungen und Duldungen, faktischer und rechtlich geordneter Beziehungen, teils einmaligen, teils regelmäßig wiederkehrenden Charakters, zusammengehalten durch eine Idee, den Glauben an tatsächlich geltende oder gelten sollende Normen und Herrschaftsverhältnisse von Menschen über Menschen. Dieser Glaube ist teils gedanklich entwickelter geistiger Besitz, teils dunkel empfunden, teils passiv hingenommen und auf das mannigfaltigste abschattiert in den Köpfen der Einzelnen vorhanden, welche, wenn sie die »Idee« wirklich selbst klar als solche *dächten*, ja nicht erst der »allgemeinen Staatslehre« bedürften, die sie entwickeln will. Der wissenschaftliche Staatsbegriff, wie immer er formuliert werde, ist nun natürlich stets eine Synthese, die *wir* zu bestimmten Erkenntniszwecken vornehmen. Aber er ist andererseits auch abstrahiert aus den unklaren Synthesen, welche in den Köpfen der historischen Menschen vorgefunden werden. Der konkrete Inhalt aber, den der historische »Staat« in jenen Synthesen der Zeitgenossen annimmt, kann wiederum nur durch Orientierung an idealtypischen Begriffen zur Anschauung gebracht werden. Und ferner unterliegt es nicht dem mindesten Zweifel, daß die Art, wie jene Synthesen, in logisch stets unvollkommener Form, von den Zeitgenossen vollzogen werden, der »Ideen«, die *sie* sich vom Staat machen, – die deutsche »organische« Staatsmetaphysik z. B. im Gegensatz zu der »geschäftlichen« amerikanischen Auffassung, – von eminenter praktischer Bedeutung ist, daß mit anderen Worten auch hier die als geltensollend oder geltend *geglaubte praktische* Idee und der zu Erkenntniszwecken konstruierte theoretische Ideal*typus* nebeneinander herlaufen und die stete Neigung zeigen, ineinander überzugehen. –

Wir hatten oben absichtlich den »Idealtypus« wesentlich – wenn auch nicht ausschließlich – als gedankliche Konstruktion zur Messung und systematischen Charakterisierung von *individuellen*, d. h. in ihrer Einzigartigkeit bedeutsamen Zusammenhängen – wie Christentum, Kapitalismus usw. – betrachtet. Dies geschah, um die landläufige

Vorstellung zu beseitigen, als ob auf dem Gebiet der Kulturerscheinungen das abstrakt *Typische* mit dem abstrakt *Gattungsmäßigen* identisch sei. Das ist nicht der Fall. Ohne den viel erörterten und durch Mißbrauch stark diskreditierten Begriff des »Typischen« hier prinzipiell analysieren zu können, entnehmen wir doch schon unserer bisherigen Erörterung, daß die Bildung von Typenbegriffen im Sinn der Ausscheidung des »Zufälligen« auch und gerade bei *historischen Individuen* ihre Stätte findet. Nun aber können natürlich auch diejenigen *Gattungs*begriffe, die wir fortwährend als Bestandteile historischer Darstellungen und konkreter historischer Begriffe finden, durch Abstraktion und Steigerung bestimmter ihnen begriffswesentlicher Elemente als Idealtypen geformt werden. Dies ist sogar ein praktisch besonders häufiger und wichtiger Anwendungsfall der idealtypischen Begriffe, und jeder *individuelle* Idealtypus setzt sich aus begrifflichen *Elementen* zusammen, die gattungsmäßig sind und als Idealtypen geformt worden sind. Auch in diesem Falle zeigt sich aber die spezifische logische Funktion der idealtypischen Begriffe. Ein einfacher Gattungsbegriff im Sinne eines Komplexes von Merkmalen, die an mehreren Erscheinungen gemeinsam sich vorfinden, ist z. B. der Begriff des »Tausches«, so lange ich von der *Bedeutung* der Begriffsbestandteile absehe, also einfach den Sprachgebrauch des Alltags analysiere. Setze ich diesen Begriff nun aber etwa zu dem »Grenznutzgesetz« in Beziehung und bilde den Begriff des »ökonomischen Tausches« als eines ökonomisch *rationalen* Vorgangs, dann enthält dieser, wie *jeder* logisch voll entwickelte Begriff, ein *Urteil* über die »typischen« *Bedingungen* des Tausches in sich. Er nimmt *genetischen* Charakter an und wird damit zugleich im logischen Sinn idealtypisch, d. h. er entfernt sich von der empirischen Wirklichkeit, die nur mit ihm *verglichen*, auf ihn bezogen werden kann. Ähnliches gilt von allen sogenannten »Grundbegriffen« der Nationalökonomie: sie sind in *genetischer* Form nur als Idealtypen zu entwickeln. Der Gegensatz zwischen einfachen Gattungsbegriffen, welche lediglich das *empirischen* Erscheinungen Gemeinsame zusammenfassen, und gattungsmäßigen *Ideal*typen – wie etwa einem idealtypischen Begriff des »Wesens« des Handwerks – ist natürlich im einzelnen flüssig. Aber *kein* Gattungsbegriff hat als solcher »typischen« Charakter und einen reinen gattungsmäßigen »Durchschnitts«-*Typus* gibt es nicht. Wo immer wir – z. B. in der Statistik – von »typischen« Größen reden, liegt *mehr* als ein bloßer Durchschnitt vor. Je mehr es sich um einfache *Klassifikation* von Vorgängen handelt, die als Massenerscheinungen in der Wirklichkeit auftreten, desto mehr handelt es sich um *Gattungs*begriffe, je mehr dagegen komplizierte historische Zusammenhänge in denjenigen ihrer Bestandteile, auf welchen ihre spezifische *Kulturbedeutung* ruht, begrifflich geformt werden, desto mehr wird der Begriff – oder das Begriffssystem – den Charakter des *Ideal*typus an sich tragen. Denn Zweck der idealtypischen Begriffsbildung ist es überall, *nicht* das Gattungsmäßige, sondern umgekehrt die *Eigenart* von Kulturerscheinungen scharf zum Bewußtsein zu bringen.

Die Tatsache, daß Idealtypen, auch gattungsmäßige, verwendet werden können und verwendet werden, bietet *methodisches* Interesse erst im Zusammenhang mit einem anderen Tatbestand.

Bisher haben wir die Idealtypen wesentlich nur als abstrakte Begriffe von Zusammenhängen kennengelernt, welche, als im Fluß des Geschehens verharrend, als historische Individuen, *an* denen sich Entwicklungen vollziehen, von uns vorgestellt werden. Nun aber tritt eine Komplikation ein, welche das naturalistische Vorurteil, daß das Ziel der Sozialwissenschaften die Reduktion der Wirklichkeit auf *»Gesetze«* sein müsse, mit Hilfe des Begriffes des »Typischen« außerordentlich leicht wieder hereinpraktiziert. Auch *Entwicklungen* lassen sich nämlich als Idealtypen konstruieren, und diese Konstruktionen können ganz erheblichen heuristischen Wert haben. Aber es entsteht dabei in ganz besonders hohem Maße die Gefahr, daß Idealtypus und Wirklichkeit ineinander geschoben werden. Man kann z. B. zu dem theoretischen Ergebnis gelangen, daß in einer *streng* »handwerksmäßig« organisierten Gesellschaft die einzige Quelle der Kapitalakkumulation die Grundrente sein könne. Daraus kann man dann vielleicht – denn die Richtigkeit der Konstruktion wäre hier nicht zu untersuchen – ein rein durch bestimmte einfache Faktoren: – begrenzter Boden, steigende Volkszahl, Edelmetallzufluß, Rationalisierung der Lebensführung, – bedingtes Idealbild einer Umbildung der handwerksmäßigen in die kapitalistische Wirtschaftsform konstruieren. Ob der empirisch-historische Verlauf der Entwicklung tatsächlich der konstruierte gewesen ist, wäre nun erst mit Hilfe dieser Konstruktion als heuristischem Mittel zu untersuchen im Wege der Vergleichung zwischen Idealtypus und »Tatsachen«. War der Idealtypus »richtig« konstruiert und entspricht der tatsächliche Verlauf dem idealtypischen *nicht*, so wäre damit der Beweis geliefert, daß die mittelalterliche Gesellschaft eben in bestimmten Beziehungen *keine* streng »handwerksmäßige« war. Und wenn der Idealtypus in heuristisch *»idealer«* Weise konstruiert war, – ob und wie dies in unserem Beispiel der Fall sein könnte, bleibt hier gänzlich außer Betracht, – *dann* wird er zugleich die Forschung auf den Weg lenken, der zu einer schärferen Erfassung jener *nicht* handwerksmäßigen Bestandteile der mittelalterlichen Gesellschaft in ihrer Eigenart und historischen Bedeutung führt. Er hat, *wenn* er zu diesem Ergebnis führt, seinen logischen Zweck erfüllt, gerade *indem* er seine eigene *Un*wirklichkeit manifestierte. Er war – in diesem Fall – die Erprobung einer Hypothese. Der Vorgang bietet keinerlei methodologische Bedenken, *so lange* man sich stets gegenwärtig hält, daß idealtypische Entwicklungs*konstruktion* und *Geschichte* zwei streng zu scheidende Dinge sind und daß die Konstruktion hier lediglich das Mittel war, *planvoll* die *gültige* Zurechnung eines historischen Vorganges zu seinen wirklichen Ursachen aus dem Kreise der nach Lage unserer Erkenntnis *möglichen* zu vollziehen.

Diese Scheidung streng aufrecht zu erhalten, wird nun erfahrungsgemäß durch einen Umstand oft ungemein erschwert. Im Interesse der anschaulichen Demonstration des Idealtypus oder der idealtypischen Entwicklung wird man sie durch Anschauungsmaterial aus der empirisch-historischen Wirklichkeit zu *verdeutlichen* suchen. Die Gefahr dieses an sich ganz legitimen Verfahrens liegt darin, daß das geschichtliche Wissen hier einmal als *Diener* der Theorie erscheint statt umgekehrt. Die Versuchung liegt für den Theoretiker recht nahe, dieses Verhältnis entweder als das normale anzusehen, oder, was schlimmer ist, Theorie und Geschichte ineinander zu schieben und geradezu miteinander zu verwechseln. In noch gesteigertem Maße liegt dieser Fall dann vor, wenn die Idealkonstruktion einer Entwicklung mit der begrifflichen Klassifikation von Idealtypen bestimmter Kulturgebilde (z. B. der gewerblichen Betriebsformen von der »geschlossenen Hauswirtschaft« ausgehend, oder etwa der religiösen Begriffe von den »Augenblicksgöttern« anfangend) zu einer *genetischen* Klassifikation ineinander gearbeitet wird. Die nach den gewählten Begriffsmerkmalen sich ergebende Reihenfolge der Typen erscheint dann als eine gesetzlich notwendige historische Aufeinanderfolge derselben. Logische Ordnung der Begriffe einerseits und empirische Anordnung des Begriffenen in Raum, Zeit und ursächlicher Verknüpfung andererseits erscheinen dann so miteinander verkittet, daß die Versuchung, der Wirklichkeit Gewalt anzutun, um die reale Geltung der Konstruktion in der Wirklichkeit zu erhärten, fast unwiderstehlich wird.

Absichtlich ist es vermieden worden, an dem für uns weitaus wichtigsten Fall idealtypischer Konstruktionen zu demonstrieren: an *Marx*. Es geschah, um die Darstellung nicht durch Hineinziehen von Marx-Interpretationen noch zu komplizieren und um den Erörterungen in unserer Zeitschrift, welche die Literatur, die über und im Anschluß an den großen Denker erwächst, zum regelmäßigen Gegenstand kritischer Analyse machen wird, nicht vorzugreifen. Daher sei hier nur konstatiert, daß natürlich *alle* spezifisch-marxistischen »Gesetze« und Entwicklungskonstruktionen – soweit sie *theoretisch* fehlerfrei sind – idealtypischen

Charakter haben. Die eminente, ja einzigartige *heuristische* Bedeutung dieser Idealtypen, wenn man sie zur *Vergleichung* der Wirklichkeit mit ihnen benutzt, und ebenso ihre Gefährlichkeit, sobald sie als empirisch geltend oder gar als *reale* (d.h. in Wahrheit: metaphysische) »wirkende *Kräfte*«, »Tendenzen« usw. vorgestellt werden, kennt jeder, der je mit marxistischen Begriffen gearbeitet hat.

Gattungsbegriffe – Idealtypen – idealtypische Gattungsbegriffe, – Ideen im Sinne von empirisch in historischen Menschen wirksamen Gedankenverbindungen – Idealtypen solcher Ideen – Ideale, welche historische Menschen beherrschen – Idealtypen solcher Ideale – Ideale, auf welche der Historiker die Geschichte bezieht; – *theoretische* Konstruktionen unter *illustrativer* Benutzung des Empirischen – *geschichtliche* Untersuchung unter Benutzung der theoretischen Begriffe als idealer Grenzfälle, – dazu dann die verschiedenen möglichen Komplikationen, die hier nur angedeutet werden konnten: lauter gedankliche Bildungen, deren Verhältnis zur empirischen Wirklichkeit des unmittelbar Gegebenen in jedem einzelnen Fall problematisch ist: – diese Musterkarte allein zeigt schon die unendliche Verschlungenheit der begrifflich-methodischen Probleme, welche auf dem Gebiet der Kulturwissenschaften fortwährend lebendig bleiben. Und wir mußten uns schlechthin versagen, auf die praktisch methodologischen Fragen hier, wo die Probleme nur *gezeigt* werden sollten, ernstlich einzugehen, die Beziehungen der idealtypischen zur »gesetzlichen« Erkenntnis, der idealtypischen Begriffe zu den Kollektivbegriffen usw. eingehender zu erörtern. –

Der Historiker wird nach allen diesen Auseinandersetzungen doch immer wieder darauf beharren, daß die Herrschaft der idealtypischen Form der Begriffsbildung und Konstruktion spezifische Symptome der Jugendlichkeit einer Disziplin seien. Und darin ist ihm in gewissem Sinne recht zu geben, freilich mit anderen Konsequenzen, als er sie ziehen wird. Nehmen wir ein paar Beispiele aus anderen Disziplinen. Es ist gewiß wahr: der geplagte Quartaner ebenso wie der primitive Philologe stellt sich zunächst eine Sprache »*organisch*«, d. h. als ein von Normen beherrschtes überempirisches *Ganzes* vor, die Aufgabe der Wissenschaft aber als die: festzustellen, was – als Sprachregel – gelten *solle*. Die »Schriftsprache« logisch zu bearbeiten, wie etwa die Crusca es tat, ihren Gehalt auf *Regeln* zu reduzieren, ist die normalerweise erste Aufgabe, welche sich eine »Philologie« stellt. Und wenn demgegenüber heute ein führender Philologe das »Sprechen *jedes Einzelnen*« als Objekt der Philologie proklamiert, so ist selbst die Aufstellung eines solchen Programms nur möglich, nachdem in der Schriftsprache ein relativ fester Idealtypus vorliegt, mit welchem die sonst gänzlich orientierungs- und uferlose Durchforschung der unendlichen Mannigfaltigkeit des *Sprechens* (mindestens stillschweigend) operieren kann. – Und nicht anders funktionierten die Konstruktionen der naturrechtlichen und der organischen Staatstheorien, oder etwa – um an einen Idealtypus in *unserm* Sinn zu erinnern – die Benjamin Constantsche Theorie des antiken Staats, gewissermaßen als Nothäfen, bis man gelernt hatte, sich auf dem ungeheueren Meere der empirischen Tatsachen zurechtzufinden. Die reif werdende Wissenschaft bedeutet also in der Tat immer *Überwindung* des Idealtypus, sofern er als empirisch *geltend* oder als *Gattungsbegriff* gedacht wird. Allein nicht nur ist z. B. die Benutzung der geistvollen Constantschen Konstruktion zur Demonstration gewisser Seiten und historischer Eigenarten antiken Staatslebens noch heute ganz legitim, sobald man sorgsam ihren idealtypischen Charakter festhält. Sondern vor allem: es gibt Wissenschaften, denen ewige Jugendlichkeit beschieden ist, und das sind alle *historischen* Disziplinen, alle die, denen der ewig fortschreitende Fluß der Kultur stets neue Problemstellungen zuführt. Bei ihnen liegt die Vergänglichkeit *aller*, aber zugleich die Unvermeidlichkeit immer *neuer* idealtypischer Konstruktionen im Wesen der Aufgabe.

Stets wiederholen sich die Versuche, den »eigentlichen«, »wahren« Sinn historischer Begriffe festzustellen, und niemals gelangen sie zu Ende. Ganz regelmäßig bleiben infolgedessen die Synthesen, mit denen die Geschichte fortwährend arbeitet, entweder nur relativ bestimmte Begriffe, oder, sobald Eindeutigkeit des Begriffsinhaltes erzwungen werden soll, wird der Begriff zum abstrakten Idealtypus und enthüllt sich damit als ein theoretischer, also »einseitiger« Gesichtspunkt, unter dem die Wirklichkeit beleuchtet, auf den sie bezogen werden kann, der aber zum Schema, in das sie restlos *eingeordnet* werden könnte, sich selbstverständlich als ungeeignet erweist. Denn keines jener Gedankensysteme, deren wir zur Erfassung der jeweils bedeutsamen Bestandteile der Wirklichkeit nicht entraten können, kann ja ihren unendlichen Reichtum erschöpfen. Keins ist etwas anderes als der Versuch, auf Grund des jeweiligen Standes unseres Wissens und der uns jeweils zur Verfügung stehenden begrifflichen Gebilde, Ordnung in das Chaos derjenigen Tatsachen zu bringen, welche wir in den Kreis unseres *Interesses* jeweils einbezogen haben. Der Gedankenapparat, welchen die Vergangenheit durch denkende Bearbeitung, das heißt aber in Wahrheit: denkende *Umbildung*, der unmittelbar gegebenen Wirklichkeit und durch Einordnung in diejenigen Begriffe, die dem Stande ihrer Erkenntnis und der Richtung ihres Interesses entsprachen, entwickelt hat, steht in steter Auseinandersetzung mit dem, was wir an neuer Erkenntnis aus der Wirklichkeit gewinnen können und *wollen*. In diesem Kampf vollzieht sich der Fortschritt der kulturwissenschaftlichen Arbeit. Ihr Ergebnis ist ein steter Umbildungsprozeß jener Begriffe, in denen wir die Wirklichkeit zu erfassen suchen. Die Geschichte der Wissenschaften vom sozialen Leben ist und bleibt daher ein steter Wechsel zwischen dem Versuch, durch Begriffsbildung Tatsachen gedanklich zu ordnen, der Auflösung der so gewonnenen Gedankenbilder durch Erweiterung und Verschiebung des wissenschaftlichen Horizontes und der Neubildung von Begriffen auf der so veränderten Grundlage. Nicht etwa das Fehlerhafte des Versuchs, Begriffssysteme *überhaupt* zu bilden, spricht sich darin aus: – eine jede Wissenschaft, auch die einfach darstellende Geschichte, arbeitet mit dem Begriffsvorrat ihrer Zeit –, sondern *der* Umstand kommt darin zum Ausdruck, daß in den Wissenschaften von der menschlichen Kultur die Bildung der Begriffe von der Stellung der Probleme abhängt, und daß diese letztere wandelbar ist mit dem Inhalt der Kultur selbst. Das Verhältnis von Begriff und Begriffenem in den Kulturwissenschaften bringt die Vergänglichkeit jeder solchen Synthese mit sich. Große begriffliche Konstruktionsversuche haben auf dem Gebiet unserer Wissenschaft ihren Wert regelmäßig gerade darin gehabt, daß sie die *Schranken* der Bedeutung desjenigen Gesichtspunktes, der ihnen zugrunde lag, enthüllten. Die weittragendsten Fortschritte auf dem Gebiet der Soizalwissenschaften knüpfen sich *sachlich* an die Verschiebung der praktischen Kulturprobleme und kleiden sich in die *Form* einer Kritik der Begriffsbildung. Es wird zu den vornehmsten Aufgaben unserer Zeitschrift gehören, dem Zweck dieser Kritik und damit der Untersuchung der *Prinzipien der Synthese* auf dem Gebiet der Sozialwissenschaft zu dienen. –

Bei den Konsequenzen, die aus dem Gesagten zu ziehen sind, gelangen wir nun an einen Punkt, wo unsere Ansichten sich vielleicht hier und da von denen mancher, auch hervorragender, Vertreter der historischen Schule, zu deren Kindern wir ja selbst gehören, scheiden. Diese letzteren nämlich verharren vielfach ausdrücklich oder stillschweigend in der Meinung, es sei das Endziel, der Zweck, jeder Wissenschaft, ihren Stoff in einem System von Begriffen zu ordnen, deren Inhalt durch Beobachtung empirischer Regelmäßigkeiten, Hypothesenbildung und Verifikation derselben zu gewinnen und langsam zu vervollkommnen sei, bis irgendwann eine »vollendete« und *deshalb* deduktive Wissenschaft daraus entstanden sei. Für dieses Ziel sei die historisch-induktive Arbeit der Gegenwart eine durch die Unvollkommenheit unserer Disziplin bedingte Vorarbeit: nichts muß naturgemäß vom Standpunkt dieser Betrachtungsweise aus bedenklicher erscheinen als die Bildung und Verwendung scharfer Begriffe, die ja jenes Ziel einer fernen Zukunft voreilig vorwegzunehmen trachten müßte. – Prinzipiell unanfechtbar wäre diese Auffassung auf dem Boden der antik-scholastischen Erkenntnislehre, welche denn auch der Masse der Spezialarbeiter der historischen Schule noch tief im Blute steckt: als Zweck der Begriffe wird vorausgesetzt, vorstellungsmäßige *Abbilder* der »objektiven« Wirklichkeit zu sein; daher der immer wiederkehrende Hinweis auf die *Unwirklichkeit* aller scharfen Begriffe. Wer den Grundgedanken der auf Kant zurückgehenden modernen Erkenntnislehre, daß die Begriffe vielmehr gedankliche Mittel zum Zweck der geistigen Beherrschung des empirisch Gegebenen sind und allein sein können, zu Ende denkt, dem wird der Umstand, daß scharfe genetische Begriffe notwendig Idealtypen sind, nicht gegen die Bildung von solchen sprechen können. Ihm kehrt sich das Verhältnis von Begriff und historischer Arbeit um: Jenes Endziel erscheint ihm logisch unmöglich, die Begriffe sind nicht *Ziel*, sondern *Mittel* zum Zweck der Erkenntnis der unter individuellen Gesichtspunkten bedeutsamen Zusammenhänge: gerade *weil* die Inhalte der historischen Begriffe notwendig wandelbar sind, müssen sie jeweils notwendig scharf formuliert werden. Er wird nur das Verlangen stellen, daß bei ihrer *Verwendung* stets ihr Charakter als idealer Gedankengebilde sorgsam festgehalten, Idealtypus und Geschichte nicht verwechselt werde. Er wird, da wirklich definitive historische Begriffe bei dem unvermeidlichen Wechsel der leitenden Wertideen als generelles Endziel nicht in Betracht kommen, glauben, daß eben dadurch, daß für den *einzelnen*, jeweils leitenden Gesichtspunkt scharfe und eindeutige Begriffe gebildet werden, die Möglichkeit gegeben sei, die *Schranken* ihrer Geltung jeweils klar im Bewußtsein zu behalten.

Man wird nun darauf hinweisen, und wir haben es selbst zugegeben, daß ein konkreter historischer Zusammenhang im einzelnen Fall sehr wohl in seinem Ablauf anschaulich gemacht werden könne, ohne daß er fortwährend mit definierten Begriffen in Beziehung gesetzt werde. Und man wird demgemäß für den Historiker unserer Disziplin in

Anspruch nehmen, daß er ebenso, wie man dies von dem politischen Historiker gesagt hat, die »Sprache *des* Lebens« reden dürfe. Gewiß! Nur ist dazu zu sagen, daß es bei diesem Verfahren bis zu einem oft *sehr* hohen Grade notwendig Zufall bleibt, ob der Gesichtspunkt, unter welchem der behandelte Vorgang Bedeutung gewinnt, zu klarem Bewußtsein gelangt. Wir sind im allgemeinen nicht in der günstigen Lage des politischen Historikers, bei welchem die Kulturinhalte, auf die er seine Darstellung bezieht, regelmäßig eindeutig sind – oder zu sein scheinen. Jeder nur anschaulichen Schilderung haftet die Eigenart der Bedeutung *künstlerischer* Darstellung an: »Ein jeder sieht, was er im Herzen trägt«, – gültige *Urteile* setzen überall die *logische* Bearbeitung des Anschaulichen, das heißt die Verwendung von *Begriffen* voraus, und es ist zwar möglich und oft ästhetisch reizvoll, diese in petto zu behalten, aber es gefährdet stets die Sicherheit der Orientierung des Lesers, oft die des Schriftstellers selbst, über Inhalt und Tragweite seiner Urteile.

Ganz hervorragend gefährlich aber kann nun die Unterlassung scharfer Begriffsbildung für praktische, wirtschafts- und sozial*politische* Erörterungen werden. Was hier z. B. die Verwendung des Terminus *»Wert«* – jenes Schmerzenskindes unserer Disziplin, welchem eben *nur* idealtypisch irgendein eindeutiger Sinn gegeben werden kann –, oder Worte wie »produktiv«, »vom volkswirtschaftlichen Standpunkt aus« usw., die überhaupt keiner begrifflich klaren Analyse standhalten, für Verwirrung gestiftet haben, ist für den Außenstehenden geradezu unglaublich. Und zwar sind es hier vornehmlich die der Sprache des Lebens entnommenen *Kollektiv*begriffe, welche Unsegen stiften. Man nehme, um ein für den Laien möglichst durchsichtiges Schulbeispiel herauszugreifen, den Begriff »Landwirtschaft«, wie er in der Wortverbindung »Interessen der Landwirtschaft« auftritt. Nehmen wir zunächst die »Interessen der Landwirtschaft« als die empirisch konstatierbaren mehr oder minder klaren *subjektiven* Vorstellungen der einzelnen wirtschaftenden Individuen von ihren Interessen, und sehen wir dabei ganz und gar von den unzähligen Konflikten der Interessen viehzüchtender, viehmästender, kornbauender, kornverfütternder, schnapsdestillierender usw. Landwirte hier ab, so kennt zwar nicht jeder Laie, aber doch jeder Fachmann das gewaltige Knäuel von durch- und gegeneinander laufenden Wertbeziehungen, das darunter unklar vorgestellt wird. Wir wollen hier nur einige wenige aufzählen: Interessen von Landwirten, welche ihr Gut verkaufen wollen und deshalb lediglich an einer schnellen Hausse des Bodenpreises interessiert sind; – das gerade entgegengesetzte Interesse von solchen, die sich ankaufen, arrondieren oder pachten wollen; das Interesse derjenigen, die ein bestimmtes Gut ihren Nachfahren um sozialer Vorteile willen zu erhalten wünschen und deshalb an Stabilität des Bodenbesitzes interessiert sind; – das entgegengesetzte Interesse solcher, die in ihrem und ihrer Kinder Interesse Bewegung des Bodens in der Richtung zum besten Wirt oder – was nicht ohne weiteres dasselbe ist – zum kapitalkräftigsten Käufer wünschen; das rein ökonomische Interesse der im privatwirtschaftlichen Sinne »tüchtigsten Wirte« an ökonomischer Bewegungsfreiheit; – das damit im Konflikt stehende Interesse bestimmter herrschender Schichten an der Erhaltung der überkommenen sozialen und politischen Position des eigenen »Standes« und damit der eigenen Nachkommen; das soziale Interesse der *nicht* herrschenden Schichten der Landwirte am Wegfall jener oberen, ihre eigene Position drückenden Schichten; – ihr unter Umständen damit kollidierendes Interesse, in jenen politische Führer zur Wahrung ihrer Erwerbsinteressen zu besitzen. – Die Liste könnte noch gewaltig vermehrt werden, ohne ein Ende zu finden, obwohl wir so summarisch und unpräzis wie nur möglich verfahren sind. Daß sich mit den mehr »egoistischen« Interessen dieser Art die verschiedensten rein idealen Werte mischen, verbinden, sie hemmen und ablenken können, übergehen wir, um uns vor allem zu erinnern, daß, wenn wir von »Interessen der Landwirtschaft« reden, wir regelmäßig *nicht nur* an jene materiellen und idealen Werte denken, auf welche die jeweiligen Landwirte selbst ihre »Interessen« beziehen, sondern daneben an die zum Teil ganz heterogenen Wertideen, auf welche *wir* die Landwirtschaft beziehen können, — beispielsweise: Produktionsinteressen, hergeleitet aus dem Interesse billiger und dem damit nicht immer zusammenfallenden Interesse qualitativ guter Ernährung der Bevölkerung, wobei die Interessen von Stadt und Land in den mannigfachsten Kollisionen liegen können, und wobei das Interesse der gegenwärtigen Generation mit den wahrscheinlichen Interessen künftiger Generationen keineswegs identisch sein muß; — populationistische Interessen: insbesondere Interesse an einer *zahlreichen* Landbevölkerung, hergeleitet, sei es aus Interessen »des Staates«, machtpolitischen oder innerpolitischen, oder aus anderen ideellen Interessen von unter sich verschiedener Art, z. B. an dem erwarteten Einfluß einer zahlreichen Landbevölkerung auf die Kultureigenart eines Landes; — dies populationistische Interesse kann mit den verschiedensten privatwirtschaftlichen Interessen aller Teile der Landbevölkerung, ja denkbarerweise mit allen Gegenwartsinteressen der Masse der Landbevölkerung kollidieren. Oder etwa das Interesse an einer bestimmten Art der sozialen *Gliederung* der Landbevölkerung wegen der Art der politischen oder Kultureinflüsse, die sich daraus ergeben: dies Interesse kann je nach seiner Richtung mit allen denkbaren, auch den dringlichsten Gegenwarts- und Zukunftsinteressen der einzelnen Landwirte sowohl wie »des Staates« kollidieren. Und — dies kompliziert die Sache weiter — der »Staat«, auf dessen »Interesse« wir solche und zahlreiche andere ähnliche Einzelinteressen gern beziehen, ist uns dabei ja oft nur Deckadresse für ein in sich höchst verschlungenes Knäuel von Wertideen, auf die er seinerseits von uns im einzelnen Falle bezogen wird: rein militärische Sicherung nach außen; Sicherung der Herrscherstellung einer Dynastie oder bestimmter Klassen nach innen; Interesse an der Erhaltung und Erweiterung der formal-staatlichen Einheit der Nation, um ihrer selbst willen oder im Interesse der Erhaltung bestimmter objektiver, unter sich wieder sehr verschiedener Kulturwerte, die wir als staatlich geeintes Volk zu vertreten glauben; Umgestaltung des sozialen Charakters des Staates im Sinne bestimmter, wiederum sehr verschiedener Kulturideale, – es würde zu weit führen, auch nur anzudeuten, was alles unter dem Sammelnamen »staatlicher Interessen« läuft, auf die wir »die Landwirtschaft« beziehen können. Das hier gewählte Beispiel und noch mehr unsere summarische Analyse sind plump und einfach. Der Laie möge sich nun einmal etwa den Begriff »Klasseninteresse der Arbeiter« ähnlich (und gründlicher) analysieren, um zu sehen, welch widerspruchsvolles Knäuel teils von Interessen und Idealen der Arbeiter, teils von Idealen, unter denen *wir* die Arbeiter betrachten, dahintersteckt. Es ist unmöglich, die Schlagworte des Interessenkampfes durch rein empiristische Betonung ihrer »Relativität« zu überwinden: klare, scharfe, begriffliche Feststellung der verschiedenen *möglichen* Gesichtspunkte ist der einzige Weg, der hier über die Unklarheit der Phrase hinausführt. Das »Freihandelsargument« als *Weltanschauung* oder gültige *Norm* ist eine Lächerlichkeit, aber schweren Schaden hat es für unsere handelspolitischen Erörterungen mit sich gebracht – und zwar ganz gleichgültig, *welche* handelspolitischen Ideale der Einzelne vertreten will –, daß wir die in solchen idealtypischen Formeln niedergelegte alte Lebensweisheit der größten Kaufleute der Erde in ihrem heuristischen Wert unterschätzt haben. Nur durch idealtypische Begriffsformeln werden die Gesichtspunkte, die im Einzelfalle in Betracht kommen, in ihrer Eigenart im Wege der *Konfrontierung* des Empirischen mit dem Idealtypus wirklich deutlich. Der Gebrauch der undifferenzierten Kollektivbegriffe, mit denen die Sprache des Alltags arbeitet, ist stets Deckmantel von Unklarheiten des Denkens oder Wollens, oft genug das Werkzeug bedenklicher Erschleichungen, immer aber ein Mittel, die Entwicklung der richtigen Problemstellung zu hemmen.

Wir sind am Ende dieser Ausführungen, die lediglich den Zweck verfolgen, die oft haarfeine Linie, welche Wissenschaft und Glauben scheidet, hervortreten und den *Sinn* sozialökonomischen Erkenntnisstrebens erkennen zu lassen. Die *objektive* Gültigkeit alles Erfahrungswissens beruht darauf und nur darauf, daß die gegebene Wirklichkeit nach Kategorien geordnet wird, welche in einem spezifischen Sinn *subjektiv*, nämlich die *Voraussetzung* unserer Erkenntnis darstellend, und an die Voraussetzung des *Wertes* derjenigen Wahrheit gebunden sind, die das Erfahrungswissen allein uns zu geben vermag. Wem diese Wahrheit nicht wertvoll ist – und der Glaube an den Wert wissenschaftlicher Wahrheit ist Produkt bestimmter Kulturen und nichts Naturgegebenes –, dem haben wir mit den Mitteln unserer Wissenschaft nichts zu bieten. Freilich wird er vergeblich nach einer anderen Wahrheit suchen, die ihm die Wissenschaft in demjenigen ersetzt, was *sie* allein leisten kann: Begriffe und Urteile, die nicht die empirische Wirklichkeit sind, auch nicht sie abbilden, aber sie in gültiger Weise *denkend ordnen* lassen. Auf dem Gebiet der empirischen sozialen Kulturwissenschaften ist, so sahen wir, die Möglichkeit sinnvoller Erkenntnis des für uns Wesentlichen in der unendlichen Fülle des Geschehens gebunden an die unausgesetzte Verwendung von Gesichtspunkten spezifisch besonderten Charakters, welche alle in letzter Instanz ausgerichtet sind auf Wertideen, die ihrerseits zwar empirisch als Elemente alles sinnvollen menschlichen Handelns konstatierbar und erlebbar, *nicht* aber aus dem empirischen Stoff als geltend begründbar sind. Die »Objektivität« sozialwissenschaftlicher Erkenntnis hängt vielmehr davon ab, daß das empirisch Gegebene zwar stets auf jene Wertideen, die ihr allein Erkenntnis*wert* verleihen, ausgerichtet, in ihrer Bedeutung aus ihnen verstanden, dennoch aber niemals zum Piedestal für den empirisch unmöglichen Nachweis ihrer Geltung gemacht wird. Und der uns allen in irgendeiner Form innewohnende *Glaube* an die überempirische Geltung letzter und höchster Wertideen, an denen wir den Sinn unseres Daseins verankern, schließt die unausgesetzte Wandelbarkeit der konkreten Gesichtspunkte, unter denen die empirische Wirklichkeit Bedeutung erhält, nicht etwa aus, sondern ein: das Leben in seiner irrationalen Wirklichkeit und sein Gehalt an *möglichen* Bedeutungen sind unausschöpfbar, die *konkrete* Gestaltung der Wertbeziehung bleibt daher fließend, dem Wandel unterworfen in die dunkle Zukunft der menschlichen Kultur hinein. Das Licht, welches jene höchsten Wertideen spenden, fällt jeweilig auf einen stets wechselnden endlichen Teil des ungeheuren chaotischen Stromes von Geschehnissen, der sich durch die Zeit dahinwälzt. –

Das alles möge nun nicht dahin mißverstanden werden, daß die eigentliche Aufgabe der Sozialwissenschaft eine stete Hetzjagd nach neuen Gesichtspunkten und begrifflichen Konstruktionen sein solle. *Im Gegenteil:* nichts sollte hier schärfer betont werden als der Satz, daß der Dienst an der Erkenntnis der *Kulturbedeutung konkreter historischer Zusammenhänge* ausschließlich und allein das letzte Ziel ist, dem, neben anderen Mitteln, *auch* die begriffsbildende und begriffskritische Arbeit dienen will. – Es gibt, um mit F. Th. Vischer zu reden, auch auf unserem Gebiete »Stoffhuber« und »Sinnhuber«. Der tatsachengierige Schlund der ersteren ist nur durch Aktenmaterial, statistische Folianten und Enquêten zu stopfen, für die Feinheit des neuen Gedankens ist er unempfindlich. Die Gourmandise der letzteren verdirbt sich den Geschmack an den Tatsachen durch immer neue Gedankendestillate. Jene echte Künstlerschaft, wie sie z. B. unter den Historikern Ranke in so grandiosem Maße besaß, pflegt sich gerade darin zu manifestieren, daß sie durch Beziehung *bekannter* Tatsachen auf *bekannte* Gesichtspunkte dennoch ein Neues zu schaffen weiß.

Alle kulturwissenschaftliche Arbeit in einer Zeit der Spezialisierung wird, nachdem sie durch bestimmte Problemstellungen einmal auf einen bestimmten Stoff hin ausgerichtet ist und sich ihre methodischen Prinzipien geschaffen hat, die Bearbeitung dieses Stoffes als Selbstzweck betrachten, ohne den Erkenntniswert der einzelnen Tatsachen stets bewußt an den letzten Wertideen zu kontrollieren, ja ohne sich ihrer Verankerung an diesen Wertideen überhaupt bewußt zu bleiben. Und es ist gut so.

Aber irgendwann wechselt die Farbe: die Bedeutung der unreflektiert verwerteten Gesichtspunkte wird unsicher, der Weg verliert sich in die Dämmerung. Das Licht der großen Kulturprobleme ist weiter gezogen. Dann rüstet sich auch die Wissenschaft, ihren Standort und ihren Begriffsapparat zu wechseln und aus der Höhe des Gedankens auf den Strom des Geschehens zu blicken. Sie zieht jenen Gestirnen nach, welche allein ihrer Arbeit Sinn und Richtung zu weisen vermögen:

»... der neue Trieb erwacht,
Ich eile fort, ihr ew'ges Licht zu trinken,
Vor mir den Tag und hinter mir die Nacht,
Den Himmel über mir und unter mir die Wellen.«

DER SINN DER »WERTFREIHEIT« DER SOZIALWISSENSCHAFTEN

Unter »Wertungen« sollen nachstehend, wo nicht ein anderes gesagt oder von selbst ersichtlich ist, *»praktische«* Bewertungen einer durch unser Handeln beeinflußbaren Erscheinung als verwerflich oder billigenswert verstanden sein.

Unendliches Mißverständnis und vor allem terminologischer, daher gänzlich steriler, Streit hat sich an das Wort »Werturteil« geknüpft, welches zur Sache offenbar gar nichts austrägt. Es ist, wie gesagt, ganz unzweideutig, daß es sich bei diesen Erörterungen für unsere Disziplinen um *praktische* Wertungen sozialer Tatsachen als, unter ethischen oder unter Kulturgesichtspunkten oder aus anderen Gründen, praktisch wünschenswert oder unerwünscht, handelt. Daß die Wissenschaft 1. »wertvolle«, d. h. logisch und sachlich gewertet *richtige* und 2. »wertvolle«, d. h. im Sinne des wissenschaftlichen Interesses *wichtige* Resultate zu erzielen wünscht, daß ferner schon die Auswahl des Stoffes eine »Wertung« enthält, – solche Dinge sind trotz alles darüber Gesagten allen Ernstes als »Einwände« aufgetaucht. Nicht minder ist das fast unbegreiflich starke Mißverständnis immer wieder entstanden, als ob behauptet würde, daß die empirische Wissenschaft »subjektive« Wertungen von Menschen nicht als *Objekt* behandeln könne (während doch die Soziologie, in der Nationalökonomie aber die gesamte Grenznutzenlehre auf der gegenteiligen Voraussetzung beruht). Aber es handelt sich doch ausschließlich um die an sich höchste triviale Forderung, daß der Forscher und Darsteller die Feststellung empirischer Tatsachen (einschließlich des von ihm festgestellten »wertenden« Verhaltens der von ihm untersuchten empirischen Menschen) und *seine* praktisch wertende, d. h.

diese Tatsachen (einschließlich etwaiger zum Objekt einer Untersuchung gemachter »Wertungen« von empirischen Menschen) als erfreulich oder unerfreulich *beurteilende*, in diesem Sinne: »bewertende« Stellungnahme unbedingt *auseinanderhalten* solle, weil es sich da nun einmal um heterogene Probleme handelt. In einer sonst wertvollen Abhandlung führt ein Schriftsteller aus: ein Forscher könne doch auch seine eigene Wertung als »Tatsache« hinnehmen und nun daraus die Konsequenzen ziehen. Das hiermit Gemeinte ist ebenso unbestreitbar richtig wie der gewählte Ausdruck irreführend. Man kann natürlich sich vor einer Diskussion darüber einigen, daß eine bestimmte praktische Maßregel: etwa die Deckung der Kosten einer Heeresvermehrung lediglich aus den Taschen der Besitzenden, »Voraussetzung« der Diskussion sein und lediglich die *Mittel*, dies durchzuführen, zur Erörterung gestellt werden sollen. Das ist oft recht zweckmäßig. Aber eine solche gemeinsam vorausgesetzte praktische Absicht nennt man doch nicht eine »Tatsache«, sondern einen »a priori feststehenden Zweck«. Daß das auch sachlich zweierlei ist, würde sich sehr bald in der Diskussion der »Mittel« zeigen, es sei denn, daß der als undiskutabel »vorausgesetzte Zweck« so konkret wäre, wie der: sich jetzt eine Zigarre anzuzünden. Dann sind freilich auch die Mittel einer Diskussion nur selten bedürftig. In fast *jedem* Falle einer allgemeiner formulierten Absicht wird man dagegen die Erfahrung machen, daß bei der Diskussion der Mittel nicht nur sich zeigt, daß die Einzelnen unter jenem vermeintlich eindeutigen Zweck ganz Verschiedenes verstanden haben. Sondern insbesondere kann sich ergeben, daß der genau *gleiche* Zweck aus sehr verschiedenen letzten Gründen gewollt wird und daß dies auf die Diskussion der Mittel von Einfluß ist. Doch dies beiseite. Denn daß man von einem bestimmten Zweck als gemeinsam gewollt ausgehen und nur die Mittel, ihn zu erreichen, diskutieren *kann* und daß dies dann eine rein empirisch zu erledigende Diskussion ergeben *kann*, — das ist wohl noch nie jemandem zu bestreiten eingefallen. Aber gerade um die Wahl der Zwecke (und nicht: der »Mittel«

bei fest gegebenem Zweck), gerade darum also, in welchem Sinn die Wertung, die der Einzelne zugrunde legt, eben *nicht* als »Tatsache« hingenommen, sondern zum Gegenstand einer wissenschaftlichen *Kritik* gemacht werden könne, dreht sich ja die ganze Erörterung. Wenn dies nicht festgehalten wird, so ist alle weitere Auseinandersetzung vergeblich. –

Gar nicht zur Diskussion steht eigentlich die Frage: inwieweit praktische Wertungen, insbesondere also: ethische, ihrerseits *normative* Dignität beanspruchen dürfen, also anderen Charakter haben als z. B. die als Beispiel angeführte Frage, ob Blondinen den Brünetten vorzuziehen seien, oder als ähnlich subjektive Geschmacksurteile. Das sind Probleme der Wertphilosophie, nicht der Methodik der empirischen Disziplinen. Worauf allein es für diese ankommt, ist: daß einerseits die Geltung eines praktischen Imperativs als Norm und andererseits die Wahrheitsgeltung einer empirischen Tatsachenfeststellung in absolut heterogenen Ebenen der Problematik liegen und daß der spezifischen Dignität *jeder* von beiden Abbruch getan wird, wenn man dies verkennt und beide Sphären zusammenzuzwingen sucht. Dies ist meines Erachtens in starkem Maße geschehen, insbesondere durch Gustav v. Schmoller.

Zunächst möchte ich mich dagegen wenden, daß den Anhängern der »Wertfreiheit« die bloße Tatsache des historischen und individuellen Schwankens der jeweils geltenden wertenden Stellungnahmen als Beweis für den notwendig nur »subjektiven« Charakter z. B. der Ethik gelte. Auch empirische Tatsachenfeststellungen sind oft sehr umstritten, und darüber, ob man jemanden für einen Schurken zu halten habe, kann oft eine wesentlich größere allgemeine Übereinstimmung herrschen als (gerade bei den Fachleuten) etwa über die Frage der Deutung einer verstümmelten Inschrift. Die nach Schmollers Annahme zunehmende konventionelle Einmütigkeit aller Konfessionen und Menschen über die Hauptpunkte der praktischen Wertungen steht in schroffem Gegensatz zu meinem entgegengesetzten Eindruck. Allein das scheint mir ohne Belang für die Sache. Denn was jedenfalls zu bestreiten ist, wäre, daß man sich bei irgendeiner solchen durch Konvention geschaffenen faktischen Selbstverständlichkeit gewisser noch so weit verbreiteter praktischer Stellungnahmen wissenschaftlich beruhigen dürfe. Die spezifische Funktion der Wissenschaft scheint mir gerade umgekehrt, daß ihr das konventionell Selbstverständliche zum *Problem* wird. Gerade dies haben ja Schmoller und seine Freunde selbst s. Z. getan. Daß man ferner die *kausale* Wirkung des *faktischen* Bestehens gewisser ethischer oder religiöser Überzeugungen auf das Wirtschaftsleben untersucht und unter Umständen hoch veranschlagt, hat doch nicht etwa die Folge, daß man nun jene kausal vielleicht sehr wirksam gewesenen Überzeugungen um deswillen auch zu *teilen* habe oder auch nur für »wertvoll« halten müsse, wie umgekehrt durch Bejahung des hohen Werts einer ethischen oder religiösen Erscheinung nicht das Geringste darüber ausgesagt ist, ob auch die ungewohnten Folgen, die ihre Verwirklichung gehabt hat oder haben würde, mit dem gleichen positiven Wertprädikat zu versehen wären. Über diese Fragen ist durch tatsächliche Feststellungen gar nichts auszumachen, und sie würde der Einzelne sehr verschieden beurteilen müssen, je nach seinen eigenen religiösen und anderen praktischen Wertungen. Das alles gehört gar nicht zur Streitfrage. Dagegen bestreite ich sehr nachdrücklich, daß eine »realistische« Wissenschaft vom Ethischen, d. h. die Aufzeigung der faktischen Einflüsse, welche die jeweilig in einer Gruppe von Menschen vorwiegenden ethischen Überzeugungen durch deren sonstige Lebensbedingungen erfahren und umgekehrt wieder auf diese geübt haben, ihrerseits eine »Ethik« ergebe, welche jemals über das Gelten*sollende* etwas aussagen könne. So wenig wie eine »realistische« Darstellung der astronomischen Vorstellungen etwa der Chinesen, – welche also aufzeigt, aus welchen praktischen Motiven und wie sie Astronomie betrieben, zu welchen Ergebnissen und warum sie zu diesen kamen, – jemals die Richtigkeit dieser chinesischen Astronomie zu erweisen zum Ziele haben könnte. Und so wenig wie die

Feststellung, daß die römischen Agrimensoren oder die Florentiner Bankiers (die letzteren selbst bei Erbteilungen von ganz großen Vermögen) mit ihren Methoden recht oft zu Resultaten kamen, welche mit der Trigonometrie oder dem Einmaleins unvereinbar sind, etwa die Geltung dieser letzteren zur Diskussion stellt. Durch empirisch-psychologische und historische Untersuchung eines bestimmten Wertungsstandpunktes auf seine individuelle, soziale, historische Bedingtheit hin gelangt man nun und nimmer je zu irgend etwas anderem, als dazu: ihn *verstehend zu erklären*. Das ist nichts Geringes. Es ist nicht nur wegen des persönlichen (aber nicht wissenschaftlichen) Nebenerfolgs: dem wirklich oder scheinbar Andersdenkenden persönlich leichter »gerecht werden« zu können, erwünscht. Sondern es ist auch wissenschaftlich höchst wichtig 1. für den Zweck einer empirischen Kausalbetrachtung menschlichen Handelns, um dessen *wirkliche* letzte *Motive* kennenzulernen, 2. aber, wenn man mit einem (wirklich oder scheinbar) abweichend Wertenden diskutiert, für die Ermittlung der wirklichen gegenseitigen Wertungsstandpunkte. Denn dies ist der eigentliche Sinn einer *Wert*diskussion: das, was der Gegner (oder auch: man selbst) wirklich meint, d. h. den Wert, auf den es jedem der beiden Teile wirklich und nicht nur scheinbar ankommt, zu erfassen und so zu diesem Wert eine Stellungnahme überhaupt erst zu ermöglichen. Weit entfernt davon also, daß vom Standpunkt der Forderung der »Wertfreiheit« empirischer Erörterungen aus Diskussionen von Wertungen steril oder gar sinnlos wären, ist gerade die Erkenntnis dieses ihres Sinnes Voraussetzung aller nützlichen Erörterungen dieser Art. Sie setzen einfach das Verständnis für die Möglichkeit prinzipiell und unüberbrückbar *abweichender* letzter Wertungen voraus. Denn weder bedeutet »alles verstehen« auch »alles verzeihen«, noch führt überhaupt vom bloßen Verstehen des fremden Standpunktes an sich ein Weg zu dessen Billigung. Sondern mindestens ebenso leicht, oft mit weit höherer Wahrscheinlichkeit, zu der Erkenntnis: daß, warum und worüber, man sich *nicht* einigen könne. Gerade diese Erkenntnis *ist* aber eine Wahrheitserkenntnis und gerade *ihr* dienen »Wertungsdiskussionen«. Was man dagegen auf diesem Wege ganz gewiß nicht gewinnt – weil es in der gerade entgegengesetzten Richtung liegt –, ist irgendeine normative Ethik oder überhaupt die Verbindlichkeit irgendeines »Imperativs«. Jedermann weiß vielmehr, daß ein solches Ziel durch die, zum mindesten dem Anschein nach, »relativierende« Wirkung solcher Diskussionen eher erschwert wird. Damit ist natürlich nun wieder nicht gesagt, daß man um deswillen sie vermeiden solle. Im geraden Gegenteil. Denn eine »ethische« Überzeugung, welche durch psychologisches »Verstehen« abweichender Wertungen sich aus dem Sattel heben läßt, ist nur ebensoviel *wert* gewesen wie religiöse Meinungen, welche durch wissenschaftliche Erkenntnis zerstört werden, wie dies ja ebenfalls vorkommt. Wenn schließlich Schmoller annimmt, daß die Verfechter der »Wertfreiheit« der empirischen Disziplinen nur »formale« ethische Wahrheiten (gemeint ist offenbar: im Sinn der Kritik der praktischen Vernunft) anerkennen könnten, so möge darauf – obwohl das Problem nicht unbedingt zur Sache gehört – mit einigen Erörterungen eingegangen sein.

Zunächst ist die in Schmollers Auffassung liegende Identifikation von ethischen Imperativen mit »Kulturwerten«, auch den höchsten, abzulehnen. Denn es kann einen Standpunkt geben, für den Kulturwerte »aufgegeben« sind, auch soweit sie mit jeglicher Ethik in unvermeidlichem, unaustragbarem Konflikt liegen. Und umgekehrt ist eine Ethik, die alle Kulturwerte ablehnt, ohne inneren Widerspruch möglich. Jedenfalls aber sind beide Wertsphären nicht identisch. Ebenso ist es ein schweres (freilich weitverbreitetes) Mißverständnis, wenn geglaubt wird: »formale« Sätze wie etwa die der Kantischen Ethik enthielten keine *inhaltlichen* Weisungen. Die Möglichkeit einer normativen Ethik wird allerdings dadurch nicht in Frage gestellt, daß es Probleme *praktischer* Art gibt, für welche sie aus sich selbst heraus keine eindeutigen Weisungen geben kann (und dahin gehören, wie ich glaube, in ganz spezifischer

Art bestimmte institutionelle, daher gerade »sozial*politische*« Probleme) und daß ferner die Ethik nicht das Einzige ist, was auf der Welt »gilt«, sondern daß neben ihr andere Wertsphären bestehen, deren Werte unter Umständen nur der realisieren kann, welcher ethische »Schuld« auf sich nimmt. Dahin gehört speziell die Sphäre politischen Handelns. Es wäre m. E. schwächlich, die Spannungen gegen das Ethische, welche gerade sie enthält, leugnen zu wollen. Aber es ist dies keineswegs, wie die übliche Entgegensetzung »privater« und »politischer« Moral glauben macht, nur ihr eigentümlich. – Gehen wir einige der vorstehend bezeichneten »Grenzen« der Ethik durch.

Zu den von *keiner* Ethik eindeutig entscheidbaren Fragen gehören die Konsequenzen des Postulates der »Gerechtigkeit«. Ob man z. B. – wie dies wohl Schmollers seinerzeit geäußerten Anschauungen am ehesten entsprechen würde – dem, der viel leistet, auch viel schuldet, oder umgekehrt von dem, der viel leisten kann, auch viel fordert, ob man also z. B. im Namen der Gerechtigkeit (denn andere Gesichtspunkte – etwa der des nötigen »Ansporns« – haben dann auszuscheiden) dem großen Talent auch große Chancen gönnen solle, oder ob man umgekehrt (wie Babeuf) die Ungerechtigkeit der ungleichen Verteilung der geistigen Gaben auszugleichen habe durch strenge Vorsorge dafür, daß das Talent, dessen bloßer Besitz ja schon ein beglückendes Prestigegefühl geben könne, nicht auch noch seine besseren Chancen in der Welt für sich ausnützen könne: – dies dürfte aus »ethischen« Prämissen unaustragbar sein. Diesem Typus entspricht aber die *ethische* Problematik der meisten sozialpolitischen Fragen. –

Aber auch auf dem Gebiet des persönlichen Handelns gibt es ganz spezifisch ethische Grundprobleme, welche die Ethik aus eigenen Voraussetzungen nicht austragen kann. Dahin gehört vor allem die Grundfrage: ob der Eigenwert des ethischen Handelns – der »reine Wille« oder die »Gesinnung«, pflegt man das auszudrücken – allein zu seiner Rechtfertigung genügen soll, nach der Maxime: »der Christ handelt recht und stellt den Erfolg Gott anheim«, wie christliche Ethiker sie formuliert haben. Oder ob die Verantwortung für die als möglich oder wahrscheinlich vorauszusehenden *Folgen* des Handelns, wie sie dessen Verflochtenheit in die ethisch irrationale Welt bedingt, mit in Betracht zu ziehen ist. Auf sozialem Gebiet geht alle radikal revolutionäre politische Haltung, der sog. »Syndikalismus« vor allem, von dem ersten, alle »Realpolitik« von dem letzten Postulat aus. Beide berufen sich auf ethische Maximen. Aber diese Maximen liegen untereinander in ewigem Zwist, der mit den Mitteln einer rein in sich selbst beruhenden Ethik schlechthin unaustragbar ist.

Diese beiden ethischen Maximen sind solche von streng »formalem« Charakter, darin ähnlich den bekannten Axiomen der »Kritik der praktischen Vernunft«. Von letzteren wird um dieses Charakters willen vielfach geglaubt, sie enthielten inhaltliche Weisungen zur Bewertung des Handelns überhaupt nicht. Das trifft, wie gesagt, keineswegs zu. Nehmen wir absichtlich ein möglichst weit von aller »Politik« abliegendes Beispiel, welches vielleicht verdeutlichen kann, welchen Sinn dieser vielberedete »nur formale« Charakter jener Ethik eigentlich hat. Angenommen, ein Mann sagt mit Bezug auf seine erotische Beziehung zu einer Frau: »Anfänglich war unser beider Verhältnis nur eine Leidenschaft, jetzt ist es ein Wert«, so würde die kühl temperierte Sachlichkeit der Kantischen Ethik die erste Hälfte dieses Satzes so ausdrücken: »Anfänglich waren wir beide einander *nur Mittel«* – und damit den ganzen Satz als einen Sonderfall jenes bekannten Prinzips in Anspruch nehmen, welches man seltsamerweise gern als einen rein zeitgeschichtlich bedingten Ausdruck des »Individualismus« hingestellt hat, während es in Wahrheit eine überaus geniale Formulierung einer unermeßlichen Vielheit ethischer Sachverhalte bedeutet, die man nur eben richtig verstehen muß. In ihrer negativen Fassung und in der Ausschaltung jeglicher Aussage darüber: was denn das positive Gegenteil der ethisch abzulehnenden Behandlung des Anderen »nur als Mittel« sei, enthält sie offensichtlich 1. die Anerkennung außerethischer selbständiger Wertsphären, – 2.

die Begrenzung der ethischen Sphäre diesen gegenüber, – endlich 3. die Feststellung, daß und in welchem Sinn dem Handeln im Dienst außerethischer Werte dennoch Unterschiede der ethischen Dignität anzuhaften vermögen. Tatsächlich sind jene Sphären von Werten, welche die Behandlung des Anderen »nur als Mittel« gestatten oder vorschreiben, der Ethik gegenüber heterogen. Es kann das hier nicht weiter verfolgt werden: jedenfalls aber zeigt sich, daß der »formale« Charakter selbst jenes höchst abstrakten ethischen Satzes gegen den *Inhalt* des Handelns nicht etwa indifferent bleibt. – Nun aber kompliziert sich das Problem weiter. Jenes negative Prädikat selbst, welches mit den Worten »nur eine Leidenschaft« ausgesprochen wurde, kann von einem bestimmten Standpunkt aus als eine Lästerung des innerlich Echtesten und Eigentlichsten des Lebens hingestellt werden, des einzigen oder doch des königlichen Weges hinaus aus den unpersönlichen oder überpersönlichen und daher lebensfeindlichen »Wert«-Mechanismen, aus dem Angeschmiedetsein an das leblose Gestein des Alltagsdaseins und aus den Prätensionen »aufgegebener« Unwirklichkeiten. Es läßt sich jedenfalls eine Konzeption dieser Auffassung denken, welche – obwohl sie für das von ihr gemeinte Konkretissimum des Erlebens den Ausdruck »Wert« wohl verschmähen würde – eben doch eine Sphäre konstituieren würde, welche, jeder Heiligkeit oder Güte, jeder ethischen oder ästhetischen Gesetzlichkeit, jeder Kulturbedeutsamkeit oder Persönlichkeitswertung gleich fremd und feindlich gegenüberstehend, dennoch und eben deshalb ihre eigene, in einem alleräußersten Sinn des Wortes »immanente« Dignität in Anspruch nähme. Welches immer nun unsere Stellungnahme zu diesem Anspruch sein mag, jedenfalls ist sie mit den Mitteln keiner »Wissenschaft« beweisbar oder »widerlegbar«.

Jede empirische Betrachtung dieser Sachverhalte würde, wie der alte Mill bemerkt hat, zur Anerkennung des absoluten Polytheismus als der einzigen ihnen entsprechenden Metaphysik führen. Eine nicht empirische, sondern sinndeutende Betrachtung: eine echte Wertphilosophie also, würde ferner, darüber hinausgehend, nicht verkennen dürfen, daß ein noch so wohlgeordnetes Begriffsschema der »Werte« gerade dem entscheidendsten Punkt des Tatbestandes nicht gerecht würde. Es handelt sich nämlich zwischen den Werten letztlich überall und immer wieder nicht nur um Alternativen, sondern um unüberbrückbar tödlichen Kampf, so wie zwischen »Gott« und »Teufel«. Zwischen diesen gibt es keine Relativierungen und Kompromisse. Wohlgemerkt: dem *Sinn* nach nicht. Denn es gibt sie, wie jedermann im Leben erfährt, der Tatsache und folglich dem äußeren Schein nach, und zwar auf Schritt und Tritt. In fast jeder einzelnen wichtigen Stellungnahme realer Menschen kreuzen und verschlingen sich ja die Wertsphären. Das Verflachende des »Alltags« in diesem eigentlichsten Sinn des Wortes besteht ja gerade darin, daß der in ihm dahinlebende Mensch sich dieser teils psychologisch, teils pragmatisch bedingten Vermengung todfeindlicher Werte nicht bewußt wird und vor allem: auch gar nicht bewußt werden *will*, daß er sich vielmehr der Wahl zwischen »Gott« und »Teufel« und der eigenen letzten Entscheidung darüber: welcher der kollidierenden Werte von dem einen und welcher von dem andern regiert werde, entzieht. Die aller menschlichen Bequemlichkeit unwillkommene, aber unvermeidliche Frucht vom Baum der Erkenntnis ist gar keine andere als eben die: um jene Gegensätze wissen und also sehen zu müssen, daß jede einzelne wichtige Handlung und daß vollends das Leben als Ganzes, wenn es nicht wie ein Naturereignis dahingleiten, sondern bewußt geführt werden soll, eine Kette letzter Entscheidungen bedeutet, durch welche die Seele, wie bei Platon, ihr eigenes Schicksal: – den Sinn ihres Tuns und Seins heißt das – *wählt*. Wohl das gröblichste Mißverständnis, welches den Absichten der Vertreter der Wertkollision gelegentlich immer wieder zuteil geworden ist, enthält daher die Deutung dieses Standpunkts als »Relativismus«, – als einer Lebensanschauung also, die gerade auf der radikal entgegengesetzten Ansicht vom Verhälnis der Wertsphären zueinander beruht und (in konsequenter Form) nur auf dem Boden einer sehr besonders gearteten (»organischen«) Metaphysik sinnvoll durchführbar ist. –

Kehren wir zu unserem Spezialfall zurück, so scheint mir ohne die Möglichkeit eines Zweifels feststellbar, daß auf dem Gebiet der praktisch-politischen (speziell also auch der wirtschafts- und sozialpolitischen) Wertungen, sobald daraus Direktiven für ein wertvolles Handeln abgeleitet werden sollen: 1. die unvermeidlichen Mittel und 2. die unvermeidlichen Nebenerfolge, 3. die dadurch bedingte Konkurrenz mehrerer *möglicher* Wertungen miteinander in ihren *praktischen* Konsequenzen das einzige sind, was eine *empirische* Disziplin mit ihren Mitteln aufzeigen kann. *Philosophische* Disziplinen können darüber hinaus mit ihren Denkmitteln den »Sinn« der Wertungen, also ihre letzte sinnhafte Struktur und ihre *sinnhaften* Konsequenzen ermitteln, ihnen also den »Ort« innerhalb der Gesamtheit der überhaupt möglichen »letzten« Werte anweisen und ihre sinnhaften Geltungssphären abgrenzen. Schon so einfache Fragen aber, wie die: inwieweit ein Zweck die unvermeidlichen Mittel heiligen solle, wie auch die andere: inwieweit die nicht gewollten Nebenerfolge in Kauf genommen werden sollen, wie vollends die dritte, wie Konflikte zwischen mehreren in concreto kollidierenden, gewollten oder gesollten Zwecken zu schlichten seien, sind ganz und gar Sache der Wahl oder des Kompromisses. Es gibt keinerlei (rationales oder empirisches) wissenschaftliches Verfahren irgendwelcher Art, welches hier eine Entscheidung geben könnte. Am allerwenigsten kann diese Wahl *unsere* streng empirische Wissenschaft dem Einzelnen zu ersparen sich anmaßen, und sie sollte daher auch nicht den Anschein erwecken, es zu können. –

Ausdrücklich sei schließlich aber noch bemerkt, daß die Anerkennung *dieses* Sachverhalts *für unsere Disziplinen* von der Stellungnahme zu den vorstehend in größter Kürze angedeuteten werttheoretischen Ausführungen vollständig unabhängig ist. Denn es gibt eben überhaupt keinen logisch haltbaren Standpunkt, von dem aus man ihn ablehnen könnte, außer dem einer durch *kirchliche* Dogmen eindeutig vorgeschriebenen Rangfolge der Werte. Ich muß abwarten, ob sich wirklich Leute finden, welche behaupten, daß die Fragen: ob eine konkrete Tatsache sich so oder anders verhält?, warum der betreffende konkrete Sachverhalt so und nicht anders geworden ist?, ob auf einen gegebenen Sachverhalt nach einer Regel des faktischen Geschehens ein anderer Sachverhalt, und mit welchem Grade von Wahrscheinlichkeit, zu folgen pflegt? – dem Sinn nach *nicht* grundverschieden seien von den Fragen: was man in einer konkreten Situation praktisch *tun* solle?, unter welchen Gesichtspunkten jene Situation praktisch erfreulich oder unerfreulich erscheinen könne?, ob es – wie immer geartete – allgemein formulierbare Sätze (Axiome) gebe, auf welche sich diese Gesichtspunkte reduzieren lassen?; – ferner: daß einerseits die Frage: in welcher Richtung sich eine konkret gegebene tatsächliche Situation (oder generell: eine Situation eines bestimmten, irgendwie hinlänglich bestimmten Typus) mit Wahrscheinlichkeit, und mit wie großer Wahrscheinlichkeit sie sich in jener Richtung entwickeln *werde* (bzw. typisch zu entwickeln *pflege*)?, und die andere Frage: ob man dazu *beitragen* solle, daß eine bestimmte Situation sich in einer bestimmten Richtung – sei es der an sich wahrscheinlichen, sei es der gerade entgegengesetzten oder irgendeiner anderen – entwickelt?; – endlich, daß einerseits die Frage: welche Ansicht sich bestimmte Personen unter konkreten, oder eine unbestimmte Vielheit von Personen sich unter gleichen, Umständen über ein Problem welcher Art immer mit Wahrscheinlichkeit (oder selbst mit Sicherheit) bilden *werden?*, und andererseits die Frage: ob diese mit Wahrscheinlichkeit oder Sicherheit entstehende Ansicht *richtig* sei?, – daß die Fragen jedes dieser Gegensatzpaare miteinander dem Sinn nach auch nur das mindeste zu tun haben?, daß sie wirklich, wie immer einmal wieder behauptet wird, »voneinander nicht zu trennen« seien?, daß diese letztere Behauptung *nicht* mit den Anforderungen des wissenschaftlichen Denkens im Widerspruch stehe? Ob dagegen jemand, der die absolute Heterogenität beider Arten von

Fragen zugibt, dennoch für sich in Anspruch nimmt: in einem und demselben Buch, auf einer und derselben Seite, ja in einem Haupt- und Nebensatz einer und derselben syntaktischen Einheit sich einerseits über das eine und andererseits über das andere der beiden heterogenen Probleme zu äußern, — das ist seine Sache. Was von ihm zu verlangen ist, ist lediglich: daß er seine Leser über die absolute Heterogenität der Probleme nicht unabsichtlich (oder auch aus absichtsvoller Pikanterie) *täusche*. Persönlich bin ich der Ansicht, daß kein Mittel der Welt zu »pedantisch« ist, um nicht zur Vermeidung von Konfusionen am Platze zu sein.

Der Sinn von Diskussionen über *praktische Wertungen* (der an der Diskussion *Beteiligten* selbst) kann also nur sein:

a) Die Herausarbeitung der letzten, innerlich »konsequenten« Wertaxiome, von denen die einander entgegengesetzten Meinungen ausgehen. Nicht nur über die der Gegner, sondern auch über die eigenen täuscht man sich oft genug. Diese Prozedur ist dem Wesen nach eine von der Einzelwertung und ihrer sinnhaften Analyse ausgehende, immer höher zu immer prinzipielleren wertenden Stellungnahmen aufsteigende Operation. Sie operiert nicht mit den Mitteln einer empirischen Disziplin und zeitigt keine Tatsachenerkenntnis. Sie »gilt« in gleicher Art wie die Logik.

b) Die Deduktion der »Konsequenzen« für die *wertende* Stellungnahme, welche aus bestimmten letzten Wertaxiomen folgen würden, wenn man sie, und nur sie, der praktischen Bewertung von faktischen Sachverhalten zugrunde legte. Sie ist rein sinnhaft in bezug auf die Argumentation, dagegen an empirische Feststellungen gebunden für die möglichst erschöpfende Kasuistik derjenigen empirischen Sachverhalte, welche für eine praktische Bewertung überhaupt in Betracht kommen *können*.

c) Die Feststellung der *faktischen* Folgen, welche die praktische Durchführung einer bestimmten praktisch wertenden Stellungnahme zu einem Problem haben müßte: 1. infolge der Gebundenheit an bestimmte unvermeidliche

Mittel, – 2. infolge der Unvermeidlichkeit bestimmter, nicht direkt gewollter Nebenerfolge. Diese rein empirische Feststellung kann u. a. als Ergebnis haben: 1. die absolute Unmöglichkeit irgendeiner auch noch so entfernt annäherungsweisen Durchführung des Wertpostulates, weil keinerlei Wege seiner Durchführung zu ermitteln sind; – 2. die mehr oder minder große *Unwahrscheinlichkeit* seiner vollen oder auch nur annäherungsweisen Durchführung, entweder aus dem gleichen Grunde oder weil die Wahrscheinlichkeit des Eintretens ungewollter Nebenerfolge besteht, welche direkt oder indirekt die Durchführung illusorisch zu machen geeignet sind; – 3. die Notwendigkeit, solche Mittel oder solche Nebenerfolge mit in Kauf zu nehmen, welche der Vertreter des betreffenden praktischen Postulats nicht in Betracht gezogen hatte, so, daß seine Wertentscheidung zwischen Zweck, Mittel und Nebenerfolg ihm selbst zu einem neuen Problem wird und an zwingender Gewalt auf andere einbüßt. – Endlich können dabei

d) *neue* Wertaxiome und daraus zu folgernde Postulate vertreten werden, welche der Vertreter eines praktischen Postulats nicht beachtet und zu denen er infolgedessen nicht Stellung genommen hatte, obwohl die Durchführung seines eigenen Postulats mit jenen anderen entweder 1. prinzipiell oder 2. infolge der praktischen Konsequenzen, also: sinnhaft oder praktisch, kollidiert. Im Fall 1 handelt es sich bei der weiteren Erörterung um Probleme des Typus a, im Fall 2 des Typus c.

Sehr weit entfernt davon also, »sinnlos« zu sein, haben Wertungsdiskussionen dieses Typus, gerade wenn sie in ihren Zwecken richtig verstanden werden, und m. E. nur dann, ihren sehr erheblichen Sinn.

Der *Nutzen* einer Diskussion praktischer Wertungen, an der richtigen Stelle und im richtigen Sinne, ist aber mit solchen direkten »Ergebnissen«, die sie zeitigen kann, keineswegs erschöpft. Sie befruchtet vielmehr, wenn richtig geführt, die empirische Arbeit auf das nachhaltigste, indem sie ihr die *Fragestellungen* für ihre Arbeit liefert.

Die Problemstellungen der empirischen Disziplinen sind zwar ihrerseits »wertfrei« zu beantworten. Sie sind keine »Wertprobleme«. Aber sie stehen im Bereich unserer Disziplinen unter dem Einfluß der Beziehung von Realitäten »auf« Werte. Über die Bedeutung des Ausdrucks »Wertbeziehung« muß ich mich auf eigene frühere Äußerungen und vor allem auf die bekannten Arbeiten von H. Rickert beziehen. Es wäre unmöglich, das hier nochmals vorzutragen. Es sei daher nur daran erinnert, daß der Ausdruck »Wertbeziehung« lediglich die philosophische Deutung desjenigen spezifisch wissenschaftlichen *»Interesses«* meint, welches die Auslese und Formung des Objektes einer empirischen Untersuchung beherrscht.

Innerhalb der empirischen Untersuchung werden durch diesen rein logischen Sachverhalt jedenfalls keinerlei »praktische Wertungen« legitimiert. Wohl aber ergibt jener Sachverhalt in Übereinstimmung mit der geschichtlichen Erfahrung, daß Kultur-, und das heißt: *Wert*interessen es sind, welche auch der rein empirisch-wissenschaftlichen Arbeit die *Richtung* weisen. Es ist nun klar, daß diese Wertinteressen durch Wertdiskussionen in ihrer Kasuistik sich entfalten können. Diese können dem wissenschaftlich, insbesondere dem historisch arbeitenden Forscher vor allem die Aufgabe der *»Wertinterpretation«:* für ihn eine höchst wichtige Vorarbeit seiner eigentlich empirischen Arbeit, weitgehend abnehmen oder doch erleichtern. Da die Unterscheidung nicht nur von Wertung und Wertbeziehung, sondern auch von Wertung und Wertinterpretation (das heißt: Entwicklung *möglicher* sinnhafter Stellungnahmen gegenüber einer gegebenen Erscheinung) vielfach nicht klar vollzogen wird und namentlich für die Würdigung des logischen Wesens der Geschichte dadurch Unklarheiten entstehen, so verweise ich in dieser Hinsicht auf meine früheren Bemerkungen (ohne diese übrigens für irgendwie abschließend auszugeben). –

Statt einer nochmaligen Erörterung dieser methodologischen Grundprobleme möchte ich einige für unsere Disziplinen praktisch wichtige Einzelpunkte näher besprechen.

Der Glaube ist noch immer verbreitet, daß man Weisungen für praktische Wertungen aus »Entwicklungstendenzen« ableiten solle, müsse oder doch: könne. Allein aus noch so eindeutigen »Entwicklungstendenzen« sind eindeutige Imperative des Handelns doch nur bezüglich der voraussichtlich geeignetsten Mittel bei gegebener Stellungnahme, nicht aber bezüglich jener Stellungnahme selbst zu gewinnen. Dabei ist freilich der Begriff des »Mittels« der denkbar weiteste. Wem etwa staatliche Machtinteressen ein letztes Ziel wären, der müßte je nach der gegebenen Situation sowohl eine absolutistische wie eine radikal-demokratische Staatsverfassung für das (relativ) geeignetere Mittel ansehen, und es wäre höchst lächerlich, einen etwaigen Wechsel in der Bewertung dieser staatlichen Zweckapparate als *Mittel* für einen Wechsel in der »letzten« Stellungnahme selbst anzusehen. Selbstverständlich aber ist es nun ferner, wie früher schon gesagt, für den Einzelnen ein stets erneut auftauchendes Problem: ob er die Hoffnung auf Realisierbarkeit seiner praktischen Wertungen aufzugeben habe angesichts seiner Erkenntnis des Bestehens einer eindeutigen Entwicklungstendenz, welche die Durchsetzung des von ihm Erstrebten an die Bedingung der Verwendung neuer, eventuell ihm sittlich oder sonst bedenklich erscheinender Mittel oder an das Inkaufnehmen von ihm perhorreszierter Nebenerfolge knüpft, oder sie derart unwahrscheinlich macht, daß seine Arbeit daran, an der Chance des Erfolgs bewertet, als sterile »Donquixoterie« erscheinen müßte. – Aber die Erkenntnis von solchen mehr oder minder schwer abänderlichen »Entwicklungstendenzen« nimmt darin schlechterdings keine Sonderstellung ein. *Jede* einzelne neue Tatsache kann ebensogut die Konsequenz haben, daß der Ausgleich zwischen Zweck und unvermeidlichem Mittel, gewolltem Ziel und unvermeidlichem Nebenerfolg neu zu vollziehen ist. Allein ob und mit welchen praktischen Schlußfolgerungen dies zu geschehen habe, ist nicht nur keine Frage einer empirischen, sondern, wie gesagt, überhaupt *keiner* wie immer gearteten Wissenschaft. Man mag z. B. dem überzeugten Syndikalisten noch so handgreiflich beweisen, daß sein Tun nicht nur sozial »nutzlos« sei, d. h. daß es keinen Erfolg für die Änderung der äußeren Klassenlage des Proletariats verspreche, ja daß es diese durch Erzeugung »reaktionärer« Stimmungen unweigerlich verschlechtere, so ist damit für ihn – wenn er sich wirklich zu den letzten Konsequenzen seiner Ansicht bekennt – *gar nichts* bewiesen. Und zwar nicht, weil er ein Irrsinniger wäre, sondern weil er von seinem Standpunkt aus »recht« haben kann – wie gleich zu erörtern. Im ganzen neigen die Menschen hinlänglich stark dazu, sich dem Erfolg oder dem jeweilig Erfolg Versprechenden innerlich anzupassen, nicht nur – was selbstverständlich ist – in den Mitteln oder in dem Maße, wie sie ihre letzten Ideale jeweils zu realisieren trachten, sondern in der Preisgabe dieser selbst. In Deutschland glaubt man dies mit dem Namen »Realpolitik« schmücken zu dürfen. Es ist jedenfalls nicht einzusehen, warum gerade die Vertreter einer empirischen Wissenschaft das Bedürfnis fühlen sollten, dies noch zu unterstützen, indem sie sich als Beifallssalve der jeweiligen »Entwicklungstendenz« konstituieren und die »Anpassung« an diese aus einem letzten, nur vom Einzelnen im Einzelfall zu lösenden, also auch dem Einzelnen ins Gewissen zu schiebenden *Wertungs*problem zu einem durch die Autorität einer »Wissenschaft« angeblich gedeckten Prinzip machen.

Es ist – richtig verstanden – zutreffend, daß eine erfolgreiche Politik stets die »Kunst des Möglichen« ist. Nicht minder richtig aber ist, daß das Mögliche sehr oft nur dadurch erreicht wurde, daß man nach dem jenseits seiner liegenden Unmöglichen griff. Es ist schließlich doch nicht die einzige wirklich konsequente Ethik der »Anpassung« an das Mögliche: die Bureaukratenmoral des Konfuzianismus, gewesen, welche die vermutlich von uns allen trotz aller sonstigen Differenzen (subjektiv) mehr oder minder positiv geschätzten spezifischen Qualitäten gerade unserer Kultur geschaffen hat. Daß, wie weiter oben ausgeführt, neben dem »Erfolgswert« einer Handlung ihr »Gesinnungswert« stehe, möchte wenigstens ich der Nation nicht gerade im Namen der Wissenschaft systematisch aberzogen wissen. Jedenfalls aber hindert die Verkennung dieses Sachverhalts das Verständnis der Realitäten. Denn um bei dem vorhin als Beispiel angezogenen Syndikalisten zu bleiben: es ist auch logisch eine Sinnlosigkeit, ein Verhalten, welches – wenn konsequent – als Richtschnur den »Gesinnungswert« nehmen muß, zum Zweck der »Kritik« lediglich mit seinem »Erfolgswert« zu konfrontieren. Der wirklich konsequente Syndikalist will ja *lediglich* eine bestimmte, ihm schlechthin wertvoll und heilig scheinende Gesinnung sowohl in sich selbst erhalten als, wenn möglich, in anderen wecken. Seine äußeren, gerade die von vornherein zu noch so absoluter Erfolglosigkeit verurteilten, Handlungen haben letztlich den Zweck, ihm selbst vor seinem eigenen Forum die Gewißheit zu geben, daß diese Gesinnung echt ist, d. h. die Kraft hat, sich in Handlungen zu »bewähren«, und nicht ein bloßes Bramarbasieren. Dafür gibt es (vielleicht) in der Tat *nur* das Mittel solcher Handlungen. Im übrigen ist – wenn er konsequent ist – sein Reich, wie das Reich jeder Gesinnungsethik, nicht von dieser Welt. »Wissenschaftlich« läßt sich lediglich feststellen, *daß* diese Auffassung seiner eigenen Ideale die einzig innerlich folgerichtige, durch äußere »Tatsachen« nicht widerlegbare ist. Ich möchte glauben, daß damit sowohl Anhängern wie Gegnern des Syndikalismus ein Dienst, und zwar genau der geleistet wäre, den sie mit Recht von der Wissenschaft verlangen. Mit dem »einerseits – andererseits« von sieben Gründen »für« und sechs Gründen »gegen« eine bestimmte Erscheinung (etwa: den Generalstreik) und deren Abwägung gegeneinander nach Art der alten Kameralistik und etwa moderner chinesischer Denkschriften scheint mir dagegen im Sinn *keiner* wie immer gearteten Wissenschaft etwas gewonnen. Mit jener Reduktion des syndikalistischen Standpunkts auf seine möglichst rationale und innerlich konsequente Form und mit der Feststellung seiner empirischen Entstehungsbedingungen, Chancen und erfahrungsgemäßen praktischen Folgen ist vielmehr die Aufgabe jedenfalls der *wertungs-*

freien Wissenschaft ihm gegenüber erschöpft. Daß man ein Syndikalist sein solle oder nicht sein solle, läßt sich ohne sehr bestimmte metaphysische Prämissen, welche nicht, und zwar in diesem Fall durch keine *wie immer* geartete Wissenschaft demonstrabel sind, niemals beweisen. Auch daß ein Offizier sich mit seiner Schanze lieber in die Luft sprengt, als sich zu ergeben, *kann* im Einzelfall recht gut in *jeder* Hinsicht, am Erfolg gemessen, absolut nutzlos sein. Nicht gleichgültig aber dürfte sein, ob die Gesinnung, die das, ohne nach dem Nutzen zu fragen, tut, überhaupt existiert oder nicht. »Sinnlos« muß jedenfalls sie so wenig sein wie die des konsequenten Syndikalisten. Wenn der Professor von der gemächlichen Höhe des Katheders herab einen solchen Catonismus empfehlen wollte, so würde sich das freilich nicht besonders stilgerecht ausnehmen. Aber es ist doch schließlich auch nicht geboten, daß er das Gegenteil preise und aus der Anpassung der Ideale an die gerade durch die jeweiligen Entwicklungstendenzen und Situationen gegebenen Chancen eine Pflicht mache.

Es ist hier soeben wiederholt der Ausdruck »Anpassung« gebraucht worden, der im gegebenen Fall bei der gewählten Ausdrucksweise wohl auch hinlänglich unmißverständlich ist. Aber es zeigt sich, daß er an sich doppelsinnig ist: Anpassung der Mittel einer letzten Stellungnahme an gegebene Situationen (»Realpolitik« im engeren Sinn) oder: Anpassung in der Auswahl aus den überhaupt möglichen letzten Stellungnahmen selbst an die jeweiligen wirklichen oder scheinbaren Augenblickschancen einer von ihnen (jene Art der »Realpolitik«, mit der unsere Politik seit 1890 so merkwürdige Erfolge erzielte). Aber damit ist die Zahl seiner möglichen Bedeutungen bei weitem nicht erschöpft. Darum wäre es bei jeder Diskussion unserer Probleme, sowohl von »Wertungs-« wie von anderen Fragen, meines Erachtens gut, diesen viel mißbrauchten Begriff lieber gänzlich auszuscheiden. Denn ganz und gar mißverständlich ist er als Ausdruck eines wissenschaftlichen *Arguments*, als welches er sowohl für die »Erklärung« (etwa des empirischen Bestehens gewisser ethischer Anschauungen bei gewissen Menschengruppen zu bestimmten Zeiten) wie für die »Bewertung« (z. B. jener faktisch bestehenden ethischen Anschauungen als objektiv »passend« *und daher* objektiv »richtig« und wertvoll) immer erneut auftaucht. In keiner dieser Hinsichten leistet er aber etwas, da er stets seinerseits erst der Interpretation bedarf. Er hat seine Heimat in der Biologie. Würde er wirklich im biologischen Sinn, also als durch die Umstände gegebene, relativ bestimmbare Chance einer Menschengruppe, das eigene psychophysische *Erb*gut durch reichliche Fortpflanzung zu erhalten, gefaßt, dann wären z. B. die ökonomisch am reichlichsten ausgestatteten und ihr Leben am rationellsten regulierenden Volksschichten nach bekannten Erfahrungen der Geburtenstatistik die »unangepaßtesten«. »Angepaßt« an die Bedingungen der Umgebung des Salt Lake waren im biologischen Sinn – aber auch in jeder der zahlreichen sonst denkbaren wirklich rein empirischen Bedeutungen – die wenigen Indianer, die vor der Mormoneneinwanderung dort lebten, genau so gut und so schlecht wie die späteren volkreichen Mormonenansiedlungen. Wir verstehen also vermöge dieses Begriffes nicht das geringste empirisch besser, bilden uns aber leicht ein, es zu tun. Und man kann – dies sei schon hier festgestellt – auch *nur* bei zwei im übrigen in *jeder* Hinsicht absolut gleichartigen Organisationen sagen, daß ein konkreter Einzelunterschied eine *empirisch* für ihren Fortbestand »zweckmäßigere«, in diesem Sinn den gegebenen Bedingungen »angepaßtere« Lage der einen von ihnen bedingt. Für die *Bewertung* aber kann jemand sowohl auf dem Standpunkt stehen: die größere Zahl und die materiellen und sonstigen Leistungen und Eigenschaften, welche die Mormonen dorthin brachten und dort entfalteten, seien ein Beweis ihrer Überlegenheit über die Indianer, wie etwa ein anderer, der die Mittel und Nebenerfolge der Mormonenethik, welche für jene Leistungen mindestens mitverantwortlich ist, bedingungslos perhorresziert, die Steppe sogar ohne alle Indianer, und also vollends die romantische Existenz dieser letzteren darin, vorziehen kann, ohne daß irgendeine, *wie* *immer* geartete Wissenschaft der Welt prätendieren könnte, ihn zu bekehren. Denn schon hier handelt es sich um den unaustragbaren *Ausgleich* von Zweck, Mittel und Nebenerfolg.

Nur wo bei einem absolut eindeutig gegebenen Zweck nach dem dafür geeigneten Mittel gefragt wird, handelt es sich um eine wirklich empirisch entscheidbare Frage. Der Satz: x ist das einzige Mittel für y, ist in der Tat die bloße Umkehrung des Satzes: auf x folgt y. Der Begriff der »Angepaßtheit« aber (und alle ihm verwandten) gibt – und das ist die Hauptsache – jedenfalls nicht die geringste Auskunft über die letztlich zugrunde liegenden Wertungen, die er vielmehr – ebenso wie z. B. der m. E. grundkonfuse neuerdings beliebte Begriff der »Menschenökonomie« – lediglich verhüllt. »Angepaßt« ist auf dem Gebiet der »Kultur«, je nachdem, wie man den Begriff meint, entweder alles oder: nichts. Denn nicht auszuscheiden ist aus allem Kulturleben der *Kampf*. Man kann seine Mittel, seinen Gegenstand, sogar seine Grundrichtung und seine Träger ändern, aber nicht ihn selbst beseitigen. Er kann statt eines äußeren Ringens von feindlichen Menschen um äußere Dinge ein inneres Ringen sich liebender Menschen um innere Güter und damit statt äußeren Zwangs eine innere Vergewaltigung (gerade auch in Form erotischer oder karitativer Hingabe) sein oder endlich ein inneres Ringen innerhalb der Seele des Einzelnen selbst mit sich selbst bedeuten, – stets ist er da, und oft um so folgenreicher, je weniger er bemerkt wird, je mehr sein Verlauf die Form stumpfen oder bequemen Geschehenlassens oder illusionistischen Selbstbetrugs annimmt oder sich in der Form der »Auslese« vollzieht. »Friede« bedeutet Verschiebung der Kampfformen oder der Kampfgegner oder der Kampfgegenstände oder endlich der Auslesechancen und nichts anderes. Ob und wann solche Verschiebungen vor einem ethischen oder einem anderen bewertenden Urteil die Probe bestehen, darüber läßt sich offenbar generell schlechthin nichts aussagen. Nur eines ergibt sich zweifellos: Ausnahmslos jede, wie immer geartete Ordnung der gesellschaftlichen Beziehungen ist, wenn man sie *bewerten* will, letztlich auch daraufhin zu prüfen, *welchem menschlichen Typus* sie, im Wege äußerer oder innerer (Motiv-)Auslese, die optimalen Chancen gibt, zum herrschenden zu werden. Denn weder ist sonst die empirische Untersuchung wirklich erschöpfend, noch ist auch die nötige tatsächliche Basis für eine, sei es bewußt subjektive, sei es eine objektive Geltung in Anspruch nehmende, Bewertung überhaupt vorhanden. Wenigstens denjenigen sei dieser Sachverhalt in Erinnerung gebracht, welche glauben, es ließe sich mit eindeutigen *»Fortschritts«*begriffen bei der Feststellung von gesellschaftlichen Entwicklungen operieren. Das führt nun zu einer näheren Betrachtung dieses wichtigen Begriffs.

Man kann natürlich den Begriff des »Fortschritts« absolut wertfrei brauchen, wenn man ihn mit dem »Fortschreiten« irgendeines konkreten, isoliert betrachteten Entwicklungs-Prozesses identifiziert. Aber in den meisten Fällen ist der Sachverhalt wesentlich komplizierter. Wir betrachten hier einige Fälle, wo die Verquickung mit Wertfragen am intimsten ist, aus heterogenen Gebieten.

Auf dem Gebiet der irrationalen, gefühlsmäßigen, affektiven Inhalte unseres seelischen Verhaltens kann die quantitative Zunahme und – was damit meist verbunden ist – qualitative Vermannigfaltigung der *möglichen* Verhaltungsweisen wertfrei als Fortschritt der seelischen »Differenzierung« bezeichnet werden. Alsbald verbindet sich aber damit der Wertbegriff: Vermehrung der »Spannweite«, der »Kapazität« einer konkreten »Seele« oder – was schon eine nicht eindeutige Konstruktion ist – einer »Epoche« (so in Simmels »Schopenhauer und Nietzsche«).

Es ist natürlich gar kein Zweifel, daß es jenes faktische »Fortschreiten der Differenzierung« gibt. Mit dem Vorbehalt, daß es nicht immer wirklich da vorhanden ist, wo man an sein Vorhandensein glaubt. Das für die Gegenwart zunehmende *Beachten* der Gefühlsnuancen, wie es auftritt, sowohl als Folge zunehmender Rationalisierung und Intellektualisierung aller Lebensgebiete wie als Folge zunehmender subjektiver Wichtigkeit, die der Einzelne allen seinen eigenen (für andere oft äußerst gleichgültigen) Lebensäußerungen beimißt, täuscht sehr leicht zunehmende Differenzierung vor. Es kann sie bedeuten oder befördern. Aber der Schein trügt leicht, und ich gestehe, daß ich die faktische Tragweite dieser Täuschung ziemlich hoch veranschlagen möchte. Immerhin: der Sachverhalt besteht. Ob nun jemand fortschreitende Differenzierung als »Fortschritt« *bezeichnet*, ist an sich terminologische Zweckmäßigkeitsfrage. Ob man sie aber als »Fortschritt« im Sinn zunehmenden »inneren Reichtums« *bewerten* soll, kann jedenfalls keine empirische Disziplin entscheiden. Denn die Frage, ob jeweils die neu sich entwickelnden oder neu in das Bewußtsein gehobenen Gefühlsmöglichkeiten mit unter Umständen neuen »Spannungen« und »Problemen« als »Werte« anzuerkennen sind, geht sie nichts an. Wer aber zu der Tatsache der Differenzierung als solcher bewertend Stellung nehmen will – was gewiß keine empirische Disziplin jemandem verbieten kann – und nach dem Standpunkt dafür sucht, dem werden naturgemäß manche Erscheinungen der Gegenwart auch die Frage nahelegen: um welchen Preis dieser Prozeß, soweit er zur Zeit überhaupt mehr als eine intellektualistische Illusion ist, »erkauft« wird. Er wird z. B. nicht übersehen dürfen, daß die Jagd nach dem »Erlebnis« – dem eigentlichen Modewort der deutschen Gegenwart – in sehr starkem Maß Produkt abnehmender Kraft sein kann, den »Alltag« innerlich zu bestehen, und daß jene Publizität, welche der Einzelne seinem »Erleben« zu geben das zunehmende Bedürfnis empfindet, vielleicht auch als ein Verlust an Distanz- und also an Stil- und Würdegefühl bewertet werden könnte. Jedenfalls ist auf dem Gebiet der Wertungen des subjektiven Erlebens »Fortschritt der Differenzierung« mit Mehrung des »Werts« zunächst *nur* in dem intellektualistischen Sinn der Vermehrung des zunehmend *bewußten* Erlebens oder der zunehmenden Ausdrucksfähigkeit und Kommunikabilität identisch.

Etwas komplizierter steht es mit der Anwendbarkeit des

»Fortschritts«begriffes (im Sinn der *Bewertung*) auf dem Gebiet der *Kunst.* Sie wird gelegentlich leidenschaftlich bestritten. Je nach dem gemeinten Sinn mit Recht oder Unrecht. Es hat keine *wertende* Kunstbetrachtung gegeben, die mit dem exklusiven Gegensatz von »Kunst« und »Unkunst« ausgekommen wäre, und nicht daneben noch die Unterschiede zwischen Versuch und Erfüllung, zwischen dem Wert verschiedener Erfüllungen, zwischen der vollen und der in irgendeinem Einzelpunkt oder in mehreren solcher, selbst in wichtigen Punkten mißglückten, dennoch aber nicht schlechthin wertlosen Erfüllung verwendete, und zwar nicht nur für ein konkretes Formungswollen, sondern auch für das Kunstwollen ganzer Epochen. Der Begriff eines »Fortschritts« wirkt zwar, auf solche Tatbestände angewendet, wegen seiner sonstigen Verwendung für rein technische Probleme trivial. Aber er ist nicht an sich sinnlos. Wieder anders liegt das Problem für die rein empirische Kunst*geschichte* und die empirische Kunst*soziologie*. Für die erstere gibt es einen »Fortschritt« der Kunst natürlich nicht im Sinn der ästhetischen Wertung von Kunstwerken als sinnhafter Erfüllungen; denn diese Wertung ist nichts mit den Mitteln empirischer Betrachtung zu Leistendes und liegt also ganz jenseits ihrer Aufgabe. Dagegen kann gerade sie einen durchaus nur technischen, rationalen und deshalb eindeutigen »Fortschritts«-Begriff verwenden, von dem alsbald näher zu reden ist und dessen Brauchbarkeit für die empirische Kunstgeschichte eben daraus folgt, daß er sich ganz und gar auf die Feststellung der technischen *Mittel* beschränkt, welche ein bestimmtes Kunstwollen für eine fest gegebene Absicht verwendet. Man unterschätzt die kunstgeschichtliche Tragweite dieser sich streng bescheidenden Ermittlungen leicht oder mißdeutet sie in jenem Sinn, welchen ein modisches, ganz subalternes und unechtes vermeintliches »Kennertum« damit verbindet, indem es den Anspruch erhebt, einen Künstler »verstanden« zu haben, wenn es den Vorhang seines Ateliers gelüftet und seine äußeren Darstellungsmittel, seine »Manier«, durchmustert hat. Allein der richtig verstandene »technische« Fortschritt ist geradezu die Domäne der Kunstgeschichte, weil gerade er und sein Einfluß auf das Kunstwollen das am Ablauf der Kunstentwicklung rein empirisch, das heißt: ohne ästhetische Bewertung, Feststellbare enthält. Nehmen wir einige Beispiele, welche die wirklichen kunstgeschichtlichen Bedeutungen des »Technischen« im echten Sinn des Worts verdeutlichen.

Die Entstehung der Gotik war in allererster Linie das Resultat der technisch gelungenen Lösung eines an sich rein bautechnischen Problems der Überwölbung von Räumen bestimmter Art: die Frage nach dem technischen Optimum der Schaffung von Widerlagern für den Gewölbeschub eines Kreuzgewölbes, verbunden mit noch einigen hier nicht zu erörternden Einzelheiten. Ganz konkrete bauliche Probleme wurden gelöst. Die Erkenntnis, daß damit auch eine bestimmte Art der Überwölbbarkeit nicht quadratischer Räume möglich gemacht war, weckte die leidenschaftliche Begeisterung jener vorläufig und vielleicht für immer unbekannten Architekten, denen die Entwicklung des neuen Baustils verdankt wird. Ihr technischer Rationalismus führte das neue Prinzip in allen Konsequenzen durch. Ihr Kunstwollen nutzte es als Erfüllungsmöglichkeit bis dahin ungeahnter künstlerischer Aufgaben und riß alsdann die Plastik in die Bahn eines primär durch die ganz neuen Raum- und Flächenformungen der Architektur geweckten neuen »Körpergefühls« hinein. Daß diese primär technisch bedingte Umwälzung zusammenstieß mit bestimmten in starkem Maße soziologisch und religionsgeschichtlich bedingten Gefühlsinhalten, bot die wesentlichen Bestandteile jenes Materials an Problemen dar, mit welchen das Kunstschaffen der gotischen Epoche arbeitete. Indem die kunstgeschichtliche und kunstsoziologische Betrachtung diese sachlichen, technischen, gesellschaftlichen, psychologischen Bedingungen des neuen Stils aufzeigt, erschöpft sie ihre rein empirische Aufgabe. Weder aber »wertet« sie dabei den gotischen Stil im Verhältnis etwa zum romanischen oder etwa dem – seinerseits sehr stark am technischen Problem der Kuppel und daneben an den soziologisch mitbedingten Änderungen des Aufgabenbereiches der Architektur orientierten – Renaissancestil, noch »wertet« sie ästhetisch, so lange sie empirische Kunstgeschichte bleibt, das einzelne Bauwerk. Vielmehr: Das *Interesse* an den Kunstwerken und an ihren ästhetisch relevanten einzelnen Eigentümlichkeiten und also ihr *Objekt* ist ihr heteronom: als ihr Apriori, gegeben durch deren von ihr, mit ihren Mitteln, gar nicht feststellbaren ästhetischen Wert.

Ähnlich auf dem Gebiet etwa der Musikgeschichte. Ihr zentrales Problem ist für den Standpunkt des *Interesses des modernen europäischen Menschen* (»Wertbezogenheit«!) doch wohl: warum die harmonische Musik aus der fast überall volkstümlich entwickelten Polyphonie nur in Europa und in einem bestimmten Zeitraum entwickelt wurde, während überall sonst die Rationalisierung der Musik einen andern und zwar meist den gerade entgegengesetzten Weg einschlug: Entwicklung der Intervalle durch Distanzteilung (meist der Quarte) statt durch harmonische Teilung (der Quinte). Im Mittelpunkt steht also das Problem der Entstehung der Terz in deren harmonischer Sinndeutung: als Glied des Dreiklangs, und weiterhin: der harmonischen Chromatik, ferner: der modernen musikalischen Rhythmik (der guten und schlechten Taktteile) – statt rein metronomischer Taktierung –, einer Rhythmik, ohne welche die moderne Instrumentalmusik undenkbar ist. Da handelt es sich nun wiederum primär um rein technisch rationale »Fortschritts«-Probleme. Denn daß z. B. Chromatik längst vor der harmonischen Musik, als Mittel der Darstellung von »Leidenschaft« bekannt war, zeigt die antike chromatische (angeblich sogar: enharmonische) Musik zu den leidenschaftlichen Dochmien des neuerdings entdeckten Euripidesfragments. Nicht in dem künstlerischen Ausdrucks*wollen* also, sondern in den technischen Ausdrucks*mitteln* lag der Unterschied dieser antiken Musik gegen jene Chromatik, welche die großen musikalischen Experimentatoren der Renaissancezeit in stürmischem rationalen Entdeckungsstreben schufen, und zwar ebenfalls: um »Leidenschaft« musikalisch formen zu können. Das technisch Neue aber war, daß diese Chromatik diejenige unserer harmonischen Intervalle wurde und nicht eine solche mit den melodischen Halb- und Viertel-Ton-*Distanzen* der Hellenen. Und daß sie dies werden konnte, hatte seinen Grund wiederum in vorangegangenen Lösungen technisch-rationaler Probleme. So namentlich in der Schaffung der rationalen Notenschrift (ohne welche keine moderne Komposition auch nur denkbar wäre) und, schon vorher, bestimmter zur harmonischen Deutung musikalischer Intervalle drängender Instrumente und vor allem: des rational polyphonen Gesanges. Den Hauptanteil an diesen Leistungen aber hatte im frühen Mittelalter das Mönchtum des nordisch-abendländischen Missionsgebiets, welches ohne eine Ahnung von der späteren Tragweite seines Tuns die volkstümliche Polyphonie für seine Zwecke rationalisierte, statt, wie das byzantinische, sich seine Musik vom hellenisch geschulten Melopoiós herrichten zu lassen. Durchaus konkrete, soziologisch und religionshistorisch bedingte, Eigentümlichkeiten der äußeren und inneren Lage der christlichen Kirche im Okzident ließen dort aus einem nur dem Mönchtum des Abendlandes eigenen Rationalismus diese musikalische Problematik entstehen, welche ihrem Wesen nach »technischer« Art war. Die Übernahme und Rationalisierung des Tanztakts andererseits, des Vaters der in die Sonate ausmündenden Musikformen, war bedingt durch bestimmte gesellschaftliche Lebensformen der Renaissance-Gesellschaft. Die Entwicklung des Klaviers endlich, eines der wichtigsten technischen Träger der modernen musikalischen Entwicklung und ihrer Propaganda im Bürgertum, wurzelte in dem spezifischen Binnenraum-Charakter der nordeuropäischen Kultur. Alles das sind »Fortschritte« der *technischen* Mittel der Musik, welche deren Geschichte sehr stark bestimmt haben. Diese Komponenten der historischen Entwicklung wird die empirische Musikgeschichte entwickeln können und müssen, ohne ihrerseits eine *ästhetische* Bewertung der musikalischen Kunstwerke vorzunehmen. Der technische »Fortschritt« hat sich recht oft zuerst an, ästhetisch gewertet, höchst unzulänglichen Leistungen vollzogen. Die *Interessen*richtung: das historisch zu erklärende *Objekt*, ist der Musikgeschichte heteronom durch dessen ästhetische Bedeutsamkeit gegeben.

Für das Gebiet der Entwicklung der Malerei ist die vornehme Bescheidenheit der Fragestellung in Wölfflins »Klassischer Kunst« ein ganz hervorragendes Beispiel der Leistungsfähigkeit empirischer Arbeit.

Die völlige Geschiedenheit der Wertsphäre von dem Empirischen tritt nun darin charakteristisch hervor, daß die Verwendung einer bestimmten noch so »fortgeschrittenen« *Technik* über den *ästhetischen* Wert des Kunstwerks nicht das geringste besagt. Kunstwerke mit noch so »primitiver« Technik – Bilder z. B. ohne alle Kenntnis der Perspektive – vermögen ästhetisch den vollendetsten, auf dem Boden rationaler Technik geschaffenen absolut ebenbürtig zu sein, unter der Voraussetzung, daß das künstlerische Wollen sich auf diejenigen Formungen beschränkt hat, welche jener »primitiven« Technik adäquat sind. Die Schaffung neuer technischer Mittel bedeutet zunächst nur zunehmende Differenzierung und gibt nur die *Möglich*keit zunehmenden »Reichtums« der Kunst im Sinne der Wertsteigerung. Tatsächlich hat sie nicht selten den umgekehrten Effekt der »Verarmung« des Formgefühls gehabt. Aber für die empirisch-*kausale* Betrachtung ist gerade die Änderung der »Technik« (im höchsten Sinne des Wortes) das wichtigste allgemein feststellbare Entwicklungsmoment der Kunst.

Nun pflegen nicht nur Kunsthistoriker, sondern überhaupt die Historiker, zu entgegnen, daß sie sich das Recht politischer, kulturlicher, ethischer, ästhetischer Bewertung weder nehmen lassen, noch in der Lage seien, ohne diese ihre Arbeit zu leisten. Die Methodologie hat weder die Macht noch die Absicht, jemandem vorzuschreiben, was er in einem literarischen Werk zu bieten beabsichtigt. Sie nimmt sich nur ihrerseits das Recht festzustellen, daß gewisse Probleme untereinander heterogenen Sinn haben, daß ihre *Verwechslung* miteinander die Folge hat, daß eine Diskussion zum Aneinandervorbeireden führt, und daß über die einen eine Diskussion mit den Mitteln, sei es der empirischen Wissenschaft, sei es der Logik sinnvoll, über die anderen dagegen unmöglich ist. Vielleicht darf hier, ohne für jetzt den Beweis anzutreten, noch eine allgemeine Beobachtung hinzugefügt werden: eine aufmerksame Durchmusterung historischer Arbeiten zeigt sehr leicht, daß die rücksichtslose Verfolgung der empirisch-historischen Kausalkette bis zum Ende fast ausnahmslos dann zum Schaden der wissenschaftlichen Ergebnisse unterbrochen zu werden pflegt, wenn der Historiker zu »werten« beginnt. Er kommt dann in die Gefahr, z. B. als die Folge eines »Fehlers« oder eines »Verfalls« zu »erklären«, was vielleicht Wirkung ihm heterogener Ideale der Handelnden war, und er verfehlt so seine eigenste Aufgabe: das »Verstehen«. Das Mißverständnis erklärt sich aus zweierlei Gründen. Zunächst daraus, daß, um bei der Kunst zu bleiben, die künstlerische Wirklichkeit außer der rein ästhetisch wertenden Betrachtung einerseits und der rein empirisch und kausal zurechnenden andererseits noch einer dritten: der wert*interpretierenden*, zugänglich ist, über deren Wesen das an anderer Stelle Gesagte hier nicht wiederholt werden soll. Über ihren Eigenwert und ihre Unentbehrlichkeit für jeden Historiker besteht nicht der mindeste Zweifel. Ebenso nicht darüber, daß der übliche *Leser* kunsthistorischer Darstellungen auch, und gerade, diese Darbietung zu finden erwartet. Nur ist sie, auf ihre logische Struktur hin angesehen, mit der empirischen Betrachtung nicht identisch.

Sodann aber: wer kunstgeschichtliche, noch so rein empirische, Leistungen vollbringen will, bedarf dazu der Fähigkeit, künstlerisches Produzieren zu »verstehen«, und diese ist ohne ästhetische Urteilsfähigkeit, also ohne die *Fähigkeit* der Bewertung, selbstverständlich nicht denkbar. Das entsprechende gilt natürlich für den politischen Historiker, literarischen Historiker, Historiker der Religion oder der

Philosophie. Aber offenbar besagt das gar nichts über das logische Wesen der historischen Arbeit.

Doch davon später. Hier sollte lediglich die Frage erörtert werden: in welchem Sinn man, *außerhalb* der ästhetischen Bewertung, von »Fortschritt« kunstgeschichtlich sprechen könne. Es zeigte sich, daß dieser Begriff da einen technischen und rationalen, die *Mittel* für eine künstlerische Absicht meinenden, Sinn gewinnt, der gerade empirisch-kunstgeschichtlich in der Tat bedeutsam werden kann. Es wird nun Zeit, diesen Begriff des »rationalen« Fortschritts auf seinem eigensten Gebiet aufzusuchen und auf seinen empirischen oder nicht empirischen Charakter hin zu betrachten. Denn das Gesagte ist nur ein Sonderfall eines sehr universellen Tatbestandes.

Die Art, wie Wilhelm Windelband (Gesch. der Phil. § 2, 15. Aufl. S. 8) das Thema seiner »Geschichte der Philosophie« begrenzt (»der Prozeß, durch welchen die *europäische* Menschheit ihre Weltauffassung ... in wissenschaftlichen Begriffen niedergelegt hat«), bedingt für seine nach meiner Ansicht ganz glänzende Pragmatik die Verwendung eines aus dieser Kulturwertbezogenheit folgenden spezifischen »Fortschritts«-Begriffs (dessen Konsequenzen das. S. 16, 17 gezogen werden), der einerseits keineswegs für jede »Geschichte« der Philosophie selbstverständlich ist, andererseits aber bei Zugrundelegung der entsprechend gleichen Kulturwertbezogenheit nicht nur für eine Geschichte der Philosophie und auch nicht nur für jede Geschichte irgendeiner anderen Wissenschaft, sondern – anders als Windelband (ebenda S. 7, Nr. 1, Abs. 2) annimmt – für jede »Geschichte« überhaupt zutrifft. Nachstehend indessen soll nur von jenen rationalen »Fortschritts«-Begriffen die Rede sein, welche in den soziologischen und ökonomischen Disziplinen eine Rolle spielen. Unser europäisch-amerikanisches Gesellschafts- und Wirtschaftsleben ist in einer spezifischen Art und in einem spezifischen Sinn »rationalisiert«. Diese Rationalisierung zu erklären und die ihr entsprechenden Begriffe zu bilden, ist daher eine der Hauptaufgaben unserer Disziplinen. Dabei nun erscheint wiederum das am Beispiel der Kunstgeschichte berührte, aber dort offen gelassene Problem: was die Bezeichnung eines Vorgangs als eines »rationalen Fortschritts« denn eigentlich besagen will.

Die Verquickung von »Fortschritt« im Sinne 1. des bloßen differenzierenden »Fortschreitens«, ferner 2. der fortschreitenden *technischen* Rationalität der *Mittel*, endlich 3. der *Wert*steigerung wiederholt sich auch hier. Zunächst ist schon ein *subjektiv* »rationales« Sichverhalten nicht mit rational »richtigem«, d. h. die objektiv, nach der wissenschaftlichen Erkenntnis, richtigen Mittel verwendendem, Handeln identisch. Sondern es bedeutet an sich nur, daß die *subjektive* Absicht auf eine planvolle Orientierung an für richtig *gehaltenen* Mitteln für einen gegebenen Zweck gehe. Eine fortschreitende subjektive Rationalisierung des Handelns ist also nicht notwendig auch objektiv ein »Fortschritt« in der Richtung auf das rational »richtige« Handeln. Man hat z. B. die Magie ebenso systematisch »rationalisiert« wie die Physik. Die erste ihrer eigenen Absicht nach »rationale« Therapie bedeutete fast überall ein Verschmähen des Kurierens der empirischen Symptome mit rein empirisch erprobten Kräutern und Tränken zugunsten der Austreibung der (vermeintlich) »eigentlichen« (magischen, dämonischen) »Ursache« der Erkrankung. Sie hatte also formal ganz die gleiche rationalere Struktur wie manche der wichtigsten Fortschritte der modernen Therapie. Aber wir werden diese magischen Priestertherapien nicht als »Fortschritt« zum »richtigen« Handeln gegenüber jener Empirie *werten* können. Und andererseits ist durchaus nicht etwa jeder »Fortschritt« in der Richtung der Verwendung der »richtigen« Mittel erzielt durch ein »Fortschreiten« im ersteren, subjektiv rationalen, Sinne. Daß subjektiv fortschreitend rationaleres Handeln zu objektiv »zweckmäßigerem« Handeln führt, ist nur eine von mehreren Möglichkeiten und ein mit (verschieden großer) Wahrscheinlichkeit zu erwartender Vorgang. Ist aber im Einzelfall der Satz richtig: die Maßregel x ist das (wir wollen annehmen: einzige) Mittel für die Erreichung des

Erfolges y – was eine empirische Frage ist, und zwar die einfache Umkehrung des Kausalsatzes: auf x folgt y – und wird nun dieser Satz – was ebenfalls empirisch feststellbar ist – von Menschen bewußt für die Orientierung ihres auf den Erfolg y gerichteten Handelns verwertet, *dann* ist ihr Handeln »technisch *richtig*« orientiert. Wird menschliches Verhalten (welcher Art immer) in irgendeinem Einzelpunkt in diesem Sinne technisch »richtiger« als bisher orientiert, so liegt ein *»technischer Fortschritt«* vor. Ob dies der Fall ist, *das* ist – immer natürlich: die absolute Eindeutigkeit des feststehenden Zweckes vorausgesetzt – für eine empirische Disziplin in der Tat eine mit den Mitteln der wissenschaftlichen Erfahrung zu treffende, also: eine empirische Feststellung.

Es gibt also in diesem Sinne, wohl gemerkt: bei *eindeutig* gegebenem Zweck, eindeutig feststellbare Begriffe von »technischer« Richtigkeit und von »technischem« Fortschritt in den Mitteln (wobei hier »Technik« in einem allerweitesten Sinne als rationales Sichverhalten überhaupt, auf allen Gebieten: auch denen der politischen, sozialen, erzieherischen, propagandistischen Menschenbehandlung und -beherrschung gemeint ist). Man kann insbesondere (um nur die uns naheliegenden Dinge zu berühren) auf dem speziellen, gewöhnlich »Technik« genannten Gebiet, ebenso aber auf dem der Handelstechnik, auch der Rechtstechnik, von einem »Fortschritt« annähernd eindeutig reden, *wenn* dabei ein eindeutig bestimmter Status eines konkreten Gebildes als Ausgangspunkt genommen wird. Annähernd: denn die einzelnen technisch rationalen Prinzipien geraten, wie jeder Kundige weiß, in Konflikte miteinander, zwischen denen ein Ausgleich zwar vom jeweiligen Standpunkt konkreter Interessenten, niemals aber »objektiv«, zu finden ist. Und es gibt, bei Annahme *gegebener* Bedürfnisse, bei der ferneren Unterstellung, daß alle diese Bedürfnisse als solche und ihre subjektive Rangeinschätzung der Kritik *entzogen* sein sollen, und schließlich bei Annahme einer fest *gegebenen* Art der Wirtschaftsordnung überdies – wiederum unter dem Vorbehalt, daß z. B. die

Interessen an Dauer, Sicherheit und Ausgiebigkeit der Deckung dieser Bedürfnisse in Konflikt geraten können und geraten – auch »ökonomischen« Fortschritt zu einem relativen Optimum der Bedarfsdeckung bei *gegebenen* Möglichkeiten der Mittelbeschaffung. Aber *nur* unter diesen Voraussetzungen und Einschränkungen.

Es ist nun versucht worden, daraus die Möglichkeit eindeutiger und dabei rein *ökonomischer* Wertungen abzuleiten. Ein charakteristisches Beispiel dafür ist der von Robert Liefmann herangezogene Schulfall der absichtlichen Vernichtung von unter den Selbstkostenpreis gesunkenen Konsumgütern im Rentabilitätsinteresse der Produzenten. Diese sei als auch objektiv »volkswirtschaftlich richtig« zu bewerten. Diese und – worauf es hier ankommt – jede ähnliche Darlegung nimmt aber eine Reihe von Voraussetzungen als selbstverständlich an, die es nicht sind: zunächst, daß das Interesse des Einzelnen über seinen Tod nicht nur faktisch oft hinausreiche, sondern auch als darüber hinausreichend ein für allemal gelten *solle.* Ohne diese Übertragung aus dem »Sein« in das »Sollen« ist die betreffende, angeblich rein ökonomische Wertung nicht eindeutig durchführbar. Denn ohne sie kann man z. B. nicht von den Interessen der »Produzenten« und »Konsumenten« als von Interessen perennierender Personen reden. Daß der Einzelne die Interessen seiner *Erben* in Betracht zieht, ist aber keine rein *ökonomische* Gegebenheit mehr. Den lebendigen Menschen werden hier vielmehr Interessenten substituiert, welche »Kapital« in »Betrieben« verwerten und um dieser Betriebe willen existieren. Das ist eine für theoretische Zwecke nützliche Fiktion. Aber selbst als Fiktion paßt das nicht zu der Lage der Arbeiter. Insbesondere nicht: der kinderlosen. Zweitens ignoriert sie die Tatsache der »Klassenlage«, welche unter der Herrschaft des Marktprinzips nicht nur trotz, sondern gerade *infolge* der – vom Rentabilitätsstandpunkt aus gewertet jeweils möglichen – »optimalen« Verteilung von Kapital und Arbeit auf die verschiedenen Erwerbszweige die Güterversorgung gewisser Konsumentenschichten absolut verschlechtern kann (nicht: muß). Denn jene »optimale« Verteilung der Rentabilität, welche die Konstanz der Kapitalinvestition bedingt, ist ja ihrerseits von den Machtkonstellationen zwischen den Klassen abhängig, deren Konsequenzen die Preiskampfposition jener Schichten im konkreten Fall schwächen können (nicht: müssen). – Drittens ignoriert sie die Möglichkeit dauernder unausgleichbarer Interessengegensätze zwischen Mitgliedern verschiedener politischer Einheiten und nimmt also a priori Partei für das »Freihandelsargument«, welches sich aus einem höchst brauchbaren heuristischen Mittel alsbald in eine gar nicht selbstverständliche »Wertung« verwandelt, sobald man an seiner Hand Postulate des Sein*sollens* aufstellt. Wenn sie aber etwa, um diesem Konflikt zu entgehen, die politische Einheit der Weltwirtschaft unterstellt – was theoretisch absolut gestattet sein muß –, so verschiebt sich die unausrottbare Möglichkeit der Kritik, welche die Vernichtung jener genußfähigen Güter im Interesse des – wie hier unterstellt werden mag – unter den gegebenen Verhältnissen gegebenen *dauernden* Rentabilitätsoptimums (der Produzenten *und* Konsumenten) herausfordert, lediglich in ihrer Schlagweite. Die Kritik wendet sich dann nämlich gegen das gesamte *Prinzip* der Marktversorgung an der Hand solcher Direktiven, wie sie das in Geld ausdrückbare Rentabilitätsoptimum von tauschenden Einzelwirtschaften gibt, *als solches*. Eine nicht marktmäßige Organisation der Güterversorgung würde auf die durch das Marktprinzip gegebene Konstellation von Einzelwirtschaftsinteressen Rücksicht zu nehmen keinen Anlaß haben, daher auch nicht genötigt sein, jene einmal vorhandenen genußfähigen Güter dem Verbrauch zu entziehen.

Nur dann, wenn 1. ausschließlich dauernde Rentabilitätsinteressen konstant gedachter Personen mit konstant gedachten Bedürfnissen als leitender Zweck, – 2. die ausschließliche Herrschaft privatkapitalistischer Bedarfsversorgung durch ganz freien Markttausch und: – 3. eine uninteressierte Staatsmacht als bloße Rechtsgarantin als fest gegebene Bedingungen vorausgesetzt werden, ist die Ansicht von Liefmann auch nur theoretisch korrekt und dann freilich selbstverständlich richtig. Denn die Wertung betrifft dann die rationalen Mittel zur optimalen Lösung eines technischen Einzelproblems der Güterverteilung. Die zu theoretischen Zwecken nützlichen Fiktionen der reinen Ökonomik können aber nicht zur Grundlage von praktischen Wertungen realer Tatbestände gemacht werden. Es bleibt eben dabei, daß die ökonomische Theorie absolut gar *nichts* anderes aussagen kann als: daß für den gegebenen technischen Zweck x die Maßregel y das allein oder das neben y^1, y^2 geeignete Mittel sei, daß im letzteren Fall zwischen y, y^1, y^2 die und die Unterschiede der Wirkungsweise und – gegebenenfalls – der Rationalität bestehen, daß ihre Anwendung und also die Erreichung des Zweckes x die »Nebenerfolge« z, z^1, z^2 mit in den Kauf zu nehmen gebietet. Das alles sind einfache Umkehrungen von Kausalsätzen, und soweit sich daran »Wertungen« knüpfen lassen, sind sie ausschließlich solche des Rationalitätsgrades einer vorgestellten Handlung. Die Wertungen sind dann und nur dann eindeutig, wenn der ökonomische Zweck und die sozialen Struktur-Bedingungen fest gegeben sind und nur zwischen mehreren ökonomischen *Mitteln* zu wählen ist, und wenn diese überdies ausschließlich in bezug auf die Sicherheit, Schnelligkeit und quantitative Ergiebigkeit des Erfolges verschieden, in jeder anderen für menschliche Interessen möglicherweise wichtigen Hinsicht aber völlig identisch funktionieren. Nur dann ist das eine Mittel wirklich bedingungslos als das »technisch richtigste« auch zu *werten* und ist diese Wertung eindeutig. In jedem andern, also in jedem nicht rein technischen Fall hört die Wertung auf, eindeutig zu sein, und greifen Wertungen mit ein, welche nicht mehr rein ökonomisch bestimmbar sind.

Aber mit Feststellung der Eindeutigkeit einer *technischen* Wertung innerhalb der rein ökonomischen Sphäre wäre eine Eindeutigkeit der endgültigen »Wertung« natürlich *nicht* erzielt. Vielmehr begänne nun jenseits dieser Erörterungen erst das Gewirr der unendlichen, nur durch Rückführung auf letzte Axiome zu bewältigenden Mannigfaltigkeit möglicher Wertungen. Denn – um nur eins zu erwähnen – hinter der »Handlung« steht: der Mensch. Für ihn kann die Steigerung der subjektiven Rationalität und *objektiv-technischen* »Richtigkeit« des Handelns *als solche* über eine gewisse Schwelle hinaus – ja, von gewissen Anschauungen aus: ganz generell – als eine Gefährdung wichtiger (z. B. ethisch oder religiös wichtiger) Güter gelten. Die buddhistische (Maximal-)Ethik z. B., die jede Zweckhandlung schon deshalb, weil sie Zweckhandlung ist, als von der Erlösung abführend verwirft, wird schwerlich jemand von uns teilen. Aber sie zu »widerlegen«, in dem Sinn wie ein falsches Rechenexempel oder eine irrige medizinische Diagnose, ist schlechthin unmöglich. Auch ohne so extreme Beispiele heranzuziehen aber, ist es leicht einzusehen, daß noch so zweifellos »technisch richtige« ökonomische Rationalisierungen durch diese ihre Qualität *allein* noch in keiner Art vor dem Forum der *Bewertung* legitimiert seien. Das gilt für ausnahmslos alle Rationalisierungen, einschließlich scheinbar so rein technischer Gebiete wie etwa des Bankwesens. Diejenigen, welche solchen Rationalisierungen opponieren, sind durchaus nicht notwendig Narren. Überall muß vielmehr, wenn man einmal *werten* will, der Einfluß der technischen Rationalisierungen auf Verschiebungen der gesamten äußeren und inneren Lebensbedingungen mit in Betracht gezogen werden. Überall und ausnahmslos haftet der in unseren Disziplinen *legitime* Fortschrittsbegriff am »Technischen«, das soll hier, wie gesagt, heißen: am »Mittel« für einen eindeutig *gegebenen* Zweck. Nie erhebt er sich in die Sphäre der »letzten« *Wertungen.*

Ich halte nach allem Gesagten die Verwendung des Ausdrucks »Fortschritt« selbst auf dem begrenzten Gebiet seiner empirisch unbedenklichen Anwendbarkeit: für sehr *inopportun.* Aber Ausdrücke läßt sich niemand verbieten, und man kann schließlich die möglichen Mißverständnisse vermeiden.

Es bleibt, ehe wir abschließen, noch eine letzte Problemgruppe über die Stellung des Rationalen innerhalb empirischer Disziplinen zu erörtern.

Wenn das normativ Gültige Objekt *empirischer* Untersuchung wird, so verliert es, als Objekt, den Norm-Charakter: es wird als »seiend«, nicht als »gültig«, behandelt. Beispielsweise: Wenn eine Statistik die Zahl der »Rechenfehler« innerhalb einer bestimmten Sphäre berufsmäßigen Rechnens feststellen wollte, – was recht wohl wissenschaftlichen Sinn haben könnte –, so würden für sie die Grundsätze des Einmaleins in zweierlei gänzlich verschiedenem Sinn »gelten«. Einmal ist ihre normative Gültigkeit natürlich absolute Voraussetzung ihrer *eigenen* rechnerischen Arbeit. Das andere Mal aber, wo der Grad der »richtigen« Anwendung des Einmaleins als *Objekt* der Untersuchung in Frage kommt, steht es, rein logisch angesehen, durchaus anders. Hier wird die Anwendung des Einmaleins von seiten jener Personen, deren Rechnungen Gegenstand der statistischen Prüfung sind, als eine ihnen durch Erziehung *gewohnt* gewordene faktische Maxime des Sichverhaltens behandelt, deren tatsächliche Anwendung auf ihre Häufigkeit hin festgestellt werden soll, ganz ebenso wie etwa bestimmte Irrsinnserscheinungen das Objekt einer statistischen Feststellung sein können. Daß das Einmaleins normativ »gelte«, d. h. »richtig« sei, ist in diesem Fall, wo seine Anwendung »Objekt« ist, gar kein Gegenstand der Erörterung und logisch vollkommen gleichgültig. Der Statistiker muß bei der statistischen Nachprüfung der Rechnungen der Untersuchungspersonen sich auch seinerseits natürlich dieser Konvention, »nach dem Einmaleins« nachzurechnen, fügen. Aber er müßte ja ganz ebenso auch ein, normativ gewertet, »falsches« Rechenverfahren anwenden, falls etwa ein solches einmal in einer Menschengruppe für »richtig« gehalten worden wäre, und wenn er dann die Häufigkeit von dessen tatsächlicher, vom Standpunkt jener Gruppe aus »richtiger«, Anwendung statistisch zu untersuchen hätte. Für jede empirische, soziologische oder historische Betrachtung ist unser Einmaleins also, wo es als *Objekt* der Untersuchung auftritt, eine *konventionell* in einem Menschenkreise geltende und in mehr oder minder großer Annäherung befolgte Maxime des praktischen Verhaltens und nichts anderes. Jede Darstellung der pythagoreischen Musiklehre muß die – für unser Wissen – »falsche« Rechnung zunächst einmal hinnehmen: daß 12 Quinten = 7 Oktaven seien. Jede Geschichte der Logik ebenso die historische Existenz von (für uns) widerspruchsvollen logischen Aufstellungen, – und es ist menschlich begreiflich, gehört aber nicht mehr zur wissenschaftlichen Leistung, wenn man solche »Absurditäten« mit derartigen Explosionen des Zorns begleitet, wie ein ganz besonders verdienstlicher Historiker der mittelalterlichen Logik es getan hat.

Diese Metamorphose normativ gültiger Wahrheiten in konventionell geltende Meinungen, welcher sämtliche geistigen Gebilde, auch logische oder mathematische Gedanken, unterliegen, sobald sie Objekte einer auf ihr empirisches *Sein*, nicht ihren *(normativ)* richtigen *Sinn*, reflektierenden Betrachtung werden, besteht durchaus unabhängig von dem Tatbestand, daß die normative Geltung logischer und mathematischer Wahrheiten andererseits das Apriori aller und jeder empirischen Wissenschaft ist. – Weniger einfach ist ihre logische Struktur bei einer schon oben berührten Funktion, die ihnen bei der empirischen Untersuchung geistiger Zusammenhänge zukommt und die von jenen beiden: der Stellung als Objekt der Untersuchung und der Stellung als deren Apriori wiederum sorgfältig zu scheiden ist. Jede Wissenschaft von geistigen oder gesellschaftlichen Zusammenhängen ist eine Wissenschaft vom *menschlichen* Sichverhalten (wobei in diesem Fall jeder geistige Denkakt und jeder psychische Habitus mit unter diesen Begriff fällt). Sie will dies Sichverhalten »verstehen« und kraft dessen seinen Ablauf »erklärend deuten«. Nun kann hier der schwierige Begriff des »Verstehens« nicht abgehandelt werden. Uns interessiert in diesem Zusammenhang nur eine besondere Art davon: die »rationale« Deutung. Wir »verstehen« es offenbar ohne weiteres, daß ein Denker ein bestimmtes »Problem« so »löst«, wie wir selbst es für normativ »richtig« halten, daß ein Mensch z. B. »richtig« rechnet, daß er für einen beabsichtigten Zweck die – nach unserer eigenen Einsicht – »richtigen« Mittel anwendet. Und unser Verständnis für diese Vorgänge ist deshalb so besonders evident, *weil* es sich eben um die Realisation von objektiv »Gültigem« handelt. Und dennoch muß man sich hüten zu glauben, in diesem Fall erscheine das normativ Richtige, logisch angesehen, in der gleichen Struktur wie in seiner allgemeinen Stellung als das Apriori aller wissenschaftlichen Untersuchung. Vielmehr ist seine Funktion als Mittel des »Verstehens« genau die gleiche, wie sie das rein *psychologische* »Einfühlen« in logisch irrationale Gefühls- und Affekt-Zusammenhänge da versieht, wo es sich um deren verstehende Erkenntnis handelt. Nicht die *normative* Richtigkeit, sondern einerseits die *konventionellen* Gepflogenheiten des Forschers und Lehrers, so und nicht anders zu denken, andererseits aber auch erforderlichenfalls seine Fähigkeit, sich in ein davon abweichendes, ihm, nach seinen Gepflogenheiten, als normativ »falsch« erscheinendes Denken verstehend »einfühlen« zu können, ist hier das Mittel der verstehenden Erklärung. Schon daß das »falsche« Denken, der »Irrtum«, dem Verständnis im Prinzip ganz ebenso zugänglich ist, wie das »richtige«, beweist ja, daß das als normativ »richtig« Geltende hier *nicht als solches*, sondern nur als ein besonders leicht verständlicher *konventioneller* Typus in Betracht kommt. Und das führt nun zu einer letzten Feststellung über die Rolle des normativ Richtigen innerhalb der soziologischen Erkenntnis.

Schon um eine »falsche« Rechnung oder logische Feststellung zu »verstehen« und ihren Einfluß in denjenigen faktischen Konsequenzen, welche sie gehabt hat, feststellen und darlegen zu können, wird man offenbar nicht nur selbstverständlich seinerseits sie »richtig« rechnend, bzw. logisch denkend nachprüfen, sondern auch gerade *denjenigen Punkt* mit den Mitteln des »richtigen« Rechnens bzw. der »richtigen« Logik ausdrücklich bezeichnen müssen, an welchem die untersuchte Rechnung oder logische Aufstellung von dem, was der darstellende Schriftsteller seinerseits als normativ »richtig« ansieht, *abweicht*. Nicht notwendig nur zu dem praktisch-pädagogischen Zweck, den z. B. Windelband in der Einleitung zu seiner Geschichte der Philosophie in den Vordergrund stellt (»Warnungstafeln« vor »Holzwegen« aufzustellen), der doch nur einen erwünschten Nebenerfolg der historischen Arbeit bedeutet. Und auch nicht, weil jeder geschichtlichen Problematik, zu deren Objekt irgendwelche logische oder mathematische oder andere wissenschaftliche Erkenntnisse gehören, unvermeidlich *nur* der von uns als gültig anerkannte »Wahrheitswert« – und also der »Fortschritt« in der Richtung auf diesen – als einzig mögliche, für die Auslese maßgebende letzte Wertbeziehung zugrunde liegen könnte. (Obwohl selbst dann, wenn dies tatsächlich der Fall wäre, trotzdem der gerade von Windelband so oft festgestellte Sachverhalt zu beachten bliebe: daß der »Fortschritt« in diesem Sinne sehr oft statt des direkten Weges den – ökonomisch ausgedrückt – »ergiebigen Produktionsumweg« über »Irrtümer«: Problemverschlingungen, eingeschlagen hat.) Sondern deshalb, weil (und also auch nur soweit, als) diejenigen Stellen, an welchen das als Objekt untersuchte geistige Gedankengebilde von demjenigen abweicht, welches der Schriftsteller selbst für »richtig« halten muß, regelmäßig zu den in seinen Augen ihm spezifisch »charakteristischen«, d. h. zu den, von ihm aus gesehen, entweder direkt wertbezogenen oder kausal unter dem Gesichtspunkt anderer wertbezogener Sachverhalte *wichtigen* gehören werden. Das wird nun allerdings normalerweise um so mehr der Fall sein, je mehr der Wahrheitswert von Gedanken der leitende Wert einer historischen Darstellung ist, also namentlich bei einer Geschichte einer bestimmten »Wissenschaft« (etwa der Philosophie, oder der theoretischen Nationalökonomie). Aber es ist keineswegs notwendig nur dann der Fall. Sondern es tritt ein wenigstens ähnlicher Sachverhalt überall da ein, wo ein subjektiv, der Absicht nach, rationales Handeln überhaupt den Gegenstand einer Darstellung bildet, und wo also

»Denk«- oder »Rechen-Fehler« *kausale* Komponenten des Ablaufs des Handelns bilden können. Um z. B. die Führung eines Krieges zu »verstehen«, muß unvermeidlich – wenn auch nicht notwendig ausdrücklich oder in ausgeführter Form – beiderseits ein idealer Feldherr vorgestellt werden, dem die Gesamtsituation und Dislokation der beiderseitigen militärischen Machtmittel und die sämtlichen daraus sich ergebenden Möglichkeiten, das in concreto eindeutige Ziel: Zertrümmerung der gegnerischen Militärmacht, zu erreichen, bekannt und stets gegenwärtig gewesen wären, und der auf Grund dieser Kenntnis irrtumslos und auch logisch »fehlerfrei« gehandelt hätte. Denn nur dann kann eindeutig festgestellt werden, welchen kausalen Einfluß der Umstand, daß die wirklichen Feldherren weder jene Kenntnis noch diese Irrtumslosigkeit besaßen und daß sie überhaupt keine bloß rationalen Denkmaschinen waren, auf den Gang der Dinge gehabt hat. Die rationale Konstruktion hat also hier den Wert, als Mittel richtiger kausaler »Zurechnung« zu fungieren. Ganz den gleichen Sinn haben nun diejenigen utopischen Konstruktionen streng und irrtumslos rationalen Handelns, welche die »reine« ökonomische Theorie schafft.

Zum Zweck der kausalen *Zurechnung* empirischer Vorgänge bedürfen wir eben rationaler, je nachdem empirisch-technischer oder auch logischer Konstruktionen, welche auf die Frage antworten: wie bei absoluter rationaler, empirischer und logischer »Richtigkeit« und »Widerspruchslosigkeit« ein Sachverhalt, möge er einen äußeren Zusammenhang des Handelns oder etwa ein Gedankengebilde (z. B. ein philosophisches System) darstellen, aussehen (oder ausgesehen haben) *würde*. Logisch betrachtet, ist nun aber die Konstruktion einer rational »richtigen« solchen Utopie dabei nur *eine* der verschiedenen möglichen Gestaltungen eines »Idealtypus« – wie ich (in einer mir für jeden anderen Ausdruck feilen Terminologie) solche Begriffsbildungen genannt habe. Denn nicht nur lassen sich, wie gesagt, Fälle denken, wo als Idealtypus gerade ein in charakteristischer Art *falsches* Schlußverfahren oder ein bestimmtes typisch zweck*widriges* Verhalten einen besseren Dienst tun könnte. Sondern es gibt vor allem ganze Sphären des Verhaltens (die Sphäre des »Irrationalen«), wo nicht das Maximum von logischer Rationalität, sondern lediglich die durch isolierende Abstraktion gewonnene Eindeutigkeit jenen Dienst am besten leistet. *Faktisch* zwar verwendet der Forscher besonders häufig normativ »richtig« konstruierte »Idealtypen«. *Logisch* betrachtet aber ist gerade dies: die normative »Richtigkeit« dieser Typen, kein Essentiale. Sondern es kann ein Forscher, um z. B. eine spezifische Art von typischer Gesinnung der Menschen einer Epoche zu charakterisieren, sowohl einen ihm persönlich ethisch normgemäß und in diesem Sinn objektiv »richtig«, wie einen ihm ethisch durchaus normwidrig erscheinenden Typus von Gesinnung konstruieren und dann das Verhalten der zu untersuchenden Menschen damit vergleichen, oder endlich auch einen Gesinnungstypus, für den er persönlich gar kein positives oder negatives Prädikat irgendeiner Art in Anspruch nimmt. Das normativ »Richtige« hat für diesen Zweck also keinerlei Monopol. Denn welchen Inhalt immer der rationale Idealtypus hat: ob er eine ethische, rechtsdogmatische, ästhetische oder religöse Glaubensnorm oder eine technische oder ökonomische oder eine rechtspolitische oder sozialpolitische oder kulturpolitische Maxime oder eine in eine möglichst rationale Form gebrachte »Wertung« welcher Art immer darstellt, stets hat seine Konstruktion innerhalb empirischer Untersuchungen nur *den* Zweck: die empirische Wirklichkeit mit ihm zu »vergleichen«, ihren Kontrast oder ihren Abstand von ihm oder ihre relative Annäherung an ihn festzustellen, um sie so mit *möglichst eindeutig verständlichen Begriffen* beschreiben und kausal zurechnend verstehen und erklären zu können. Diese Funktionen versieht die rationale rechtsdogmatische Begriffsbildung z. B. für die empirische Disziplin der Rechtsgeschichte und die rationale Kalkulationslehre für die Analyse des realen Verhaltens der Einzelwirtschaften in der Erwerbswirtschaft. Beide eben genannten dogmatischen Disziplinen haben nun natürlich außerdem noch als »Kunstlehren« eminente normativ-praktische Zwecke. Und beide Disziplinen sind in dieser ihrer Eigenschaft, als dogmatische Wissenschaften, ebensowenig empirische Disziplinen im hier erörterten Sinn wie etwa Mathematik, Logik, normative Ethik, Ästhetik, von denen sie im übrigen aus anderen Gründen so völlig verschieden sind wie diese untereinander es auch sind.

Die ökonomische Theorie endlich ist offensichtlich eine Dogmatik in einem logisch sehr anderen Sinn als etwa die Rechtsdogmatik. Ihre Begriffe verhalten sich zur ökonomischen Realität spezifisch anders als diejenigen der Rechtsdogmatik zur Realität des Objekts der empirischen Rechtsgeschichte und Rechtssoziologie. Aber wie die dogmatischen Rechtsbegriffe als »Idealtypen« für die letzteren verwertet werden können und müssen, so ist diese Art der Verwendung für die Erkenntnis der sozialen Wirklichkeit der Gegenwart und Vergangenheit der geradezu *ausschließliche* Sinn der reinen ökonomischen Theorie. Sie macht bestimmte, in der Realität kaum jemals rein erfüllte, aber in verschieden starker Annäherung an sie anzutreffende Voraussetzungen und fragt: wie sich das soziale Handeln von Menschen, wenn es strikt rational verliefe, unter diesen Voraussetzungen gestalten würde. Sie unterstellt insbesondere das Walten rein ökonomischer Interessen und schaltet also den Einfluß machtpolitischer ebenso wie anderer außerökonomischer Orientierungen des Handelns aus.

Nun vollzog sich aber an ihr der typische Hergang der »Problemverschlingung«. Denn jene, in diesem Sinn »staatsfreie«, »moralfreie«, »individualistische« reine Theorie, welche als methodisches Hilfsmittel unentbehrlich war und immer sein wird, faßte die radikale Freihandelsschule als ein erschöpfendes Abbild der »natürlichen«, d. h. der nicht durch menschliche Torheit verfälschten, Wirklichkeit, darüber hinaus aber und auf Grund dessen als ein »Sollen« auf: als ein in der Wertsphäre geltendes Ideal statt als einen für die empirische Erforschung des Seienden brauchbaren Idealtypus. Als infolge wirtschafts- und sozialpolitischer Änderungen der Einschätzung des Staats der Rückschlag in der Wertungssphäre eintrat, griff er seinerseits alsbald auf die Seinssphäre über und verwarf die reine ökonomische Theorie nicht nur als Ausdruck eines Ideals — als welches zu gelten sie nie hätte beanspruchen dürfen —, sondern auch als methodischen Weg zur Erforschung des Tatsächlichen. »Philosophische« Erwägungen der verschiedensten Art sollten die rationale Pragmatik ersetzen, und bei der Identifizierung des »psychologisch« Seienden mit dem ethisch Geltenden wurde eine reinliche Scheidung der Wertungssphäre von der empirischen Arbeit undurchführbar. Die außerordentlichen Leistungen der Träger dieser wissenschaftlichen Entwicklung auf historischem, soziologischem, sozialpolitischem Gebiet sind ebenso allgemein anerkannt, wie für den unbefangen Urteilenden der Jahrzehnte dauernde völlige Verfall der theoretischen und der streng wirtschaftswissenschaftlichen Arbeit überhaupt als naturgemäße Folge jener Problemvermischung zutage liegt. Die eine der beiden Hauptthesen, mit welchen die Gegner der reinen Theorie arbeiteten, war, daß die rationalen Konstruktionen dieser »reine Fiktionen« seien, welche über die Realität der Tatsachen nichts aussagten. Richtig verstanden, trifft diese Behauptung zu. Denn die theoretischen Konstruktionen stehen durchaus nur im Dienst der von ihnen selbst keineswegs gelieferten Erkenntnis der Realitäten, welche, infolge der Mitwirkung anderer, in ihren Voraussetzungen nicht enthaltener, Umstände und Motivenreihen, selbst im äußersten Fall nur Annäherungen an den konstruierten Verlauf enthalten. Das beweist freilich, nach dem Gesagten, nicht das mindeste gegen die Brauchbarkeit und Notwendigkeit der reinen Theorie. Die zweite These war, daß es jedenfalls eine wertungsfreie Lehre von der Wirtschafts*politik* als Wissenschaft nicht geben könne. Sie ist natürlich grundfalsch, so falsch, daß gerade die »Wertungsfreiheit« — im vorstehend vertretenen Sinn — die Voraussetzung *jeder* rein wissenschaftlichen Behandlung der Politik, insbesondere der Sozial- und Wirtschaftspolitik, ist. Daß es selbstverständlich möglich, wissenschaftlich nützlich und nötig ist, Sätze zu entwickeln von dem Typus: für die Erreichung des (wirtschaftspolitischen) Erfolges x ist y das einzige oder sind (unter den Bedingungen b_1, b_2, b_3) y_1, y_2, y_3 die einzigen oder die erfolgreichsten Mittel, bedarf wohl nicht der Wiederholung. Und nur daran sei nachdrücklich erinnert, daß das Problem in der Möglichkeit absoluter *Eindeutigkeit* der Bezeichnung des Erstrebten besteht. Liegt diese vor, dann handelt es sich um einfache Umkehrung von Kausalsätzen und also um ein rein »technisches« Problem. Eben deshalb liegt aber auch in allen diesen Fällen gar kein Zwang für die Wissenschaft vor, diese technischen teleologischen Sätze nicht als einfache Kausalsätze, also in der Form zu fassen: auf y folgt stets bzw. auf y_1, y_2, y_3 folgt unter den Bedingungen b_1, b_2, b_3 der Erfolg x. Denn das besagt genau dasselbe, und die »Rezepte« kann sich der »Praktiker« daraus unschwer entnehmen. Aber die wissenschaftliche Lehre von der Wirtschaft hat denn doch neben der Ermittlung rein idealtypischer Formeln einerseits und andererseits der Feststellung solcher kausalen wirtschaftlichen *Einzel*zusammenhänge – denn um solche handelt es sich ausnahmslos, wenn *»x«* hinlänglich *eindeutig* und also die Zurechnung des Erfolgs zur Ursache und also des Mittels zum Zweck hinlänglich streng sein soll – noch einige andere Aufgaben. Sie hat außerdem die Gesamtheit der gesellschaftlichen Erscheinungen auf die Art ihrer Mitbedingtheit durch ökonomische Ursachen zu untersuchen: durch ökonomische Geschichts- und Gesellschaftsdeutung. Und sie hat andererseits die Bedingtheit der Wirtschaftsvorgänge und Wirtschaftsformen durch die gesellschaftlichen Erscheinungen nach deren verschiedenen Arten und Entwicklungsstadien zu ermitteln: die Aufgabe der Geschichte und Soziologie der Wirtschaft. Zu diesen gesellschaftlichen Erscheinungen gehören selbstverständlich, und zwar in allererster Linie, die politischen Handlungen und Gebilde, vor allem also: der Staat und das staatlich garantierte Recht. Aber ebenso selbstverständlich nicht die politischen allein. Sondern die

Gesamtheit aller derjenigen Gebilde, welche – in einem für das wissenschaftliche Interesse *hinlänglich relevanten Grade* – die Wirtschaft beeinflussen. Der Ausdruck: Lehre von der »Wirtschafts*politik*« wäre natürlich für die Gesamtheit dieser Probleme sehr wenig geeignet. Sein dennoch vorkommender Gebrauch dafür ist nur durch die, äußerlich aus dem Charakter der Universitäten als Bildungsstätten für Staatsbeamte, innerlich aber aus den zur intensiven Beeinflussung der Wirtschaft besonders fähigen gewaltigen Machtmitteln des Staats, sich ergebende praktische Wichtigkeit gerade seiner Betrachtung erklärlich. Daß bei allen diesen Untersuchungen Umkehrungen von Aussagen über »Ursache und Wirkung« in solche über »Mittel und Zweck« jedesmal dann möglich sind, wenn der *Erfolg*, um den es sich handelt, hinlänglich eindeutig angegeben werden kann, bedarf kaum der erneuten Feststellung. An dem logischen Verhältnis von Wertungssphäre und Sphäre des empirischen Erkennens wird dadurch natürlich auch hier nichts geändert. Und nur auf eins soll zum Schluß in diesem Zusammenhang noch hingewiesen werden.

Die Entwicklung der letzten Jahrzehnte und vollends die beispiellosen Geschehnisse, deren Zeugen wir jetzt sind, haben das Prestige gerade des *Staates* gewaltig gesteigert. Ihm allein von allen sozialen Gemeinschaften wird heute »legitime« Macht über Leben, Tod und Freiheit zugeschrieben und seine Organe machen davon Gebrauch: im Krieg gegen äußere Feinde, im Frieden und Krieg gegen innere Widerstände. Er ist im Frieden der größte Wirtschaftsunternehmer und machtvollste Tributherr der Bürger, im Krieg aber der Träger schrankenlosester Verfügung über alle ihm zugänglichen Wirtschaftsgüter. Seine moderne, rationalisierte, Betriebsform hat auf zahlreichen Gebieten Leistungen ermöglicht, welche zweifellos von gar keinem andersartig vergesellschafteten Zusammenhandeln auch nur annähernd ähnlich vollbracht werden könnten. Es konnte kaum ausbleiben, daß daraus die Folgerung gezogen wurde: er müsse auch – zumal für Wertungen, die sich auf dem Gebiet der »Politik« bewegen – der letzte *»Wert«* sein, an dessen Daseinsinteressen alles gesellschaftliche Handeln letztlich zu messen sei. Allein auch dies ist eine durchaus unzulässige Umdeutung von Tatsachen der Seinssphäre in Normen der Wertungssphäre, wobei hier von der fehlenden Eindeutigkeit der Konsequenzen aus jener Wertung, die sich bei jeder Erörterung der »Mittel« (der »Erhaltung« oder »Förderung« des »Staats«) bald zeigt, ganz abgesehen werden soll. Innerhalb der Sphäre des rein Tatsächlichen ist zunächst gerade gegenüber jenem Prestige die Feststellung zu treffen, daß der Staat gewisse Dinge *nicht* kann. Und zwar sogar auf den Gebieten, welche als seine eigenste Domäne gelten: den militärischen. Die Beobachtung mancher Erscheinungen, welche der jetzige Krieg bei den Armeen *national* gemischter Staaten hat hervortreten lassen, lehrt, daß die vom Staat nicht erzwingbare freie Hingabe des Einzelnen an die Sache, welche sein Staat vertritt, auch für den militärischen Erfolg nicht gleichgültig ist. Und auf wirtschaftlichem Gebiet sei nur angedeutet, daß die Übertragung der Kriegsformen und Kriegsprinzipien der Wirtschaft auf den Frieden als *dauernder* Erscheinungen sehr schnell Folgen haben könnte, welche gerade den Vertretern expansiver Staatsideale das Konzept verderben würden. Dies ist indessen hier nicht weiter zu besprechen. In der *Wertungs*sphäre aber ist ein Standpunkt sehr wohl sinnvoll vertretbar, der die Macht des Staates im Interesse seiner Verwertbarkeit als Zwangsmittel gegen Widerstände auf das denkbar äußerste gesteigert sehen möchte, andererseits aber ihm jeglichen *Eigen*wert abspricht und ihn zu einem bloßen technischen Hilfsmittel für die Verwirklichung ganz anderer Werte stempelt, von denen allein er seine Würde zu Lehen tragen und also auch nur so lange bewahren könne, als er sich dieses seines Handlangerberufs nicht zu entschlagen versuche.

Hier soll natürlich weder dieser noch überhaupt irgendeiner der möglichen Wertungsstandpunkte entwickelt oder gar vertreten werden. Sondern es soll nur daran erinnert werden, daß, wenn irgend etwas, dann wohl dies eine berufsmäßigen »Denkern« besonders nahezulegende Obliegenheit ist: sich gegenüber den jeweilig herrschenden Idealen, auch den majestätischsten, einen kühlen Kopf im Sinn der persönlichen Fähigkeit zu bewahren, nötigenfalls »gegen den Strom zu schwimmen«.

VOM INNEREN BERUF ZUR WISSENSCHAFT

In der heutigen Zeit ist die innere Lage gegenüber dem Betrieb der Wissenschaft als Beruf bedingt zunächst dadurch, daß die Wissenschaft in ein Stadium der Spezialisierung eingetreten ist, wie es früher unbekannt war, und daß dies in alle Zukunft so bleiben wird. Nicht nur äußerlich, nein, gerade innerlich liegt die Sache so: daß der Einzelne das sichere Bewußtsein, etwas wirklich ganz Vollkommenes auf wissenschaftlichem Gebiet zu leisten, nur im Falle strengster Spezialisierung sich verschaffen kann. Alle Arbeiten, welche auf Nachbargebiete übergreifen, wie wir sie gelegentlich machen, wie gerade z. B. die Soziologen sie notwendig immer wieder machen müssen, sind mit dem resignierten Bewußtsein belastet: daß man allenfalls dem Fachmann nützliche *Fragestellungen* liefert, auf die dieser von seinen Fachgesichtspunkten aus nicht so leicht verfällt, daß aber die eigene Arbeit unvermeidlich höchst unvollkommen bleiben muß. Nur durch strenge Spezialisierung kann der wissenschaftliche Arbeiter tatsächlich das Vollgefühl, einmal und vielleicht nie wieder im Leben, sich zu eigen machen: hier habe ich etwas geleistet, was *dauern* wird. Eine wirklich endgültige und tüchtige Leistung ist heute stets: eine spezialistische Leistung. Und wer also nicht die Fähigkeit besitzt, sich einmal sozusagen Scheuklappen anzuziehen und sich hineinzusteigern in die Vorstellung, daß das Schicksal seiner Seele davon abhängt: ob er diese, gerade diese Konjektur an dieser Stelle dieser Handschrift richtig macht, der bleibe der Wissenschaft fern. Niemals wird er in sich das durchmachen, was man das »Erlebnis« der Wissenschaft nennen kann. Ohne diesen seltsamen, von jedem Draußenstehenden belächelten Rausch, diese Leidenschaft, dieses: »Jahrtausende mußten vergehen, ehe du ins Leben tratest, und andere Jahrtausende warten schweigend«: – darauf, ob dir diese Konjektur gelingt, hat einer den Beruf zur Wissenschaft *nicht* und tue etwas anderes. Denn nichts ist für den Menschen als Menschen etwas wert, was er nicht mit *Leidenschaft* tun *kann.*

Nun ist es aber Tatsache, daß mit noch so viel von solcher Leidenschaft, so echt und tief sie sein mag, das Resultat sich noch lange nicht erzwingen läßt. Freilich ist sie eine Vorbedingung des Entscheidenden: der »Eingebung«. Es ist ja wohl heute in den Kreisen der Jugend die Vorstellung sehr verbreitet, die Wissenschaft sei ein Rechenexempel geworden, das in Laboratorien oder statistischen Kartotheken mit dem kühlen Verstand allein und nicht mit der ganzen »Seele« fabriziert werde, so wie »in einer Fabrik«. Wobei vor allem zu bemerken ist, daß dabei meist weder über das, was in einer Fabrik, noch was in einem Laboratorium vorgeht, irgendwelche Klarheit besteht. Hier wie dort muß dem Menschen etwas – und zwar das Richtige – *einfallen*, damit er irgend etwas Wertvolles leistet. Dieser Einfall aber läßt sich nicht erzwingen. Mit irgendwelchem kalten Rechnen hat er nichts zu tun. Gewiß: auch das ist unumgängliche Vorbedingung. Jeder Soziologe z. B. darf sich nun einmal nicht zu schade dafür sein, auch noch auf seine alten Tage vielleicht monatelang viele zehntausende ganz trivialer Rechenexempel im Kopf zu machen. Man versucht nicht ungestraft, das auf mechanische Hilfskräfte ganz und gar abzuwälzen, wenn man etwas herausbekommen will, – und was schließlich herauskommt, ist oft blutwenig. Aber, wenn ihm nicht doch etwas Bestimmtes über die Richtung seines Rechnens und, während des Rechnens, über die Tragweite der entstehenden Einzelresultate »einfällt«, dann kommt selbst dieses Blutwenige nicht heraus. Nur auf dem Boden ganz harter Arbeit bereitet sich normalerweise der Einfall vor. Gewiß: nicht immer. Der Einfall eines Dilettanten kann wissenschaftlich genau die gleiche oder größere Tragweite haben wie der des Fachmanns. Viele unserer allerbesten Problemstellungen und Erkenntnisse verdanken wir gerade Dilettanten.

Der Dilettant unterscheidet sich vom Fachmann – wie Helmholtz über Robert Mayer gesagt hat – nur dadurch, daß ihm die feste Sicherheit der Arbeitsmethode fehlt, und daß er daher den Einfall meist nicht in seiner Tragweite nachzukontrollieren und abzuschätzen oder durchzuführen in der Lage ist. Der Einfall ersetzt nicht die Arbeit. Und die Arbeit ihrerseits kann den Einfall nicht ersetzen oder erzwingen, so wenig wie die Leidenschaft es tut. Beide – vor allem: beide *zusammen* – locken ihn. Aber er kommt, wenn es ihm, nicht, wenn es uns beliebt. Es ist in der Tat richtig, daß die besten Dinge einem so, wie Jhering es schildert: bei der Zigarre auf dem Kanapee, oder wie Helmholtz mit naturwissenschaftlicher Genauigkeit für sich angibt: beim Spaziergang auf langsam steigender Straße, oder ähnlich, jedenfalls aber dann, wenn man sie nicht erwartet, einfallen, und nicht während des Grübelns und Suchens am Schreibtisch. Sie wären einem nur freilich nicht eingefallen, wenn man jenes Grübeln am Schreibtisch und wenn man das leidenschaftliche Fragen nicht hinter sich gehabt hätte. Wie dem aber sei: diesen Hasard, der bei jeder wissenschaftlichen Arbeit mit unterläuft: kommt die »Eingebung« oder nicht?, – auch den muß der wissenschaftliche Arbeiter in Kauf nehmen. Es kann einer ein vorzüglicher Arbeiter sein und doch nie einen eigenen wertvollen Einfall gehabt haben. Nur ist es ein schwerer Irrtum zu glauben, das sei nur in der Wissenschaft so, und z. B. in einem Kontor gehe es etwa anders zu wie in einem Laboratorium. Ein Kaufmann oder Großindustrieller ohne »kaufmännische Phantasie«, d. h. ohne Einfälle, geniale Einfälle, der ist sein Leben lang nur ein Mann, der am besten Kommis oder technischer Beamter bliebe: nie wird er organisatorische Neuschöpfungen gestalten. Die Eingebung spielt auf dem Gebiete der Wissenschaft ganz und gar nicht – wie sich der Gelehrtendünkel einbildet – eine größere Rolle als auf dem Gebiete der Bewältigung von Problemen des praktischen Lebens durch einen modernen Unternehmer. Und sie spielt andererseits – was auch oft verkannt wird – keine geringere Rolle als auf dem Gebiete der

Kunst. Es ist eine kindliche Vorstellung, daß ein Mathematiker an einem Schreibtisch mit einem Lineal oder mit anderen mechanischen Mitteln oder Rechenmaschinen zu irgendwelchem wissenschaftlich wertvollen Resultat käme: die mathematische Phantasie eines Weierstraß ist natürlich dem Sinn und Resultat nach ganz anders ausgerichtet als die eines Künstlers und qualitativ von ihr grundverschieden. Aber nicht dem psychologischen Vorgang nach. Beide sind: Rausch (im Sinne von Platons »manía«) und »Eingebung«.

Nun: ob jemand wissenschaftliche Eingebungen hat, das hängt ab von uns verborgenen Schicksalen, außerdem aber von »Gabe«. Nicht zuletzt auf Grund jener zweifellosen Wahrheit hat nun eine ganz begreiflicherweise gerade bei der Jugend sehr populäre Einstellung sich in den Dienst einiger Götzen gestellt, deren Kult wir heute an allen Straßenecken und in allen Zeitschriften sich breitmachen finden. Jene Götzen sind: die »Persönlichkeit« und das »Erleben«. Beide sind eng verbunden: die Vorstellung herrscht, das letztere mache die erstere aus und gehöre zu ihr. Man quält sich ab zu »erleben« – denn das gehört ja zur standesgemäßen Lebensführung einer Persönlichkeit –, und gelingt es nicht, dann muß man wenigstens so tun, als habe man diese Gnadengabe. Früher nannte man dies »Erlebnis« auf deutsch: »Sensation«. Und von dem, was »Persönlichkeit« sei und bedeute, hatte man eine – ich glaube – zutreffendere Vorstellung.

»Persönlichkeit« auf wissenschaftlichem Gebiet hat nur der, der *rein der Sache* dient. Und nicht nur auf wissenschaftlichem Gebiet ist es so. Wir kennen keinen großen Künstler, der je etwas anderes getan hätte, als seiner Sache und nur ihr zu dienen. Es hat sich, soweit seine Kunst in Betracht kommt, selbst bei einer Persönlichkeit vom Range Goethes gerächt, daß er sich die Freiheit nahm: sein »Leben« zum Kunstwerk machen zu wollen. Aber mag man das bezweifeln, – jedenfalls muß man eben ein Goethe sein, um sich das überhaupt erlauben zu dürfen, und wenigstens das wird jeder zugeben: unbezahlt ist es auch bei jemand wie ihm, der alle Jahrtausende einmal erscheint, nicht geblieben. Es steht in der Politik nicht anders. Davon heute nichts. Auf dem Gebiet der Wissenschaft aber ist derjenige ganz gewiß keine »Persönlichkeit«, der als Impresario der Sache, der er sich hingeben sollte, mit auf die Bühne tritt, sich durch »Erleben« legitimieren möchte und fragt: Wie beweise ich, daß ich etwas anderes bin als nur ein »Fachmann«, wie mache ich es, daß ich, in der Form oder in der Sache, etwas sage, das so noch keiner gesagt hat wie ich? – eine heute massenhaft auftretende Erscheinung, die überall kleinlich wirkt, und die denjenigen herabsetzt, der so fragt, statt daß ihn die innere Hingabe an die Aufgabe und nur an sie auf die Höhe und zu der Würde der Sache emporhöbe, der er zu dienen vorgibt. Auch das ist beim Künstler nicht anders.

Diesen mit der Kunst gemeinsamen Vorbedingungen unserer Arbeit steht nun gegenüber ein Schicksal, das sie von der künstlerischen Arbeit tief unterscheidet. Die wissenschaftliche Arbeit ist eingespannt in den Ablauf des *Fortschritts.* Auf dem Gebiete der Kunst dagegen gibt es – in diesem Sinne – keinen Fortschritt. Es ist nicht wahr, daß ein Kunstwerk einer Zeit, welche neue technische Mittel oder etwa die Gesetze der Perspektive sich erarbeitet hatte, um deswillen rein künstlerisch höher stehe als ein aller Kenntnis jener Mittel und Gesetze entblößtes Kunstwerk, – *wenn* es nur material- und formgerecht war, das heißt: wenn es seinen Gegenstand so wählte und formte, wie dies ohne Anwendung jener Bedingungen und Mittel kunstgerecht zu leisten war. Ein Kunstwerk, das wirklich »Erfüllung« ist, wird nie überboten, es wird nie veralten; der Einzelne kann seine Bedeutsamkeit für sich persönlich verschieden einschätzen; aber niemand wird von einem Werk, das wirklich im künstlerischen Sinne »Erfüllung« ist, jemals sagen können, daß es durch ein anderes, das ebenfalls »Erfüllung« ist, »überholt« sei. Jeder von uns dagegen in der Wissenschaft weiß, daß das, was er gearbeitet hat, in 10, 20, 50 Jahren veraltet ist. Das ist das Schicksal, ja: das ist der *Sinn* der Arbeit der Wissenschaft, dem sie, in ganz spezifischem Sinne gegenüber allen anderen Kulturelementen, für die es sonst noch gilt, unterworfen und hingegeben ist: jede wissenschaftliche »Erfüllung« bedeutet neue »Fragen« und *will* »überboten« werden und veralten. Damit hat sich jeder abzufinden, der der Wissenschaft dienen will. Wissenschaftliche Arbeiten können gewiß dauernd, als »Genußmittel«, ihrer künstlerischen Qualität wegen, oder als Mittel der Schulung zur Arbeit, wichtig bleiben. Wissenschaftlich aber überholt zu werden, ist – es sei wiederholt – nicht nur unser aller Schicksal, sondern unser aller Zweck. Wir können nicht arbeiten, ohne zu hoffen, daß andere weiter kommen werden als wir. Prinzipiell geht dieser Fortschritt in das Unendliche. Und damit kommen wir zu dem *Sinnproblem* der Wissenschaft. Denn das versteht sich ja doch nicht so von selbst, daß etwas, das einem solchen Gesetz unterstellt ist, Sinn und Verstand in sich selbst hat. Warum betreibt man etwas, das in der Wirklichkeit nie zu Ende kommt und kommen kann? Nun zunächst: zu rein praktischen, im weiteren Wortsinn: technischen Zwecken: um unser praktisches Handeln an den Erwartungen orientieren zu können, welche die wissenschaftliche Erfahrung uns an die Hand gibt. Gut. Aber das bedeutet nur etwas für den Praktiker. Welches aber ist die innere Stellung des Mannes der Wissenschaft selbst zu seinem Beruf?, – wenn er nämlich nach einer solchen überhaupt sucht. Er behauptet: die Wissenschaft »um ihrer selbst willen« und nicht nur dazu zu betreiben, weil andere damit geschäftliche oder technische Erfolge herbeiführen, sich besser nähren, kleiden, beleuchten, regieren können. Was glaubt er denn aber Sinnvolles damit, mit diesen stets zum Veralten bestimmten Schöpfungen, zu leisten, damit also, daß er sich in diesen fachgeteilten, ins Unendliche laufenden Betrieb einspannen läßt? Das erfordert einige allgemeine Erwägungen.

Der wissenschaftliche Fortschritt ist ein Bruchteil, und zwar der wichtigste Bruchteil, jenes Intellektualisierungsprozesses, dem wir seit Jahrtausenden unterliegen, und zu dem heute üblicherweise in so außerordentlich negativer Art Stellung genommen wird.

Machen wir uns zunächst klar, was denn eigentlich diese intellektualistische Rationalisierung durch Wissenschaft und wissenschaftlich orientierte Technik praktisch bedeutet. Etwa, daß heute hier jeder [von uns] eine größere Kenntnis der Lebensbedingungen hat, unter denen er existiert, als ein Indianer oder ein Hottentotte? Schwerlich. Wer von uns auf der Straßenbahn fährt, hat – wenn er nicht Fachphysiker ist – keine Ahnung, wie sie das macht, sich in Bewegung zu setzen. Er braucht auch nichts davon zu wissen. Es genügt ihm, daß er auf das Verhalten des Straßenbahnwagens »rechnen« kann, er orientiert sein Verhalten daran; aber wie man eine Trambahn so herstellt, daß sie sich bewegt, davon weiß er nichts. Der Wilde weiß das von seinen Werkzeugen ungleich besser. Wenn wir heute Geld ausgeben, so wette ich, daß, sogar [unter] nationalökonomischen Fachkollegen, fast jeder eine andere Antwort bereit halten wird auf die Frage: Wie macht das Geld es, daß man dafür etwas – bald viel, bald wenig – kaufen kann? Wie der Wilde es macht, um zu seiner täglichen Nahrung zu kommen, und welche Institutionen ihm dabei dienen, das weiß er. Die zunehmende Intellektualisierung und Rationalisierung bedeutet also *nicht* eine zunehmende allgemeine Kenntnis der Lebensbedingungen, unter denen man steht. Sondern sie bedeutet etwas anderes: das Wissen davon oder den Glauben daran: daß man, wenn man *nur wollte*, es jederzeit erfahren *könnte*, daß es also prinzipiell keine geheimnisvollen unberechenbaren Mächte gebe, die da hineinspielen, daß man vielmehr alle Dinge – im Prinzip – durch *Berechnen beherrschen* könne. Das aber bedeutet: die Entzauberung der Welt. Nicht mehr, wie der Wilde, für den es solche Mächte gab, muß man zu magischen Mitteln greifen, um die Geister zu beherrschen oder zu erbitten. Sondern technische Mittel und Berechnung leisten das. Dies vor allem bedeutet die Intellektualisierung als solche.

Hat denn aber nun dieser in der okzidentalen Kultur durch Jahrtausende fortgesetzte Entzauberungsprozeß und überhaupt: dieser »Fortschritt«, dem die Wissenschaft als Glied und Triebkraft mit angehört, irgendeinen über dies rein Praktische und Technische hinausgehenden Sinn? Aufgeworfen findet sich diese Frage am prinzipiellsten in den Werken Leo Tolstojs. Auf einem eigentümlichen Wege kam er dazu. Das ganze Problem seines Grübelns drehte sich zunehmend um die Frage: ob der *Tod* eine sinnvolle Erscheinung sei oder nicht. Und die Antwort lautet bei ihm: für den Kulturmenschen – nein. Und zwar deshalb nicht, weil ja das zivilisierte, in den »Fortschritt«, in das Unendliche hineingestellte einzelne Leben seinem eigenen immanenten Sinn nach kein Ende haben dürfte. Denn es liegt ja immer noch ein weiterer Fortschritt vor dem, der darin steht; niemand, der stirbt, steht auf der Höhe, welche in der Unendlichkeit liegt. Abraham oder irgend ein Bauer der alten Zeit starb »alt und lebensgesättigt«, weil er im organischen Kreislauf des Lebens stand, weil sein Leben auch seinem Sinn nach ihm am Abend seiner Tage gebracht hatte, was es bieten konnte, weil für ihn keine Rätsel, die er zu lösen wünschte, übrig blieben und er deshalb »genug« daran haben konnte. Ein Kulturmensch aber, hineingestellt in die fortwährende Anreicherung der Zivilisation mit Gedanken, Wissen, Problemen, der kann »lebensmüde« werden, aber nicht: lebensgesättigt. Denn er erhascht von dem, was das Leben des Geistes stets neu gebiert, nur den winzigsten Teil, und immer nur etwas Vorläufiges, nichts Endgültiges, und deshalb ist der Tod für ihn eine sinnlose Begebenheit. Und weil der Tod sinnlos ist, ist es auch das Kulturleben als solches, welches ja eben durch seine sinnlose »Fortschrittlichkeit« den Tod zur Sinnlosigkeit stempelt. Überall in seinen späten Romanen findet sich dieser Gedanke als Grundton der Tolstojschen Kunst.

Wie stellt man sich dazu? Hat der »Fortschritt« als solcher einen erkennbaren, über das Technische hinausreichenden Sinn, so daß dadurch der Dienst an ihm ein sinnvoller Beruf würde? Die Frage muß aufgeworfen werden. Das ist nun aber nicht mehr nur die Frage des Berufs *für* die Wissenschaft, das Problem also: Was bedeutet die Wissenschaft als Beruf für den, der sich ihr hingibt?, sondern schon die andere: Welches ist der *Beruf der Wissenschaft* innerhalb des Gesamtlebens der Menschheit? und welches ihr Wert?

Ungeheuer ist da nun der Gegensatz zwischen Vergangenheit und Gegenwart. Erinnern wir uns an das wundervolle Bild zu Anfang des siebenten Buches von Platons Politeía: jene gefesselten Höhlenmenschen, deren Gesicht gerichtet ist auf die Felswand vor ihnen; hinter ihnen liegt die Lichtquelle, die sie nicht sehen können, sie befassen sich daher nur mit den Schattenbildern, die sie auf die Wand wirft, und suchen ihren Zusammenhang zu ergründen. Bis es einem von ihnen gelingt, die Fesseln zu sprengen, und er dreht sich um und erblickt: die Sonne. Geblendet tappt er umher und stammelt von dem, was er sah. Die anderen sagen, er sei irre. Aber allmählich lernt er, in das Licht zu schauen, und dann ist seine Aufgabe, hinabzusteigen zu den Höhlenmenschen und sie emporzuführen an das Licht. Er ist der Philosoph, die Sonne aber ist die Wahrheit der Wissenschaft, die allein nicht nach Scheingebilden und Schatten hascht, sondern nach dem wahren Sein.

Ja, wer steht heute so zur Wissenschaft? Heute ist die Empfindung gerade der Jugend wohl eher die umgekehrte: Die Gedankengebilde der Wissenschaft sind ein hinterweltliches Reich von künstlichen Abstraktionen, die mit ihren dürren Händen Blut und Saft des wirklichen Lebens einzufangen trachten, ohne es doch je zu erhaschen. Hier im Leben aber, in dem, was für Platon das Schattenspiel an den Wänden der Höhle war, pulsiert die wirkliche Realität: das andere sind von ihr abgeleitete und leblose Gespenster und sonst nichts. Wie vollzog sich diese Wandlung? Die leidenschaftliche Begeisterung Platons in der Politeía erklärt sich letztlich daraus, daß damals zuerst der Sinn eines der großen Mittel alles wissenschaftlichen Erkennens bewußt gefunden war: des *Begriffs*. Von Sokrates ist er in seiner Tragweite entdeckt. Nicht von ihm allein in der Welt. In Indien finden sich ganz ähnliche Ansätze einer Logik, wie die des Aristoteles ist. Aber nirgends mit diesem Bewußtsein der Bedeutung. Hier zum erstenmal schien ein Mittel zur Hand, womit man jemanden in den logischen Schraubstock setzen konnte, so daß er nicht herauskam, ohne zuzugeben: entweder daß er nichts wisse; oder daß dies und nichts anderes die Wahrheit sei, die *ewige* Wahrheit, die nie vergehen würde, wie das Tun und Treiben der blinden Menschen. Das war das ungeheure Erlebnis, das den Schülern des Sokrates aufging. Und daraus schien zu folgen, daß, wenn man nur den rechten Begriff des Schönen, des Guten, oder auch etwa der Tapferkeit, der Seele – und was es sei – gefunden habe, daß man dann auch ihr wahres Sein erfassen könne, und das wieder schien den Weg an die Hand zu geben, zu wissen und zu lehren: wie man im Leben, vor allem: als Staatsbürger, richtig handle. Denn auf diese Frage kam den durch und durch politisch denkenden Hellenen alles an. Deshalb betrieb man Wissenschaft.

Neben diese Entdeckung des hellenischen Geistes trat nun als Kind der Renaissancezeit das zweite große Werkzeug wissenschaftlicher Arbeit: das rationale Experiment, als Mittel zuverlässig kontrollierter Erfahrung, ohne welches die heutige empirische Wissenschaft unmöglich wäre. Experimentiert hatte man auch früher: physiologisch z. B. in Indien im Dienst der asketischen Technik des Yogi, in der hellenischen Antike mathematisch zu kriegstechnischen Zwecken, im Mittelalter z. B. zum Zwecke des Bergbaus. Aber das Experiment zum Prinzip der Forschung als solcher erhoben zu haben, ist die Leistung der Renaissance. Und zwar bildeten die Bahnbrecher die großen Neuerer auf dem Gebiete der *Kunst:* Lionardo und seinesgleichen, vor allem charakteristisch die Experimentatoren in der Musik des 16. Jahrhunderts mit ihren Versuchsklavieren. Von ihnen wanderte das Experiment in die Wissenschaft vor allem durch Galilei, in die Theorie durch Bacon; und dann übernahmen es die exakten Einzeldisziplinen an den Universitäten des Kontinents, zunächst vor allem in Italien und den Niederlanden.

Was bedeutete nun die Wissenschaft diesen Menschen an

der Schwelle der Neuzeit? Den künstlerischen Experimentatoren von der Art Lionardos und den musikalischen Neuerern bedeutete sie den Weg zur *wahren* Kunst, und das hieß für sie zugleich: zur wahren *Natur*. Die Kunst sollte zum Rang einer Wissenschaft, und das hieß zugleich und vor allem: der Künstler zum Rang eines Doktors, sozial und dem Sinne seines Lebens nach, erhoben werden. Das ist der Ehrgeiz, der z. B. auch Lionardos Malerbuch zugrunde liegt. Und heute? »Die Wissenschaft als der Weg zur Natur«, – das würde der Jugend klingen wie eine Blasphemie. Nein, umgekehrt: Erlösung vom Intellektualismus der Wissenschaft, um zur eigenen Natur und damit zur Natur überhaupt zurückzukommen! Als Weg zur Kunst vollends? Da bedarf es keiner Kritik. – Aber man erwartete von der Wissenschaft im Zeitalter der Entstehung der exakten Naturwissenschaften noch mehr. Wenn wir uns an den Ausspruch Swammerdams erinnern: »Ich bringe Ihnen hier den Nachweis der Vorsehung Gottes in der Anatomie einer Laus«, so sehen wir, was die (indirekt) protestantisch und puritanisch beeinflußte wissenschaftliche Arbeit damals sich als ihre eigene Aufgabe dachte: den Weg zu Gott. Den fand man damals nicht mehr bei den Philosophen und ihren Begriffen und Deduktionen: – daß Gott auf diesem Weg nicht zu finden sei, auf dem ihn das Mittelalter gesucht hatte, das wußte die ganze pietistische Theologie der damaligen Zeit, Spener vor allem. Gott ist verborgen, seine Wege sind nicht unsere Wege, seine Gedanken sind nicht unsere Gedanken. In den exakten Naturwissenschaften aber, wo man seine Werke physisch greifen konnte, da hoffte man, seinen Absichten mit der Welt auf die Spur zu kommen. Und heute? Wer – außer einigen großen Kindern, wie sie sich gerade in den Naturwissenschaften finden – glaubt heute noch, daß Erkenntnisse der Astronomie oder der Biologie oder der Physik oder Chemie uns etwas über den *Sinn* der Welt, ja auch nur etwas darüber lehren könnten: auf welchem Weg man einem solchen »Sinn« – wenn es ihn gibt – auf die Spur kommen könnte? Wenn irgend etwas, so sind sie geeignet, den Glauben daran: *daß* es so etwas wie einen »Sinn« der Welt gebe, in der Wurzel absterben zu lassen! Und vollends: die Wissenschaft als Weg »zu Gott«? Sie, die spezifisch gottfremde Macht? Daß sie das ist, darüber wird – mag er es sich zugestehen oder nicht – in seinem letzten Innern heute niemand im Zweifel sein. Erlösung von dem Rationalismus und Intellektualismus der Wissenschaft ist die Grundvoraussetzung des Lebens in der Gemeinschaft mit dem Göttlichen: dies oder etwas dem Sinn nach Gleiches ist eine der Grundparolen, die man aus allem Empfinden unserer religiös gestimmten oder nach religiösem Erlebnis strebenden Jugend heraushört. Und nicht nur für das religiöse, nein für das Erlebnis überhaupt. Befremdlich ist nur der Weg, der nun eingeschlagen wird: daß nämlich das einzige, was bis dahin der Intellektualismus noch nicht berührt hatte: eben jene Sphären des Irrationalen, jetzt ins Bewußtsein erhoben und unter seine Lupe genommen werden. Denn darauf kommt die moderne intellektualistische Romantik des Irrationalen praktisch hinaus. Dieser Weg zur Befreiung vom Intellektualismus bringt wohl das gerade Gegenteil von dem, was diejenigen, die ihn beschreiten, als Ziel darunter sich vorstellen. – Daß man schließlich in naivem Optimismus die Wissenschaft, das heißt: die auf sie gegründete Technik der Beherrschung des Lebens, als Weg zum *Glück* gefeiert hat, – dies darf ich wohl, nach Nietzsches vernichtender Kritik an jenen »letzten Menschen«, die »das Glück erfunden haben«, ganz beiseite lassen. Wer glaubt daran? – außer einigen großen Kindern auf dem Katheder oder in Redaktionsstuben?

Was ist unter diesen inneren Voraussetzungen der Sinn der Wissenschaft als Beruf, da alle diese früheren Illusionen: »Weg zum wahren Sein«, »Weg zur wahren Kunst«, »Weg zur wahren Natur«, »Weg zum wahren Gott«, »Weg zum wahren Glück«, versunken sind? Die einfachste Antwort hat Tolstoj gegeben mit den Worten: »Sie ist sinnlos, weil sie auf die allein für uns wichtige Frage: ‚Was sollen wir tun? Wie sollen wir leben?' keine Antwort gibt.« Die Tatsache, daß sie diese Antwort nicht gibt, ist schlechthin unbestreitbar. Die Frage ist nur, in welchem Sinne sie »keine« Antwort gibt, und ob sie statt dessen nicht doch vielleicht dem, der die Frage richtig stellt, etwas leisten könnte. – Man pflegt heute häufig von »voraussetzungsloser« Wissenschaft zu sprechen. Gibt es das? Es kommt darauf an, was man darunter versteht. Vorausgesetzt ist bei jeder wissenschaftlichen Arbeit immer die Geltung der Regeln der Logik und Methodik: dieser allgemeinen Grundlagen unserer Orientierung in der Welt. Nun, diese Voraussetzungen sind, wenigstens für unsere besondere Frage, am wenigsten problematisch. Vorausgesetzt ist aber ferner: daß das, was bei wissenschaftlicher Arbeit herauskommt, *wichtig* im Sinn von »wissenswert« sei. Und da stecken nun offenbar alle unsere Probleme darin. Denn diese Voraussetzung ist nicht wieder ihrerseits mit den Mitteln der Wissenschaft beweisbar. Sie läßt sich nur auf ihren letzten Sinn *deuten*, den man dann ablehnen oder annehmen muß, je nach der eigenen letzten Stellungnahme zum Leben.

Sehr verschieden ist ferner die Art der Beziehung der wissenschaftlichen Arbeit zu diesen ihren Voraussetzungen, je nach deren Struktur. Naturwissenschaften wie etwa die Physik, Chemie, Astronomie setzen als selbstverständlich voraus, daß die – soweit die Wissenschaft reicht, konstruierbaren – letzten Gesetze des kosmischen Geschehens wert sind, gekannt zu werden. Nicht nur, weil man mit diesen Kenntnissen technische Erfolge erzielen kann, sondern, wenn sie »Beruf« sein sollen, »um ihrer selbst willen«. Diese Voraussetzung ist selbst schlechthin nicht beweisbar. Und ob diese Welt, die sie beschreiben, wert ist, zu existieren: ob sie einen »Sinn« hat, und ob es einen Sinn hat: in ihr zu existieren, erst recht nicht. Danach fragen sie nicht. Oder nehmen wir eine wissenschaftlich so hoch entwickelte praktische Kunstlehre wie die moderne Medizin. Die allgemeine »Voraussetzung« des medizinischen Betriebs ist, trivial ausgedrückt: daß die Aufgabe der Erhaltung des Lebens rein als solchen und der möglichsten Verminderung des Leidens rein als solchen bejaht werde.

Und das ist problematisch. Der Mediziner erhält mit seinen Mitteln den Todkranken, auch wenn er um Erlösung vom Leben fleht, auch wenn die Angehörigen, denen dies Leben wertlos ist, die ihm die Erlösung vom Leiden gönnen, denen die Kosten der Erhaltung des wertlosen Lebens unerträglich werden – es handelt sich vielleicht um einen armseligen Irren –, seinen Tod, eingestandener- oder uneingestandenermaßen, wünschen und wünschen müssen. Allein die Voraussetzungen der Medizin und das Strafgesetzbuch hindern den Arzt, davon abzugehen. Ob das Leben lebenswert ist und wann?, – danach fragt sie nicht. Alle Naturwissenschaften geben uns Antwort auf die Frage: Was sollen wir tun, *wenn* wir das Leben *technisch* beherrschen wollen? *Ob* wir es aber technisch beherrschen sollen und wollen, und ob das letztlich eigentlich Sinn hat: – das lassen sie ganz dahingestellt oder setzen es für ihre Zwecke voraus. Oder nehmen wir eine Disziplin wie die Kunstwissenschaft. Die Tatsache, daß es Kunstwerke gibt, ist der Ästhetik gegeben. Sie sucht zu ergründen, unter welchen Bedingungen dieser Sachverhalt vorliegt. Aber sie wirft die Frage nicht auf, ob das Reich der Kunst nicht vielleicht ein Reich diabolischer Herrlichkeit sei, ein Reich von dieser Welt, deshalb widergöttlich im tiefsten Innern und in seinem tiefinnerlichst aristokratischen Geist widerbrüderlich. Danach also fragt sie nicht: ob es Kunstwerke geben *solle*. – Oder die Jurisprudenz: sie stellt fest, was, nach den Regeln des teils zwingend logisch, teils durch konventionell gegebene Schemata gebundenen juristischen Denkens gilt, also: *wenn* bestimmte Rechtsregeln und bestimmte Methoden ihrer Deutung als verbindlich anerkannt sind. *Ob* es Recht geben solle, und *ob* man gerade diese Regeln aufstellen solle, darauf antwortet sie nicht; sondern sie kann nur angeben: wenn man den Erfolg will, so ist diese Rechtsregel nach den Normen unseres Rechtsdenkens das geeignete Mittel, ihn zu erreichen. Oder nehmen wir die historischen Kulturwissenschaften. Sie lehren politische, künstlerische, literarische und soziale Kulturerscheinungen aus den Bedingungen ihres Entstehens verstehen. Weder aber geben sie von sich aus Antwort auf die Frage: ob diese Kulturerscheinungen es *wert* waren und sind, zu bestehen, noch antworten sie auf die andere Frage: ob es der Mühe wert ist, sie zu kennen. Sie setzen voraus, daß es ein Interesse habe, durch dies Verfahren teilzuhaben an der Gemeinschaft der »Kulturmenschen«. Aber daß dies der Fall sei, vermögen sie »wissenschaftlich« niemandem zu beweisen, und daß sie es voraussetzen, beweist durchaus nicht, daß es selbstverständlich sei. Das ist es in der Tat ganz und gar nicht.

Bleiben wir nun einmal bei den mir nächstliegenden Disziplinen, also bei der Soziologie, Geschichte, Nationalökonomie und Staatslehre und jenen Arten von Kulturphilosophie, welche sich ihre Deutung zur Aufgabe machen. Man sagt, und ich unterschreibe das: Politik gehört nicht in den Hörsaal. Sie gehört nicht dahin von seiten der Studenten. Ich würde es z. B. ganz ebenso beklagen, wenn etwa im Hörsaal meines früheren Kollegen Dietrich Schäfer in Berlin pazifistische Studenten sich um das Katheder stellten und Lärm von der Art machten, wie es antipazifistische Studenten gegenüber dem Professor Foerster, dem ich in meinen Anschauungen in vielem so fern wie möglich stehe, getan haben sollen. Aber Politik gehört allerdings auch nicht dahin von seiten des Dozenten. Gerade dann nicht, wenn er sich wissenschaftlich mit Politik befaßt, und dann am allerwenigsten. Denn praktisch-politische Stellungnahme und wissenschaftliche Analyse politischer Gebilde und Parteistellung ist zweierlei. Wenn man in einer Volksversammlung über Demokratie spricht, so macht man aus seiner persönlichen Stellungnahme kein Hehl: gerade das: deutlich erkennbar Partei zu nehmen, ist da die verdammte Pflicht und Schuldigkeit. Die Worte, die man braucht, sind dann nicht Mittel wissenschaftlicher Analyse, sondern politischen Werbens um die Stellungnahme der anderen. Sie sind nicht Pflugscharen zur Lockerung des Erdreiches des kontemplativen Denkens, sondern Schwerter gegen die Gegner: Kampfmittel. In einer Vorlesung oder im Hörsaal dagegen wäre es Frevel, das Wort in dieser Art zu gebrauchen. Da wird man, wenn etwa von »Demokratie« die Rede ist, deren verschiedene Formen vornehmen, sie analysieren in der Art, wie sie funktionieren, feststellen, welche einzelnen Folgen für die Lebensverhältnisse die eine oder andere hat, dann die anderen nicht demokratischen Formen der politischen Ordnung ihnen gegenüberstellen und versuchen, so weit zu gelangen, daß der Hörer in der Lage ist, den Punkt zu finden, von dem aus *er* von *seinen* letzten Idealen aus Stellung dazu nehmen kann. Aber der echte Lehrer wird sich sehr hüten, vom Katheder herunter ihm irgendeine Stellungnahme, sei es ausdrücklich, sei es durch Suggestion – denn das ist natürlich die illoyalste Art, wenn man »die Tatsachen sprechen läßt« – aufzudrängen.

Warum sollen wir das nun eigentlich nicht tun? Ich schicke voraus, daß manche sehr geschätzte Kollegen der Meinung sind, diese Selbstbescheidung durchzuführen, ginge überhaupt nicht, und wenn es ginge, wäre es eine Marotte, das zu vermeiden. Nun kann man niemandem wissenschaftlich vordemonstrieren, was seine Pflicht als akademischer Lehrer sei. Verlangen kann man von ihm nur die intellektuelle Rechtschaffenheit: einzusehen, daß Tatsachenfeststellung, Feststellung mathematischer oder logischer Sachverhalte oder der inneren Struktur von Kulturgütern einerseits, und andererseits die Beantwortung der Frage nach dem *Wert* der Kultur und ihrer einzelnen Inhalte und danach: wie man innerhalb der Kulturgemeinschaft und der politischen Verbände *handeln* solle, – daß dies beides ganz und gar *heterogene* Probleme sind. Fragt er dann weiter, warum er nicht beide im Hörsaal behandeln solle, so ist darauf zu antworten: weil der Prophet und der Demagoge nicht auf das Katheder eines Hörsaals gehören. Dem Propheten wie dem Demagogen ist gesagt: »Gehe hinaus auf die Gassen und rede öffentlich.« Da, heißt das, wo Kritik möglich ist. Im Hörsaal, wo man seinen Zuhörern gegenübersitzt, haben sie zu schweigen und der Lehrer zu reden, und ich halte es für unverantwortlich, diesen Umstand, daß die Studenten um ihres Fortkommens willen das Kolleg eines Lehrers besuchen müssen, und daß dort niemand zugegen ist, der diesem mit Kritik entgegentritt, auszunützen, um den Hörern nicht, wie es seine Aufgabe ist, mit seinen Kenntnissen und wissenschaftlichen Erfahrungen nützlich zu sein, sondern sie zu stempeln nach seiner persönlichen politischen Anschauung. Es ist gewiß möglich, daß es dem Einzelnen nur ungenügend gelingt, seine subjektive Sympathie auszuschalten. Dann setzt er sich der schärfsten Kritik vor dem Forum seines eigenen Gewissens aus. Und es beweist nichts, denn auch andere, rein tatsächliche Irrtümer sind möglich und beweisen doch nichts gegen die Pflicht: die Wahrheit zu suchen. Auch und gerade im rein wissenschaftlichen Interesse lehne ich es ab. Ich erbiete mich, an den Werken unserer Historiker den Nachweis zu führen, daß, wo immer der Mann der Wissenschaft mit seinem eigenen Werturteil kommt, das volle Verstehen der Tatsachen *aufhört.*

Ich frage nur: Wie soll auf der einen Seite ein gläubiger Katholik, auf der anderen Seite ein Freimaurer in einem Kolleg über die Kirchen- und Staatsformen oder über Religionsgeschichte, – wie sollen sie jemals über diese Dinge zur gleichen *Wertung* gebracht werden?! Das ist ausgeschlossen. Und doch muß der akademische Lehrer den Wunsch haben und die Forderung an sich selbst stellen, dem einen wie dem andern durch seine Kenntnisse und Methoden nützlich zu sein. Nun kann man mit Recht sagen: der gläubige Katholik wird auch über die Tatsachen des Herganges bei der Entstehung des Christentums niemals die Ansicht annehmen, die ein von seinen dogmatischen Voraussetzungen freier Lehrer ihm vorträgt. Gewiß! Der Unterschied aber liegt in folgendem: die im Sinne der Ablehnung religiöser Gebundenheit »voraussetzungslose« Wissenschaft kennt in der Tat ihrerseits das »Wunder« und die »Offenbarung« nicht. Sie würde ihren eigenen »Voraussetzungen« damit untreu. Der Gläubige kennt beides. Und jene »voraussetzungslose« Wissenschaft mutet ihm nicht weniger – aber: auch *nicht mehr* – zu als das Anerkenntnis: daß, *wenn* der Hergang ohne jene übernatürlichen, für eine empirische Erklärung als ursächliche Momente ausscheidenden Eingriffe erklärt werden solle, er so, wie sie es versucht, erklärt werden müsse. Das aber kann er, ohne seinem Glauben untreu zu werden.

Aber hat denn nun die Leistung der Wissenschaft gar keinen Sinn für jemanden, dem die Tatsache als solche gleichgültig und nur die praktische Stellungnahme wichtig ist? Vielleicht doch. Zunächst schon eins. Wenn jemand ein brauchbarer Lehrer ist, dann ist es seine erste Aufgabe, seine Schüler *unbequeme* Tatsachen anerkennen zu lehren, solche, meine ich, die für seine Parteimeinung unbequem sind; und es gibt für jede Parteimeinung – z. B. auch für die meinige – solche äußerst unbequeme Tatsachen. Ich glaube, wenn der akademische Lehrer seine Zuhörer nötigt, sich daran zu gewöhnen, daß er dann mehr als eine nur intellektuelle Leistung vollbringt, ich würde so unbescheiden sein, sogar den Ausdruck »sittliche Leistung« darauf anzuwenden, wenn das auch vielleicht etwas zu pathetisch für eine so schlichte Selbstverständlichkeit klingen mag.

Bisher sprach ich nur von *praktischen* Gründen der Vermeidung eines Aufdrängens persönlicher Stellungnahme. Aber dabei bleibt es nicht. Die Unmöglichkeit »wissenschaftlicher« Vertretung von praktischen Stellungnahmen – außer im Falle der Erörterung der Mittel für einen als fest *gegeben* vorausgesetzten Zweck – folgt aus weit tiefer liegenden Gründen. Sie ist prinzipiell deshalb sinnlos, weil die verschiedenen Wertordnungen der Welt in unlöslichem Kampf untereinander stehen. Der alte John Stuart Mill, dessen Philosophie ich sonst nicht loben will – aber in diesem Punkt hat er recht –, sagt einmal: wenn man von der reinen Erfahrung ausgehe, komme man zum Polytheismus. Das ist flach formuliert und klingt paradox, und doch steckt Wahrheit darin. Wenn irgend etwas, so wissen wir es heute wieder: daß etwas heilig sein kann nicht nur: obwohl es nicht schön ist, sondern: *weil* und *insofern* es nicht schön ist, – in dem 53. Kapitel des Jesaiasbuches und im 22. Psalm finden wir die Belege dafür; –

und daß etwas schön sein kann nicht nur: obwohl, sondern: in dem, worin es nicht gut ist, das wissen wir seit Nietzsche wieder, und vorher finden wir es gestaltet in den »Fleurs du mal«, wie Baudelaire seinen Gedichtband nannte; – und eine Alltagsweisheit ist es, daß etwas wahr sein kann, obwohl und indem es nicht schön und nicht heilig und nicht gut ist. Aber das sind nur die elementarsten Fälle dieses Kampfes der Götter der einzelnen Ordnungen und Werte. Wie man es machen will, »wissenschaftlich« zu entscheiden zwischen dem *Wert* der französischen und deutschen Kultur, weiß ich nicht. Hier streiten eben auch verschiedene Götter miteinander, und zwar für alle Zeit. Es ist wie in der alten, noch nicht von ihren Göttern und Dämonen entzauberten Welt, nur in anderem Sinne: wie der Hellene einmal der Aphrodite opferte und dann dem Apollon und vor allem jeder den Göttern seiner Stadt, so ist es, entzaubert und entkleidet der mythischen, aber innerlich wahren Plastik jenes Verhaltens, noch heute. Und über diesen Göttern und in ihrem Kampf waltet das Schicksal, aber ganz gewiß keine »Wissenschaft«. Es läßt sich nur verstehen, *was* das Göttliche für die eine und für die andere oder: in der einen und der anderen Ordnung ist. Damit ist aber die Sache für jede Erörterung in einem Hörsaal und durch einen Professor schlechterdings zu Ende, so wenig natürlich das darin steckende gewaltige *Lebens*problem selbst damit zu Ende ist. Aber andere Mächte als die Katheder der Universitäten haben da das Wort. Welcher Mensch wird sich vermessen, die Ethik der Bergpredigt, etwa den Satz: »Widerstehe nicht dem Übel« oder das Bild von der einen und der anderen Backe, »wissenschaftlich widerlegen« zu wollen? Und doch ist klar: es ist, innerweltlich angesehen, eine Ethik der Würdelosigkeit, die hier gepredigt wird: man hat zu wählen zwischen der religiösen Würde, die diese Ethik bringt, und der Manneswürde, die etwas ganz anderes predigt: »Widerstehe dem Übel, – sonst bis du für seine Übergewalt mitverantwortlich.« Je nach der letzten Stellungnahme ist für den Einzelnen das eine der Teufel und das andere der

Gott, und der Einzelne hat sich zu entscheiden, welches *für ihn* der Gott und welches der Teufel ist. Und so geht es durch alle Ordnungen des Lebens hindurch. Der großartige Rationalismus der ethisch-methodischen Lebensführung, der aus jeder religiösen Prophetie quillt, hatte diese Vielgötterei entthront zugunsten des »Einen, das not tut« – und hatte dann, angesichts der Realitäten des äußeren und inneren Lebens, sich zu jenen Kompromissen und Relativierungen genötigt gesehen, die wir alle aus der Geschichte des Christentums kennen. Heute aber ist es religiöser »Alltag«. Die alten vielen Götter, entzaubert und daher in Gestalt unpersönlicher Mächte, entsteigen ihren Gräbern, streben nach Gewalt über unser Leben und beginnen untereinander wieder ihren ewigen Kampf. Das aber, was gerade dem modernen Menschen so schwer wird, und der jungen Generation am schwersten, ist: einem solchen *Alltag* gewachsen zu sein. Alles Jagen nach dem »Erlebnis« stammt aus dieser Schwäche. Denn Schwäche ist es: dem Schicksal der Zeit nicht in sein ernstes Antlitz blicken zu können.

Schicksal unserer Kultur aber ist, daß wir uns dessen wieder deutlicher bewußt werden, nachdem durch ein Jahrtausend die angeblich oder vermeintlich ausschließliche Orientierung an dem großartigen Pathos der christlichen Ethik die Augen dafür geblendet hatte.

Doch genug von diesen sehr ins Weite führenden Fragen. Denn der Irrtum, den ein Teil unserer Jugend begeht, wenn er auf alles das antworten würde: »Ja, aber wir kommen nun einmal in die Vorlesung, um etwas anderes zu erleben als nur Analysen und Tatsachenfeststellungen«, – der Irrtum ist der, daß sie in dem Professor etwas anderes suchen, als ihnen dort gegenübersteht, – einen *Führer* und nicht: einen *Lehrer*. Aber nur als *Lehrer* sind wir auf das Katheder gestellt. Das ist zweierlei, und daß es das ist, davon kann man sich leicht überzeugen. In Amerika kann man solche Dinge oft in ihrer massivsten Ursprünglichkeit sehen. Der amerikanische Knabe lernt unsagbar viel weniger als der unsrige. Er ist trotz unglaublich vielen Examinierens doch dem *Sinn* seines Schullebens nach noch nicht jener absolute Examensmensch geworden, wie es der deutsche ist. Denn die Bürokratie, die das Examensdiplom als Eintrittsbillet ins Reich der Amtspfründen voraussetzt, ist dort erst in den Anfängen. Der junge Amerikaner hat vor nichts und niemand, vor keiner Tradition und keinem Amt Respekt, es sei denn vor der persönlich eigenen Leistung des Betreffenden: *das* nennt der Amerikaner »Demokratie«. Wie verzerrt auch immer die Realität diesem Sinngehalt gegenüber sich verhalten möge, der Sinngehalt ist dieser, und darauf kommt es hier an. Der Lehrer, der ihm gegenübersteht, von dem hat er die Vorstellung: er verkauft mir seine Kenntnisse und Methoden für meines Vaters Geld, ganz ebenso wie die Gemüsefrau meiner Mutter den Kohl. Damit fertig. Allerdings: wenn der Lehrer etwa ein football-Meister ist, dann ist er auf diesem Gebiet sein Führer. Ist er das (oder etwas ähnliches auf anderem Sportgebiet) aber nicht, so ist er eben nur Lehrer und weiter nichts, und keinem amerikanischen jungen Manne wird es einfallen, sich von ihm »Weltanschauungen« oder maßgebliche Regeln für seine Lebensführung verkaufen zu lassen. Nun, in dieser Formulierung werden wir das ablehnen. Aber es fragt sich, ob hier in dieser von mir absichtlich noch etwas ins Extreme gesteigerten Empfindungsweise nicht doch ein Korn Wahrheit steckt.

[Die Studenten] kommen mit Ansprüchen an unsere Führerqualitäten in die Vorlesungen zu uns und sagen sich vorher nicht: daß von hundert Professoren mindestens neunundneunzig nicht nur keine football-Meister des Lebens, sondern überhaupt nicht »Führer« in Angelegenheiten der Lebensführung zu sein in Anspruch nehmen und nehmen dürfen. Es hängt der Wert des Menschen ja nicht davon ab, ob er Führerqualitäten besitzt. Und jedenfalls sind es nicht *die* Qualitäten, die jemanden zu einem ausgezeichneten Gelehrten und akademischen Lehrer machen, die ihn zum Führer auf dem Gebiet der praktischen Lebensorientierung oder, spezieller, der Politik machen. Es ist der reine Zufall, wenn jemand auch diese Qualität besitzt, und sehr bedenklich ist es, wenn jeder, der auf dem Katheder steht, sich vor die Zumutung gestellt fühlt, sie in Anspruch zu nehmen. Noch bedenklicher, wenn es jedem akademischen Lehrer überlassen bleibt, sich im Hörsaal als Führer aufzuspielen. Denn die, welche sich am meisten dafür halten, sind es oft am wenigsten, und vor allem: ob sie es sind oder nicht, dafür bietet die Situation auf dem Katheder schlechterdings keine Möglichkeit der *Bewährung*. Der Professor, der sich zum Berater der Jugend berufen fühlt und ihr Vertrauen genießt, möge im persönlichen Verkehr von Mensch zu Mensch mit ihr seinen Mann stehen. Und fühlt er sich zum Eingreifen in die Kämpfe der Weltanschauungen und Parteimeinungen berufen, so möge er das draußen auf dem Markt des Lebens tun: in der Presse, in Versammlungen, in Vereinen, wo immer er will. Aber es ist doch etwas allzu bequem, seinen Bekennermut da zu zeigen, wo die Anwesenden und vielleicht Andersdenkenden zum Schweigen verurteilt sind.

Wenn dem so ist, was leistet denn nun eigentlich die Wissenschaft Positives für das praktische und persönliche »Leben«? Und damit sind wir wieder bei dem Problem ihres »Berufs«. Zunächst natürlich: Kenntnisse über die Technik, wie man das Leben, die äußeren Dinge sowohl wie das Handeln der Menschen, durch Berechnung beherrscht. Zweitens: Methoden des Denkens, das Handwerkszeug und die Schulung dazu. Aber damit ist die Leistung der Wissenschaft glücklicherweise noch nicht zu Ende, sondern wir sind in der Lage, [den Studierenden] zu einem Dritten zu verhelfen: zur *Klarheit*. Vorausgesetzt natürlich, daß wir sie selbst besitzen. Soweit dies der Fall ist, können wir ihnen deutlich machen: man kann zu dem Wertproblem, um das es sich jeweils handelt – denken wir der Einfachheit halber an soziale Erscheinungen als Beispiel –, praktisch die und die verschiedene Stellung einnehmen. *Wenn* man die und die Stellung einnimmt, so muß man nach den Erfahrungen der Wissenschaft die und die *Mittel* anwenden, um sie praktisch zur Durchführung zu bringen. Diese Mittel sind nun vielleicht schon an sich solche, die [manche] ablehnen zu müssen glauben. Dann muß man zwischen dem Zweck und den unvermeidlichen Mitteln eben wählen. »Heiligt« der Zweck diese Mittel oder nicht? Der Lehrer kann die Notwendigkeit dieser Wahl vor [die Hörer] hinstellen, mehr kann er, solange er Lehrer bleiben und nicht Demagoge werden will, nicht. Er kann ferner natürlich sagen: wer den und den Zweck will, der muß die und die Nebenerfolge, die dann erfahrungsgemäß eintreten, mit in Kauf nehmen: wieder die gleiche Lage. Indessen das sind alles noch Probleme, wie sie für jeden Techniker auch entstehen können, der ja auch in zahlreichen Fällen nach dem Prinzip des kleineres Übels oder des relativ Besten sich entscheiden muß. Nur daß für ihn eins, die Hauptsache, gegeben zu sein pflegt: der *Zweck*. Aber eben dies ist nun für uns, sobald es sich um wirklich »letzte« Probleme handelt, *nicht* der Fall. Und damit erst gelangen wir zu der letzten Leistung, welche die Wissenschaft als solche im Dienste der Klarheit vollbringen kann, und zugleich zu ihren Grenzen: wir können — und sollen — [den Studenten] auch sagen: die und die praktische Stellungnahme läßt sich mit innerer Konsequenz und also: Ehrlichkeit ihrem *Sinn* nach ableiten aus der und der letzten weltanschauungsmäßigen Grundposition — es kann sein, aus nur einer, oder es können vielleicht verschiedene sein —, aber aus den und den anderen nicht. Ihr dient, bildlich geredet, diesem Gott *und kränkt jenen anderen*, wenn Ihr Euch für diese Stellungnahme entschließt. Denn Ihr kommt notwendig zu diesen und diesen letzten inneren sinnhaften *Konsequenzen*, wenn Ihr Euch treu bleibt. Das läßt sich, im Prinzip wenigstens, leisten. Die Fachdisziplin der Philosophie und die dem Wesen nach philosophischen prinzipiellen Erörterungen der Einzeldisziplinen versuchen, das zu leisten. Wir können so, wenn wir unsere Sache verstehen (was hier einmal vorausgesetzt werden muß), den Einzelnen nötigen, oder wenigstens ihm dabei helfen, sich selbst *Rechenschaft zu geben über den letzten Sinn seines eigenen Tuns*. Es scheint mir das nicht so sehr wenig zu sein, auch für das rein persönliche Leben. Ich bin auch hier versucht, wenn einem Lehrer das gelingt, zu sagen: er stehe im Dienst »sittlicher« Mächte: der Pflicht, Klarheit und Verantwortungsgefühl zu schaffen, und ich glaube, er wird dieser Leistung um so eher fähig sein, je gewissenhafter er es vermeidet, seinerseits dem Zuhörer eine Stellungnahme oktroyieren oder suggerieren zu wollen.

Überall freilich geht diese Annahme aus von dem einen Grundsachverhalt: daß das Leben, solange es in sich selbst beruht und aus sich selbst verstanden wird, nur den ewigen Kampf jener Götter miteinander kennt, – unbildlich gesprochen: die Unvereinbarkeit und also die Unaustragbarkeit des Kampfes der letzten überhaupt *möglichen* Standpunkte zum Leben, die Notwendigkeit also: zwischen ihnen sich zu *entscheiden*. Ob unter solchen Verhältnissen die Wissenschaft wert ist, für jemanden ein »Beruf« zu werden, und ob sie selbst einen objektiv wertvollen »Beruf« hat, – das ist wieder ein Werturteil, über welches im Hörsaal nichts auszusagen ist. Denn für die Lehre dort ist die Bejahung *Voraussetzung*. Ich persönlich bejahe schon durch meine eigene Arbeit die Frage. Und zwar auch und gerade für den Standpunkt, der den Intellektualismus, wie es heute die Jugend tut oder – und meist – zu tun nur sich einbildet, als den schlimmsten Teufel haßt. Denn dann gilt für sie das Wort: »Bedenkt, der Teufel, der ist alt, so werdet alt, ihn zu verstehen.« Das ist nicht im Sinne der Geburtsurkunde gemeint, sondern in dem Sinn: daß man auch vor diesem Teufel, wenn man mit ihm fertig werden will, nicht – die Flucht ergreifen darf, wie es heute so gern geschieht, sondern daß man seine Wege erst einmal zu Ende überschauen muß, um seine Macht und seine Schranken zu sehen.

Daß Wissenschaft heute ein *fachlich* betriebener »Beruf« ist im Dienst der Selbstbesinnung und der Erkenntnis tatsächlicher Zusammenhänge, und nicht eine Heilsgüter und Offenbarungen spendende Gnadengabe von Sehern [und] Propheten oder ein Bestandteil des Nachdenkens von Weisen und Philosophen über den *Sinn* der Welt, – das freilich ist eine unentrinnbare Gegebenheit unserer historischen Situation, aus der wir, wenn wir uns selbst treu bleiben, nicht herauskommen können. Und wenn nun wieder Tolstoj in uns aufsteht und fragt: »Wer beantwortet, da es die Wissenschaft nicht tut, die Frage: was sollen wir denn tun? und: wie sollen wir unser Leben einrichten?«, oder in der hier gebrauchten Sprache: »welchem der kämpfenden Götter sollen wir dienen? oder vielleicht einem ganz anderen, und wer ist das?«, – dann ist zu sagen. nur ein Prophet oder ein Heiland. Wenn der nicht da ist oder wenn seiner Verkündigung nicht mehr geglaubt wird, dann wird man ihn ganz gewiß nicht dadurch auf die Erde zwingen, daß Tausende von Professoren als staatlich besoldete oder privilegierte kleine Propheten in ihren Hörsälen ihm seine Rolle abzunehmen versuchen. Sie werden damit nur das eine fertig bringen, daß das Wissen um den entscheidenden Sachverhalt: der Prophet, nach dem sich so viele unserer jüngsten Generation sehnen, ist eben *nicht* da, – ihnen niemals in der ganzen Wucht seiner Bedeutung lebendig wird. Es kann, glaube ich, gerade dem inneren Interesse eines wirklich religiös »musikalischen« Menschen nun und nimmermehr gedient sein, wenn ihm und anderen diese Grundtatsache, daß er in einer gottfremden, prophetenlosen Zeit zu leben das Schicksal hat, durch ein Surrogat, wie es alle diese Kathederprophetien sind, verhüllt wird. Die Ehrlichkeit seines religiösen Organs müßte, scheint mir, dagegen sich auflehnen. Aber wie stellt man sich dann zu der Tatsache der Existenz der »Theologie« und ihres Anspruchs darauf: »Wissenschaft« zu sein? Drükken wir uns um die Antwort nicht herum. »Theologie« und »Dogmen« gibt es zwar nicht universell, aber doch nicht gerade nur im Christentum. Sondern (rückwärtsschreitend in der Zeit) in stark entwickelter Form auch im Islâm, im Manichäismus, in der Gnosis, in der Orphik, im Parsismus, im Buddhismus, in den hinduistischen Sekten, im Taoismus und in den Upanishaden und natürlich auch im Judentum. Nur freilich in höchst verschiedenem Maße systematisch entwickelt. Und es ist kein Zufall, daß das okzidentale Christentum nicht nur – im

Gegensatz zu dem, was z. B. das Judentum an Theologie besitzt – sie systematischer ausgebaut hat oder danach strebt, sondern daß hier ihre Entwicklung die weitaus stärkste historische Bedeutung gehabt hat. Der hellenische Geist hat das hervorgebracht, und alle Theologie des Westens geht auf ihn zurück, wie (offenbar) alle Theologie des Ostens auf das indische Denken. Alle Theologie ist intellektuelle *Rationalisierung* religiösen Heilsbesitzes. Keine Wissenschaft ist absolut voraussetzungslos, und keine kann für den, der diese Voraussetzungen ablehnt, ihren eigenen Wert begründen. Aber allerdings: jede Theologie fügt für ihre Arbeit und damit für die Rechtfertigung ihrer eigenen Existenz einige spezifische Voraussetzungen hinzu. In verschiedenem Sinn und Umfang. Für *jede* Theologie, z. B. auch für die hinduistische, gilt die Voraussetzung: die Welt müsse einen *Sinn* haben, – und ihre Frage ist: wie muß man ihn deuten, damit dies denkmöglich sei? Ganz ebenso wie Kants Erkenntnistheorie von der Voraussetzung ausging: »Wissenschaftliche Wahrheit gibt es, und sie *gilt*« – und dann fragte: Unter welchen Denkvoraussetzungen ist das (sinnvoll) möglich? Oder wie die modernen Ästhetiker (ausdrücklich – wie z. B. Georg von Lukács – oder tatsächlich) von der Voraussetzung ausgehen: »es *gibt* Kunstwerke« – und nun fragen: Wie ist das (sinnvoll) möglich? Allerdings begnügen sich die Theologien mit jener (wesentlich religions-philosophischen) Voraussetzung in aller Regel nicht. Sondern sie gehen regelmäßig von der ferneren Voraussetzung aus: daß bestimmte »Offenbarungen« als heilswichtige Tatsachen – als solche also, welche eine sinnvolle Lebensführung erst ermöglichen – schlechthin zu glauben sind und daß bestimmte Zuständlichkeiten und Handlungen die Qualität der Heiligkeit besitzen, das heißt: eine religiös-sinnvolle Lebensführung oder doch deren Bestandteile bilden. Und ihre Frage ist dann wiederum: Wie lassen sich diese schlechthin anzunehmenden Voraussetzungen innerhalb eines Gesamtweltbildes sinnvoll deuten? Jene Voraussetzungen selbst liegen dabei für die Theologie jenseits dessen, was »Wissenschaft« ist. Sie sind kein

»Wissen« im gewöhnlich verstandenen Sinn, sondern ein »Haben«. Wer sie – den Glauben oder die sonstigen heiligen Zuständlichkeiten – nicht »hat«, dem kann sie keine Theologie ersetzen. Erst recht nicht eine andere Wissenschaft. Im Gegenteil: in jeder »positiven« Theologie gelangt der Gläubige an den Punkt, wo der Augustinische Satz gilt: credo non quod, sed *quia* absurdum est. Die Fähigkeit zu dieser Virtuosenleistung des »Opfers des Intellekts« ist das entscheidende Merkmal des positiv religiösen Menschen. Und daß dem so ist: – dieser Sachverhalt zeigt, daß trotz (vielmehr infolge) der Theologie (die ihn ja enthüllt) die Spannung zwischen der Wertsphäre der »Wissenschaft« und der des religiösen Heils unüberbrückbar ist.

Das »Opfer des Intellekts« bringt rechtmäßigerweise nur der Jünger dem Propheten, der Gläubige der Kirche. Noch nie ist aber eine neue Prophetie dadurch entstanden (ich wiederhole dieses Bild, das manchen anstößig gewesen ist, hier absichtlich), daß manche moderne Intellektuelle das Bedürfnis haben, sich in ihrer Seele sozusagen mit garantiert echten, alten Sachen auszumöblieren, und sich dabei dann noch daran erinnern, daß dazu auch die Religion gehört hat, die sie nun einmal nicht haben, für die sie aber eine Art von spielerisch mit Heiligenbildchen aus aller Herren Länder möblierter Hauskapelle als Ersatz sich aufputzen oder ein Surrogat schaffen in allerhand Arten des Erlebens, denen sie die Würde mystischen Heiligkeitsbesitzes zuschreiben und mit dem sie – auf dem Büchermarkt hausieren gehen. Das ist einfach: Schwindel oder Selbstbetrug. Durchaus kein Schwindel, sondern etwas sehr Ernstes und Wahrhaftes, aber vielleicht zuweilen sich selbst in seinem Sinn Mißdeutendes ist es dagegen, wenn manche jener Jugendgemeinschaften, die in der Stille in den letzten Jahren gewachsen sind, ihrer eigenen menschlichen Gemeinschaftsbeziehung die Deutung einer religiösen, kosmischen oder mystischen Beziehung geben. So wahr es ist, daß jeder Akt echter Brüderlichkeit sich mit dem Wissen darum zu verknüpfen vermag, daß dadurch einem überpersönlichen Reich etwas hinzugefügt wird, was unverlierbar bleibt, so zweifelhaft scheint mir, ob die Würde rein menschlicher Gemeinschaftsbeziehungen durch jene religiösen Deutungen gesteigert wird. – Indessen, das gehört nicht mehr hierher. –

Es ist das Schicksal unserer Zeit, mit der ihr eigenen Rationalisierung und Intellektualisierung, vor allem: Entzauberung der Welt, daß gerade die letzten und sublimsten Werte zurückgetreten sind aus der Öffentlichkeit, entweder in das hinterweltliche Reich mystischen Lebens oder in die Brüderlichkeit unmittelbarer Beziehungen der Einzelnen zueinander. Es ist weder zufällig, daß unsere höchste Kunst eine intime und keine monumentale ist, noch daß heute nur innerhalb der kleinsten Gemeinschaftskreise, von Mensch zu Mensch, im pianissimo, jenes Etwas pulsiert, das dem entspricht, was früher als prophetisches Pneuma in stürmischem Feuer durch die großen Gemeinden ging und sie zusammenschweißte. Versuchen wir, monumentale Kunstgesinnung zu erzwingen und zu »erfinden«, dann entsteht ein so jämmerliches Mißgebilde wie in den vielen Denkmälern der letzten 20 Jahre. Versucht man, religiöse Neubildungen zu ergrübeln ohne neue, echte Prophetie, so entsteht im innerlichen Sinn etwas Ähnliches, was noch übler wirken muß. Und die Kathederprophetie wird vollends nur fanatische Sekten, aber nie eine echte Gemeinschaft schaffen. Wer dies Schicksal der Zeit nicht männlich ertragen kann, dem muß man sagen: Er kehre lieber, schweigend, ohne die übliche öffentliche Renegatenreklame, sondern schlicht und einfach, in die weit und erbarmend geöffneten Arme der alten Kirchen zurück. Sie machen es ihm ja nicht schwer. Irgendwie hat er dabei – das ist unvermeidlich – das »Opfer des Intellektes« zu bringen, so oder so. Wir werden ihn darum nicht schelten, wenn er es wirklich vermag. Denn ein solches Opfer des Intellekts zugunsten einer bedingungslosen religiösen Hingabe ist sittlich immerhin doch etwas anderes als jene Umgehung der schlichten intellektuellen Rechtschaffenheitspflicht, die eintritt, wenn man sich selbst nicht klar zu werden den Mut hat über die eigene letzte Stellungnahme, sondern diese Pflicht durch schwächliche Relativierung sich erleichtert. Und mir steht sie auch höher als jene Kathederprophetie, die sich darüber nicht klar ist, daß innerhalb der Räume des Hörsaals nun einmal keine andere Tugend gilt als eben: schlichte intellektuelle Rechtschaffenheit. Sie aber gebietet uns festzustellen, daß heute für alle jene vielen, die auf neue Propheten und Heilande harren, die Lage die gleiche ist, wie sie aus jenem schönen, unter die Jesaja-Orakel aufgenommenen edomitischen Wächterlied in der Exilszeit klingt: »Es kommt ein Ruf aus Seïr in Edom: Wächter, wie lang noch die Nacht? Der Wächter spricht: Es kommt der Morgen, aber noch ist es Nacht. Wenn ihr fragen wollt, kommt ein ander Mal wieder.« Das Volk, dem das gesagt wurde, hat gefragt und geharrt durch weit mehr als zwei Jahrtausende, und wir kennen sein erschütterndes Schicksal. Daraus wollen wir die Lehre ziehen: daß es mit dem Sehnen und Harren allein nicht getan ist, und es anders machen: an unsere Arbeit gehen und der »Forderung des Tages« gerecht werden – menschlich sowohl wie beruflich. Die aber ist schlicht und einfach, wenn jeder den Dämon findet und ihm gehorcht, der *seines* Lebens Fäden hält.

VORBEMERKUNG ZU DEN GESAMMELTEN AUFSÄTZEN ZUR RELIGIONSSOZIOLOGIE

Universalgeschichtliche Probleme wird der Sohn der modernen europäischen Kulturwelt unvermeidlicher- und berechtigterweise unter der Fragestellung behandeln: welche Verkettung von Umständen hat dazu geführt, daß gerade auf dem Boden des Okzidents, und nur hier, Kulturerscheinungen auftraten, welche doch – wie wenigstens wir uns gern vorstellen – in einer Entwicklungsrichtung von *universeller* Bedeutung und Gültigkeit lagen?

Nur im Okzident gibt es »*Wissenschaft*« in dem Entwicklungstadium, welches wir heute als »gültig« anerkennen. Empirische Kenntnisse, Nachdenken über Welt- und Lebensprobleme, philosophische und auch – obwohl die Vollentwicklung einer systematischen Theologie dem hellenistisch beeinflußten Christentum eignet (Ansätze [dazu finden sich] nur im Islâm und bei einigen indischen Sekten) – theologische Lebensweisheit tiefster Art, Wissen und Beobachtung von außerordentlicher Sublimierung hat es auch anderwärts, vor allem: in Indien, China, Babylon, Ägypten, gegeben. Aber: der babylonischen und jeder anderen Astronomie fehlte – was ja die Entwicklung namentlich der babylonischen Sternkunde nur um so erstaunlicher macht – die mathematische Fundierung, die erst die Hellenen ihr gaben. Der indischen Geometrie fehlte der rationale »Beweis«: wiederum ein Produkt hellenischen Geistes, der auch die Mechanik und Physik zuerst geschaffen hat. Den nach der Seite der Beobachtung überaus entwickelten indischen Naturwissenschaften fehlte das rationale Experiment: nach antiken Ansätzen wesentlich ein Produkt der Renaissance, und das moderne Laboratorium, daher der namentlich in Indien empirischtechnisch hochentwickelten Medizin die biologische und insbesondere biochemische Grundlage. Eine rationale Chemie fehlt allen Kulturgebieten außer dem Okzident. Der hochentwickelten chinesischen Geschichtsschreibung fehlt das thukydideische Pragma. Macchiavelli hat Vorläufer in Indien. Aber aller asiatischen Staatslehre fehlt eine der aristotelischen gleichartige Systematik, und ihr fehlen die rationalen Begriffe überhaupt. Für eine rationale Rechtslehre fehlen anderwärts trotz aller Ansätze in Indien (Mîmâmsâ-Schule), trotz umfassender Kodifikationen besonders in Vorderasien und trotz aller indischen und sonstigen Rechtsbücher, die streng juristischen Schemata und Denkformen des römischen und des daran geschulten okzidentalen Rechtes. Ein Gebilde ferner wie das kanonische Recht kennt nur der Okzident.

Ähnlich in der Kunst. Das musikalische Gehör war bei anderen Völkern anscheinend eher feiner entwickelt als heute bei uns; jedenfalls nicht minder fein. Polyphonie verschiedener Art war weithin über die Erde verbreitet, Zusammenwirken einer Mehrheit von Instrumenten und auch das Diskantieren findet sich anderwärts. Alle unsere rationalen Tonintervalle waren auch anderwärts berechnet und bekannt. Aber rationale harmonische Musik: – sowohl Kontrapunktik wie Akkordharmonik – Bildung des Tonmaterials auf der Basis der drei Dreiklänge mit der harmonischen Terz, unsere, nicht distanzmäßig, sondern in rationaler Form seit der Renaissance harmonisch gedeutete Chromatik und Enharmonik, unser Orchester mit seinem Streichquartett als Kern und der Organisation des Ensembles der Bläser, der Generalbaß, unsere Notenschrift (die erst das Komponieren und Üben moderner Tonwerke, also ihre ganze Dauerexistenz überhaupt, ermöglicht), unsere Sonaten, Symphonien, Opern, – obwohl es Programmusik, Tonmalerei, Tonalteration und Chromatik als Ausdrucksmittel in den verschiedensten Musiken gab, – und als Mittel zu dem alle unsere Grundinstrumente: Orgel, Klavier, Violine: dies alles gab es nur im Okzident.

Spitzbogen hat es als Dekorationsmittel auch anderwärts, in der Antike und in Asien, gegeben; angeblich war auch das Spitzbogen-Kreuzgewölbe im Orient nicht unbekannt. Aber die rationale Verwendung des gotischen Gewölbes als Mittel der Schubverteilung und der Überwölbung beliebig geformter Räume und, vor allem, als konstruktives Prinzip großer Monumentalbauten und Grundlage eines die Skulptur und Malerei einbeziehenden *Stils*, wie sie das Mittelalter schuf, fehlt anderweitig. Ebenso aber fehlt, obwohl die technischen Grundlagen dem Orient entnommen waren, jene Lösung des Kuppelproblems und jene Art von »klassischer« Rationalisierung der gesamten Kunst – in der Malerei durch rationale Verwendung der Linear- und Luftperspektive –, welche die Renaissance bei uns schuf. Produkte der Druckerkunst gab es in China. Aber eine gedruckte: eine *nur* für den Druck berechnete, nur durch ihn lebensmögliche Literatur: »Presse« und »Zeitschriften« vor allem, sind nur im Okzident entstanden. Hochschulen aller möglicher Art, auch solche, die unseren Universitäten oder doch unseren Akademien äußerlich ähnlich sahen, gab es auch anderwärts (China, Islâm). Aber rationalen und systematischen Fachbetrieb der Wissenschaft: das eingeschulte *Fachmenschentum*, gab es in irgendeinem an seine heutige kulturbeherrschende Bedeutung heranreichenden Sinn nur im Okzident, vor allem: den Fach*beamten*, den Eckpfeiler des modernen Staats und der modernen Wirtschaft des Okzidents. Für ihn finden sich nur Ansätze, die nirgends in irgendeinem Sinn so konstitutiv für die soziale Ordnung wurden wie im Okzident. Natürlich ist der »Beamte«, auch der arbeitsteilig spezialisierte Beamte, eine uralte Erscheinung der verschiedensten Kulturen. Aber die absolut unentrinnbare Gebanntheit unserer ganzen Existenz, der politischen, technischen und wirtschaftlichen Grundbedingungen unseres Daseins, in das Gehäuse einer fachgeschulten Beamten*organisation*, den technischen, kaufmännischen, vor allem aber den *juristisch* geschulten staatlichen Beamten als Träger der wichtigsten Alltagsfunktionen des sozialen Lebens, hat kein Land und keine Zeit in dem Sinn gekannt, wie der moderne Okzident. *Ständische* Organisation der politischen und sozialen Verbände ist weit verbreitet gewesen. Aber schon den Stände*staat:* »rex et regnum«, kannte im okzidentalen Sinn nur der Okzident. Und vollends Parlamente von periodisch gewählten »Volksvertretern«, den Demagogen und die Herrschaft von Parteiführern als parlamentarisch verantwortliche »Minister« hat – obwohl es natürlich »Parteien« im Sinn von Organisationen zur Eroberung und Beeinflussung der politischen Macht in aller Welt gegeben hat – nur der Okzident hervorgebracht. Den »Staat« überhaupt im Sinn einer politischen *Anstalt*, mit rational gesatzter »Verfassung«, rational gesatztem Recht und einer an rationalen, gesatzten Regeln: »Gesetzen«, orientierten Verwaltung durch *Fach*beamte, kennt, in dieser für ihn wesentlichen Kombination der entscheidenden Merkmale, ungeachtet aller anderweitigen Ansätze dazu, nur der Okzident.

Und so steht es nun auch mit der schicksalsvollsten Macht unseres modernen Lebens: dem *Kapitalismus*.

»Erwerbstrieb«, »Streben nach Gewinn«, nach Geldgewinn, nach möglichst hohem Geldgewinn hat an sich mit Kapitalismus gar nichts zu schaffen. Dieses Streben fand und findet sich bei Kellnern, Ärzten, Kutschern, Künstlern, Kokotten, bestechlichen Beamten, Soldaten, Räubern, Kreuzfahrern, Spielhöllenbesuchern, Bettlern: – man kann sagen: bei »all sorts and conditions of men«, zu allen Epochen aller Länder der Erde, wo die objektive Möglichkeit dafür irgendwie gegeben war und ist. Es gehört in die kulturgeschichtliche Kinderstube, daß man diese naive Begriffsbestimmung ein für allemal aufgibt. Schrankenloseste Erwerbsgier ist nicht im mindesten gleich Kapitalismus, noch weniger gleich dessen »Geist«. Kapitalismus *kann* geradezu identisch sein mit *Bändigung*, mindestens mit rationaler Temperierung, dieses irrationalen Triebes. Allerdings ist Kapitalismus identisch mit dem Streben nach *Gewinn*, im kontinuierlichen, rationalen kapitalistischen Betrieb: nach immer *erneutem* Gewinn: nach *»Rentabili-*

tät«. Denn er muß es sein. Innerhalb einer kapitalistischen Ordnung der gesamten Wirtschaft würde ein kapitalistischer Einzelbetrieb, der sich nicht an der Chance der Erzielung von Rentabilität orientierte, zum Untergang verurteilt sein. – *Definieren* wir zunächst einmal etwas genauer, als es oft geschieht. Ein »kapitalistischer« Wirtschaftsakt soll uns heißen zunächst ein solcher, der auf Erwartung von Gewinn durch Ausnützung von *Tausch*-Chancen ruht: auf (formell) *friedlichen* Erwerbschancen also. Der (formell und aktuell) gewaltsame Erwerb folgt seinen besonderen Gesetzen, und es ist nicht zweckmäßig (so wenig man es jemandem verbieten kann) ihn mit dem (letztlich) an Tauschgewinn-Chancen orientierten Handeln unter die gleiche Kategorie zu stellen. Wo kapitalistischer Erwerb rational erstrebt wird, da ist das entsprechende Handeln orientiert an Kapital*rechnung*. Das heißt: es ist eingeordnet in eine planmäßige Verwendung von sachlichen oder persönlichen Nutzleistungen als Erwerbsmittel derart, daß der *bilanz*mäßig errechnete Schlußertrag der Einzelunternehmung an geldwertem Güterbesitz (oder der periodisch bilanzmäßig errechnete Schätzungswert des geldwerten Güterbesitzes eines kontinuierlichen Unternehmungsbetriebs) beim Rechnungsabschluß das »Kapital«: d. h. den *bilanz*mäßigen Schätzungswert der für den Erwerb durch Tausch verwendeten sachlichen Erwerbsmittel, *übersteigen* (bei der Dauerunternehmung also: *immer wieder* übersteigen) soll. Einerlei, ob es sich um einen Komplex von in natura einem reisenden Kaufmann in Kommenda gegebenen Waren handelt, deren Schlußertrag wiederum in erhandelten anderen Waren in natura bestehen kann, oder um ein Fabrikanwesen, dessen Bestandteile Gebäude, Maschinen, Vorräte an Geld, Rohstoffen, Halb- und Fertigprodukten, Forderungen darstellen, denen Verbindlichkeiten gegenüberstehen: – stets ist das Entscheidende, daß eine Kapital*rechnung* in Geld aufgemacht wird, sei es nun in modern buchmäßiger oder in noch so primitiver und oberflächlicher Art. Sowohl bei Beginn des Unternehmens: Anfangsbilanz, wie vor jeder einzelnen Handlung: Kalkulation, wie bei der Kontrolle und Überprüfung der Zweckmäßigkeit: Nachkalkulation, wie beim Abschluß behufs Feststellung, was als »Gewinn« entstanden ist: Abschlußbilanz. Die Anfangsbilanz einer Kommenda ist z. B. die Feststellung des zwischen den Parteien gelten*sollen*den Geldwertes der hingegebenen Güter – soweit sie nicht schon Geldform haben –, ihre Abschlußbilanz die der Verteilung von Gewinn oder Verlust am Schluß zugrunde gelegte Abschätzung; Kalkulation liegt – im Rationalitätsfall – jeder einzelnen Handlung des Kommendanehmers zugrunde. Daß eine wirklich genaue Rechnung und Schätzung ganz unterbleibt: rein schätzungsmäßig oder einfach traditionell und konventionell verfahren wird, kommt in jeder Form von kapitalistischer Unternehmung bis heute vor, wo immer die Umstände nicht zu genauer Rechnung drängen. Aber das sind Punkte, die nur den Grad der *Rationalität* des kapitalistischen Erwerbs betreffen.

Es kommt für den Begriff nur darauf an: daß die *tatsächliche* Orientierung an einer Vergleichung des Geldschätzungserfolges mit dem Geldschätzungseinsatz, in wie primitiver Form auch immer, das wirtschaftliche Handeln entscheidend bestimmt. In diesem Sinne nun hat es »Kapitalismus« und »kapitalistische« Unternehmungen, auch mit leidlicher Rationalisierung der Kapitalrechnung, in *allen* Kulturländern der Erde gegeben, soweit die ökonomischen Dokumente zurückreichen. In China, Indien, Babylon, Ägypten, der mittelländischen Antike, dem Mittelalter so gut wie in der Neuzeit. Nicht nur ganz isolierte Einzelunternehmungen, sondern auch Wirtschaften, welche gänzlich auf immer neue kapitalistische Einzelunternehmungen eingestellt waren, und auch kontinuierliche »Betriebe«, – obwohl gerade der Handel lange Zeit nicht den Charakter unserer Dauerbetriebe, sondern wesentlich den einer Serie von Einzelunternehmungen an sich trug und erst allmählich innerer (»branchenmäßig« orientierter) Zusammenhang in das Verhalten gerade der *Groß*händler hineinkam. Jedenfalls: die kapitalistische Unternehmung und auch der kapitalistische Unternehmer, nicht nur als

Gelegenheits-, sondern auch als Dauerunternehmer, sind uralt und waren höchst universell verbreitet.

Nun hat aber der Okzident ein Maß von Bedeutung und, was dafür den Grund abgibt: Arten, Formen und Richtungen des Kapitalismus hervorgebracht, die anderwärts niemals bestanden haben. Es hat in aller Welt Händler: Groß- und Detailhändler, Platz- und Fernhändler, es hat Darlehensgeschäfte aller Art, es hat Banken mit höchst verschiedenen, aber doch denjenigen wenigstens etwa unseres 16. Jahrhunderts im Wesen ähnlichen Funktionen gegeben; Seedarlehen, Kommenden und kommanditeartige Geschäfte und Assoziationen sind, auch betriebsmäßig, weit verbreitet gewesen. Wo immer *Geld*finanzen der öffentlichen Körperschaften bestanden, da erschien der Geldgeber – in Babylon, Hellas, Indien, China, Rom – für die Finanzierung vor allem der Kriege und des Seeraubes, für Lieferungen und Bauten aller Art, bei überseeischer Politik als Kolonialunternehmer, als Plantagenerwerber und -betreiber mit Sklaven oder mit direkt oder indirekt gepreßten Arbeitern, für Domänen-, Amts- und vor allem: für Steuerpacht, für die Finanzierung von Parteichefs zum Zwecke von Wahlen und von Kondottieren zum Zweck von Bürgerkriegen und schließlich: als »Spekulant« in geldwerten Chancen aller Art. Diese Art von Unternehmerfiguren: die kapitalistischen *Abenteurer*, hat es in aller Welt gegeben. Ihre Chancen waren – mit Ausnahme des Handels und der Kredit- und Bankgeschäfte – dem Schwerpunkt nach entweder rein irrational-spekulativen Charakters, oder aber sie waren an dem Erwerb durch Gewaltsamkeit, vor allem dem Beuteerwerb: aktuell-kriegerischer oder chronisch-fiskalischer Beute (Untertanen-Ausplünderung), orientiert.

Der Gründer-, Großspekulanten-, Kolonial- und der moderne Finanzierungskapitalismus schon im Frieden, vor allem aber aller spezifisch *kriegs*orientierte Kapitalismus tragen auch in der okzidentalen Gegenwart noch oft dies Gepräge und einzelne – nur: einzelne – Teile des internationalen Großhandels stehen ihm, heute wie von jeher, nahe. Aber der Okzident kennt in der *Neuzeit* daneben eine ganz andere und nirgends sonst auf der Erde entwickelte Art des Kapitalismus: die rational-kapitalistische [betriebliche] Organisation von (formell) *freier Arbeit.* Nur Vorstufen dafür finden sich anderwärts. Selbst die Organisation *unfreier* Arbeit hat ja nur in den Plantagen und, in sehr begrenztem Maß, in den Ergasterien der Antike eine gewisse Rationalitätsstufe erreicht, eine eher noch geringere in den Fronhöfen und Gutsfabriken oder grundherrlichen Hausindustrien mit Leibeigenen- oder Hörigenarbeit in der beginnenden Neuzeit. Für freie Arbeit finden sich selbst eigentliche »Hausindustrien« außerhalb des Okzidents nur vereinzelt sicher bezeugt, und die natürlich überall sich findende Taglöhnerverwendung hat mit sehr wenigen und sehr besonders, jedenfalls aber: sehr abweichend von modernen Betriebsorganisationen, gearteten Ausnahmen (speziell: Staatsmonopolbetrieben) nicht zu Manufakturen und nicht einmal zu einer rationalen Lehrorganisation des Handwerks vom Gepräge des okzidentalen Mittelalters geführt. Die an den Chancen des *Gütermarktes*, nicht an gewaltpolitischen oder an irrationalen Spekulationschancen, orientierte, rationale Betriebsorganisation ist aber nicht die einzige Sondererscheinung des okzidentalen Kapitalismus. Die moderne rationale Organisation des kapitalistischen Betriebs wäre nicht möglich gewesen ohne zwei weitere wichtige Entwicklungselemente: die *Trennung von Haushalt und Betrieb*, welche das heutige Wirtschaftsleben schlechthin beherrscht, und, damit eng zusammenhängend, die rationale *Buchführung.* Örtliche Trennung der Werk- oder Verkaufsstätten von der Behausung findet sich auch sonst (im orientalischen Bazar und in den Ergasterien anderer Kulturgebiete). Und auch die Schaffung von kapitalistischen Assoziationen mit gesonderter Betriebsrechnung findet sich in Ostasien wie im Orient und in der Antike. Aber: gegenüber der modernen Verselbständigung der Erwerbsbetriebe sind das doch nur Ansätze. Vor allem aus dem Grunde, weil die *inneren* Mittel dieser Selbständigkeit: sowohl unsere rationale Betriebs*buchführung* wie unsere *rechtliche* Sonderung von Betriebsvermögen und persönlichem Vermögen, ganz fehlen oder nur in Anfängen entwickelt sind. Die Entwicklung hat überall sonst dazu geneigt, Erwerbsbetriebe als Teile eines fürstlichen oder grundherrlichen Groß*haushalts* (des »Oikos«) entstehen zu lassen: eine, wie schon Rodbertus erkannt hatte, bei mancher scheinbaren Verwandtschaft doch höchst abweichende, geradezu entgegengesetzte, Entwicklung.

Ihre heutige Bedeutung aber haben alle diese Besonderheiten des abendländischen Kapitalismus letztlich erst durch den Zusammenhang mit der kapitalistischen Arbeitsorganisation erhalten. Auch das, was man die »Kommerzialisierung« zu nennen pflegt: die Wertpapierentwicklung und die Rationalisierung der Spekulation: die Börse, steht damit im Zusammenhang. Denn ohne kapitalistisch-rationale Arbeitsorganisation wäre dies alles, auch die Entwicklung zur »Kommerzialisierung«, soweit überhaupt möglich, nicht entfernt von der gleichen Tragweite, vor allem für die soziale Struktur und alle mit ihr zusammenhängenden spezifisch modern-okzidentalen Probleme. Eine exakte Kalkulation: die Grundlage alles andern ist eben nur auf dem Boden freier Arbeit möglich. Und wie – und weil – keine rationale Arbeitsorganisation, so – und deshalb – hat die Welt außerhalb des modernen Okzidents auch keinen rationalen *Sozialismus* gekannt. Gewiß: ebenso wie Stadtwirtschaft, städtische Nahrungspolitik, Merkantilismus und Wohlfahrtspolitik der Fürsten, Rationierungen, regulierte Wirtschaft, Protektionismus und Laissez-faire-Theorien (in China), so hat die Welt auch kommunistische und sozialistische Wirtschaften sehr verschiedener Gepräge gekannt: familiär, religiös oder militaristisch bedingten Kommunismus, staatssozialistische (in Ägypten), monopol-kartellistische und auch Konsumenten-Organisationen verschiedenster Art. Aber ebenso wie – obzwar es doch überall einmal städtische Marktprivilegien, Zünfte, Gilden und allerhand rechtliche Scheidungen zwischen Stadt und Land in der verschiedensten Form gab – doch der Begriff des »Bürgers« überall außer im Okzident und der Begriff der »Bourgeoisie« überall außer im modernen Okzident fehlte, so fehlte auch das »Proletariat« als *Klasse* und mußte fehlen, weil eben die rationale Organisation *freier Arbeit* als *Betrieb* fehlte. »Klassenkämpfe« zwischen Gläubiger- und Schuldnerschichten, Grundbesitzern und Besitzlosen oder Fronknechten oder Pächtern, Handelsinteressenten und Konsumenten oder Grundbesitzern, hat es in verschiedener Konstellation überall längst gegeben. Aber schon die okzidental-mittelalterlichen Kämpfe zwischen Verlegern und Verlegten finden sich anderwärts nur in Ansätzen. Vollends fehlt der moderne Gegensatz: großindustrieller Unternehmer und freier Lohnarbeiter. Und daher konnte es auch eine Problematik von der Art, wie sie der moderne Sozialismus kennt, nicht geben.

In einer Universalgeschichte der Kultur ist also für uns, rein wirtschaftlich, das zentrale Problem letztlich *nicht* die überall nur in der Form wechselnde Entfaltung kapitalistischer Betätigung als solcher: des Abenteurertypus oder des händlerischen oder des an Krieg, Politik, Verwaltung und ihren Gewinnchancen orientierten Kapitalismus. Sondern vielmehr die Entstehung des *bürgerlichen Betriebs*kapitalismus mit seiner rationalen Organisation der *freien Arbeit*. Oder, kulturgeschichtlich gewendet: die Entstehung des abendländischen *Bürgertums* und seiner Eigenart, die freilich mit der Entstehung kapitalistischer Arbeitsorganisation zwar im nahen Zusammenhang steht, aber natürlich doch nicht einfach identisch ist. Denn »Bürger« im ständischen Sinn gab es schon vor der Entwicklung des spezifisch abendländischen Kapitalismus. Aber freilich: *nur* im Abendland. Der spezifisch moderne okzidentale Kapitalismus nun ist zunächst offenkundig in starkem Maße durch Entwicklungen von *technischen* Möglichkeiten mitbestimmt. Seine Rationalität ist heute wesenhaft bedingt durch *Berechenbarkeit* der technisch entscheidenden Faktoren: der Unterlagen exakter Kalkulation. Das heißt aber in Wahrheit: durch die Eigenart der abendländischen Wissenschaft, insbesondere der mathematisch und experimentell exakt und rational fundierten Naturwissenschaften. Die Entwicklung dieser Wissenschaften und der auf ihnen beruhenden Technik erhielt und erhält nun andererseits entscheidende Impulse von den kapitalistischen Chancen, die sich an ihre wirtschaftliche Verwertbarkeit als Prämien knüpfen. Zwar nicht die Entstehung der abendländischen Wissenschaft ist durch solche Chancen bestimmt worden. Gerechnet, mit Stellenzahlen gerechnet, Algebra getrieben haben auch die Inder, die Erfinder des Positionszahlensystems, welches erst in den *Dienst* des sich entwickelnden Kapitalismus im Abendland trat, in Indien aber keine moderne Kalkulation und Bilanzierung schuf. Auch die Entstehung der Mathematik und Mechanik war nicht durch kapitalistische Interessen bedingt. Wohl aber wurde die *technische* Verwendung wissenschaftlicher Erkenntnisse: dies für die Lebensordnung unserer Massen Entscheidende, durch ökonomische Prämien bedingt, welche im Okzident gerade darauf gesetzt waren. Diese Prämien aber flossen aus der Eigenart der *Sozial*ordnung des Okzidents. Es wird also gefragt werden müssen: aus *welchen* Bestandteilen dieser Eigenart?, da zweifellos nicht alle gleich wichtig gewesen sein werden. Zu den unzweifelhaft wichtigen gehört die rationale Struktur des *Rechts* und der Verwaltung. Denn der moderne rationale Betriebskapitalismus bedarf, wie der berechenbaren technischen Arbeitsmittel, so auch des berechenbaren Rechts und der Verwaltung nach formalen Regeln, ohne welche zwar Abenteurer- und spekulativer Händlerkapitalismus und alle möglichen Arten von politisch bedingtem Kapitalismus, aber kein rationaler privatwirtschaftlicher Betrieb mit stehendem Kapital und sicherer *Kalkulation* möglich ist. Ein solches Recht und eine solche Verwaltung nun stellte der Wirtschaftsführung in *dieser* rechtstechnischen und formalistischen Vollendung *nur* der Okzident zur Verfügung. Woher hat er jenes Recht?, wird man also fragen müssen. Es haben, neben anderen Umständen, *auch* kapitalistische Interessen ihrerseits unzweifelhaft der Herrschaft des an rationalem Recht fachgeschulten Juristenstandes in Rechtspflege und Verwaltung die Wege geebnet, wie jede Untersuchung zeigt. Aber keineswegs nur oder vornehmlich sie. Und nicht sie haben jenes Recht aus sich *geschaffen.* Sondern noch ganz andere Mächte waren bei dieser Entwicklung tätig. Und warum taten die kapitalistischen Interessen das gleiche nicht in China oder Indien? Warum lenkten dort überhaupt weder die wissenschaftliche, noch die künstlerische, noch die staatliche, noch die wirtschaftliche Entwicklung in diejenigen Bahnen der *Rationalisierung* ein, welche dem Okzident eigen sind?

Denn es handelt sich ja in allen den angeführten Fällen von Eigenart offenbar um einen spezifisch gearteten »Rationalismus« der okzidentalen Kultur. Nun kann unter diesem Wort höchst Verschiedenes verstanden werden, – wie die späteren Darlegungen wiederholt verdeutlichen werden. Es gibt z. B. »Rationalisierungen« der mystischen Kontemplation, also: von einem Verhalten, welches, von anderen Lebensgebieten her gesehen, spezifisch »irrational« ist, ganz ebenso gut wie Rationalisierungen der Wirtschaft, der Technik, des wissenschaftlichen Arbeitens, der Erziehung, des Krieges, der Rechtspflege und Verwaltung. Man kann ferner jedes dieser Gebiete unter höchst verschiedenen letzten Gesichtspunkten und Zielrichtungen »rationalisieren«, und was von einem [Blickpunkt] aus »rational« ist, kann, vom andern aus betrachtet, »irrational« sein. Rationalisierungen hat es daher auf den verschiedenen Lebensgebieten in höchst verschiedener Art in allen Kulturkreisen gegeben. Charakteristisch für deren kulturgeschichtlichen Unterschied ist erst: *welche* Sphären und in welcher Richtung sie rationalisiert wurden. Es kommt also zunächst wieder darauf an: die besondere *Eigenart* des okzidentalen und, innerhalb dieses, des modernen okzidentalen Rationalismus zu erkennen und in ihrer Entstehung zu erklären. Jeder solche Erklärungsversuch muß, der fundamentalen Bedeutung der Wirtschaft entsprechend, vor allem die ökonomischen Bedingungen berücksichtigen. Aber es darf auch der umgekehrte Kausalzusammenhang darüber nicht unbeachtet bleiben. Denn wie von rationaler

Technik und rationalem Recht, so ist der ökonomische Rationalismus in seiner Entstehung auch von der Fähigkeit und Disposition der Menschen zu bestimmten Arten praktisch-rationaler *Lebensführung* überhaupt abhängig. Wo diese durch Hemmungen seelischer Art obstruiert war, da stieß auch die Entwicklung einer *wirtschaftlich* rationalen Lebensführung auf schwere innere Widerstände. Zu den wichtigsten formenden Elementen der Lebensführung nun gehörten in der Vergangenheit überall die magischen und religiösen Mächte und die am Glauben an sie verankerten ethischen Pflichtvorstellungen. Von *diesen* ist in den nachstehend gesammelten und ergänzten Aufsätzen die Rede.

Es sind dabei zwei ältere Aufsätze an die Spitze gestellt, welche versuchen, in *einem* wichtigen Einzelpunkt der meist am schwierigsten zu fassenden Seite des Problems näher zu kommen: der Bedingtheit der Entstehung einer »Wirtschaftsgesinnung«: des »Ethos« einer Wirtschaftsform, durch bestimmte religiöse Glaubensinhalte, und zwar an dem Beispiel der Zusammenhänge des modernen Wirtschaftsethos mit der rationalen Ethik des asketischen Protestantismus. Hier wird also nur der *einen* Seite der Kausalbeziehung nachgegangen. Die späteren Aufsätze über die »Wirtschaftsethik der Weltreligionen« versuchen, in einem Überblick über die Beziehungen der wichtigsten Kulturreligionen zur Wirtschaft und sozialen Schichtung ihrer Umwelt, *beiden* Kausalbeziehungen soweit nachzugehen, als notwendig ist, um die *Vergleichs*punkte mit der weiterhin zu analysierenden okzidentalen Entwicklung zu finden. Denn nur so läßt sich die einigermaßen eindeutige kausale *Zurechnung* derjenigen Elemente der okzidentalen religiösen Wirtschaftsethik, welche ihr im Gegensatz zu anderen eigentümlich sind, überhaupt in Angriff nehmen. Diese Aufsätze wollen also nicht etwa als – sei es auch noch so gedrängte – umfassende Kulturanalysen gelten. Sondern sie betonen in jedem Kulturgebiet ganz geflissentlich das, was im *Gegensatz* stand und steht zur okzidentalen Kulturentwicklung. Sie sind also durchaus orientiert an dem, was unter *diesem* Gesichtspunkt bei Gelegenheit der Darstellung der okzidentalen Entwicklung wichtig erscheint.

Ein anderes Verfahren schien bei dem gegebenen Zweck nicht wohl möglich. Aber es muß zur Vermeidung von Mißverständnissen hier auf diese Begrenztheit des Zweckes ausdrücklich hingewiesen werden. Und noch in einer anderen Hinsicht muß wenigstens der Unorientierte vor einer Überschätzung der Bedeutung dieser Darstellungen gewarnt werden. Der Sinologe, Indologe, Semitist, Ägyptologe wird in ihnen natürlich nichts ihm sachlich Neues finden. Wünschenswert wäre nur: daß er nichts zur Sache *Wesentliches* findet, was er als sachlich *falsch* beurteilen muß. Wie weit es gelungen ist, diesem Ideal wenigstens so nahezukommen, wie ein Nichtfachmann dazu überhaupt imstande ist, kann der Verfasser nicht wissen. Es ist ganz klar, daß jemand, der auf die Benutzung von Übersetzungen und im übrigen darauf angewiesen ist, über die Art der Benutzung und Bewertung der monumentalen, dokumentarischen oder literarischen Quellen sich in der häufig sehr kontroversen Fachliteratur zu orientieren, die er seinerseits in ihrem Wert nicht selbständig beurteilen kann, allen Grund hat, über den Wert seiner Leistung sehr bescheiden zu denken. Um so mehr, als das Maß der vorliegenden Übersetzungen wirklicher »Quellen« (d. h. von Inschriften und Urkunden) teilweise (besonders für China) noch sehr klein ist im Verhältnis zu dem, was vorhanden und wichtig ist. Aus alledem folgt der vollkommen *provisorische* Charakter dieser Aufsätze, insbesondere der auf Asien sich beziehenden Teile. Nur den Fachmännern steht ein endgültiges Urteil zu. Und nur weil, begreiflicherweise, fachmännische Darstellungen mit diesem besonderen Ziel und unter diesen besonderen Gesichtspunkten bisher nicht vorlagen, sind sie überhaupt geschrieben worden. Sie sind in einem ungleich stärkeren Maß und Sinn dazu bestimmt, bald »überholt« zu werden, als dies letztlich von aller wissenschaftlichen Arbeit gilt. Es läßt sich nun einmal, bei derartigen Arbeiten, ein solches vergleichendes Übergreifen auf andere Fachgebiete, so bedenklich es ist, nicht vermeiden; aber man hat dann eben die Konsequenz einer sehr starken Resignation in bezug auf das Maß des Gelingens zu ziehen. Mode oder Literatensehnsucht glaubt heute gern, den Fachmann entbehren oder zum Subalternarbeiter für den »Schauenden« degradieren zu können. Fast alle Wissenschaften verdanken Dilettanten irgend etwas, oft sehr wertvolle Gesichtspunkte. Aber der Dilettantismus als Prinzip der Wissenschaft wäre das Ende.

Wer »Schau« wünscht, gehe ins Lichtspiel; sie wird ihm heute massenhaft auch in literarischer Form auf eben diesem Problemfeld geboten. Nichts liegt den überaus nüchternen Darlegungen dieser der Absicht nach streng empirischen Studien ferner als diese Gesinnung. Und – möchte ich hinzusetzen –, wer »Predigt« wünscht, gehe ins Konventikel. Welches *Wert*verhältnis zwischen den hier vergleichend behandelten Kulturen besteht, wird hier mit keinem Wort erörtert. Daß der Gang von Menschheitsschicksalen dem, der einen Ausschnitt daraus überblickt, erschütternd an die Brust brandet, ist wahr. Aber er wird gut tun, seine kleinen persönlichen Kommentare für sich zu behalten, wie man es vor dem Anblick des Meeres und des Hochgebirges auch tut, – es sei denn, daß er sich zu künstlerischer Formung oder zu prophetischer Forderung berufen und begabt weiß. In den meisten anderen Fällen verhüllt das viele Reden von »Intuition« nichts anderes als eine Distanzlosigkeit zum Objekt, die ebenso zu beurteilen ist wie die gleiche Haltung zum Menschen.

Der Begründung bedarf es, daß für die hier verfolgten Ziele die *ethnographische* Forschung entfernt nicht so herangezogen ist, wie es bei deren heutigem Stand für eine wirklich eindringende Darstellung insbesondere der asiatischen Religiosität natürlich unumgänglich wäre. Es geschah dies nicht nur deshalb, weil menschliche Arbeitskraft ihre Grenzen hat. Sondern vornehmlich schien es deshalb erlaubt, weil es hier gerade auf die Zusammenhänge der religiös bestimmten Ethik jener Schichten ankommen mußte, welche »Kulturträger« des betreffenden Gebiets waren. Um die Einflüsse, welche *deren* Lebensführung geübt hat, handelt es sich ja. Es ist nun völlig richtig, daß auch diese in ihrer Eigenart nur wirklich zutreffend zu erfassen sind, wenn man den ethnographisch-volkskundlichen Tatbestand damit konfrontiert. Es sei also nachdrücklich zugestanden und betont, daß hier eine Lücke besteht, welche der Ethnograph mit gutem Recht beanstanden muß. Einiges zu ihrer Ausfüllung hoffe ich bei einer systematischen Bearbeitung der Religionssoziologie tun zu können. Den Rahmen dieser Darstellung mit ihren begrenzten Zwecken hätte ein solches Unternehmen aber überschritten. Sie mußte sich mit dem Versuch begnügen, die *Vergleichs*punkte zu unseren okzidentalen *Kultur*religionen tunlichst aufzudecken.

Schließlich sei auch der *anthropologischen* Seite der Probleme gedacht. Wenn wir immer wieder – auch auf (scheinbar) unabhängig voneinander sich entwickelnden Gebieten der Lebensführung – im Okzident, und *nur* dort, bestimmte *Arten* von Rationalisierungen sich entwickeln finden, so liegt die Annahme: daß hier *Erb*qualitäten die entscheidende Unterlage boten, natürlich nahe. Der Verfasser bekennt, daß er persönlich und subjektiv die Bedeutung des biologischen Erbgutes hoch einzuschätzen geneigt ist. Nur sehe ich, trotz der bedeutenden Leistungen der anthropologischen Arbeit, z. Z. noch keinerlei Weg, seinen Anteil an der *hier* untersuchten Entwicklung nach Maß und – vor allem – nach Art und Einsatzpunkten irgendwie exakt zu erfassen oder auch nur vermutungsweise anzudeuten. Es wird gerade eine der Aufgaben soziologischer und historischer Arbeit sein müssen, zunächst möglichst alle jene Einflüsse und Kausalketten aufzudekken, welche durch Reaktionen auf Schicksale und Umwelt befriedigend erklärbar sind. Dann erst, und wenn außerdem die vergleichende Rassen-Neurologie und -Psychologie über ihre heute vorliegenden, im einzelnen vielversprechenden, Anfänge weiter hinausgekommen sind, wird man *vielleicht* befriedigende Resultate auch für jenes Problem erhoffen dürfen. Vorerst scheint mir jene Voraussetzung zu fehlen und wäre die Verweisung auf »Erbgut« ein voreiliger Verzicht auf das *heute* vielleicht mögliche Maß der Erkenntnis und eine Verschiebung des Problems auf (derzeit noch) unbekannte Faktoren.

ASKETISCHER PROTESTANTISMUS UND KAPITALISTISCHER GEIST

Um die Zusammenhänge der religiösen Grundvorstellungen des asketischen Protestantismus mit den Maximen des ökonomischen Alltagslebens zu durchschauen, ist es nötig, vor allem solche theologischen Schriften heranzuziehen, die sich als aus der seelsorgerischen Praxis herausgewachsen erkennen lassen. Denn in einer Zeit, in welcher das Jenseits alles war, an der Zulassung zum Abendmahl die soziale Position des Christen hing, die Einwirkung des Geistlichen in Seelsorge, Kirchenzucht und Predigt einen Einfluß übte, von dem – wie jeder Blick in die gesammelten »consilia«, »casus conscientiae« usw. ergibt – wir modernen Menschen uns *einfach keine Vorstellung* mehr zu machen vermögen, sind die in *dieser Praxis* sich geltend machenden religiösen Mächte die entscheidenden Bildner des »Volkscharakters«. –

Wir können nun für die [hier vorliegenden] Erörterungen den asketischen Protestantismus als *eine* Gesamtmasse behandeln. Da aber der aus dem Calvinismus hervorgewachsene englische *Puritanismus* die konsequenteste Fundierung der Berufsidee bietet, stellen wir unserem Prinzip gemäß einen seiner Vertreter in den Mittelpunkt. Richard Baxter zeichnet sich vor vielen anderen literarischen Vertretern der puritanischen Ethik durch seine eminent praktische und irenische Stellung, zugleich auch durch die universelle Anerkennung seiner immer wieder neu aufgelegten und übersetzten Arbeiten aus. Presbyterianer und Apologet der Westminster-Synode, dabei aber – wie so viele der besten Geister der Zeit – dogmatisch allmählich dem Hochcalvinismus entwachsend, innerlich ein Gegner der Usurpation Cromwells, weil jeder Revolution, dem Sektentum und zumal dem fanatischen Eifer der »Heiligen«

abhold aber von großer Weitherzigkeit gegenüber äußerlichen Sonderheiten und objektiv gegenüber dem Gegner, suchte er sein Arbeitsfeld ganz wesentlich in der Richtung der praktischen Förderung des kirchlich-sittlichen Lebens, und hat sich – einer der erfolgreichsten Seelsorger, welche die Geschichte kennt – im Dienst dieser Arbeit der Parlamentsregierung ebenso wie Cromwell und der Restauration zur Verfügung gestellt, bis er unter der letzteren – schon vor dem »Bartholomäustage« – aus dem Amte wich. Sein »Christian Directory« ist das umfassendste Kompendium der puritanischen Moraltheologie und dabei überall an den praktischen Erfahrungen der eigenen Seelsorge orientiert. – Als Repräsentant des deutschen Pietismus werden Speners »Theologische Bedenken«, für das Quäkertum Barclays »Apology« und daneben andere Vertreter der asketischen Ethik vergleichend herangezogen.

Nimmt man nun Baxters »Ewige Ruhe der Heiligen« und sein »Christian Directory« oder auch verwandte Arbeiten Anderer zur Hand, so fällt auf den ersten Blick in den Urteilen über den Reichtum und seinen Erwerb die Betonung gerade der ebionitischen Elemente der neutestamentlichen Verkündigung auf. Der Reichtum als solcher ist eine schwere Gefahr, seine Versuchungen sind unausgesetzte, das Streben danach ist nicht nur sinnlos gegenüber der überragenden Bedeutung des Gottesreichs, sondern auch sittlich bedenklich. Weit schärfer als bei Calvin, der in dem Reichtum der Geistlichen kein Hindernis für ihre Wirksamkeit, im Gegenteil eine durchaus erwünschte Steigerung ihres Ansehens erblickte [und] ihnen gestattete, ihr Vermögen gewinnbringend anzulegen, nur unter Vermeidung von Ärgernis, scheint hier die Askese *gegen* jedes Streben nach Erwerb zeitlicher Güter gerichtet. Man kann die Beispiele der Verdammung des Strebens nach Geld und Gut aus puritanischen Schriften ganz beliebig häufen und mit der darin viel unbefangeneren spätmittelalterlichen ethischen Literatur kontrastieren. Und es ist mit diesen Bedenken auch durchaus ernst gemeint, – nur bedarf es etwas näheren Zusehens, um ihren entscheidenden ethischen Sinn und Zusammenhang zu bemerken. Das sittlich wirklich Verwerfliche ist nämlich das *Ausruhen* auf dem Besitz, der *Genuß* des Reichtums mit seiner Konsequenz von Müßigkeit und Fleischeslust, vor allem von Ablenkung von dem Streben nach »heiligem« Leben. Und *nur weil* der Besitz die Gefahr dieses Ausruhens mit sich bringt, ist er bedenklich. Denn die »ewige Ruhe der Heiligen« liegt im Jenseits, auf Erden aber muß auch der Mensch, um seines Gnadenstandes sicher zu werden, »wirken die Werke dessen, der ihn gesandt hat, solange es Tag ist«. Nicht Muße und Genuß, sondern *nur Handeln* dient nach dem unzweideutig geoffenbarten Willen Gottes zur Mehrung seines Ruhms. *Zeitvergeudung* ist also die erste und prinzipiell schwerste aller Sünden. Die Zeitspanne des Lebens ist unendlich kurz und kostbar, um die eigene Berufung »festzumachen«. Zeitverlust durch Geselligkeit, »faules Gerede«, Luxus, selbst durch mehr als der Gesundheit nötigen Schlaf – 6 bis höchstens 8 Stunden – ist sittlich absolut verwerflich. Es heißt noch nicht wie bei Benjamin Franklin: »Zeit ist Geld«, aber der Satz gilt gewissermaßen im spirituellen Sinn: sie ist unendlich wertvoll, weil jede verlorene Stunde der Arbeit im Dienst des Ruhmes Gottes entzogen ist. Wertlos und eventuell direkt verwerflich ist daher auch untätige Kontemplation, mindestens wenn sie auf Kosten der Berufsarbeit erfolgt. Denn sie ist Gott *minder* wohlgefällig als das aktive Tun seines Willens im Beruf. Überdies ist für sie der Sonntag da, und es sind nach Baxter immer diejenigen, die in ihrem Beruf müßig sind, welche auch für Gott keine Zeit haben, wenn die Stunde dafür da ist.

Demgemäß zieht sich eine immer wiederholte, zuweilen fast leidenschaftliche Predigt harter, stetiger, körperlicher oder geistiger *Arbeit* durch Baxters Hauptwerk. Zwei Motive wirken hier zusammen. Die Arbeit ist zunächst das alterprobte *asketische Mittel*, als welches sie in der Kirche des Abendlandes, in scharfem Gegensatz nicht nur gegen den Orient, sondern gegen fast alle Mönchsregeln der ganzen Welt, von jeher geschätzt war. Sie ist namentlich das spezifische Präventiv gegen alle jene Anfechtungen, welche der Puritanismus unter dem Begriff »unclean life« zusammenfaßt, – und deren Rolle ist keine geringe. Die sexuelle Askese ist ja im Puritanismus nur dem Grade, nicht dem zugrundeliegenden Prinzip nach von der mönchischen verschieden und infolge der Erfassung auch des ehelichen Lebens weitreichender als jene. Denn der Geschlechtsverkehr ist auch *in* der Ehe *nur* als das von Gott gewollte Mittel zur Mehrung seines Ruhmes, entsprechend dem Gebot: »Seid fruchtbar und mehret euch«, zulässig. Wie gegen religiöse Zweifel und skrupulöse Selbstquälerei so wird auch gegen alle sexuellen Anfechtungen – neben nüchterner Diät, Pflanzenkost und kalten Bädern – verschrieben: »Arbeite hart in deinem Beruf«.

Aber die Arbeit ist darüber hinaus, und vor allem, von Gott vorgeschriebener *Selbst*zweck des Lebens überhaupt. Der paulinische Satz: »Wer nicht arbeitet, soll nicht essen«, gilt bedingungslos und für jedermann. Die Arbeitsunlust ist Symptom fehlenden Gnadenstandes.

Deutlich zeigt sich hier die Abweichung von der mittelalterlichen Haltung. Auch Thomas von Aquin hatte jenen Satz interpretiert. Aber nach ihm ist die Arbeit nur naturali ratione notwendig zur Erhaltung des Lebens des Einzelnen und der Gesamtheit. Wo dieser Zweck wegfällt, zessiert auch die Geltung der Vorschrift. Sie trifft nur die Gattung, nicht jeden Einzelnen. Wer ohne Arbeit von seinem Besitz leben kann, auf den bezieht sie sich nicht, und ebenso steht natürlich die Kontemplation als eine geistliche Form des Wirkens im Gottesreich über dem Gebot in seiner wörtlichen Auslegung. Für die Populartheologie vollends lag ja die höchste Form mönchischer »Produktivität« in der Mehrung des »thesaurus ecclesiae« durch Gebet und Chordienst. Nicht nur diese Durchbrechungen der ethischen Arbeitspflicht aber fallen bei Baxter selbstverständlich fort, sondern mit größtem Nachdruck schärft er den Grundsatz ein, daß auch der Reichtum von jener bedingungslosen Vorschrift nicht entbinde. Auch der Besitzende soll nicht essen, ohne zu arbeiten, denn wenn er auch zur Deckung seines Bedarfs der Arbeit nicht benötigt, so besteht doch Gottes Gebot, dem er ebenso zu gehorchen hat wie der Arme. Denn für jeden ohne Unterschied hält Gottes Vorsehung einen Beruf (calling) bereit, den er erkennen und in dem er arbeiten soll, und dieser Beruf ist nicht wie im Luthertum eine Schickung, in die man sich zu fügen und mit der man sich zu bescheiden hat, sondern ein Befehl Gottes an den Einzelnen, zu seiner Ehre zu wirken. Diese scheinbar leichte Nuance hatte weittragende psychologische Konsequenzen und hing mit einer Weiterbildung jener *providentiellen* Deutung des ökonomischen Kosmos zusammen, welche schon der Scholastik geläufig war.

Das Phänomen der Arbeitsteilung und Berufsgliederung der Gesellschaft hatte, wie andere, schon Thomas von Aquin als direkten Ausfluß des göttlichen Weltplanes aufgefaßt. Aber die Eingliederung der Menschen in diesen Kosmos erfolgt ex causis naturalibus und ist zufällig (»contingent«, nach dem scholastischen Sprachgebrauch). Für Luther wurde die aus der objektiven historischen Ordnung folgende Eingliederung der Menschen in die gegebenen Stände und Berufe zum direkten Ausfluß göttlichen Willens und also das *Verharren* des Einzelnen in der Stellung und in den Schranken, die Gott ihm zugewiesen hat, religiöse Pflicht. Dies um so mehr, als eben die Beziehungen der lutherischen Frömmigkeit zur »Welt« überhaupt von Anfang an unsichere waren und blieben. Ethische Prinzipien waren von Luthers, die paulinische Weltindifferenz niemals ganz abstreifenden, Gedankenkreisen aus für die Gestaltung der Welt nicht zu gewinnen und man mußte sie deshalb eben nehmen, wie sie war, und konnte nur *dies* zur religiösen Pflicht stempeln. – Wiederum anders nuanciert sich der providentielle Charakter des Ineinanderspielens der privatwirtschaftlichen Interessen in der puritanischen Anschauung. Welches der providentielle Zweck der Berufsgliederung ist, erkennt man, getreu dem puritanischen Schema pragmatischer Deutung, an ihren *Früchten.* Über diese nun läßt sich Baxter in Ausführungen aus, welche in mehr als einem Punkte direkt an Adam Smiths bekannte Apotheose der Arbeitsteilung erinnern. Die Spezialisierung der Berufe führt, weil sie die Übung (skill) des Arbeiters ermöglicht, zur quantitativen und qualitativen Steigerung der Arbeitsleistung und dient also dem allgemeinen Wohl (common best), welches mit dem Wohl möglichst Vieler identisch ist. Ist insoweit die Motivierung rein utilitarisch und durchaus verwandt mit manchen in der weltlichen Literatur der Zeit bereits üblichen Gesichtspunkten, so tritt der charakteristische puritanische Einschlag alsbald hervor, wenn Baxter an die Spitze seiner Auseinandersetzungen das Motiv stellt: »Außerhalb eines festen Berufs sind die Arbeitsleistungen eines Menschen nur unstete Gelegenheitsarbeit, und er verbringt mehr Zeit in Faulheit als in Arbeit«, und wenn er sie folgendermaßen beschließt: »und er (der Berufsarbeiter) wird seine Arbeit *in Ordnung* vollbringen, während ein anderer in ewiger Verwirrung steckt und sein Geschäft nicht Ort noch Zeit kennt ... darum ist ein fester Beruf (»certain calling«, an anderen Stellen heißt es »stated calling«) für jedermann das beste.« Die unstete Arbeit, zu welcher der gewöhnliche Tagelöhner gezwungen ist, ist ein oft unvermeidlicher, aber stets unerwünschter Zwischenzustand. Es fehlt eben dem Leben des »Beruflosen« der systematisch-methodische Charakter, den die innerweltliche Askese verlangt. Auch nach der Quäkerethik soll das Berufsleben des Menschen eine konsequente asketische Tugendübung, eine Bewährung seines Gnadenstandes an seiner *Gewissen*haftigkeit sein, die in der Sorgfalt und Methode, mit welcher er seinem Beruf nachgeht, sich auswirkt. Nicht Arbeit an sich, sondern rationale Berufsarbeit ist eben das von Gott Verlangte. Auf diesem methodischen Charakter der Berufsaskese liegt bei der puritanischen Berufsidee stets der Nachdruck, nicht, wie bei Luther, auf dem Sichbescheiden mit dem einmal von Gott zugemessenen Los. Daher wird nicht nur die Frage, ob jemand mehrere callings kombinieren dürfe, unbedingt bejaht – wenn es für das allgemeine Wohl oder das eigene zuträglich und niemandem sonst abträglich ist und wenn es nicht dazu führt, daß man in einem der kombinierten Berufe ungewissenhaft (»unfaithful«) wird. Sondern es wird auch der *Wechsel* des Berufs als keineswegs an sich verwerflich angesehen, wenn er nicht leichtfertig, sondern um einen Gott wohlgefälligeren, und das heißt dem allgemeinen Prinzip entsprechend: nützlicheren Beruf zu ergreifen, erfolgt. Und vor allem: die Nützlichkeit eines Berufs und seine entsprechende Gottwohlgefälligkeit richtet sich zwar in erster Linie nach sittlichen und demnächst nach Maßstäben der Wichtigkeit der darin zu produzierenden Güter für die »Gesamtheit«, aber alsdann folgt als dritter und natürlich praktisch wichtigster Gesichtspunkt: die privatwirtschaftliche *»Profitlichkeit«*. Denn wenn jener Gott, den der Puritaner in allen Fügungen des Lebens wirksam sieht, einem der Seinigen eine Gewinnchance zeigt, so hat er seine Absichten dabei. Und mithin hat der gläubige Christ diesem Rufe zu folgen, indem er sie sich zunutze macht. »Wenn Gott Euch einen Weg zeigt, auf dem Ihr ohne Schaden für Eure Seele oder für andere in gesetzmäßiger Weise *mehr gewinnen könnt* als auf einem anderen Wege und Ihr dies zurückweist und den minder gewinnbringenden Weg verfolgt, dann *kreuzt Ihr einen der Zwecke Eurer Berufung* (calling), *Ihr weigert Euch, Gottes Verwalter* (steward) zu sein und seine Gaben anzunehmen, um sie für ihn gebrauchen zu können, wenn er es verlangen sollte. Nicht freilich für Zwecke der Fleischeslust und Sünde, *wohl aber für Gott dürft Ihr arbeiten, um reich zu sein.«* Der Reichtum ist eben nur als Versuchung zu faulem Ausruhen und sündlichem Lebensgenuß bedenklich und das Streben danach nur dann, wenn es geschieht, um später sorglos und lustig leben zu können. Als Ausübung der Berufspflicht aber ist es sittlich nicht nur gestattet, sondern geradezu geboten. Das Gleichnis von jenem Knecht, der verworfen wurde, weil er mit dem ihm anvertrauten Pfunde nicht gewuchert hatte, schien das ja auch direkt auszusprechen. Arm sein *wollen* hieße, wie häufig argumentiert wurde, dasselbe wie krank sein wollen, es wäre als Werkheiligkeit verwerflich und Gottes

Ruhm abträglich. Und vollends das Betteln eines zur Arbeit Befähigten ist nicht nur als Trägheit sündlich, sondern auch nach des Apostels Wort gegen die Nächstenliebe.

Wie die Einschärfung der asketischen Bedeutung des festen Berufs das moderne *Fachmenschentum* ethisch verklärt, so die providentielle Deutung der Profitchancen den *Geschäfts*menschen. Die vornehme Lässigkeit des Seigneurs und die parvenumäßige Ostentation des Protzen sind der Askese gleichermachen verhaßt. Dagegen trifft ein voller Strahl ethischer Billigung den nüchternen bürgerlichen Selfmademan: »God blesseth his trade« ist eine stehende Wendung für diejenigen Heiligen, welche mit Erfolg jenen göttlichen Fügungen gefolgt waren, und die ganze Wucht des *alttestamentlichen Gottes*, der den Seinen gerade in *diesem* Leben ihre Frömmigkeit entgilt, mußte für den Puritaner, der, nach Baxters Rat, den eigenen Gnadenstand durch Vergleich mit der Seelenverfassung der biblischen Helden kontrollierte und dabei die Aussprüche der Bibel »wie die Paragraphen eines Gesetzbuches« interpretierte, in der gleichen Richtung wirken. – Ganz eindeutig waren die Aussprüche des Alten Testaments an sich nicht. Luther wandte sprachlich den Begriff »Beruf« im weltlichen Sinn zuerst bei der Übersetzung einer Sirachstelle an. Das Buch Jesus Sirach gehört aber nach der ganzen Stimmung, die darin lebt, trotz seiner hellenistischen Beeinflussung doch zu den traditionalistisch wirkenden Bestandteilen des (erweiterten) Alten Testaments. Es ist charakteristisch, daß bei den lutherischen deutschen Bauern noch bis in die Gegenwart dies Buch sich oft besonderer Beliebtheit zu erfreuen scheint, wie auch der lutherisch gebundene Charakter breiter Strömungen im deutschen Pietismus sich in der Vorliebe für Jesus Sirach zu äußern pflegte. Die Puritaner verwarfen die Apokryphen als nicht inspiriert, gemäß ihrem schroffen Entweder-Oder zwischen Göttlichem und Kreatürlichem. Um so stärker wirkte unter den kanonischen Büchern das Buch Hiob mit seiner Kombination einerseits einer großartigen Verherrlichung von Gottes absolut souveräner, menschlichen Maßstäben entzogener

Majestät, die ja calvinistischen Anschauungen so höchst kongenial war, mit der im Schluß doch wieder hervorbrechenden, für Calvin ebenso nebensächlichen, wie für den Puritanismus wichtigen, Gewißheit, daß Gott die Seinigen auch und gerade – im Buch Hiob: nur! – in diesem Leben und auch in materieller Hinsicht zu segnen pflege. Der orientalische Quietismus, welcher in manchen der stimmungsvollsten Verse der Psalmen und der Sprüche Salomos hervortritt, wurde ebenso weggedeutet, wie Baxter dies mit der traditionalistischen Färbung der für den Berufsbegriff konstitutiven Stelle des 1. Korintherbriefes [7, 17–24] tat. Dafür legte man um so mehr den Nachdruck auf jene Stellen des Alten Testaments, welche die *formale Rechtlichkeit* als Kennzeichen gottwohlgefälligen Wandels rühmen. Die Theorie, daß das mosaische Gesetz durch den neuen Bund nur soweit seiner Geltung entkleidet sei, als es zeremonielle oder geschichtlich bedingte Vorschriften für das jüdische Volk enthalte, im übrigen aber als Ausdruck der »lex naturae« seine Geltung von jeher besessen und daher auch behalten habe, ermöglichte die Eliminierung solcher Vorschriften, welche in das moderne Leben schlechterdings nicht einzufügen waren, und ließ doch der mächtigen Verstärkung jenes Geistes selbstgerechter und nüchterner Legalität, welcher der innerweltlichen Askese dieses Protestantismus eigen war, durch die zahlreichen verwandten Züge der alttestamentlichen Sittlichkeit freie Bahn. Wenn also, wie mehrfach schon die Zeitgenossen, so auch neuere Schriftsteller die ethische Grundstimmung speziell des englischen Puritanismus als »English Hebraism« bezeichnen, so ist dies, richtig verstanden, durchaus zutreffend. Man darf dabei nur nicht an das palästinensische Judentum aus der Zeit der Entstehung der alttestamentlichen Schriften, sondern an das Judentum, wie es unter dem Einfluß der vielen Jahrhunderte formalistisch-gesetzlicher und talmudischer Erziehung allmählich wurde, denken und muß auch dann äußerst vorsichtig mit Parallelen sein. Die im ganzen der unbefangenen Schätzung des Lebens als solchen zugewendete Stimmung des alten Judentums lag weit ab von der spezifischen Eigenart des Puritanismus. Ebenso fern lag ihm – und auch das darf nicht übersehen werden – die Wirtschaftsethik des mittelalterlichen und neuzeitlichen Judentums in den Zügen, welche für die Stellung beider innerhalb der Entwicklung des kapitalistischen *Ethos* entscheidend waren. Das Judentum stand auf der Seite des politisch oder spekulativ orientierten »Abenteurer«-Kapitalismus: sein Ethos war, mit einem Wort, das des *Paria*-Kapitalismus, – der Puritanismus trug das Ethos des rationalen bürgerlichen *Betriebs* und der rationalen Organisation der *Arbeit.* Er entnahm der jüdischen Ethik nur, was in diesen Rahmen paßte.

Die charakterologischen Folgen der Durchdringung des Lebens mit alttestamentlichen Normen aufzuzeigen, – eine reizvolle Aufgabe, die aber bisher nicht einmal für das Judentum selbst wirklich gelöst ist, – wäre im Rahmen dieser Skizze unmöglich. Neben den angedeuteten Beziehungen kommt für den inneren Gesamthabitus des Puritaners vor allem auch in Betracht, daß der Glaube, das auserwählte Volk Gottes zu sein, in ihm eine grandiose Renaissance erlebte. Wie selbst der milde Baxter Gott dafür dankt, daß er ihn in England und in der wahren Kirche habe zur Welt kommen lassen und nicht anderswo, so durchdrang dieser Dank für die eigene, durch Gottes Gnade gewirkte Tadellosigkeit die Lebensstimmung des puritanischen Bürgertums und bedingte jenen formalistisch korrekten harten Charakter, wie er den Vertretern jener heroischen Epoche des Kapitalismus eigen war.

Wir suchen uns nun noch speziell die Punkte zu verdeutlichen, in welchen die puritanische Auffassung des Berufs und die Forderung asketischer Lebensführung *direkt* die Entwicklung des kapitalistischen Lebensstils beeinflussen mußte. Mit voller Gewalt wendet sich die Askese, wie wir sahen, vor allem gegen eins: das *unbefangene Genießen* des Daseins und dessen, was es an Freuden zu bieten hat. Am charakteristischsten kommt dieser Zug wohl in dem Kampf um das »Book of sports«, welches Jacob I. und

Karl I. zu dem ausgesprochenen Zweck der Bekämpfung des Puritanismus zum Gesetz erhoben und dessen Verlesung von allen Kanzeln der letztere anbefahl, zum Ausdruck. Wenn die Puritaner die Verfügung des Königs, daß am Sonntag gewisse volkstümliche Vergnügungen außerhalb der Kirchzeit gesetzlich erlaubt sein sollten, wie rasend bekämpften, so war es *nicht* nur die Störung der Sabbatruhe, sondern die ganze geflissentliche Ablenkung von der geordneten Lebensführung des Heiligen, was sie aufbrachte. Und wenn der König jeden Angriff auf die Gesetzlichkeit jener Sports mit schwerer Strafe bedrohte, so war der Zweck gerade, jenen dem Staat gefährlichen, weil *antiautoritären asketischen* Zug zu brechen. Die monarchisch-feudale Gesellschaft schützte die »Vergnügungswilligen« gegen die entstehende bürgerliche Moral und das autoritätsfeindliche asketische Konventikel ebenso, wie heute die kapitalistische Gesellschaft die »Arbeitswilligen« gegen die Klassenmoral der Arbeiter und den autoritätsfeindlichen Gewerkverein zu schützen pflegt. Die Puritaner vertraten demgegenüber ihre entscheidendste Eigenart: das Prinzip asketischer Lebensführung. Denn im übrigen war die Abneigung des Puritanismus gegen den Sport, selbst bei den Quäkern, keine schlechthin grundsätzliche. Nur mußte er einem rationalen Zweck: der für die physische Leistungsfähigkeit erforderlichen Erholung, dienen. Als Mittel rein unbefangenen Sich-Auslebens ungebändigter Triebe dagegen war er ihm verdächtig, und soweit er zum reinen Genußmittel wurde oder gar den agonalen Ehrgeiz, rohe Instinkte oder die irrationale Lust zum Wetten weckte, war er selbstverständlich schlechthin verwerflich. Der *trieb*hafte Lebensgenuß, der von der Berufsarbeit wie von der Frömmigkeit gleichermaßen abzieht, war eben als solcher der Feind der rationalen Askese, mochte er sich als »seigneurialer« Sport oder als Tanzboden- und Kneipenbesuch des gemeinen Mannes darstellen.

Mißtrauisch und vielfach feindlich ist demgemäß auch die Stellung zu den nicht direkt religiös zu wertenden Kulturgütern. Nicht als ob ein düsteres kulturverachtendes

Banausentum im Lebensideal des Puritanismus enthalten gewesen wäre. Das gerade Gegenteil ist wenigstens für die Wissenschaft – mit Ausnahme der verabscheuten Scholastik – richtig. Und die größten Vertreter der puritanischen Bewegung sind überdies tief in die Bildung der Renaissance getaucht: die Predigten des presbyterianischen Flügels der Bewegung triefen von Klassizismen, und selbst diejenigen der Radikalen verschmähen, trotzdem sie allerdings gerade daran Anstoß nahmen, derartige Gelehrsamkeit doch in der theologischen Polemik nicht. Nie vielleicht ist ein Land so überreich an »graduates« gewesen, wie Neu-England in der ersten Generation seines Bestehens. Die Satire der Gegner, wie z. B. Butlers »Hudibras«, setzt ebenfalls gerade bei der Stubengelehrsamkeit und geschulten Dialektik der Puritaner ein: dies hängt *teil*weise mit der religiösen Schätzung des Wissens zusammen, welche aus der Stellung zur katholischen »fides implicita« folgte. – Schon anders steht es, sobald man das Gebiet der nicht wissenschaftlichen Literatur und weiterhin der Sinnenkunst betritt. Hier freilich legte sich die Askese wie ein Reif auf das Leben des fröhlichen alten England. Und nicht nur die weltlichen Feste wurden davon betroffen. Der zornige Haß der Puritaner gegen alles, was nach »superstition« roch, gegen alle Reminiszenzen von magischer oder hierurgischer Gnadenspendung verfolgte das christliche Weihnachtsfest ganz ebenso wie den Maibaum und die unbefangene kirchliche Kunstübung. Daß in Holland für die Entwicklung einer großen, oft derb realistischen, Kunst Raum blieb, beweist lediglich, wie wenig exklusiv die dortige autoritär gehandhabte Sittenreglementierung nach diesen Richtungen gegenüber dem Einfluß des Hofes und des Regentenstandes (einer *Rentner*schicht), aber auch der Lebenslust reich gewordener Kleinbürger zu wirken vermochte, nachdem die kurze Herrschaft der calvinistischen Theokratie sich in ein nüchternes Staatskirchentum aufgelöst und damit der Calvinismus an asketischer Werbekraft merklich verloren hatte. Das Theater war dem Puritaner verwerflich, und bei der strikten Ausscheidung des Erotischen und der Nuditäten aus dem Kreise des Möglichen blieb in Literatur wie Kunst die radikalere Auffassung nicht stehen. Die Begriffe des »idle talk«, der »superfluities«, der »vain ostentation« – alles Bezeichnungen eines irrationalen, ziellosen, daher nicht asketischen und überdies nicht zum Ruhme Gottes, sondern des Menschen dienenden Gebarens – waren schnell bei der Hand, um gegen jede Verwendung künstlerischer Motive die nüchterne Zweckmäßigkeit entschieden zu begünstigen. Vollends galt dies da, wo es sich um den direkten Schmuck der Person, z. B. die Tracht, handelte. Jene mächtige Tendenz zur Uniformierung des Lebensstils, welcher heute das kapitalistische Interesse an der »standardization« der Produktion zur Seite steht, hatte in der Ablehnung der »Kreaturvergötterung« ihre ideelle Grundlage. Gewiß darf man dabei nicht vergessen, daß der Puritanismus eine Welt von Gegensätzen in sich schloß, daß der instinktive Sinn für das zeitlos Große in der Kunst bei seinen Führern sicher höher stand als in der Lebensluft der »Kavaliere«, und daß ein einzigartiger Genius wie Rembrandt, so wenig sein »Wandel« durchweg vor den Augen des puritanischen Gottes Gnade gefunden hätte, doch in der Richtung seines Schaffens durch sein sektiererisches Milieu ganz wesentlich mitbestimmt wurde. Aber am Gesamtbild ändert das insofern nichts, als die mächtige Verinnerlichung der Persönlichkeit, welche die weitere Fortbildung der puritanischen Lebensluft mit sich bringen konnte und tatsächlich mitbestimmt hat, doch vorwiegend der Literatur und auch da erst späteren Geschlechtern zugute gekommen ist.

Ohne auf die Erörterung der Einflüsse des Puritanismus nach allen diesen Richtungen hier näher eingehen zu können, vergegenwärtigen wir uns nur, daß die Statthaftigkeit der Freude an den rein dem ästhetischen oder sportlichen Genuß dienenden Kulturgütern jedenfalls immer *eine* charakteristische Schranke findet: sie *dürfen nichts kosten*. Der Mensch ist ja nur Verwalter der durch Gottes Gnade ihm zugewendeten Güter, er hat, wie der Knecht der Bibel, von jedem anvertrauten Pfennig Rechenschaft abzulegen, und es ist zum mindesten bedenklich, davon etwas zu verausgaben zu einem Zweck, der nicht Gottes Ruhm, sondern dem eigenen Genuß gilt. Wem, der die Augen offen hat, wären Repräsentanten dieser Auffassung nicht bis in die Gegenwart hinein begegnet? Der Gedanke der *Verpflichtung* des Menschen gegenüber seinem anvertrauten Besitz, dem er sich als dienender Verwalter oder geradezu als »Erwerbsmaschine« unterordnet, legt sich mit seiner erkältenden Schwere auf das Leben. Je größer der Besitz wird, desto schwerer wird – *wenn* die asketische Lebensstimmung die Probe besteht – das Gefühl der Verantwortung dafür, ihn zu Gottes Ruhm ungeschmälert zu erhalten und durch rastlose Arbeit zu vermehren. Auch die Genesis dieses Lebensstils reicht in einzelnen Wurzeln, wie so viele Bestandteile des modernen kapitalistischen Geistes, in das Mittelalter zurück, aber erst in der Ethik des asketischen Protestantismus fand er seine konsequente ethische Unterlage. Seine Bedeutung für die Entwicklung des Kapitalismus liegt auf der Hand.

Die innerweltliche protestantische Askese – so können wir das bisher Gesagte wohl zusammenfassen – wirkte also mit voller Wucht gegen den unbefangenen *Genuß* des Besitzes, sie schnürte die *Konsumtion*, speziell die Luxuskonsumtion, ein. Dagegen *entlastete* sie im psychologischen Effekt den *Gütererwerb* von den Hemmungen der traditionalistischen Ethik, sie sprengte die Fesseln des Gewinnstrebens, indem sie es nicht nur legalisierte, sondern (in dem dargestellten Sinn) direkt als gottgewollt ansah. Der Kampf gegen Fleischeslust und das Hängen an äußeren Gütern war, wie neben den Puritanern auch der große Apologet des Quäkertums, Barclay, ausdrücklich bezeugt, *kein* Kampf gegen rationalen *Erwerb*, sondern gegen irrationale Verwendung des Besitzes. Dieses aber lag vor allem in der Wertschätzung der als Kreaturvergötterung verdammlichen *ostensiblen* Formen des Luxus, wie sie dem feudalen Empfinden so nahe lagen, anstatt der von Gott gewollten rationalen und utilitarischen Verwendung für die Lebenszwecke des Einzelnen und der Gesamtheit. *Nicht*

Kasteiung wollte sie dem Besitzenden aufzwingen, sondern Gebrauch seines Besitzes für notwendige und *praktisch nützliche* Dinge. Der Begriff des *»comfort«* umspannt in charakteristischer Weise den Kreis der ethisch statthaften Verwendungszwecke, und es ist natürlich kein Zufall, daß man die Entwicklung des Lebensstils, der sich an jenen Begriff heftet, gerade bei den konsequentesten Vertretern dieser ganzen Lebensanschauung: den Quäkern, am frühesten und deutlichsten beobachtet hat. Dem Flitter und Schein chevaleresken Prunkes, der, auf unsolider ökonomischer Basis ruhend, die schäbige Eleganz der nüchternen Einfachheit vorzieht, setzten sie die saubere und solide Bequemlichkeit des bürgerlichen »home« als Ideal entgegen.

Auf der Seite der *Produktion* des privatwirtschaftlichen Reichtums kämpfte die Askese gegen Unrechtlichkeit ebenso wie gegen rein *trieb*hafte Habgier, – denn diese war es, welche sie als »covetousness«, als »Mammonismus« usw. verwarf: das Streben nach Reichtum zu dem Endzweck, reich zu *sein*. Denn der Besitz als solcher war Versuchung. Aber hier war nun die Askese die Kraft, »die stets das Gute will und stets das Böse« – das in ihrem Sinn Böse: den Besitz und seine Versuchungen – »schafft«. Denn nicht nur sah sie, mit dem Alten Testament und in voller Analogie zu der ethischen Wertung der »guten Werke«, zwar in dem Streben nach Reichtum als *Zweck* den Gipfel des Verwerflichen, in der Erlangung des Reichtums als *Frucht* der Berufsarbeit aber den Segen Gottes. Sondern, was noch wichtiger war: die religiöse Wertung der rastlosen, stetigen, systematischen, weltlichen Berufsarbeit als schlechthin höchsten asketischen Mittels und zugleich sicherster und sichtbarster Bewährung des wiedergeborenen Menschen und seiner Glaubensechtheit mußte ja der denkbar mächtigste Hebel der Expansion jener Lebensauffassung sein, die wir hier als »Geist« des Kapitalismus bezeichnen. Und halten wir nun noch jene Einschnürung der Konsumtion mit dieser Entfesselung des Erwerbsstrebens *zusammen*, so ist das äußere Ergebnis naheliegend: *Kapitalbildung* durch *asketischen Sparzwang*. Die Hemmungen, welche dem konsumtiven Verbrauch des Erworbenen entgegenstanden, mußten ja seiner produktiven Verwendung: als *Anlage*kapital, zugute kommen. Wie stark diese Wirkung gewesen ist, entzieht sich ziffernmäßig naturgemäß jeder exakten Bestimmung. In Neu-England tritt der Zusammenhang so greifbar hervor, daß er bereits dem Auge eines so vortrefflichen Historikers wie Doyle nicht entgangen ist. Aber auch in dem vom strikten Calvinismus nur 7 Jahre wirklich beherrschten Holland führte die in den religiös ernsteren Kreisen herrschende größere Einfachheit des Lebens bei enormen Reichtümern zu einer exzessiven Kapitalaufsammlungssucht. Daß ferner die zu allen Zeiten und überall vorhanden gewesene, auch bei uns heute recht wirksame, Tendenz zur »Veradligung« bürgerlicher Vermögen durch die Antipathie des Puritanismus gegen feudale Lebensformen fühlbar gehemmt werden mußte, liegt auf der Hand. Englische merkantilistische Schriftsteller des 17. Jahrhunderts führten die Überlegenheit der holländischen Kapitalmacht gegenüber England darauf zurück, daß dort nicht wie hier neu erworbene Vermögen regelmäßig durch Anlage in Land und – denn darauf, nicht auf den Landankauf allein kommt es an – den Übergang zu feudalen Lebensgewohnheiten Nobilitierung suchten und dadurch der kapitalistischen Verwertung entzogen würden. Die auch bei den Puritanern nicht fehlende Schätzung der *Landwirtschaft* als eines besonders wichtigen, auch der Frömmigkeit besonders zuträglichen Erwerbszweigs galt (z. B. bei Baxter) nicht dem Landlord, sondern dem Yeoman und Farmer, und im 18. Jahrhundert nicht dem Junker, sondern dem »rationellen« *Landwirt*. Durch die englische Gesellschaft der Zeit seit dem 17. Jahrhundert zieht sich der Zwiespalt zwischen der »Squirearchie«, der Trägerin des »fröhlichen alten England«, und den in ihrer gesellschaftlichen Macht stark schwankenden puritanischen Kreisen. Beide Züge: der einer ungebrochenen naiven Lebensfreude und der einer streng geregelten und reservierten Selbstbeherrschung und konventionellen ethischen Bindung stehen noch heute im Bilde des englischen »Volkscharakters« nebeneinander. Und ebenso zieht sich durch die älteste Geschichte der nordamerikanischen Kolonisation der scharfe Gegensatz der »adventurers«, die mit der Arbeitskraft von indented servants Plantagen einrichten und seigneurial leben wollten, gegen die spezifisch bürgerliche Gesinnung der Puritaner.

Soweit die Macht puritanischer Lebensauffassung reichte, kam sie unter allen Umständen – und dies ist natürlich weit wichtiger als die bloße Begünstigung der Kapitalbildung – der Tendenz zu bürgerlicher, ökonomisch *rationaler* Lebensführung zugute; sie war ihr wesentlichster und vor allem: ihr einzig konsequenter Träger. Sie stand an der Wiege des modernen »Wirtschaftsmenschen«. Gewiß: diese puritanischen Lebensideale versagten bei einer allzu starken Belastungsprobe durch die den Puritanern selbst sehr wohlbekannten »Versuchungen« des Reichtums. Sehr regelmäßig finden wir die genuinsten Anhänger puritanischen Geistes in den Reihen der erst im *Aufsteigen begriffenen* Schichten der Kleinbürger und Farmer und die »beati possidentes«, selbst bei den Quäkern, recht oft zur Verleugnung der alten Ideale bereit. Es war das das gleiche Schicksal, welchem die Vorgängerin der innerweltlichen Askese: die klösterliche Askese des Mittelalters, immer wieder erlag: wenn die rationelle Wirtschaftsführung hier, an der Stätte streng geregelten Lebens und gehemmter Konsumtion, ihre Wirkung voll entfaltet hatte, so verfiel der gewonnene Besitz entweder direkt – wie in der Zeit vor der Glaubensspaltung – der Veradligung oder es drohte doch die klösterliche Zucht in die Brüche zu gehen, und eine der zahlreichen »Reformationen« mußte eingreifen. Ist doch die ganze Geschichte der Ordensregeln in gewissem Sinne ein stets erneutes Ringen mit dem Problem der säkularisierenden Wirkung des Besitzes. Das gleiche gilt in grandiosem Maßstabe auch für die innerweltliche Askese des Puritanismus. Der mächtige »revival« des Methodismus, welcher dem Aufblühen der englischen Industrie gegen Ende des 18. Jahrhunderts vorangeht, kann mit einer solchen Klosterreformation recht wohl verglichen werden. Von John Wesley selbst möge nun hier eine Stelle Platz finden, welche wohl geeignet wäre, als Motto über allem bisher Gesagten zu stehen. Denn sie zeigt, wie die Häupter der asketischen Richtungen selbst sich über die hier dargelegten, scheinbar so paradoxen Zusammenhänge vollkommen, und zwar durchaus in dem hier entwickelten Sinn, klar waren. Er schreibt:

»Ich fürchte: wo immer der Reichtum sich vermehrt hat, da hat der Gehalt an Religion in gleichem Maße abgenommen. Daher sehe ich nicht, wie es, nach der Natur der Dinge, möglich sein soll, daß irgendeine Wiedererweckung echter Religiosität lange Dauer haben kann. Denn Religion *muß notwendig* sowohl Arbeitsamkeit (industry) als Sparsamkeit (frugality) erzeugen, und diese können nichts anderes als Reichtum hervorbringen. Aber wenn Reichtum zunimmt, so nehmen Stolz, Leidenschaft und Weltliebe in allen ihren Formen zu. Wie soll es also möglich sein, daß der Methodismus, das heißt eine Religion des Herzens, mag sie jetzt auch wie ein grünender Baum blühen, in diesem Zustand verharrt? Die Methodisten werden überall fleißig und sparsam; folglich vermehrt sich ihr Güterbesitz. Daher wachsen sie entsprechend an Stolz, Leidenschaft, an fleischlichen und weltlichen Gelüsten und Lebenshochmut. So bleibt zwar die Form der Religion, der Geist aber schwindet allmählich. Gibt es keinen Weg, diesen fortgesetzten Verfall der reinen Religion zu hindern? Wir dürfen die Leute nicht hindern, fleißig und sparsam zu sein. *Wir müssen alle Christen ermahnen zu gewinnen, was sie können, und zu sparen, was sie können, das heißt im Ergebnis: reich zu werden.«* (Folgt die Ermahnung, daß die, die »alles gewinnen, was sie können, und alles sparen, was sie können«, auch »alles, was sie können, geben« sollen, um so in der Gnade zu wachsen und einen Schatz im Himmel zu sammeln.) – Man sieht, es ist das bis in alle Einzelheiten der hier beleuchtete Zusammenhang.

Ihre volle *ökonomische* Wirkung entfalteten, ganz wie es hier Wesley sagt, jene mächtigen religiösen Bewegungen, deren Bedeutung für die wirtschaftliche Entwicklung ja in erster Linie in ihren asketischen *Erziehungs*wirkungen lag, regelmäßig erst, nachdem die Akme des *rein* religiösen Enthusiasmus bereits überstiegen war, der Krampf des Suchens nach dem Gottesreich sich allmählich in nüchterne Berufstugend aufzulösen begann, die religiöse Wurzel langsam abstarb und utilitarischer Diesseitigkeit Platz machte, – wenn in der populären Phantasie »Robinson Crusoe«, der *isolierte Wirtschaftsmensch*, welcher nebenher Missionsarbeit treibt, an die Stelle des in innerlich einsamem Streben nach dem Himmelreich durch den »Jahrmarkt der Eitelkeit« eilenden Bunyanschen »Pilgers« getreten war. Wenn dann weiterhin der Grundsatz herrschend wurde: »to make the best of *both* worlds«, so mußte schließlich das gute Gewissen einfach in die Reihe der Mittel komfortablen bürgerlichen Lebens eingereiht werden, wie dies ja auch das deutsche Sprichwort vom »sanften Ruhekissen« recht hübsch zum Ausdruck bringt. Was jene religiös lebendige Epoche des 17. Jahrhunderts ihrer utilitarischen Erbin vermachte, war aber eben vor allem ein ungeheuer gutes – sagen wir getrost: ein *pharisäisch* gutes – Gewissen beim Gelderwerb, wenn anders er sich nur in legalen Formen vollzog. Jeder Rest des »Deo placere vix potest« war verschwunden. Ein spezifisch *bürgerliches Berufsethos* war entstanden. Mit dem Bewußtsein, in Gottes voller Gnade zu stehen und von ihm sichtbar gesegnet zu werden, vermochte der bürgerliche Unternehmer, wenn er sich innerhalb der Schranken formaler Korrektheit hielt, sein sittlicher Wandel untadelig und der Gebrauch, den er von seinem Reichtum machte, kein anstößiger war, seinen Erwerbsinteressen zu folgen und *sollte* dies tun. Die Macht der religiösen Askese stellte ihm überdies nüchterne, gewissenhafte, ungemein arbeitsfähige und an der Arbeit als gottgewolltem Lebenszweck klebende Arbeiter zur Verfügung. Sie gab ihm dazu die beruhigende Versicherung, daß die ungleiche Verteilung der Güter dieser Welt ganz spezielles Werk von Gottes Vorsehung sei, der mit diesen Unterschieden ebenso wie mit der nur partikulären Gnade seine geheimen, uns unbekannten Ziele verfolge. Schon Calvin hatte den oft zitierten Ausspruch getan, daß nur, wenn das »Volk«, d. h. die Masse der Arbeiter und Handwerker, arm erhalten werde, es Gott gehorsam bleibe. Die Niederländer (Pieter de la Court und andere) hatten dies dahin »säkularisiert«: daß die Masse der Menschen nur *arbeite*, wenn die Not sie dazu treibe, und diese Formulierung eines Leitmotivs kapitalistischer Wirtschaft mündete dann weiterhin in den Strom der Theorie von der »Produktivität« niederer Löhne. Auch hier schob sich die utilitarische Wendung dem Gedanken unvermerkt mit dem Absterben seiner religiösen Wurzel unter, ganz nach dem Entwicklungsschema, welches wir immer wieder beobachten. Die mittelalterliche Ethik hatte den Bettel nicht nur geduldet, sondern in den Bettelorden geradezu glorifiziert. Auch die weltlichen Bettler wurden, da sie ja dem Besitzenden Gelegenheit zu guten Werken durch Almosen gaben, gelegentlich geradezu als »Stand« bezeichnet und gewertet. Noch die anglikanische Sozialethik der Stuarts stand dieser Haltung innerlich sehr nahe. Es war der puritanischen Askese vorbehalten, an jener harten englischen Armengesetzgebung mitzuarbeiten, welche hierin grundsätzlichen Wandel schuf. Und sie konnte das, weil die protestantischen Sekten und die streng puritanischen Gemeinschaften überhaupt in ihrer eigenen Mitte den Bettel tatsächlich *nicht kannten*.

Denn andererseits: Von der anderen Seite, derjenigen der Arbeiter, gesehen, glorifizierte z. B. die Zinzendorfsche Spielart des Pietismus den berufstreuen Arbeiter, der nicht nach Erwerb trachtet, als nach dem Vorbild der Apostel lebend und also mit dem Charisma der Jüngerschaft begabt. Noch radikaler waren ähnliche Anschauungen anfangs bei den Täufern verbreitet gewesen. Nun ist natürlich die gesamte asketische Literatur fast *aller* Konfessionen von dem Gesichtspunkt durchtränkt, daß treue Arbeit auch bei niederen Löhnen seitens dessen, dem das Leben sonst keine Chancen zugeteilt hat, etwas Gott höchst Wohlgefälliges sei. *Darin* brachte die protestantische Askese an sich keine Neuerung. Aber: sie vertiefte nicht nur diesen Gesichtspunkt aufs mächtigste, sondern sie erschuf jener Norm das, worauf es ja schließlich für deren Wirkung *allein ankam:* den psychologischen *Antrieb* durch die Auffassung dieser Arbeit als *Beruf*, als vorzüglichsten, ja letztlich oft als *einzigen* Mittels, des Gnadenstandes sicher zu werden. Und sie legalisierte auf der anderen Seite die Ausbeutung dieser spezifischen Arbeitswilligkeit, indem sie auch den Gelderwerb des Unternehmers als »Beruf« deutete. Es liegt auf der Hand, wie mächtig das *ausschließliche* Streben nach dem Gottesreich durch Erfüllung der Arbeitspflicht als Beruf und die strenge Askese, welche die Kirchenzucht naturgemäß gerade den besitzlosen Klassen aufnötigte, die »Produktivität« der Arbeit im kapitalistischen Sinn des Wortes fördern mußten. Die Behandlung der Arbeit als »Beruf« wurde für den modernen Arbeiter ebenso charakteristisch wie für den Unternehmer die entsprechende Auffassung des Erwerbs. Es war eine Wiedergabe dieses damals neuen Tatbestandes, wenn ein so scharfer anglikanischer Beobachter wie Sir William Petty die holländische Wirtschaftsmacht des 17. Jahrhunderts darauf zurückführte, daß die dort besonders zahlreichen »Dissenters« (Calvinisten und Baptisten) Leute seien, welche *»Arbeit und Gewerbefleiß für ihre Pflicht gegen Gott«* ansahen. Der »organischen« Sozialverfassung in jener fiskalisch-monopolistischen Wendung, welche sie im Anglikanismus unter den Stuarts, namentlich in den Konzeptionen Lauds annahm: diesem Bündnis von Staat und Kirche mit den »Monopolisten« auf dem Boden eines christlich-sozialen Unterbaus, stellte der Puritanismus, dessen Vertreter durchweg zu den leidenschaftlichen Gegnern *dieser* Art von staatlich privilegiertem Händler-, Verleger- und Kolonialkapitalismus gehörten, die individualistischen *Antriebe* des rationalen legalen Erwerbs kraft eigener Tüchtigkeit und Initiative gegenüber, welche – während die staatlich privilegierten Monopolindustrien in England bald sämtlich wieder verschwanden – am Aufbau der ohne, zum Teil trotz und gegen die obrigkeitlichen Gewalten entstehenden Industrien entscheidend mitbeteiligt waren. Die Puritaner

(Prynne, Parker) lehnten jede Gemeinschaft mit den »Höflingen und Projektenmachern« großkapitalistischen Gepräges als mit einer ethisch verdächtigen Klasse ab, im Stolz auf ihre eigene überlegene bürgerliche Geschäftsmoral, welche den wahren Grund der Verfolgungen bilde, denen sie von jenen Kreisen ausgesetzt seien. Den Kampf gegen den Dissent schlug noch Defoe vor, durch Boykott gegen die Bankwechsel und durch Depotkündigungen zu gewinnen. Der Gegensatz der beiden Arten kapitalistischer Gebarung ging sehr weitgehend mit den religiösen Gegensätzen Hand in Hand. Die Gegner der Nonkonformisten haben auch im 18. Jahrhundert immer wieder diese als die Träger des »spirit of shopkeepers« verhöhnt und als den Verderb der altenglischen Ideale verfolgt. *Hier* lag auch der Gegensatz des puritanischen gegen das jüdische Wirtschaftsethos verankert, und schon die Zeitgenossen (Prynne) wußten, daß das erstere, nicht das letztere, das *bürgerliche* Wirtschaftsethos war.

Einer der konstitutiven Bestandteile des modernen kapitalistischen Geistes, und nicht nur dieses, sondern der modernen Kultur: die rationale Lebensführung auf Grundlage der *Berufsidee*, ist – das sollten diese Darlegungen erweisen – geboren aus dem Geist der *christlichen Askese*. – Der Gedanke, daß die moderne Berufsarbeit ein *asketisches* Gepräge trage, ist ja auch nicht neu. Daß die Beschränkung auf Facharbeit, mit dem Verzicht auf die faustische Allseitigkeit des Menschentums, welchen sie bedingt, in der heutigen Welt Voraussetzung wertvollen Handelns überhaupt ist, daß also »Tat« und »Entsagung« einander heute unabwendbar bedingen: dieses asketische Grundmotiv des bürgerlichen Lebensstils – wenn er eben Stil und nicht Stillosigkeit sein will – hat auf der Höhe seiner Lebensweisheit, in den »Wanderjahren« und in dem Lebensabschluß, den er seinem Faust gab, auch Goethe uns lehren wollen. Für ihn bedeutete diese Erkenntnis einen entsagenden Abschied von einer Zeit vollen und schönen Menschentums, welche im Verlauf unserer Kulturentwicklung ebensowenig sich wiederholen wird wie die Zeit der Hochblüte Athens im Altertum. Der Puritaner *wollte* Berufsmensch sein, – wir *müssen* es sein. Denn indem die Askese aus den Mönchszellen heraus in das Berufsleben übertragen wurde und die innerweltliche Sittlichkeit zu beherrschen begann, half sie an ihrem Teil mit daran, jenen mächtigen Kosmos der modernen, an die technischen und ökonomischen Voraussetzungen mechanisch-maschineller Produktion gebundenen, Wirtschaftsordnung erbauen, der heute den Lebensstil aller Einzelnen, die in dies Triebwerk hineingeboren werden – *nicht* nur der direkt ökonomisch Erwerbstätigen –, mit überwältigendem Zwang bestimmt und vielleicht bestimmen wird, bis der letzte Zentner fossilen Brennstoffs verglüht ist. Nur wie »ein dünner Mantel, den man jederzeit abwerfen könnte«, sollte nach Baxters Ansicht die Sorge um die äußeren Güter um die Schultern seiner Heiligen liegen. Aber aus dem Mantel ließ das Verhängnis ein stahlhartes Gehäuse werden. Indem die Askese die Welt umzubauen und in der Welt sich auszuwirken unternahm, gewannen die äußeren Güter dieser Welt zunehmende und schließlich unentrinnbare Macht über den Menschen, wie niemals zuvor in der Geschichte. Heute ist ihr Geist – ob endgültig, wer weiß es? – aus diesem Gehäuse entwichen. Der siegreiche Kapitalismus jedenfalls bedarf, seit er auf mechanischer Grundlage ruht, dieser Stütze nicht mehr. Auch die rosige Stimmung ihrer lachenden Erbin: der Aufklärung, scheint endgültig im Verbleichen, und als ein Gespenst ehemals religiöser Glaubensinhalte geht der Gedanke der »Berufspflicht« in unserem Leben um. Wo die »Berufserfüllung« nicht direkt zu den höchsten geistigen Kulturwerten in Beziehung gesetzt werden kann – oder wo nicht umgekehrt sie auch subjektiv einfach als ökonomischer Zwang empfunden werden muß –, da verzichtet der Einzelne heute meist auf ihre Ausdeutung überhaupt. Auf dem Gebiet seiner höchsten Entfesselung, in den Vereinigten Staaten, neigt das seines religiös-ethischen Sinnes entkleidete Erwerbsstreben heute dazu, sich mit rein agonalen Leidenschaften zu assoziieren, die ihm nicht selten geradezu den Charakter des Sports aufprägen. Niemand weiß noch, wer künftig in jenem Gehäuse wohnen wird und ob am Ende dieser ungeheuren Entwicklung ganz neue Propheten oder eine mächtige Wiedergeburt alter Gedanken und Ideale stehen werden, *oder* aber – wenn keins von beiden – mechanisierte Versteinerung, mit einer Art von krampfhaftem Sich-wichtig-nehmen verbrämt. Dann allerdings könnte für die »letzten Menschen« dieser Kulturentwicklung das Wort zur Wahrheit werden: »Fachmenschen ohne Geist, Genußmenschen ohne Herz: dies Nichts bildet sich ein, eine nie vorher erreichte Stufe des Menschentums erstiegen zu haben.« –

Doch wir geraten damit auf das Gebiet der Wert- und Glaubensurteile, mit welchen diese rein historische Darstellung nicht belastet werden soll. Die Aufgabe wäre vielmehr: die in der vorstehenden Skizze nur angeschnittene Bedeutung des asketischen Rationalismus nun auch für den Inhalt der *sozialpolitischen* Ethik, also für die Art der Organisation und der Funktionen der sozialen Gemeinschaften vom Konventikel bis zum Staat aufzuzeigen. Alsdann müßte seine Beziehung zu dem humanistischen Rationalismus und dessen Lebensidealen und Kultureinflüssen, ferner zur Entwicklung des philosophischen und wissenschaftlichen Empirismus, zu der technischen Entwicklung und zu den geistigen Kulturgütern analysiert werden. Dann endlich wäre sein geschichtliches Werden von den mittelalterlichen Ansätzen einer innerweltlichen Askese aus und seine Auflösung in den reinen Utilitarismus *historisch* und durch die einzelnen Verbreitungsgebiete der asketischen Religiosität hindurch zu verfolgen. Daraus erst könnte sich das *Maß* der Kulturbedeutung des asketischen Protestantismus im Verhältnis zu anderen plastischen Elementen der modernen Kultur ergeben. Hier ist ja erst Tatsache und *Art* seiner Einwirkung in einem, wenn auch wichtigen, Punkt auf ihre Motive zurückzuführen versucht worden. Weiter aber müßte dann auch die Art, wie die protestantische Askese ihrerseits durch die Gesamtheit der gesellschaftlichen Kulturbedingungen, insbesondere auch der *ökonomischen*, in ihrem Werden und ihrer Eigenart beeinflußt worden ist, zutage treten. Denn obwohl der moderne Mensch im ganzen selbst beim besten Willen nicht imstande zu sein pflegt, sich die Bedeutung, welche religiöse Bewußtseinsinhalte auf die Lebensführung, die Kultur und die Volkscharaktere gehabt haben, *so* groß vorzustellen, wie sie tatsächlich gewesen ist, – so kann es dennoch natürlich nicht die Absicht sein, an Stelle einer einseitig »materialistischen« eine ebenso einseitig spiritualistische kausale Kultur- und Geschichtsdeutung zu setzen. *Beide* sind *gleich möglich*, aber mit beiden ist, wenn sie nicht Vorarbeit, sondern Abschluß der Untersuchung zu sein beanspruchen, der historischen Wahrheit gleich wenig gedient.

»KIRCHEN« UND »SEKTEN« IN NORDAMERIKA

Eine kirchen- und sozialpolitische Skizze

I.

Die starke Entwicklung des kirchlichen Gemeinschaftslebens in den Vereinigten Staaten ist eine Erscheinung, die jedem nicht ganz oberflächlichen Besucher des Landes in die Augen fällt. Allerdings, die rapide Europäisierung drängt heute die kirchliche Durchdringung des ganzen Lebens, die dem genuinen »Amerikanismus« spezifisch war, überall zurück. Man kann die wunderlichen Kompromisse, in denen sich dies äußert, z. B. aus folgender *statutar*ischen Bestimmung an einer der beiden Chicagoer Universitäten kennenlernen: der, bei Strafe der Relegation, obligatorische Besuch der chapel seitens der Studenten kann 1. durch Belegen bestimmter Vorlesungen über die vorgeschriebene Mindestzahl hinaus »abgelöst« werden, 2. aber werden jedem, der den vorgeschriebenen chapel record (sic!), in natura oder durch Ablösung, in einer Studienperiode nachweislich überschritten hat, die so aufgespeicherten opera supererogationis auf die folgenden Perioden *gutgeschrieben!*

Der »moderne« oder modern sein wollende Amerikaner beginnt allmählich im Gespräch mit Europäern verlegen zu werden, wenn auf die kirchliche Eigenart des Landes die Rede kommt. Aber für das genuine Yankeetum ist das eine junge Erscheinung, und in die Tiefe ist diese »Säkularisation« des Lebens noch immer nicht gedrungen, soweit es sich um *anglo*amerikanische Kreise handelt. Ihre Exklusivität einerseits und – wie hier gezeigt werden soll – ein Teil ihrer Überlegenheit im Kampf ums Dasein beruht auf diesen »Rückständen«. Und in Wahrheit ist es fast eine Hyperbel, von »Rückständen« zu sprechen, wo es sich um eine der noch immer kräftigsten Komponenten der ganzen

Lebensführung handelt, die in einer, für unser Empfinden grotesken, oft abstoßenden Weise in das Leben eingreift. Deutsch-amerikanische Familien, die seit mehr als einem Menschenalter in dem – im Gegensatz zu »New-York proper« – als fromm geltenden Brooklyn ansässig sind, führen unter den Hemmnissen der Anknüpfung von intimeren Beziehungen zu den alteingeborenen Kreisen noch heute die Schwierigkeit an, auf die unumgängliche Frage: To what church do you belong? eine befriedigende, und zwar nicht bloß »formale« Antwort zu geben. Noch heute ist es etwas durchaus Normales, daß ein Grundstücks-Spekulant, welcher seine Baustellen besetzt zu sehen wünscht, vor allem inmitten derselben eine »Kirche«, d. h. eine Holzscheuer mit Turm, nach Art der entsprechenden Gebilde in unseren Spielzeugschachteln, erbaut und alsdann einen eben dem Seminar entsprungenen Kandidaten irgend einer Denomination für 500 Dollars engagiert, mit der, sei es ausdrücklichen, sei es stillschweigenden Zusage, daß diese Position sich zu einer Lebensstellung auswachsen werde, falls es dem Betreffenden nur gelinge, die Baustellen recht schnell »voll« zu predigen. Und es gelingt zumeist.

Die privaten statistischen Erhebungen, welche uns zur Verfügung stehen, zeigen noch jetzt im Durchschnitt weit unter ein Zehntel (etwa $^1/_{13}$) der Bevölkerung als formell »konfessionslos«, in einem Lande, welches das verfassungsmäßige Verbot der offiziellen Anerkennung irgend einer Kirche so weit auslegt, daß wir eben aus diesem Grunde keine offizielle Konfessionsstatistik haben, weil schon die, amtliche, Frage nach der Konfession als verfassungswidrig gilt. Und dies ferner unter Verhältnissen, wo der Begriff der »Zugehörigkeit« zu einer kirchlichen Gemeinschaft etwas ganz Anderes als bei uns, schon in rein materieller Hinsicht, bedeutet: ungelernte Holz- und Hafenarbeiter einer evangelischen Gemeinde in der Gegend von Buffalo z. B. lassen sich ihre Kirche jährlich über 80 Mk. an festen Abgaben pro Mitglied kosten, ungerechnet die äußerst zahlreichen und für den Unterhalt des Pfarrers und der Kirche selbst unentbehrlichen collections. Wie sehr jene amtlich verpönte, privatim aber noch immer so bedeutungsvolle Frage nach der Kirchenzugehörigkeit der homerischen Erkundigung nach Heimatsort und Eltern entspricht, erfuhr ein deutscher Nasenspezialist, der sich in Cincinnati niedergelassen hatte, zu seinem nicht geringen Erstaunen, als er von seiten seines ersten Patienten, auf die Frage nach der Natur seiner Beschwerden, vor allem weiteren als *erste* Angabe die Mitteilung gemacht erhielt: I am from the 2nd Baptist Church in the X-Street. Ätiologisch stand dieser Umstand, wie sich für den verblüfften Arzt weiterhin ergab, natürlich mit dem Nasenleiden nicht in Verbindung, dagegen sollte er etwas Anderes, für ihn nicht Gleichgültiges besagen, nämlich: Sei wegen deines *Honorars* unbesorgt!

Die Zugehörigkeit zu einer nach amerikanischen Vorstellungen »reputierlichen« Kirchengemeinschaft garantiert die Reputierlichkeit des Individuums, die gesellschaftliche nicht nur, sondern auch und vor allem die geschäftliche. »Herr«, – sagte mir ein schon älterer Gentleman, der in Undertakers Hardware (eisernen Leichenstein-Aufschriften) reiste und mit dem ich in Oklahoma einige Zeit zusammen war – »meinethalben mag Jedermann glauben, was ihm beliebt, – aber wenn ich von einem Kunden in Erfahrung bringe, daß er seine Kirche nicht besucht, dann ist er mir nicht für 50 Cts. gut: why pay me, if he doesn't believe in anything?« In einem so ungeheuer ausgedehnten Lande mit dünner Besiedlung und unsteter Bevölkerung, wo überdies das Gerichtsverfahren zur Zeit noch in anglonormannischem Formalismus steckt, das Exekutionsrecht lax und zugunsten der Masse der Farmer des Westens durch die Homestead-Privilegien so gut wie ausgeschaltet ist, konnte der *Personalkredit* eben zunächst nur auf den Krücken einer solchen kirchlichen Garantie der Kreditwürdigkeit fußen. So waren im Mittelalter bekanntlich die Bischöfe die ersten voll kreditwürdigen Schuldner, weil die päpstliche Exkommunikation im Fall leichtfertiger Nichtzahlung über ihnen schwebte. Und das ungeheure Pumpsystem, welches zu meiner Studentenzeit für die Existenz eines Heidelberger Kouleurstudenten nahezu die Notwendigkeit eines eigenen »Barvorrats« ausschaltete, oder jener so bedenkliche Kredit, den der deutsche Leutnant genießt, weil eventuell sein Oberst gegen ihn einschreitet: — sie beruhen ebenfalls auf jener (wirklichen oder vermeintlichen) Bedeutung »sozialer Bürgschaften«: die ganze gesellschaftliche Existenz des Kreditnehmers ruht auf der Zugehörigkeit zu jener Gemeinschaft, die deshalb seine Kreditwürdigkeit garantiert. So steht es nun auch mit dem amerikanischen Kirchengemeindemitglied, und zwar in der höchsten Potenz: entsprechend der noch geringen Differenzierung der sozialen Zweckverbände umschließt in den Vereinigten Staaten, da, wo die alten Verhältnisse noch in Kraft stehen, die ursprünglichste und universellste Gemeinschaft, die religiöse Gemeinde, noch fast alle »sozialen« Interessen, welche das Individuum über die Schwelle des eigenen Heims überhaupt hinausführen. Nicht nur belehrende Vorträge, Tee-Abende, Sonntagsschule, alle denkbaren karitativen Veranstaltungen, sondern auch die verschiedensten athletics, Football-Training und dergl. bietet die Kirchengemeinde und läßt die Zeiten dafür unter Umständen am Schluß des Gottesdienstes abkündigen: ein Mann, der wegen dishonourable conduct von ihr — wie dies früher geschah — öffentlich exkludiert oder — wie jetzt — stillschweigend aus ihren Listen gestrichen wird, verfällt damit einer Art von sozialem Boykott; wer außerhalb ihrer steht, hat keinerlei gesellschaftlichen »Anschluß«. Trotz der Abschwächung, welche, ganz abgesehen von der modernen Entwicklung, schon die im Gefolge der scharfen Konkurrenz der Denominationen untereinander grassierende Seelenfängerei naturgemäß mit sich bringt, und trotz der allgemeinen Zersetzung dieser Machtstellung des Kirchlichen, ist die Garantie, welche für die *geschäftlichen* Qualitäten in der Kirchenmitgliedschaft liegt, dennoch eine bedeutende.

Massenhafte »Orden« und Klubs der allerverschiedensten Art haben nun heute begonnen, der religiösen Gemeinschaft diese Funktion teilweise abzunehmen: fast jeder kleine Geschäftsmann, der etwas auf sich hält, trägt irgendeine badge im Knopfloch. Aber das Urbild dieser Gebilde, welche *alle* dazu dienen, die »Honorigkeit« des Individuums zu gewährleisten, ist eben die kirchliche Gemeinschaft. Am vollkommensten aber ist – und auf diesen Punkt sollte hier mit einigen Worten hingewiesen werden – diese Funktion entwickelt bei denjenigen Gemeinschaften, welche *»Sekten«* in dem gleich zu erörternden spezifischen Sinn des Wortes sind. Mir persönlich wurde dies besonders deutlich, als ich, an einem kalten Oktobersonntag, im Vorlande der Blue Ridge Mountains in Nord-Carolina einer Baptistentaufe beiwohnte: etwa zehn Personen beiderlei Geschlechts, in full dress, stiegen nacheinander in das eisige Wasser des Gebirgsbaches, in welchem während der ganzen Prozedur der schwarz bekleidete Reverend bis zur Hälfte des Körpers stand, lehnten sich nach umfangreichen Verpflichtungsformeln in seinem Arm, in den Knien einknikkend, rückwärts bis zum Verschwinden des Gesichts unter Wasser, stiegen prustend und schlotternd heraus und wurden von den massenhaft zu Pferd und zu Wagen gekommenen Farmern congratulated und schleunigst – aber zum Teil stundenweit – nach Hause gefahren. Faith schütze sie vor Erkältung, hieß es. Einer meiner Vettern, der mich von seiner Farm aus hinbegleitet hatte, und – er bewahrt als Zeichen seiner deutschen Abkunft die *Un*kirchlichkeit! – den Vorgang unter despektierlichem Ausspucken über die Achsel hin ansah, zeigte ein gewisses Interesse, als ein intelligent aussehender junger Mann sich der Prozedur unterzog: Oh see: Mr. X; – I told you so! Zur Rede gestellt, erwiderte er zunächst nur: Mr. X beabsichtigte, in Mt. Airy eine Bank aufzumachen und brauche bedeutenden Kredit. Die weitere Erörterung ergab, daß hierfür die Aufnahme in die Baptistengemeinde nicht in erster Linie wegen der Baptisten-Kundschaft, sondern vielmehr gerade auch für die *nicht* baptistischen Kunden deshalb von entscheidendem Werte sein mußte, weil die *eingehenden Recherchen* über sittliche und geschäftliche Lebensführung, welche ihr vorangingen – ich gedachte unwillkürlich unserer Recherchen bei Reserve-Offiziers-Aspiranten – für die weitaus strengsten und verläßlichsten galten: jede Unpünktlichkeit in Zahlung einer Schuld, leichtfertige Ausgaben, Wirtshausbesuch, kurz alles, was auf die geschäftliche Qualifikation des Betreffenden ein irgend zweifelhaftes Licht fallen ließ, bedeutete – bei der dortigen Gemeinde – Abweisung. Ist er hineinballotiert, so begleitet den Einzelnen die Sekte sein Leben lang bei allen seinen Schritten: verzieht er an einen anderen Ort, so stellt sie ihm das Attest aus, ohne welches er in die dortige Gemeinde seiner »Denomination« nicht aufgenommen wird. Kommt er ohne Schuld in Zahlungsschwierigkeiten, dann – dieser Punkt ist heute bei den Sekten in Verfall, findet sich aber bei zahlreichen »Orden« – sucht sie ihn zu »sanieren«, damit der Ruf der Sekte nicht Schaden nehme.

Wir können die rücksichtslose Schärfe der *Kontrolle*, welche alle auf der Grundlage des Täufertums erwachsenen Sekten, besonders auch die Quäker, über die Lebensführung, vor allem über die *geschäftliche* Rechtlichkeit ihrer Zugehörigen ausübten, durch den ganzen Verlauf ihrer Geschichte hindurch verfolgen: die puritanische »innerweltliche Askese« gipfelte bei ihnen ja geradezu in der Wendung ihrer »Kirchenzucht« speziell nach *dieser* Seite. Unbedingte Rechtlichkeit, daher z. B. System der festen Preise im Detailhandel, streng solide Kreditgebarung, Vermeidung alles »weltlichen« Aufwands und jeder Art von debauchery, kurz, nüchterne Arbeitsamkeit im »Beruf« das ganze Leben hindurch, erscheint als die spezifische, ja im Grunde geradezu als die *einzige* Form, in der man seine Qualifikation als Christ und damit seine moralische Legitimation für die Zugehörigkeit zur Sekte erweisen konnte. Wenn in Amerika die Berührung dogmatischer Dinge, speziell der sogenannten »Unterscheidungslehren« in den Predigten durchaus verpönt, der pulpit exchange (zeitweiliger Austausch von beliebten Predigern zwischen den Sekten) häufig und die Neigung, interdenominationelle Kartelle zur Abstellung des »unlauteren Wettbewerbs« in der Akquisition von Mitgliedern zu schließen, zur Zeit ziemlich fühlbar ist, so ist dies *heute* zwar zum Teil Symptom des mit der Europäisierung zunehmenden Indifferentismus. Aber auch in der Vergangenheit finden sich solche spezifisch »undogmatische« Epochen, und die (relative) Indifferenz gegenüber dem Dogma ist ja geradezu Merkmal des (im weitesten Sinn des Wortes) »pietistischen« Christentums. Die Grundthese *aller* Spielarten des »asketischen« Protestantismus (radikaler Calvinismus, Baptismus, Mennonitentum, Quäkertum, Methodismus und die asketischen Zweige des kontinentalen Pietismus): daß nur die *Bewährung* im Leben, speziell aber in der Berufsarbeit, die Versicherung der Wiedergeburt und Rechtfertigung enthalte, drängte immer wieder in die Bahn: der »bewährte« Christ ist der bewährte »Berufsmensch«, insonderheit der, vom kapitalistischen Standpunkt aus, tüchtige *Geschäftsmann.* Das Christentum dieses Gepräges war einer der Haupterzieher des »kapitalistischen« Menschen, und schon im 17. Jahrhundert jubeln die Quäker-Schriftsteller über den sichtlichen Segen Gottes, der auch die »Kinder der Welt« in ihre (der Quäker) Geschäfte als Kunden bringe, weil sie hier die zuverlässigste Bedienung, feste Preise usw. zu finden sicher seien. Und bei dieser »pädagogischen« Leistung wirkte nun und wirkt, wie gesagt, in gewissem Maß noch heute eben die Konstitution dieser religiösen Gemeinschaften als »Sekten« im spezifischen Sinne des Wortes mit.

Welches ist denn nun dieser Sinn? Und was ist also, auf dem Boden des abendländischen Christentums, eine »Sekte« im Gegensatz zu einer »Kirche«?

II.

Weder die bloße Beschränktheit der Bekennerzahl – die Baptisten sind eine der stärksten aller protestantischen Denominationen –, noch das staatskirchenrechtliche Merkmal der fehlenden »Anerkennung«, d. h. Privilegierung, durch den Staat – die in Amerika ja allen Denominationen gemeinsam ist – können schon *an sich* entscheidend sein. Allerdings wissen wir, daß der *Umfang* einer sozialen

Gruppe auf ihre innere Struktur den entscheidendsten Einfluß zu haben pflegt. Und die Beschränkung der Größe der kirchenrechtlichen Einheit, der Gemeinde, auf einen solchen Umfang, daß alle Mitglieder einander *persönlich kennen,* und also ihre »Bewährung« gegenseitig beurteilen und kontrollieren können, gehörte von jeher zu den Fundamentalprinzipien des Täufertums und, in Form der Bildung der sogenannten class meetings, in denen die Mitglieder, ursprünglich wöchentlich, eine Art gegenseitiger Beicht-Kontrolle ausübten, auch des genuinen Methodismus, ebenso aber der ecclesiolae des Pietismus. Man braucht den Berliner Dom nur anzusehen, um zu wissen, daß jedenfalls nicht in diesem cäsaro-papistischen Prunksaal, sondern weit eher in den kleinen, jeden mystischen Schmuckes entbehrenden Betsälen der Quäker und Baptisten der »Geist« des Protestantismus in seiner konsequentesten Gestaltung lebendig ist. Die starke Ausdehnung der Anhängerschaft des Methodismus, der, in seinen verschiedenen Ausprägungen, eine eigenartige Mischung »kirchen«- und »sekten«hafter Prinzipien darstellt, hat andererseits das heute zweifellose Überwiegen der ersteren sichtlich begünstigt. Allein die bloße Tatsache der kleinen Zahl an sich steht zwar in engem Zusammenhang mit dem inneren »Wesen« des Sektentums, *ist* aber dieses selbst noch nicht. Was ferner das Verhältnis zum Staat anlangt, so kann die »Kirche« natürlich das *faktische* Fehlen der staatlichen »Anerkennung« mit der »Sekte« teilen: – der wirkliche Unterschied beider liegt auch hier darin, daß, was für die »Kirche«, die lutherische und reformierte ebenso wie die katholische, »Zufall« und ihrer ganzen Struktur nach Prinzip*widrigkeit*, für die »Sekten« umgekehrt Ausfluß eines religiösen Gedankens ist. Für alle aus der großartigen volkstümlichen Bewegung des Täufertums hervorgegangenen Sekten ist die »Trennung von Staat und Kirche« dogmatischer Grundsatz, für die radikal pietistischen Gemeinschaften (calvinistische Independenten und radikale Methodisten) wenigstens Strukturprinzip.

Eine »Kirche« will eine »Anstalt« sein, eine Art göttlicher Fideikommißstiftung zur Seelenrettung der Einzelnen, die in sie *hineingeboren* werden und für sie prinzipiell *Objekt* ihrer an das »Amt« gebundenen Leistung sind. Eine »Sekte« – nach der hier ad hoc geschaffenen Terminologie, die selbstredend von den »Sekten« selbst nicht verwendet werden würde – ist dagegen eine freie Gemeinschaft lediglich religiös *qualifizierter* Individuen, in welche der Einzelne kraft beiderseits freier Entschließung *aufgenommen* wird. Die geschichtlich gegebenen Ausprägungen des religiösen Gemeinschaftslebens fügen sich – wie immer, so auch hier – dem begrifflichen Gegensatz durchaus nicht einfach als Exemplare ein. Man kann immer nur fragen, in welchen *Hinsichten* eine konkrete Denomination dem einen oder anderen »Typus« entspricht oder nahesteht. Aber der prinzipielle Gegensatz des Grundgedankens macht sich immer wieder fühlbar. Während die Taufe ausschließlich auf Grund eines freien Entschlusses *erwachsener* Bekenner das adäquate Symbol des spezifischen »Sekten«- Charakters des Täufertums war, zeigt z. B. die innere Unwahrheit der »Konfirmation«, deren Verlegung aus dem Kindheitsalter bekanntlich auch Stoecker befürwortet, den inneren Widerspruch dieses nur formal »spontanen« Bekenntnisses gegen die Struktur unserer »Kirchen«, die, eben als solche, nie prinzipiell über die keineswegs so sehr »naive« bäuerliche Vorstellung hinausgelangen können, wonach der Pfarrer, als Verwalter jenes göttlichen Fideikommisses, *mehr* glauben müsse als die Gemeinde und, kraft besonderer Gnadengaben, dazu auch imstande sei. Der »Universalismus« der »Kirchen« läßt deren Licht über Gerechte und Ungerechte scheinen: nur die offene Auflehnung gegen ihre Autorität, wie sie auch in notorischer und hartnäckiger Unbußfertigkeit sich äußert, führt zur »Bannung«. Die Gemeinschaft der »Wenigen, die auserwählt sind«, bleibt, als die »unsichtbare Kirche«, in ihrem Bestande nur Gott bekannt. Für die genuine »Sekte« ist dagegen die »Reinheit« ihres Personalbestandes Lebensfrage: in der Periode der Bildung der pietistischen Sekten war das treibende Motiv stets das tiefe Grauen davor, mit einem »Verworfenen«

das Abendmahl zu teilen oder gar es aus der Hand eines Verworfenen, eines beamteten »Mietlings«, dessen Wandel nicht die Zeichen der Erwählung an sich trug, zu empfangen. Die »Sekte« will religiöse »Elite« sein, die »unsichtbare Kirche« sichtbar in der Gemeinschaft der »bewährten« Mitglieder dargestellt sehen. Unerträglich muß ihr die Einmischung nicht *religiös* Qualifizierter in ihr inneres Leben, vor allem deshalb jede Beziehung zu irdischen Gewalthabern sein: – der Satz »Man muß Gott mehr gehorchen als den Menschen«, dessen verschiedene Auslegungen und Ausdeutungen, in gewissem Sinn, die ganze Kulturmission des westeuropäischen Christentums in sich schließen, gewinnt hier seine spezifisch anti-autoritäre Note.

Die ausschließliche Schätzung des Menschen lediglich nach den religiösen Qualitäten, die er in seiner Lebensführung bewährt, schneidet notwendig jeder feudalen und dynastischen Romantik die Wurzel ab. Der Abscheu vor jeder Art von »Kreaturvergötterung« war zwar weder auf die »Sekten« in unserem technischen Sinn beschränkt, noch ist er *allen* sektenartig konstruierten Gemeinschaften ohne weiteres eigen. Er ist vielmehr Attribut jeder dem Wesen nach *asketischen* Religiosität und bei den calvinistischen Puritanern direkte Konsequenz des Prädestinationsgedankens, vor dessen fürchterlichem Ernst alles »Gottesgnadentum« irdischer Instanzen als blasphemischer Schwindel in Nichts zerfallen mußte. Aber allerdings gewann jene Stimmung auf dem seiner Natur nach anti-autoritären Boden des Sektentums erst seine vollste Ausprägung. Wenn der Quäker um der strikten Versagung aller höfischen oder dem Hofleben entstammenden Ehrfurchtsformeln willen nicht nur die Märtyrerkrone, sondern die so viel schwerere Last der alltäglichen Verspottung auf sich nahm, so geschah dies aus der Überzeugung, daß jene Ehrfurchtsbezeugungen Gott allein gebührten und es eine Beleidigung seiner Majestät sei, sie einem Menschen zu gewähren. Die unbedingte Ablehnung aller solcher Anforderungen des Staates, welche »gegen das Gewissen« gehen, und die Forderung der »Gewissensfreiheit« als absolut gültigen Rechts des Einzelnen *gegen* den Staat war nur auf dem Boden des Sektentums konsequent als eine positiv *religiöse* Forderung denkbar. Sie war am folgerichtigsten in der Quäker-Ethik fundiert, zu deren Leitsätzen es gehörte, daß, was für den einen Pflicht, für den anderen verboten sein kann, wenn bei jenem das Tun, bei diesem aber das Unterlassen der Stimme seines eigenen sorgsam erforschten *Gewissens* entspricht. Die Autonomie des Individuums erhielt so einen nicht im Indifferentismus, sondern in religiösen Positionen ruhenden Ankergrund, und der Kampf gegen alle Arten »autoritärer« Willkür wuchs zur Höhe einer religiösen Pflicht empor. Und zugleich gewann so der Individualismus in der Zeit seiner heroischen Jugend eine eminente gemeinschaftsbildende Macht. Dem leicht mit ethischer Genügsamkeit sich verkoppelnden Universalismus der »Kirche« trat bei der Sekte ein mit ethischem Rigorismus gepaarter Propagandismus gegenüber: am folgerichtigsten wiederum in der Ethik der Quäker entwickelt in dem Gedanken, daß Gott sein »inneres Licht« auch denen mitteilen könne, zu welchen das Evangelium nie gedrungen sei: nicht objektivierte Urkunden und Traditionen, sondern das religiös qualifizierte Individuum gilt eben als Träger der ewig sich fortsetzenden, nie vollendeten Offenbarung. Die »unsichtbare« Kirche ist also hier *größer* als die »sichtbare« Sekte, und es gilt, ihre Angehörigen zu sammeln: die protestantische *Mission* ist dem Schwerpunkt nach nicht aus den Kreisen der korrekten, an die parochiale Fixierung ihres »Amts« gebundenen »Kirchen«, sondern von seiten des Pietismus und der Sekten aufgenommen worden. Welche mächtigen ökonomischen Interessen dabei die sektenmäßige Form der Gemeinschaftsbildung in ihren Dienst nahm, zeigten wohl die Beispiele, welche eingangs dieser Zeilen angeführt wurden. Die Sekte selbst ist ein ihrer Natur nach »partikularistisches« Gebilde, – aber die Sekten-Religiosität ist eine der spezifischsten Formen lebendiger, nicht nur traditioneller, »Volks«-Religiosität. Die Sekten allein haben es fertig gebracht, positive Religiosität und politischen Radikalismus zu verknüpfen, sie allein haben vermocht, auf dem Boden protestantischer Religiosität breite Massen und namentlich: moderne Arbeiter, mit einer Intensität kirchlichen Interesses zu erfüllen, wie sie außerhalb ihrer nur in Form eines bigotten Fanatismus rückständiger Bauern gefunden wird. Und darin ragt ihre Bedeutung über das religiöse Gebiet hinaus. Nur sie gaben z. B. der amerikanischen Demokratie die ihr eigene elastische Gliederung und ihr individualistisches Gepräge. Einerseits stellte der Gedanke, daß lediglich die von Gott dem Individuum verliehenen religiösen Qualifikationen allein über sein Seelenheil entscheiden, daß keinerlei sakramentale Magie ihm darin nützen könne, daß nur sein praktisches Verhalten, seine »Bewährung« ihm ein *Symptom* dafür sein könne, daß er auf dem Wege des Heils sei, den Einzelnen in der ihm wichtigsten Angelegenheit absolut auf sich selbst allein; andererseits wurde ausschließlich diese sich »bewährende« Qualifikation des Individuums Grundlage des sozialen Zusammenschlusses der Gemeinde. Und nach dem Schema der »Sekte« ist nun die ungeheure Flut sozialer Gebilde konstituiert, welche alle Winkel des amerikanischen Lebens durchdringen.

Wer sich unter »Demokratie«, wie unsere Romantiker es lieben, eine zu Atomen zerriebene Menschenmasse vorstellt, der irrt sich, soweit wenigstens die amerikanische Demokratie in Betracht kommt, gründlich: nicht die Demokratie, sondern der bürokratische Rationalismus pflegt diese Konsequenz des »Atomisierens« zu haben, die alsdann durch die beliebte Oktroyierung von »Gliederungen« von oben herab nicht beseitigt wird. Die genuine amerikanische Gesellschaft – und es ist hier gerade auch von den »mittleren« und »unteren« Schichten der Bevölkerung die Rede – war niemals ein solcher Sandhaufen, niemals auch ein Gebäude, wo jeder, der da kommt, unterschiedslos offene Türen findet: sie war und ist durchsetzt mit »Exklusivitäten« aller Art. Nirgends bekommt – wo die alten Verhältnisse noch bestehen – der Einzelne endgültig Boden unter die Füße, weder auf der Universität, noch im

Geschäftsleben, wenn es ihm nicht gelingt, in einen *sozialen Verband*, früher fast stets kirchlicher, heute irgendwelcher anderen Art, hineinballotiert zu werden und sich darin zu *behaupten*. Und in der inneren Eigenart dieser Verbände waltet der alte »Sektengeist« mit schonungsloser Konsequenz. Stets sind sie »Artefakte«, in der Terminologie von Ferdinand Tönnies gesprochen: »Gesellschaften«, und nicht »Gemeinschaften«. Das heißt: sie ruhen weder auf »Gemüts«-Bedürfnissen, noch erstreben sie »Gemütswerte«; der Einzelne sucht *sich selbst* zu behaupten, indem er sich der sozialen Gruppe eingliedert; es fehlt jene undifferenzierte bäurisch-vegetative »Gemütlichkeit«, ohne die der Deutsche keine Gemeinschaft pflegen zu können glaubt. Die kühle *Sachlichkeit* der Vergesellschaftung fördert die präzise Einordnung des Individuums in die Zwecktätigkeit der Gruppe – sei diese Football-Club oder politische Partei –, aber sie bedeutet keinerlei Abschwächung der Notwendigkeit für den Einzelnen, für seine Selbstbehauptung konstant besorgt zu sein: im Gegenteil, gerade *innerhalb* der Gruppe, im Kreise der Genossen, tritt diese Aufgabe, *sich zu »bewähren«*, erst recht an ihn heran. Und nie ist daher der soziale Verband, dem der Einzelne zugehört, für ihn etwas *»Organisches«*, ein mystisch über ihm schwebendes und ihn umschließendes Gesamtwesen, *stets* vielmehr ganz bewußt ein Mechanismus für seine eigenen, materiellen oder ideellen *Zwecke*. So auch die höchsten sozialen Körper, im Verhältnis zu denen sich die typische »Respektlosigkeit« des modernen Amerikaners so energisch manifestiert: Wechsel diskontieren ist ein business, und Verfügungen in staatliche Akten schreiben ist auch ein business, und das letztere ist durch keinerlei »Weihe« von dem ersten unterschieden. Und: »es geht auch so«!, – wie unbefangene deutsche Beamte, wenn sie die ausgezeichnete Arbeit kennenlernen, die von amerikanischen Officers geleistet wird und für unser Auge unter der dicken Kruste von großstädtischer Korruption, Parteigetriebe und Bluff verborgen sich vollzieht, sehr regelmäßig mit großem Erstaunen zuzugestehen pflegen.

Gewiß: der demokratische Charakter Nordamerikas ist durch den *kolonialen* Charakter seiner Kultur bedingt und zeigt daher die Neigung, gemeinsam mit diesem sich abzuschwächen. Und ferner: auch von jenen speziellen amerikanischen Eigentümlichkeiten, die hier besprochen wurden, ist ein Teil durch die nüchterne pessimistische Beurteilung der Menschen und alles Menschenwerks, die allen, auch den »kirchlichen« Ausprägungen des Puritanismus eignet, bestimmt. Aber jene Verbindung der innerlichen Isolierung des Individuums, die ein Maximum von Entfaltung seiner Tatkraft nach außen bedeutet, mit seiner Befähigung zur Bildung von sozialen Gruppen von festestem Zusammenhalt und einem Maximum von Stoßkraft – sie ist, in ihrer höchsten Potenz, zuerst auf dem Boden der Sektenbildung gewachsen.

Wir modernen, religiös »unmusikalischen« Menschen sind schwer imstande, uns vorzustellen oder auch nur einfach zu *glauben*, welche gewaltige Rolle in jenen Epochen, wo die Charaktere der modernen Kulturnationen geprägt wurden, diesen religiösen Momenten zufiel, die damals, als die Sorge für das »Jenseits« den Menschen das Realste von allem war, was es gab, alles überschatteten. Es ist und bleibt unser Schicksal, daß, aus zahlreichen historischen Ursachen, die religiöse Revolution damals für uns Deutsche eine Entwicklung bedeutete, die nicht der Tatkraft der Individuen, sondern dem Nimbus des »Amts« zu gute kam, und daß Hand in Hand damit jene Situation entstand, welche, weil die religiöse Gemeinschaft nach wie vor nur als »Kirche«, als Anstalt, bestand, alles Streben nach Emanzipation des Einzelnen von der »Autorität«, allen »Liberalismus« im weitesten Sinne des Wortes, in die Bahn der *Feindschaft* gegen die religiösen Gemeinschaften treiben *mußte* und zugleich ihm selbst die Entwicklung jener gemeinschaftsbildenden Kraft vorenthielt, welche – neben anderen historischen Faktoren! – *auch* die Schule des »Sektentums« der in allen diesen Beziehungen so ganz andersartigen angelsächsischen Welt gewährt hat. Diese Entwicklung ist heute auf dem Gebiet des religiösen Gemeinschaftslebens selbstverständlich nicht »nachzuholen«, auch wenn jemand es wollte. Heutige »Freikirchen« würden keine »Sekten« werden wollen und können. Eine an Goethe sich orientierende »Bildungsreligion« vollends ist dem genuinen Sektentum ebenso absolut entgegengesetzt, wie jede, und gerade eine liberale, Theologie. Gewiß, auch die Sekten sind der Entwicklung einer eigenen Theologie nicht entgangen. Aber gegen Nichts protestiert die genuine und konsequente »Sekte« leidenschaftlicher als gegen die *Schätzung* der gelehrten Analyse des Religiösen. Die religiöse Qualifikation der *Persönlichkeit*, und nicht irgendwelches gelehrte Wissen, legitimiert zur Leitung der Gemeinde, – für diesen Grundsatz haben alle Spielarten des spezifischen protestantischen Sektentums gestritten; deshalb spitzte sich z. B. der Kampf der »Heiligen« Cromwells zuletzt direkt zu einem Kriege gegen die Theologie, gegen das »Amt«, gegen den »Zehnten«, der das »Amt« trägt, und damit gegen die ökonomischen und ideellen Grundlagen der politisch und geistig gebildeten leisure classes und speziell der Universitäten zu. Es war der tragische innere Bruch in Cromwells Lebensarbeit, daß er an diesem Punkte sich, als »Realpolitiker«, von den Seinen trennen mußte. Denn es bedeutete, daß er die religiösen Postulate an *außerreligiösen* politischen und geistigen *Kulturwerten* maß. Daher der Ausspruch auf seinem Totenbett: daß er *einst* »in der Gnade gestanden« habe. Aber über eines ist keine Täuschung zulässig: auch alle heutigen Argumentationen gegen die »Enge« und »Abstrusität« des Sektentums, die wir von den besten und »modernsten«, dogmatisch ungebundensten Vertretern des Ideals der universalistischen evangelischen »Kirche« hören, bedeuten ganz das nämliche: Kulturwerte und nicht genuine religiöse Bedürfnisse sind für sie das Ausschlaggebende.

Ein »Werturteil« über die »Sekten«-Religiosität als solche liegt hier fern. Die eingangs gebrauchten Beispiele sind, wie jeder zugeben wird, keineswegs so gewählt, daß sie an und für sich ihr Sympathie erwecken müßten. Sie würden den in Deutschland dem »Puritanismus« gegenüber landesüblichen Glauben, daß er im Grunde eitel »Heuchelei« gewesen sei und noch sei, eher verstärken können. Nun — diese törichte Vorstellung bei dieser Gelegenheit zu bekämpfen, war eben nicht meine Absicht; meine persönliche Ansicht aber ist, daß überall, *wo und wie immer* intensive religiöse Bewußtseinsinhalte äußere soziale Gestaltung gefunden haben und finden und sich nun — mit oder ohne ihr Wissen und Wollen — mit den politischen, ökonomischen und »gesellschaftlichen« Interessen verquikken, in jener Hinsicht in ganz dem gleichen Maße »mit Wasser gekocht« worden ist und wird: nur eben, was heute gern vergessen wird, nicht *nur* mit Wasser. Käme es auf »Bewertung« an, dann wäre doch sehr die Frage, ob für den, der »religiöse« *Inhalte* nicht mit der formalen psychologischen Qualität solcher ästhetischen Dämmer-Stimmungen verwechselt, wie sie heute wieder so gern durch musikalische und optische Mystifizierung erzielt werden, nicht z. B. das »nüchterne« Meeting der Quäker, welches das »Gemachte« und »Gewollte« des religiösen Miteinanders immerhin auf ein Minimum reduziert und oft nur in tiefem Schweigen und Sinnen besteht, die adäquateste Form des »Gottesdienstes« sein müßte. Müßte! — denn im allgemeinen gilt doch, daß, auch wo der »moderne« Mensch im konkreten Fall wirklich (oder, zuweilen, nur vermeintlich) religiöses »Gehör« besitzt, er doch jedenfalls absolut kein »religiöses *Gemeinschafts*wesen« ist und *deshalb* für die »Kirche« — von der er nichts merkt, wenn er nicht will —, nicht aber für irgendwelche Art von »Sekte« prädestiniert zu sein pflegt. Aber wir sollten uns keiner Täuschung darüber hingeben, daß es eben *dieses* Moment — in Verbindung mit dem absoluten, *nur* nach dem für den »korrekten« Staatsbürger Üblichen und Rätlichen fragenden Indifferentismus —, also die *Schwäche* der *religiösen* Motive ist, was die »Landeskirche« und nicht nur sie, sondern die »Kirche« überhaupt, für alle absehbare Zukunft begünstigt.

EINLEITUNG IN DIE WIRTSCHAFTSETHIK DER WELTRELIGIONEN

Unter »Weltreligionen« werden hier, in ganz wertfreier Art, jene fünf religiösen oder religiös bedingten Systeme der Lebensreglementierung verstanden, welche besonders große *Mengen* von Bekennern um sich zu scharen gewußt haben: die konfuzianische, hinduistische, buddhistische, christliche, islâmitische religiöse Ethik. Ihr tritt als sechste mitzubehandelnde Religion das Judentum hinzu, sowohl weil es für jedes Verständnis der beiden zuletzt genannten Weltreligionen entscheidende geschichtliche Voraussetzungen enthält, als wegen seiner teils wirklichen, teils angeblichen historischen Eigenbedeutung für die Entfaltung der modernen Wirtschaftsethik des Okzidentes, die in neuerer Zeit mehrfach erörtert wurde. Andere Religionen werden nur soweit herangezogen, als für den historischen Zusammenhang unentbehrlich ist. Für das Christentum wird auf die früher erschienenen Aufsätze Bezug genommen, deren Kenntnis vorausgesetzt werden muß.

Was unter »Wirtschaftsethik« einer Religion verstanden ist, ergibt hoffentlich die Darstellung selbst in ihrem Verlaufe zunehmend deutlich. Nicht die ethische Theorie theologischer Kompendien, die nur als ein (unter Umständen allerdings wichtiges) Erkenntnis*mittel* dient, sondern die in den psychologischen und pragmatischen Zusammenhängen der Religionen gegründeten *praktischen Antriebe zum Handeln* sind das, was in Betracht kommt. So skizzenhaft die nachfolgende Darstellung ist, so wird sie doch erkennen lassen, welch ein kompliziertes Gebilde eine konkrete Wirtschaftsethik und wie überaus vielseitig sie bedingt zu sein pflegt. Es wird sich ferner auch hier zeigen, daß äußerlich ähnliche ökonomische Organisationsformen mit einer sehr verschiedenen Wirtschaftsethik vereinbar sind und je nach deren Eigenart dann sehr verschiedene historische Wirkungen zeitigen. Eine Wirtschaftsethik ist keine einfache »Funktion« wirtschaftlicher Organisationsformen, ebensowenig wie sie umgekehrt diese eindeutig aus sich heraus prägt.

Keine Wirtschaftsethik ist jemals nur religiös determiniert gewesen. Sie besitzt selbstverständlich ein im höchsten Maß durch wirtschaftsgeographische und geschichtliche Gegebenheiten bestimmtes Maß von reiner Eigengesetzlichkeit gegenüber allen durch religiöse oder andere (in diesem Sinn:) »innerliche« Momente bedingten Einstellungen des Menschen zur Welt. Aber allerdings: zu den Determinanten der Wirtschaftsethik gehört als eine – wohlgemerkt: nur *eine* – auch die religiöse Bestimmtheit der Lebensführung. Diese selbst aber ist natürlich wiederum innerhalb gegebener geographischer, politischer, sozialer, nationaler Grenzen durch ökonomische und politische Momente tief beeinflußt. Es wäre ein Steuern ins Uferlose, wollte man diese Abhängigkeiten in allen ihren Einzelheiten vorführen. In diesen Darlegungen kann es sich daher nur um den Versuch handeln, jeweils die richtunggebenden Elemente der Lebensführung derjenigen sozialen *Schichten* herauszuschälen, welche die praktische Ethik der betreffenden Religion am stärksten bestimmend beeinflußt und ihr die charakteristischen – d. h. hier: die sie von anderen unterscheidenden *und* zugleich für die Wirtschaftsethik wichtigen – Züge aufgeprägt haben. Das muß nun durchaus nicht immer eine Schicht allein sein. Auch können im Lauf der Geschichte die, in jenem Sinne: maßgebenden Schichten wechseln. Und nie ist dieser Einfluß einer einzelnen Schicht ein exklusiver. Aber es lassen sich für die einzelnen gegebenen Religionen doch meist Schichten angeben, deren Lebensführung wenigstens vornehmlich bestimmend gewesen ist. Um einige solche Beispiele vorwegzunehmen, so war der Konfuzianismus die Standesethik einer literarisch gebildeten weltlich-rationalistischen Pfründnerschaft. Wer nicht zu dieser *Bildungs*schicht gehörte, zählte nicht mit. Die religiöse (oder wenn man will:

irreligiöse) Standesethik dieser Schicht hat die chinesische Lebensführung weit über jene selbst hinaus bestimmt. – Der ältere Hinduismus wurde dagegen getragen von einer erblichen Kaste literarisch Gebildeter, die, jedem Amt fremd, als eine Art ritualistischer Seelsorger der Einzelnen und der Gemeinschaften fungierten und, als fester Orientierungsmittelpunkt der ständischen Gliederung, die soziale Ordnung prägten. Nur vedisch *gebildete* Brahmanen waren als Träger der Tradition der vollwertige religiöse Stand. Erst später trat ein nicht brahmanischer Asketenstand ihnen konkurrierend zur Seite, und noch später, im indischen Mittelalter, trat im Hinduismus die inbrünstige sakramentale Heilands-Religiosität der unteren Schichten mit plebejischen Mystagogen auf den Plan. – Der Buddhismus wurde von heimatlos wandernden, streng kontemplativen und weltablehnenden Bettelmönchen propagiert. Im vollen Sinne waren nur sie Zugehörige der Gemeinde, alle anderen blieben religiös minderwertige Laien: Objekte, nicht Subjekte der Religiosität. – Der Islâm war in seiner ersten Zeit eine Religion welterobernder Krieger, eines Ritterordens von disziplinierten Glaubenskämpfern, nur ohne die sexuelle Askese der christlichen Nachbildungen in der Kreuzzugszeit. Im islâmischen Mittelalter aber erlangte der kontemplativ-mystische Sufismus, und aus ihm hervorwachsend: das Bruderschaftswesen des Kleinbürgertums nach Art der christlichen Tertiarier, nur weit universeller entwickelt, eine mindestens ebenbürtige Rolle, unter der Führung von plebejischen Technikern der Orgiastik. – Das Judentum war, seit dem Exil, die Religion eines bürgerlichen »Pariavolkes« – wir werden die prägnante Bedeutung des Ausdrucks seinerzeit kennenlernen – und geriet im Mittelalter unter die Führung einer ihm eigentümlichen literarisch-ritualistisch geschulten Intellektuellenschicht, welche eine zunehmend proletaroide, rationalistische Kleinbürgerintelligenz repräsentierte. – Das Christentum endlich begann seinen Lauf als eine Lehre wandernder Handwerksburschen. Es war und blieb eine ganz spezifisch städtische, vor allem: bürgerliche Religion in allen Zeiten seines äußeren und inneren Aufschwungs, in der Antike ebenso wie im Mittelalter und im Puritanismus. Die Stadt des Okzidents in ihrer Einzigartigkeit gegenüber allen anderen Städten und das Bürgertum in dem Sinne, in welchem es überhaupt nur dort in der Welt entstanden ist, war sein Hauptschauplatz, für die antike pneumatische Gemeindefrömmigkeit ebenso wie für die Bettelorden des hohen Mittelalters und für die Sekten der Reformationszeit bis zum Pietismus und Methodismus hin.

Nun ist es in gar keiner Weise etwa die These der nachfolgenden Darlegungen, daß die Eigenart einer Religiosität eine einfache Funktion der sozialen Lage derjenigen Schicht sei, welche als ihr charakteristischer Träger erscheine, etwa nur deren »Ideologie« oder eine »Widerspiegelung« ihrer materiellen oder ideellen Interessenlage darstelle. Im Gegenteil wäre ein gründlicheres Mißverständnis des Standpunktes dieser Erörterungen kaum möglich als gerade eine solche Deutung. Wie tiefgreifend auch immer die ökonomisch und politisch bedingten sozialen Einflüsse auf eine religiöse Ethik im Einzelfalle waren, – primär empfing diese ihr Gepräge doch aus religiösen Quellen. Zunächst: aus dem Inhalt ihrer Verkündigung und Verheißung. Und wenn diese nicht selten schon in der nächsten Generation grundstürzend umgedeutet, weil den Bedürfnissen der Gemeinde angepaßt wurden, so doch eben in aller Regel wiederum zunächst: deren *religiösen* Bedürfnissen. Erst sekundär konnten andere Interessensphären, oft freilich recht nachdrücklich und zuweilen ausschlaggebend, einwirken. Wir werden uns überzeugen, daß zwar für jede Religion der Wandel der sozial ausschlaggebenden Schichten tiefgreifende Bedeutung zu haben, daß aber andererseits der einmal geprägte Typus einer Religion seinen Einfluß ziemlich weitgehend auch auf die Lebensführung sehr heterogener Schichten auszuüben pflegte.

Man hat die Zusammenhänge zwischen religiöser Ethik und Interessenlage in verschiedener Art so zu interpretieren gesucht, daß die erstere nur als eine »Funktion« der letzteren erschien. Nicht nur im Sinn des sog. historischen Materialismus – was wir hier nicht erörtern –, sondern auch rein psychologisch.

Eine ganz allgemeine, gewissermaßen abstrakte, Klassengebundenheit der religiösen Ethik könnte aus der seit Friedrich Nietzsches glänzendem Essay bekannten, seitdem auch von Psychologen mit Geist behandelten Theorie vom »Ressentiment« abgeleitet werden. Wenn die ethische Verklärung des Erbarmens und der Brüderlichkeit ein ethischer »Sklavenaufstand« der, sei es in ihren natürlichen Anlagen, sei es in ihren schicksalsbedingten Lebenschancen, Benachteiligten war, und also die Ethik der »Pflicht« ein Produkt »verdrängter«, weil ohnmächtiger, Rache-Empfindungen des zu Arbeit und Gelderwerb verdammten Banausen gegen die Lebensführung des pflichtfrei lebenden Herrenstandes, – dann ergäbe dies offensichtlich für die wichtigsten Probleme in der Typologie der religiösen Ethik eine sehr einfache Lösung. Allein so glücklich und fruchtbar die Aufdeckung der psychologischen Bedeutung des Ressentiments an sich war, so große Vorsicht ist bei der Abschätzung seiner sozialethischen Tragweite geboten. Über die Motive, welche die verschiedenen Arten ethischer »Rationalisierung« der Lebensführung rein als solche bestimmten, wird später oft zu sprechen sein. Sie hat mit Ressentiment meist durchaus nichts zu tun.

Was aber die Wertung des *Leidens* in der religiösen Ethik betrifft, so ist diese unzweifelhaft einem typischen Wandel unterworfen gewesen, der, richtig verstanden, ein gewisses Recht jener von Nietzsche zuerst durchgeführten Theorie bedeutet. Die urwüchsige Stellungnahme zum Leiden äußerte sich plastisch vor allem in der Behandlung derer, die durch Krankheit oder andere hartnäckige Unglücksfälle verfolgt waren, bei den religiösen Feiern der Gemeinschaft. Der dauernd Leidende, Trauernde, Kranke oder sonst Unglückliche war, je nach der Art seines Leidens, entweder von einem Dämon besessen oder mit dem Zorn eines Gottes belastet, den er beleidigt hatte. Ihn in ihrer Mitte zu dulden, konnte für die kultische Gemeinschaft Nachteile zur Folge haben. Jedenfalls durfte er an den Kultmahlen und Opfern nicht teilnehmen. Denn sein Anblick erfreute die Götter nicht und konnte ihren Zorn erregen. Die Opfermahle waren Stätten der Fröhlichen – selbst in Jerusalem in der Zeit der Belagerung.

Mit dieser Behandlung des Leidens als eines Symptoms des Gottverhaßtseins und geheimer Schuld kam die Religion psychologisch einem sehr allgemeinen Bedürfnis entgegen. Der Glückliche begnügt sich selten mit der Tatsache des Besitzes seines Glückes. Er hat darüber hinaus das Bedürfnis: auch noch ein *Recht* darauf zu haben. Er will überzeugt sein, daß er es auch »verdiene«; vor allem: im Vergleich mit anderen verdiene. Und er will also auch glauben dürfen, daß dem minder Glücklichen durch den Nichtbesitz des gleichen Glückes ebenfalls nur geschehe, was ihm zukommt. Das Glück will »legitim« sein. Wenn man unter dem allgemeinen Ausdruck: »Glück« alle Güter der Ehre, der Macht, des Besitzes und Genusses begreift, so ist dies die allgemeinste Formel für jenen Dienst der Legitimierung, welchen die Religion dem äußeren und inneren Interesse aller Herrschenden, Besitzenden, Siegenden, Gesunden, kurz: Glücklichen, zu leisten hatte: die Theodizee des Glückes. Sie ist in höchst massiven (»pharisäischen«) Bedürfnissen der Menschen verankert und daher leicht verständlich, wenn auch in ihrer Wirkung oft nicht genügend beachtet.

Verschlungener sind dagegen die Wege, welche zur Umkehrung dieses Standpunktes: zur religiösen Verklärung des Leidens also, führten. Primär wirkte die Erfahrung, daß das Charisma ekstatischer, visionärer, hysterischer, kurz: aller jener außeralltäglichen Zuständlichkeiten, welche als »heilig« gewertet wurden und deren Hervorrufung deshalb [den] Gegenstand der magischen Askese bildete, geweckt oder doch begünstigt wurde durch zahlreiche Arten von Kasteiungen und Enthaltungen sowohl von der normalen Ernährung und vom Schlaf wie vom Sexualverkehr. Das Prestige dieser Kasteiungen war Folge der Vorstellung, daß gewisse Arten von Leiden und durch

Kasteiung provozierten abnormen Zuständen Wege zur Erlangung übermenschlicher: magischer, Kräfte seien. Die alten Tabu-Vorschriften und die Enthaltungen im Interesse kultischer Reinheit: Konsequenzen des Dämonenglaubens, wirkten in gleicher Richtung. Dazu trat aber dann als Selbständiges und Neues die Entwicklung der »Erlösungs«-Kulte, welche dem individuellen Leiden gegenüber eine prinzipiell neue Stellung einnahmen. Der urwüchsige Gemeinschaftskult, vor allem derjenige der politischen Verbände, ließ alle individuellen Interessen aus dem Spiel. Der Stammesgott, Lokalgott, Stadtgott, Reichsgott kümmerte sich nur um Interessen, welche die Gesamtheit angingen: Regen und Sonnenschein, Jagdbeute, Sieg über die Feinde. An ihn wendete sich also die Gesamtheit als solche im Gemeinschaftskult. Zur Abwendung oder Beseitigung von Übeln, die den Einzelnen betrafen – vor allem: Krankheit –, wendete dieser sich nicht an den Kult der Gemeinschaft, sondern als Einzelner an den Zauberer, den ältesten individuellen »Seelsorger«. Das Prestige einzelner Magier und jener Geister oder Götter, in deren Namen sie ihre Wunder taten, schuf ihnen Zulauf ohne Rücksicht auf die lokale oder Stammeszugehörigkeit, und dies führte unter günstigen Umständen zu einer von den ethnischen Verbänden unabhängigen »Gemeinde«-Bildung. Manche – nicht: alle – »Mysterien« lenkten in diese Bahn ein. Errettung der Einzelnen als Einzelne aus Krankheit, Armut und allen Arten von Not und Gefahr war ihre Verheißung. Der Magier wandelte sich so zum Mystagogen: erbliche Dynastien von solchen oder aber eine Organisation geschulten Personals mit einem nach irgendwelchen Regeln bestimmten Haupt entwickelten sich, wobei dieses Haupt entweder selbst als Inkarnation eines übermenschlichen Wesens oder nur als Verkünder und Vollstrecker seines Gottes: als Prophet, gelten konnte. Damit war eine religiöse Gemeinschaftsveranstaltung für individuelles »Leiden« als solches und für »Erlösung« davon entstanden. Die Verkündigung und Verheißung wendete sich nun naturgemäß an die Massen derjenigen, welche der Erlösung *bedurften*. Sie und ihre Interessen traten in den Mittelpunkt des berufsmäßigen Betriebes der »Seelsorge«, welche erst damit recht eigentlich entstand. Feststellung, wodurch das Leiden verschuldet sei: Beichten von »Sünden«, d. h. zunächst: Verstößen gegen rituelle Gebote, und Beratung: durch welches Verhalten es beseitigt werden könne, wurden jetzt die typische Leistung von Magiern und Priestern. Ihre materiellen und ideellen Interessen konnten damit in der Tat zunehmend in den Dienst spezifisch *plebejischer* Motive treten. Einen weiteren Schritt auf dieser Bahn bedeutete es, wenn daraus unter dem Druck typischer und immer wiederkehrender Not eine »Heilands«-Religiosität sich entwickelte. Sie setzte einen Erlöser-Mythos, also eine (mindestens: relativ) *rationale* Weltbetrachtung voraus, zu deren wichtigstem Gegenstand wiederum das Leiden wurde. Ansatzpunkte dazu bot sehr häufig die primitive Naturmythologie. Die Geister welche das Kommen und Gehen der Vegetation und den Gang der für die Jahreszeiten wichtigen Gestirne beherrschten, wurden die bevorzugten Träger der Mythen vom leidenden, sterbenden, wiederauferstehenden Gott, welcher nun auch den Menschen in der Not die Wiederkehr diesseitigen oder die Sicherheit jenseitigen Glückes verbürgte. Oder eine volkstümlich gewordene Gestalt aus der Heldensage – wie Krishna in Indien – wurde, ausgestattet mit Kindheits-, Liebes- und Kampfmythen, zum Gegenstand eines inbrünstigen Heilandskultes. Bei einem politisch bedrängten Volk, wie den Israeliten, haftete der Heilands-(Maschiach-)Name zuerst an den von der Heldensage überlieferten Rettern aus politischer Not (Gideon, Jephtah) und bestimmte von da aus die »messianischen« Verheißungen. Bei diesem Volk, und in dieser Konsequenz nur hier, wurde – unter sehr besonderen Bedingungen – das Leiden einer Volks*gemeinschaft*, nicht das des Einzelnen, Gegenstand religiöser Erlösungshoffnungen. Die Regel war, daß der Heiland zugleich individuellen und universellen Charakter trug: das Heil für den *Einzelnen* und für *jeden* Einzelnen, der sich an ihn wendete, zu verbürgen bereit war. – Die

Gestalt des Heilands konnte verschiedener Prägung sein. In der Spätform der zarathustrischen Religion, mit ihren zahlreichen Abstraktionen, übernahm eine rein konstruierte Figur in der Heilsökonomie die Rolle des Mittlers und Retters. Oder gerade umgekehrt: eine durch Wunder und visionäres Wiedererscheinen legitimierte historische Person stieg zum Heiland auf. Für die Realisierung der sehr verschiedenen Möglichkeiten waren rein historische Momente maßgebend.

Fast immer entstand aber aus den Erlösungshoffnungen irgend eine Theodizee des Leidens.

Die Verheißungen der Erlösungsreligionen blieben zwar zunächst nicht an ethische, sondern an rituelle Vorbedingungen geknüpft, wie etwa die diesseitigen und jenseitigen Vorteile der eleusinischen Mysten an rituelle Reinheit und das Anhören der eleusinischen Messe. Aber die zunehmende Rolle, welche jene Spezialgötter, in deren Obhut der Rechtsgang stand, mit zunehmender Bedeutung des Rechts spielten, verlieh diesen die Aufgabe des Schutzes der überlieferten Ordnung: der Bestrafung des Unrechtes und Belohnung des Gerechten. Und wo eine Prophetie die religiöse Entwicklung bestimmend beeinflußte, trat naturgemäß stets die »Sünde«, nicht mehr nur als magischer Verstoß, sondern vor allem als Unglaube gegen den Propheten und seine Gebote in der Rolle des Grundes von Unglück aller Art auf. Nun war der Prophet selbst zwar keineswegs regelmäßig ein Sprößling oder ein Repräsentant gedrückter Klassen; das Gegenteil bildete nahezu die Regel. Und auch der Inhalt seiner Lehre entstammte keineswegs überwiegend ihrem Vorstellungskreis. Aber allerdings waren es in der Regel nicht die Glücklichen, Besitzenden, Herrschenden, welche eines Erlösers und Propheten *bedurften*, sondern die Bedrückten oder mindestens die von Not Bedrohten. Eine *prophetisch* verkündete Heilands-Religiosität hatte daher in der großen Mehrzahl der Fälle ihre dauernde Stätte vorzugsweise in den minder begünstigten sozialen Schichten, welchen sie die Magie entweder ganz ersetzte oder doch rational ergänzte. Und wo die Verheißungen des Propheten oder Heilandes selbst den Bedürfnissen der sozial minder Begünstigten nicht hinlänglich entgegenkamen, da entwickelte sich aus ihnen mit großer Regelmäßigkeit eine sekundäre Erlösungsreligiosität der Massen unterhalb der offiziellen Lehre. Der im Heilandsmythos im Keime vorgebildeten rationalen Weltbetrachtung aber fiel eben deshalb in aller Regel die Aufgabe zu, eine rationale Theodizee des Unglücks zu schaffen. Zugleich aber versah sie das Leiden als solches nicht selten mit einem ihm ursprünglich ganz fremden positiven Wertvorzeichen.

Das freiwillig, durch Selbstkasteiung, geschaffene Leid hatte bereits mit der Entwicklung der ethischen, strafenden und belohnenden, Gottheiten seinen Sinn gewechselt. Wenn ursprünglich der magische Geisterzwang der Gebetsformel durch die Selbstkasteiung – als Quelle charismatischer Zustände – gesteigert wurde, so blieb dies in den Gebetskasteiungen und den kultischen Abstinenzvorschriften erhalten, auch nachdem aus der magischen Geisterzwangsformel eine Bitte an einen Gott um Erhörung geworden war. Dazu trat nun die Bußkasteiung als ein Mittel, durch Reue den Zorn der Götter zu beschwichtigen und die verwirkten Strafen durch Selbstbestrafung abzuwenden. Auch jene zahlreichen Abstinenzen, welche der Totentrauer, anfänglich (besonders klar in China) zur Abwendung des Neides und Zornes des Toten, anhafteten, übertrugen sich nun leicht auf die Beziehungen zu den betreffenden Göttern überhaupt, und ließen Selbstkasteiung und schließlich auch die Tatsache des ungewollten Entbehrens rein als solche als gottwohlgefälliger erscheinen, als den unbefangenen Genuß der Güter der Erde, der die Genießenden dem Einfluß des Propheten oder Priesters unzugänglicher machte.

Eine gewaltige Steigerung aber erfuhr die Macht dieser Einzelmomente unter Umständen durch das mit zunehmender Rationalität der Weltbetrachtung zunehmende Bedürfnis nach einem ethischen »Sinn« der Verteilung der Glücksgüter unter den Menschen. Die Theodizee stieß dabei mit zunehmender Rationalisierung der religiös-ethischen Betrachtung und Ausschaltung der primitiven magischen Vorstellungen auf steigende Schwierigkeiten. Allzu häufig war individuell »unverdientes« Leid. Und keineswegs nur nach einer »Sklavenmoral«, sondern auch an den eigenen Maßstäben der Herrenschicht gemessen, waren es allzu oft nicht die Besten, sondern die »Schlechten«, denen es am besten geriet. Vorgetane individuelle Sünde des Einzelnen in einem früheren Leben (Seelenwanderung), oder Schuld der Vorfahren, die bis ins dritte und vierte Glied gerächt wird, oder – am prinzipiellsten – die Verderbtheit alles Kreatürlichen als solchen standen als Erklärungen des Leidens und der Ungerechtigkeit, Hoffnungen auf ein künftiges besseres Leben innerhalb der Welt für den Einzelnen (Seelenwanderung) oder für die Nachfahren (messianisches Reich) oder im Jenseits (Paradies) als Verheißungen zum Ausgleich zu Gebote. Die metaphysische Vorstellung über Gott und Welt, welche das unausrottbare Bedürfnis nach der Theodizee hervorrief, vermochte gleichfalls nur wenige – im ganzen, wie wir sehen werden, nur drei – Gedankensysteme zu erzeugen, welche rational befriedigende Antworten auf die Frage nach dem Grunde der Inkongruenz zwischen Schicksal und Verdienst gaben: die indische Karmanlehre, den zarathustrischen Dualismus und das Prädestinationsdekret des Deus absconditus. Diese rational geschlossensten Lösungen aber traten nur ganz ausnahmsweise in reiner Form auf.

Das rationale Bedürfnis nach der Theodizee des Leidens – und: des Sterbens – hat außerordentlich stark gewirkt. Es hat Religionen wie den Hinduismus, den Zarathustrismus, das Judentum, in gewissem Umfang auch das paulinische und spätere Christentum in wichtigen Charakterzügen geradezu geprägt. Noch 1906 antwortete von einer gegebenen (recht beträchtlichen) Zahl Proletariern auf die Frage nach dem Grunde ihres Unglaubens nur die Minderzahl mit Folgerungen aus modernen naturwissenschaftlichen Theorien, die Mehrzahl aber mit dem Hinweis auf die »Ungerechtigkeit« der diesseitigen Weltordnung, –

freilich wohl wesentlich deshalb, weil sie an den innerweltlichen revolutionären Ausgleich glaubten.

Die Theodizee des Leidens konnte durch Ressentiment gefärbt sein. Aber das Bedürfnis nach dem Ausgleich der Unzulänglichkeit des Diesseits-Schicksales nahm nicht nur nicht immer, sondern nicht einmal der Regel nach die Färbung des Ressentiments als maßgebenden Grundzug an. Der Glaube, daß es dem Ungerechten gerade deshalb gut in der diesseitigen Welt gehe, weil ihm die Hölle, den Frommen aber die ewige Seligkeit vorbehalten sei, und daß deshalb die immerhin auch von diesen gelegentlich begangenen Sünden im Diesseits abgebüßt werden müßten, lag gewiß dem Rache-Bedürfnis besonders nahe. Aber man kann sich leicht überzeugen, daß selbst diese zuweilen auftretende Vorstellungsweise durchaus nicht immer durch Ressentiment bedingt, und daß sie vor allem keineswegs immer das Produkt sozial bedrückter Schichten war. Es hat nur wenige, darunter nur *ein* voll ausgeprägtes Beispiel einer wirklich durch Ressentiment in *wesentlichen* Zügen mitbestimmten Religiosität gegeben. Richtig ist nur, daß allerdings das Ressentiment als ein Einschlag (neben anderen) in dem religiös bestimmten Rationalismus der sozial minder begünstigten Schichten überall Bedeutung gewinnen *konnte* und oft gewonnen hat. Aber auch das, je nach der Natur der Verheißungen der einzelnen Religion, in höchst verschiedenem, oft nur in verschwindendem, Grade. Gänzlich unrichtig wäre es jedenfalls, die »Askese« allgemein aus diesen Quellen ableiten zu wollen. Das in den eigentlichen Erlösungsreligionen in aller Regel vorhandene Mißtrauen gegen Reichtum und Macht hatte seinen natürlichen Grund vor allem in der Erfahrung der Heilande, Propheten und Priester, daß die in dieser Welt begünstigten und »satten« Schichten das Bedürfnis nach einer Erlösung – gleichviel welchen Charakters – im allgemeinen nur in geringem Maße besaßen, und daher minder »fromm« im Sinne jener Religionen waren. Und die Entwicklung rationaler religiöser *Ethik* gerade auf dem Boden der sozial minder gewerteten Schichten hatte ebenfalls zunächst positive Wurzeln in deren innerer Lage. Schichten im festbegründeten Besitz sozialer Ehre und Macht pflegen ihre ständische Legende in der Richtung einer ihnen innewohnenden besonderen Qualität, meist einer solchen des Blutes, zu bilden: ihr (wirkliches oder angebliches) *Sein* ist das, was ihrem Würdegefühl die Nahrung gibt. Sozial gedrückte oder ständisch negativ (oder doch: nicht positiv) gewertete Schichten speisen dagegen ihr Würdegefühl am leichtesten aus dem Glauben an eine ihnen anvertraute besondere »Mission«: ihr *Sollen* oder ihre (funktionale) *Leistung* verbürgt oder konstituiert ihnen den eigenen Wert, der damit in ein Jenseits ihrer selbst, in eine ihnen von Gott gestellte »Aufgabe«, rückt. Schon in diesem Sachverhalt als solchem lag eine Quelle der ideellen Macht *ethischer* Prophetien zuerst bei den sozial minder Begünstigten, ohne daß es dabei des Ressentiments als eines Hebels bedurfte. Das rationale Interesse an materiellem und ideellem Ausgleich an sich genügte vollkommen. Daß die Propaganda der Propheten und Priester daneben, absichtlich oder nicht, auch das Ressentiment der Massen in ihren Dienst gestellt hat, ist nicht zu bezweifeln, aber keineswegs universell zutreffend. Vor allem war diese wesentlich negative Macht nirgends, so viel bekannt, die Quelle jener dem Wesen nach metaphysischen Konzeptionen, welche einer jeden Erlösungsreligion ihre Eigenart verliehen. Und vor allem war die Art einer religiösen Verheißung, allgemein gesprochen, keineswegs notwendig oder auch nur überwiegend, lediglich Sprachrohr eines Klasseninteresses, sei es äußerlicher oder innerlicher Art. Von sich aus blieben die Massen überall in der massiven Urwüchsigkeit der Magie befangen, wo nicht eine *Prophetie* sie, mit bestimmten Verheißungen, in eine religiöse Bewegung ethischen Charakters hineinriß. Im übrigen aber war die Eigenart der großen religiös-ethischen Systeme durch weit individuellere gesellschaftliche Bedingungen als durch den bloßen Gegensatz von herrschenden und beherrschten Schichten bestimmt.

Es mögen, zur Ersparnis mehrfacher Wiederholungen,

hier über diese Verhältnisse noch einige Bemerkungen vorangeschickt werden. Die untereinander verschiedenen Heilsgüter, welche die Religionen verhießen und boten, sind für den empirischen Forscher keineswegs nur und nicht einmal vorzugsweise als »jenseitige« zu verstehen. Ganz abgesehen davon, daß ja durchaus nicht jede Religion, auch nicht jede Weltreligion, ein Jenseits als Stätte bestimmter Verheißungen überhaupt kannte. Mit der nur teilweisen Ausnahme des Christentums und weniger anderer spezifisch asketischer Bekenntnisse waren vielmehr die Heilsgüter aller, der urwüchsigen wie der kultivierten, prophetischen oder nicht prophetischen, Religionen zunächst ganz massiv diesseitige: Gesundheit, langes Leben, Reichtum waren Verheißungen der chinesischen, vedischen, zarathustrischen, altjüdischen, islâmischen ganz in gleicher Art wie der phönikischen, ägyptischen, babylonischen und altgermanischen Religion und wie die Verheißungen für die frommen Laien des Hinduismus und Buddhismus. Nur der religiöse Virtuose: Asket, Mönch, Sufi, Derwisch erstrebte ein, an jenen massivsten Diesseitsgütern gemessen, »außerweltliches« Heilsgut. Auch dieses außerweltliche Heilsgut war nun aber keineswegs ein nur *jenseitiges*. Auch da nicht, wo es sich selbst als solches verstand. Vielmehr war, psychologisch betrachtet, gerade der gegenwärtige, *diesseitige*, Habitus dasjenige, worum es den Heilssuchenden primär zu tun war. Die puritanische certitudo salutis: der unverlierbare Gnadenstand in dem Gefühl der »Bewährung«, war das psychologisch allein Greifbare an den Heilsgütern dieser asketischen Religiosität. Das akosmistische Liebesgefühl des seines Eingangs ins Nirvâna sicheren buddhistischen Mönches, das Bhakti (gottinnige Liebesglut) oder die apathische Ekstase der hinduistischen Frommen, die orgiastische Ekstase bei der Radenije des Chlysten und beim tanzenden Derwisch, die Gottbesessenheit und der Gottesbesitz, die Marien- und Heilandsminne, der jesuitische Herz-Jesu-Kult, die quietistische Andacht, die pietistische Zärtlichkeit für das Jesulein und dessen »Wundbrühe«, die sexuellen und halbsexuellen Orgien bei der Krishnaminne, die raffinierten Kultdiners der Vallabhâchârîs, die gnostischen onanistischen Kulthandlungen, die verschiedenen Formen der unio mystica und des kontemplativen Untergehens im All-Einen: — alle diese Zustände wurden ja doch unzweifelhaft zunächst einmal um dessentwillen gesucht, was *sie selbst* an Gefühlswert dem Gläubigen *unmittelbar* boten. Sie standen in dieser Hinsicht durchaus dem dionysischen oder im Somakult erzeugten religiösen Alkoholrausch, den totemistischen Fleischorgien, den kannibalistischen Mahlzeiten, dem alten religiös geweihten Haschisch-, Opium- und Nikotingebrauch und überhaupt allen Arten magischen Rausches gleich. Um der psychischen Außeralltäglichkeit und des dadurch bedingten *Eigen*wertes der betreffenden Zuständlichkeit halber galten sie als spezifisch geweiht und göttlich. Und wenn auch erst die rationalisierten Religionen in jene spezifisch-religiösen Handlungen neben der unmittelbaren Aneignung des Heilsgutes eine metaphysische Bedeutung hineinlegten und so die Orgie zum »Sakrament« sublimierten, so fehlte doch schon der primitivsten Orgie eine Sinndeutung keineswegs gänzlich. Nur war sie rein magisch-animistischen Charakters und enthielt nicht oder nur in leisen Ansätzen die allem religiösen Rationalismus eigene Einbeziehung in eine universelle kosmische Heilspragmatik. Jedoch blieb es, auch nachdem dies geschehen, natürlich dabei, daß das Heilsgut für den Frommen zunächst und vor allem psychologischen *Gegenwarts*charakter hatte. Das heißt, daß es vor allem in jenem Zustand, dem Gefühlshabitus rein als solchem, bestand, welchen der spezifisch religiöse (oder magische) Akt oder die methodische Askese oder Kontemplation unmittelbar hervorrief.

Dieser Zustand konnte seinem Sinn nach ebenso, wie er es äußerlich war, ein außeralltäglicher Habitus nur vorübergehenden Charakters sein. So ursprünglich naturgemäß durchweg. Es gibt keinerlei Scheidung von »religiösen« und »profanen« Zuständlichkeiten anders als durch die *Außer*alltäglichkeit der ersteren. Aber: ein durch religiöse Mittel erreichter Sonderzustand konnte auch als ein in seinen Folgen bleibender, als ein den ganzen Menschen und sein Schicksal erfassender »Heilszustand« erstrebt werden. Der Übergang war flüssig. Von den beiden höchsten Konzeptionen der sublimierten religiösen Heilslehre: »Wiedergeburt« und »Erlösung«, war die Wiedergeburt uraltes magisches Gut. Sie bedeutete die Erwerbung einer neuen Seele durch den orgiastischen Akt oder durch planvolle Askese. Man erwarb sie vorübergehend in der Ekstase, aber sie konnte auch als dauernder Habitus gesucht und durch die Mittel der magischen Askese erreicht werden. Eine neue Seele mußte der Jüngling haben, der als ein Held in die Gemeinschaft der Krieger treten oder als Mitglied der Kultgemeinschaft an deren magischen Tänzen oder Orgien teilnehmen oder im Kultmahl mit Göttern Gemeinschaft haben wollte. Uralt sind daher die Helden- und Magier-Askese, die Jünglingsweihe und die sakramentalen Wiedergeburts-Bräuche bei wichtigen Abschnitten des privaten und Gemeinschaftslebens. Verschieden aber waren außer den angewandten Mitteln vor allem die Zwecke dieser Handlungen, die Antwort auf die Frage also: »zu was« man wiedergeboren werden sollte.

Es lassen sich die verschiedenen religiös (oder magisch) gewerteten Zuständlichkeiten, welche einer Religion ihr psychologisches Gepräge gaben, unter sehr verschiedenen Gesichtspunkten systematisieren. Ein solcher Versuch soll an dieser Stelle nicht unternommen werden. Hier kommt es nur darauf an, in Anknüpfung an das oben Gesagte ganz allgemein anzudeuten, daß die Art des in einer Religion als höchstes Gut erstrebten (diesseitigen) Seligkeits- oder Wiedergeburtszustandes offenbar notwendig verschieden sein mußte je nach dem Charakter der Schicht, welche der wichtigste Träger der betreffenden Religiosität war. Kriegerische Ritterklassen, Bauern, Gewerbetreibende, literarisch geschulte Intellektuelle hatten darin naturgemäß verschiedene Tendenzen, welche zwar für sich allein weit davon entfernt waren, eindeutig den psychologischen Charakter der Religion zu determinieren, ihn aber doch höchst nachhaltig beeinflußten. Und zwar war namentlich der

Gegensatz der beiden ersten gegenüber den beiden letzten Schichten überaus wichtig. Denn von diesen letzteren waren die Intellektuellen stets, die Gewerbetreibenden (Kaufleute, Handwerker) wenigstens möglicherweise Träger eines im ersten Fall mehr theoretischen, im anderen mehr praktischen Rationalismus, der sehr verschiedenartiges Gepräge tragen konnte, stets aber auf die religiöse Haltung bedeutende Wirkung zu haben pflegte. Vor allem die Eigenart der *Intellektuellen*schichten war dabei von der größten Tragweite. So überaus gleichgültig es für die religiöse Entwicklung der Gegenwart ist, ob unsere modernen Intellektuellen das Bedürfnis empfinden, neben allerlei anderen Sensationen auch die eines »religiösen« Zustandes als »Erlebnis« zu genießen, gewissermaßen um ihr inneres Ameublement stilvoll mit garantiert echten alten Gerätschaften auszustatten: – aus solcher Quelle ist noch nirgends eine religiöse Erneuerung erwachsen –, so überaus wichtig war die Eigenart der Intellektuellenschichten in der Vergangenheit für die Religionen. Ihr Werk vornehmlich war die Sublimierung des religiösen Heilsbesitzes zum »Erlösungs«-Glauben. Die Konzeption der Erlösungs-Idee war an sich uralt, wenn man die Befreiung von Not, Hunger, Dürre, Krankheit und – letztlich – Leid und Tod mit darunter begreift. Aber eine spezifische Bedeutung erlangte die Erlösung doch erst, wo sie Ausdruck eines systematisch-rationalisierten »Weltbildes« und der Stellungnahme dazu war. Denn was sie ihrem Sinn und ihrer psychologischen Qualität nach bedeuten wollte und konnte, hing dann eben von jenem Weltbild und dieser Stellungnahme ab. Interessen (materielle und ideelle), nicht: Ideen, beherrschen unmittelbar das Handeln der Menschen. Aber: die »Weltbilder«, welche durch »Ideen« geschaffen wurdenen, haben sehr oft als Weichensteller die Bahnen bestimmt, in denen die Dynamik der Interessen das Handeln fortbewegte. Nach dem Weltbild richtete es sich ja: »wovon« und »wozu« man »erlöst« sein wollte und – nicht zu vergessen: – konnte. Ob von politischer und sozialer Knechtschaft zu einem diesseitigen messianischen Zukunftsreich. Oder von der Befleckung durch das rituell Unreine oder von der Unreinheit der Einkerkerung in den Körper überhaupt zur Reinheit eines seelisch-leiblich-schönen oder eines rein geistigen Seins. Oder von dem ewigen sinnlosen Spiel menschlicher Leidenschaften und Begehrungen zur stillen Ruhe des reinen Schauens des Göttlichen. Oder von einem radikal Bösen und von der Knechtschaft unter der Sünde zur ewigen freien Güte im Schoß eines väterlichen Gottes. Oder von der Verknechtung unter die astrologisch gedachte Determiniertheit durch die Gestirnkonstellationen zur Würde der Freiheit und Teilhaftigkeit am Wesen der verborgenen Gottheit. Oder von den in Leiden, Not und Tod sich äußernden Schranken der Endlichkeit und den drohenden Höllenstrafen zu einer ewigen Seligkeit in einem, irdischen oder paradiesischen, künftigen Dasein. Oder von dem Kreislauf der Wiedergeburten mit ihrer unerbittlichen Vergeltung von Handlungen abgelebter Zeiten zur ewigen Ruhe. Oder von der Sinnlosigkeit des Grübelns und Geschehens zum traumlosen Schlaf. Der Möglichkeiten gab es noch weit mehr. Stets steckte dahinter eine Stellungnahme zu etwas, was an der realen Welt als spezifisch »sinnlos« empfunden wurde, und also die Forderung, daß das Weltgefüge in seiner Gesamtheit ein irgendwie sinnvoller »Kosmos« sei oder: werden könne und solle. Dies Verlangen aber, das Kernprodukt des eigentlich *religiösen Rationalismus*, wurde durchaus von Intellektuellenschichten getragen. Wege und Ergebnisse dieses metaphysischen Bedürfnisses und auch das Maß seiner Wirksamkeit waren dabei sehr verschieden. Immerhin läßt sich einiges Allgemeine darüber sagen.

Die moderne Form der zugleich theoretischen und praktischen intellektuellen und zweckhaften Durchrationalisierung des Weltbildes und der Lebensführung hat die allgemeine Folge gehabt, daß die Religion, je weiter diese besondere Art von Rationalisierung fortschritt, desto mehr ihrerseits in das — vom Standpunkt einer intellektuellen Formung des Weltbildes aus gesehen: — Irrationale geschoben wurde. Aus mehrfachen Gründen. Einerseits wollte die Rechnung des konsequenten Rationalismus nicht leicht glatt aufgehen. Wie in der Musik das pythagoreische »Komma« der restlosen tonphysikalisch orientierten Rationalisierung sich widersetzte und wie daher die einzelnen großen Musiksysteme aller Völker und Zeiten sich vor allem durch die Art und Weise unterschieden, wie sie diese unentfliehbare Irrationalität entweder zu überdecken und zu umgehen oder umgekehrt in den Dienst des Reichtums der Tonalitäten zu stellen wußten, so schien es dem theoretischen Weltbild, noch weit mehr aber und vor allem der praktischen Lebensrationalisierung, zu ergehen. Auch hier wurden die einzelnen großen Typen der rational methodischen Lebensführung vor allem durch diejenigen irrationalen, als schlechthin gegeben hingenommenen, Voraussetzungen charakterisiert, die sie in sich aufgenommen hatten. Welches diese waren, das gerade ist es nun, was in zum mindesten sehr starkem Maße rein historisch und sozial bestimmt wurde durch die Eigenart, das heißt aber hier: die äußere, sozial, und die innere, psychologisch, bedingte *Interessenlage* derjenigen Schichten, welche Träger der betreffenden Lebensmethodik in der entscheidenden Zeit ihrer Prägung waren.

Die irrationalen Einschläge in die Rationalisierung des Wirklichen waren ferner die Stätten, in welche das schwer unterdrückbare Bedürfnis des Intellektualismus nach dem Besitz überwirklicher Werte zurückzuziehen sich gezwungen sah, je mehr ihm die Welt von ihnen entkleidet erschien. Die Einheitlichkeit des primitiven Weltbildes, in welchem alles konkrete Magie war, zeigte dann die Tendenz zur Spaltung in ein rationales Erkennen und eine rationale Beherrschung der Natur einerseits, und andererseits »mystische« Erlebnisse, deren unaussagbare Inhalte als einziges neben dem entgotteten Mechanismus der Welt noch mögliches Jenseits: in Wahrheit als ein ungreifbares, hinterweltliches Reich gottinnigen, individuellen Heilsbesitzes, übrig bleiben. Der Einzelne kann sein Heil, wo diese Konsequenz restlos gezogen ist, nur als Einzelner suchen. Diese mit fortschreitendem intellektualistischem Rationalismus sich in irgend einer Form einstellende Erscheinung trat irgendwie überall da auf, wo Menschen die Rationalisierung des Weltbildes als eines von unpersönlichen Regeln beherrschten Kosmos unternahmen. Am stärksten aber naturgemäß in solchen Religionen und religiösen Ethiken, welche besonders stark durch vornehme, der rein *denkenden* Erfassung der Welt und ihres »Sinnes« hingegebene Intellektuellenschichten bestimmt wurden, wie die asiatischen, vor allem die indischen, Weltreligionen. Ihnen allen wurde die Kontemplation: das Eingehen in die tiefe selige Ruhe und Unbewegtheit der All-Einheit, welche sie bietet, das höchste und letzte dem Menschen zugängliche religiöse Gut, alle anderen Formen religiöser Zuständlichkeiten aber ein höchstens relativ wertvolles Surrogat dafür. Für die Beziehung der Religion zum Leben, einschließlich der Wirtschaft, hatte dies weittragende Folgen. Diese ergaben sich aus dem allgemeinen Charakter der in diesem, kontemplativen, Sinne »mystischen« Erlebnisse und aus psychologischen Vorbedingungen des Strebens nach ihnen.

Ganz anders, wo die für die Entwicklung einer Religion ausschlaggebenden Schichten praktisch handelnd im Leben standen, ritterliche Kriegshelden oder politische Beamte oder wirtschaftlich erwerbende Klassen waren, oder endlich, wo die Religion von einer organisierten Hierokratie beherrscht wurde.

Der aus der berufsmäßigen Befassung mit Kult und Mythos oder und in noch weit höherem Grade: mit Seelsorge, das heißt: Beichte und Beratung von Sündern, erwachsende Rationalismus der *Hierokratie* suchte überall die Gewährung des religiösen Heilsgutes für sich zu monopolisieren, und also in die Form der nur von ihr rituell zu spendenden, nicht vom Einzelnen erreichbaren, »Sakramentsgnade« oder »Anstaltsgnade« zu bringen und entsprechend zu temperieren. Die individuelle Heilssuche des Einzelnen oder freier Gemeinschaften durch Kontemplation, orgiastische oder asketische Mittel, war ihr, vom Standpunkt ihrer Machtinteressen aus ganz naturgemäß, höchst verdächtig und mußte rituell reglementiert und vor allem hierokratisch kontrolliert werden. – Jedes *politische* Beamtentum andererseits mißtraute allen Arten von individueller Heilssuche oder freier Gemeinschaftsbildung als Quellen der Emanzipation von der Domestikation durch die Staatsanstalt, mißtraute ebenso auch der konkurrierenden priesterlichen Gnadenanstalt, verachtete aber, vor allem, im letzten Grunde das Streben nach diesen unpraktischen Gütern jenseits von utilitarischen innerweltlichen Zwecken überhaupt. Religiöse Pflichten waren jeder Beamtenschaft letztlich einfach amtliche oder soziale Staatsbürger- und Standespflichten: das Ritual entsprach dem Reglement, und alle Religiosität nahm daher ritualistischen Charakter an, wo eine Bürokratie diesen letzteren bestimmte. – Auch eine *ritterliche* Kriegerschicht pflegte in ihren Interessen durchaus diesseitig gewendet und aller »Mystik« fremd zu sein. Doch fehlte ihr, wie dem Heldentum überhaupt, in aller Regel sowohl Bedürfnis wie Befähigung zu rationalistischer Bewältigung der Wirklichkeit: die Irrationalität des »Schicksals«, unter Umständen der Gedanke eines unbestimmt deterministisch gedachten »Verhängnisses« (der homerischen »Moira«) stand hinter und über den als leidenschaftliche, starke Helden gedachten Göttern und Dämonen, von welchen den menschlichen Helden Beistand und Feindschaft, Ruhm und Beute oder Tod zuteil wird. – Den *Bauern* lag, spezifisch naturgebunden und von den Elementargewalten abhängig, wie ihre ganze ökonomische Existenz war, die Magie: der zwingende Zauber gegen die über und in den Naturkräften waltenden Geister, oder das einfache Erkaufen göttlichen Wohlwollens, so nahe, daß nur gewaltige, von anderen Schichten oder von mächtigen, als Zauberer durch die Macht des Wunders legitimierten Propheten ausgehende, Umwälzungen der Lebensorientierung sie aus dem Verharren in dieser überall urwüchsigen Form von Religiosität herauszureißen vermochten. Orgiastische und ekstatische »Besessenheits«-Zustände, durch toxische Rauschmittel oder durch Tanz erzeugt – dem Standesgefühl des Rittertums, als würdelos, fremd –, vertraten bei ihnen die

Stelle der »Mystik« der Intellektuellen. – Endlich die im westeuropäischen Sinne *»bürger*lichen« Schichten und was diesen anderwärts entsprach: Handwerker, Händler, hausindustrielle Unternehmer und ihre nur im modernen Okzident heimischen Derivate, waren – und das ist für uns ganz besonders wichtig – die in den Möglichkeiten ihrer religösen Stellungnahme scheinbar vieldeutigste Schicht. Die sakramentale Anstaltsgnade der römischen Kirche in den mittelalterlichen Städten, den Stützen der Päpste, die mystagogische Sakramentsgnade in den antiken Städten und in Indien, die orgiastische und kontemplative Sufi- und Derwisch-Religiosität des vorderasiatischen Orients, die taoistische Magie, die buddhistische Kontemplation und die ritualistische Gnadenaneignung unter der Seelendirektion von Mystagogen in Asien, alle Formen der Heilandsliebe und des Erlöserglaubens vom Krishna- bis zum Christuskult in der ganzen Welt, der rationale Gesetzesritualismus und die von aller Magie entblößte Synagogenpredigt der Juden, die pneumatischen antiken und die asketischen mittelalterlichen Sekten, die Prädestinationsgnade und ethische Wiedergeburt der Puritaner und Methodisten und alle Arten individueller Heilssuche wurzelten sämtlich besonders stark, stärker als in allen anderen, gerade in diesen Schichten. Gewiß war die Religiosität auch aller anderen Schichten natürlich sehr weit entfernt davon, eindeutig auf denjenigen Charakter angewiesen zu sein, der vorstehend als ihnen besonders wahlverwandt hingestellt wurde. Aber die »Bürgerschicht« scheint auf den ersten Blick in dieser Hinsicht im ganzen doch noch weit vielseitiger bestimmbar. Und dennoch treten Wahlverwandtschaften zu bestimmten Typen der Religiosität gerade bei ihr hervor. Gemeinsam und durch die Natur ihrer von der ökonomischen Naturgebundenheit stärker losgelösten Lebensführung bedingt war ihnen ja die Tendenz zum *praktischen* Rationalismus der Lebensführung. Auf technischer oder ökonomischer Berechnung und Beherrschung von Natur und Menschen – mit wie primitiven Mitteln auch immer – ruhte ihre ganze Existenz. Die überkommene Art der Lebenstechnik konnte auch bei ihr im Traditionalismus erstarren, – wie es überall stets wieder geschehen ist. Aber immer bestand, wenn auch in sehr verschiedenem Maße, gerade bei ihr die *Möglichkeit*, an die Tendenz zum technischen und ökonomischen Rationalismus anknüpfend eine *ethisch* rationale Lebensreglementierung erstehen zu lassen. Nicht überall vermochte sie sich gegen die (meist) magisch stereotypierte Tradition durchzusetzen. Wo ihr aber durch Prophetie ein religiöser Unterbau geschaffen wurde, da konnte dieser jedem der beiden öfter zu besprechenden Grundtypen des Prophetentums angehören: der »exemplarischen« Prophetie: – einer Prophetie, welche das zum Heil führende Leben, regelmäßig ein kontemplatives und apathisch-ekstatisches Leben, *vorlebte*, – oder der »Sendungs«-Prophetie, welche im Namen eines Gottes *Forderungen*, naturgemäß: ethischen und oft: aktiv asketischen Charakters, an die Welt richtete. Die letztere, zum aktiven Handeln innerhalb der Welt auffordernde Art fand begreiflicherweise gerade hier, und je mehr die bürgerlichen Schichten als solche sozial ins Gewicht fielen, je mehr sie ferner tabuistischer Gebundenheit und Gespaltenheit in Sippen und Kasten entrissen wurden, desto mehr einen spezifisch günstigen Boden. Die aktive Askese: nicht Gottesbesitz oder gottinnige kontemplative Hingegebenheit, wie sie den von vornehmen Intellektuellenschichten beeinflußten Religionen als höchstes Gut erschien, sondern: gottgewolltes *Handeln* mit dem Gefühl, Gottes »Werkzeug« zu sein, konnte hier der bevorzugte religiöse Habitus werden, wie er im Okzident immer wieder, gegenüber der dort ebenfalls wohlbekannten kontemplativen Mystik und orgiastischen oder apathischen Ekstase, das Übergewicht behielt. Nicht daß er auf diese Schichten beschränkt gewesen wäre. Eine solche eindeutige soziale Determiniertheit bestand auch hier in keiner Weise. Auch die an Adel und Bauern sich wendende zarathustrische und die an Krieger sich wendende islamische Prophetie hatten ganz ebenso wie die israelitische und altchristliche Prophetie und Predigt diesen aktiven

Charakter im Gegensatz zu der buddhistischen, taoistischen, neupythagoreischen, gnostischen, sufistischen Propaganda. Aber gewisse spezifische Konsequenzen der Sendungs-Prophetie sind allerdings gerade auf »bürgerlichem« Boden gezogen worden.

Die Sendungs-Prophetie, bei welcher die Frommen sich nicht als Gefäß des Göttlichen, sondern als Werkzeug des Gottes fühlten, hatte nun eine tiefe Wahlverwandtschaft zu einer bestimmten Gotteskonzeption: dem überweltlichen, persönlichen, zürnenden, vergebenden, liebenden, fordernden, strafenden Schöpfergott, im Gegensatz zu dem – keineswegs ausnahmslos, allerdings aber der Regel nach – unpersönlichen, weil nur kontemplativ, als Zuständlichkeit, zugänglichen höchsten Wesen der exemplarischen Prophetie. Die erste Konzeption beherrschte die iranische und vorderasiatische und die aus dieser abgeleitete okzidentale, die zweite die indische und chinesische Religiosität.

Diese Unterschiede waren nichts Primitives. Im Gegenteil läßt sich erkennen, daß sie erst bei weitgehender Sublimierung der überall sehr ähnlichen primitiven animistischen Geister- und heroistischen Götter-Vorstellungen sich eingestellt haben. Sicherlich unter starker Mitwirkung des oben erwähnten Zusammenhangs mit den als Heilsgut gewerteten und begehrten religiösen Zuständlichkeiten. Diese wurden eben in der Richtung einer verschiedenen Gotteskonzeption interpretiert, je nachdem das kontemplative mystische Erlebnis oder die apathische Ekstase oder der orgiastische Gottesbesitz oder visionäre Eingebungen und »Aufträge« die höchstgewerteten Heilszustände waren. Von *dem* heute verbreiteten und, natürlich, auch weitgehend berechtigten Standpunkt aus, daß die Gefühlsinhalte das allein Primäre und die Gedanken nur ihre sekundären Ausformungen seien, könnte man nun geneigt sein, dieses Kausalverhältnis: Primat der »psychologischen« gegenüber den »rationalen« Zusammenhängen, als ausschließlich maßgebend, diese also *nur* als Deutung jener anzusehen. Indessen das wäre nach Ausweis der Tatsachen viel zu weit gegangen. Die folgenschwere Entwicklung zur überweltlichen oder zur immanenten Gotteskonzeption wurde durch eine ganze Reihe auch rein historischer Motive bestimmt, und sie hat ihrerseits auf die Art der Gestaltung der Heilserlebnisse höchst nachhaltig eingewirkt. Vor allem: der überweltliche Gott. Wenn selbst Meister Eckhart gelegentlich ausdrücklich »Martha« über »Maria« stellte, so letztlich deshalb, weil für ihn das dem Mystiker eigene pantheistische Erlebnis Gottes unvollziehbar war ohne gänzliche Aufgabe aller entscheidenden Bestandteile des abendländischen Schöpfungs- und Gottesglaubens. Die rationalen Elemente einer Religion, ihre »Lehre« – so die indische Karmanlehre, der calvinistische Prädestinationsglaube, die lutherische Rechtfertigung durch den Glauben, die katholische Sakramentslehre –, haben eben auch ihre Eigengesetzlichkeiten, und die aus der Art der Gottesvorstellungen und des »Weltbildes« folgende rationale religiöse Heilspragmatik hat unter Umständen weittragende Folgen für die Gestaltung der praktischen Lebensführung gewonnen. –

Wenn, wie in den bisherigen Bemerkungen vorausgesetzt wurde, die Art der erstrebten Heilsgüter stark beeinflußt war durch die Art der äußeren Interessenlage und der ihr adäquaten Lebensführung der herrschenden Schichten und also durch die soziale Schichtung selbst, so war umgekehrt auch die Richtung der ganzen Lebensführung, wo immer sie planmäßig rationalisiert wurde, auf das tiefgreifendste bestimmt durch die letzten Werte, an denen sich diese Rationalisierung orientierte. Dies waren, gewiß nicht immer und noch weit weniger ausschließlich, aber allerdings, soweit eine *ethische* Rationalisierung eintrat und soweit ihr Einfluß reichte, in aller Regel *auch*, und oft ganz entscheidend, *religiös* bedingte Wertungen und Stellungnahmen.

Für die Art dieser gegenseitigen Zusammenhänge zwischen äußerer und innerer Interessenlage war nun Eines sehr wichtig. Die bisher aufgeführten »höchsten«, von einer Religion verheißenen Heilsgüter waren nicht auch die universellsten. Der Eingang ins Nirvâna, die kontemplative Vereinigung mit dem Göttlichen, die orgiastisch oder asketisch gewonnene Gottbesessenheit waren keineswegs jedermann zugänglich. Und auch in der abgeschwächten Form, in welcher die Versetzung in den religiösen Rausch- oder Traum-Zustand Gegenstand eines universellen Volkskultes werden konnte, waren sie wenigstens nicht Bestandteile des Alltagslebens. Gleich am Beginn aller Religionsgeschichte steht für uns die wichtige Erfahrungstatsache der *ungleichen* religiösen *Qualifikation* der Menschen, wie sie in schroffster rationalistischer Fassung der »Gnadenpartikularismus« der Prädestinationslehre der Calvinisten dogmatisierte. Die höchstgewerteten religiösen Heilsgüter – die ekstatischen und visionären Fähigkeiten der Schamanen, Zauberer, Asketen und Pneumatiker aller Art – waren nicht Jedem erreichbar, ihr Besitz war ein »Charisma«, welches zwar bei Manchen, aber nicht bei Allen geweckt werden konnte. Daraus ergab sich die Tendenz aller intensiven Religiosität zu einer Art von *ständischer* Gliederung gemäß den charismatischen Qualifikationsunterschieden. »Heroistische« oder »Virtuosen«-Religiosität stand gegen »Massen«-Religiosität, – wobei hier unter »Masse« natürlich keineswegs die in der weltlichen Ständeordnung sozial niedriger Gestellten verstanden sind, sondern die *religiös* »Unmusikalischen«. Die Bünde der Zauberer und heiligen Tänzer, der religiöse Stand der indischen Sramana, die ausdrücklich als besonderer »Stand« in der Gemeinde anerkannten altchristlichen »Asketen«, die paulinischen und erst recht die gnostischen »Pneumatiker«, die pietistische »ecclesiola«, alle eigentlichen »Sekten«, das heißt soziologisch: Verbände, welche nur die religiös *Qualifizierten* in sich aufnahmen, endlich alle Mönchsgemeinschaften der ganzen Erde waren in diesem Sinne ständische Träger einer Virtuosen-Religiosität. Jede Virtuosen-Religiosität wird nun in ihrer eigengesetzlichen Entfaltung grundsätzlich bekämpft von jeder hierokratischen Amtsgewalt einer »Kirche«, das heißt einer anstaltsmäßig mit Beamten organisierten gnadenspendenden Gemeinschaft. Denn als die Trägerin der Anstaltsgnade strebt diese, die Massenreligiosität zu organisieren und ihre eigenen amtlich monopolisierten und vermittelten Heilsgüter an Stelle der religiös-ständischen Eigen-Qualifikation der religiösen Virtuosen zu setzen. Sie muß ihrer Natur, d. h. der Interessenlage ihrer Amtsträger nach, in diesem Sinne der allgemeinen Zugänglichkeit der Heilsgüter »demokratisch« sein: d. h. Anhängerin des Gnadenuniversalismus und der ethischen Zulänglichkeit aller derer, die sich ihrer Anstaltsgewalt einordnen. Der Vorgang bildet soziologisch eine volle Parallele zu dem auf politischem Gebiet sich vollziehenden Kampf der Bürokratie gegen die politischen Eigenrechte der ständischen Aristokratie. Auch jede voll entwickelte politische Bürokratie ist ebenso notwendig und in einem ganz ähnlichen Sinn »demokratisch« im Sinne der Nivellierung der ständischen, von ihr als Machtkonkurrenz bekämpften, Privilegien orientiert wie die Hierokratie. Die mannigfachsten Kompromisse entstanden als Resultat dieses nicht immer offiziellen, stets aber latent vorhandenen Kampfes (der Ulema- gegen die Derwisch-Religiosität, der altchristlichen Bischöfe gegen die Pneumatiker und heroistischen Sektierer und gegen die Schlüsselgewalt des asketischen Charisma, des lutherischen Predigeramts und der anglikanischen Priesterkirche gegen die Askese überhaupt, der russischen Staatskirche gegen die Sekten, der konfuzianischen amtlichen Kultversorgung gegen die buddhistische, taoistische und sektiererische Heilssuche aller Art). Wie nun diejenigen Konzessionen an die Möglichkeiten der Alltagsreligiosität aussahen, zu denen sich die Anforderungen des Virtuosentums genötigt fanden, um sich, ideell und materiell, die Massenkundschaft zu erwerben und zu erhalten, – *dies* wurde naturgemäß in erster Linie entscheidend für die Art der religiösen Beeinflussung des Alltags. Ließ sie die Massen in der magischen Tradition stecken – wie in fast allen orientalischen Religionen –, so war ihr Einfluß unendlich viel geringer, als wenn sie, mit noch so vielen Abstrichen von ihren idealen Forderungen, doch eine ethische Rationalisierung des Alltags vornahm und allgemein, auch oder gerade nur für die Massen, durchführte. Neben jenem Verhältnis von Virtuosen- und Massenreligiosität nun, welches sich schließlich als Ergebnis dieses Kampfes einstellte, war aber eben deshalb auch die Eigenart der konkreten Virtuosenreligiosität selbst von einschneidender Bedeutung für die Entwicklung der Lebensführung auch der »Massen« und damit auch für die Wirtschaftsethik der betreffenden Religion. Denn nicht nur war sie die eigentlich »exemplarische« praktische Religiosität, sondern, je nach der Lebensführung, die sie den Virtuosen vorschrieb, waren die Möglichkeiten, überhaupt eine rationale Alltagsethik zu schaffen, sehr verschieden große.

Das Verhältnis der Virtuosen-Religiosität zum *Alltag*, der Stätte der Wirtschaft, war insbesondere je nach der Eigenart des von ihr erstrebten *Heilsgutes* sehr verschieden.

Wo die Heilsgüter und Erlösungsmittel der Virtuosen-Religiosität kontemplativen oder orgiastisch-ekstatischen Charakter trugen, führte von ihr keine Brücke zum praktischen Alltagshandeln innerhalb der Welt. Nicht nur war dann die Wirtschaft, wie alles Handeln in der Welt, etwas religiös Minderwertiges. Sondern es ließen sich auch indirekt keinerlei psychologische Motive dafür aus dem als höchstes Gut geschätzten Habitus entnehmen. Vielmehr war die kontemplative und die ekstatische Religiosität im innersten Wesen spezifisch wirtschaftsfeindlich. Das mystische, orgiastische, ekstatische Erleben ist ja das spezifisch Außeralltägliche, vom Alltag und von allem rationalen Zweckhandeln Abführende, eben *deshalb* als »heilig« Geachtete. Eine tiefe Kluft schied daher bei derart orientierten Religionen die Lebensführung der »Laien« von jener der Virtuosen-Gemeinschaft. Die Herrschaft des religiösen Virtuosenstandes innerhalb der religiösen Gemeinschaft glitt dann gern in die Bahnen einer magischen Anthropolatrie: der Virtuose wurde als Heiliger direkt angebetet, oder es wurden doch sein Segen und seine magischen Kräfte von den Laien als Mittel zur Förderung weltlichen oder religiösen Heils erkauft. Wie der Bauer für den Grundherrn, so war der Laie für den buddhistischen und jainistischen bhikshu letztlich doch lediglich die Tributquelle, welche ihm ermöglichte, ohne eigene, stets heilsgefährdende, weltliche Arbeit ganz dem Heil zu leben. Auch die Lebensführung der Laien selbst mochte dabei trotzdem eine gewisse ethische Reglementierung erfahren. Denn der Virtuose war der gegebene Seelsorger: Beichtvater und directeur de l'âme, des Laien, also von oft mächtigem Einfluß. Aber er beeinflußte ihn, den religiös »Unmusikalischen«, entweder gar nicht oder nur in zeremonialen, rituellen und konventionellen Einzelheiten im Sinne *seiner* (des Virtuosen) religiösen Lebensführung. Denn immer blieb doch das Wirken innerhalb der Welt im Prinzip religiös unbedeutsam, lag gegenüber dem Streben nach dem religiösen Ziel in der gerade entgegengesetzten Richtung. Das Charisma des reinen »Mystikers« vollends diente nur ihm selbst, nicht, wie das des genuinen Magiers, Anderen. – Ganz anders da, wo das Virtuosentum der religiös Qualifizierten sich zu einer asketischen, die Formung des Lebens *in* der Welt nach dem Willen eines Gottes erstrebenden *Sekte* zusammenschloß. Damit dies im eigentlichsten Sinne geschehen konnte, war freilich zweierlei nötig. Einmal durfte das höchste Heilsgut nicht kontemplativen Charakters sein, also nicht in einer Vereinigung mit einem im Gegensatz zur Welt ewig währenden überweltlichen Sein oder in einer orgiastisch oder apathisch-ekstatisch zu erfassenden unio mystica bestehen. Denn diese liegt stets abseits des Alltagswirkens und jenseits der realen Welt, führt von ihr ab. Und ferner mußte die Religiosität den rein magischen oder sakramentalen Charakter der Gnaden*mittel* möglichst abgestreift haben. Denn auch diese entwerten stets das Handeln in der Welt als religiös höchstens relativ bedeutsam und knüpfen die Entscheidung über das Heil an den Erfolg *nicht* alltags-rationaler Vorgänge. Voll erreicht wurde beides: Entzauberung der Welt und Verlegung des Weges zum Heil von der kontemplativen »Weltflucht« hinweg in die aktiv asketische »Weltbearbeitung«, – wenn man von einigen kleinen rationalistischen Sekten, wie sie sich in aller Welt fanden, absieht, – nur in den großen Kirchen- und Sektenbildungen des asketischen Protestantismus im Okzident. Dabei haben ganz bestimmte, rein historisch bedingte Schicksale der okzidentalen Religiosität zusammengewirkt. Teils der Einfluß ihrer sozialen Umwelt, vor allen Dingen: der für ihre Entwicklung entscheidenden Schicht. Teils aber und ebenso stark ihr genuiner Charakter: der überweltliche Gott und die historisch erstmalig durch die israelitische Prophetie und Thoralehre bestimmte Besonderheit der Heilsmittel und Heilswege. Wo der religiöse Virtuose als »Werkzeug« eines Gottes in die Welt gestellt und dabei von allen magischen Heilsmitteln abgeschnitten war, mit der Forderung, sich durch die ethische Qualität seines Handelns in ihren Ordnungen, und *nur* dadurch, als zum Heil berufen vor Gott – und das hieß der Sache nach: vor sich selbst – zu »bewähren«, da mochte die »Welt« als solche religiös noch so sehr als kreatürlich und Gefäß der Sünde entwertet und abgelehnt werden: sie wurde dadurch psychologisch nur um so mehr als Schauplatz des gottgewollten Wirkens im weltlichen »Beruf« bejaht. Denn dies innerweltliche Asketentum war zwar weltablehnend in dem Sinne, daß es die Güter der Würde und Schönheit, des schönen Rausches und Traumes, der rein weltlichen Macht und des rein weltlichen Heldenstolzes verachtete und verfehmte als Konkurrenten des Gottesreiches. Aber sie war eben deshalb nicht weltflüchtig wie die Kontemplation, sondern wollte nach Gottes Gebot die Welt ethisch rationalisieren und blieb daher in einem spezifisch penetranteren Sinne weltzugewandt als die naive »Weltbejahung« des ungebrochenen Menschentums etwa in der Antike und im Laien-Katholizismus. Gerade im Alltag bewährte sich die Gnade und Erwähltheit des religiös Qualifizierten. Freilich nicht im Alltag, wie er war, sondern in dem im Dienste Gottes methodisch *rationalisierten* Alltagshandeln. Das rational zum Beruf gesteigerte Alltagshandeln wurde Bewährung des Heils. Die Sekten der religiösen Virtuosen bildeten im

Okzident die Fermente für die methodische Rationalisierung der Lebensführung einschließlich auch des Wirtschaftshandelns, nicht aber, wie die Gemeinschaften der kontemplativen oder orgiastischen oder apathischen Ekstatiker Asiens, Ventile für die Sehnsucht hinweg aus der Sinnlosigkeit des innerweltlichen Wirkens.

Zwischen diesen äußersten Gegenpolen bewegten sich nun die mannigfachsten Übergänge und Kombinationen. Denn die Religionen so wenig wie die Menschen waren ausgeklügelte Bücher. Sie waren historische, nicht logisch oder auch nur psychologisch widerspruchslos konstruierte, Gebilde. Sie ertrugen sehr oft in sich Motivreihen, die, jede für sich konsequent verfolgt, den anderen hätte in den Weg treten, oft ihnen schnurstracks zuwiderlaufen müssen. Die »Konsequenz« war hier die Ausnahme, und nicht die Regel. Die Heilswege und Heilsgüter waren aber auch in sich regelmäßig psychologisch nicht eindeutig. Auch der altchristliche Mönch und auch der Quäker hatten einen sehr starken kontemplativen Einschlag in ihrer Gottsuche: – aber der Gesamtinhalt ihrer Religiosität, vor allem der überweltliche Schöpfergott und die Art der Versicherung der Gnadengewißheit, wies sie immer wieder auf den Weg des Handelns. Und andererseits: auch der buddhistische Mönch handelte, nur wurde dies Handeln jeder konsequenten *inner*weltlichen Rationalisierung entzogen durch die letzte Orientierung des Heilsstrebens an der Flucht aus dem »Rad« der Wiedergeburten. Die Sektierer und andere Bruderschaften des okzidentalen Mittelalters: Träger der religiösen Durchdringung des Alltagslebens, fanden ihr Gegenbild in den eher noch universeller entwickelten Bruderschaften des Islam; auch die dafür typische Schicht: Kleinbürger und namentlich Handwerker, war beiderseits die gleiche, – aber der Geist der beiderseitigen Religiosität war sehr verschieden. Äußerlich betrachtet, erscheinen zahlreiche hinduistische religiöse Gemeinschaften als »Sekten« ebensogut wie die des Okzidents, – aber das Heilsgut und die Art der Heilsvermittlung lagen nach radikal entgegengesetzter Richtung. – Die Beispiele sollen hier nicht weiter gehäuft werden, da wir ja die wichtigsten der großen Religionen individuell betrachten wollen. Diese sind untereinander weder in dieser noch in anderer Hinsicht einfach in eine Kette von Typen, deren jeder gegenüber dem andern eine neue »Stufe« bedeutet, einzugliedern. Sondern sie sind sämtlich historische Individuen höchst komplexer Art und erschöpfen, alle zusammen genommen, nur einen Bruchteil derjenigen möglichen Kombinationen, welche aus den sehr zahlreichen einzelnen dabei in Betracht kommenden Faktoren denkbarerweise gebildet werden könnten.

Es handelt sich bei den nachfolgenden Darlegungen also in keiner Art um eine *systematische* »Typologie« der Religionen. Andererseits freilich auch nicht um eine rein historische Arbeit. Sondern »typologisch« ist die nachstehende Darstellung in dem Sinne, daß sie das für den Zusammenhang mit den großen Gegensätzen der *Wirtschafts*gesinnung in typischer Art Wichtige an den historischen Realitäten der religiösen Ethiken betrachtet, und Anderes vernachlässigt. Nirgends beansprucht sie also, ein voll abgerundetes Bild der dargestellten Religionen zu bieten. Sie muß diejenigen Züge, welche der einzelnen Religion *im Gegensatz* zu anderen eigen *und zugleich* für unsere Zusammenhänge wichtig sind, sehr stark herausheben. Eine von jenen besonderen Wichtigkeitsakzenten absehende Darstellung müßte diese gegenüber dem hier gezeichneten Bild oft mildern, fast immer aber noch andere hinzufügen und gelegentlich auch wohl nachdrücklicher, als es hier möglich wäre, zum Ausdruck bringen, daß – natürlich – alle qualitativen Gegensätze in der Realität letztlich sich irgendwie als rein quantitative Unterschiede der Mischungsverhältnisse von Einzelfaktoren auffassen lassen. Für uns hier wäre es aber höchst unfruchtbar, diese Selbstverständlichkeit immer neu betonen zu wollen.

Auch die für die Wirtschaftsethik wichtigen Züge der Religionen aber sollen uns hier wesentlich unter einem bestimmten Gesichtspunkt interessieren: in der Art ihrer Beziehung zum ökonomischen *Rationalismus*, und zwar

– da auch dies noch nicht eindeutig ist – zum ökonomischen Rationalismus von demjenigen Typus, der den Okzident als eine Teilerscheinung der dort heimisch gewordenen Art der bürgerlichen Lebensrationalisierung seit dem 16. und 17. Jahrhundert zu beherrschen begann. Denn es ist hier vorweg noch einmal daran zu erinnern, daß »Rationalismus« etwas sehr Verschiedenes bedeuten kann. So schon, je nachdem dabei entweder an jene Art von Rationalisierung gedacht wird, wie sie etwa der denkende Systematiker mit dem Weltbild vornimmt: zunehmende theoretische Beherrschung der Realität durch zunehmend präzise abstrakte Begriffe, – oder vielmehr an die Rationalisierung im Sinne der methodischen Erreichung eines bestimmten gegebenen praktischen Zieles durch immer präzisere Berechnung der adäquaten Mittel. Beides sind sehr verschiedene Dinge trotz der letztlich untrennbaren Zusammengehörigkeit. Selbst innerhalb der denkenden Erfassung des Wirklichen scheiden sich ähnliche Typen: man hat die Unterschiede der englischen gegenüber der kontinentalen Physik auf sie zurückzuführen versucht. Jene Rationalisierung der Lebensführung aber, mit der wir es hier zu tun haben, kann ungemein verschiedene Formen annehmen. Der Konfuzianismus ist im Sinne des Fehlens jeder Metaphysik und fast aller Reste religiöser Verankerung – so weitgehend, daß er an der äußersten Grenze dessen steht, was man überhaupt allenfalls noch eine »religiöse« Ethik nennen kann – so rationalistisch und zugleich, im Sinne des Fehlens und der Verwerfung aller nicht utilitarischen Maßstäbe, so nüchtern, wie kein anderes der ethischen Systeme außer etwa demjenigen Jeremias Benthams. Aber er ist von diesem und von allen okzidentalen Typen des praktischen Rationalismus ganz außerordentlich verschieden trotz fortwährender wirklicher und scheinbarer Analogien. »Rational« im Sinn des Glaubens an einen geltenden »Kanon« war das höchste Kunstideal der Renaissance, rationalistisch im Sinne der Ablehnung traditionaler Bindungen und des Glaubens an die Macht der naturalis ratio auch ihre Lebensbetrachtung trotz der Einschläge platonisierender Mystik. »Rational« in einem wieder ganz anderen Sinn: dem der »Planmäßigkeit«, war aber auch die Methode der Abtötungs- oder der magischen Askese oder Kontemplation in deren konsequentesten Formen, etwa im Yoga oder in den spätbuddhistischen Manipulationen mit Gebetsmaschinen. »Rational« teils im gleichen Sinn: der formalen Methodik, teils aber im Sinn der Unterscheidung von normativ »Geltendem« und empirisch Gegebenem, waren überhaupt alle Arten von praktischer Ethik, die systematisch und eindeutig an festen Heilszielen orientiert wurden. Diese, letztgenannte, Art von Rationalisierungsprozessen nun interessiert uns im folgenden. Der Versuch, ihre Kasuistik hier vorwegzunehmen, hätte keinen Sinn, da ja gerade diese Darstellung selbst einen Beitrag zu ihr liefern möchte.

Um dies zu können, muß sie sich aber eine Freiheit herausnehmen: »unhistorisch« in dem Sinne zu sein, daß die Ethik der einzelnen Religionen systematisch wesentlich einheitlicher dargestellt wird, als sie es im Fluß der Entwicklung jemals war. Es müssen hier eine Fülle von Gegensätzen, die innerhalb der einzelnen Religionen lebten, von Entwicklungsansätzen und Zweigentwicklungen beiseite gelassen und also die für uns *wichtigen* Züge oft in einer größeren logischen Geschlossenheit und Entwicklungslosigkeit vorgeführt werden, als sie in der Realität sich vorfanden. Diese Vereinfachung würde historisch »Falsches« *dann* ergeben, wenn sie willkürlich vorgenommen würde. Das aber ist, wenigstens der Absicht nach, nicht der Fall. Es sind vielmehr stets diejenigen Züge im Gesamtbilde einer Religion unterstrichen, welche für die Gestaltung der *praktischen* Lebensführung in ihren *Unterschieden* gegen andere Religionen die entscheidenden waren.

Schließlich noch einige Vorbemerkungen zur Erklärung häufig wiederkehrender terminologischer Besonderheiten der Darstellung.

Die religiösen Vergesellschaftungen und Gemeinschaften gehören bei voller Entwicklung zum Typus der *Herr-*

*schafts*verbände: sie stellen »hierokratische« Verbände, d. h. solche dar, bei welchen die Herrschaftsgewalt durch das Monopol der Spendung oder Versagung von Heilsgütern gestützt wird. Alle Herrschaftsgewalten, profane wie religiöse, politische wie unpolitische, lassen sich als Abwandlungen von oder Annäherungen an einige reine Typen ansehen, welche gebildet werden durch die Frage: welche *Legitimitäts*grundlage die Herrschaft für sich in Anspruch nimmt.

Unsere heutigen Verbände, vor allem die politischen, haben den Typus »legaler« Herrschaften. Das heißt: die Legitimität zu befehlen ruht für den Inhaber der Befehlsgewalt auf rational gesatzter, paktierter oder oktroyierter, Regel, und die Legitimation zur Satzung dieser Regeln wiederum auf rational gesatzter oder interpretierter »Verfassung«. Im Namen nicht einer persönlichen Autorität, sondern im Namen der unpersönlichen Norm wird befohlen, und der Erlaß des Befehls selbst ist auch seinerseits Gehorsam gegenüber einer Norm, nicht freie Willkür oder Gnade oder Privileg. Der »Beamte« ist der Träger der Befehlsgewalt, und niemals übt er sie zu eigenem Recht aus, sondern stets trägt er sie zu Lehen von der unpersönlichen »Anstalt«, dem durch gesatzte Regeln normativ beherrschten spezifischen Zusammenleben bestimmter oder unbestimmter, aber nach regelhaften Merkmalen angebbarer Menschen. Die »Kompetenz«, ein sachlich abgegrenzter Bereich von möglichen Befehlsobjekten, umgrenzt den Bereich seiner legitimen Gewalt. Eine Hierarchie von »Vorgesetzten«, die er im »Instanzenzuge« beschwerdeführend anrufen kann, steht dem »Bürger« oder »Mitglied« des Verbandes gegenüber. So auch im heutigen hierokratischen Verband: der Kirche. Der Pfarrer oder Priester hat seine bestimmt abgegrenzte »Kompetenz«, die durch Regeln festgelegt ist. Auch für das höchste Kirchenhaupt gilt das: die heutige »Infallibilität« ist ein Kompetenzbegriff – dem inneren Sinn nach verschieden von dem, was ihr voranging (noch zur Zeit Innoncenz' III.). Die Scheidung von »Amtssphäre« (bei der Infallibilität: dem

Definieren »ex cathedra«) und »Privatsphäre« ist ganz ebenso durchgeführt wie beim politischen (oder sonstigen) Beamten. Die rechtliche »Trennung« des Beamten von den Verwaltungsmitteln (in Natur- oder Geldform) ist in der Sphäre der politischen und hierokratischen Verbände genau so durchgeführt wie die »Trennung« des Arbeiters von den Produktionsmitteln in der kapitalistischen Wirtschaft: sie ist deren völlige Parallele.

Dies alles aber ist, soviel Ansätze dazu sich schon in der frühesten Vergangenheit finden, in seiner Vollentwicklung spezifisch modern. Die Vergangenheit kannte andere Grundlagen der legitimen Herrschaft, die übrigens auf Schritt und Tritt in ihren Rudimenten auch in die Gegenwart hineinreichen. Wir wollen sie wenigstens terminologisch kurz umschreiben.

1. Es soll bei den nachfolgenden Erörterungen unter dem Ausdruck: *»Charisma«* eine (ganz einerlei: ob wirkliche oder angebliche oder vermeintliche) *außeralltägliche* Qualität eines Menschen verstanden werden. Unter »charismatischer Autorität« also eine (sei es mehr äußerliche oder mehr innerliche) Herrschaft über Menschen, welcher sich die Beherrschten kraft des Glaubens an diese Qualität dieser bestimmten *Person* fügen. Der magische Zauberer, der Prophet, der Führer auf Jagd- und Beutezügen, der Kriegshäuptling, der sog. »cäsaristische« Herrscher, unter Umständen das persönliche Parteihaupt, sind gegenüber seinen Jüngern, seiner Gefolgschaft, der von ihm geworbenen Truppe, der Partei usw. solche Herrschertypen. Die Legitimität ihrer Herrschaft beruht auf dem Glauben und der Hingabe an das Außergewöhnliche, über normale Menschenqualitäten Hinausgehende und deshalb (ursprünglich: als übernatürlich) Gewertete. Also: auf magischem oder auf Offenbarungs- und Heldenglauben, dessen Quelle »Bewährung« der charismatischen Qualität durch Wunder, durch Siege und andere Erfolge: durch Wohlergehen der Beherrschten, ist, und der deshalb nebst der in Anspruch genommenen Autorität schwindet oder doch zu schwinden droht, sobald die Bewährung ausbleibt und der

charismatisch Qualifizierte sich von seiner magischen Kraft oder von seinem Gott verlassen zeigt. Die Herrschaft wird nicht nach generellen Normen, weder traditionellen, noch rationalen, sondern – im Prinzip – nach konkreten Offenbarungen und Eingebungen gehandhabt und ist in diesem Sinn »irrational«. Sie ist »revolutionär« im Sinne der Ungebundenheit an alles Bestehende: »es steht geschrieben – ich aber sage euch . . .!«

2. Es soll im nachfolgenden: *»Traditionalismus«* die seelische Eingestelltheit auf, und der Glaube an das alltäglich *Gewohnte* als unverbrüchliche Norm für das Handeln heißen, und daher ein Herrschaftsverhältnis, welches auf dieser Unterlage, also: auf der Pietät gegen das (wirklich oder angeblich oder vermeintlich) immer Gewesene ruht, als *»traditionalistische* Autorität« bezeichnet werden. Die weitaus wichtigste Art der auf traditionalistischer Autorität beruhenden, ihre Legitimität auf Tradition stützenden Herrschaft ist der Patriarchalismus: die Herrschaft des Hausvaters, Ehemannes, Hausältesten, Sippenältesten über die Haus- und Sippengenossen, des Herrn und Patrons über die Leibeigenen, Hörigen, Freigelassenen, des Herrn über Hausdiener, Hausbeamte, des Fürsten über Haus- und Hofbeamte, Ministerialen, Klienten, Vasallen, des Patrimonialherrn und des Fürsten (»Landesvaters«) über die »Untertanen«. Es ist der patriarchalen (und der als Spielart ihr zugehörigen patrimonialen) Herrschaft eigentümlich, daß sie neben einem System unverbrüchlicher, weil als absolut heilig geltender, Normen, deren Verletzung magische oder religiöse Übel im Gefolge hat, ein Reich frei schaltender Willkür und Gnade des Herrn kennt, welche im Prinzip nur nach »persönlichen«, nicht nach »sachlichen« Beziehungen wertet und in diesem Sinn »irrational« ist.

3. Die charismatische Herrschaft, die auf dem Glauben an die Heiligkeit oder den Wert von Außeralltäglichem ruht, und die traditionalistische (patriarchale) Herrschaft, die auf den Glauben an die Heiligkeit des Alltäglichen sich stützt, teilten in früher Vergangenheit die wichtigsten

Arten aller Herrschaftsbeziehungen unter sich auf. »Neues« Recht konnte in den Kreis des kraft Tradition Geltenden nur durch Charismaträger: Orakel von Propheten oder Verfügungen von charismatischen Kriegsfürsten, eingefügt werden. Offenbarung und Schwert, die beiden außeralltäglichen Mächte, waren auch die beiden typischen Neuerer. Aber beide verfielen, sobald sie ihr Werk verrichtet hatten, in typischer Art der Veralltäglichung. Mit dem Tode des Propheten oder Kriegsfürsten entstand die Nachfolgerfrage. Mochte sie durch Kürung (ursprünglich nicht eine »Wahl«, sondern eine Auslese nach Charisma) oder durch sakramentale Versachlichung des Charisma (Nachfolgerdesignation durch Weihe: hierokratische oder apostolische »Sukzession«) oder durch den Glauben an die charismatische Qualifikation der Sippe (Erbcharisma: Erbkönigtum und Erbhierokratie) gelöst werden: stets begann damit in irgendeiner Art die Herrschaft von *Regeln*. Nicht mehr kraft rein persönlicher, sondern kraft erworbener oder ererbter Qualitäten oder kraft Legitimation durch einen Kürungsakt herrschte der Fürst oder Hierokrat. Der Prozeß der Veralltäglichung und das hieß: Traditionalisierung, hatte eingesetzt. Und, was vielleicht noch wichtiger war, mit dauernder Organisation der Herrschaft veralltäglichte sich der Menschenstab, auf den sich der charismatische Herrscher stützte: seine Jünger, Apostel, Gefolgen, – zu Priestern, Lehensvasallen, vor allem: Beamten. Aus der ursprünglich spezifisch wirtschaftsfremd: von Geschenken, Almosen, Kriegsbeute, kommunistisch lebenden charismatischen Gemeinschaft wurde eine durch Landnutzung, Sporteln, Deputate, Gehälter: durch *Pfründen* also, unterhaltene Schicht von Hilfspersonen des Herrn, die ihre legitime Gewalt nunmehr – in sehr verschiedenen Stadien der Appropriation – von Belehnung, Verleihung, Anstellung herleiteten. In aller Regel bedeutete das eine *Patrimonialisierung* der Herrengewalten, wie sie auch aus dem reinen Patriarchalismus sich durch Zerfall der straffen Gewalt des Herrn entwickeln konnte. Der mit dem Amt beliehene Pfründner oder Lehensmann hat kraft der Beleihung in aller Regel ein eigenes *Recht* daran. Er ist im Besitz der Verwaltungsmittel, ähnlich wie der Handwerker in dem der ökonomischen Produktionsmittel. *Er* hat aus seinen Sporteln oder sonstigen Einnahmen die Kosten der Verwaltung zu tragen, oder er führt von den beigetriebenen Leistungen der Untertanen nur einen Teil an den Herrn ab, der Rest verbleibt ihm. Er kann – im Grenzfall – sein Amt vererben und veräußern wie anderen Besitz. Wir wollen von *ständischem* Patrimonialismus sprechen, wo die Entwicklung, sei es aus einem charismatischen, sei es aus einem patriarchalen, Anfangszustand her, durch Appropriation von Herrengewalten dieses Stadium erreicht hat.

Aber bei diesem Stadium ist die Entwicklung selten stehen geblieben. Überall finden wir den *Kampf* des (politischen oder hierokratischen) Herrn mit den Inhabern oder Usurpatoren ständisch appropriierter Herrenrechte. Er versucht: sie, sie [versuchen]: ihn zu expropriieren. Je nachdem es ihm gelingt, sich in den Besitz eines eigenen Stabes von ihm allein anhängenden, an sein Interesse geknüpften Beamten und – damit zusammenhängend – eigener, fest in der eigenen Hand behaltener Verwaltungsmittel zu setzen (eigene Finanzen bei politischen und – im Okzident seit Innocenz III. bis Johann XXII. fortschreitend – hierokratischen Herren, eigene Magazine und Arsenale für die Verpflegung von Heer und Beamten beim profanen Herrscher), desto mehr entscheidet sich dieser Kampf zu seinen Gunsten und gegen die allmählich expropriierten ständischen Privilegieninhaber. Geschichtlich sehr verschieden war der *Charakter* jener Beamtenschicht, auf deren Hilfe sich der Herr im Kampf um die Expropriation der ständischen Herrengewalten stützte: Kleriker (typisch in Asien und im frühmittelalterlichen Okzident), Sklaven und Klienten (typisch im vorderasiatischen Orient), Freigelassene (in begrenztem Maß typisch für den römischen Prinzipat), humanistische Literaten (typisch in China), endlich: Juristen (typisch im Okzident der Neuzeit, sowohl in der Kirche wie in den politischen Verbänden). Überall bedeutete der Sieg der Fürstenmacht und die Expropriation der partikularen Herrenrechte mindestens die Möglichkeit, oft auch das tatsächliche Eintreten einer Rationalisierung der Verwaltung. Aber in höchst verschiedenem Grade und Sinn. Vor allem ist zwischen der *materialen* Rationalisierung der Verwaltung und Rechtspflege durch einen Patrimonialfürsten, der seine Untertanen utilitarisch und sozialethisch beglückt, so wie ein großer Hausherr seine Hausangehörigen, und der *formalen* Rationalisierung durch die von geschulten Juristen geschaffene Durchführung der Herrschaft allgemeinverbindlicher Rechtsnormen für alle »Staatsbürger« zu scheiden. So flüssig (etwa in Babylon, Byzanz, dem hohenstaufischen Sizilien, dem stuartischen England, dem bourbonischen Frankreich) der Unterschied war, letztlich bestand er doch. Und die Geburt des modernen okzidentalen »Staats« ebenso wie der okzidentalen »Kirchen« ist zum wesentlichsten Teil *Juristen*werk gewesen. Woher sie die Kraft und den Ideengehalt zu dieser Arbeit und die technischen Mittel dafür nahmen, ist hier noch nicht zu erörtern.

Mit dem Siege des *formalistischen* juristischen Rationalismus trat im Okzident neben die überkommenen Typen der Herrschaften der *legale* Typus der Herrschaft, dessen nicht einzige, aber reinste Spielart die *bürokratische* Herrschaft war und ist. Das Verhältnis der modernen Staats- und Kommunalbeamten, der modernen katholischen Priester und Kapläne, der Beamten und Angestellten der modernen Banken und kapitalistischen Großbetriebe stellt, wie schon erwähnt, den wichtigsten Typus dieser Herrschaftsstruktur dar. Als das für unsere Terminologie entscheidende Merkmal muß dabei das vorhin Erwähnte gelten: die Unterwerfung nicht kraft Glaubens und Hingabe an charismatisch begnadete *Personen:* Propheten und Helden, auch nicht kraft heiliger Tradition und der Pietät gegen den durch Traditionsordnung bestimmten *persönlichen* Herrn und – eventuell – seine durch Privileg und Verleihung zu *eigenem* Recht legitimierten Amtslehen- oder Amtspfründeninhaber, sondern die *un*persönliche

Bindung an die generell bezeichnete *sach*liche »Amtspflicht«, welche ebenso wie das korrespondierende Herrschaftsrecht: – die »Kompetenz« – durch *rational gesatzte* Normen (Gesetze, Verordnungen, Reglements) fest und derart bestimmt sind, daß die Legitimität der Herrschaft zur Legalität der generellen, zweckvoll erdachten, formell korrekt gesatzten und verkündeten *Regel* wird.

Die Unterschiede der vorstehend skizzierten Typen reichen bis in alle Einzelheiten ihrer sozialen Struktur und ökonomischen Bedeutung.

Es könnte nur in einer systematischen Darstellung erhärtet werden, inwiefern die hier gewählte Art der Unterscheidung und Terminologie zweckmäßig ist. Hier sei nur betont, daß sie mitnichten den Anspruch erhebt, die einzig mögliche zu sein, noch vollends, daß alle empirischen Herrschaftsgebilde einem dieser Typen »rein« entsprechen müßten. Im geraden Gegenteil stellt die überwiegende Mehrzahl von jenen eine Kombination oder einen Übergangszustand zwischen mehreren von diesen dar. Wir werden immer wieder gezwungen sein, z. B. durch Wortbildungen wie: »Patrimonialbürokratie« zum Ausdruck zu bringen, daß die betreffende Erscheinung mit einem Teil ihrer charakteristischen Merkmale der rationalen, mit einem anderen der traditionalistischen – in diesem Fall: ständischen – Herrschaftsform angehört. Dazu treten aber höchst wichtige Formen, welche – wie die feudale Herrschaftsstruktur – historisch universell verbreitet waren, aber mit wichtigen Zügen gar nicht glatt unter eine der drei oben unterschiedenen Formen einzuordnen sind, sondern nur durch eine Kombination mit anderen Begriffen (in diesem Fall: dem des »Standes« und der »Standesehre«) verständlich werden. Oder welche, wie die Funktionäre der *reinen* Demokratie (Turnus-Ehrenamt und ähnliche Formen auf der einen, plebiszitäre Herrschaft auf der anderen Seite) oder wie gewisse Arten der Honoratiorenherrschaft (einer Sonderform der traditionalistischen Herrschaft), teils aus anderen als »Herrschafts«-Prinzipien, teils aus eigentümlichen Abwandlungen des Charismabegriffes zu verstehen sind, aber ihrerseits gerade zu den historisch allerwichtigsten Fermenten der Entbindung des politischen Rationalismus gehört haben. Die hier vorgeschlagene Terminologie will also nicht die unendliche Mannigfaltigkeit des Historischen schematisch vergewaltigen, sondern sie möchte nur, für bestimmte Zwecke, brauchbare begriffliche Orientierungspunkte schaffen.

Das gleiche gilt für eine letzte terminologische Unterscheidung. Wir verstehen unter *ständischer* Lage eine *primär* durch Unterschiede in der Art der *Lebensführung* bestimmter Menschengruppen (und also meist: ihrer *Erziehung)* bedingte Chance positiver oder negativer sozialer *Ehre* für sie. Sekundär – und damit wird an die vorstehende Terminologie der Herrschaftsformen angeknüpft – pflegt diese sehr häufig und typisch zusammenzuhängen mit einem der betreffenden Schicht *rechtlich* gesicherten Monopol entweder auf Herrenrechte oder auf Einkommens- und Erwerbschancen bestimmter Art. Ein »Stand« ist also im (natürlich nicht immer vorliegenden) Fall der Erfüllung aller dieser Merkmale eine durch die Art der Lebensführung, die konventionalen spezifischen Ehrbegriffe und die rechtlich monopolisierten ökonomischen Chancen [bestimmte] (nicht immer verbandsmäßig organisierte, stets aber irgendwie vergesellschaftete) Menschengruppe. Kommercium (im Sinn von »gesellschaftlichem« Verkehr) und Konnubium von Gruppen untereinander sind die typischen Merkmale der ständischen *Gleichschätzung;* ihr Fehlen bedeutet ständische Unterschiede. Unter »Klassenlage« sollen im Gegensatz dazu die primär durch typische *ökonomisch* relevante Lagen, also: Besitz bestimmter Art oder Gelerntheit in der Ausübung begehrter Leistungen, bedingten Versorgungs- und Erwerbschancen einerseits, die daraus folgenden allgemeinen typischen Lebensbedingungen (z. B. die Notwendigkeit, sich der Werkstattdisziplin eines Kapitalbesitzers zu fügen) genannt werden. Eine »ständische Lage« kann sowohl Ursache wie Folge einer »Klassenlage« sein, ist aber keines von beiden notwendig. Klassenlagen können ihrerseits primär *marktbedingt* sein (arbeits- und gütermarktbedingt) und sind es heute in den der Gegenwart spezifischen typischen Fällen. Aber dies ist nicht absolut notwendig der Fall. Grundherr und Kleinbauer sind es im Fall geringer Marktverflochtenheit fast gar nicht, die verschiedenen Kategorien der »Rentner« (Boden-, Menschen-, Staats-, Wertpapierrentner) in sehr verschiedenem Sinn und Maß. »Besitzklassen« und (primär marktbedingte) »Erwerbsklassen«, sind also zu scheiden. Die heutige Gesellschaft ist vorwiegend klassengegliedert, und zwar in spezifisch hohem Maße in Erwerbsklasssen. Sie enthält aber in dem spezifisch *ständischen* Prestige der »Bildungs«-Schichten ein (äußerlich durch die ökonomischen Monopole und gesellschaftlichen Vorzugschancen der Diplominhaber am deutlichsten verkörpertes) höchst fühlbares ständisches Gliederungselement. In der Vergangenheit war die Bedeutung der ständischen Gliederung weit ausschlaggebender, vor allem auch für die *ökonomische* Struktur der Gesellschaften. Denn auf diese wirkt sie einerseits durch die Schranken oder Reglementierungen des Konsums und durch die Bedeutung der ständischen – vom Standpunkt der *ökonomischen* Rationalität aus: irrationalen – Monopole, andererseits durch die Tragweite der beispielgebenden ständischen *Konventionen* der bebetreffenden Herrenschichten außerordentlich stark ein. Diese Konventionen konnten ihrerseits den Charakter *ritueller* Stereotypierung tragen, und dies war in hohem Maße der Fall bei den asiatischen ständischen Gliederungen.

RICHTUNGEN UND STUFEN RELIGIÖSER WELTABLEHNUNG

Der Sinn einer rationalen Konstruktion der Weltablehnungsmotive

Das Gebiet der *indischen* Religiosität ist im stärksten Kontrast gegen China die Wiege der theoretisch und praktisch weltverneinendsten Formen von religiöser Ethik, welche die Erde hervorgebracht hat. Ebenso ist hier die entsprechende »Technik« am höchsten entwickelt. Das Mönchtum und die typischen Manipulationen der Askese und Kontemplation sind hier nicht nur am frühesten, sondern auch sehr konsequent durchgebildet worden, und diese Rationalisierung hat vielleicht auch historisch von da aus ihren Weg durch die Welt gemacht. Es ist wohl zweckmäßig, kurz in einer schematischen und theoretischen Konstruktion uns zu verdeutlichen, aus welchen Motiven heraus und in welchen Richtungen religiöse Ethiken der Weltverneinung überhaupt entstanden und verliefen: welches also ihr möglicher »Sinn« sein konnte.

Das konstruierte Schema hat natürlich nur den Zweck, ein idealtypisches *Orientierungsmittel* zu sein, nicht aber eine eigene Philosophie zu lehren. Seine gedanklich konstruierten Typen von Konflikten der »Lebensordnungen« besagen lediglich: an diesen Stellen sind diese innerlichen Konflikte *möglich* und »adäquat«, – *nicht* aber etwa: es gibt keinerlei Standpunkt, von dem aus sie als »aufgehoben« gelten könnten. Die einzelnen Wertsphären sind dabei, wie man leicht sieht, in einer rationalen Geschlossenheit herauspräpariert, wie sie in der Realität *selten* auftreten, aber allerdings: auftreten können und in historisch wichtiger Art aufgetreten *sind*. Die Konstruktion ermöglicht es, da, wo sich eine historische Erscheinung einem von diesen Sachverhalten in Einzelzügen oder im Gesamtcharakter annähert, deren – sozusagen – typologischen Ort durch Ermittlung der Nähe oder des Abstandes vom theoretisch konstruierten Typus festzustellen. Insoweit ist die Konstruktion also lediglich ein technischer Behelf zur Erleichterung der Übersichtlichkeit und Terminologie. Aber daneben könnte sie allerdings unter Umständen noch etwas mehr sein. Auch das Rationale im Sinne der logischen oder teleologischen »Konsequenz« einer intellektuell-theoretischen oder praktisch-ethischen Stellungnahme hat nun einmal (und hatte von jeher) Gewalt über die Menschen, so begrenzt und labil diese Macht auch gegenüber anderen Mächten des historischen Lebens überall war und ist. Gerade die der Absicht nach rationalen, von Intellektuellen geschaffenen, religiösen Weltdeutungen und Ethiken aber waren dem Gebot der Konsequenz stark ausgesetzt. So wenig sie sich auch im Einzelfalle der Forderung der »Widerspruchslosigkeit« fügten und so sehr sie rational *nicht* ableitbare Stellungnahmen in ihre ethischen Postulate einfügen mochten, so ist doch die Wirkung der ratio, speziell: der teleologischen Ableitung der praktischen Postulate, bei ihnen allen irgendwie und oft sehr stark bemerkbar. Wir dürfen auch aus diesem sachlichen Grunde hoffen, durch zweckmäßig konstruierte rationale Typen, also durch Herauspräparierung der innerlich »konsequentesten« Formen eines aus fest gegebenen Voraussetzungen ableitbaren praktischen Verhaltens, die Darstellung der sonst unübersehbaren Mannigfaltigkeit zu erleichtern. Und schließlich und vor allem muß und will ein religionssoziologischer Versuch dieser Art nun einmal zugleich ein Beitrag zur Typologie und Soziologie des Rationalismus selbst sein. Er geht daher von den rationalsten Formen aus, welche die Realität annehmen *kann*, und sucht zu ermitteln, inwieweit gewisse theoretisch aufstellbare rationale Konsequenzen in der Realität gezogen wurden. Und eventuell: weshalb nicht. –

Typologie der Askese und Mystik

In den einleitenden Ausführungen wurde schon die große Bedeutung der Konzeption des überweltlichen Schöpfergottes für die religiöse Ethik berührt, insbesondere für die aktiv asketische im Gegensatz zur kontemplativ mystischen, mit der Verunpersönlichung und Immanenz der göttlichen Macht innerlich verwandten, Richtung der Heilssuche. Daß aber diese Zusammengehörigkeit keine unbedingte ist, und daß nicht der überweltliche Gott schon rein als solcher die Richtung der Askese des Okzidents bestimmt hat, ergibt die Überlegung, daß die christliche Trinität mit ihrem gottmenschlichen Heiland und den Heiligen eine im Grunde eher weniger überweltliche Gotteskonzeption darstellte, als der Gott des Judentums, insbesondere des Spätjudentums, oder als der islâmische Allah. Und doch hat das Judentum zwar Mystik, aber so gut wie keine Askese des okzidentalen Typus entwickelt und war im alten Islâm die Askese direkt verworfen, während die Eigenart der Derwisch-Religiosität ganz anderen (mystisch-ekstatischen) Quellen entstammte als der Beziehung zum überweltlichen Schöpfergott und auch ihrem inneren Wesen nach der okzidentalen Askese fernstand. Die überweltliche Gotteskonzeption, so wichtig sie war, wirkte mithin offenbar, trotz ihrer Verwandtschaft mit der Sendungsprophetie und der Askese des Handelns, doch nicht allein, sondern nur in Verbindung mit anderen Umständen, vor allem wohl: der Art der religiösen Verheißungen und der dadurch bestimmten Heilswege. Dies wird im einzelnen immer wieder zu erörtern sein. Hier sollen zunächst, zur Klärung der Terminologie, die Ausdrücke »Askese« und »Mystik«, mit denen, als polaren Begriffen, schon vielfach operiert werden mußte, etwas weiter spezialisiert werden.

Als Gegensätze auf dem Gebiet der Weltablehnung wurden schon in den einleitenden Bemerkungen hingestellt: die aktive Askese: ein gottgewolltes *Handeln* als Werkzeug Gottes einerseits, andererseits: der kontemplative Heils*besitz* der Mystik, der ein »Haben«, nicht ein Handeln bedeuten will, und bei welchem der Einzelne nicht Werkzeug, sondern »Gefäß« des Göttlichen ist, das Handeln in der Welt mithin als Gefährdung der durchaus irrationalen und außerweltlichen Heilszuständlichkeit erscheinen muß. Radikal ist der Gegensatz, wenn auf der einen Seite die Askese des Handelns sich innerhalb der Welt als deren rationale Gestalterin zur Bändigung des kreatürlich Verderbten durch Arbeit im weltlichen »Beruf« auswirkt (innerweltliche Askese) und wenn die Mystik ihrerseits die volle Konsequenz der radikalen Weltflucht zieht (weltflüchtige Kontemplation). Der Gegensatz mildert sich, wenn auf der einen Seite die Askese des Handelns sich auf die Niederhaltung und Überwindung des kreatürlich Verderbten im eigenen Wesen beschränkt und infolgedessen die Konzentration auf die feststehendermaßen gottgewollten aktiven Erlösungsleistungen bis zur Meidung des Handelns in den Ordnungen der Welt steigert (weltflüchtige Askese), dadurch also dem äußeren Verhalten nach der weltflüchtigen Kontemplation sich annähert. Oder wenn andererseits der kontemplative Mystiker die Konsequenz der Weltflucht nicht zieht, sondern in den Ordnungen der Welt bleibt wie der innerweltliche Asket (innerweltliche Mystik). Der Gegensatz kann in beiden Fällen tatsächlich in der Praxis schwinden und irgendeine Kombination beider Arten der Heilssuche eintreten. Aber er kann auch unter der äußerlich ähnlichen Hülle weiterbestehen bleiben. Für den echten Mystiker bleibt der Grundsatz bestehen, daß die Kreatur schweigen muß, damit Gott sprechen könne. Er »ist« in der Welt und »schickt sich« äußerlich in ihre Ordnungen, aber, um sich: im Gegensatz gegen sie, dadurch seines Gnadenstandes zu versichern, daß er der Versuchung, ihr Treiben wichtig zu nehmen, widersteht. Wie wir bei Laotse sehen, ist eine spezifisch gebrochene Demut, ein Minimisieren des Handelns, eine Art von religiösem Inkognito in der Welt, seine typische Haltung: er bewährt sich *gegen* die Welt, *gegen* sein Handeln in ihr. Während die innerweltliche

Askese sich gerade umgekehrt *durch* Handeln bewährt. Für den innerweltlichen Asketen ist das Verhalten des Mystikers träger Selbstgenuß, für den Mystiker das des (innerweltlich handelnden) Asketen eine mit eitler Selbstgerechtigkeit verbundene Verflechtung in das gottfremde Treiben der Welt. Mit jener »glücklichen Borniertheit«, welche man dem typischen Puritaner zuzuschreiben pflegt, vollstreckt die innerweltliche Askese die in ihrem letzten Sinn ihr verborgenen positiven göttlichen Ratschlüsse, wie sie in den von Gott verfügten rationalen Ordnungen des Kreatürlichen vorliegen, während dem Mystiker gerade nur die Ergreifung jenes letzten, gänzlich irrationalen, Sinnes im mystischen Erlebnis allein heilsbedeutsam ist. Die weltflüchtigen Formen beider Verhaltungsweisen sind durch ähnliche Gegensätze unterscheidbar, deren Erörterung wir der Einzeldarstellung vorbehalten. –

Richtungen der Weltablehnung: ökonomische, politische, ästhetische, erotische, intellektuelle Sphäre

Wir wenden uns jetzt den Spannungsverhältnissen zwischen Welt und Religion im einzelnen zu und knüpfen auch dabei an die Bemerkungen der Einleitung an, um sie etwas anders zu wenden. –

Es wurde gesagt, daß diejenigen Arten von Verhaltungsweisen, welche, zu einer methodischen Lebensführung ausgestaltet, den Keim sowohl der Askese wie der Mystik bildeten, zunächst aus magischen Voraussetzungen erwuchsen. Entweder zur Erweckung charismatischer Qualitäten oder zur Verhütung bösen Zaubers wurden sie ausgeübt. Der erste Fall war natürlich der entwicklungsgeschichtlich wichtigere. Denn hier schon, an der Schwelle ihres Auftretens, zeigte die Askese das Doppelgesicht: Weltabwendung einerseits, Weltbeherrschung kraft der dadurch erlangten magischen Kräfte andererseits. Der Magier war der entwicklungsgeschichtliche Vorläufer des Propheten: des exemplarischen wie des Sendungspropheten und des Heilands. Der Prophet und der Heiland legitimierten sich in aller Regel durch den Besitz eines magischen Charisma. Nur daß dies bei ihnen lediglich Mittel war, der exemplarischen Bedeutung oder der Sendung oder der Heilandsqualität ihrer Persönlichkeit Anerkennung und Nachachtung zu verschaffen. Denn der Inhalt der Prophetie oder des Heilandsgebotes war: Orientierung der Lebensführung an dem Streben nach einem Heilsgut. In diesem Sinne also, mindestens relativ: rationale Systematisierung der Lebensführung, entweder nur in Einzelpunkten oder im ganzen. Das letztere war die Regel bei allen eigentlichen »Erlösungs«-Religionen, d. h. allen denen, welche ihren Anhängern die Befreiung vom *Leiden* in Aussicht stellten. Und zwar, je sublimierter, verinnerlichter, prinzipieller das Wesen des Leidens gefaßt wurde, desto mehr. Denn dann galt es, den Anhänger in einen *Dauer*zustand zu versetzen, welcher ihn gegen das Leiden innerlich gefeit machte. Statt des durch Orgie oder Askese oder Kontemplation akut und außeralltäglich, also: vorübergehend, erlangten heiligen Zustandes sollte ein heiliger und deshalb des Heils versichernder Dauerhabitus der Erlösten erreicht werden: dies war, abstrakt ausgedrückt, das rationale Ziel der Erlösungsreligion. Entstand nun im Gefolge der Prophetie oder Heilandspropaganda eine religiöse Gemeinschaft, so fiel die Pflege der Lebensreglementierung zuerst in die Hände der charismatisch dazu qualifizierten Nachfolger, Schüler, Jünger des Propheten oder Heilands. Weiterhin geriet sie unter bestimmten sehr regelmäßig wiederkehrenden Bedingungen in die Hände einer priesterlichen, erblichen oder amtlichen, Hierokratie, – während der Prophet oder Heiland selbst in aller Regel gerade im Gegensatz zu den überkommenen hierokratischen Mächten: Zauberern oder Priestern, stand, deren traditionsgeweihter Würde er ja sein persönliches Charisma entgegenstellte, um ihre Macht zu brechen oder in seinen Dienst zu zwingen.

Prophetische und Heilands-Religionen lebten, wie alles soeben Gesagte als selbstverständlich voraussetzt, in einem großen und entwicklungsgeschichtlich besonders wichtigen Bruchteil der Fälle in einem nicht nur (wie nach der angenommenen Terminologie selbstverständlich ist) akuten, sondern in einem dauernden Spannungsverhältnis zur Welt und ihren Ordnungen. Und zwar, je mehr sie eigentliche Erlösungsreligionen waren, desto mehr. Dies folgte aus dem Sinn der Erlösung und dem Wesen der prophetischen Heilslehre, sobald diese sich, und um so mehr, je prinzipieller sie sich zu einer rationalen und dabei an *innerlichen* religiösen Heilsgütern als Erlösungsmitteln orientierten Ethik entwickelte. Je mehr sie, heißt das im üblichen Sprachgebrauch, vom Ritualismus hinweg zur »Gesinnungsreligiosität« sublimiert wurde. Und zwar wurde die Spannung von ihrer Seite her um so stärker, je weiter auf der anderen Seite die Rationalisierung und Sublimierung des äußerlichen und innerlichen Besitzes der (im weitesten Sinne) »weltlichen« Güter auch ihrerseits fortschritt. Denn die Rationalisierung und bewußte Sublimierung der Beziehungen des Menschen zu den verschiedenen Sphären äußeren und inneren, religiösen und weltlichen, Güterbesitzes drängte dann dazu: *innere Eigengesetzlichkeiten* der einzelnen Sphären in ihren Konsequenzen *bewußt* werden und dadurch in jene Spannungen zueinander geraten zu lassen, welche der urwüchsigen Unbefangenheit der Beziehung zur Außenwelt verborgen blieben. Es ist dies eine ganz allgemeine, für die Religionsgeschichte sehr wichtige Folge der Entwicklung des (inner- und außerweltlichen) Güterbesitzes zum Rationalen und bewußt Erstrebten, durch *Wissen* Sublimierten. Machen wir uns an einer Reihe dieser Güter die typischen Erscheinungen, die bei sehr verschiedenen religiösen Ethiken irgendwie wiederkehren, klar.

Wenn die Erlösungsprophetie Gemeinschaften auf rein religiöser Grundlage schuf, so war die erste Macht, mit welcher sie in Konflikt geriet, und welche durch sie Entwertung zu befürchten hatte, die naturgegebene *Sippen*gemeinschaft. Wer seinen Hausgenossen, Vater und Mutter, nicht feind sein kann, der kann kein Jesus-Jünger sein: »Ich bin nicht gekommen, den Frieden zu bringen, sondern das Schwert«, heißt es (Matth. 10, 34) in diesem (und, wohlgemerkt: nur in diesem) Zusammenhang. Gewiß reglementierte die weit überwiegende Mehrzahl aller Religionen auch die innerweltlichen Pietätsbande. Aber daß der Heiland, Prophet, Priester, Beichtvater, Bruder im Glauben dem Gläubigen letztlich näher zu stehen habe, als die natürliche Anverwandtschaft und Ehegemeinschaft rein als solche, verstand sich um so mehr von selbst, je weitgreifender und innerlicher das Ziel der Erlösung gefaßt wurde. Unter mindestens relativer Entwertung jener Beziehungen und unter Sprengung der magischen Gebundenheit und Exklusivität der Sippen schuf die Prophetie, vor allem, wo sie zur soteriologischen Gemeindereligiosität wurde, eine neue soziale Gemeinschaft. Innerhalb dieser entwickelte sie nun eine religiöse Brüderlichkeitsethik. Zunächst meist unter einfacher Übernahme der urwüchsigen Grundsätze sozialethischen Verhaltens, welche der »Nachbarschaftsverband«: die Gemeinschaft der Dorf-, Sippen-, Zunft-, Schiffahrts-, Jagdzugs-, Heereszugs-Genossen, darbot. Diese aber kannten zwei elementare Grundsätze: 1. den Dualismus der Binnen- und Außenmoral, 2. für die Binnenmoral die einfache Reziprozität: »Wie du mir, so ich dir«. Als den ökonomischen Ausfluß dieser Grundsätze aber: das Prinzip der brüderlichen Nothilfepflicht, beschränkt auf die Binnenmoral: entgeltlose Gebrauchsleihe, zinsloses Darlehn, Gastfreiheits- und Unterstützungspflicht des Besitzenden und Vornehmen gegenüber dem Unbemittelten, unentgoltene Bittarbeit auf dem Nachbar- und ebenso auf dem Herrenhof gegen bloßen Unterhalt. Alles nach dem – natürlich nicht rational *erwogenen*, wohl aber im *Gefühl* mitschwingenden – Grundsatz: was heute dir mangelt, kann morgen mir mangeln. Dementsprechend die Beschränkung des Feilschens (bei Tausch und Leihe) und der dauernden Versklavung (z. B. als Folge von Schulden) auf die nur gegenüber dem Ungenossen geltende Außenmoral. Die Gemeindereligiosität übertrug diese alte ökonomische Nachbarschaftsethik auf die Beziehung zum Glaubensbruder. Die Nothilfepflicht der Vornehmen und Reichen für Witwen und Waisen, für den kranken und verarmten Glaubensbruder, das Almosen des Reichen zumal, von dem die heiligen Sänger und Magier ebenso wie die Asketen ökonomisch abhingen, wurden Grundgebote aller ethisch rationalisierten Religionen der Welt. Bei den Erlösungsprophetien im besonderen war nun das allen Bekennern gemeinsame, wirkliche oder stets drohende, äußere oder innere *Leiden* das konstitutive Prinzip ihrer Gemeinschaftsbeziehung. Je rationaler und gesinnungsethisch sublimierter die Idee der Erlösung gefaßt wurde, desto mehr steigerten sich daher jene aus der Reziprozitätsethik des Nachbarschaftsverbandes erwachsenen Gebote äußerlich und innerlich. Äußerlich bis zum brüderlichen Liebeskommunismus, innerlich aber zur Gesinnung der Caritas, der Liebe zum Leidenden als solchen, der Nächstenliebe, Menschenliebe und schließlich: der Feindesliebe. Die Schranke des Glaubensbandes und schließlich die Tatsache des Hasses erschienen angesichts der Konzeption der Welt als einer Stätte unverdienten Leidens nun als Folgen der gleichen Unvollkommenheiten und Verderbtheiten alles Empirischen, die auch das Leiden verschulden. Rein psychologisch wirkte dabei allgemein in der gleichen Richtung vor allem die eigentümliche Euphorie aller Arten von sublimierter religiöser Ekstase. Von der andächtigen Rührung bis zum Gefühl des unmittelbaren Besitzes der Gemeinschaft mit Gott neigten sie alle zum Ausströmen in einen objektlosen Liebesakosmismus. Die tiefe ruhige Seligkeit aller Helden akosmistischer Güte schmolz deshalb in den Erlösungsreligionen stets mit dem erbarmungsvollen Wissen um die natürliche Unvollkommenheit wie des eigenen, so alles menschlichen Wesens zusammen. Dabei konnte freilich die psychologische Färbung sowohl wie die rationale ethische Deutung dieser inneren Haltung im übrigen sehr verschiedenen Charakter haben. Stets aber lag ihre ethische Anforderung irgendwie in der Richtung einer universalistischen Brüderlichkeit über alle Schranken der sozialen Verbände, oft einschließlich des eigenen Glaubensverbandes, hinweg. Immer stieß diese religiöse Brüderlichkeit, je mehr sie in ihren Konsequenzen durchgeführt wurde, desto härter mit den Ordnungen und Werten der Welt zusammen. Und zwar pflegte – und darauf kommt es hier an – je mehr diese ihrerseits nach ihren Eigengesetzlichkeiten rationalisiert und sublimiert wurden, desto unversöhnlicher dieser Zwiespalt sich geltend zu machen.

Am offensichtlichsten wurde dies in der *ökonomischen* Sphäre. Alle urwüchsige, sei es magische oder mystagogische Beeinflussung der Geister und Götter im Interesse von *Einzel*interessen erstrebte, neben langem Leben, Gesundheit, Ehre, Nachfahren und, eventuell, Besserung des Jenseitsschicksals, den Reichtum als selbstverständliches Ziel, die eleusinischen Mysterien ebenso wie die phönikische und vedische Religion, die chinesische Volksreligion, das alte Judentum, der alte Islam und die Verheißungen für die frommen hinduistischen und buddhistischen Laien. Dagegen die sublimierte Erlösungsreligion und die rationalisierte Wirtschaft gerieten in zunehmende Spannung zueinander. Rationale Wirtschaft ist sachlicher *Betrieb*. Orientiert ist sie an *Geld*preisen, die im Interessenkampf der Menschen untereinander auf dem *Markt* entstehen. Ohne Schätzung in Geldpreisen, also ohne jenen Kampf, ist keinerlei *Kalkulation* möglich. Geld ist das Abstrakteste und »Unpersönlichste«, was es im Menschenleben gibt. Der Kosmos der modernen rationalen kapitalistischen Wirtschaft wurde daher, je mehr er seinen immanenten Eigengesetzlichkeiten folgte, desto unzugänglicher jeglicher denkbaren Beziehung zu einer religiösen Brüderlichkeitsethik. Und zwar nur immer mehr, je rationaler und damit unpersönlicher er wurde. Denn man konnte zwar die persönliche Beziehung zwischen Herrn und Sklaven ethisch restlos regulieren, eben weil sie persönlich war. Nicht aber – wenigstens nicht im gleichen *Sinn* und mit dem gleichen *Erfolg* – die zwischen den wechselnden Inhabern von Pfandbriefen und den ihnen unbekannten und ebenfalls wechselnden Schuldnern der Hypothekenbank, zwischen denen keinerlei persönliches Band bestand. Versuchte man es doch, so waren die Folgen die, welche wir in China kennenlernten: *Hemmung* der formalen Rationalität. Denn formale und materiale Rationalität standen hier im Konflikt miteinander. Gerade die Erlösungsreligionen haben daher, – obwohl in ihnen, wie wir sahen, selbst die Tendenz zu einer eigenartigen Verunpersönlichung der Liebe im Sinne des Akosmismus lag, – mit tiefem Mißtrauen die Entfaltung der in einem anderen Sinne ebenfalls unpersönlichen, aber eben dadurch spezifisch brüderlichkeitsfeindlichen ökonomischen Mächte betrachtet. Das »Deo placere non potest« des Katholizismus war dauernd für ihre Stellung zum Erwerbsleben charakteristisch, und bei aller rationalen Erlösungsmethodik wurde die Warnung vor dem Haften an Geld und Gut bis zur Perhorreszierung gesteigert. – Die Gebundenheit der religiösen Gemeinschaften selbst, ihrer Propaganda und Selbstbehauptung, an ökonomische Mittel und ihre Akkommodation an die Kulturbedürfnisse und Alltagsinteressen der Massen zwang sie zu jenen Kompromissen, für welche die Geschichte der Zinsverbote nur *ein* Beispiel ist. Die Spannung selbst aber war für eine echte Erlösungsethik letztlich kaum überwindlich.

Die religiöse Virtuosenethik hat auf das Spannungsverhältnis am äußerlich radikalsten durch Ablehnung des ökonomischen Güterbesitzes reagiert. Die weltflüchtige Askese durch Verbot des Individualbesitzes des Mönchs, Existenz durchweg von eigener Arbeit, und vor allem auch: entsprechende Einschränkung der Bedürfnisse auf das absolut Unentbehrliche. Die Paradoxie aller rationalen Askese, daß sie den Reichtum, den sie ablehnte, selbst schuf, hat dabei dem Mönchtum aller Zeiten in gleicher Art das Bein gestellt. Überall wurden Tempel und Klöster ihrerseits selbst Stätten rationaler Wirtschaft. – Die weltflüchtige Kontemplation konnte in prinzipieller Wendung nur den Grundsatz aufstellen, daß der besitzlose Mönch, für den die Arbeit ja etwas ihn von der Konzentration auf das kontemplative Heilsgut Abziehendes war, überhaupt nur das genießen dürfe, was ihm von der Natur und den Menschen freiwillig dargeboten werde: Beeren und Wurzeln und freie Almosen. Auch sie machte, durch Schaffung von Bettelsprengeln, ihre Kompromisse (so in Indien). – Der

Spannung prinzipiell und *innerlich* zu entgehen, gab es nur zwei konsequente Wege. Einmal die Paradoxie der puritanischen Berufsethik, welche, als Virtuosenreligiosität, auf den Universalismus der Liebe verzichtete, alles Wirken in der Welt als Dienst in Gottes, in seinem letzten Sinn ganz unverständlichem, aber nun einmal allein erkennbarem positiven Willen und Erprobung des Gnadenstandes rational versachlichte und damit auch die Versachlichung des mit der ganzen Welt als kreatürlich und verderbt entwerteten ökonomischen Kosmos als gottgewollt und Material der Pflichterfüllung hinnahm. Das war im letzten Grunde der prinzipielle Verzicht auf Erlösung als ein durch Menschen und für jeden Menschen erreichbares Ziel zugunsten der grundlosen, aber stets nur partikulären Gnade. Eine eigentliche »Erlösungsreligion« war dieser Standpunkt der Unbrüderlichkeit in Wahrheit nicht mehr. Für eine solche gab es nur die Übersteigerung der Brüderlichkeit zu jener den Liebesakosmismus des Mystikers ganz rein darstellenden, nach dem Menschen, dem und für welchen sie sich opfert, überhaupt nicht mehr fragenden, an ihm im letzten Grunde kaum noch interessierten »Güte«, die ein für allemal das Hemd gibt, wo der Mantel gefordert wird, an jeden, der ihr zufällig in den Weg kommt, und nur, weil er ihr in den Weg kommt: – eine eigentümliche Weltflucht in Gestalt objektloser Hingabe an jeden Beliebigen, nicht um des Menschen, sondern rein um der Hingabe als solcher, mit Baudelaires Worten: um der »heiligen Prostitution der Seele«, willen. –

Die Spannung gegenüber den *politischen* Ordnungen der Welt mußte für die konsequente Brüderlichkeitsethik der Erlösungsreligionen ebenso scharf werden. Für die magische und Funktionsgötter-Religiosität bestand das Problem nicht. Der alte Kriegsgott und der Gott, der die Rechtsordnung garantierte, waren Funktionsgötter, welche unbezweifelte Alltagsgüter schützten. Den Lokal-, Stammes- und Reichsgott gingen nur die Interessen seiner Verbände an. Er hatte gegen andere seinesgleichen zu kämpfen wie die Gemeinschaft selbst und gerade im Kampf seine göttliche Macht zu bewähren. Das Problem entstand vielmehr erst mit Sprengung dieser Schranken durch universalistische Religionen, mit dem einheitlichen Welt-Gott also, und in voller Stärke da, wo dieser ein Gott der »Liebe« sein sollte: – für die Erlösungsreligion auf dem Boden der Brüderlichkeitsforderung. Und zwar auch hier, wie bei der ökonomischen Sphäre, je rationaler die politische Ordnung wurde, desto mehr. Sachlich, »ohne Ansehen der Person«, »sine ira et studio«, ohne Haß und daher ohne Liebe, verrichtet der bürokratische Staatsapparat und der ihm eingegliederte rationale homo politicus, ebenso wie der homo oeconomicus, seine Geschäfte einschließlich der Bestrafung des Unrechtes gerade dann, wenn er sie im idealsten Sinne der rationalen Regeln staatlicher Gewaltordnung erledigt. Auch er ist daher kraft ihrer Verunpersönlichung einer materialen Ethisierung, so sehr der Anschein für das Gegenteil besteht, in wichtigen Punkten weniger zugänglich als die patriarchalen Ordnungen der Vergangenheit, welche auf persönlichen Pietätspflichten und konkreter persönlicher Würdigung des Einzelfalles gerade »unter Ansehung der Person« beruhten. Denn der gesamte Gang der innerpolitischen Funktionen des Staatsapparates in Rechtspflege und Verwaltung reguliert sich trotz aller »Sozialpolitik« letzten Endes unvermeidlich stets wieder an der sachlichen Pragmatik der Staatsräson: an dem absoluten – für jede universalistische Erlösungsreligion letztlich sinnlos erscheinenden – Selbstzweck der Erhaltung (oder Umgestaltung) der inneren und äußeren Gewaltverteilung. Erst recht galt und gilt dies für die Außenpolitik. Der Appell an die nackte Gewaltsamkeit der Zwangsmittel nach außen nicht nur, sondern auch nach innen ist jedem politischen Verband schlechthin wesentlich. Vielmehr: er ist das, was ihn für unsere Terminologie zum politischen Verband erst macht: der »Staat« ist derjenige Verband, der das Monopol *legitimer Gewaltsamkeit* in Anspruch nimmt, – anders ist er nicht zu definieren. Dem: »Widerstehet nicht dem Übel mit Gewalt« der Bergpredigt setzt er das: »Du *sollst* dem Recht auch mit *Gewalt* zum Siege verhelfen, – bei eigener Verantwortung für das Unrecht« entgegen. Wo das fehlte, da fehlte der »Staat«: der pazifistische »Anarchismus« wäre ins Leben getreten. Gewalt und Bedrohung mit Gewalt gebiert aber nach einem unentrinnbaren Pragma alles Handelns unvermeidlich stets erneut Gewaltsamkeit. Die Staatsräson folgt dabei, nach außen wie nach innen, ihren Eigengesetzlichkeiten. Und der *Erfolg* der Gewalt oder Gewaltandrohung selbst hängt natürlich letztlich von Machtverhältnissen und *nicht* vom ethischen *»Recht«* ab, selbst wenn man objektive Kriterien eines solchen überhaupt als auffindbar ansieht. Jedenfalls muß jeder religiösen Rationalisierung bei konsequenter Besinnung die gerade für den rationalen Staat – im Gegensatz zum unbefangenen naturwüchsigen Heldentum – typische Erscheinung des völlig gutgläubigen »Rechthabens« einer jeden der im Gewaltkampf einander gegenübertretenden Gruppen oder Gewalthaber nur als eine Äffung der Ethik und vollends das Hineinziehen Gottes in den politischen Gewaltkampf als ein Unnützlichführen seines Namens gelten, dem gegenüber die gänzliche Ausschaltung alles Ethischen aus dem politischen Räsonnement als das Reinlichere und allein Ehrliche erscheinen kann. Alle Politik muß ihr nur um so brüderlichkeitsfremder gelten, je »sachlicher« und berechnender, je freier von leidenschaftlichem Gefühl, Zorn und Liebe, sie ist.

Die Fremdheit beider Sphären gegeneinander bei voller Rationalisierung jeder von beiden wirkt sich nun aber besonders scharf noch darin aus, daß in entscheidenden Punkten die Politik, im Gegensatz zur Ökonomik, als direkte Konkurrentin der religiösen Ethik aufzutreten vermag. Der *Krieg* als die realisierte Gewaltandrohung schafft, gerade in den modernen politischen Gemeinschaften, ein Pathos und ein Gemeinschaftsgefühl und löst dabei eine Hingabe und bedingungslose Opfergemeinschaft der Kämpfenden und überdies eine Arbeit des Erbarmens und der alle Schranken der naturgegebenen Verbände sprengenden Liebe zum Bedürftigen als Massenerscheinung aus, welcher die Religionen im allgemeinen nur in Heroengemeinschaften der Brüderlichkeitsethik ähnliches zur Seite zu stellen haben. Und darüber hinaus leistet der Krieg dem Krieger selbst etwas, seiner konkreten Sinnhaftigkeit nach, Einzigartiges: in der Empfindung eines Sinnes und einer Weihe des Todes, die nur ihm eigen ist. Die Gemeinschaft des im Felde stehenden Heeres fühlt sich heute, wie in den Zeiten der Gefolgschaft, als eine Gemeinschaft bis zum Tode: die größte ihrer Art. Und von jenem Sterben, welches gemeines Menschenlos ist und gar nichts weiter, ein Schicksal, welches jeden ereilt, ohne daß je gesagt werden könnte, warum gerade ihn und gerade jetzt, welches ein Ende setzt, wo doch gerade mit steigender Entfaltung und Sublimierung der Kulturgüter ins Unermeßliche hinein stets nur ein Anfang sinnvoll sein zu können scheint: – von diesem lediglich unvermeidlichen Sterben scheidet sich der Tod im Felde dadurch, daß hier, und in dieser Massenhaftigkeit *nur* hier, der Einzelne zu wissen *glauben* kann, daß er »für« etwas stirbt. Daß, warum und wofür er den Tod bestehen muß, kann ihm – und außer ihm nur dem, der »im Beruf« umkommt – in aller Regel so zweifellos sein, daß das Problem des »Sinnes« des Todes in jener allgemeinsten Bedeutung, in welchem sich die Erlösungsreligionen mit ihm zu befassen veranlaßt sind, gar keine Voraussetzungen seiner Entstehung findet. Diese Leistung einer Einstellung des Todes in die Reihe der sinnvollen und geweihten Geschehnisse liegt letztlich allen Versuchen, die Eigenwürde des politischen Gewaltsamkeitsverbandes zu stützen, zugrunde. Die Art aber, wie der Tod hier als sinnvoll erfaßt werden kann, liegt nach radikal anderen Richtungen als eine Theodizee des Todes in einer Brüderlichkeitsreligiosität. Dieser muß die Brüderlichkeit der kriegsverbundenen Menschengruppe als bloßer Reflex der technisch raffinierten Brutalität des Kampfes entwertet scheinen und jene innerweltliche Weihe des Kriegstodes als Verklärung des Brudermordes. Und gerade die Außeralltäglichkeit der Kriegsbrüderlichkeit und des Kriegstodes, welche er mit dem heiligen Charisma und dem Erlebnis der Gottesgemeinschaft teilt, steigert die Konkurrenz auf die äußerst mögliche Höhe. – Konsequente Lösungen gibt es auch hier nur einerseits: für den Gnadenpartikularismus der puritanischen Berufsaskese, welcher an feststehende offenbarte Gebote des im übrigen ganz unverständlichen Gottes glaubt und dessen Willen dahin versteht, daß diese Gebote dieser kreatürlichen und deshalb der Gewaltsamkeit und ethischen Barbarei unterworfenen Welt eben auch durch deren eigene Mittel: Gewalt, aufgezwungen werden sollen. Das bedeutet aber dann mindestens Schranken der Brüderlichkeitspflicht im Interesse von Gottes »Sache«. Andererseits: für den radikalen Antipolitismus der mystischen Heilssuche mit ihrer akosmistischen Güte und Brüderlichkeit, welche mit dem Satz: »Widerstehe nicht dem Übel« und mit der in den Augen jeder selbstsicheren weltlichen Heldenethik notwendig ordinären und würdelosen Maxime vom »Hinhalten des anderen Backens« dem für alles politische Handeln unentrinnbaren Gewaltsamkeitspragma sich entzieht. Alle anderen Lösungen sind mit Kompromissen oder der echten Brüderlichkeitsethik notwendig unehrlich erscheinenden oder unannehmbaren Voraussetzungen belastet. – Einige dieser Lösungen erwecken als Typen trotzdem ein prinzipielles Interesse.

Jede Organisation der Erlösung in einer universalistischen Gnaden*anstalt* wird sich für die Seelen aller, oder doch aller ihr anvertrauten, Menschen vor Gott verantwortlich und daher berechtigt und verpflichtet fühlen, auch mit rücksichtsloser Gewalt ihrer Gefährdung durch Irreleitung im Glauben entgegenzutreten und die Ausbreitung der rettenden Gnadenmittel zu fördern. Und auch der Heilsaristokratismus gebiert, wo er, wie im Calvinismus (in anderer Art im Islâm), mit dem Gebot seines Gottes belastet ist: zu dessen Ruhm die Welt der Sünde zu bändigen, die Erscheinung des aktiven »Glaubenskämpfers«. Zugleich aber die Scheidung des »heiligen« oder »gerechten«, d. h. zur Vollstreckung von Gottes Gebot, um des Glaubens willen, unternommenen Krieges, der stets in irgendeinem Sinne ein Religionskrieg ist, von allen anderen, rein weltlichen und daher tief entwerteten, Kriegsunternehmungen. Den Zwang, an solchen nicht als heilig und Gottes Willen entsprechend feststehenden, nicht vom eignen Gewissen bejahten, Kriegen der politischen Gewalten teilzunehmen, wird er daher – wie das siegreiche Cromwellsche Heer der Heiligen in seiner Stellungnahme gegen den Militärdienstzwang tat – ablehnen, das Söldnertum also dem Zwang zum Kriegsdienst vorziehen. Für den Fall der Vergewaltigung von Gottes Willen durch Menschen, insbesondere des Glaubens wegen, wird er kraft des Satzes, daß man Gott mehr gehorchen müsse als den Menschen, die Konsequenz der aktiven Glaubensrevolution ziehen. – Genau umgekehrt war die Stellungnahme z. B. der lutherischen Anstaltsreligiosität. Unter Ablehnung des Glaubenskrieges und des aktiven Widerstandsrechts gegen weltliche Vergewaltigung des Glaubens, als einer die Erlösung in das Gewaltpragma hineinverflechtenden Eigenmächtigkeit, kannte sie auf diesem Gebiet nur die passive Resistenz, bejahte dagegen die Unbedenklichkeit des Gehorsams gegen die Weltobrigkeit auch da, wo diese weltlichen Krieg befahl, weil sie, und nicht der Einzelne, die Verantwortung trage und weil die ethische Selbständigkeit der Ordnung der weltlichen Gewalt, im Gegensatz zur innerlich universalistischen (katholischen) Heilsanstalt, anerkannt wurde. Jener Einschlag mystischer Religiosität, der dem persönlichen Christentum Luthers eignete, zog hier halbe Konsequenzen. Denn die eigentlich mystische oder pneumatische, religiös charismatische, Heilssuche der religiösen Virtuosen ist naturgemäß überall apolitisch oder antipolitisch gewesen. Sie hat die Selbständigkeit der irdischen Ordnungen zwar bereitwillig anerkannt, aber nur um daraus konsequent auf ihren radikal diabolischen Charakter zu schließen oder, zum mindesten, jenen absoluten Indifferenzstandpunkt zu ihnen einzunehmen, dessen Ausdruck der Satz war: »Gebt dem Kaiser, was des Kaisers ist« (denn was kommt auf diese Dinge für das Heil an?).

Die eigene Verflochtenheit der religiösen Organisationen in Machtinteressen und Machtkämpfe, der stets unvermeidliche Kollaps auch der höchstgesteigerten Spannungsverhältnisse gegen die Welt in Kompromisse und Relativierungen, die Eignung und der Gebrauch der religiösen Organisationen zur politischen Domestikation der Massen, das Bedürfnis insbesondere nach religiöser Legitimitätsweihe der bestehenden Gewalten bedingten die untereinander überaus verschiedenen empirischen Stellungnahmen der Religionen zum politischen Handeln, welche die Geschichte aufweist. Fast alle waren Formen der Relativierung der religiösen Heilswerte und ihrer ethisch rationalen Eigengesetzlichkeit. Ihr praktisch bedeutendster Typus aber war die *»organische«* Sozialethik, welche in mannigfachen Formen verbreitet war und deren Berufskonzeptionen das prinzipiell wichtigste Gegenbild gegen den Berufsgedanken der innerweltlichen Askese bildeten.

Auch sie steht (wo sie religiös unterbaut ist) auf dem Boden der »Brüderlichkeit«. Aber im Gegensatz zum mystischen Liebesakosmismus ist es eine kosmische, rationale, Brüderlichkeitsforderung, die sie beherrscht. Die erfahrungsgemäße Ungleichheit des religiösen Charisma ist der Ausgangspunkt. Eben dies, daß darnach das Heil nur Einigen, nicht Allen, zugänglich sein soll, ist ihr das Unerträgliche. Ihre Sozialethik sucht daher eben diese Ungleichheit der charismatischen Qualifikationen in Verbindung mit der weltlichen ständischen Gliederung zu einem Kosmos berufsteilig geordneter gottgewollter Leistungen zusammenzubiegen, innerhalb dessen jedem Einzelnen und jeder Gruppe nach persönlichem Charisma und schicksalsbedingter sozialer und ökonomischer Lage bestimmte Aufgaben zufallen. In der Regel stehen sie im Dienste der zugleich sozialutilitarisch und providentiell interpretierten Verwirklichung eines bei allem Kompromißcharakter dennoch Gott wohlgefälligen Zustandes, welcher angesichts der Sündenverderbtheit der Welt wenigstens eine relative Bändigung der Sünde und des Leidens und die Bewahrung und Errettung wenigstens möglichst vieler gefährdeter Seelen für das Gottesreich ermöglicht. Eine weit pathetischere Theodizee ließ die indische Karmanlehre gerade umgekehrt: vom Standpunkt der rein an den Interessen des Individuums orientierten Heilspragmatik aus, der organischen Gesellschaftslehre zuteil werden. Ohne diese sehr besondersartige Verknüpfung bleibt jede organische Gesellschaftsethik für den Standpunkt der radikalen, mystischen, religiösen Brüderlichkeitsethik unvermeidlich eine Akkommodation an die Interessen der weltlich privilegierten Schichten, während ihr, vom Standpunkt der innerweltlichen Askese aus gesehen, der innere Antrieb zu einer ethischen Durchrationalisierung des individuellen Lebens abgeht. Denn es fehlt ihr dann eine Prämie für die rationale *methodische* Gestaltung des Lebens des Einzelnen durch diesen selbst im Interesse des eigenen Heils. Der organischen Heilspragmatik ihrerseits muß dagegen der Heilsaristokratismus der innerweltlichen Askese mit ihrer rationalen Versachlichung der Lebensordnungen als die härteste Form der Lieblosigkeit und Unbrüderlichkeit, derjenige der Mystik aber als sublimiertes, in Wahrheit unbrüderliches Genießen nur des eigenen Charisma gelten, dem der planlose Liebesakosmismus nur egoistisches Mittel eigener Heilssuche wird. Beide verdammen ja die soziale Welt letztlich zur absoluten Sinnlosigkeit oder mindestens Gottes Ziele mit ihr zur vollkommenen Unverständlichkeit. Der Rationalismus der religiösen organischen Gesellschaftslehre erträgt diesen Gedanken nicht und sucht seinerseits die Welt als einen in aller Sündenverderbtheit doch die Spuren des göttlichen Heilsplanes an sich tragenden, also mindestens relativ rationalen Kosmos zu erfassen. Eben diese Relativierung aber ist dem absoluten Charismatismus der Virtuosenreligiosität das eigentlich Verwerfliche und Heilsfremde. –

Wie das ökonomische und das politische rationale Handeln seinen Eigengesetzlichkeiten folgt, so bleibt jedes andere rationale Handeln innerhalb der Welt unentrinnbar an die brüderlichkeitsfremden Bedingungen der Welt, die seine Mittel oder Zwecke sein müssen, gebunden und gerät daher irgendwie in Spannung zur Brüderlichkeitsethik. Es trägt aber eine tiefe Spannung auch in sich selbst. Denn es scheint kein Mittel zum Austrag schon der allerersten

Frage zu geben, von woher im einzelnen Fall der ethische Wert eines Handelns bestimmt werden soll: ob vom *Erfolg* oder von einem – irgendwie ethisch zu bestimmenden – *Eigen*wert dieses Tuns an sich aus. Ob und inwieweit also die Verantwortung des Handelnden für die Folgen die Mittel heiligen oder umgekehrt der Wert der Gesinnung, welche die Handlung trägt, ihn berechtigen soll, die Verantwortung für die Folgen abzulehnen, sie Gott oder der von Gott zugelassenen Verderbtheit und Torheit der Welt zuzuschieben. Die gesinnungsethische Sublimierung der religiösen Ethik wird der letzteren Alternative zuneigen: »Der Christ tut recht und stellt den Erfolg Gott anheim«. Damit aber wird bei wirklich konsequenter Durchführung das eigene Handeln gegenüber den Eigengesetzlichkeiten der Welt zur Irrationalität der Wirkung verurteilt. Angesichts dessen kann die Konsequenz einer sublimierten Heilssuche zu einer Steigerung des Akosmismus bis dahin führen, das zweckrationale Handeln schon rein als solches, also alles Handeln unter den Kategorien: Mittel und Zweck, als weltgebunden und gottfremd abzulehnen, wie dies in verschiedener Folgerichtigkeit vom biblischen Gleichnis von den Lilien auf dem Felde angefangen bis zu den prinzipielleren Formulierungen, z. B. im Buddhismus, geschah.

Die organische Sozialethik ist überall eine eminent konservative, revolutionsfeindliche Macht. Aus der eigentlichen Virtuosenreligiosität dagegen können unter Umständen andere, *revolutionäre*, Konsequenzen folgen. Dies natürlich nur dann, wenn das Pragma der Gewaltsamkeit, daß sie ihrerseits Gewalt hervorruft und nur Personen und allenfalls Methoden des gewaltsamen Herrschens gewechselt werden, nicht als dauernde Qualität alles Kreatürlichen anerkannt wird. Je nach der Färbung der Virtuosenreligiosität kann aber ihre revolutionäre Wendung prinzipiell zweierlei Formen annehmen. Die eine entspringt der innerweltlichen Askese überall da, wo diese den kreatürlich verderbten empirischen Ordnungen der Welt ein absolutes göttliches »Naturrecht« entgegenzusetzen vermag, dessen Realisierung dann, nach dem in den rationalen Religionen überall in irgendeinem Sinne geltenden Satz, daß man Gott mehr gehorchen müsse als den Menschen, ihr zur religiösen Pflicht wird. Typus: die genuin puritanischen Revolutionen, zu denen sich Gegenstücke auch anderwärts finden. Diese Haltung entspricht durchaus der Pflicht zum Glaubenskrieg. – Anders da, wo, beim Mystiker, sich der psychologisch stets mögliche Umschlag vom Gottesbesitz zur Gottbesessenheit vollzieht. Dies ist sinnvoll dann möglich, wenn eschatologische Erwartungen eines unmittelbaren Anbruches des Weltalters der akosmistischen Brüderlichkeit aufflammen, wenn also der Glaube an die Ewigkeit der Spannung zwischen der Welt und dem irrationalen hinterweltlichen Reich der Erlösung ausfällt. Der Mystiker wird dann zum Heiland und Propheten. Aber die Gebote, die er verkündet, haben keinen rationalen Charakter. Sie sind als Produkte seines Charisma Offenbarungen konkreter Art, und die radikale Weltablehnung schlägt leicht in radikalen *Anomismus* um. Die Gebote der Welt gelten nicht für den seiner Gottbesessenheit Versicherten: »*πάντα μοι ἔξεστιν*«. Alle Chiliastik bis zu der Täuferrevolution ruht irgendwie auf diesem Untergrund. Die Art seines Handelns ist eben für den kraft seines »Gott-Habens« Erlösten ohne Heilsbedeutung. Wir finden beim indischen jîvanmukti Ähnliches. –

Wenn die religiöse Brüderlichkeitsethik mit den Eigengesetzlichkeiten des zweckrationalen Handelns in der Welt in Spannung lebt, so nicht minder mit jenen innerweltlichen Mächten des Lebens, deren Wesen von Grund aus arationalen oder antirationalen Charakters ist. Vor allem mit der ästhetischen und erotischen Sphäre.

Mit der ersteren steht die magische Religiosität in intimster Beziehung. Idole, Ikonen und andere religiöse Artefakte, magische Stereotypierung ihrer erprobten Formungen als erste Stufe der Überwindung des Naturalismus durch einen fixierten »Stil«, Musik als Mittel der Ekstase oder des Exorzismus oder apotropäischer Magie, Zauberer als heilige Sänger und Tänzer, die magisch erprobten und daher magisch stereotypierten Tonverhältnisse als früheste Vorstufen von Tonalitäten, der magisch und als Mittel der Ekstase erprobte Tanzschritt als eine der Quellen der Rhythmik, Tempel und Kirchen als größte aller Bauten, unter stilbildender Stereotypierung der Bauaufgabe durch ein für allemal feststehende Zwecke und der Bauformen durch magische Erprobtheit, Paramente und Kirchengeräte aller Art als kunstgewerbliche Objekte in Verbindung mit dem durch religiösen Eifer bedingten Reichtum der Tempel und Kirchen: dies alles machte von jeher die Religion zu einer unerschöpflichen Quelle künstlerischer Entfaltungsmöglichkeiten einerseits, der Stilisierung durch Traditionsbindung andererseits. – Für die religiöse Brüderlichkeitsethik ebenso wie für den apriorischen Rigorismus ist die Kunst als Trägerin magischer Wirkungen nicht nur entwertet, sondern direkt verdächtig. Die Sublimierung der religiösen Ethik und Heilssuche einerseits und die Entfaltung der Eigengesetzlichkeit der Kunst andererseits neigen ja schon auch an sich zur Herausarbeitung eines zunehmenden Spannungsverhältnisses. Alle sublimierte Erlösungsreligiosität blickt allein auf den Sinn, nicht auf die Form, der für das Heil relevanten Dinge und Handlungen. Die Form entwertet sich ihr zum Zufälligen, Kreatürlichen, vom Sinn Ablenkenden. Von seiten der Kunst kann zwar das unbefangene Verhältnis gerade dann ungebrochen bleiben oder sich immer wieder herstellen, solange und so oft das bewußte Interesse des Rezipierenden naiv am Inhalt des Geformten, nicht an der Form rein als solcher haftet, und solange die Leistung des Schaffenden sich entweder als (ursprünglich: magisches) Charisma des »Könnens« oder als ein freies Spiel fühlt. Indessen die Entfaltung des Intellektualismus und die Rationalisierung des Lebens verschieben diese Lage. Die Kunst konstituiert sich nun als ein Kosmos immer bewußter erfaßter, selbständiger Eigenwerte. Sie übernimmt die Funktion einer, gleichviel wie gedeuteten, innerweltlichen *Erlösung:* vom Alltag und, vor allem, auch von dem zunehmenden Druck des theoretischen und praktischen Rationalismus. Mit diesem

Anspruch aber tritt sie in direkte Konkurrenz zur Erlösungsreligion. Gegen diese innerweltliche irrationale Erlösung muß sich jede rationale religiöse Ethik wenden als gegen ein Reich des, von ihr aus gesehen, verantwortungslosen Genießens und: geheimer Lieblosigkeit. In der Tat neigt ja die Ablehnung der Verantwortung für ein ethisches Urteil, wie sie intellektualistischen Zeitaltern, infolge teils subjektivistischen Bedürfnisses, teils der Angst vor dem Anschein traditionell-philiströser Befangenheit, zu eignen pflegt, dazu: ethisch gemeinte Werturteile in Geschmacksurteile umzuformen (»geschmacklos« statt: »verwerflich«), deren Inappellabilität die Diskussion ausschließt. Gegenüber der »Allgemeingültigkeit« der ethischen Norm, welche wenigstens insofern Gemeinschaft stiftet, indem sich der Einzelne, der einem Tun ethisch ablehnend, aber menschlich mitlebend gegenübersteht, sich ihr selbst, um die eigene kreatürliche Bedürftigkeit wissend, mit unterstellt, *kann* diese Flucht vor der Notwendigkeit rationaler ethischer Stellungnahme sich der Erlösungsreligion sehr wohl als eine tiefste Form unbrüderlicher Gesinnung darstellen. Dem künstlerisch Schaffenden aber wie dem ästhetisch erregten Rezipierenden andererseits wird die ethische Norm als solche leicht als Vergewaltigung des eigentlich Schöpferischen und Persönlichsten erscheinen können. Die irrationalste Form des religiösen Sichverhaltens aber, das mystische Erlebnis, ist in seinem innersten Wesen nicht nur formfremd, unformbar und unaussagbar, sondern formfeindlich, weil es gerade im Gefühl der Sprengung aller Formen das Eingehen in das jenseits jeder Art von Bedingtheit und Formung liegende All-Eine erhoffen zu können glaubt. Ihm kann die unzweifelhafte psychologische Verwandtschaft der künstlerischen mit der religiösen Erschütterung nur ein Symptom des diabolischen Charakters jener bedeuten. Gerade die Musik, die »innerlichste« der Künste, vermag in ihrer reinsten Form: der Instrumentalmusik, als eine durch die Eigengesetzlichkeit eines nicht im *Innern* lebenden Reiches vorgetäuschte, verantwortungslose Surrogatform des echten religiösen Erlebens zu erscheinen: die bekannte Stellungnahme des Tridentiner Konzils dürfte auf diese Empfindung mit zurückgehen. Die Kunst wird dann »Kreaturvergötterung«, konkurrierende Macht und täuschendes Blendwerk, das Bildnis und Gleichnis religiöser Dinge rein als solches Blasphemie.

In der empirischen Realität der Geschichte freilich hat diese psychologische Verwandtschaft immer erneut zu jenen für die Kunstentwicklung bedeutsamen Bündnissen geführt, welche die große Mehrzahl aller Religionen irgendwie eingegangen sind, um so systematischer, je mehr sie universalistische Massenreligionen sein wollten und also auf Massenwirkung und emotionale Propaganda hingewiesen waren. Am sprödesten blieb gegenüber der Kunst, aus dem Pragma des inneren Gegensatzes heraus, alle eigentliche Virtuosenreligiosität, sowohl in ihrer aktiv asketischen wie in ihrer mystischen Wendung, und zwar um so schroffer, je mehr sie entweder die Überweltlichkeit ihres Gottes oder die Außerweltlichkeit der Erlösung betonte. –

Wie zur ästhetischen Sphäre, so steht die religiöse Brüderlichkeitsethik der Erlösungsreligionen auch zu der größten irrationalen Lebensmacht: der geschlechtlichen Liebe, in einem tiefen Spannungsverhältnis. Und zwar auch hier um so schroffer, je sublimierter die Geschlechtlichkeit einerseits, je rücksichtsloser konsequent die Erlösungsethik der Brüderlichkeit andererseits entwickelt wird. Das ursprüngliche Verhältnis war auch hier sehr intim. Der Geschlechtsverkehr war sehr oft Bestandteil der magischen Orgiastik, die heilige Prostitution – die mit angeblicher »ursprünglicher Promiskuität« gar nichts zu schaffen hatte – meist ein Rest dieses Zustandes, in dem jede Ekstase als »heilig« galt. Die profane, heterosexuelle wie homosexuelle, Prostitution war uralt und oft ziemlich raffiniert (Züchtung von Tribaden bei sog. Naturvölkern kommt vor). Der Übergang von ihr zur rechtlich geformten Ehe war durch die Existenz von allerhand Zwischenformen flüssig. Die Auffassung der Ehe als einer ökonomischen Angelegenheit zur Sicherung der Frau und des Erbrechts des Kindes, und daneben als einer wegen der Totenopfer der Nachkommen auch für das Jenseitsschicksal wichtigen Institution zur Gewinnung von Kindern ist vorprophetisch und universell, hat daher mit Askese an sich noch nichts zu tun. Das Geschlechtsleben als solches hatte seine Geister und Götter, wie jede andere Funktion auch. Eine gewisse Spannung trat nur in der ziemlich alten temporären, kultischen, Keuschheit der Priester zutage, bedingt wohl dadurch, daß, von einem streng stereotypierten Ritual eines regulierten Gemeinschaftskultes her angesehen, die Sexualität doch bereits leicht als spezifisch dämonisch beherrscht galt. Aber weiterhin war es dann allerdings nicht zufällig, daß die Prophetien und ebenso die priesterlich kontrollierten Lebensordnungen fast ohne jede bemerkenswerte Ausnahme den Geschlechtsverkehr zugunsten der *Ehe* reglementiert haben. Der Gegensatz aller rationalen Lebensregulierung gegen die magische Orgiastik und alle Arten irrationaler Rauschformen drückt sich darin aus. Die weitere Steigerung der Spannung wurde dann durch Entwicklungsmomente bedingt, welche auf beiden Seiten lagen. Bei der Sexualität durch ihre Sublimierung zur »Erotik« und damit zu einer – im Gegensatz zu dem nüchternen Naturalismus der Bauern – *bewußt* gepflegten und dabei *außeralltäglichen* Sphäre. Außeralltäglich nicht nur und auch nicht notwendig im Sinne des Konventionsfremden. Die Ritterkonvention pflegt ja gerade die Erotik zum Gegenstand der Regelung zu machen. Allerdings charakteristischerweise unter Verhüllung der naturalen und organischen Basis der Geschlechtlichkeit. Die Außeralltäglichkeit lag eben in dieser Hinwegentwicklung vom unbefangenen Naturalismus des Geschlechtlichen. Diese war aber in ihren Gründen und in ihrer Bedeutung einbezogen in die universellen Zusammenhänge der Rationalisierung und Intellektualisierung der Kultur.

Wir vergegenwärtigen uns in wenigen Strichen die Stadien dieser Entwicklung und wählen dabei die Beispiele aus dem Okzident.

Das Heraustreten der Gesamtdaseinsinhalte des Menschen aus dem organischen Kreislauf des bäuerlichen Daseins, die zunehmende Anreicherung des Lebens mit, sei es intellektuellen, sei es sonstigen als überindividuell gewerteten Kulturinhalten wirkte durch die Entfernung der Lebensinhalte von dem nur naturhaft Gegebenen zugleich in der Richtung einer Steigerung der Sonderstellung der Erotik. Sie wurde in die Sphäre des bewußt (im sublimsten Sinne:) Genossenen erhoben. Sie erschien dennoch und eben dadurch als eine Pforte zum irrationalsten und dabei realsten Lebenskern gegenüber den Mechanismen der Rationalisierung. Grad und Art, in welchem dabei auf die Erotik als solche ein Wertakzent fiel, war historisch außerordentlich wandelbar. Dem ungebrochenen Empfinden einer Kriegerschaft stand Weiberbesitz und Kampf um Weiber mit dem um Schätze und um Machteroberung annähernd gleich. Beim vorklassischen Hellenentum in der Zeit der Ritterromantik konnte für Archilochos eine erotische Enttäuschung ein Erlebnis von erheblicher und dauernder Tragweite sein und der Raub eines Weibes als Anlaß eines Heldenkrieges ohnegleichen gelten. Und auch die Nachklänge des Mythos kannten die Geschlechtsliebe noch bei den Tragikern als eine echte Schicksalsmacht. Aber im ganzen blieb ein Weib: Sappho, an erotischer Erlebnisfähigkeit von Männern unerreicht. Die klassische hellenische Zeit aber, die Periode des Hoplitenheeres, dachte, wie alle Selbstzeugnisse beweisen, auf diesen Gebieten relativ ungemein nüchtern, eher nüchterner als die chinesische Bildungsschicht. Nicht, daß sie den Todesernst der Geschlechtsliebe gar nicht mehr gekannt hätte. *Aber:* nicht dies, sondern eher das Gegenteil war das ihr *Charakteristische:* man erinnere sich – trotz Aspasia – der Rede des Perikles und, vollends, des bekannten Ausspruchs des Demosthenes. Dem exklusiv maskulinen Charakter dieser Epoche der »Demokratie« würde die Behandlung erotischer Erlebnisse, mit Frauen, als »Lebensschicksale« – in unserem Sprachschatz ausgedrückt: – fast schülerhaft sentimental erschienen sein. Der »Kamerad«, der Knabe, war das mit allem Liebeszeremoniell begehrte Objekt gerade im Zentrum der hellenischen Kultur. Der Eros Platons ist infolgedessen, bei aller Herrlichkeit, doch ein stark *temperiertes* Fühlen: die Schönheit der *bacchantischen Leidenschaft* rein als solcher war in diese Beziehung offiziell nicht rezipiert.

Die Möglichkeit einer Problematik und Tragik prinzipieller Art wurde in die erotische Sphäre zunächst durch bestimmte Verantwortlichkeitsansprüche eingeschaltet, welche im Okzident christlicher Provenienz sind. Der Wertakzent der rein erotischen Sensation als solcher aber entfaltete sich dort primär vor allem unter den Kulturbedingungen feudaler Ehrbegriffe. Dadurch nämlich, daß ritterliche Vasallensymbolik in die erotisch sublimierten Sexualbeziehungen hineingetragen wurde. Am allermeisten dann, wenn dabei irgendwelche Kombinationen mit kryptoerotischer Religiosität oder direkt mit Askese eingegangen wurden, wie dies im Mittelalter der Fall war. Die Ritterminne des christlichen Mittelalters war bekanntlich ein erotischer Vasallendienst *nicht* gegenüber Mädchen, sondern ausschließlich gegenüber fremden Ehefrauen mit (in der Theorie!) enthaltsamen Liebesnächten und kasuistischem Pflichtenkodex. Es begann damit – darin lag ein schroffer Gegensatz zum Maskulinismus des Hellenentums – die »Bewährung« des Mannes nicht vor seinesgleichen, sondern vor der erotischen Interessiertheit der »Dame«, deren Begriff durch eben diese Funktion erst konstituiert wurde. Eine weitere Steigerung des spezifischen Sensationscharakters der Erotik entwickelte der Übergang von der – in ihrer übrigens großen Unterschiedenheit – doch wesentlich maskulin agonalen und insofern der Antike verwandteren, die christliche Ritteraskese abstreifenden Renaissancekonvention etwa noch des Cortegiano und der Shakespeareschen Zeit zum zunehmend unmilitärischen Intellektualismus der Salonkultur. Diese ruhte auf der Überzeugung von der Werte schaffenden Macht der intersexuellen Konversation, für welche die offene oder latente erotische Sensation und die agonale Bewährung des Kavaliers vor der Dame unentbehrliches Anregungsmittel wurde.

Seit den Lettres Portugaises wurde reale weibliche Liebesproblematik ein spezifisches geistiges Marktobjekt und weibliche Liebeskorrespondenz zur »Literatur«. Die letzte Steigerung des Akzents der erotischen Sphäre vollzog sich auf dem Boden intellektualistischer Kulturen schließlich da, wo sie mit dem unvermeidlich asketischen Einschlag des Berufsmenschentums zusammenstieß. Es konnte unter diesem Spannungsverhältnis zum rationalen Alltag das außeralltäglich gewordene, speziell also das ehefreie, Geschlechtsleben als das einzige Band erscheinen, welches den nunmehr völlig aus dem Kreislauf des alten einfachen organischen Bauerndaseins herausgetretenen Menschen noch mit der Naturquelle alles Lebens verband. Die so entstehende gewaltige Wertbetontheit dieser spezifischen Sensation einer innerweltlichen Erlösung vom Rationalen: eines seligen Triumphes darüber, entsprach in ihrem Radikalismus der unvermeidlich ebenso radikalen Ablehnung durch jede Art von außer- oder überweltlicher Erlösungsethik, für welche der Triumph des Geistes über den Körper gerade hier sich aufgipfeln sollte und der das Geschlechtsleben geradezu den Charakter der einzigen unausrottbaren Verbindung mit dem Animalischen gewinnen konnte. Diese Spannung aber mußte im Falle der systematischen Herauspräparierung der Sexualsphäre zu einer hochwertigen, alles rein Animalische der Beziehung verklärend umdeutenden erotischen Sensation am schärfsten und unvermeidbarsten gerade dann werden, wenn die Erlösungsreligiosität den Charakter der Liebesreligiosität: der Brüderlichkeit und Nächstenliebe, annahm. Gerade deshalb, weil die erotische Beziehung unter den angegebenen Bedingungen den unüberbietbaren Gipfel der Erfüllung der Liebesforderung: den direkten Durchbruch der Seelen von Mensch zu Mensch, zu gewähren scheint. Allem Sachlichen, Rationalen, Allgemeinen so radikal wie möglich entgegengesetzt, gilt die Grenzenlosigkeit der Hingabe hier dem einzigartigen Sinn, welchen dieses Einzelwesen in seiner Irrationalität für dieses und nur dieses andere Einzelwesen hat. Dieser Sinn und damit der Wertgehalt der Beziehung selbst aber liegt, von der Erotik aus gesehen, in der Möglichkeit einer Gemeinschaft, welche als volle *Eins*werdung, als ein Schwinden des »Du« gefühlt wird und so überwältigend ist, daß sie »symbolisch«: – *sakramental* – gedeutet wird. Gerade darin: in der Unbegründbarkeit und Unausschöpfbarkeit des eigenen, durch kein Mittel kommunikablen, *darin* dem mystischen »Haben« gleichartigen Erlebnisses, und nicht nur vermöge der Intensität seines Erlebens, sondern der unmittelbar besessenen Realität nach, weiß sich der Liebende in den jedem rationalen Bemühen ewig unzugänglichen Kern des wahrhaft Lebendigen eingepflanzt, den kalten Skeletthänden rationaler Ordnungen ebenso völlig entronnen wie der Stumpfheit des Alltages. Den (für ihn) *objektlosen* Erlebnissen des Mystikers steht er, der »das Lebendigste« mit sich verbunden weiß, wie einem fahlen hinterweltlichen Reich gegenüber. Wie die wissende Liebe des reifen Mannes zu der leidenschaftlichen Schwärmerei des jugendlichen Menschen verhält sich der Todesernst dieser Erotik des Intellektualismus zur ritterlichen Minne, der gegenüber sie gerade das Naturhafte der Geschlechtssphäre wieder, aber: bewußt, als leibgewordene Schöpfermacht, bejaht. – Eine konsequente religiöse Brüderlichkeitsethik steht dem allen radikal feindlich gegenüber. Nicht nur macht diese – von ihr aus gesehen – innerirdische Erlösungssensation rein als solche der Hingabe an den überweltlichen Gott oder an eine ethisch rationale göttliche Ordnung oder an die – für sie allein »echte« – mystische Sprengung der Individuation die schärfste überhaupt mögliche Konkurrenz. Sondern gerade gewisse psychologische Verwandtschaftsbeziehungen beider Sphären verschärfen die Spannung. Die höchste Erotik steht mit gewissen sublimierten Formen heroischer Frömmigkeit im Verhältnis gegenseitiger psychologischer und physiologischer Vertretbarkeit. Im Gegensatz zur rationalen aktiven Askese, welche das Geschlechtliche schon um seiner Irrationalität willen ablehnt und von der Erotik als todfeindliche Macht empfunden wird, besteht jenes Vertretbarkeitsverhältnis speziell zur mystischen Gottinnigkeit. Mit der Konsequenz einer jederzeit drohenden tödlich raffinierten Rache des Animalischen oder eines unvermittelten Hinübergleitens aus dem mystischen Gottesreich in das Reich des Allzumenschlichen. Gerade diese psychologische Nähe steigert natürlich die innerliche Sinnfeindschaft. Die erotische Beziehung muß, von jeder religiösen Brüderlichkeitsethik aus angesehen, je sublimierter sie ist, nur desto mehr, der Brutalität in ganz spezifisch raffiniertem Maße verhaftet bleiben. Sie gilt ihr unvermeidlich als ein Verhältnis des Kampfes, nicht etwa nur, und nicht einmal vornehmlich, der Eifersucht und des ausschließenden Besitzwillens gegen Dritte, sondern weit mehr der innerlichsten, weil von den Beteiligten selbst niemals bemerkten Vergewaltigung der Seele des minder brutalen Teiles, als ein raffinierter, weil die menschlichste Hingabe vortäuschender Genuß seiner selbst im anderen. Keine volle erotische Gemeinschaft wird sich selbst anders als durch geheimnisvolle *Bestimmung* für einander: *Schicksal* in diesem höchsten Sinn des Wortes, gestiftet und dadurch (in einem gänzlich unethischen Sinn) »legitimiert« wissen. Aber für die Erlösungsreligion ist dieses »Schicksal« nichts anderes als der reine Zufall des Entbrennens der Leidenschaft. Die so gestiftete pathologische Besessenheit, Idiosynkrasie und Verschiebung des Augenmaßes und jeder objektiven Gerechtigkeit muß ihr als die vollendetste Verleugnung aller Bruderliebe und Gottesknechtschaft erscheinen. Die sich als »Güte« fühlende Euphorie des glücklich Liebenden mit ihrem freundlichen Bedürfnis, nun auch aller Welt frohe Mienen anzudichten oder in naivem Beglückungseifer anzuzaubern, stößt daher stets (es gehören dahin z. B. die psychologisch konsequentesten Partien in Frühwerken Tolstojs) auf den kühlen Spott der genuin religiös fundierten radikalen Brüderlichkeitsethik. Denn dieser bleibt gerade die sublimierteste Erotik eine Beziehung, welche, als notwendig im Innersten exklusiv und im denkbar höchsten Sinne subjektiv, absolut inkommunikabel, in allen diesen Hinsichten der Gegenpol aller religiös orientierten Brüderlichkeit sein muß. Ganz abgesehen davon, daß ihr natürlich schon ihr Leidenschaftscharakter als solcher als unwürdiger Verlust der Selbstbeherrschung und der Orientierung, sei es an der rationalen Vernunft gottgewollter Normen, sei es an dem mystischen »Haben« des Göttlichen erscheint, – während für die Erotik die *echte* »Leidenschaft« rein an sich der Typus der *Schönheit* und eine Ablehnung ihrer eine Lästerung ist. –

Im Einklang steht der erotische Rausch ebenso aus psychologischen Gründen wie dem Sinne nach nur mit der orgiastischen, außeralltäglichen, aber in einem besonderen Sinne innerweltlichen, Form der Religiosität. Die Anerkennung des Ehe*schlusses*: der »copula carnalis«, als »Sakrament« in der katholischen Kirche ist eine Konzession an dieses Fühlen. Mit der zugleich außerweltlichen und außeralltäglichen Mystik gerät die Erotik, bei schärfster innerer Spannung, vermöge der psychologischen Vertretbarkeit leicht in eine unbewußte und labile Surrogats- oder Zusammengeschmolzenheitsbeziehung, aus welcher dann sehr leicht der Kollaps in das Orgiastische erfolgt. Die innerweltliche rationale Askese (Berufsaskese) kann nur die rational reglementierte Ehe als eine der göttlichen Ordnungen für die durch »Konkupiszenz« hoffnungslos verderbte Kreatur akzeptieren, innerhalb deren es gilt, ihren rationalen Zwecken: Kindererzeugung und -erziehung und gegenseitige Förderung im Gnadenstande, und nur in ihm, nachzuleben. Jegliche Raffinierung zu einer Erotik muß sie als Kreaturvergötterung schlimmster Art ablehnen. Ihrerseits bezieht sie gerade die urwüchsig naturale, bäuerlich *un*sublimierte Geschlechtlichkeit in eine rationale Ordnung des Kreatürlichen ein: alle »Leidenschaft«-Bestandteile aber gelten dann als Residuen des Sündenfalls, bei denen, nach Luther, Gott »durch die Finger sieht«, um Schlimmeres zu verhindern. Die außerweltliche rationale Askese (aktive Mönchsaskese) lehnt auch diese und damit alles Geschlechtliche als eine heilsgefährdende diabolische Macht ab.

Es ist am besten wohl der Quäkerethik (wie sie aus William Penn's Briefen an seine Frau spricht) gelungen, über die ziemlich grobe lutherische Deutung des Sinnes der Ehe hinaus zu einer echt menschlichen Interpretation ihrer innerlichen religiösen Werte zu gelangen. Rein innerweltlich angesehen, kann nur die Verknüpfung mit dem Gedanken ethischer Verantwortlichkeit für einander – also einer gegenüber der *rein* erotischen Sphäre heterogenen Kategorie der Beziehung – dem Empfinden dienen, daß in der Abwandlung des verantwortungsbewußten Liebesgefühls durch alle Nuancen des organischen Lebensganges hindurch: »bis zum Pianissimo des höchsten Alters«, in dem Einander-Gewähren und Einander-schuldig-werden (im Sinne Goethes) etwas Eigenartiges und Höchstes liegen könne. Selten gewährt es das Leben rein; wem es gewährt wird, der spreche von Glück und Gnade des Schicksals, – nicht: von eigenem »Verdienst«. –

Die Ablehnung aller unbefangenen Hingabe an die intensivsten Erlebnisarten des Daseins: künstlerische und erotische, ist zwar an sich nur eine negative Haltung. Allein es liegt auf der Hand, daß sie die Macht steigern konnte, mit welcher Energien in die Bahn rationaler Leistungen einströmten: ethischer sowohl wie auch rein intellektueller.

Aber freilich: am größten und prinzipiellsten wird schließlich die bewußte Spannung der Religiosität gerade zum Reich des denkenden Erkennens. Ungebrochene Einheit gibt es da im Bereich der Magie und des rein magischen Weltbildes, wie wir es in China finden. Weitgehende gegenseitige Anerkennung ist möglich auch für die rein metaphysische Spekulation. Obwohl diese leicht zur Skepsis zu führen pflegt. Nicht selten betrachtete daher die Religiosität die rein empirische, auch naturwissenschaftliche Forschung als besser mit ihren Interessen vereinbar als die Philosophie. So vor allem der asketische Protestantismus. Wo immer aber rational empirisches Erkennen die Entzauberung der Welt und deren Verwandlung in einen kausalen Mechanismus konsequent vollzogen hat, tritt die Spannung gegen die Ansprüche des ethischen Postulates, daß die Welt ein gottgeordneter, also irgendwie ethisch *sinnvoll* orientierter Kosmos sei, endgültig hervor. Denn die empirische und vollends die mathematisch orientierte Weltbetrachtung entwickelt prinzipiell die Ablehnung jeder Betrachtungsweise, welche überhaupt nach einem »Sinn« des innerweltlichen Geschehens fragt. Mit jeder Zunahme des Rationalismus der empirischen Wissenschaft wird dadurch die Religion zunehmend aus dem Reich des Rationalen ins Irrationale verdrängt und nun erst: *die* irrationale oder antirationale überpersönliche Macht schlechthin. Das Maß von Bewußtheit oder doch von Konsequenz in der Empfindung dieses Gegensatzes ist freilich sehr verschieden. Es scheint nicht undenkbar – was behauptet wird: –, daß Athanasius seine, rational angesehen, schlechthin absurde Formel vielleicht wirklich auch deshalb im Kampf gegen die Mehrzahl der damaligen hellenischen Philosophen durchgesetzt hat, um das ausdrückliche Opfer des Intellekts und eine feste Grenze des rationalen Diskutierens zu erzwingen. Alsbald aber wurde die Trinität selbst rational begründet und diskutiert. Und gerade wegen der unversöhnlich scheinenden Spannung steht die Religion, die prophetische wie die priesterliche, immer wieder in intimen Beziehungen zum rationalen Intellektualismus. Je weniger sie Magie oder bloße kontemplative Mystik und je mehr sie »Lehre« ist, desto mehr besteht für sie das Bedürfnis nach rationaler Apologetik. Von den Zauberern, welche überall die typischen Bewahrer der Mythen und Heldensage wurden, weil sie bei der Erziehung und Schulung der jungen Krieger zum Zwecke der Erweckung der Heldenekstase und Heldenwiedergeburt beteiligt waren, übernahm die Priesterschaft, als allein zur Erhaltung einer perennierenden Tradition fähig, die Schulung der Jugend im Gesetz und oft auch in rein verwaltungstechnischen Kunstlehren, vor allem: in der Schrift und im Rechnen. Je mehr nun die Religion Buchreligion und Lehre wurde, desto literarischer und daher desto mehr ein priesterfreies rationales Laiendenken provozierend wirkte sie. Aus dem Laiendenken aber entstanden immer wieder sowohl die priesterfeindlichen Propheten, wie die ihr religiöses Heil priesterfrei suchenden Mystiker und Sektierer und schließlich die Skeptiker und glaubensfeindlichen Philosophen, gegen die dann wieder eine Rationalisierung der priesterlichen Apologetik reagierte. Die antireligiöse Skepsis als solche war in China, in Ägypten, in den Veden, in der nachexilischen jüdischen Literatur im Prinzip ganz ebenso vertreten wie heute. Es sind fast keine neuen Argumente hinzugetreten. Monopolisierung der Jugenderziehung wurde daher zentrale Machtfrage für die Priesterschaft. Deren Macht konnte mit zunehmender Rationalisierung der politischen Verwaltung steigen. Wie anfänglich sie allein in Ägypten und Babylonien dem Staat die Schreiber lieferte, so noch den mittelalterlichen Fürsten mit beginnender Schriftlichkeit der Verwaltung. Von den großen Systemen der Pädagogik haben nur der Konfuzianismus und die mittelländische Antike, der erstere durch die Macht seiner Staatsbürokratie, die letztere umgekehrt durch das absolute Fehlen bürokratischer Verwaltung, sich dieser Macht der Priesterschaft zu entziehen gewußt und damit auch die Priesterreligion ausgeschaltet. Die Priesterschaft war sonst regelmäßige Trägerin der Schule. Nicht nur diese eigentlichsten Priesterinteressen aber bedingten die immer neue Verbindung der Religion mit dem Intellektualismus, sondern auch die innerliche Nötigung durch den rationalen Charakter der religiösen Ethik und das spezifisch intellektualistische Erlösungsbedürfnis. Im Effekt stand dabei jede Religiosität in ihrem psychologischen und gedanklichen Unterbau und in ihren praktischen Konsequenzen verschieden zum Intellektualismus, ohne daß doch die Wirkung jener letzten inneren Spannung, welche in der unvermeidlichen Disparatheit der letzten Formungen des Weltbildes liegt, je verschwände. Es gibt durchaus *keine* ungebrochene, als Lebensmacht wirkende, Religion, welche nicht an *irgend*einer Stelle das »credo non quod, sed *quia* absurdum«, — das »Opfer des Intellekts«, — fordern müßte.

Es ist schwerlich nötig und wäre auch nicht möglich, die Stadien dieser Spannung zwischen Religion und intellektuellem Erkennen hier einzeln vorzuführen. Die Erlösungsreligion wehrt sich gegen den Angriff des selbstgenugsamen Intellektes am prinzipiellsten natürlich durch den Anspruch, daß ihr eigenes Erkennen in einer anderen Sphäre sich vollziehe und nach Art und Sinn gänzlich heterogen und disparat sei gegenüber dem, was der Intellekt leiste. Nicht ein letztes intellektuelles Wissen über das Seiende oder normativ Geltende, sondern eine letzte Stellungnahme zur Welt kraft unmittelbaren Erfassens ihres »Sinnes« sei das, was sie darbiete. Und sie erschließe ihn nicht mit den Mitteln des Verstandes, sondern kraft des Charisma einer Erleuchtung, welche nur dem zuteil werde, der sich durch die dafür an die Hand gegebene Technik von den irreleitenden Scheinsurrogaten, welche der verworrene Eindruck der sinnlichen Welt und die in Wahrheit für das Heil gleichgültigen und leeren Abstraktionen des Verstandes als Erkenntnis liefern, befreie und so in sich für die Aufnahme der praktisch allein wichtigen Erfassung des Sinnes der Welt und des eigenen Daseins die Stätte zu bereiten wisse. In allen Unternehmungen der Philosophie, jenen letzten Sinn und die ihn erfassende (praktische) Stellungnahme demonstrabel zu machen, ebenso aber in dem Versuch, irgendwelche Intuitionserkenntnisse von prinzipiell anderer Dignität, die aber doch auch das »Sein« der Welt betreffen, zu gewinnen, wird sie nichts als das Bestreben des Intellekts sehen, seiner Eigengesetzlichkeit zu entrinnen. Und vor allem: ein ganz spezifisches Produkt eben jenes Rationalismus, dem der Intellektualismus dadurch so gern entgehen möchte. – Aber freilich wird sie selbst, von ihrer eigenen Position aus gesehen, sich gleich inkonsequenter Übergriffe schuldig machen, sobald sie die unangreifbare Inkommunikabilität des mystischen Erlebnisses aufgibt, für welches es, konsequenter Weise, nur Mittel seiner Herbeiführung als *Ereignis*, nicht aber: der adäquaten Mitteilung und Demonstration geben könnte. Dies zu tun, muß jeder Versuch der Wirkung auf die Welt sie in Gefahr bringen, sobald er den Charakter der Propaganda annimmt. Ebenso aber jeder Versuch einer rationalen Deutung des Weltsinns, der dennoch immer erneut gemacht worden ist. –

Stufen der Weltablehnung

Die »Welt« kann, alles in allem, unter verschiedenen Gesichtspunkten mit religiösen Postulaten in Konflikt geraten. Immer ist der betreffende Gesichtspunkt zugleich der wichtigste inhaltliche Richtungspunkt für die Art des Strebens nach *Erlösung*.

Das bewußt als Inhalt einer Religiosität gepflegte Erlösungsbedürfnis ist stets und überall, nur in sehr verschieden stark festgehaltener Deutlichkeit des Zusammenhangs, entstanden als Konsequenz des Versuchs einer systematischen praktischen Rationalisierung der Realitäten des Lebens. Anders ausgedrückt: des Anspruchs, – der auf dieser Stufe zur spezifischen Voraussetzung aller Religion wird –, daß der Weltverlauf, wenigstens soweit er die Interessen der Menschen berührt, ein irgendwie *sinnvoller* Vorgang sei. Dieser Anspruch tauchte, wie wir sahen, naturgemäß zunächst als das landläufige Problem des ungerechten Leidens auf, also als das Postulat eines gerechten Ausgleichs für die ungleiche Verteilung des individuellen Glücks innerhalb der Welt. Er hatte die Tendenz, von da aus stufenweise zu einer immer weiteren Entwertung der Welt fortzuschreiten. Denn je intensiver das rationale Denken jenes Problem des gerechten vergeltenden Ausgleichs aufgriff, desto weniger konnte seine rein innerweltliche Lösung möglich und eine außerweltliche wahrscheinlich oder sinnvoll scheinen. Der Gang der Welt, so wie er tatsächlich ist, kümmerte sich, soweit der Augenschein reichte, um jenes Postulat wenig. Denn nicht nur die ethisch unmotivierte Ungleichheit der Verteilung von Glück und Leid, für die ein Ausgleich denkbar schien, sondern schon die bloße Tatsache der Existenz des Leidens als solchen mußte ja irrational bleiben. Denn dessen universelle Verbreitung konnte nur durch das andere, noch irrationalere Problem der Herkunft der Sünde, – die nach der Lehre der Propheten und Priester das Leiden als Strafe oder Zuchtmittel erklären sollte, – erklärt werden. Eine zum Sündigen geschaffene Welt mußte aber ethisch noch unvollkommener erscheinen als eine zum Leiden verurteilte. Fest stand jedenfalls für das ethische Postulat die absolute Unvollkommenheit dieser Welt. Nur durch diese Unvollkommenheit schien sich ja auch ihre Vergänglichkeit sinnvoll zu rechtfertigen. Allein diese Rechtfertigung konnte geeignet erscheinen, die Welt noch weiter zu entwerten. Denn nicht nur das Wertlose, nicht einmal vornehmlich dies, zeigte sich als vergänglich. Daß aber Tod und Verfall die besten ebenso wie die schlechtesten Menschen und Dinge nivellierend ereilte, konnte als eine Entwertung gerade der höchsten innerweltlichen Güter als solcher erscheinen, sobald einmal die Vorstellung einer ewigen Dauer der Zeit, eines ewigen Gottes und einer ewigen Ordnung überhaupt konzipiert war. Wenn nun demgegenüber Werte, und gerade die am höchsten geschätzten, als »zeitlos« geltend verklärt und daher die Bedeutung ihrer Realisierung in der »Kultur« als von der zeitlichen Dauer der konkreten Realisierungserscheinung unabhängig hingestellt wurden, dann konnte sich die ethische Verwerfung der empirischen Welt wiederum weiter steigern. Denn nun konnte eine Gedankenreihe in den religiösen Horizont treten, welche von weit größerer Bedeutung war als Unvollkommenheit und Vergänglichkeit der Weltgüter im allgemeinen, weil sie geeignet war, gerade die üblicherweise höchstgestellten »Kulturgüter« unter Anklage zu bringen. Ihnen allen haftete ja die Todsünde einer unvermeidlichen spezifischen Schuldbelastetheit an. Sie zeigten sich an Geistes- oder Geschmacks-Charisma gebunden und ihre Pflege schien unvermeidlich Daseinsformen vorauszusetzen, welche der Brüderlichkeitsforderung zuwiderliefen und nur durch Selbsttäuschung sich ihr anpassen ließen. Bildungs- und Geschmackskultur-Schranken sind die innerlichsten und unübersteigbarsten aller ständischen Unterschiede. Religiöse Schuld konnte nun nicht nur als gelegentliches Akzidens, sondern als ein integrierender Bestandteil aller Kultur, alles Handelns in einer Kulturwelt und, schließlich, alles geformten Lebens überhaupt erscheinen. Gerade alles Höchste, was diese Welt an Gütern zu bieten hatte, schien dadurch mit der größten Schuld belastet. Die äußere Ordnung der sozialen Gemeinschaft, je mehr sie zur Kulturgemeinschaft des staatlichen Kosmos wurde, war offensichtlich überall nur mit brutaler, um Gerechtigkeit sich nur nominell und gelegentlich, jedenfalls nur soweit die eigene ratio es zuließ, kümmernder Gewalt aufrechtzuerhalten, die aus sich unvermeidlich immer neue Gewalttaten nach außen und innen und überdies noch unaufrichtige Vorwände für solche erzeugte, also: offene oder, was schlimmer scheinen mußte: pharisäisch verhüllte Lieblosigkeit bedeutete. Der versachlichte ökonomische Kosmos, also gerade die rational höchste Form der für jede innerweltliche Kultur unentbehrlichen materiellen Güterversorgung, war ein Gebilde, dem die Lieblosigkeit von der Wurzel aus anhaftete. Alle Arten des Handelns in der geformten Welt schienen in die gleiche Schuld verstrickt. Verhüllte und sublimierte Brutalität, brüderlichkeitsfeindliche Idiosynkrasie und illusionistische Verschiebung des gerechten Augenmaßes begleiteten unvermeidlich die Geschlechtsliebe, und je machtvoller sie ihre Gewalt entfaltete, desto stärker und zugleich von den Beteiligten selbst unbemerkter oder auch: desto pharisäisch verhüllter. Das rationale Erkennen, an welches ja die ethische Religiosität selbst appelliert hatte, gestaltete, autonom und innerweltlich seinen eigenen Normen folgend, einen Kosmos von Wahrheiten, welcher nicht nur mit den systematischen Postulaten der rationalen religiösen Ethik: daß die Welt als Kosmos *ihren* Anforderungen genüge oder irgendeinen »Sinn« aufweise, gar nichts mehr zu schaffen hatte, diesen Anspruch vielmehr prinzipiell ablehnen mußte. Der Kosmos der Naturkausalität und der postulierte Kosmos der ethischen Ausgleichskausalität standen in unvereinbarem Gegensatz gegeneinander. Und obwohl die Wissenschaft, die jenen Kosmos schuf, über ihre eigenen letzten Voraussetzungen sicheren Aufschluß nicht geben zu können schien, trat sie im Namen der »intellektuellen Rechtschaffenheit« mit dem Anspruch auf: die einzig mögliche Form der denkenden Weltbetrachtung zu sein. Wie alle Kulturwerte, so schuf dabei auch der Intellekt eine von allen persönlichen ethischen Qualitäten der Menschen unabhängige, also unbrüderliche Aristokratie des rationalen Kulturbesitzes. Nun aber haftete diesem Kulturbesitz, und also: dem für den »innerweltlichen« Menschen Höchsten in dieser Welt, neben seiner ethischen Schuldbelastetheit auch etwas an, was ihn noch viel endgültiger entwerten mußte: die Sinnlosigkeit, wenn man ihn mit seinen eigenen Maßstäben bewertete. Die Sinnlosigkeit der rein innerweltlichen Selbstvervollkommnung zum Kulturmenschen, des letzten Wertes also, auf welchen die »Kultur« reduzierbar schien, folgte für das religiöse Denken ja schon aus der – von eben jenem innerweltlichen Standpunkt aus gesehen – offenbaren Sinnlosigkeit des Todes, welcher, gerade unter den Bedingungen der »Kultur«, der Sinnlosigkeit des Lebens erst den endgültigen Akzent aufzuprägen schien. Der Bauer konnte »lebenssatt« sterben wie Abraham. Der feudale Grundherr und Kriegsheld auch. Denn beide erfüllten einen Kreislauf ihres Seins, über den sie nicht hinausgriffen. Sie konnten so in ihrer Art zu einer innerirdischen Vollendung gelangen, wie sie aus der naiven Eindeutigkeit ihrer Lebensinhalte folgte. Aber der nach Selbstvervollkommnung im Sinne der Aneignung oder Schaffung von »Kulturinhalten« strebende »gebildete« Mensch nicht. Er konnte zwar »lebensmüde«, aber nicht im Sinne der Vollendung eines Kreislaufs »lebenssatt« werden. Denn seine Perfektibilität ging ja prinzipiell ebenso ins Schrankenlose wie diejenige der Kulturgüter. Und je mehr sich die Kulturgüter und Selbstvervollkommnungsziele differenzierten und vervielfältigten, desto geringfügiger wurde der Bruchteil, den der Einzelne, passiv als Aufnehmender, aktiv als Mitschöpfer, im Laufe eines endlichen Lebens umspannen konnte. Desto weniger konnte also die Hineingespanntheit in diesen äußeren und inneren Kulturkosmos die Wahrscheinlichkeit bieten, daß ein Einzelner die Gesamtkultur, oder daß er das in irgendeinem Sinne »Wesentliche« an ihr, für welches es überdies keinen endgültigen Maßstab gab, in sich aufnehmen könne, und daß also die

»Kultur« und das Streben nach ihr irgendeinen innerweltlichen Sinn für ihn haben könne. Gewiß bestand »Kultur« für den Einzelnen nicht im *Quantum* des von ihm an »Kulturgütern« Errafften, sondern in einer geformten *Auslese* daraus. Aber dafür, daß diese – für ihn – ein *sinnvolles* Ende gerade mit dem »zufälligen« Zeitpunkt seines Todes erreicht habe, bestand keine Gewähr. Und wenn er sich gar vornehm vom Leben abwendete: – »ich habe genug, es hat mir alles geboten (oder: versagt), was *mir* des Lebens wert war«, – so mußte diese stolze Haltung der Erlösungsreligion als ein blasphemisches Verschmähen der von Gott verordneten Lebenswege und Schicksale erscheinen: keine Erlösungsreligion *billigt* positiv den »Freitod«, den nur Philosophien verklärt haben. –

Alle »Kultur« erschien, so angesehen, als ein Heraustreten des Menschen aus dem organisch vorgezeichneten Kreislauf des natürlichen Lebens, und eben deshalb dazu verdammt, mit jedem Schritt weiter eine nur immer vernichtendere Sinnlosigkeit, der Dienst an den Kulturgütern aber, je mehr er zu einer heiligen Aufgabe, einem »Beruf« gemacht wurde, ein um so sinnloseres Hasten im Dienst wertloser und überdies in sich überall widerspruchsvoller und gegeneinander antagonistischer Ziele zu werden.

Als Stätte der Unvollkommenheit, der Ungerechtigkeit, des Leidens, der Sünde, der Vergänglichkeit, der notwendig schuldbelasteten, notwendig mit immer weiterer Entfaltung und Differenzierung immer sinnloser werdenden Kultur: in allen diesen Instanzen mußte so die Welt, rein ethisch angesehen, dem religiösen Postulat eines göttlichen »Sinnes« ihrer Existenz gleich brüchig und entwertet erscheinen. Auf diese Entwertung: eine Folge des Konfliktes zwischen rationalem Anspruch und Wirklichkeit, rationaler Ethik und teils rationalen, teils irrationalen Werten, der mit jeder Herauspräparierung der spezifischen Eigenart jeder in der Welt vorkommenden Sondersphäre immer schroffer und unlösbarer hervorzutreten schien, reagierte das Bedürfnis nach »Erlösung« derart, daß, je systematischer das

Denken über den »Sinn« der Welt, je rationalisierter diese selbst in ihrer äußeren Organisation, je sublimierter das bewußte Erleben ihrer irrationalen Inhalte wurde, desto unweltlicher, allem geformten Leben fremder, genau parallel damit, das zu werden begann, was den spezifischen Inhalt des Religiösen ausmachte. Und nicht etwa nur das theoretische Denken, welches die Welt entzauberte, sondern gerade der Versuch der religiösen Ethik, sie praktisch ethisch zu rationalisieren, führte in diese Bahn.

Und schließlich: die spezifisch intellektualistische, mystische Erlösungssuche gegenüber diesen Spannungen fiel auch selbst der Weltherrschaft der Unbrüderlichkeit anheim. Einerseits war ja ihr Charisma *nicht* jedermann zugänglich. Sie war also, dem Sinne nach, Aristokratismus höchster Potenz: religiöser Heilsaristokratismus. Und inmitten einer rational zur Berufsarbeit organisierten Kultur blieb für die Pflege der akosmistischen Brüderlichkeit selbst – außerhalb der ökonomisch sorgenfreien Schichten – kaum noch Platz: das Leben des Buddha, Jesus, Franziskus zu führen, scheint unter den technischen und sozialen Bedingungen rationaler Kultur rein äußerlich zum Mißerfolg verurteilt. –

Die drei rationalen Formen der Theodizee

Die einzelnen weltablehnenden Erlösungsethiken der Vergangenheit setzten nun jede mit ihrer Weltablehnung an höchst verschiedenen Stellen dieser rein rational konstruierten Skala ein. Neben den zahlreichen konkreten Umständen, von welchen dies abhing, und welche zu ermitteln eine theoretische Kasuistik nicht ausreicht, spielte auch ein rationales Element dabei eine Rolle: die Struktur derjenigen *Theodizee*, durch welche das metaphysische Bedürfnis, trotz allem in diesen unüberbrückbaren Spannungen einen gemeinsamen Sinn zu finden, auf das Bewußtsein von deren Existenz reagierte. Von den drei in den einleitenden Ausführungen als allein konsequent bezeichneten Arten der Theodizee konnte der *Dualismus* jenem Bedürfnis nicht unerhebliche Dienste leisten. Das seit ewigen Zeiten und für ewige Zeiten bestehende Neben- und Gegeneinander einer Macht des Lichts, der Wahrheit, Reinheit und Güte und einer Macht der Finsternis, der Lüge, Unreinheit und Bosheit war letztlich nur eine unmittelbare Systematisierung des magischen Pluralismus der Geister mit ihrer Scheidung von guten (nützlichen) und bösen (schädlichen) Geistern, der Vorstufen des Gegensatzes von Göttern und Dämonen. In derjenigen prophetischen Religiosität, welche diese Konzeption am konsequentesten durchführte: dem Zarathustrismus, knüpfte der Dualismus direkt an den magischen Gegensatz von »rein« und »unrein« an, in den alle Tugenden und Laster eingegliedert wurden. Er bedeutet den Verzicht auf die Allmacht eines Gottes, welcher vielmehr an dem Bestehen der widergöttlichen Macht seine Schranke fand. Er ist von den heutigen Bekennern (den Parsen) tatsächlich aufgegeben worden, weil diese Schranke nicht ertragen wurde. Während in ihrer konsequentesten Eschatologie die Welt des Reinen und des Unreinen, aus deren Vermischung die brüchige empirische Welt hervorging, sich für immer wieder in zwei beziehungslose Reiche schied, läßt die modernere Endhoffnung den Gott der Reinheit und Güte ebenso siegen, wie das Christentum den Heiland über den Teufel. Diese inkonsequentere Form des Dualismus ist die volkstümliche über die ganze Erde hin verbreitete Vorstellung von Himmel und Hölle. Sie stellt die Souveränität Gottes über den bösen Geist, der sein Geschöpf ist, wieder her, glaubt dadurch die göttliche Allmacht gerettet, muß dann aber, wohl oder übel, eingestandener- oder verhülltermaßen, etwas von der göttlichen Liebe opfern, der, wenn die Allwissenheit festgehalten wird, die Schaffung einer Macht des radikal Bösen und die Zulassung der Sünde, zumal in Gemeinschaft mit der Ewigkeit der Höllenstrafen an einem eigenen endlichen Geschöpf und für endliche Sünden, schlechterdings nicht entspricht. Konsequent ist alsdann nur ein Verzicht auf die Güte. Diesen vollzog, der Sache nach, in voller Konsequenz der *Prädestinations*glaube. Die anerkannte Unmöglichkeit, Gottes Ratschlüsse mit menschlichen Maßstäben messen zu können, bedeutete in liebloser Klarheit den Verzicht auf die Zugänglichkeit eines Sinnes der Welt für menschliches Verstehen, welcher damit auch aller Problematik dieser Art ein Ende machte. Er ist in dieser Konsequenz außerhalb des Kreises eines hochgesteigerten Virtuosentums nicht dauernd ertragen worden. Gerade weil er — im Gegensatz zum Glauben an die irrationale Macht des »Verhängnisses« — die Annahme providentieller, also irgendwie rationaler, Bestimmtheit der Verdammten nicht nur zum Untergang, sondern zum Bösen, dennoch aber die »Strafe«, also die Anwendung einer ethischen Kategorie auf sie, fordert.

Von der Bedeutung des Prädestinationsglaubens ist in dem ersten Aufsatz dieser Sammlung gesprochen. Der zarathustrische Dualismus könnte hier gänzlich ausfallen, wenn nicht der Einfluß der persischen Endgerichtsvorstellungen, Dämonen- und Engellehre auf das Spät*judentum* seine erhebliche historische Bedeutung konstituierte.

Die dritte, durch ihre Konsequenz sowohl wie durch die außerordentliche metaphysische Leistung: Vereinigung virtuosenhafter Selbsterlösung aus eigener Kraft mit universeller Zugänglichkeit des Heils, strengster Weltablehnung mit organischer Sozialethik, Kontemplation als höchsten Heilswegs mit innerweltlicher Berufsethik, hervorragende Form der Theodizee war der *indischen* Intellektuellen-Religiosität eigentümlich.

ANHANG

ZEITTAFEL

21. April 1864	Geboren in Erfurt als Sohn des späteren Berliner Stadtrats und national-liberalen Abgeordneten Dr. Max Weber
Bis 1882	Besuch des Gymnasiums in Charlottenburg
1882–1886	Studium an den Universitäten Heidelberg, Straßburg, Berlin, Göttingen
1886–1889	Tätigkeit in Berlin im handelsrechtlichen Seminar von L. Goldschmidt und im agrarhistorischen Seminar von August Meitzen
1889	Juristische Promotion in Berlin
1891–1892	Erhebung über die Lage der ostelbischen Landarbeiter im Auftrag des Vereins für Sozialpolitik
1892	Juristische Habilitation in Berlin
1892–1897	Sozialpolitische Betätigung auf den Evangelisch-sozialen Kongressen sowie im Kreise der Christlich-Sozialen Friedrich Naumanns
1893	a. o. Professor für Handels- und deutsches Recht an der Universität Berlin
1893–1894	Erneute Erhebung über die Verhältnisse der ländlichen Arbeiter für den evangelisch-sozialen Kongreß
1894	o. Professor der Staatswissenschaften an der Universität Freiburg i. Br.
1897	o. Professor der Staatswissenschaften als Nachfolger von Karl Knies an der Universität Heidelberg
1899	Austritt aus dem Alldeutschen Verband
1903	Ausscheiden aus dem Lehramt aus Gesundheitsrücksichten Seitdem o. Honorarprofessor in Heidelberg
1904	Übernahme der Herausgeberschaft des Archivs für Sozialwissenschaft und Sozialpolitik zusammen mit W. Sombart und E. Jaffé Reise in die Vereinigten Staaten von Nordamerika

Seit 1906	Erneute Unterstützung der politischen Wirksamkeit Friedrich Naumanns
Herbst 1908	Historisch-soziologische Abhandlung für die dritte Auflage des Handwörterbuchs der Staatswissenschaften über »Agrarverhältnisse im Altertum«
1908–1909	Untersuchungen über Leistungsergebnisse und Leistungsgliederung der industriellen Arbeit und die Methoden der Erhebung zur Psychophysik der industriellen Berufsarbeit
1909	Übernahme der Schriftleitung des Sammelwerks »Grundriß der Sozialökonomik« Gründung der Deutschen Gesellschaft für Soziologie
1911	Beginn der religionssoziologischen Studien zur Wirtschaftsethik der Weltreligionen
1911–1913	Niederschrift des ursprünglichen Manuskripts zu dem Beitrag über »Wirtschaft und Gesellschaft« im Grundriß der Sozialökonomik
Januar 1914	Werturteilsdiskussion im Ausschuß des Vereins für Sozialpolitik in Berlin
1914–1915	Erscheinen der ersten Bände des »Grundriß der Sozialökonomik«
1915	Wiederaufnahme der Arbeit an den Abhandlungen über die Wirtschaftsethik der Weltreligionen Beginn der politischen Publizistik
Sommer 1918	Gastprofessur in Wien: Vorlesungen über »Positive Kritik der materialistischen Geschichtsauffassung« und über »Staatssoziologie«
Dezember 1918	Teilnahme am Verfassungsausschuß im Reichsamt des Innern in Berlin unter Vorsitz von Hugo Preuß: Volkswahl des Reichspräsidenten und Befugnis des Reichstags zur Einsetzung von Untersuchungsausschüssen (auch als Minderheitenrecht) durchgesetzt
Wende 1918/19	Rednertätigkeit für die Demokratische Partei Verzicht auf ein Mandat in der Nationalversammlung
Anfang 1919	Zwei akademische Vorträge vor dem Freistudentischen Bund in München: »Wissenschaft als Beruf« und »Politik als Beruf«

Mai 1919	Mitglied des Sachverständigengremiums der deutschen Friedensdelegation unter Führung des deutschen Außenministers Graf Brockdorff-Rantzau in Versailles: Abfassung der Denkschrift gegen das Schuldverdikt der Alliierten und Assoziierten Mächte
Sommer 1919	Nachfolger Lujo Brentanos an der Universität München Erste Vorlesung über »Die allgemeinsten Kategorien der Gesellschaftswissenschaft«
Winter 1919/20	Vorlesung »Abriß der universalen Sozial- und Wirtschaftsgeschichte«
Sommer 1920	Vorlesung über »Staatssoziologie« Der »Erste Teil« der »Soziologischen Kategorienlehre« liegt druckreif vor Die Überarbeitung der im ersten Band zusammengefaßten »Gesammelten Aufsätze zur Religionssoziologie« abgeschlossen
14. Juni 1920	Max Weber stirbt in München infolge einer Lungenentzündung im Anschluß an eine Grippe.

VERZEICHNIS

DER SCHRIFTEN MAX WEBERS

Die mit * bezeichneten Titel sind in die Sammelbände der Werke Max Webers aufgenommen worden.

Entwicklung des Solidarhaftprinzips und des Sondervermögens der offenen Handelsgesellschaft aus den Haushalts- und Gewerbegemeinschaften in den italienischen Städten. (Inaugural-Dissertation.) 1889.

* *Zur Geschichte der Handelsgesellschaften im Mittelalter.* Nach südeuropäischen Quellen. 1889. Neudruck 1964.

Besprechung von Friedr. *Conze,* Kauf nach hanseatischen Quellen.
Zeitschrift für das gesamte Handelsrecht, 37. Bd. 1890, S. 268 bis 271.

Besprechung von A. v. *Kostanecki,* Der öffentliche Kredit im Mittelalter.
Zeitschrift für das gesamte Handelsrecht, 37. Bd. 1890, S. 592 bis 598.

Die römische Agrargeschichte in ihrer Bedeutung für das Staats- und Privatrecht. 1891. Nachdruck Amsterdam 1962.

Die Verhältnisse der Landarbeiter im ostelbischen Deutschland, dargestellt auf Grund der vom Verein für Sozialpolitik veranstalteten Erhebungen.
Schriften des Vereins für Sozialpolitik, Bd. 55. 1892.

Privatenqueten über die Lage der Landarbeiter. 3 Artikel.
Mitteilungen des Evangelisch-sozialen Kongresses, Nr. 4, 5, 6 (1. April, 1. Juni, 1. Juli 1892).

Zur Rechtfertigung Göhres.
Christliche Welt, 6. Jg. 1892, Sp. 1104–1109.

* *Die ländliche Arbeitsverfassung.*
Schriften des Vereins für Sozialpolitik, Bd. 58, 1893, S. 62 bis 86, 128–133.

Debatterede über *die Bodenbesitzverteilung und die Sicherung des Kleingrundbesitzes.*
Schriften des Vereins für Sozialpolitik, Bd. 58, 1893, S. 215 bis 216.

Die Erhebung des Vereins für Sozialpolitik über die Lage der Landarbeiter, I–VI.

Das Land, I. Jg. 1893, S. 8–9, 24–26, 43–45, 58–59, 129–130, 147–148.

Wie werden einwandfreie Erhebungen über die Lage der Landarbeiter angestellt?
Das Land, I. Jg. 1893, S. 59–60.

Die Erhebung des evangelisch-sozialen Kongresses über die Verhältnisse der Landarbeiter Deutschlands.
Christliche Welt, 7. Jg. 1893, Sp. 535–540.

Die evangelisch-sozialen Kurse in Berlin im Herbst dieses Jahres.
Christliche Welt, 7. Jg. 1893, Sp. 766–768.

Besprechung von Wilh. *Kaufmann*, Das internationale Recht der ägyptischen Staatsschuld.
Zeitschrift für das gesamte Handelsrecht, 41. Bd. 1893, S. 595 bis 597.

Besprechung von Georg *Schaps*, Zur Geschichte des Wechselindossaments.
Zeitschrift für das gesamte Handelsrecht, 41. Bd. 1893, S. 627 bis 629.

Besprechung von Theod. Frhr. v. d. *Goltz*, Die ländliche Arbeiterklasse und der preußische Staat.
Jahrbücher für Nationalökonomie und Statistik, 61. Bd. 1893, S. 289–296.

Zwei neue Schriften zur Landfrage im Osten. Besprechung von 1. Theodor Frhr. v. d. *Goltz*, Die ländliche Arbeiterklasse und der preußische Staat, 2. Max *Sering*, Die innere Kolonisation im östlichen Deutschland.
Das Land, I. Jg. 1893, S. 231–232.

Entwicklungstendenzen in der Lage der ostelbischen Landarbeiter.
Archiv für soziale Gesetzgebung und Statistik, 7. Bd. 1894, S. 1–41.

* *Entwicklungstendenzen in der Lage der ostelbischen Landarbeiter.* (Umgearbeitete Fassung.)
Preußische Jahrbücher, Bd. 77, 1894, S. 437–473 [1].

Argentinische Kolonistenwirtschaften.
Deutsches Wochenblatt, 7. Jg. 1894, Nr. 2 S. 20–22, Nr. 5 S. 57–59.

Die deutschen Landarbeiter.
Bericht über die Verhandlungen des 5. Evangelisch-sozialen Kongresses, 1894, S. 61–82, 92–94.

[1] In den Gesammelten Aufsätzen zur Sozial- und Wirtschaftsgeschichte ist zu dem Abdruck dieses Beitrages als Fundstelle irrtümlich die der voraufgehenden Abhandlung angegeben.

Was heißt Christlich-Sozial? Zu Friedrich Naumanns Gesammelten Aufsätzen.
Christliche Welt, 8. Jg. 1894, Sp. 472–477.

Zum Pressestreit über den evangelisch-sozialen Kongreß.
Christliche Welt, 8. Jg. 1894, Sp. 668–673.

Besprechung von (drei) »*Monographien* von Landgeistlichen über die Lage der Landarbeiter« (Quistorp, Wittenberg, O. Fischer).
Sozialpolitisches Zentralblatt, III. Bd. 1894, S. 101–103.

»*Die Verhandlungen der Preußischen Agrarkonferenz*« (vom 28. Mai bis 2. Juli 1894).
Sozialpolitisches Zentralblatt, III. Bd. 1894, S. 533–537.

Das Anerbenrecht auf der preußischen Agrarkonferenz.
Sozialpolitisches Zentralblatt, III. Bd. 1894, S. 573–575.

Besprechung von Angelo *Sraffa*, Studi di diritto commerciale; *Derselbe*, La liquidazione delle società commerciale.
Zeitschrift für das gesamte Handelsrecht, 42. Bd. 1894, S. 314 bis 320.

Besprechung von B. *Lehmann*, Die Rechtsverhältnisse der Fremden in Argentinien.
Zeitschrift für das gesamte Handelsrecht, 42. Bd. 1894, S. 326 bis 327.

Besprechung von Otto *Thorsch*, Materialien zu einer Geschichte der österreichischen Staatsschulden vor dem 18. Jahrhundert.
Zeitschrift für das gesamte Handelsrecht, 42. Bd. 1894, S. 330 bis 331.

* *Die Börse.* I. Zweck und äußere Organisation.
Göttinger Arbeiterbibliothek, hrg. v. Fr. Naumann, 1. Bd. 1894, S. 17–48.

* *Die Börse.* II. Der Börsenverkehr.
Göttinger Arbeiterbibliothek, hrg. v. Fr. Naumann, 2. Bd. 1896, S. 49–80.

Die Ergebnisse der deutschen Börsenenquete.
Zeitschrift für das gesamte Handelsrecht, 43. Bd. 1895, S. 83 bis 219, 457–514; 44. Bd. 1896, S. 29–74; 45. Bd. 1896, S. 69 bis 156.

Die Kampfesweise des Freiherrn von Stumm.
Preußische (Kreuz) Zeitung vom 26. Febr. u. 12. März 1895.

Besprechung von Karl *Grünberg*, Die Bauernbefreiung und die Auflösung des gutsherrlich-bäuerlichen Verhältnisses in Böhmen, Mähren und Schlesien. 2 Bde.
Historische Zeitschrift, 75. Bd. 1895, S. 143–146.

* *Der Nationalstaat und die Volkswirtschaftspolitik.*
Akademische Antrittsrede. 1895.

»Römisches« und »deutsches« Recht.
Christliche Welt, 9. Jg. 1895, Sp. 521–525.

Der preußische Gesetzentwurf über das Anerbenrecht bei Rentengütern (Reichsanzeiger vom 10. Juli 1895).
Soziale Praxis, IV. Jg. 1895, Sp. 956–960.

Börsenwesen (Die Vorschläge der Börsenenquetekommission).
Handwörterbuch der Staatswissenschaften, 1. Aufl., 1. Supplementband (1895), S. 241–252.

* *Die sozialen Gründe des Untergangs der antiken Kultur.*
Die Wahrheit, 6. Bd. 1896, S. 57–77.

Diskussionsrede zum Vortrag Hans *Delbrücks*, Die *Arbeitslosigkeit und das Recht auf Arbeit.*
Bericht über die Verhandlungen des 7. Evangelisch-sozialen Kongresses, 1896, S. 122–123.

Die technische Funktion des Terminhandels.
Deutsche Juristen-Zeitung, I. Jg. 1896, S. 207–210, 248–250.

* *Diskussionsrede zur Gründung einer national-sozialen Partei.*
Protokoll über die Vertreter-Versammlung aller National-Sozialen in Erfurt vom 23.–25. November 1896, Berlin 1896, S. 47–49.

Besprechung von Dr. *Vallentin*, Westpreußen seit den ersten Jahrzehnten dieses Jahrhunderts. Ein Beitrag zur Geschichte der Entwicklung des allgemeinen Wohlstandes in dieser Provinz und ihren einzelnen Teilen.
Historische Zeitschrift, 76. Bd. 1896, S. 308–309.

Gutachten über die Frage: Empfiehlt sich die Einführung eines *Heimstättenrechtes*, insbesondere zum Schutz des kleinen Grundbesitzes gegen Zwangsvollstreckung?
Verhandlungen des 24. Deutschen Juristentages, 2. Bd. 1897, S. 15–32.

Diskussionsrede zum Vortrag Karl *Oldenbergs* über *Deutschland als Industriestaat.*
Verhandlungen des 8. Evangelisch-sozialen Kongresses, 1897, S. 105–113, 122–123.

Agrarverhältnisse im Altertum.
Handwörterbuch der Staatswissenschaften, 1. Aufl., 2. Supplementband (1897), S. 1–18; 2. Aufl., I. Bd. 1898, S. 57–85.

Börsengesetz.
Handwörterbuch der Staatswissenschaften, 1. Aufl., 2. Supplementband (1897), S. 222–246.

Wertpapiere (Aufbewahrung). Das Bankdepotgesetz vom 5. 7. 1896.

Handwörterbuch der Staatswissenschaften, 1. Aufl., 2. Supplementband (1897), S. 984–986.

* *Stellungnahme* zur *Flottenumfrage* der Münchener Allgemeinen Zeitung.
Münchener Allgemeine Zeitung vom 13. Januar 1898.

Herr v. Miquel und die Landarbeiter-Enquete des Vereins für Sozialpolitik.
Soziale Praxis, VIII. Jg. 1899, Sp. 640–642.

Vorbemerkung zu S. *Goldschmidt*, Die Landarbeiter in der Provinz Sachsen, sowie den Herzogtümern Braunschweig und Anhalt.
Die Landarbeiter in den evangelischen Gebieten Norddeutschlands. In Einzeldarstellungen nach den Erhebungen des Evangelisch-sozialen Kongresses. 1. Heft, 1899, S. 1–11.

Bemerkung d. Hrsg. zum Vorwort von Marianne *Weber*, Fichtes Sozialismus und sein Verhältnis zur Marxschen Doktrin.
Volkswirtschaftliche Abhandlungen der Badischen Hochschulen. IV. Bd. 3. Heft, 1900, S. VI. Neudruck 1925.

Vorbemerkung zu Walter *Abelsdorff*, Beiträge zur Sozialstatistik der Deutschen Buchdrucker.
Volkswirtschaftliche Abhandlungen der Badischen Hochschulen. IV. Bd. 4. Heft, 1900, S. VII–IX.

Besprechung von Philipp *Lotmar*, Der Arbeitsvertrag, 1. Bd.
Archiv für soziale Gesetzgebung und Statistik, 17. Bd. 1902, S. 723–734.

* *Roscher und Knies und die logischen Probleme der historischen Nationalökonomie*, I–III.
Schmollers Jahrbuch für Gesetzgebung, Verwaltung und Volkswirtschaft, 27. Jg. 1903, S. 1181–1221; 29. Jg. 1905, S. 1323–1384; 30. Jg. 1906, S. 81–120.

Geleitwort zum Übergang des Archivs für Sozialwissenschaft und Sozialpolitik auf die neuen Herausgeber Werner Sombart, Max Weber und Edgar Jaffé.
Archiv für Sozialwissenschaft und Sozialpolitik, 19. Bd. 1904, S. I–VII.

* *Die »Objektivität« sozialwissenschaftlicher und sozialpolitischer Erkenntnis*, I, II.
Archiv für Sozialwissenschaft und Sozialpolitik, 19. Bd. 1904, S. 22–87.

* *Agrarstatistische und sozialpolitische Betrachtungen zur Fideikommißfrage in Preußen.*

Archiv für Sozialwissenschaft und Sozialpolitik, 19. Bd. 1904, S. 503–574.

The Relations of the Rural Community to other Branches of Social Science. Übersetzung von Prof. Charles W. Seidenadel, Chicago, des Vortrages über »Deutsche Agrarprobleme in Vergangenheit und Gegenwart« vor dem internationalen wissenschaftlichen Kongreß anläßlich der Weltausstellung in St. Louis 1904.

Congress of Arts and Science, Universal Exposition, St. Louis, ed. by H. J. Roger. Boston and New York, 1906, vol. VII, pag. 725–746. Revidierte Fassung bei H. H. Gerth and C. Wright Mills, From Max Weber: Essays in Sociology, New York 1946, pag. 363–385.

Deutsche Rückübersetzung von Prof. Hans H. Gerth in der Zeitschrift für die gesamte Staatswissenschaft, 108. Bd. 1952, S. 431–452.

* *Der Streit um den Charakter der altgermanischen Sozialverfassung* in der deutschen Literatur des letzten Jahrzehnts. Jahrbücher für Nationalökonomie und Statistik, III. Folge, 28. Bd. 1904, S. 433–470.

* *Die protestantische Ethik und der »Geist« des Kapitalismus,* I, II.

Archiv für Sozialwissenschaft und Sozialpolitik, 20. Bd. 1905, S. 1–54; 21. Bd. 1905, S. 1–110.

Redaktionelle Bemerkung zu dem Aufsatz von G. *Cohn,* Über den wissenschaftlichen Charakter der Nationalökonomie.

Archiv für Sozialwissenschaft und Sozialpolitik, 20. Bd. 1905, S. 479.

Redaktionelle Bemerkungen im Anschluß an den Aufsatz von R. *Blank,* Die soziale Zusammensetzung der sozialdemokratischen Wählerschaft Deutschlands.

Archiv für Sozialwissenschaft und Sozialpolitik, 20. Bd. 1905, S. 550–553.

* *Debatterede* bei den Verhandlungen des Vereins für Sozialpolitik in Mannheim 1905 über das *Arbeitsverhältnis in den privaten Riesenbetrieben.*

Schriften des Vereins für Sozialpolitik, 116. Bd. 1906, S. 212 bis 217.

* *Debattereden* auf der gleichen Tagung zu dem Vortrag Gust. *Schmollers* über das *Verhältnis der Kartelle zum Staat.*

Schriften des Vereins für Sozialpolitik, 116. Bd. 1906, S. 382 bis 390, 432, 434.

* *Kritische Studien auf dem Gebiet der kulturwissenschaftlichen Logik,* I, II.

Archiv für Sozialwissenschaft und Sozialpolitik, 22. Bd. 1906, S. 143–207.

»Kirchen« und »Sekten«, I, II.
Frankfurter Zeitung vom 13. und 15. April 1906.

»Kirchen« und »Sekten« in Nordamerika. Eine kirchen- und sozialpolitische Skizze, 1. 2.
Christliche Welt, 20. Jg. 1906, Sp. 558–562; 577–583.

* *Zur Lage der bürgerlichen Demokratie in Rußland.*
Archiv für Sozialwissenschaft und Sozialpolitik, 22. Bd. 1906, Beiheft, S. 234–353.

* *Rußlands Übergang zum Scheinkonstitutionalismus.*
Archiv für Sozialwissenschaft und Sozialpolitik, 23. Bd. 1906, Beiheft, S. 165–401.

Die badische Fabrikinspektion.
Frankfurter Zeitung vom 24. Jan. 1907.

* *Rudolf Stammlers »Überwindung« der materialistischen Geschichtsauffassung.*
Archiv für Sozialwissenschaft und Sozialpolitik, 24. Bd. 1907, S. 94–151.

* *Nachtrag* zu *R. Stammlers »Überwindung« der materialistischen Geschichtsauffassung.*
Aus dem Nachlaß veröffentlicht in den Gesammelten Aufsätzen zur Wissenschaftslehre, 1922.

Kritische Bemerkungen zu H. Karl *Fischers* Aufsatz: Kritische Beiträge zu Max Webers Abhandlung »Die protestantische Ethik und der Geist des Kapitalismus«.
Archiv für Sozialwissenschaft und Sozialpolitik, 25. Bd. 1907, S. 243–249.

* *Diskussionsrede* bei den Verhandlungen des Vereins für Sozialpolitik in Magdeburg 1907 über *Verfassung und Verwaltungsorganisation der Städte.*
Schriften des Vereins für Sozialpolitik, 125. Bd. 1908, S. 294–301.

Bemerkungen zu der Replik H. K. *Fischers*, Protestantische Ethik und Geist des Kapitalismus.
Archiv für Sozialwissenschaft und Sozialpolitik, 26. Bd. 1908, S. 275–283.

Der Fall Bernhard.
Frankfurter Zeitung vom 18. und 24. Juni, 10. Juli 1908.

Die sogenannte »Lehrfreiheit« an den deutschen Universitäten.
Frankfurter Zeitung vom 20. Sept. 1908.

Die Kredit- und Agrarpolitik der preußischen Landschaften. Bankarchiv, 8. Jg. 1908, Nr. 6 (v. 15. Dez.), S. 87–91.

* *Die Grenznutzlehre und das »psychophysische Grundgesetz«.* Archiv für Sozialwissenschaft und Sozialpolitik, 27. Bd. 1908, S. 546–558.

* *Denkschrift* betr. Erhebungen über Anpassung und Auslese (Berufswahl und Berufsschicksal) der Arbeiterschaft der geschlossenen Großindustrie.
Vom Verein für Sozialpolitik als Manuskript gedruckt. 1908.

* *Zur Psychophysik der industriellen Arbeit.*
Archiv für Sozialwissenschaft und Sozialpolitik, 27. Bd. 1908, S. 730–770; 28. Bd. 1909, S. 219–277, 719–761; 29. Bd. 1909, S. 513–542.

Die Lehrfreiheit der Universitäten.
Münchener »Hochschul-Nachrichten«, hrsg von Paul v. Salvisberg, XIX. Jg. Heft 220, Januar 1909, S. 89–91.*

* *Agrarverhältnisse im Altertum.*
Handwörterbuch der Staatswissenschaften, 3. Aufl., I. Bd. 1909, S. 52–188.

Antike Agrarverfassung.
Die Religion in Geschichte und Gegenwart, 1. Auflage, I. Bd. 1909, Sp. 233–237; 2. Auflage, I. Bd. 1927, Sp. 158–161.

* *»Energetische« Kulturtheorien.*
Archiv für Sozialwissenschaft und Sozialpolitik, 29. Bd. 1909, S. 575–598.

Zur Methodik sozialpsychologischer Enqueten und ihrer Bearbeitung.
Archiv für Sozialwissenschaft und Sozialpolitik, 29. Bd. 1909, S. 949–958.

Besprechung von Adolf *Weber*, Die Aufgaben der Volkswirtschaftslehre als Wissenschaft.
Archiv für Sozialwissenschaft und Sozialpolitik, 29. Bd. 1909, S. 615–620.

* *Debatterede* bei den Verhandlungen des Vereins für Sozialpolitik in Wien 1909 über *Die wirtschaftlichen Unternehmungen der Gemeinden.*
Schriften des Vereins für Sozialpolitik. 132. Bd. 1910, S. 282 bis 287.

* *Debattereden* auf der gleichen Tagung zu den Verhandlungen über die *Produktivität der Volkswirtschaft.*
Schriften des Vereins für Sozialpolitik, 132. Bd. 1910, S. 580 bis 585, 603–607.

* Dieser grundlegende Aufsatz wurde von Herrn Professor Dr. EDWARD SHILS, University of Chicago/Ill., aufgefunden.

Antikritisches zum »Geist« des Kapitalismus.
Archiv für Sozialwissenschaft und Sozialpolitik, 30. Bd. 1910, S. 176–202.

Antikritisches Schlußwort zum »Geist« des Kapitalismus.
Archiv für Sozialwissenschaft und Sozialpolitik, 31. Bd. 1910, S. 554–599.

* *Geschäftsbericht* der Deutschen Gesellschaft für Soziologie. Verhandlungen des ersten deutschen Soziologentages in Frankfurt a. M. 1910.
Schriften der Deutschen Gesellschaft für Soziologie, I, 1. Bd. 1911, S. 39–62.

* *Diskussionsrede* auf der gleichen Tagung zu dem Vortrag Werner *Sombarts* über *Technik und Kultur.*
Schriften der Deutschen Gesellschaft für Soziologie, I, 1. Bd. 1911, S. 95–101.

* *Diskussionsrede* auf der gleichen Tagung zu dem Vortrag von Alfr. *Ploetz* über *Die Begriffe Rasse und Gesellschaft.*
Schriften der Deutschen Gesellschaft für Soziologie, I, 1. Bd. 1911, S. 151–157, 215.

* *Diskussionsreden* auf der gleichen Tagung zu dem Vortrag von Ernst *Troeltsch* über das *stoisch-christliche Naturrecht und das moderne profane Naturrecht.*
Schriften der Deutschen Gesellschaft für Soziologie, I, 1. Bd. 1911, S. 196–202, 210–211.

* *Diskussionsrede* auf der gleichen Tagung zu dem Vortrag Andr. *Voigts* über *Wirtschaft und Recht.*
Schriften der Deutschen Gesellschaft für Soziologie, I, 1. Bd. 1911, S. 265–270.

* *Diskussionsreden* auf der gleichen Tagung zu dem Vortrag von Herm. *Kantorowicz* über *Rechtswissenschaft und Soziologie.*
Schriften der Deutschen Gesellschaft für Soziologie, I, 1. Bd. 1911, S. 312, 323–330.

Diskussionsrede auf dem vierten Deutschen Hochschullehrertag in Dresden 1911 über die von den deutschen abweichenden Einrichtungen an den *nordamerikanischen Hochschulen.*
Verhandlungen des IV. Deutschen Hochschullehrertages zu Dresden am 12. und 13. Oktober 1911, Leipzig 1912, S. 66 bis 77, 85–86.

Darlegung zu seiner Rede auf dem Deutschen *Hochschultag* zu Dresden (am 13. Oktober 1911).
Tägliche Rundschau vom 22. Oktober 1911 (2. Beilage).

Die Handelshochschulen. Eine Entgegnung.
Berliner Tageblatt vom 27. Oktober 1911.

Das »System Althoff«.
Frankfurter Zeitung vom (24.), 27., (31.) Okt., 2. und 10. Nov. 1911.

Denkschrift an die Handelshochschulen.
Vom 7. November 1911. Unveröffentlicht.

* *Diskussionsrede* auf der Tagung des Vereins für Sozialpolitik in Nürnberg 1911 zum Thema *Probleme der Arbeiterpsychologie* unter besonderer Rücksichtnahme auf Methode und Ergebnisse der Vereinserhebungen.
Schriften des Vereins für Sozialpolitik, 138. Bd. 1912, S. 163, 189–197.

Rechenschaftsbericht für die abgelaufenen beiden Jahre, erstattet auf dem zweiten deutschen Soziologentag in Berlin 1912.
Schriften der Deutschen Gesellschaft für Soziologie, I, 2. Bd. 1913, S. 75–79.

* *Diskussionsrede* auf der gleichen Tagung zu dem Vortrag von Paul *Barth* über die *Nationalität in ihrer soziologischen Bedeutung.*
Schriften der Deutschen Gesellschaft für Soziologie, I, 2. Bd. 1913, S. 49–52.

* *Diskussionsreden* auf der gleichen Tagung zu dem Vortrag von F. *Schmid* über das *Recht der Nationalitäten.*
Schriften der Deutschen Gesellschaft für Soziologie, I, 2. Bd. 1913, S. 72–73, 74–75.

* *Diskussionsrede* auf der gleichen Tagung zu dem Vortrag Franz *Oppenheimers* über die *rassentheoretische Geschichtsphilosophie.*
Schriften der Deutschen Gesellschaft für Soziologie, I, 2. Bd. 1913, S. 188–191.

Gutachtliche Äußerungen zur Werturteilsdiskussion.
Verein für Sozialpolitik (Manuskriptdruck), 1913, S. 83–120.

* *Über einige Kategorien der verstehenden Soziologie.*
Logos. Internationale Zeitschrift für Philosophie der Kultur. Band IV, 1913, S. 253–294.

Redaktionelles Nachwort. Zu dem Aufsatz von Arthur *Salz,* In eigener Sache.
Archiv für Sozialwissenschaft und Sozialpolitik, 38. Bd. 1914, S. 539–550.

Vorwort von Schriftleitung und Verlag zum Erscheinen der *I. Abteilung* des *Grundriß der Sozialökonomik,* vom 2. Juni 1914.
Grundriß der Sozialökonomik, I. Abt. Wirtschaft und Wirtschaftswissenschaft, 1914, S. VII–IX.

Zu dem redaktionellen Geleitwort im Märzheft 1914 gegen Prof. Sander in Prag.
Archiv für Sozialwissenschaft und Sozialpolitik, 39. Bd. 1915, S. 227–252.

Geleitwort der Redaktion zu den kriegswirtschaftlichen Abhandlungen.
Archiv für Sozialwissenschaft und Sozialpolitik, 40. Bd. 1915, S. 1–2.

* *Bismarcks Außenpolitik und die Gegenwart,* I, II.
Frankfurter Zeitung vom 25. Dezember 1915.

* *Zur Frage des Friedenschließens.*
Erste Denkschrift, Anfang 1916.
Aus dem Nachlaß veröffentlicht in den Gesammelten Politischen Schriften, 1921.

* *Zwischen zwei Gesetzen.*
Die Frau, 23. Jg., Februarheft 1916.

* *Der verschärfte U-Boot-Krieg.*
Denkschrift unter Mitarbeit von Dr. Felix Somary. März 1916.
Aus dem Nachlaß veröffentlicht in den Gesammelten Politischen Schriften, 1921.

Aussprache über die wirtschaftliche Annäherung zwischen dem Deutschen Reich und seinen Verbündeten in der Sitzung des Ausschusses des Vereins für Sozialpolitik am 6. April 1916 in Berlin.
Schriften des Vereins für Sozialpolitik, 155. Bd. 3. Teil, 1916, S. 28–37, 42, 57–59.

* Der Berliner Professoren-Aufruf.
Frankfurter Zeitung vom 28. Juli 1916.

* *Die Wirtschaftsethik der Weltreligionen.* Einleitung; I. Konfuzianismus und Taoismus; Zwischenbetrachtung.
Archiv für Sozialwissenschaft und Sozialpolitik, 41. Bd. 1916, S. 1–87, 335–421.

Zur Erklärung der Prager Rechts- und Staatswissenschaftlichen Fakultät.
Archiv für Sozialwissenschaft und Sozialpolitik, 41. Bd. 1916, S. 927–928.

* *Die Wirtschaftsethik der Weltreligionen.* II. Hinduismus und Buddhismus.
Archiv für Sozialwissenschaft und Sozialpolitik, 41. Bd. 1916, S. 613–744; 42. Bd. 1916/17, S. 345–461, 687–814.

* *Deutschlands weltpolitische Lage.*
Bericht über einen am 27. Oktober 1916 in München gehaltenen Vortrag.
Münchener Neueste Nachrichten vom 28. Oktober 1916.

* *Deutschland unter den europäischen Weltmächten.* Vortrag in München am 27. Oktober 1916. (Zensierte Fassung.)
Die Hilfe, 22. Jg. 1916, S. 735–741.
Dasselbe.
Deutscher Kriegs- und Friedenswillen. Drei Reden. 1916.

* *Deutschlands äußere und Preußens innere Politik*, I, II.
Frankfurter Zeitung vom 25. Febr. und 1. März 1917.

* *Ein Wahlrechtsnotgesetz des Reichs.* Das Recht der heimkehrenden Krieger.
Frankfurter Zeitung vom 28. März 1917.

Der preußische Landtag und das Deutsche Reich.
Frankfurter Zeitung vom 26. April 1917.

* *Rußlands Übergang zur Scheindemokratie.*
Die Hilfe vom 26. April 1917, 23. Jg., S. 272–279.

Zwei Gesetzentwürfe zur Änderung der Reichsverfassung:
a) betr. Aufhebung des letzten Satzes von Art. 9 RV. v. 1871. Vom 1. Mai 1917;
b) betr. Einführung des Rechtes des Reichstags zur Einsetzung von Enquetekommissionen. Vom 7. Mai 1917.
An Conrad Haußmann übersandt. Unveröffentlicht.

Eine katholische Universität in Salzburg.
Frankfurter Zeitung vom 10. Mai 1917.

Deutscher Parlamentarismus in Vergangenheit und Zukunft, I–III.
Frankfurter Zeitung vom 27. Mai, 9., 10. und 24. Juni 1917.

* *Die Lehren der deutschen Kanzlerkrisis.*
Frankfurter Zeitung vom 7. Sept. 1917.

* *Die Abänderung des Artikel 9 der Reichsverfassung.*
Frankfurter Zeitung vom 8. September 1917.

* *Die siebente deutsche Kriegsanleihe.*
Frankfurter Zeitung vom 18. September 1917.

* *Vaterland und Vaterlandspartei.*
Münchener Neueste Nachrichten vom 30. Sept. 1917.

* *Bayern und die Parlamentarisierung im Reich*, I, II.
Münchener Neueste Nachrichten vom 15. und 17. Okt. 1917.

* *»Bismarcks Erbe in der Reichsverfassung«.*
Frankfurter Zeitung vom 28. Okt. 1917.

* *Der Sinn der »Wertfreiheit« der soziologischen und ökonomischen Wissenschaften.*
Logos. Internationale Zeitschrift für Philosophie der Kultur, Band VII, 1917, S. 40–88.

* *Die Wirtschaftsethik der Weltreligionen.* III. Das antike Judentum.

Archiv für Sozialwissenschaft und Sozialpolitik, 44. Bd. 1917/1918, S. 52–138, 349–443, 601–626; 46. Bd. 1918/19, S. 40 bis 113, 311–366, 541–604.

* *Die Pharisäer.*
Aus dem Nachlaß veröffentlicht im 3. Band der Gesammelten Aufsätze zur Religionssoziologie, 1921.

Erklärung zu dem Aufsatz von E. *Jaffé*, Das theoretische System der kapitalistischen Wirtschaftsordnung.
Archiv für Sozialwissenschaft und Sozialpolitik, 44. Bd. 1917/1918, S. 348.

Das Reichstagswahlrecht für Preußen. Vorabdruck aus »Wahlrecht und Demokratie«.
Die Hilfe, 23. Jg. 1917, S. 709–710.

* *Wahlrecht und Demokratie in Deutschland.*
Der Deutsche Volksstaat. Schriften zur inneren Politik. Hrg. von Wilh. Heile und Walther Schotte. 2. Heft, Dezember 1917.

Schwert und Parteikampf.
Frankfurter Zeitung vom 13. Dezember 1917.

Zur Frage des Friedenschließens.
Zweite Denkschrift, aus Anlaß des Berliner Rüstungsarbeiterstreiks, vom 4. Febr. 1918. Unveröffentlicht.

* *Innere Lage und Außenpolitik*, I–III.
Frankfurter Zeitung vom 3., 5. und 7. Febr. 1918.

* *Parlament und Regierung im neugeordneten Deutschland.* Zur politischen Kritik des Beamtentums und Parteiwesens. Vorbemerkung und I–VI.
Die innere Politik, hrg. von Siegmund Hellmann. 1918.

* *Der Sozialismus.*
Vortrag in Wien im Juli 1918. Wien 1918.

* *Die nächste innerpolitische Aufgabe.*
Frankfurter Zeitung vom 17. Okt. 1918.

* *Waffenstillstand und Frieden.*
Frankfurter Zeitung vom 27. Okt. 1918.

Die Staatsform Deutschlands.
Frankfurter Zeitung vom 22., 24., 28., 30. November und 5. Dezember 1918.

* *Deutschlands künftige Staatsform.* Vorbemerkung und I–V.
Zur deutschen Revolution. Flugschriften der Frankfurter Zeitung, Heft 2. 1919.

* *Das neue Deutschland.*
Bericht über eine am 1. Dezember 1918 in Frankfurt a. M. gehaltene Rede.
Sonderausgabe der Frankfurter Zeitung vom 1. Dez. 1918.

Zuschrift an die Frankfurter Zeitung betr. seine Nichtaufnahme in die *Kandidatenliste* der Provinz Hessen-Nassau zur *Wahl in die Nationalversammlung*
Frankfurter Zeitung vom 5. Januar 1919.

* *Zum Thema der »Kriegsschuld«.*
Frankfurter Zeitung vom 17. Jan. 1919.

* *Der Reichspräsident.*
Berliner Börsenzeitung vom 25. Febr. 1919.

Die wirtschaftliche Zugehörigkeit des Saargebiets zu Deutschland.
Gegen Frankreichs Anspruch auf Pfalz und Saarbecken. Ansprachen auf der Protestkundgebung von Lehrkörper und Studentenschaft der Ruprecht-Karls-Universität Heidelberg, 1. März 1919. Heidelberg 1919, S. 30–38.

* *Dasselbe.* (Gekürzte Fassung.)
Gegen Frankreichs Anspruch auf das Saarbecken. Auszug aus zwei Reden von Hermann Oncken und Max Weber, gehalten bei der Protestkundgebung der Universität Heidelberg am 1. März 1919, Berlin 1919, S. 8–12.

* *Die Untersuchung der Schuldfrage.*
Frankfurter Zeitung vom 22. März 1919.

* *Bemerkungen* zum Bericht der Kommission der alliierten und assoziierten Regierungen über die Verantwortlichkeit der Urheber des Krieges. Nebst einer *Vorbemerkung* zu den Anlagen der Denkschrift. Vom 27. Mai 1919.
Weißbuch betreffend die Verantwortlichkeit der Urheber am Kriege. Auswärtiges Amt. Berlin 1919, S. 36–46, 47.

Dasselbe.
Das deutsche Weißbuch über die Schuld am Kriege. Mit der Denkschrift der deutschen Viererkommission zum Schuldbericht der Alliierten und Assoziierten Mächte. 1. Aufl. 1919, S. 56–68, 69; 2. Aufl. 1927, S. 63–77, 78.

* *Wissenschaft als Beruf.*
Geistige Arbeit als Beruf. Vier Vorträge vor dem Freistudentischen Bund. Erster Vortrag. 1919. 2. Aufl. 1921; 3. Aufl. 1930; 5. Aufl. 1967.

* *Politik als Beruf.*
Geistige Arbeit als Beruf. Vier Vorträge vor dem Freistudentischen Bund. Zweiter Vortrag. 1919. 2. Aufl. 1926; 3. Aufl. (Neudruck) 1958; 4. Aufl. 1964.

Gesammelte Aufsätze zur Religionssoziologie, Band 1–3.
1. Aufl. 1920–21; 2. Aufl. 1922–23. Band 1 in 3. Aufl. 1934, in 4. Aufl. 1947.

* *Die Stadt.* Eine soziologische Untersuchung.
Archiv für Sozialwissenschaft und Sozialpolitik, 47. Bd. 1920/1921, S. 621–772.

Grundriß der Sozialökonomik, III. Abteilung. Wirtschaft und Gesellschaft. I. *Die Wirtschaft und die gesellschaftlichen Ordnungen und Mächte.* Bearbeitet von Max Weber. Erster Teil. 1921.

* *Die rationalen und soziologischen Grundlagen der Musik.* Mit einer Einleitung von Theodor Kroyer. 1. Aufl. 1921; 2. Aufl. 1924.

Gesammelte Politische Schriften.
Hrsg. von Marianne Weber. 1921.

Grundriß der Sozialökonomik, III. Abteilung. *Wirtschaft und Gesellschaft.* Hrsg. von Marianne Weber. 1922. 2., erweiterte Auflage 1925; 3., unveränderte Aufl. 1947.

* *Die drei reinen Typen der legitimen Herrschaft.*
Aus dem Nachlaß veröffentlicht.
Preußische Jahrbücher, 187. Bd. 1922, S. 1–12.

Gesammelte Aufsätze zur Wissenschaftslehre.
Hrsg. von Marianne Weber. 1922.

Wirtschaftsgeschichte. Abriß der universalen Sozial- und Wirtschaftsgeschichte. Hrsg. von S. Hellmann und M. Palyi.
1. Aufl. 1923; 2. Aufl. 1924; 3., ergänzte Auflage, besorgt von Johannes Winckelmann. 1958.

Gesammelte Aufsätze zur Sozial- und Wirtschaftsgeschichte.
Hrsg. von Marianne Weber. 1924.

Gesammelte Aufsätze zur Soziologie und Sozialpolitik.
Hrsg. von Marianne Weber. 1924.

* *Die protestantische Ethik und der Geist des Kapitalismus.*
Sonderdruck aus den Gesammelten Aufsätzen zur Religionssoziologie, 1. Band, S. 1–206. 1934.

Jugendbriefe. 1876–1893.
Hrsg. von Marianne Weber. 1936.

Gesammelte Aufsätze zur Wissenschaftslehre.
2., vermehrte Auflage, hrsg. von Johannes Winckelmann. 1951; 3., erw. u. verb. Auflage 1968; 4. Auflage 1973.

Wirtschaft und Gesellschaft. Grundriß der verstehenden Soziologie. 4. Auflage (Neuausgabe), hrsg. von Johannes Winckelmann. 1956.

* *Staatssoziologie*. Soziologie der rationalen Staatsanstalt und der modernen politischen Parteien und Parlamente. Hrsg. von Johannes Winckelmann. 1956; 2., erg. Aufl. 1966.

Gesammelte Politische Schriften.
2., erweiterte Auflage. Mit einem Geleitwort von Theodor Heuss, neu hrsg. von Johannes Winckelmann. 1958; 3., erneut vermehrte Auflage. Tübingen 1971.

Rechtssoziologie.
Aus dem Manuskript herausgegeben und eingeleitet von Johannes Winckelmann.
Soziologische Texte, Band 2. 1960; 2., überarbeitete Auflage 1967.

* *Soziologische Grundbegriffe.*
Sonderabdruck aus »Wirtschaft und Gesellschaft«, Erster Teil (Kap. I). 1960; 2. Auflage 1966.

Gesammelte Aufsätze zur Religionssoziologie, 3 Bände. Neudruck 1963.

Wirtschaft und Gesellschaft. Grundriß der verstehenden Soziologie.
Studienausgabe, hrsg. von Johannes Winckelmann. 2 Bde. Paperback, Köln–Berlin 1964.

Die protestantische Ethik I. Eine Aufsatzsammlung. Textkritische Ausgabe, hrsg. von Johannes Winckelmann. Siebenstern Taschenbuch, Band 53/54. München und Hamburg 1965; 2., erw. Auflage 1969; 3., erneut vermehrte Auflage, Hamburg 1973.

Methodologische Schriften. Studienausgabe. Mit einer Einführung besorgt von Johannes Winckelmann. Frankfurt/M. 1968.

Die protestantische Ethik II. Kritiken und Antikritiken. Textkritische Ausgabe, hrsg. von Johannes Winckelmann. Siebenstern Taschenbuch, Band 119/120. München und Hamburg 1968; 2., erw. Auflage, Hamburg 1972.

Die rationalen und soziologischen Grundlagen der Musik. Neuausgabe, Uni-Taschenbücher 122. Tübingen 1972.

Wirtschaft und Gesellschaft. Grundriß der verstehenden Soziologie. Fünfte, revidierte Auflage. Studienausgabe, besorgt von Johannes Winckelmann. Tübingen 1972.

AUSLÄNDISCHE AUSGABEN

a) englisch-amerikanische

General Economic History. Translated by Frank H. Knight. London und New York, 1927. Neudruck Glencoe/Illinois, 1950.

The Protestant Ethic and the Spirit of Capitalism. Translated by Talcott Parsons. With a Foreword by R. H. Tawney. London und New York, 1930. Neudrucke 1948, 1950, 1958.

From Max Weber. Essays in Sociology. Translated, Edited and with an Introduction by H. H. Gerth and C. Wright Mills. New York. 1946; London 1948 und 1952. Neudruck New York 1958.

The Theory of Social and Economic Organization. Translated by A. M. Henderson and Talcott Parsons. Edited with an Introduction by Talcott Parsons. London und New York, 1947; Neudruck New York, 1950.

The Methodology of the Social Sciences. Translated and Edited by Edward A. Shils and Henry A. Finch. With a Foreword by Edward A. Shils. Glencoe/Illinois, 1949.

The Social Causes of the Decay of Ancient Civilization. Translated by C. Mackauer. The Journal of General Education, Vol. V, pp. 75–88. Chicago 1950.

The Hindu Social System. Translated by H. H. Gerth and Don Martindale. The University of Minnesota Sociology Club Bulletin, Nr. 1. 1950.

The Religion of China. Confucianism and Taoism. Translated and Edited by H. H. Gerth, Glencoe/Illinois, 1951; New Edition. With an introduction by C. K. Yang. New York-London 1964.

Ancient Judaism. Translated and Edited by H. H. Gerth and Don Martindale. Glencoe/Illinois, 1952.

The Religion of India. The Sociology of Hinduism and Buddhism. Translated and Edited by H. H. Gerth and Don Martindale. Glencoe/Illinois, 1958.

Max Weber on Law in Economy and Society. Translation by Edward Shils and Max Rheinstein. Edited with an Introduction and Annotations by Max Rheinstein. 20th Century Legal Philosophy Series: Vol. VI. Cambridge/Mass. 1954.

The City. Translated and Edited by Don Martindale and Gertrud Neuwirth. Glencoe/Illinois, 1958.

The Three Types of Legitimate Rule. Translated by H. H. Gerth. Berkeley Publications in Society and Institutions, Vol. IV No. 1 (1958), pp. 1–11.

The Rational and Social Foundations of Music. Translated and Edited by Don Martindale, Johannes Riedel, and Gertrud Neuwirth. The Southern Illinois University Press, 1958.

Basic Concepts in Sociology. Translated and with an Introduction by H. P. Secher. Philosophical Library, New York 1962.

The Sociology of Religion. Translated by Ephraim Fischoff. Introduction by Talcott Parsons. Boston und Toronto 1963; London 1965.

Economy and Society. Translated and Edited by Gunther Roth and Claus Wittich. 3 vols., New York 1968.

*b) japanische**

Wirtschaftsgeschichte. Abriß der universalen Sozial- u. Wirtschaftsgeschichte. Übers. v. Iwao Kokusho. Tokyo 1927. Neubearbeitung v. H. Aoyama, übers. v. Iwao Kokusho u. Hideo Aoyama. 2 Bde., Tokyo 1954 u. 1955.

Wissenschaft als Beruf. Übers. v. Kunio Odaka. Tokyo 1936, 31. Druck 1968.

Die ›Objektivität‹ sozialwiss. u. sozialpol. Erkenntnis. Übers. v. Yuji Tominaga u. Yasuo Tatsuno. Tokyo 1936; 31. Druck 1968.

Die protestantische Ethik u. d. ›Geist‹ des Kapitalismus. Übers. v. Tsutomu Kaziyama. Tokyo 1938. Neubearbeitung v. H. Otsuka, übers. v. Tsutomu Kaziyama u. Hisao Otsuka. 2 Bde., Tokyo 1955 u. 1962.

Konfuzianismus und Taoismus. Übers. v. Tokusaburo Hosoya. Tokyo 1940, unv. Neudr. 1967. Neu übers. v. Hiromichi Morioka, Tokyo 1970. Weit. Neuübers. v. Tokuo Kimata, Tokyo 1971.

Politik als Beruf. Übers. v. Yoshiji Nishijima. Tokyo 1952; Neuausg. 1959.

* Diese Zusammenstellung wird Herrn Professor Dr. Teiji Nakamura von der Staatl. Universität in Yamaguchi (Japan) verdankt.
Aus Gründen der Raumersparnis wird nur eine Auswahl geboten, und es werden im allgemeinen nur die Ersterscheinungsjahre, selten die der meist zahlreichen Neudrucke angegeben.

Soziologische Grundbegriffe. Übers. v. Yoshio Atoji u. Kanji Naito. Tokyo 1953; Neuausg. 1969.

Roscher u. Knies u. d. log. Probleme d. hist. Nationalökonomie. Übers. v. Hidechika Matsui. 2 Bde., Tokyo 1955; 3. Druck 1968.

Bürokratie. Übers. v. Yoshio Atoji u. Keihei Waki. Tokyo 1958.

Agrarverhältnisse im Altertum. Übers. v. Kiu'ichi Watanabe u. Toru Yuge. Tokyo 1959.

Rechtssoziologie. Übers. v. Jo Onogi u. a. Tokyo 1959.

Soziologie der Herrschaft. Übers. v. Terushiro Sera. 2 Bde., Tokyo 1960 u. 1962.

Staatssoziologie. Übers. v. Yoshihisa Ishio. Kyoto 1960.

Das antike Judentum. Übers. v. Yoshiaki Uchida. 2 Bde., Tokyo 1962 u. 1964.

Typologie der Städte. Übers. v. Terushiro Sera. Tokyo 1964.

Kritische Studien auf dem Gebiet der kulturwiss. Logik. Übers. v. Hiromichi Morioka. Tokyo 1965.

Sammelband von Schriften zur Politik u. Gesellschaft. Übers. v. Masaharu Tanaka, Teiji Nakamura, Yuzo Deguchi u. a. Tokyo 1965. (Enthält u. a.: Objektivitätsaufsatz, Parlament u. Regierung, Politik als Beruf.)

Musiksoziologie. Übers. v. Hideharu Ando u. a. Tokyo 1967.

Über einige Kategorien der verstehenden Soziologie. Übers. v. Michiyoshi Hayashi. Tokyo 1968.

Die Börse. 2 Teile. Übers. v. Teiji Nakamura u. Motohiro Shibata. Tokyo 1968.

Sammelband von Schriften zur Religion und Gesellschaft. Übers. v. Hidechika Matsui, Hideharu Ando, Teiji Nakamura u. a. Tokyo 1968.

Schriften zur russischen Revolution. Übers. v. Michiyoshi Hayashi. Tokyo 1969.

Die Typen der Herrschaft. Übers. v. Terushiro Sera. Tokyo 1970.

Der Sinn der ›Wertfreiheit‹ der soziol. und ökonom. Wissenschaften. Übers. v. Kozo Kimoto u. a. Tokyo 1972.

Ausgewählte Schriften zur Religionssoziologie. Übers. v. Hisao Otsuka u. Keizo Ikimatsu. Tokyo 1972. (Enthält: Vorbemerkung, Einleitung, Theorie der Stufen usw. sowie den VIII. Abschn.: Konfuzianismus u. Puritanismus aus dem I. Bd. der Ges. Aufs. z. Religionssoz.)

c) französische

Le savant et le politique. Traduction par Julien Freund. Introduction de Raymond Aron. Recherches en sciences humaines, vol. 12. Paris 1959.

L'éthique protestante et l'esprit du capitalisme suivi d'un autre essai. Traduits par Jacques Chavy. Recherches en sciences humaines, vol. 17. Paris 1964; 2.me éd. corr., Paris 1967.

Essais sur la théorie de la science. Traduits et introduits par Julien Freund. Recherches en sciences humaines, vol. 19. Paris 1965.

Le judaisme antique. Traduit par Freddy Raphael. Recherches en sciences humaines, vol. 31. Paris 1970.

Économie et sociéte. Traduit par Julien Freund, Pierre Kamnitzer, Pierre Bertrand, Éric de Dampierre, Jean Maillard et Jacques Chavy sous la direction de Jacques Chavy et d'Éric de Dampierre. Tome premier. Recherches en sciences humaines, vol. 27. Paris 1971.

d) italienische

La storia agraria romana. Biblioteca di storia economica, II. Bd., 2. Teil, S. 509–705. Mailand 1907².

Parlamento e governo nel nuovo ordinamento della Germania. Trad. di E. Ruta. Bari 1919².

Carismatica e i tipi del potere (autorità). Trad. di V. F. Accolti. Nuova collana di economisti stranieri e italiani. Vol. Dodicesimo, pp. 179–262. Torino 1934.

L'etica protestante e lo spirito del capitalismo. Trad. di P. Burresi. Studi storici e politici, vol. I. Roma 1945.

Il lavoro intellettuale come professione. Due saggi. Traduzione di Antonio Giolitti, nota introduttiva di Delio Cantimori. Torino 1948.

La città. Trad. di O. Padoa. Idee nuove, vol. XXVI. Milano 1950.

Il metodo delle scienze storico-sociali. Trad. di Pietro Rossi. Torino 1958[2].

Economia e società. 2 vol. Traduzione di Tullio Bagiotti, Franco Casabianca, Pietro Chiodi, Enrico Fubini, Giorgio Giordano, Pietro Rossi. Coordinamento e Introduzione di Pietro Rossi. Classici della sociologia. Milano 1961; 2., rev. Aufl. 1968.

e) spanisch-portugiesische

La decadencia de la cultura antigua. Revista de Occidente, vol. XIII (1926), pp. 25–59[2].

Historia económica general. Versión directa del alemán de Manuel Sánchez Sarto. Fondo de cultura económica. México 1942; 2. Aufl. 1956.

Economía y sociedad. 4 vol. Traducción por J. M. Echavarría, J. R. Parella, E. G. Máynez, E. Imaz, J. F. Mora. Fondo de cultura económica. México 1944; 2. Aufl. (nach der 4. deutschen Aufl.), 2 Bde., hrsg. v. J. M. Echavarría, México-Buenos Aires 1964; Nachdruck, México 1969.

La ética protestante y el espíritu del capitalismo. Editorial Revista del Derecho Privado. Madrid 1955.

El Cientifíco y el Político. Madrid 1967.

A Ética Protestante e o Epírito do Capitalismo. Traducao de M. Irene de Q. F. Szmrecsanyi e Tamas J. M. K. Szmrecsanyi (Biblioteca Pioneira de Ciencias So ciais). Sao Paulo 1967.

La Ética Protestante y el Espíritu del Capitalismo. Traducción de Luis Legaz Lacambra (Historia/Ciencia/Sociedad, 47). Barcelona 1971.

Sobre la teoria de las ciencias sociales. Traducción de Michael Faber-Kaiser (ediciones de bolsillo, 73). Barcelona 1971.

BIBLIOGRAPHISCHE ÜBERSICHTEN

Marcel Weinreich, Max Weber, l'homme et le savant. Etudes sur ses idées directrices. Librairie Scientifique et Philosophique, Paris 1938, pag. 189–205.

Jacob Peter Mayer, Max Weber and German Politics. A Study in Political Sociology, London 1944, pp. 107–110; 2nd rev. ed. 1956, pp. 139–143.

Max Graf zu Solms (Civitas Gentium, Bd. 1, 1947), S. 274 bis 288.

[2] Nach den bibliographischen Angaben im zweiten Band der französischen Max-Weber-Ausgabe (L'éthique protestante etc., 2. Aufl. 1967, S. 308 ff.).

M. Ernst Graf zu Solms (Civitas Gentium, Bd. 2, 1948), S. 325–328.

Hans H. Gerth and Hedwig Ide Gerth, Bibliography on Max Weber, Social Research, Bd. 16 Nr. 1 (1949), S. 70–89.

Paul Honigsheim, Max Weber im amerikanischen Geistesleben, Köln. Ztschr. f. Soziologie, 3. Jg. 1950/51, S. 408–419.

Paul Honigsheim, Art. Max Weber im Handwörterbuch der Sozialwissenschaften, XI. Bd. 1961, S. 561 f.

Wolfgang J. Mommsen, Max Weber und die deutsche Politik 1890–1920. 1959, S. 428 ff.

EINFÜHRENDE LITERATUR

Max Weber, *Wissenschaft als Beruf*. 5. Aufl. 1967.

Max Weber, *Politik als Beruf*. 4. Aufl. 1964.

Karl Jaspers, *Max Weber*. Eine Gedenkrede. 1. Aufl. 1921, 2. und 3. Aufl. 1926.

Gerhart v. Schulze-Gaevernitz, *Max Weber als Nationalökonom und Politiker*. Erinnerungsgabe für Max Weber, 1923, I. Band S. XI–XXII.

Otto Hintze, Besprechung von Max Weber, Gesammelte Aufsätze zur Religionssoziologie. 3 Bde., 1920 und 1921. Schmollers Jahrbuch, 46. Jg. 1922, S. 251–258; abgedruckt in: Soziologie und Geschichte. Hrsg. u. eingeleitet v. Gerhard Oestreich. 2., erw. Aufl. 1964, S. 126–134.

Otto Hintze, *Max Webers Soziologie*. Besprechung von Wirtschaft und Gesellschaft, 2. Aufl. 1925. Schmollers Jahrbuch, 50. Jg. 1926, S. 83–95; abgedruckt in: ebda., S. 135–147.

Marianne Weber, *Max Weber – Ein Lebensbild*, 1. Aufl. 1926, 2. Aufl. 1950.

Siegfried Landshut, Kritik der Soziologie. Freiheit und Gleichheit als Ursprungsproblem der Soziologie. 1929.

Karl Löwith, *Max Weber und Karl Marx*. Archiv für Sozialwissenschaft und Sozialpolitik, 67. Bd. 1932, S. 53–99, 175–214; abgedruckt in: Gesammelte Abhandlungen. Zur Kritik der geschichtlichen Existenz, 1960, S. 1–67.

Karl Jaspers, *Max Weber*. Politiker, Forscher, Philosoph. 1. Aufl. 1932, 2. Aufl. 1946, 3. Aufl. 1948. Neudruck 1958, Piper-Bücherei Nr. 121.

Alexander v. Schelting, *Max Webers Wissenschaftslehre*. 1934.

CARL BRINKMANN, *Die Bedeutung Max Webers für die heutigen Sozialwissenschaften.* Schmollers Jahrbuch, 67. Jg. 1942, S. 129–135; abgedruckt in: Wirtschaftsformen und Lebensformen, 2. Aufl. 1950, S. 96–104.

EDUARD BAUMGARTEN, *Die Bedeutung Max Webers für die Gegenwart.* Die Sammlung, Ztschr. f. Kultur und Erziehung, 5. Jg. 1950, 7. Heft S. 385–401.

DIETER HENRICH, *Die Einheit der Wissenschaftslehre Max Webers.* 1952.

JOHANNES WINCKELMANN, *Legitimität und Legalität in Max Webers Herrschaftssoziologie.* 1952.

RAYMOND ARON, *Deutsche Soziologie der Gegenwart.* Eine Einführung. Kröners Taschenausgabe, Band 214, 1953, Dritter Teil.

JOHANNES WINCKELMANN, *Gesellschaft und Staat in der verstehenden Soziologie Max Webers.* 1957.

GÜNTHER ROTH und REINHARD BENDIX, *Max Webers Einfluß auf die amerikanische Soziologie.* Kölner Zeitschrift für Soziologie, 11. Jg. 1959, S. 38–53.

EDUARD BAUMGARTEN, Max Weber. Werk und Person. 1964.

REINHARD BENDIX, Max Weber – Das Werk. Darstellung und Analyse. Übers. von Renate Rausch (m. Bibliographie). 1964.

KARL ENGISCH, BERNHARD PFISTER, JOHANNES WINCKELMANN (Hrsg.), Max Weber. Gedächtnisschrift der Ludwig-Maximilians-Universität München, Berlin 1966.

REINHARD BENDIX and GUENTHER ROTH, Scholarship and Partisanship: Essays on Max Weber. Berkeley–Los Angeles–London 1971.

WOLFGANG SCHLUCHTER, Wertfreiheit und Verantwortungsethik. Zum Verhältnis von Wissenschaft und Politik bei Max Weber, 1971.

ANMERKUNGEN UND ERLÄUTERUNGEN

Die Original-Anmerkungen Max Webers sind durch (V.) bezeichnet

Die sozialen Gründe des Untergangs der antiken Kultur

Erstdruck:
Die Wahrheit, 6. Bd., 1896, S. 57–77; ursprünglich im gleichen Jahr als Vortrag in der Akademischen Gesellschaft in Freiburg i. Br. gehalten.

Abdruck:
Gesammelte Aufsätze zur Sozial- und Wirtschaftsgeschichte, S. 289–311.

Vorbemerkung:
Seit Montesquieus Betrachtungen über die Ursachen der Größe und des Verfalls der Römer und Gibbons Geschichte des Niedergangs und Zusammenbruchs des römischen Reichs ist das Problem des »Untergangs der Antike« nicht mehr zur Ruhe gekommen. Nachdem der Wiener Historiker L. M. Hartmann das Thema im Archiv für soziale Gesetzgebung und Statistik (2. Bd., 1889) wieder aufgenommen und M. Weber schon in seiner Römischen Agrargeschichte (1891) Stellung genommen hatte, gibt letzterer in dieser und der im Text folgenden Darstellung eine soziale Erklärung des vielschichtigen Phänomens.
Seine spätere Abhandlung schränkt die ursächliche Bedeutung des Sklavenmarktes und seiner Schrumpfung auf Grund neuerlichen Studiums der Fragen gegenüber dem früheren Vortrag etwas ein (s. u. im Text S. 51), betont jedoch in Übereinstimmung sowohl mit ihm, als auch mit seiner Agrargeschichte die Ausbildung wesentlicher sozialer Organisationsformen des frühen Mittelalters in der Spätzeit der antiken Kultur.
Die Bezifferung der Abschnitte stammt vom Hrsg.

2 *Antrag Kanitz* – Antrag im Deutschen Reichstag 1872, in etwas abgeänderter Form 1895, gerichtet auf Verstaatlichung der Getreideeinfuhr. Danach sollte der gesamte Einkauf (im Ausland) und Verkauf (im Zollgebiet) von ausländischem Getreide mit Einschluß der Mühlenfabrikate nur für Rechnung des Reichs durch eine Reichsmonopolverwaltung erfolgen. Der Hauptzweck des Projektes bestand in der Befestigung der inländischen Getreidepreise auf dem Durch-

schnittsstand der Jahre 1850–1890. Etwaige Überschüsse sollten zur Abgeltung der bisherigen Getreideeinfuhrzölle, zur Bereitstellung von Mitteln für die Vorratshaltung und zur Bildung eines Reservegarantiefonds verwendet werden. – Näheres s. bei G. SCHMOLLER, Einige Worte zum Antrag Kanitz (Schmoll. Jahrb., 19. Jg., 1895, S. 611–629); daselbst (S. 613) auch Abdruck der Reichstagsdrucksache vom 25. 1. 1895, enthaltend Antrag und Begründung. Schmoller spricht davon, daß der Antrag, zur Konsequenz durchgebildet und praktisch durchgeführt, den Übergang zum sozialistischen Staat bedeuten würde (S. 612).

3 *Stadt* – griechisch: Polis; die Stadtgemeinde bildete die Strukturgrundlage der klassisch-hellenischen wie der hellenistischen Kulturepoche und wurde vom römischen Prinzipat weitgehend übernommen. Die Munizipalverwaltung stellte noch in den ersten Jahrhunderten n. Chr. das administrative Rückgrat des römischen Kaiserreichs dar.

4 *autárkeia* – Selbstgenügsamkeit.

6 *Oikos* – zuerst von K. RODBERTUS für den Großhaushalt der Antike verwendeter Ausdruck; für den Eigenbedarf durch abhängige Hilfskräfte produzierende Haus- und Gutswirtschaft.

7 *Plebs* – die nicht zu den »Geschlechtern« zählenden städtischen Volksschichten im antiken Rom.

8 *gracchische Bewegung* – die Brüder Tiberius und Gaius Sempronius Gracchus suchten nacheinander (133 bzw. 123 v. Chr.) als Volkstribune, gestützt auf die niederen Volksklassen, eine Agrarreform zur Hebung des Bauernstandes und damit zugleich der Wehrhaftigkeit durchzusetzen. Die von ihnen angeregte Gesetzgebung hatte die Ansiedlung verarmter römischer Bürger auf italischem Gemeindeland bzw. in Übersee zum Ziel und war gegen die Latifundienbildung gerichtet. Beide Reformer kamen im Kampf mit der Gegenpartei (Optimaten) gewaltsam ums Leben.

14 *gynaikeíon* – Weiberhaus.

20 *Selbstequipierung* – militärische Selbstausrüstung.

21 *peuplieren* – bevölkern (Redewendung des preußischen Absolutismus).

22 *Befreier* – vgl. L. M. HARTMANN, Über die Ursache des Untergangs des römischen Reiches (Arch. f. soziale Gesetzgebung u. Statistik, 2. Bd. 1889, S. 494 f.).

26 *Riese* – Antaios, Sohn des Meeresgottes Poseidon und der Erdmutter Gaia. Herakles vermochte ihn nur dadurch zu erwürgen, daß er ihn ohne Berührung mit dem Boden in der Luft hielt.

Wirtschaft und Gesellschaft im Rom der Kaiserzeit

Erstdruck:

Im Handwörterbuch der Staatswissenschaften, 3. Aufl., I. Bd., 1909, erschien unter dem Stichwort »Agrargeschichte« M. Webers Abhandlung »I. Agrarverhältnisse im Altertum« (S. 52 bis 188), die in Tat und Wahrheit einen Abriß der Sozial- und Wirtschaftsverfassung des Altertums darbietet. Der in dem vorliegenden Auswahlband gebrachte Teil bildet darin den letzten Abschnitt (II/7) mit dem Untertitel »Grundlagen der Entwicklung in der Kaiserzeit« (ebd. S. 171–182). Den restlichen Raum nehmen Literaturangaben und -bemerkungen ein.

Abdruck:

Gesammelte Aufsätze zur Sozial- und Wirtschaftsgeschichte, S. 1–288; der hier abgedruckte Teil umfaßt darin die S. 253–278.

Vorbemerkung:

Die Abhandlung nimmt das Thema der antiken Stadt, der Polis, wieder auf, stellt jedoch darüber hinaus bedeutsame Vergleiche zwischen der Verfassung, sozialen Schichtung und Wirtschaft der antiken und der mittelalterlichen Stadt an, – Untersuchungen, die M. Weber später zu der »Typologie der Städte« leiteten, die er zu einem Bestandteil seiner großen Soziologie »Wirtschaft und Gesellschaft« (ebd. 5. Aufl. S. 727–814) machte. Stärker noch als in dem früheren Vortrag zeichnen sich die Unterschiede der gewerblichen Wirtschaft in der Antike und im Mittelalter ab. Es wird aber zugleich deutlich, daß man nicht so sehr von einem »Untergang« als vielmehr – wie es E. Kornemann ausdrückt – von einem »Niedergang« der Antike sprechen kann und daß die geschichtliche Entwicklung in der Zeit von Odoakar (476 n. Chr.) bis zu Karl dem Großen (seit 768 n. Chr.) keine Zäsur, keinen Bruch, gegenüber der Antike bedeutet, sondern ein allmähliches Hinübergleiten in die Welt des Frühmittelalters. Der Geschichtsverlauf von der Antike zum Mittelalter bildet, wie M. Weber wiederholt sagt, ein kulturhistorisches Kontinuum.

Im Jahre 753 v. Chr. wurde nach der Tradition Rom gegründet; zu Ende des Jahres 753 n. Chr. überschreitet Papst Stephan II. als Schutzflehender mit fränkischem Geleit den St. Bernhard, um sich an den Hof des Frankenreiches zu begeben. Die Geburtsstunde des »Abendlandes« zog herauf, das die Tat Karl Martells 732 n. Chr. durch die Zurückwerfung der Araber bei Tours und Poitiers möglich gemacht hatte.

Am Ende des Beitrages findet sich eine *Prognose* hinsichtlich der Tendenzen zu einer objektiv möglichen Umbildung der kapitalistischen Wirtschafts- und Gesellschaftsordnung von innen heraus, d. h. ohne »Machtergreifung« durch das revolutionäre Proletariat. Sie enthält gleichzeitig einen Hinweis auf die möglicherweise bewirkte »Ägyptisierung« der abendländischen Gesellschaft und darauf, was das zu bedeuten haben würde.

27 *Synoikismós* – Zusammensiedlung durch Verbrüderungsakt.
attribuiert – zugeteilt, verliehen, unterstellt.
coge intrare – zuerst von Augustinus in voller Schärfe (gegenüber den Donatisten) geltend gemachtes autoritäres katholisches Prinzip der Zwangsbekehrung, gestützt auf Ev. Lukas, 14. Kap., Vers 23: nötige sie einzutreten (auf daß mein Haus voll werde).
paganus – Dorfbewohner, Landmann, Zivilist, Heide.

28 *Absentismus* – hier: Lebensform ständiger Abwesenheit.
Leiturgien – öffentliche Zwangsauflagen, Pflichtleistungen.
incasamento – oktroyierte Stadtsässigkeit.

29 *choris eukuntes* – freiwohnende Freigelassene und selbstwirtschaftende Sklaven.

30 *apophorá* – Leibzins, Mietzins für Mietung von Sklaven.

31 *Demiurg* – Dorfhandwerker, ursprünglich von der Dorfgemeinschaft unterhalten und dadurch zur Verwendung für alle freigestellt.
Hopliten – Vollbürger als schwerbewaffnete Fußkämpfer.

32 *hortensisches Gesetz* – (lex Hortensia, 286 v. Chr. als Abschluß der Ständekämpfe ergangen) über die Gemeinverbindlichkeit der Plebiszite (Volksbeschlüsse) und die Verfassungswacht (Nomophylakie) der Volkstribune.
démos – Gemeinde (in Stadt und Land).

33 *Almende* – gemeine Mark, d. h. Weideland und Wald, die in Gemeinnutzung standen.
Opposition – d. h. der mittelalterlichen Opposition.

34 *Kampf* – Und dann ein Kampf zwischen Bürgertum und Adel, nicht zwischen Bauern und Adel. (V.)
Schweizer – Die Kämpfe der Schweizer erinnern am meisten an die Kämpfe der Israeliten gegen den philistäischen Stadtadel und scheinbar ebenso an die Kämpfe der sabellischen Bergvölker gegen Rom. Aber der Unterschied ist im zweiten Fall, daß die bäuerliche Hoplitenschaft Roms es war, welche gegen die vordringenden Bergvölker, um den Besitz ihres Bodens in den Ebenen kämpfend, durch ihre disziplinierte und deshalb überlegene Kriegstechnik die Samniten zurück- und schließlich gänzlich niederwarf, während im ausgehenden Mittelalter die Schweizer nach Art der Spartiaten die Virtuosen des Fußkampfes waren: auf das Reisläufertum wurde ja ihre Agrarverfassung direkt

zugeschnitten. (Im übrigen ist bekannt, welche Rolle auch die Stadtbürger in den Kämpfen der Schweizer spielten.) (V.)

35 *compagna communis* – militärischer, dem politischen häufig vorangehender Stadtverband.
commenda – Gelegenheitsgeschäft im Überseehandel, bei dem ein Beteiligter Kapital einschießt, jedoch daheim bleibt, der andere hingegen die Ware begleitet und im Ausland absetzt, um mit dem Erlös Auslandsware zu kaufen und mit ihr heimzukehren. Ob auch der die Reise ausführende Fernhändler sich kapitalmäßig an der einzelnen Unternehmung beteiligt, ist von Fall zu Fall verschieden. Es ist das die erste Geschäftsart, bei der kapitalsmäßig abgerechnet wird, indem der Überschuß zwischen Anfangskapital und Endbetrag als Gewinn zwischen den Beteiligten, und zwar grundsätzlich je nach dem Umfang der Kapitalbeteiligung, quotenmäßig verteilt wird.

37 *Theokratie* – Gottesherrschaft, Priesterregiment (in Stellvertretung der Gottheit).
Ministerialität – mittelalterlicher Stand formell unfreier, sozial gehobener Dienstmannen: unfreier Teil des Ritterstandes, zu Dienstleistungen höherer Art im Dienst der Großen (zivil: Hausämter, Außenämter, militärisch: Reiterdienst) verwendet und alsbald nach eigenem Dienstrecht lebend, bildeten sie die ersten weltlichen Berufsbeamten im Abendland.
Phylen, Phratrien – Unterteilungen der griechischen Gemeindeverbände, ursprünglich verwandtschaftlich zusammengesetzt. Die einzelne Phyle (Geschlechterverband, Stammesverband) umfaßte mehrere Phratrien (Bruderschaften, Sippenverbände), die sich je aus einer Anzahl Familien zusammensetzten. Sie stellten Kultgemeinschaften dar, denen der Vollbürger kraft Geburt angehörte. Die die attische Demokratie begründende kleisthenische Verfassungsreform ersetzte (508/07 v. Chr.) zwecks Ausschaltung der Adelsmacht und der bisherigen politischen Gruppierungen (Paralier, Pedianen, Diakrier) die früheren 4 Geschlechterphylen durch 10 rein geographisch bestimmte Bezirke unter dem gleichen Namen Phylen.

38 *Kondottieri* – Soldheerführer und Heeresunternehmer.

39 *Kleruchien* – Militärsiedlungen der Athener zur Sicherung strategisch wichtiger Punkte und gegen den Abfall von Bundesgenossen; das von den Kleruchen besetzte Gebiet wurde in Landlose (klêroi) aufgeteilt, die den Unterhalt der Krieger erbrachten. Diese blieben attische Bürger. Das Netz der

Militärkolonien diente hauptsächlich der Erhaltung der athenischen Hegemonialstellung im Rahmen des attischen Seebundes.

instradiert – auf den Weg gebracht, befördert, geleitet.

40 *attrahieren* – anziehen, an sich ziehen.

41 *historisches Kontinuum* – hier wie unten im Text (Seite 58) betont M. WEBER erneut die durchgehende Entwicklung von der Spätantike zum Frühmittelalter im Gegensatz zu verbreiteten Anschauungen über ein jähes Versinken der Kultur der Alten und einen völligen barbarischen Neubeginn.

42 *Partherzeit* – in Persien (und Mesopotamien) von ca. 247 v. Chr. bis etwa 227 n. Chr. unter dem fremdstämmigen Herrscherhaus der Arsakiden.

kléroi – Kriegerlandlose.

máchimoi – ägyptische Berufskrieger.

43 *Squatter* – Ansiedler ohne Rechtstitel, Eindringling.

Bifanc – individuell gerodetes und angeeignetes Land.

Störer – Wanderarbeiter, Zugehergewerbetreibender.

44 *Moritz von Oranien* – führte den Freiheitskampf der sieben niederländischen Provinzen 1584–1625.

45 *Eisen* – Selbstredend ist das Eisen seit prähistorischen Zeiten verwendet worden. Aber die eiserne Waffe gewinnt erst in der »nachhomerischen« Zeit die Oberhand. (V.)

Erfindung der Münze – höchstwahrscheinlich im milesischen Gebiet um die Mitte des 7. Jahrhunderts v. Chr.

46 *Artjel* – altrussische Arbeits- und Erwerbsgemeinschaft.

diskontinuierliche Gelegenheitsanlage – Womit natürlich nicht gesagt sein soll, daß es im antiken Handel überhaupt nur solche diskontinuierliche Kapitalverwertung gegeben habe. Aber sie ist das »Spezifische«. (V.)

47 *derart nichts* – Auch dies, wie schon öfter betont, a potiori zu verstehen; die Leistung des Kapitalismus des Altertums liegt nicht in dieser Richtung. Wörtlich ohne alle »innere Arbeitsteilung« könnte ja ein sehr erheblicher Teil der auch im Altertum bekannten Gewerbe gar nicht betrieben werden. (V.)

48 *Peripetie* – entscheidende Wende, Umschwung.

49 *Bedürfnisstandes* – Man erwäge nur, was – verglichen etwa mit dem Fellachen – ein Arbeiter in unserem Klima rein physiologisch alles als absolutes Minimum benötigt, um stetig sitzend arbeiten zu können. (V.)

agorázein – sich auf der agorá (Markt als Mittelpunkt des öffentlichen Lebens) aufhalten.

Rassenhypothesen – Die übrigens damit keineswegs als wissenschaftlich überhaupt nicht in Betracht kommend ausgeschlossen werden sollen. (V.)

50 *befriedete Völkergemeinschaft* – Nicht etwa in dem Sinne einer quantitativen Abnahme kriegerischen Handelns natürlich, sondern in dem Sinne der (relativ) zunehmenden »Befriedung« der Träger privaten Erwerbes, insbesondere der Städte und des Bürgertums. (V.)

51 *früher* – vgl. oben i. Text Seite 6 f., 12 f., 14.

52 *Annona* – Getreideversorgung, öffentliche Getreideausteilung.

53 *ad hoc* – hierfür, eigens zu diesem Zweck.

54 *Severen* – römisches Kaiserhaus der Severer (193–235 n. Chr.).

Donative – kaiserliche Geldspende an das Heer.

laoi – kopfsteuerpflichtige Landbewohner.

55 *sordida munera* – niedere Dienstleistungen (Leiturgien).

56 *ptolemäische Verwaltung* – Verwaltung des ägyptischen Staatswesens unter der Herrschaft der Ptolemäer (323–30 v. Chr.).

57 *rentier paisible* – friedlicher Rentner.

58 *sustentieren* – unterhalten (verpflegen und unterbringen).

Wirtschaft und Gesellschaft im allgemeinen

Erstdruck:

Wirtschaft und Gesellschaft, II. Teil, Kap. II, §§ 1–3 (5. Aufl., S. 199–207).

Vorbemerkung:

Die Darlegungen verdeutlichen die allgemeinsten Formen der wirtschaftlichen Beziehungen von Gemeinschaften.

Der erste Abschnitt bringt neben der Begriffsbestimmung des Wirtschaftens und der gegenseitigen Abgrenzung von Wirtschaft und Technik die Unterscheidung wirtschaftlicher, wirtschaftlich bedingter und wirtschaftlich bedeutsamer (relevanter) Erscheinungen. Dabei werden Grenzen ökonomischer Geschichts- und Gesellschaftsdeutung sichtbar gemacht und Schranken einer materialistischen Geschichtsauffassung im Sinne des Monokausalismus, d. h. der Behauptung notwendig *eindeutiger* – hier also: letztlich rein ökonomischer – Ursachenverkettung im Geschichts- und Sozialprozeß, aufgewiesen. Eine Vielzahl gesellschaftlicher Erscheinungen erweist sich als durch ökonomische Ursachen weder allein, noch auch nur mitbedingt, sondern als in anderer Art verursacht. Die Geschichte und Soziologie der Wirtschaft zeigt umgekehrt die Bedingtheit selbst zahlloser Wirtschaftsvorgänge und Wirtschaftsformen durch *außer*ökonomische gesellschaftliche Erscheinungen.

Der zweite Abschnitt ist den Gesellschaftsformen gewidmet, die dem Spannungsverhältnis von freiem Wettbewerb und Monopolisierung der Wettbewerbschancen entstammen und die schließlich die ursprünglich allen offenstehende gemeinschaftliche Berechtigung über den Weg der (ausschließlichen) Privilegierung einer geschlossenen Gemeinschaft in die freie Einzelberechtigung (Eigentum) zu überführen gestatten.

Der letzte Abschnitt setzt diese Betrachtungen fort, schildert das Umschlagen von Propagierung in Monopolisierung, die Verapparatung gesellschaftlicher Zusammenschlüsse einerseits, die den Gemeinschaftszweck übergreifenden gesellschaftlichen Wirkungen solcher Zusammenschlüsse andererseits, und setzt abschließend die Rolle der ökonomischen Vorteilsgewährung als Prämie für die Zugehörigkeit zu bestimmten Gemeinschaften auseinander.

Die Betrachtungen gipfeln in der Darlegung der typischen Verknüpfung erwerbswirtschaftlicher Interessen mit der Machtausübung der politischen Gemeinschaften, die ihren Höhepunkt im politisch orientierten Kapitalismus der Antike, des Mittelalters und der Neuzeit findet. Die *Prognose* geht dahin, daß sich das Schwergewicht vom rationalen Betriebskapitalismus in der Gegenwart wieder zunehmend zum politisch orientierten Kapitalismus verlagert, dessen Gewinnchancen nicht so sehr durch die Wahrnehmung friedlicher Tauschabsatzchancen auf den Märkten, als vielmehr durch die Ausbeutung seiner legitimen oder nichtlegitimen Beziehungen zur politischen Gewalt bestimmt werden. Es ist dies die in den weiteren Darlegungen noch oft wiederkehrende Unterscheidung zwischen den Erwerbsformen des rationalen und des irrationalen Kapitalismus in aller Welt.

60 *Kasuistik* – Lehre von den Einzelfällen; Einzelfallkunde.

62 *relevant* – erheblich, bedeutsam.
konstituieren – einsetzen, errichten, begründen.

65 *Mir* – altrussische Dorfgemeinschaft mit Zwangscharakter und Solidarhaftung (Obschtschina = Feldgemeinschaft, Nadjél = Landanteil).
Präbende – Pfründe.
Prätendent – Bewerber, Anspruch Erhebender.
kléros – Genossenanteil, Landlos.

66 *Appropriation* – Aneignung.
caput mortuum – Überrest.

67 *pennalistisch* – schülerhaft.

68 *Regalierung* – Bewirtung.
ähnliche Erscheinungen – über das Spannungsverhältnis von Propagierung und Monopolisierung in grundsätzlicher Beziehung vgl. M. WEBER, Wirtschaft und Gesellschaft, I. Teil, Kap. I, § 10 (S. 23 f.).

69 *intermittieren* – zeitweise aussetzen oder aufhören.

70 *verflogen ist* – grundsätzlich s. hierzu M. WEBER, Wirtschaft und Gesellschaft, I. Teil, Kap. II, § 40 (S. 118 f.).

71 *Exklusivität* – Abgeschlossenheit.

73 *Gemeinschaft* – nämlich der eindringenden Gemeinschaft.

74 *Preußenkasse* – die am 1. Oktober 1895 errichtete Preußische Zentralgenossenschaftskasse, das Spitzeninstitut der Zentralkreditgenossenschaften. Sie wurde im Jahre 1932 als Deutsche Zentralgenossenschaftskasse (Deutschlandkasse) in eine Reichsanstalt umgewandelt.

Freiheit und Zwang in der Rechtsgemeinschaft

Erstdruck:
Wirtschaft und Gesellschaft, II. Teil Kap. VII § 2 am Ende (5. Auflage, S. 439–440).

Vorbemerkung:
Die Ausführungen bilden den Schluß des § 2 der Rechtssoziologie, der die Formen der Begründung subjektiver Rechte behandelt. Hier wird im Gegensatz zur Rechtsformenlehre und zu verbreiteten Vorstellungen auch außerhalb des Kreises der fachlich Unterrichteten das soziologische, d. h. wirkliche Verhältnis von Autorität und Freiheit in der Rechtsgemeinschaft offengelegt. Das geschieht in der Weise, daß das freie Ermessen der Selbstbestimmung nicht der rechtlichen Gebundenheit, sondern dem rein tatsächlichen Zwang der Vor- und Nachteilslagen gegenübergestellt wird, die als Macht der gesellschaftlichen Verhältnisse in der weitgehenden Unterschiedlichkeit der ökonomisch-sozialen Lage und Besitzverteilung auf seiten der miteinander Kontraktierenden unabweislich gegeben sind.
Über die Annahme oder Ablehnung des Marktangebotes entscheidet vornehmlich die wirtschaftliche Potenz der einander auf dem Markt Gegenübertretenden. Das Zur-Verfügung-Stellen noch so freiheitlicher Rechtsformen seitens der für alle gleichermaßen geltenden Rechtsordnung bietet keinerlei Gewähr für die tatsächliche Möglichkeit der eigenen freien Gestaltung der Vertragsbedingungen. Das bestimmt vielmehr in nicht unbe-

trächtlichem Umfang die für den einen und den anderen Vertragsteil bestehende Verschiedenheit der ökonomischen Dringlichkeit, alsbald zum Abschluß zu kommen. Hier ist daher der spezifische Sitz der von der Kunstlehre der römischen Rechtspraktiker entwickelten legitimierenden Rechtsformel: coactus tamen voluit (auch der Genötigte will abschließen).
Nur die öffentliche Gewalt ist in der Lage, im Wege autoritären Einschreitens, auch ein gewisses Maß faktischer Freiheit, d. h. tatsächlicher Möglichkeit der Freiheitsausübung für den wirtschaftlich Schwächeren sicherzustellen. Diese Situation und die damit verbundene Form des Rechtsschutzes bildet die unvermeidliche Paradoxie von Freiheit und Zwang in der Rechtsgemeinschaft.
Die Analyse stellt ein Musterstück soziologischer Stoffdurchdringung und methodischer Herausläuterung der möglichen, in Frage kommenden Wertgesichtspunkte und Wertentscheidungen dar. In ihr ist zugleich ein Beispiel für die Verschiedenheit juristischer und soziologischer Betrachtungsweise gegeben.

76 *Kontraktgesellschaft* – im reinen Typus der Zustand einer Gesellschaft, in der die gesellschaftlichen Beziehungen zwischen den Individuen sich auf bloße, vertraglich zwischen ihnen geregelte Rechtsbeziehungen reduziert haben.
Ermächtigungsautonomie – auch Vertragsfreiheit genannt; gemeint ist eine Rechtsordnung, die in reichem Maße durch ermächtigende Rechtssätze die Individuen als Rechtsgenossen befugt, ihre Rechtsverhältnisse innerhalb bestimmter äußerster Schranken nach Belieben durch vertragliche Regelung mit anderen Rechtsgenossen frei zu gestalten.

78 *coactus voluit* – gezwungen, will er, d. h. auch der (durch äußere Umstände) zu einem bestimmten Tun Veranlaßte (Genötigte), will tun, was er (unter den genannten Bedingungen) tut.

Politische Gemeinschaften und Wirtschaft

Erstdruck:
Wirtschaft und Gesellschaft, II. Teil, Kap. VIII, §§ 3, 4 (5. Aufl., S. 520–527).

Vorbemerkung:
Die beiden Abschnitte bilden das Mittelstück des die politischen Gemeinschaften behandelnden Kapitels im Zweiten Teil von »Wirtschaft und Gesellschaft«. Sie leiten auf das Gebiet des politischen Grundsatzdenkens, und zwar im Bereich des weltpolitischen Geschehens, über und zeigen zugleich dessen Durchwirkung mit ökonomischen Bezügen.

Der erste Abschnitt unterscheidet einleitend zwischen mehr autonomistisch und mehr expansiv gerichteten politischen Gebilden und widmet sich sodann der Erörterung: einmal der Schichtbedingtheit nationalen Prestigestrebens und dessen Zusammenhang mit der Interessenlage seiner Träger, zum andern der Auswirkungen der sich aus diesen Bestrebungen ergebenden Machtdynamik, der Großmachtbildung und der nationalstaatlichen Machtkonkurrenz.
Der zweite Abschnitt zeigt, inwiefern kein notwendig eindeutiges Kausalverhältnis zwischen ökonomischen Bedingungen und Großstaatbildung besteht und daß intensiver Güterverkehr keine zwingende Determinante der politischen Entwicklung darstellt. Allerdings pflegt die Struktur der jeweiligen Wirtschaft im allgemeinen stark mitbestimmend für Art und Maß politischer Expansion zu sein. Für die Wirklichkeitserkenntnis von größter Bedeutung ist die Unterscheidung zwischen politisch bedingtem, insbesondere imperialistischem und Tauscherwerbs-Kapitalismus. Während der marktbedingte Güteraustausch lediglich Handelsfreiheit erstrebt und also an einer Politik der »offenen Tür« sein Genüge findet, muß angesichts der steten Zunahme des politisch orientierten, imperialistisch gerichteten Kapitalismus die *Prognose* für die absehbare Zukunft zu Gunsten einer Erweiterung des politischen und ökonomischen Machtbereichs der Großstaaten in der verhüllenden Form von Protektoraten lauten.
Abschließend wird festgestellt, daß sich diese Situation schwerlich grundsätzlich ändern würde, falls an die Stelle der jetzigen politischen Gebilde in irgendeinem Sinne staatssozialistische politische Gemeinschaften treten würden, daß insbesondere Staatssozialismus und Pazifismus nicht notwendig identisch sind. Der Pazifismus der breiten Volksmassen ist in jedem Falle, infolge deren meist leicht erregbarer Massenemotionalität, verhältnismäßig unschwer zu erschüttern.

80 *Prätention* – Anspruch, Anmaßung.

82 *potentiell* – möglich, der Anlage nach.
Friede des Antálkidas – persischer Diktatfriede 387 v. Chr., auf Grund dessen die Griechenstädte Kleinasiens den Persern preisgegeben werden mußten.

83 *Chárisma* – Gnadengabe.

84 *Zollverein* – der im Jahre 1833 gegründete deutsche Zollverein, der ab 1. Jan. 1834 in Wirksamkeit trat.

85 *Determinante* – richtunggebender Bestimmungsgrund.

89 *lelantischer Krieg* – jahrzehntelange Kämpfe zwischen Chalkis und Eretria um die breite Fruchtebene der Insel Euböa (etwa 700 bis 650 v. Chr.). – »Geführt wurde er von den Patriziaten der großen Handelsstädte und zur See. Ob-

jekt und Siegespreis ist aber die fruchtbare, rentegebende lelantische Ebene (M. Weber, Ges. Aufsätze zur Sozial- u. Wirtschaftsgeschichte, S. 124, Anm. 1).
attischer Seebund – gegründet 477 v. Chr.
commercium – Verkehr.
ager publicus – im öffentlichen Eigentum stehendes Gemeindeland.

90 *glebae adscriptio* – Versetzung in den Zustand der Grundhörigkeit.
Konsols – konsolidierte Anleihen der öffentlichen Hand.
emittieren – Wertpapiere in Umlauf setzen.

91 *Aristophanes* – Der Frieden, insbesondere Vers 441 ff., 540 ff.
quand même – was immer daraus entstehen mag.

Über einige Kategorien der verstehenden Soziologie

Erstdruck:

Logos, Band IV, 1913, S. 253–294.

Abdruck:

Gesammelte Aufsätze zur Wissenschaftslehre (4. Aufl., S. 427 bis 474).

Vorbemerkung:

Es ist dies die erste Darstellung des Sinns und der logischen Struktur der verstehenden Soziologie M. Webers. Die Veröffentlichung erfolgte, nachdem die ältere Niederschrift (1911–13) seines Beitrages zum Grundriß der Sozialökonomik mit dem Titel »Die Wirtschaft und die gesellschaftlichen Ordnungen und Mächte« bereits vorlag, die den Zweiten Teil der großen Soziologie »Wirtschaft und Gesellschaft« bildet.
Die hier vorliegende Abhandlung gibt daher die begriffliche Denklage jenes älteren, mit ihr gleichzeitigen Manuskripts wieder. Später hat M. Weber den Ersten Teil von »Wirtschaft und Gesellschaft« verfaßt (1918–20) und dabei die begrifflichen Grundlagen seiner verstehenden Soziologie ausführlicher, doch in vielfach vereinfachter Form auseinandergesetzt (Wirtschaft und Gesellschaft, Erster Teil, Kap. I, S. 1–30).
Dieser methodologische und klassifikatorische Beitrag zur soziologischen Begriffslehre enthält in nuce den ganzen Frageansatz von M. Webers verstehender Soziologie und zeigt die Grundlagen dieser Denkweise. Den Schluß bildet eine die Fragwürdigkeit des Fortschrittsoptimismus offenlegende Analyse sowie ein erster Blick auf die Problematik der Daseinsrationalisierung.

99 *Idealtypus* – gedankliche Konstruktion: eine das Charakteristische verwandter Erscheinungen in ideal gesteigerter Weise verdeutlichende und zusammenfassende Vorstellung, der keine empirische Wirklichkeit voll entspricht, die aber gerade deshalb als Erkenntnismittel geeignet ist, an Erscheinungen der Daseinswirklichkeit einerseits die Übereinstimmung mit dem Typus, andererseits jedoch die Vielheit individueller Unterschiede und Abweichungen zu erfassen.
pragmatisch – auf Tatsachen beruhend, praktisch, den Realzusammenhang betreffend, zweckgerichtet.
Sozialökonomik – von H. Dietzel geprägter Begriff (Theoretische Sozialökonomik, 1. Bd., 1895).

103 *Faktizität* – Tatsächlichkeit.

104 *Koinzidenz* – Zusammentreffen.

105 *Prágma* – Erfahrungstatsache, Erfahrungslehre.

106 *Anomismus* – Gesetzlosigkeit.

107 *Akosmismus* – Unweltlichkeit, Weltlosigkeit.

108 *Hypothese* – deutende und zu prüfende Forschungsannahme.
Verifikation – Bestätigung, Wahrheitserweis.

110 *Rechtsdogmatik* – Lehre von der Auslegung der Rechtsnormen und der Aufdeckung des inneren Zusammenhanges der Rechtsordnung.

111 *Resultante* – Gesamtwirkung.

112 *Syllogismus* – logischer Urteilsschluß.
Gemeinschaftshandeln – von M. Weber später »soziales Handeln« genannt (insbesondere in »Wirtschaft und Gesellschaft«, I. Teil, Kap. I: Soziologische Grundbegriffe).

117 *Konvention* – Als »Recht« gilt uns soziologisch eine in ihrer empirischen Geltung durch einen »Zwangsapparat« (im bald zu erörternden Sinn), als »Konvention« eine nur durch »soziale Mißbilligung« der zur »Rechts«- bzw. »Konventions«-Gemeinschaft vergesellschafteten Gruppe garantierte Ordnung. Die Grenze kann in der Realität natürlich flüssig sein. (V.)

121 *perennieren* – von Dauer sein.

122 *autonom* – eigengesetzlich, selbständig.
heteronom – verschiedengesetzlich, fremdbestimmt.
heterokephal – fremdgeleitet.
autokephal – selbstgeleitet; hier: mit eigenem, selbständigem Verwaltungsstab ausgestattet.

123 *Abstraktion* – begriffliche Absonderung, Verallgemeinerung.
Explizität – Ausdrücklichkeit, Deutlichkeit.

125 *amorph* – gestaltlos.
Attachement – Zuneigung, Anhänglichkeit.
Konstellation – Lage der Umstände, Gruppierung der Verhältnisse.

131 *explizit* – ausdrücklich.

132 *exogam* – außerhalb (der eigenen Gruppe) heiratend.

135 *Crusca* – Accadémia della Crusca, 1582 von Grazzini in Florenz gegründete Gelehrtenvereinigung zur Reinigung der italienischen Sprache (Vocabolario degli Accademici della Crusca, zuerst 1612).

137 *Robinsonade* – nach DANIEL DEFOES Roman »Robinson Crusoe« (1719) mit der ernstgemeinten Darstellung der Verhaltensweisen des isolierten Wirtschaftsmenschen. Häufig als Modell des theoretischen nationalökonomischen Denkens verwendet.
Objektivation – Darstellung in einem Gegenständlichen.
sakral – die Heiligtümer betreffend.

139 *Messieurs les Anglais* – französischer Heroldsruf vor der Schlacht von Fontenoy (11. Mai 1745) im österreichischen Erbfolgekrieg.

142 *Kirche* – die soziologische Begriffsbestimmung von »Kirche« und »Sekte« im technischen Sinn siehe unten im Text (S. 388 ff.).
patrimonial – erbherrlich.
Hierarch – Angehöriger einer Hierarchie (Rangordnung und deren Trägerschaft).

146 *nicht nebenbei* – das geschieht in der nachfolgenden Darlegung über die drei reinen Typen der legitimen Herrschaft (siehe unten im Text S. 151 ff.).

148 *Artefakt* – kunstvoll Hergestelltes, Gefertigtes, künstlich Gemachtes.

150 *Universalisierung* – umfassende Ausbreitung.

Die drei reinen Typen der legitimen Herrschaft

Erstdruck:

Preußische Jahrbücher, 187. Bd., 1922, S. 1–12.

Abdruck:

Gesammelte Aufsätze zur Wissenschaftslehre (4. Aufl., S. 475 bis 488).

Vorbemerkung:

Der Aufsatz ist aus dem Nachlaß M. Webers einzeln veröffentlicht worden. Er setzt die Darlegung soziologischer Kategorien, nunmehr auf dem Gebiet der Soziologie der Herrschaft, fort. Diese Kategorienlehre legitimer Herrschaft ist es auch, die voraufgehend (s. o. im Text S. 146/47) als nicht nebenher zu erledigende, eine besondere Betrachtung erfordernde Aufgabe bezeichnet wird. Die Darstellung wird durch die weiteren Ausführungen (s. u. im Text S. 431–439) über die Legitimitätsgrundlagen der Herrschaft ergänzt.

151 *affektuell* – augenblicklicher Gefühlswallung entspringend.

152 *Avancement* – Beförderung, Aufrücken.
sine ira et studio – ohne Zorn und Neigung (Tacitus), streng sachlich, unparteilich.

153 *Plebiszit* – Volksabstimmung.

155 *utilitaristisch* – vom Nützlichkeitsstandpunkt beherrscht.
Vasall – Lehnsmann, Gefolgsmann.
tributär – abgabepflichtig (insbesondere kraft Zwangsauflage des Siegers dem Besiegten gegenüber).
nicht – fehlt im Erstdruck; die Ausführungen in »Wirtschaft und Gesellschaft«, S. 131 f. (§ 7) ergeben jedoch eindeutig den vom Verfasser gemeinten Sinn; vgl. auch unten im Text S. 158 sowie »Wirtschaft und Gesellschaft«, S. 155 (Erl. 5).

156 *privilegium de non evocando* sowie *de non appellando* – Sonderrecht (Begünstigung), daß kein Gerichtszugehöriger vor ein anderes als sein einheimisches Gericht gezogen werden, noch vor einem anderen als seinem einheimischen Gericht Recht suchen darf, sowie ferner, daß kein Gerichtszugehöriger gegen das Urteil eines einheimischen Gerichts Berufung an ein anderes als wiederum ein einheimisches Gericht einlegen darf.
stereotyp – festgeformt, gleichförmig, unveränderlich.

157 *Kadi* – islâmischer geistlicher Richter; hier nicht im originalen, sondern im übertragenen, sprichwörtlichen Sinn einer »salomonischen« Urteilstätigkeit gemeint: nach der konkreten Sachlage, nach der konkreten Qualität der beteiligten Personen und nach Maßgabe der Billigkeit und Angemessenheit des konkreten Ergebnisses entscheidend (vgl. M. Weber, Gesammelte Aufsätze zur Religionssoziologie, 1. Bd., S. 437).
Kodifikation – Gesetzgebungswerk.

158 *Mamelûken* – Kaufsklavenheer im Dienst der ägyptischen Dynastie im Mittelalter.

Brahmane – altindischer Priester der vedischen Opfer und Riten.
Mandarin – chinesischer staatlicher Würdenträger.
Kleriker – Priester.
159 *Demagoge* – Volks(ver)führer.
160 *genuin* – angeboren, ursprünglich, echt.
RUDOLPH SOHM – Kirchenrecht, I. Bd., S. 6, 26 ff., 216 ff., II. Bd., S. 176 ff., 380 f.
161 *Perikles* und *Ephialtes* – Führer der demokratischen Partei in Athen, auf deren Betreiben 462 v. Chr. die einschneidende demokratische Verfassungsreform in Angriff genommen wurde: zunächst Entmachtung des Areiopags, sodann Ausweitung der Befugnisse des Rates der 500, der Volksversammlung und der Geschworenengerichte (Helieia).
manisch – in übersteigertem Erregungszustand.
Berserker – rasender Krieger der altnordischen Sage.
Kleon – tritt nach Perikles' Tod (429 v. Chr.) als dessen Nachfolger an die Spitze der demokratischen Partei in Athen.
162 *Zwickauer* – die sog. Zwickauer Propheten (Schwärmer), die sich nach ihrer Vertreibung aus Zwickau Weihnachten 1521 nach Wittenberg gewandt und dort Anhang gefunden hatten; erst Luthers Dazwischentreten nach seiner Rückkehr von der Wartburg im März 1522 machte dem Treiben ein Ende.
Stabilität – Festigkeit, Dauerhaftigkeit.
163 *Obstruktion* – Verschleppung, Behinderung, Durchkreuzung der Geschäftstätigkeit, jede Art von Lahmlegetaktik.
Präjudiz – Vorentscheid.
Präzedenz – Berufungsfall.
Dalai Lama – Oberhaupt in weltlichen Angelegenheiten der lamaistischen Mönchskirchen in Tibet.
164 *Designation* – Bezeichnung, Benennung.
Postulat – Forderung.
165 *Primogenitur* – Erstgeburtsrecht.
Dynastie – Herrscherhaus.
rituell – zum Ritus (kultischen Brauch) gehörig.
Hierurgie – priesterliche Heilsmittlung.
character indelebilis – Unverlierbarkeit der durch Weihen erlangten Heiligung der Angehörigen des Klerus (Klerikerstandes).
Mandat – Auftrag.
166 *Akklamation* – Beifallskundgebung, Zustimmungsbekundung.
Mandatar – Beauftragter, Sachwalter.
imperativ – befehlend.

Der Beruf zur Politik

Erstdruck:

Politik als Beruf, 1. Aufl., S. 49–67.

Abdruck:

Gesammelte Politische Schriften, 3. Aufl., S. 505–560; der hier abgedruckte Teil umfaßt darin die Seiten 545–560.

Vorbemerkung:

Zu Anfang des Jahres 1919 hielt M. WEBER zwei Vorträge vor Studenten der Universität München, von denen der zweite den Titel »Politik als Beruf« führt. Von diesem Vortrag wird hier der zweite Hauptteil gebracht, der die innere Berufslage zum Gegenstand hat und auf dem das eigentliche Schwergewicht der Ausführungen ruht. Der an Umfang weitaus größere (erste) Teil (2. Aufl., S. 7–50) ist der Ausbreitung der soziologischen Grundlagen rationaler Staatstätigkeit und modernen Parteiwesens sowie in deren Rahmen den äußeren Möglichkeiten und Folgerungen der politischen Laufbahn als Lebensberuf gewidmet.
Hier dagegen handelt es sich um die Innenseite des politischen Berufs: um die geistigen und seelischen Konflikte, mit denen er jedenfalls im Prinzip belastet ist. In einer Jahrtausende umfassenden Betrachtung wird das innere Spannungsverhältnis von Politik und Ethik entrollt und das innerliche Berufsschicksal des Politikers unter den unentrinnbaren Daseinsbedingungen des 20. Jahrhunderts in diesen weltweiten Aspekt hineingestellt. Am Ende findet sich M. WEBERS politische *Prognose* über den Rückschlag (Reaktion) einer verfehlten Revolution wie der von 1918.
Der Text wurde aus der Anrede- in die Aussageform übertragen.

168 *Politik* – »Politik« soll für uns heißen: Streben nach Machtanteil oder nach Beeinflussung der Machtverteilung, sei es zwischen Staaten, sei es innerhalb eines Staates zwischen den Menschengruppen, die er umschließt (M. WEBER, Politik als Beruf, 2. Aufl., S. 8, vgl. ferner daselbst S. 7 ff.; Wirtschaft und Gesellschaft[5], S. 30 Erl. 2, 822). In ganz anderem Sinn faßt C. SCHMITT das spezifisch »Politische« auf: als durch das Merkmal der Unterscheidung von Freund und Feind gekennzeichnet (Der Begriff des Politischen, Archiv für Sozialwissenschaft und Sozialpolitik, 58. Bd. 1927, S. 1–33; als Einzelschrift 1932 bei Duncker & Humblot; Neudruck ebd. 1963).

169 *Bramarbasieren* – Prahlen, große Töne reden.

170 die *Paradoxie* – der Folgen menschlichen Tuns und die in der Verwirklichung von Ideen in der Geschichte allermeist beschlossene Tragik der Sinnverkehrung begegneten Max Webers verstehender Erkenntnis immer wieder, führten ihn

jedoch nicht zu einer resignierenden Verneinung des Stellungnehmens und verantwortungsethischen Handelns in der Welt. Siehe unten im Text Seite 379, 451.
Ethos – Sinnesart, Gesinnung, Grundhaltung praktischen Gebarens.

171 *substituieren* – an die Stelle setzen, unterschieben.

172 *Spartakisten* – Anhänger des Spartakusbundes, der sich aus dem linken Flügel der Sozialdemokratie während des ersten Weltkrieges 1914–1918 entwickelte. Nach dem Ausbruch der deutschen Revolution im November 1918 versuchten die Spartakisten, die von den Mehrheitssozialdemokraten und den Unabhängigen Sozialisten durch den Rat der Volksbeauftragten gemeinsam ausgeübte Herrschaft zu erschüttern. Ein hierauf gerichteter Putsch scheiterte im Januar 1919. Die Gruppe ging in der alsdann gegründeten Kommunistischen Partei Deutschlands auf.

173 *Fiaker* – Droschke. *Konfiskation* – Wegnahme, Einziehung.

174 *gelbe Gewerkschaften* – der sog. wirtschaftsfriedlichen Arbeiterbewegung.
status quo – bestehender Zustand.
ad absurdum führen – schlagend widerlegen.

175 *Maxime* – (subjektiv maßgebender) Grundsatz.
Defekt – Mangel.
exemplarisch – mustergültig.

176 *Zimmerwalder Richtung* – genannt nach der Konferenz von Zimmerwald bei Bern im Jahre 1916, die endgültig zur Spaltung der II. Internationale führte.
prägnant – bündig und ausdrucksvoll.

177 *chiliastisch* – Vorstellungen vom tausendjährigen Reich als Weltendzeit betreffend.
Dostojewskis Großinquisitor – visionäre Legende, eingestreut als Erzählung Iwan Karamasows, in F. M. DOSTOJEWSKIS Roman »Die Brüder Karamasow«; Einzelausgabe dt. von ALEX. ELIASBERG, Die Legende vom Großinquisitor (1919), von RUD. KASSNER, Der Großinquisitor (Inselbücherei, Nr. 149).
Friedrich Wilhelm Foerster – philosophischer, pädagogischer und politischer Ethiker, Angehöriger der Friedensbewegung; hier: Politische Ethik und politische Pädagogik (1918); Neufassung: Politische Ethik (1956), Politische Erziehung (1959).
aus Gutem nur Gutes – »Alles, was wir tun, hat eine Folge. Aber das Kluge und Rechte bringt nicht immer etwas Günstiges, und das Verkehrte nicht immer etwas Ungünstiges hervor, vielmehr wirkt es oftmals ganz im Gegenteil«

(Goethe zu Eckermann, 25. Dez. 1825, Gespräche mit Eckermann, Erster Teil).
Upanishaden – Geheimlehren, letzter Teil der altindischen Veden; vgl. Helmuth v. Glasenapp, Die Religionen Indiens (KTA Band 190).
Theodizee – Rechtfertigung, insbesondere Gottes und des göttlichen Weltsinns (Gottesrechtfertigung).

178 *metaphysisch* – die Erfahrung übersteigend.
Karmanlehre – indische Vergeltungslehre, der Glaube an die metaphysische Wirkungskraft alles menschlichen Tuns, eine Art ethischer Kausalität, vermittelt durch das »Rad der Wiedergeburten«.
Dualismus – Zwei-Prinzipien-Lehre.
Deus absconditus – der verborgene Gott, dessen Ratschluß unerforschlich ist.
Polytheismus – Vielgötterei.
Dharma – indisch: das den ganzen Kosmos mit allen seinen Seinsordnungen durchwaltende ewige Gesetz, hier als immanente Berufsnorm.
Kaste – streng abgeschlossene, endogame soziale Gruppierung, die unter festen rituellen Tabuvorschriften steht und Zugehörigkeit in der Regel nur durch Geburt begründet.
immanent – innenbleibend, innerweltlich.
Bhagavadgîtâ – das Lied des Erhabenen, Lehrstück des Mahâbhârata (heiliges Buch der Inder, Epos in 18 Büchern), Verkündung des Gottes Krishna in der Gestalt des Wagenlenkers an den in die Schlacht fahrenden Helden Arjuna. »In 18 Gesängen legt Krishna dem Helden die Weisheit über Gott und den Menschen dar, zeigt ihm, daß der Mensch seine Pflicht tun müsse, ohne Rücksicht auf seine persönlichen Gefühle, und bewegt ihn so zum Kampfe« (H. v. Glasenapp, Der Hinduismus, 1922, S. 196).

179 *Nirvâna* – buddhistisches Endziel des Erlöschens, die erlösende Durchbrechung des Rades der Wiedergeburten, der traumlos-selige Zustand der leidlos Entrückten.
Macchiavellismus – Staatskunst bedenken- und rücksichtsloser Machtpolitik.
Arthashâstra – Lehrbuch der praktischen Lebenskunst, hier: das Handbuch des Kautilya, des indischen Macchiavelli und Kanzlers des Königs Çandragupta (322–298 vor Chr.).
Macchiavelli – Niccolò Macchiavelli, florentinischer Staatsmann, Geschichtsschreiber und Dichter (1469–1527), verfaßte 1513/14 seinen Traktat von der Staatskunst »Il Principe«, in dem er der politischen Zweckmäßigkeit rationaler Staatsführung (Staatsräson) den Vorrang vor religiösen und moralischen Gesichtspunkten einräumte. Das Werk

wurde erstmals nach seinem Tode 1532 veröffentlicht. Dt. Ausg. übers. von FRDR. BLASCHKE, Der Fürst (Philosophische Bibliothek, Band 188), R. ZORN, Der Fürst (KTA Band 235).
consilia evangelica – evangelische Räte (Ratschläge), die nach römischer Kirchenlehre nur angeraten sind und den Geboten (praecepta) gegenüberstehen. Die katholische Kirche unterscheidet zwischen den dem Ideal christlicher Vollkommenheit entsprechenden, sich aus dem Evangelium ergebenden Höchstanforderungen der christlichen Ethik, die in Gehorsam, Keuschheit und Armut gipfeln und freiwillig übernommen werden, und den Geboten, die jedem Christen als verbindliche Norm auferlegt sind. Die Innehaltung der über das Gebotene hinausgehenden Maximalethik in Gestalt der evangelischen Räte läßt einen besonderen Grad christlicher Vollkommenheit erreichen, und die solchermaßen geleisteten opera supererogatoria (überpflichtige Werke) begründen besondere Verdienste und Gnaden.
Quäker – Sektenmitglied der Religionsgemeinschaft »der Freunde«, begründet in England durch George Fox, in den Vereinigten Staaten von Nordamerika heimisch gemacht durch William Penn (Pennsylvanien); sie zeichnen sich aus durch den Glauben in innere Erleuchtung, Ablehnung des Staatskirchentums und strenge Sittlichkeit sowie durch aktives Einsetzen für soziale Liebeswerke und für den Weltfrieden.

182 *Platon Karatajew* – Figur aus LEO TOLSTOJS Roman »Krieg und Frieden«.
Interdikt – Versagung (Entziehung) der geistlichen Rechte und Heilsgüter.
Der Teufel, der ist alt – GOETHE, Faust II. Teil, 2. Akt (Vers 6817/18).

184 *Shakespeares 102. Sonett* – 2. Strophe, in der Umdichtung STEFAN GEORGES (Shakespeare, Sonette, 3. Aufl. 1920).

185 *Unmögliche* – Um das Unmögliche bis auf einen gewissen Grad möglich zu machen, muß sich der Mensch mit rastlosem Streben an das scheinbar Unmögliche machen (GOETHE zum Kanzler v. Müller, 9. Febr. 1821).

Die Objektivität sozialwissenschaftlicher Erkenntnis

Erstdruck:
Archiv für Sozialwissenschaft und Sozialpolitik, 19. Band, S. 24 bis 87, unter dem Titel: Die Objektivität sozialwissenschaftlicher und sozialpolitischer Erkenntnis.

Abdruck:

Gesammelte Aufsätze zur Wissenschaftslehre, 4. Aufl., S. 148 bis 214; es sind nur die einleitenden Bemerkungen (S. 146–148) fortgelassen worden, die sich auf die Übernahme der Zeitschrift durch das neue Redaktionskollegium beziehen und zur Sache selbst nichts Entscheidendes austragen.

Vorbemerkung:

Diese und die im Text folgende Abhandlung bilden eine innere Einheit in der wissenschaftstheoretischen Auseinandersetzung über Sinn und Grenzen rationaler Erkenntnis.

Da das Merkmal wissenschaftlicher Erkenntnis in der objektiven Geltung ihrer Ergebnisse als Wahrheit erblickt werden muß, wird hier die Frage untersucht, ob und in welchem Sinn es objektiv gültige Wahrheiten auf dem Boden der empirischen Wissenschaften vom Kulturleben überhaupt geben kann. Objektivität wird dabei in einem dreifachen Sinn verstanden: als Gegenständlichkeit, als Unvoreingenommenheit und als methodische Rationalisierung der Erkenntnis. Dabei ist Gegenständlichkeit als nicht nur subjektive Geltung, Unvoreingenommenheit als Ausschluß der Beeinflussung des Tatsachenurteils durch Wünschbarkeiten und methodische Rationalisierung als Arbeiten ausschließlich mit logisch bewußt geformten und verwendeten Begriffen zu verstehen.

Die Antwort auf die Frage nach den Bedingungen, die eine Objektivität in diesem Sinne im Bereich kulturwissenschaftlicher Erkenntnis, d. h. also Wahrheitssuche, allererst ermöglichen, wird in der Verwirklichung wesentlich zweier grundsätzlicher Erfordernisse gefunden: in der strengen Scheidung von Erfahrungswissen und Werturteil sowie in der Bildung scharfer, spezifisch geformter Begriffe und der speziellen Art ihrer Verwendung.

Die Abhandlung umfaßt demnach zwei logisch voneinander geschiedene Problemkreise, die jedoch nicht mit der äußerlichen Zweiteilung (I und II) zusammenfallen: die methodische Bedeutung der Kulturwertideen für die Konstituierung der empirischen Wissenschaften von der Kultur sowie das logische Verhältnis der theoretischen Begriffsbildung zu dem empirischen Stoff des sich historisch entwickelnden Kulturprozesses. Zu diesem Verhältnis von Begriff und Begriffenem, von theoretischer und historischer Betrachtungsweise und Erkenntnis, hat M. Weber einen eigentümlichen und höchst bedeutsamen Beitrag durch Aufhellung der von ihm so genannten idealtypischen Begriffsbildung und Begriffsverwendung erbracht.

186 *unsere Wissenschaft* – die Nationalökonomie, von M. Weber sonst als »Sozialökonomik« bezeichnet; daher auch der Titel des von ihm entworfenen und disponierten »Grundriß der

Sozialökonomik«. Der Begriff wurde von HEINRICH DIETZEL geprägt (Theoretische Sozialökonomik, 1. Bd. 1895).

187 *Zeitschrift* – das Archiv für Sozialwissenschaft und Sozialpolitik, das mit dem 19. Bande unter diesem neuen Titel im Jahre 1904 auf die Herausgeber W. SOMBART, M. WEBER und E. JAFFÉ überging. Band 1–18 erschienen unter der Herausgeberschaft von HEINRICH BRAUN als Archiv für soziale Gesetzgebung und Statistik.

189 *Induktion* – Denkverfahren, das durch Aufsteigen vom Einzelnen, Besonderen zum Allgemeinen, Gesetzmäßigen und so zur Aufstellung allgemeiner Sätze gelangt.

192 *regulativ* – richtunggebend.
deduzierbar – ableitbar.

193 *Synkretismus* – unausgeglichene Vermischung (Mischmasch).

197 *Raisonnement* – Vernunfterwägung.

204 *Regressus* – Zurückschreiten, gedankliches Zurückgehen.

209 *degradieren* – herabstufen.
Suprematie – Vorrang, Vorherrschaft, Überlegenheit.

211 *Genesis* – Entstehung.

213 *System* – ein nach Prinzipien in logischer Folge geordnetes Ganze (der Erkenntnis); *systematisch* ist der Zusammenhang der Erkenntnis aus einem Prinzip.

214 *Promiskuität* – Vermengung.

216 *Dominante* – richtunggebendes Moment.
Entechelie – Wirkkraft.
hypothetisch – unterstellt, bedingt, vermutet.
Faktor – wirksamer Bestandteil.

218 *koinzidieren* – zusammenfallen.

220 *historisches Individuum* – geschichtliches Einzelwesen: Grundbegriff der Geschichtslogik H. RICKERTS (Die Grenzen der naturwissenschaftlichen Begriffsbildung, 5. Aufl. 1929, IV. Kap., II. Abschn.).

225 *Versuch* – gemeint ist das verwirrende Buch R. STAMMLERS, Wirtschaft und Recht nach der materialistischen Geschichtsauffassung (2. Aufl. 1906; 5., durch einen Nachtrag erweiterte Auflage 1924), das MAX WEBER in seiner »Wissenschaftslehre« einer scharfen Kritik unterzogen hat.

226 *de lege ferenda* – vom Standpunkt künftiger Gesetzgebung.

228 *sahen* – siehe oben im Text (Seite 186).

230 *Monismus* – Deutung aus einem einzigen Prinzip, Einheitslehre.
Panlogismus – All-Vernunft-Lehre.

234 *Typus* – Gepräge, bezeichnende Gestalt, Urbild.
pragmatisch – Eduard Baumgarten hatte in der Freiburger Studenten-Zeitung (1951) darauf aufmerksam gemacht, daß die Typen der Soziologie Max Webers nicht auf psychologische (subjektiv antriebsmäßige), sondern auf pragmatische (objektiv, von möglichen Zwecken und Mitteln her einsichtig-verstehbare) Handlungsverläufe hin konstruiert sind. Ders., Max Weber (1964), S. 656.
heuristisch – zur Auffindung von Erkenntnis geeignet.

235 *genetisch* – entwicklungsgemäß, entwicklungsgeschichtlich.

237 *Exzerpt* – Auszug.
Regest – zeitlich geordnetes Urkundenverzeichnis.

238 *genus proximum, differentia specifica* – nächsthöhere Gattung, artbildender Unterschied (der die Art von der Gattung unterscheidet): die beiden Formen schulmäßiger Definition in der aristotelischen Klassenlogik.

239 *Kirche und Sekte* – siehe unten im Text (S. 388 ff.).
diskursiv – zerlegend, d. h. denkendes Erfassen im gedanklichen Durchlaufen der Teile.

240 *Prokrustes* – griechische Sagenfigur, die ihren Gästen die Glieder ausrenkte oder abhackte, um sie für die Übernachtung der Größe des Bettes anzupassen.
hypostasieren – vergegenständlichen, verdinglichen.

241 *Kanonisten* – Lehrer des kanonischen Rechtes.
Scholastik – Anwendung der Vernunftlehre auf die Glaubenswahrheiten der Offenbarungsreligion.

243 *Assoziation* – psychologische Ideenverbindung, zwangsläufige Beigesellung von Vorstellungen.
Methodismus – evangelische Erweckungsbewegung, begründet von John Wesley (1703–1791).

250 *Augenblicksgötter* – aus dem Augenblickserlebnis entstandene Gottesvorstellung (vgl. H. Usener, Götternamen. Versuch einer Lehre von der religiösen Begriffsbildung, 2. Aufl. 1929); Usener unterschied drei Stufen werdenden Gottesglaubens: Augenblicksgötter, Sondergötter, persönliche Götter.

251 *Kollektivbegriff* – Sammelbegriff, der eine aus einer Mehrheit von Einzelwesen bestehende Vielheit bezeichnet und als gedankliche Einheit zusammenfaßt.

252 *Benjamin Constant* – Begründer der französischen konstitutionellen Theorie (1767–1830).

256 *Ein jeder sieht* – Faust I. Teil, Vers. 179.
in petto halten – bereit halten, für sich behalten.

258 *populationistisch* – bevölkerungsmäßig.

260 hier faßt M. Weber das Ergebnis seiner Untersuchung darüber zusammen, was »Objektivität« empirischer Erkenntnis auf dem Gebiet der Kulturwissenschaften begründen kann.
Piedestal – Sockel, hier: Grundlage.

261 *Gourmandise* – Gefräßigkeit, hier: Feinschmeckerei.

262 Faust, I. Teil, Vers 1085–1088.

Der Sinn der Wertfreiheit der Sozialwissenschaften

Erstdruck:

Logos, Bd. VII, S. 40, 49–88 unter dem Titel: Der Sinn der Wertfreiheit der soziologischen und ökonomischen Wissenschaften.

Abdruck:

Gesammelte Aufsätze zur Wissenschaftslehre, 4. Aufl., S. 489, 499–540; der lediglich der Eingrenzung des Themas dienende Anfang (S. 489–499) wurde hier mit Ausnahme des ersten Satzes weggelassen. Ebenso ist eine kurze, ausschließlich der Zeit dienende Schlußbemerkung entfallen.

Vorbemerkung:

Die Erörterungen, zunächst im Ausschuß des Vereins für Sozialpolitik (1914) mündlich vorgetragen und diskutiert, nehmen das Thema der Werturteilsfreiheit empirischer Kulturwissenschaft in philosophischer Vertiefung erneut auf.
Soweit dabei die Aufgaben der Wirtschaftslehre und insbesondere die Forderung der Werturteilsfreiheit der Wirtschafts- und Sozialwissenschaften in Frage steht, urteilte der Sozialökonom und Soziologe J. Schumpeter in seinen »Epochen der Dogmen- und Methodengeschichte« [1] schon 1914: »Hand in Hand mit der Beschränkung (der Nationalökonomie) auf eine Wirtschaftslehre geht die Forderung nach einer Trennung der Untersuchung dessen, was ist, von der Erörterung dessen, was sein soll, also nach einer Trennung von Wissenschaft und Politik. Wir finden diese Forderung ziemlich allgemein im Prinzip vertreten, so in Deutschland von Jakob, Hufeland, Rau u. a., in England von Malthus, dessen Einleitung zu seinen Principles zu den besten Leistungen auf dem Gebiete der Methodenfragen gehört, in Frankreich von

[1] III. Das klassische System und seine Ausläufer, Ziff. 4 (Grundriß der Sozialökonomik, I. Abt. 1914, S. 60; 2. Aufl. 1924, I. Abt., 1. Teil, S. 60).

Say u. a. Das beste Plädoyer für die Ablehnung jedes Werturteils seitens des Ökonomen überhaupt, das je geschrieben wurde, findet sich bei Senior, dem wir als Vertreter der Gegenansicht McCulloch gegenüberstellen können. Nach und nach entwickelte sich im klassischen Einflußkreise ganz jene Ansicht über diese Frage, die sich heute endlich allgemein durchzuringen scheint: Sidgwick hat sie am besten formuliert.[2] Seine Ausführungen in der Einleitung seiner Principles stimmen vollkommen mit den Äußerungen M. Webers in der Diskussion auf der Wiener Tagung des Vereins für Sozialpolitik überein. Nur wurde weder die Beschränkung der Ökonomik auf eine Wirtschaftslehre, noch die prinzipielle Scheidung von Analyse und Politik allgemein anerkannt.«
Die Unterscheidung und Nichtvermischung von empirischer Tatsachenfeststellung und wertender Beurteilung sichert die wissenschaftliche Forschung und Lehre gegen das sonst unmerkliche Abgleiten aus der Suche nach der Erkenntnis der Erfahrungswahrheit in die Politik: sei es in Form der Apologie, sei es der Abwürdigung.
Die Auseinandersetzungen M. Webers ragen in der grundsätzlichen Erfassung des Wesens der Kulturwertideen und des Verhältnisses der normativen zur empirischen Erkenntnis über den engen Rahmen der akademischen Unterrichtsfragen weit hinaus. In umfassender Durchmusterung werden überall die Grenzen und die Konflikte der verschiedenen Wertordnungen und wird die Vielschichtigkeit des Problems des Rationalen aufgezeigt. Besonders hervorgekehrt wird der Gesichtspunkt, daß nicht in der Entscheidungslosigkeit, sondern in einer nicht abreißenden Kette der bestimmtesten und klarsten ständigen Entscheidungen zwischen den Wertordnungen das bewußt und sinnvoll geführte Leben des Einzelnen besteht, soll es nicht einfach vegetativ oder explosiv als ein bloßes Naturereignis dahingleiten oder -stürzen.

263 *praktische Wertungen* – d. h. religiös oder ethisch oder durch Kulturideale oder sonst weltanschauungsmäßig bedingte wertende Beurteilungen.

264 *a priori* – von vornherein, vor aller Erfahrung.

265 *Dignität* – Würde, Wert.
Gustav v. Schmoller – Die Volkswirtschaft, die Volkswirtschaftslehre und ihre Methode (in: Handwörterbuch der Staatswissenschaften, 3. Aufl., VIII. Bd., 1911, S. 426 bis 501; Einzelausgabe in: Sozialökonomische Texte, herausgegeben von Aug. Skalweit, Heft 16/17).

267 *Agrimensoren* – Feldmesser.

[2] Henry Sidgwick, The Principles of Political Economy (1883), 3rd ed., London 1901 [Introduction].

Trigonometrie – Dreiecksberechnung (unter Zuhilfenahme der Lehre von den Winkelfunktionen).

alles verstehen heißt alles verzeihen – französische Redewendung: tout comprendre c'est tout pardonner, von A. Gide geistreich verkehrt in: tout pardonner ce n'est rien comprendre (alles verzeihen heißt nichts verstehen).

268 *Kritik der praktischen Vernunft* – kritische Grundlegung der Ethik von Immanuel Kant (1788).

269 *Babeuf* – François Noël Babeuf (1764–1797), französischer (nach Marx: utopistischer) Kommunist, der während der großen Revolution durch die »Verschwörung der Gleichen« die Errichtung eines kommunistischen Gemeinwesens vorbereitete; nach deren Entdeckung wurde er durch die Guillotine hingerichtet.
Prämisse – Voraussetzung.

270 *Syndikalismus* – hier: revolutionärer Anarchismus der Jahrhundertwende, vorwiegend in den romanischen Ländern, in Gestalt eines radikalen Gewerkschaftssozialismus; er entwickelte eine spezifische Taktik der »direkten Aktion«: terroristischer Einzel- und Gemeinschaftsakte, um so die bestehende Staats- und Gesellschaftsordnung zu erschüttern und schließlich aus den Angeln zu heben. Endziel: sozialer Generalstreik zur gewaltsamen Besitzergreifung der Produktionsmittel und Expropriation der Kapitalisten.
Prinzip – (objektiv geltender) Grundsatz; gemeint sind hier die Darlegungen Kants in der Kritik der praktischen Vernunft, I. Teil, 1. Buch, 3. Hauptstück (vgl. Philosophische Bibliothek, Bd. 38, 9. Aufl., S. 102).

271 *Konkretissimum* – Allerwirklichstes.
Mill – John Stuart Mill, englischer Philosoph und Ökonom, Positivist (1806–1873).

272 *Platon* – M. Weber denkt hier an den Abschluß des X. Buches von Platons »Staat« (KTA Bd. 111, S. 359/60).

273 *in concreto* – in Wirklichkeit, im besonderen.

274 *Axiom* – unbeweisbarer und beweisunbedürftiger Grundsatz.

275 *Syntax* – Satzlehre.
Pikanterie – Reizwirkung, Zweideutigkeit.

277 *Methodologie* – Lehre von den Methoden (planmäßigen Verfahren) des Erkennens, der Wissenschaft, der Forschung, der Philosophie; hier (zumeist): Logik der Einzelwissenschaften.

278 *perhorreszieren* – ablehnen, verabscheuen.
Donquixoterie – törichtes Unterfangen.

279 *Kunst des Möglichen* – aus zwei verschiedenen Äußerungen BISMARCKS zusammengezogen: »Die Politik ist keine Wissenschaft, wohl aber eine Kunst, zu deren Ausübung Erfahrung gehört«, und die andere »die Politik (ist) als eine Wissenschaft des Möglichen zu betrachten« (zu vgl. BÜCHMANN, Geflügelte Worte, Volksausgabe, 1952, S. 293).
Konfuzianismus – Lebenslehre des Konfuzius (551–479 v. Chr.); über ihn vgl. R. WILHELM, Kung-Tse, Leben und Werk, 1925 (Frommanns Klassiker der Philosophie, Bd. 25); DE GROOT, Universismus (1918).

280 *Forum* – hier: Richterstuhl.
Kameralistik – Kunstlehren von der Kammer-(d.h. Finanz-)verwaltung, Hebung der Staatseinkünfte und Förderung der Wirtschaft in Deutschland im 17. und 18. Jahrhundert, allmählich die Staatswirtschaftslehre, Gewerbekunde und Ökonomik umfassend. HEINR. RAU verselbständigte zuerst grundsätzlich die Wissenschaft der öffentlichen und politischen Ökonomie (1825) nach englischem Vorbild.

281 *demonstrabel* – beweisbar.
Catonismus – Sittenrichterei, hier: Gelassenheitsstandpunkt.

282 *Salt Lake* – Großer Salzsee im USA-Staat Utah gelegen mit der Hauptstadt Salt Lake City (1847 von Mormonen gegründet, Anschluß an die Vereinigten Staaten 1896).

283 *prätendieren* – Anspruch erheben.

285 *Kommunikabilität* – Mitteilbarkeit.

288 *harmonische Musik* – vgl. hierzu M. WEBER, Die rationalen und soziologischen Grundlagen der Musik (Uni-Taschenbücher 122).
Chromatik – Halbtonfolge.
Metronom – mechanischer Zeitmesser in der Musik.
enharmonisch – einem altgriechischen besonderen Tongeschlecht (neben Diatonik und Chromatik) angehörig; Diatonik: aus natürlichen Ganz- und Halbtönen gemischtes Tonsystem.
Dochmien – griech. dóchmios: der »schiefe« Versfuß der griechischen Verslehre.

289 *Melopoiós* – Liederdichter (als Melodienkomponist).

290 WÖLFFLIN – HEINRICH WÖLFFLIN, Die klassische Kunst (8. Aufl. 1953). Dazu die ergänzenden Formulierungen in seinen »Gedanken zur Kunstgeschichte« (4. Aufl. 1947).

292 WILHELM WINDELBAND, Lehrbuch der Geschichte der Philosophie, 15. Aufl. 1957.
Pragmatik – Darstellung, die den inneren ursächlichen Zusammenhang entwickelt (s. WINDELBAND aaO. S. 10f., 15f.).

300 *pythagoreisch* – zufolge der Lehre des PYTHÁGORAS; griechischer Philosoph, Mathematiker und Mystagoge (Einweiser in Geheimlehre) aus Samos (etwa zwischen 580 und 500 v. Chr.).
Metamorphose – Verwandlung.
Habitus – hier: Verhalten.

301 *evident* – einleuchtend.

302 *Problemverschlingung* – der Umstand, daß Fragen, die an sich nichts miteinander zu tun haben, infolge der Gleichzeitigkeit eines vorwiegend darauf gerichteten Interesses, vermischt und in ihrer Lösung voneinander abhängig gemacht werden. Ein äußerst wichtiges Hauptbeispiel ist die bekannte Erscheinung, daß die Ansichten der Menschen durch ihre Wünsche bestimmt werden, daß ihre Urteile durch ihre Beurteilungen bedingt sind (WILH. WINDELBAND, Lehrb. der Geschichte der Philosophie, § 2 Ziff. 4, 5, S. 12 f.).

303 *Dislokation* – örtliche Verteilung, Verlegung.

304 *Essentiale* – Wesen der Sache, unerläßlicher Bestandteil.

308 *beispiellose Geschehnisse* – des ersten Weltkrieges.

Vom inneren Beruf zur Wissenschaft

Erstdruck:

Wissenschaft als Beruf, 1. Aufl., S. 9–37.

Abdruck:

Gesammelte Aufsätze zur Wissenschaftslehre, 4. Aufl., S. 588 bis 613; der hier nicht abgedruckte Anfang behandelt die äußeren Bedingungen des Gelehrtenberufs und umfaßt die Seiten 582–588.

Vorbemerkung:

Die Wiedergabe des ersten der beiden von M. WEBER zu Fragen der geistigen Arbeit als Beruf gehaltenen Vorträge mit dem Titel »Wissenschaft als Beruf« ist für die vorliegende Sammlung gleichfalls auf die innere Lage beschränkt, die sich aus der wissenschaftlichen Tätigkeit als Lebensberuf ergibt. Den in seiner Logik und Methodik der Kultur- und Sozialwissenschaften zusammengefaßten Bereich wissenschaftstheoretischer Erkenntnisse weit überschreitend, entwickelt M. WEBER hier das Bild der Problematik wissenschaftlicher Forschung, Lehre und Existenz in der Situation seiner Zeit. Das Problem der Daseinsrationalisierung findet breiteste Erörterung.
In ziemlich unveränderter Weise findet sich die geistesgeschicht-

liche Lage moderner Forschung und Wissenschaft in den Diskussionsbeiträgen von KARL JASPERS (Basel) und WALTER T. STACE (Princeton) gezeichnet (vgl. Der Monat, 1. Jg. 1949, Heft 12, S. 3–17).
Der Text wurde aus der Anrede- in die Aussageform übertragen.

311 *Konjektur* – auf Mutmaßung beruhende Lesart.
Jahrtausende – Ausspruch THOMAS CARLYLES (1795–1881).

313 *Hermann v. Helmholtz* – Physiker und Physiologe (1821 bis 1894).
Robert Mayer – Arzt und Physiker (1814–1878), Entdecker des Gesetzes von der Erhaltung der Energie (1842) und der Berechnung des Äquivalents von Wärme und Arbeit (1851).
Rudolf v. Jhering – Rechtslehrer (1818–1892).

314 *Karl Weierstraß* – Mathematiker (1815–1897).
Sensation – über die Originalitätssucht einerseits als Eitelkeit und Sensation, andererseits jedoch als Erkenntnisgrund der Lebendigkeit und der Erhaltung des Lebens der Individualität, vgl. G. SIMMEL, Der Konflikt der modernen Kultur (3. Aufl. 1926).

315 *davon* handeln die voranstehenden Ausführungen über den Beruf zur Politik (siehe oben im Text Seite 167 ff.).
Impresario – Geschäftsführer und Reklamechef künstlerischer Darbietungen.

316 *praktisches Handeln* – Was ich kraft wissenschaftlicher Arbeit weiß, ist Material, das ich verwende, um die Möglichkeit der Durchführbarkeit eines Ideals und die wahrscheinlichen Folgen seiner Durchführung abzuwägen (M. WEBER, Gesammelte Aufsätze zur Soziologie und Sozialpolitik, 1924, S. 402). Die Objektivität der Erkenntnis bildet so die unerläßliche Grundlage verantwortungsethischer Weltorientierung und verantwortungsethischen Weltverhaltens.
Intellektualisierung – Zunahme der Verstandestätigkeit, verstandesmäßige Durchdringung.

319 *Politeia* – PLATONS (427–347 v. Chr.) Buch vom Staat, dessen berühmtes Höhlengleichnis M. WEBER hier heranzieht. (Vgl. KTA Bd. 111, S. 228 ff.)
Indien – vgl. H. v. GLASENAPP, Die Philosophie der Inder (KTA Bd. 195).

321 *Lionardo* – LEONARDO DA VINCI, Traktat von der Malerei, dt. Ausgabe herausgegeben von MARIE HERZFELD, 1925.
Blasphemie – Gotteslästerung.
Jan Swammerdam – holländischer Zoologe (1637–1680), berühmt wegen seiner mikroskopischen Untersuchungen und

insbesondere seiner Untersuchungen über die Anatomie der Insekten.

Philipp Jakob Spener – Begründer des deutschen Pietismus (1635–1705).

322 *Friedrich Nietzsche* (1844–1900), Zarathustras Vorrede, Ziff. 5 (KTA Bd. 75).

325 *Dietrich Schäfer* – Historiker (1845–1929).

329 *Charles Baudelaire* – französischer Lyriker (1821–1867); deutsche Umdichtungen der Fleurs du mal von STEFAN GEORGE (4. Aufl. 1918).

mythisch – sinnbildlich, sagenhaft.

333 *sagen* – nämlich den Studenten.

334 GOETHE, Faust II. Teil, Vers 6817/18.

335 *Islâm* – arab.: Ergebung, Hingabe an Gott, von Muhammed (etwa 570–632 n. Chr.) gestiftete Offenbarungs- und Bekenntnisreligion der arabischen Welt. Vgl. RICH. HARTMANN, D. Religion des Islam (1944).

Manichäismus – von Mani (215–273 n. Chr.) gestiftete Erlösungslehre.

Gnosis – griech.: Erkenntnis, griechisch-orientalischer Synkretismus mythologisierender Erlösungslehren seit dem 2. Jahrhundert n. Chr. Vgl. H. LEISEGANG, Die Gnosis (KTA Bd. 32).

Orphik – mystisch-ethische Sektenreligion, deren Aufzeichnungen in das 6. Jahrhundert v. Chr. zurückreichen.

Parsismus – von Zarathustra (vermutlich im 6. Jahrhundert v. Chr.) gestiftete, ursprünglich iranische Religion, deren Bekenner im 8. Jahrhundert n. Chr. infolge des Sieges des Islâm nach Indien auswanderten, wo sich noch heute eine zahlreiche Anhängerschaft findet (namentlich in Bombay).

Buddhismus – von Gautama Buddha (der Erwachte, wahrscheinlich von 560–480 v. Chr.) gestiftete Erlösungsreligion. Vgl. H. v. GLASENAPP, Die Religionen Indiens (KTA Bd. 190).

Hinduismus – Spätphase der indischen Religiosität, die – im Gegensatz zu Jainismus und Buddhismus – auf der Autorität des Veda und der übrigen brahmanischen Heilslehren ruht. Vgl. H. v. GLASENAPP, ebenda und ausführlicher in: Der Hinduismus, 1922.

Taoismus – eine der drei hauptsächlichen Religionsformen Chinas, zurückgehend auf LAO-TSE (6. Jahrhundert v. Chr.) und dessen Traktat Tao te king (dt. Übertragung von E. ROUSELLE, Inselbücherei, Nr. 253). Vgl. RICH. WILHELM, Lao-Tse und der Taoismus, 1925 (Frommanns Klassiker der Philosophie, Bd. 26); DE GROOT, Universismus, 1918.

337 *Augustinus* – der Ausspruch (ich glaube es, gerade weil es wider den Verstand ist) wird gewöhnlich Augustin bzw. Tertullian zugeschrieben, findet sich jedoch in dieser Form bei keinem von beiden. Die Formulierung kommt vielmehr im 17. Jh. zur Bezeichnung des religiösen Parádoxons auf.

ich wiederhole – zu vgl. Arch. f. Sozialwissenschaft, 41. Bd. 1916, S. 14 (s. u. i. Text S. 414).

338 *Pneuma* – Hauch, Atem, Wehen, heiliger Geist.
Renegat – Glaubensabtrünniger.

339 *Wächterlied* – Jesaja, 21. Kap., Vers 11 und 12.
Forderung des Tages – Goethe, Maximen und Reflexionen (Nr. 443 der Ausgabe d. Goethe-Gesellschaft).

Vorbemerkung zu den Gesammelten Aufsätzen zur Religionssoziologie

Erstdruck:

Gesammelte Aufsätze zur Religionssoziologie, 1. Bd., S. 1–16.

Vorbemerkung:

Die Wissenschaft der Religionssoziologie wurde von M. Weber begründet. Die Vorbemerkung zu der von ihm selbst in Angriff genommenen Ausgabe seiner gesammelten religionssoziologischen Aufsätze ist die wahrscheinlich letzte Niederschrift aus M. Webers Hand. Die Sammlung sollte nach der Vorstellung des Verfassers – ausgehend von der Behandlung der wirtschaftsethischen Bedeutung des asketischen Protestantismus – die bereits in Aufsatzform veröffentlichten Teile über die Religionen Chinas, Indiens und Israels überarbeitet zusammenfassen und nach Einfügung der Erörterung der ägyptischen, phönikischen, babylonischen und persischen Verhältnisse über die Analyse des talmudischen Judentums zur Behandlung des Frühchristentums und des Islâm fortgeführt werden.
Universalgeschichtliche Kulturprobleme haben M. Weber während seines gesamten Forscherlebens beschäftigt, und universalhistorischer Studien bedurfte es zur Gewinnung seiner verstehenden Soziologie als struktureller Phänomenologie der Weltgeschichte. Eine besondere Behandlung erfährt hier erneut die Problematik der Rationalität. Damit sind vor allem die Erörterungen in den Aufsätzen selbst zusammenzuhalten (1. Bd., S. 60 bis 62, 204–206, 265–266, 437–441, 564–571). Noch einmal wird in universaler Überschau die typische Eigenart der okzidentalen Kultur, insbesondere des abendländischen Kapitalismus, wird die Typendifferenz des rationalen und aller Arten des irrationalen Kapitalismus vor Augen geführt.

340 *Sublimierung* – Erhöhung, Vergeistigung.

341 *Thukydides* – griechischer Geschichtsschreiber (etwa 460 bis 400 v. Chr.) des Peloponnesischen Krieges.
Aristoteles – griechischer Philosoph (384–322 v. Chr.), dessen Staatslehre »Politik« (d. h. Lehre von der Polis) bis heute nachwirkt (Hauptwerke KTA Bd. 129).
Mîmâmsâ – ind.: Erörterung, religiös-philosophische Schule im Anschluß an die Veden, orthodoxes System des brahmanischen Werkdienstes.
diskantieren – singen in hoher Stimmlage.
Alteration – chromatische Veränderung eines Akkordtones.

342 *Skulptur* – Bildhauerei.

343 *rex et regnum* – das Gegenübertreten und Zusammenwirken von Fürst und Ständen (Zusammenfassung der feudalen und munizipalen Gewalten) im okzidentalen Ständestaat.
all sorts and conditions of men – Menschen von allerlei Art und Lebenslagen (SIR WALTER BESANT).
temperieren – mäßigen, mildern.

344 *Marktanpassung oder ökonomischer Untergang* – s. o. i. Text S. 79; vgl. ferner MAX WEBER, Ges. Aufs. z. Wissenschaftslehre, 4. Auflage, S. 133, 140; Ges. Aufs. z. Religionssoziologie, 1. Bd., S. 4, 37, 56; Wirtschaft und Gesellschaft, 5. Auflage 1972, S. 353, 440, 709.
gleiche Kategorie – Hier wie in einigen anderen Punkten scheide ich mich auch von L. BRENTANO (Die Anfänge des modernen Kapitalismus, 1916). Und zwar zunächst terminologisch, weiterhin aber auch sachlich. Es scheint mir nicht zweckmäßig, so heterogene Dinge wie den Beuteerwerb und den Erwerb durch Leitung einer Fabrik unter dieselbe Kategorie zu bringen, noch weniger: als »Geist« des Kapitalismus – im Gegensatz zu anderen Erwerbsformen – jedes Streben nach Erwerb von *Geld* zu bezeichnen, weil mit dem zweiten m. E. alle Präzision der Begriffe, mit dem ersten vor allem die Möglichkeit verloren wird, das Spezifische des okzidentalen Kapitalismus gegenüber anderen Formen herauszuarbeiten. Auch in G. SIMMELS »Philosophie des Geldes« [5. Aufl. 1930] ist »Geldwirtschaft *und* Kapitalismus« viel zu sehr gleichgesetzt, zum Schaden auch der sachlichen Darlegungen. In W. SOMBARTS Schriften, vor allem auch der neuesten Auflage seines schönen Hauptwerks über den Kapitalismus, tritt – wenigstens von meinem Problem aus gesehen – das *Spezifische* des Okzidentes: die rationale Arbeitsorganisation, sehr stark zugunsten von Entwicklungsfaktoren zurück, welche überall in der Welt wirksam waren. (V.)

348 *entwickelt sind* – Natürlich darf der Gegensatz nicht absolut gefaßt werden. Aus dem politisch orientierten (vor allem: dem Steuerpacht-) Kapitalismus sind schon in der mittelländischen und orientalischen Antike, aber wohl auch in China und Indien, rationale *Dauer*betriebe erwachsen, deren Buchführung – uns nur in kümmerlichen Bruchstücken bekannt – »rationalen« Charakter gehabt haben dürfte. Auf das engste berührt sich ferner der politisch orientierte »Abenteurer«-Kapitalismus mit dem rationalen Betriebskapitalismus in der Entstehungsgeschichte der zumeist aus politischen, kriegerisch motivierten, Geschäften entstandenen modernen Banken, auch noch der Bank von England. Der Gegensatz der Individualität Patersons z. B. – eines typischen »promoter« (Gründers) – zu jenen Mitgliedern des Direktoriums, welche den Ausschlag für dessen dauernde Haltung gaben und sehr bald als »The Puritan usurers of Grocers' Hall« charakterisiert wurden, ist dafür bezeichnend; ebenso die Entgleisung der Bankpolitik dieser »solidesten« Bank noch gelegentlich der South Sea-Gründung. Also: der Gegensatz ist, natürlich, ganz flüssig. Aber er ist da. Rationale Arbeitsorganisationen haben die großen promoters und financiers ebensowenig geschaffen wie – wiederum: im allgemeinen und mit Einzelausnahmen – die typischen Träger des Finanz- und politischen Kapitalismus: die Juden. Sondern das taten (als Typus!) ganz andere Leute. (V.)
Protektionismus – Schutzzollsystem.
laisser faire – Grundsatz ungebundener Wirtschaft.

350 *Positionszahlen* – natürliche Grundzahlen.

352 *Disposition* – hier: Anlage, Neigung.
obstruieren – verhindern, versperren.

353 *kontrovers* – strittig.

354 *literarischer Form* – Ich brauche nicht zu sagen, daß darunter nicht etwa Versuche wie die von K. Jaspers (in seinem Buch über »Psychologie der Weltanschauungen« [8. Aufl. 1965]) oder andererseits L. Klages (in der »Charakterologie« [1910, seit der 4. Aufl. 1926 betitelt »Die Grundlagen der Charakterkunde«, 14. Aufl. 1969]) und ähnliche Studien fallen, die sich von dem hier Versuchten durch die Art des Ausgangspunktes unterscheiden. (V.)
Konventikel – Zusammenkunft, Betstunde.
Intuition – unmittelbare Anschauung oder Einsicht.
Ethnographie – (beschreibende) Völkerkunde.

355 *systematische Bearbeitung* – sie liegt vor im Kap. V des II. Teils von »Wirtschaft und Gesellschaft«.

Asketischer Protestantismus und kapitalistischer Geist

Erstdruck:

Archiv für Sozialwissenschaft und Sozialpolitik, 21. Bd., S. 74 bis 110 unter dem Titel: Askese und protestantischer Geist.

Abdruck:

Gesammelte Aufsätze zur Religionssoziologie, 1. Bd., S. 163 bis 206.

Vorbemerkung:

Die Abhandlung: Die protestantische Ethik und der Geist des Kapitalismus, von M. Weber nach der Rückkehr von seinem Nordamerika-Aufenthalt veröffentlicht, trug ihm mit einem Schlage Weltruhm ein. Hier wird nur der letzte Abschnitt (II, 2) wiedergegeben, der die Quintessenz der ganzen Studie zusammenfaßt und die Skizzierung eines Forschungsprogramms für eine künftige Untersuchung der Vielfältigkeit des abendländischen Rationalismus enthält. Die zahllosen Fußnoten werden nur in Auswahl gebracht.
An zwei Stellen seines Gesamtwerkes hat M. Weber Kurzdarstellungen der entscheidenden Gesichtspunkte seiner Untersuchung gegeben: in Wirtschaft und Gesellschaft, II. Teil Kap. IX, 6. Abschnitt (5. Aufl., S. 717–719) und in der nach seinem Tode herausgegebenen Wirtschaftsgeschichte, IV. Kap. § 9: Die Entfaltung der kapitalistischen Gesinnung (S. 312–314).

357 *consilia* – Ratschläge;
casus conscientiae – Gewissensentscheidungen der (kasuistischen) Beichtpraxis und Seelsorge.
Richard Baxter – nonkonformistischer englischer Geistlicher (1615–1691); Vorläufer des evangelischen Pietismus.
Irenik – Bezeichnung für die konfessionellen Einigungsbestrebungen; *irenisch* – hier: innerprotestantisch ausgleichend bemüht.
Presbyterianer – Anhänger der Presbyterialverfassung in England, der klassischen Verfassungsform der reformierten Kirche (im Gegensatz zur anglikanischen Hochkirche mit ihrer Episkopalverfassung).
Apologet – Glaubensverteidiger.
Westminster-Synode – nach Aufhebung der Episkopalkirche auf Veranlassung des Langen Parlaments zur Reform von Verfassung, Kultus, Bekenntnis und Katechismus der Kirche Englands und zur Beratung des Parlaments in Glaubensfragen eingesetzt.
Oliver Cromwell – nach der Hinrichtung Karls I. (1649),

Niederwerfung seiner Gegner und Parlamentsauflösung vom Heer zum Lord-Protektor bestimmt (1653–1658).

358 *Restauration* – Wiederherstellung des Königtums in England durch Berufung Karls II. auf den Thron (1660–1685). Über die religionsgeschichtliche Seite der Herrschaft der Stuarts sowie der englischen Revolution und Restauration siehe den Art. England (3a–c) im Handwörterbuch für Theologie und Religionswissenschaft (Die Religion in Geschichte und Gegenwart, 2. Aufl., II. Bd., 1928, Sp. 146 bis 150).

Bartholomäustag – das 1662 erlassene Uniformitätsgesetz stellte die ausschließliche Herrschaft der episkopalen Staatskirche her, verpönte alle anderen Glaubensrichtungen und entzog etwa 2000 puritanischen und presbyterianischen Geistlichen ihre Ämter.

Christian Directory – Anweisung zum christlichen Leben.

Moraltheologie – neben der christlichen Dogmatik (Glaubenslehre) bestehende christliche Sittenlehre; von ihr als Lehrsystem ist zu unterscheiden die Anwendung ihrer Prinzipien auf konkret-praktische Fälle in der Seelsorge und Beichtpraxis (Kasuistik).

Pietismus – in Deutschland von Ph. J. Spener 1675 ins Leben gerufene evangelische Erweckungsbewegung gegen die protestantische Orthodoxie, von A. H. Francke (1663 bis 1727) kraftvoll vertreten und zur Volksbewegung entfacht.

Barclay – Verfasser der Apologie des Quäkertums (1676).

herangezogen – Die Auswahl beruht auf dem Wunsch, nicht ausschließlich, aber doch möglichst die asketische Bewegung der zweiten Hälfte des 17. Jahrhunderts, unmittelbar vor dem Umschlag in den Utilitarismus, zu Wort kommen zu lassen. Auf die reizvolle Aufgabe, den Lebensstil des asketischen Protestantismus auch aus der biographischen Literatur anschaulich zu machen – namentlich die quäkerische wäre hier, als bei uns noch relativ unbekannt, heranzuziehen –, hat im Rahmen dieser Skizze leider verzichtet werden müssen. (V.)

The Saints' Everlasting Rest (1649). (V.)

verwandte Arbeiten – Man muß 1. diese ganze Literatur wirklich gründlich kennen, um sie richtig zu benutzen, 2. nicht übersehen, daß ich ja gerade nachzuweisen trachte, wie trotz der »antimammonistischen« Lehre doch der Geist dieser asketischen Religiosität, ganz ebenso wie in den Klosterwirtschaften, den ökonomischen Rationalismus geboren hat, weil sie das Entscheidende: die, asketisch bedingten, rationalen Antriebe prämiierte. Darauf ganz allein kommt es an, und eben dies ist die Pointe des hier Vorgetragenen. (V.)

Ebioniten – Bezeichnung für die urchristliche Gemeinde, alsbald für die orientalischen Judenchristen überhaupt.

Johann Calvin – (1509–1564), Begründer der nach ihm benannten Reformationskirche, lehrte in Genf, wo er die von ihm stammende Kirchengemeinde-Verfassung durchführte.

359 *wirken die Werke* – Ev. Joh., 9. Kap. Vers 4.

faules Gerede – Das Gebot zu schweigen ist – ausgehend von der biblischen Strafandrohung für »jedes unnütze Wort« – namentlich seit den Cluniazensern ein bewährtes asketisches Mittel der Erziehung zur Selbstkontrolle. Auch Baxter verbreitet sich eingehend über die Sünde des unnützen Redens. Die von den Zeitgenossen so tief empfundene »melancholy« und »moroseness« (Grämlichkeit) der Puritaner war eben Folge der Brechung der *Unbefangenheit* des »status naturalis« (Natürlichkeit), und im Dienst dieser Zwecke stand auch die Verpönung gedankenlosen Redens. (V.)

Benjamin Franklin – 1706–1790, Mitbegründer der Vereinigten Staaten, dessen prinzipielle Äußerungen zur Erwerbsethik M. Weber im 2. Abschnitt des I. Teiles seiner Untersuchung behandelt (Gesammelte Aufsätze zur Religionssoziologie, 1. Bd., S. 31 ff.).

spirituell – geistig.

Arbeit – Wir wollen aber nicht vergessen, daß der erste Mensch, der (im Mittelalter) mit eingeteilter Zeit lebte, der Mönch war, und daß die Kirchenglocken seinem Bedürfnis der Zeiteinteilung zuerst zu dienen hatten. (V.)

Berufsarbeit – Gottes Gebot an Adam: »Im Schweiße deines Angesichts ...« [1. Mose, 3. Kap., Vers 19] und Paulus' Anweisung: »Wer nicht arbeitet, soll nicht essen« [2. Thess., 3. Kap., Vers 10], werden dazu zitiert. Von den Quäkern war von jeher bekannt, daß auch ihre wohlhabendsten Kreise ihre Söhne zur Erlernung von Berufen anhielten (aus ethischen, nicht aus utilitarischen Gründen). (V.)

Arbeit – Daß die spezifische ethische Schätzung der Arbeit und ihrer »Würde« nicht etwa ein dem Christentum ursprünglich eigener, oder gar eigentümlicher, Gedanke war, hat Adolf v. Harnack scharf betont (Mitteilungen des Evangelisch-sozialen Kongresses, 14. Folge 1905, Nr. 3/4, S. 48 f.). (V.)

360 *Präventiv* – Vorbeugungsmittel.

unclean life – unkeusches Leben.

skrupulös – zweifelvoll, gewissenhaft, peinlich genau.

Thomas v. Aquino – maßgebender katholischer Kirchen-

lehrer (1225–1274), dessen Lehrgebäude (Thomismus) noch heute die Grundlage der römisch-katholischen Dogmatik bildet.
naturali ratione – nach natürlicher Vernunft.
zessieren – aufhören, wegfallen.
thesaurus ecclesiae – von der Kirche angehäufter Schatz im Himmel.

361 *providentiell* – vorsehungsmäßig.
ex causis naturalibus – aus natürlichen Gründen.
Indifferenz – Gleichgültigkeit.

362 *Adam Smith* – schottischer Nationalökonom (1723–1790), Begründer der klassischen Volkswirtschaftslehre als Wissenschaft.
Apotheose – Vergötterung, Feierung, Lobpreisung.
üblichen Gesichtspunkte – Aber deshalb nicht etwa aus ihnen historisch ableitbar. Vielmehr wirkt sich die ganz genuine calvinistische Vorstellung darin aus, daß der Kosmos der »Welt« dem Ruhme Gottes, seiner Selbstverherrlichung, diene. Die utilitarische Wendung, daß der ökonomische Kosmos dem Zweck der Lebensfristung Aller (good of the many, common good etc.) dienen sollte, war Konsequenz des Gedankens, daß jede andere Deutung zur (aristokratischen) Kreaturvergötterung führe oder doch nicht Gottes Ruhm, sondern kreatürlichen »Kulturzwecken« diene. Gottes Wille aber, wie er sich in der zweckvollen Gestaltung des ökonomischen Kosmos ausdrückt, kann eben, soweit diesseitige Zwecke dabei überhaupt in Betracht kommen, nur das Wohl der »Gesamtheit«: die unpersönliche »Nützlichkeit« sein. Der Utilitarismus ist also Konsequenz der unpersönlichen Gestaltung der »Nächstenliebe« und der Ablehnung aller Weltverherrlichung durch die Exklusivität des puritanischen »in majorem Dei gloriam« (zum größeren Ruhme Gottes). (V.)
das eigene – Denn Gott hat – wie in der puritanischen Literatur sehr oft hervorgehoben wird – nirgends befohlen, daß man den Nächsten mehr lieben solle als sich selbst, sondern wie sich selbst. Man hat also auch die Pflicht der Selbstliebe. Wer z. B. weiß, daß er selbst seinen Besitz zweckmäßiger und also mehr zu Gottes Ehre verwendet, als der Nächste es könnte, ist durch die Nächstenliebe nicht verpflichtet, diesem davon abzugeben. (V.)

363 *geboten* – *Dies* ist das Entscheidende. Dazu nochmals die allgemeine Bemerkung: Es kommt natürlich hier für uns nicht sowohl darauf an, was die theologische ethische Theorie begrifflich entwickelte, sondern darauf, was im praktischen Leben der Gläubigen geltende Moral war, wie

also die religiöse Orientierung der Berufsethik praktisch wirkte.

Man kann wenigstens gelegentlich in der kasuistischen Literatur des Katholizismus, namentlich des jesuitischen, Erörterungen lesen, welche – z. B. über die Frage der Erlaubtheit des Zinses – derjenigen vieler protestantischer Kasuisten ähnlich klingen, ja in dem, was für »erlaubt« oder für »probabel« gilt, darüber hinauszugehen scheinen (den Puritanern ist später oft genug die jesuitische Ethik als im Grunde der ihrigen ganz gleichartig entgegengehalten worden). Wie die Calvinisten katholische Moraltheologen, nicht nur Thomas von Aquino, Bernhard von Clairvaux, Bonaventura, sondern auch zeitgenössische zu zitieren pflegen, so nahmen die katholischen Kasuisten von der häretischen Ethik regelmäßig Notiz. Von dem entscheidenden Umstande der religiösen Prämiierung des asketischen Lebens für den Laien ganz abgesehen aber ist der gewaltige Unterschied schon in der Theorie eben der, daß diese latitudinarischen (weitherzigen) Ansichten im Katholizismus von der kirchlichen Autorität nicht sanktionierte Produkte spezifisch laxer (lässiger) ethischer Theorien waren, denen gerade die ernstesten und strengsten Anhänger der Kirche fernstanden, während umgekehrt die protestantische Berufsidee gerade die ernstesten Anhänger asketischen Lebens dem Erfolg nach in den Dienst des kapitalistischen Erwerbslebens stellte. Das, was dort bedingungsweise erlaubt sein konnte, erschien hier als etwas positiv sittlich Gutes. Die praktisch sehr wichtigen grundlegenden Differenzen der beiderseitigen Ethik waren auch für die Neuzeit seit dem Jansenistenstreit und der Bulle »Unigenitus« (1713) endgültig festgelegt. (V.)

krank sein wollen – Schon in der (lutherischen) Konfession Herzog Christophs von Württemberg, die dem Konzil von Trient eingereicht wurde, wird gegen das Gelübde der Armut geltend gemacht: Wer nach seinem Stand arm ist, solle es tragen, aber wenn er gelobt, es zu bleiben, so ist dies dasselbe, als ob er gelobte, dauernd krank zu sein oder üblen Leumund zu haben. (V.)

364 *Betteln* – Schon Calvin hatte das Betteln strikt verboten, und die holländischen Synoden eifern gegen die Bettelbriefe und Attestationen für Zwecke des Bettels. Während die Epoche der Stuarts, insbesondere das Regime Lauds unter Karl I., das Prinzip der behördlichen Armenunterstützung und Arbeitszuweisung an Arbeitslose systematisch ausgebildet hatte, war das Feldgeschrei der Puritaner: »Giving alms is no charity« (Almosen geben ist keine Nächstenliebe – Titel der späteren bekannten Schrift Daniel Defoes) und be-

gann gegen Ende des 17. Jahrhunderts das Abschreckungssystem der »Workhouses« (Arbeitshäuser) für Arbeitslose. (V.)

Selfmademan – jemand, der es durch eigene Kraft zu etwas gebracht hat.

God blesseth his trade – Gott segne sein Gewerbe.

Sirachstelle – Jesus Sirach, 11. Kap., Vers 20/21: bleibe in deinem Beruf.

Apokryphen – im hebräischen Kanon fehlende, jedoch in der griechischen Übersetzung des Alten Testaments enthaltene jüdische Schriften.

365 *Quietismus* – Versenkung in Gott.

Korintherbrief – 1. Kor., 7. Kap., Vers 20 und 24.

lex naturae – Naturrecht.

Eliminierung – Streichung.

English Hebraism – englischer Judaismus.

366 *Paria-Kapitalismus* – Den englischen Puritanern waren die Juden ihrer Zeit Vertreter jenes an Krieg, Staatslieferungen, Staatsmonopolen, Gründungsspekulationen und fürstlichen Bau- und Finanzprojekten orientierten Kapitalismus, den sie selbst perhorreszierten (verabscheuten). In der Tat läßt sich der Gegensatz im ganzen, mit den stets unvermeidlichen Vorbehalten, wohl so formulieren: daß der jüdische Kapitalismus spekulativer Paria-Kapitalismus war, der puritanische: bürgerliche Arbeitsorganisation. (V.)

Jacob I. – Sohn der Maria Stuart, König von England und Schottland (1603–1625).

367 *Karl I.* – 1625–1649; 1642 bricht in England der Bürgerkrieg aus, 1649 wird Karl zum Tode verurteilt und hingerichtet.

Bekämpfung des Puritanismus – Man kann diesen Kampf gegen die (autoritätsfeindliche) Askese etwa mit Ludwigs XIV. Verfolgung von Port Royal und der Jansenisten in Parallele setzen. (V.)

darstellen – Der Standpunkt Calvins war darin noch wesentlich milder, wenigstens soweit die feineren aristokratischen Formen des Lebensgenusses in Betracht kamen. Nur die Bibel ist Schranke; wer sich an sie hält und sich ein gutes Gewissen erhält, ist nicht genötigt, mit Ängstlichkeit jede Regung zum Lebensgenuß in sich zu beargwöhnen. Hier machte sich eben neben der steigenden Angst um die certitudo salutis (Heilsgewißheit) bei den Epigonen auch der Umstand geltend, daß in dem Gebiet der »ecclesia militans« (kämpfenden Kirche) die Kleinbürger es waren, welche Träger der ethischen Entwicklung des Calvinismus wurden. (V.)

368 *graduate* – Inhaber eines Universitätsdiploms.
Hudibras – Samuel Butler (1612–1680) verfaßte nach der Wiederherstellung des Königtums zur Verspottung der Puritaner das satirische Heldenepos Hudibras (1663–1678).
fides implicita – schlichter Glaube (im Gegensatz zur fides explicita: kenntnismäßiger, ausdrücklicher Glaube nicht nur an Gott und seine Offenbarung, sondern an die gesamte kirchliche Heilslehre).
Literatur – Das Eintrocknen der Lyrik und des Volksliedes, nicht nur des Dramas, nach dem elisabethanischen Zeitalter in England ist bekannt. An bildender Kunst hat der Puritanismus vielleicht nicht allzuviel zu unterdrücken vorgefunden. Auffallend ist aber der Absturz von einer anscheinend ganz guten musikalischen Veranlagung (die Rolle Englands in der Musikgeschichte war nicht unbedeutend) zu einem absoluten Nichts. (V.)
superstition – Abgötterei.
Kunst – Daß die »Renaissance des Alten Testaments« und die pietistische Orientierung an gewissen, letztlich auf Deuterojesaja und den 22. Psalm zurückgehenden schönheitsfeindlichen christlichen Empfindungen in der Kunst dazu beigetragen haben muß, das Häßliche als künstlerisches Objekt möglicher zu machen und daß auch die puritanische Ablehnung der Kreaturvergötterung dabei mitspielte, liegt nahe. Aber alles einzelne scheint noch unsicher. In der römischen Kirche führten ganz andere (demagogische) Motive äußerlich verwandte Erscheinungen herbei – aber allerdings mit künstlerisch ganz anderem Resultat. Wer vor Rembrandts »Saul und David« (im Mauritshuis) steht, glaubt die mächtige Wirkung puritanischen Empfindens direkt zu spüren. Die geistvolle Analyse der holländischen Kultureinflüsse in Carl Neumanns »Rembrandt« [4. Aufl. 1924] dürfte wohl das Maß dessen bezeichnen, was man zur Zeit darüber wissen kann, inwieweit dem asketischen Protestantismus positive, die Kunst befruchtende Wirkungen zuzuschreiben sind. (V.)
Theater – Es sei daran erinnert, wie die puritanische Stadtbehörde das Theater in Stratford-on-Avon noch bei Shakespeares Lebzeiten und Aufenthalt dort in seiner letzten Lebenszeit schloß. Shakespeares Haß und Verachtung gegen die Puritaner tritt ja bei jeder Gelegenheit hervor. (V.)

369 *idle talk* – müßiges Gerede, leeres Geschwätz.
superfluities – Entbehrlichkeiten.
vain ostentation – eitle Prahlerei, unnütze Zurschaustellung.
standardization – Standardisierung, Normung.

Kavaliere – Parteibezeichnung der Royalisten (Königsanhänger). – Mit Recht pflegt man z. B. daran zu erinnern, daß Cromwell Raffaels Kartons und Mantegnas Triumph Cäsars vor dem Untergang rettete, Karl II. sie zu verkaufen suchte. Zur englischen Nationalliteratur stand die Gesellschaft der Restauration bekanntlich ebenfalls durchaus kühl oder direkt ablehnend. An den Höfen war der Einfluß von Versailles eben überall allmächtig. (V.)

370 *eigenen Genuß* – Das ist das Entscheidende: was man persönlichen Zwecken zuwendet, wird dem Dienst zu Gottes Ruhm entzogen. (V.)

Mittelalter – Die Trennung von Werkstatt, Kontor, überhaupt »Geschäft« und Privatwohnung – von Firma und Name –, von Geschäftskapital und Privatvermögen, die Tendenz, das »Geschäft« zu einem »corpus mysticum« zu machen (zunächst wenigstens das Gesellschaftsvermögen), lagen alle in dieser Richtung. (V.)

auf der Hand – Zu beachten ist nur, daß Vermögensakkumulation aus zwei sehr verschiedenen psychologischen Quellen stammt. Die eine reicht in ihrer Wirksamkeit weit in das graueste Altertum zurück und kommt in Stiftungen, Stammgütern, Fideikommissen usw. ganz ebenso oder vielmehr sehr viel reiner und deutlicher zum Ausdruck als in dem gleichartigen Streben, dereinst mit hohem materiellem Eigengewicht belastet zu sterben und, vor allem, den Bestand des »Geschäftes« zu sichern. sei es auch unter Verletzung der persönlichen Interessen der Mehrzahl der miterbenden Kinder. Es handelt sich in diesen Fällen neben dem Wunsch, in der eigenen Schöpfung ein ideelles Leben über den Tod hinaus zu führen, darum, den »splendor familiae« zu erhalten, also um eine Eitelkeit, die sozusagen der erweiterten Persönlichkeit des Stifters sich zuwendet, in jedem Fall um im Grunde egozentrische Ziele. Nicht so liegt es bei jenem »bürgerlichen« Motiv, mit welchem wir es hier zu tun haben. Da steht der Satz der Askese: »Entsagen sollst du, sollst entsagen«, ins Positiv-Kapitalistische gewendet: »Erwerben sollst du, sollst erwerben«, in seiner Irrationalität schlicht und rein als eine Art kategorischer Imperativ vor uns. Nur Gottes Ruhm und die eigene Pflicht, nicht die Eitelkeit des Menschen, ist hier bei den Puritanern das Motiv, und heute: nur die Pflicht gegen den »Beruf«. Wer Freude daran hat, sich einen Gedanken an seinen extremen Konsequenzen zu illustrieren, erinnere sich etwa jener Theorie gewisser amerikanischer Milliardäre, daß man die erworbenen Milliarden nicht den Kindern hinterlassen solle, damit diesen die sittliche Wohltat, selbst arbeiten und erwerben zu müssen, nicht entzogen werde. (V.)

Kreaturvergötterung – Dies ist (wie immer wieder hervorzuheben ist) das letzte entscheidende religiöse Motiv – neben den rein asketischen Gesichtspunkten der Fleischabtötung –, was ganz besonders deutlich bei den Quäkern hervortritt. (V.)

371 *Kasteiung* – Diese lehnt Baxter ganz mit den bei den Jesuiten üblichen Motiven ab: dem Leib soll gewährt werden, wessen er bedarf, sonst wird man sein Knecht. (V.)

Ideal – Zu vermeiden ist: 1. kreatürliche Eitelkeit, also alle Ostentation, Flitterkram und Verwendung von Dingen, die keinen praktischen Zweck haben oder nur ihrer Seltenheit wegen (also aus Eitelkeit) geschätzt werden, 2. ungewissenhafte Verwendung des Besitzes, wie sie in einer gegenüber den notwendigen Lebensbedürfnissen und der Vorsorge für die Zukunft unverhältnismäßigen Ausgabe für minder notwendige Bedürfnisse liegt: der Quäker war also sozusagen das wandelnde »Grenznutzengesetz«. »Moderate use of the creature« (maßvoller Gebrauch der Kreatürlichkeit) ist durchaus statthaft, namentlich aber durfte man auf Qualität und Solidität der Stoffe usw. Gewicht legen, soweit dies nicht zur »vanity« (Eitelkeit) führte. (V.)

covetousness – Habgier.

mächtigste Hebel – Für diejenigen, deren kausales Gewissen ohne ökonomische (»materialistische«, wie man leider noch immer sagt) Deutung nicht beruhigt ist, sei hiermit bemerkt, daß ich den Einfluß der wirtschaftlichen Entwicklung auf das Schicksal der religiösen Gedankenbildungen für sehr bedeutend halte und später darzulegen suchen werde, wie in unserem Fall die gegenseitigen Anpassungsvorgänge und Beziehungen beider sich gestaltet haben. Nur lassen sich jene religiösen Gedankeninhalte nun einmal schlechterdings nicht »ökonomisch« deduzieren, sie sind – daran läßt sich nichts ändern – eben ihrerseits die mächtigsten plastischen Elemente der »Volkscharaktere« und tragen ihre Eigengesetzlichkeit und zwingende Macht auch rein in sich. Und die wichtigsten Differenzen – die zwischen Luthertum und Calvinismus – sind überdies vorwiegend politisch bedingt, soweit außerreligiöse Momente hineinspielen. (V.)

372 *Landwirt* – Auf den starken Aufkauf der englischen Landgüter durch bürgerliches Kapital folgte die große Epoche der englischen Landwirtschaft. (V.)

373 *adventurer* – Unternehmer, Spekulant.

indented servant – langjährige vertragliche Schuldknechte.

seigneurial – herrschaftlich.

Kleinbürger – Alle zeitgenössischen Quellen ohne Ausnahme sprechen insbesondere von den puritanischen *Sektierern*: Baptisten, Quäkern, Mennoniten, als von einer teils mittellosen, teils kleinkapitalistischen Schicht und stellen sie in Gegensatz sowohl zu der Großhändler-Aristokratie wie zu den Finanz-Abenteurern. Aus eben dieser kleinkapitalistischen Schicht aber, und nicht etwa aus den Händen der großen Finanzleute: Monopolisten, Staatslieferanten, Staatsgeldgeber, Kolonialunternehmer, promoters (Gründer) usw. ging das hervor, was dem Kapitalismus des Okzidents charakteristisch war: die bürgerlich-privatwirtschaftliche Organisation der gewerblichen Arbeit. (V.)

beati possidentes – die glücklich im Besitz Befindlichen.

revival – Erweckung.

374 *klar waren* – Die Stelle sei allen denen zur Lektüre empfohlen, welche heute über diese Dinge informierter und klüger sein wollen als die Führer und Zeitgenossen jener Bewegungen selbst, die – wie man sieht – sehr genau wußten, was sie taten und was sie gefährdeten. Es geht wirklich nicht an, ganz unbestreitbare und bisher auch von niemand bestritten gewesene, von mir lediglich etwas mehr auf ihre inneren Triebkräfte untersuchte Tatbestände so leichthin zu bestreiten, wie dies leider geschehen ist. Kein Mensch hat im 17. Jahrhundert diese Zusammenhänge je bezweifelt. Außer den schon früher zitierten modernen Schriftstellern haben Dichter wie Heinrich Heine und John Keats (1796–1821) ganz ebenso wie Vertreter der Wissenschaft wie Macaulay, Cunningham, Rogers oder Schriftsteller wie Matthew Arnold sie als selbstverständlich behandelt. (V.) – Die Begriffe protestantischer »Geist« und Genesis des Kapitals stammen bekanntlich aus dem I. Band von KARL MARX' Hauptwerk »Das Kapital« (1867).

Zusammenhang – Daß genau die gleichen Zusammenhänge schon den Puritanern der klassischen Zeit selbstverständlich waren, wird vielleicht durch nichts deutlicher belegt als dadurch, daß bei John Bunyan (1628–1688) »Mr. Money-Love« geradezu argumentiert: »man dürfte religiös werden, um reich zu werden, z. B. um seine Kundschaft zu vermehren«, denn: weshalb man religiös geworden sei, sei gleichgültig (The Pilgrim's Progress [Die Pilgerreise], Tauchnitz Edition, Bd. 330, S. 114). (V.)

375 *Akme* – Höhepunkt.

Missionsarbeit – Daniel Defoe (1661–1731), der Autor des »Robinson Crusoe«, war eifriger Nonkonformist. (V.)

to make the best of both worlds – den möglichsten Vorteil aus beiden Welten ziehen.

Deo placere – homo mercator vix aut nunquam potest Deo placere (ein Kaufmann findet kaum jemals oder nimmerdar Gefallen vor Gott), siehe Corpus iuris canonici, Dist. LXXXVIII, c. 11 des Decretum Gratiani, Pars I (nach Pseudo-Chrysostomus, Super Matthaeum).

376 *Zinzendorf* – wortmächtiger Erweckungsprediger, Liederdichter und Begründer der pietistischen Brüdergemeine (1700–1760).

377 *Dissenters* – Andersgläubige, die nicht der Anglikanischen Kirche angehörigen protestantischen Denominationen in England.

Laud – seit 1633 Erzbischof von Canterbury, einflußreichster Berater Jakobs I. und Karls I., entschlossener Gegner des Puritanismus, Vorkämpfer der anglikanischen Hochkirche, lebhafter Förderer einer aus dem hochkirchlichen Einheitskultus gespeisten christlichen Sozialverfassung; 1645 hingerichtet.

mitbeteiligt waren – Die für England charakteristische und sehr mächtige monopolfeindliche Haltung der öffentlichen Meinung ist geschichtlich aus einer Verbindung politischen Machtkampfes gegen die Krone – das Lange Parlament schloß die Monopolisten vom Parlament aus – mit ethischen Motiven des Puritanismus und mit den ökonomischen Interessen des bürgerlichen Klein- und Mittelkapitalismus gegen die Finanzmagnaten im 17. Jahrhundert entstanden. (V.)

378 *lehren wollen* – Gut analysiert in Bielschowskys »Goethe«, II. Bd., Kap. 18. – Für die Entwicklung des wissenschaftlichen »Kosmos« hat einem verwandten Gedanken z. B. auch Wilhelm Windelband am Schluß seiner »Blütezeit der deutschen Philosophie« Ausdruck gegeben (Geschichte der neueren Philosophie, II. Bd., S. 428 f.). (V.)

379 *Baxters Ansicht* – The Saints' Everlasting Rest, Kap. XII. (V.)

agonal – wettkämpferisch.

380 *Charakter des Sports* – »Könnte der Alte nicht mit seinen 75000 Dollar jährlich sich zur Ruhe setzen? – Nein! die Warenhausfront muß nun auf 400 Fuß verbreitert werden. Warum? – That beats everything (das übertrifft alles), meint er. – Abends, wenn Frau und Töchter gemeinschaftlich lesen, sehnt er sich nach dem Bett, Sonntags sieht er alle fünf Minuten nach der Uhr, wann der Tag zu Ende sein wird: so eine verfehlte Existenz!« Dergestalt faßte der (aus Deutschland eingewanderte) Schwiegersohn des führenden dry good-man (Kurzwarenhändler) aus einer Stadt am Ohio sein Urteil über den letzteren zusammen, – ein Urteil, welches dem »Alten« seinerseits wiederum zweifellos als gänzlich unbegreiflich und ein Symptom deutscher Energielosigkeit erschienen wäre. (V.)

Kirchen und Sekten in Nordamerika

Erstdruck:
Christliche Welt, 20. Jg., Sp. 558–562, 577–582.

Vorbemerkung:
Der kurze Aufsatz, aus der Umarbeitung zweier Artikel in der Frankfurter Zeitung zum Osterfest 1906 hervorgegangen, bringt in bündiger Form eine Charakterisierung der Bedeutung religiösen Gemeinschaftslebens in den Vereinigten Staaten sowie die prägnante Herausarbeitung des soziologischen Typus der Sekte im Vergleich zu dem der Kirche.
Die begrifflichen Ausführungen gipfeln in der Feststellung, daß die Sekte als freiwillig paktierter Zusammenschluß religiös spezifisch Qualifizierter unter die soziologische Kategorie des voluntaristischen Verbandes (Verein) rechnet, während demgegenüber die Kirche als universalistische Gnadenanstalt mit dem Anspruch auf zwangsweise Zugehörigkeit aller Gläubigen begrifflich gefaßt werden muß.
Bei der Herausgabe der Gesammelten Aufsätze zur Religionssoziologie hat M. Weber den Gegenstand der Skizze zu der Abhandlung ausgearbeitet mit dem Titel: Die protestantischen Sekten und der Geist des Kapitalismus (1. Bd., S. 207–236). Er bemerkt dazu, der frühere Aufsatz bleibe zur Ergänzung unentbehrlich. In dem hier gebrachten Abdruck sind die beiden letzten Absätze (Sp. 582/83) im Hinblick auf ihre zeitbedingte Polemik fortgefallen.

382 *statutarisch* – satzungsmäßig.
Relegation – Verweisung (von der Universität).
chapel – Kapelle.
record – Aufzeichnung; hier: Höchstanforderung.
opera supererogationis – überpflichtige Werke.
Säkularisation – Verweltlichung.
Hyperbel – Übertreibung.

383 *New York proper* – New York selbst (das »eigentliche« New York).
Denomination – Konfession, Glaubensgemeinschaft, Sekte.
collection – Sammlung, Kollekte.

384 *I am a member of the Baptist Church in X-Street* – ich gehöre der Baptisten-Kirche in der X-Straße an.
ätiologisch – ursächlich.
reputierlich – angesehen.
why pay me, if he doesn't believe in anything – warum sollte er mich bezahlen, wenn er an nichts glaubt.
Exekution – Zwangsvollstreckung.

Homestead – Heimstätten-Recht, das für die Heimstätte nach einzelstaatlicher gesetzlicher Regelung in verschiedenem Ausmaß Vollstreckungsfreiheit gewährt.
Exkommunikation – Ausschluß aus der kirchlichen Gemeinschaft.

385 *athletics* – Leichtathletik.
dishonourable conduct – unehrenhaftes Verhalten.
Boykott – Ächtung, Verrufserklärung.
grassieren – sich ausbreiten, um sich greifen.

386 *badge* – Abzeichen.
full dress – Gesellschaftskleidung, hier: Sonntagsstaat.
congratulated – gratuliert.
faith – Glaubensbekenntnis.
Sieh da, Mr. X – ich hab's ja gesagt.

387 *debauchery* – Ausschweifung.

388 *Indifferentismus* – Gleichgültigkeit.

389 *class meeting* – Klassenversammlung. – Die »Klassen« der Methodisten waren als Grundlage ihrer genossenschaftlichen Seelsorge geradezu das Rückgrat der ganzen Organisation. Je 12 Personen sollten zu einer »class« zusammengefaßt sein, der Klassenführer jedes Mitglied wöchentlich sehen, entweder im Hause oder im class meeting, in welchem vor allem ein allgemeines Sündenbeichten üblich war. Er hatte über den Wandel des Mitglieds Buch zu führen. Diese Buchführung diente u. a. auch als Grundlage der Ausstellung der Zertifikate (Zeugnisse) beim Umzug von Mitgliedern. (V.)
ecclesiolae – kleine Kirchen, Gemeinschaften (der Gläubigen).
Cäsaropapismus – Kirchenherrschaft durch den weltlichen Herrscher.

390 *freie Gemeinschaft* – voluntaristischer, d. h. freiwillig paktierter Zusammenschluß als »Verein«.
Adolf Stoecker – (1835–1909), ehemaliger Hofprediger, evangelischer Volksredner.
Fideikommiß – hier: Stiftung.
Universalismus – Allumfassendheit des Herrschaftsanspruchs und der Gnadenspendung.
notorisch – offenkundig.

391 *Attribut* – zugehörige Eigenschaft, unerläßliches Merkmal.

392 *Autonomie* – Selbstbestimmung.
Rigorismus – Unnachsichtigkeit.
Propagandismus – Ausbreitungsbestreben, Werbungstätigkeit.
partikularistisch – abgesondert.

393 *bigott* – frömmlerisch.

394 *Ferdinand Tönnies* – Soziologe (1855–1936), Verfasser des grundlegenden Buches der deutschen Soziologie »Gemeinschaft und Gesellschaft« (1887), 6. u. 7. Aufl. 1926, 8. Aufl. 1935. Neudruck 1963.
vegetativ – sind Lebensvorgänge, die dem Willenseinfluß entzogen sind; daher vegetieren: dumpf dahinleben.
diskontieren – ankaufen unter Zinsabzug (bis zur Fälligkeit).
business – hier: Tätigkeit, Verrichtung, Obliegenheit.

396 *leisure classes* – die vornehmen Stände, das Müßiggängertum.
abstrus – verworren, unverständlich.

Einleitung in die Wirtschaftsethik der Weltreligionen

Erstdruck:
Archiv für Sozialwissenschaft und Sozialpolitik, 41. Bd., S. 1–30.

Abdruck:
Gesammelte Aufsätze zur Religionssoziologie, 1. Bd., S. 237–275.

Vorbemerkung:
Die von M. Weber bei der Herausgabe des Sammelbandes leicht erweiterte Einleitung macht das Gesamtunternehmen einer Analyse der Wirtschaftsethik der Weltreligionen verständlich. Seine, der Absicht nach die Kultur- und Sozialsysteme aller Völker und Zeiten umspannenden, religionssoziologischen Analysen eines universalgeschichtlichen Materials, die auf das Sinnverständnis menschlichen Gemeinschaftshandelns und der von ihm ausgebildeten Gemeinschaftsformen gerichtet sind, haben sich zum Zentralproblem gesetzt, das Verhältnis der spirituellen zu den sog. materiellen Faktoren im Geschichtsverlauf durch vergleichende soziologische Studien empirisch aufzudecken. O. Hintze hat Sinn und Ergebnis dieser Untersuchungen hervorragend präzise formuliert (Schmoll. Jahrb., 46. Jg. 1922, S. 257).
Diese und die im Text folgende Abhandlung gehören innerlich eng zusammen. Sie sind vorzüglich geeignet, M. Webers große Soziologie »Wirtschaft und Gesellschaft« zu ergänzen und insbesondere die darin enthaltene Religionssoziologie zu erläutern, im Grundsätzlichen jedoch auch wiederum Aufhellung durch jene universelleren Betrachtungen zu erfahren. Die Einleitung hegt starke Beziehungen zu den §§ 7–10 der Religionssoziologie in Wirtschaft und Gesellschaft (II. Teil, Kap. V, S. 285–348).
Während einerseits dargetan wird, daß eine Wirtschaftsethik

keineswegs einfach als eine Funktion der bestehenden Wirtschaftsweise oder wirtschaftlicher Organisationsformen betrachtet werden kann, wird andererseits sehr stark auf die Schichtbedingtheit der jeweiligen Religiosität und der in ihr herrschenden Ethik abgehoben. Hierbei spielt die Interessenlage der die Ausbildung der religiösen Vorstellungen bestimmenden Schichten eine keinesfalls gering zu achtende Rolle. Sofern hier das Problem der Theodizee zur Sprache kommt, wird damit das Thema der nächstfolgenden Untersuchung vorbereitet.
Methodisch wichtig ist die Feststellung, daß es sich bei der Darstellung der Ergebnisse religionssoziologischer Forschung weder um eine systematische, noch um eine rein historische Arbeit, vielmehr um eine soziologisch typisierende Strukturanalyse der Religionen handelt (S. 429–431). Den Schluß bildet die nochmalige Klarstellung einer Reihe soziologischer Grundbegriffe (S. 431–440).

398 *mehrfach erörtert* – im Anschluß an das Buch W. Sombarts: Die Juden und das Wirtschaftsleben (6. Aufl. 1928).
ethische Theorie – Nicht die ethische *Lehre* einer Religion, sondern dasjenige ethische Verhalten, auf welches durch die Art und Bedingtheit ihrer Heilsgüter *Prämien* gesetzt sind, ist im soziologischen Sinn des Wortes ihr spezifisches »Ethos« (M. Weber, Gesammelte Aufsätze zur Religionssoziologie, 1. Bd., S. 234/35).

400 *Sûfîsmus* – verinnerlichte asketische Frömmigkeit, islâmische Mystik.
Tertiarier – Mitglieder des 3. Ordens: im Anschluß an einen Orden (hauptsächlich der Franziskaner) zu asketisch-frommem Leben in der Welt und ihren Tätigkeiten verbundene Gläubige.
Orgiastik – emotionelle Übersteigerung und Überspannung in den Rauschzuständen der Geheimkulte.

401 *pneumatisch* – vom Geist ergriffen.

403 *Theodizee des Glücks* – über das Bedürfnis positiv privilegierter Schichten, ihre Glückslage durch eine religiöse Theodizee legitimiert zu sehen, vgl. M. Weber, Wirtschaft und Gesellschaft, 5. Aufl., S. 299.
pharisäisch – hier: heuchlerisch.

404 *Tabu* – zu Meidendes, Verbot.
Mysterien – Geheimkulte für Eingeweihte (Mysten).
Inkarnation – Fleischwerdung, Verkörperung.

405 *Krishna* – unter die Götter entrückter indischer Sagenheld, Inkarnation des (hinduistischen) Gottes Vishnu.

408 *Inkongruenz* – mangelnde Deckungsgleichheit, Sich-nicht-Entsprechen.

411 *Apathie* – Teilnahmslosigkeit.
Ekstase – Entrückung.
Chlysten – russische, mystisch-ekstatische Geheimsekte, deren religiöser Kulttanz die Radenije ist.
Derwîsch – islâmischer mystischer Ekstatiker.

412 *Vallabhâchârîs* – von Vallabha (1479–1531) begründete indische Bhakti-Sekte (Krishna-Verehrung).
Soma – Opfertrank des altvedischen Kultus.
Totem – durch ein gemeinsames Symbol (Totem) bezeichnete Wesensklasse von Menschen, die kraft dieser Beziehung miteinander vergesellschaftet sind.
Haschisch – orientalisches Rauschgift.
Animismus – primitiver Seelen- und Geisterglaube.
profan – weltlich, alltäglich.

414 *Dynamik* – Bewegung, Triebkraft, Kräftespiel.

415 *radikal Böse* – Begriff Kants (Die Religion innerhalb der Grenzen der bloßen Vernunft, 1. Stück, III. Abschn.).

416 *Komma* – in der musikalischen Akustik der geringe Intervallrest, der sich beim Vergleich zwischen der Tonfolgeeinteilung nach mathematisch errechneten Tonfortschritten (Ganz- oder Halbtonschritten) und nach physikalischen Schwingungszahlen ergibt.

417 *Surrogat* – Ersatz.

418 *Emanzipation* – Sichfreimachen.
Domestikation – Bändigung, Zähmung.
toxisch – giftig.

419 *Derivat* – Abkömmling.

423 *Schamane* – ekstatischer Geisterbeschwörer.
Virtuosen-Religiosität – Aus dem Begriff des »Virtuosentums« muß in diesen Zusammenhängen jeder ihm heute anhaftende Wertbeigeschmack entfernt werden. Ich würde um jener Belastung willen den Ausdruck »heroistische« Religiosität vorziehen, wenn er nicht für manche hierher gehörige Erscheinungen allzu wenig adäquat wäre. (V.)
Shramana – Einsiedler, Asket (ein sich Abmühender).

424 *Nivellierung* – Einebnung.
latent – verborgen.
Ulemâ – muhammedanischer Schriftgelehrter.

425 *Anthropolatrie* – Menschenvergötterung.

426 *bhikshu* – indischer Bettelmönch.
directeur de l'âme – Beichtvater.
zeremonial – förmlich, feierlichem Brauch gemäß.
unio mystica – mystische Vereinigung.

427 *Thora* – die fünf Bücher Moses als hebräisches Gesetz

(griech. Pentateuch, d. h. das Fünfrollenbuch).
penetrant – durchdringend, durchschlagend.

428 *Kombination* – Verknüpfung, Verbindung.

429 *Akzent* – Betonung, Hervorhebung.

430 *Jeremias Bentham* – philosophischer Begründer des Utilitarismus in England (1748–1832).
Kanon – Maßstab.

431 *Yoga* – religiös-philosophisches Lehrsystem asketischer Praktiken zwecks vollendeter Herrschaft über den Körper zur Befreiung des Geistes und zu dessen Vereinigung mit der übersinnlichen Macht.

432 *Infallibilität* – Dogma von der Unfehlbarkeit des römischen Stuhles, seit dem Vatikan-Konzil von 1870 in Geltung.
Innozenz III. – Papst von 1198–1216.

433 *ex cathedra* – von Amts wegen.
Rudiment – Überrest.

435 *Sukzession* – Nachfolge.
Appropriation – Aneignung.

436 *Sporteln* – Gebühren für Amtshandlungen.
Johann XXII. – Papst von 1316–1334 (Avignon).
Expropriation – Enteignung.
Prinzipat – altrömische Regierungsform mit einem Prinzeps (Alleinherrscher) an der Spitze, dessen Machtvollkommenheit jedoch auf lebenslang verliehenen republikanischen Ämtern fußt.

439 *Ferment* – Gärstoff, Lösemittel.
Konnubium – das Recht, untereinander zu heiraten.

Richtungen und Stufen religiöser Weltablehnung

Erstdruck:

Archiv für Sozialwissenschaft und Sozialpolitik, 41. Bd., S. 387 bis 421 unter dem Titel: Zwischenbetrachtung. Stufen und Richtungen der religiösen Weltablehnung.

Abdruck:

Gesammelte Aufsätze zur Religionssoziologie, 1. Bd., S. 536–573.

Vorbemerkung:

Eine Typologie des möglichen Sinns religiöser Weltablehnungsmotive stellt keine Philosophie, vielmehr eine schematische und theoretische Konstruktion der sinnhaft möglichen Konflikte der verschiedenen Wertsphären (Lebensordnungen) dar. Sie vermag als idealtypisches Orientierungsmittel für die Bestimmung des typologischen Ortes einer historisch-empirischen Erscheinung und zur Erleichterung des sinnhaften Verständnisses auch von rational nicht ableitbaren Stellungnahmen religiöser Ethiken zu dienen.

Die Zwischenbetrachtung ist ein Kunstwerk der verstehenden Durchdringung der geistigen Konfliktslagen der modernen Kulturwelt und ein Muster werturteilsfreier Vorführung des unaustragbaren »Kampfes der Wertordnungen« an einem konkreten Beispiel. Sie bringt die Unausweichlichkeit der paradoxen Situation rationaler Erkenntnis zu klarstem Bewußtsein.

Die Auseinandersetzung der Spannungsverhältnisse zwischen Religion und Welt zeigt stärkste innere Verwandtschaft mit § 11 der Religionssoziologie in Wirtschaft und Gesellschaft (II. Teil, Kap. V, S. 348–367). Die Studie mündet in das Ergebnis aus, daß es im bisherigen Geschichtsverlauf im ganzen drei allein als konsequent anzusehende Formen der Theodizee gegeben hat, die einer je verschiedenartig gestalteten weltablehnenden Erlösungsethik eine in sich geschlossene, sinnhaft einleuchtende metaphysische Grundlage zu bieten vermochte: die indische Karmanlehre, der zarathustrische Dualismus und der puritanische Prädestinationsglaube.

Die Religionssoziologie ist weder Theologie, noch Philosophie, sondern eine empirische Wissenschaft, die mit den in der Realität tatsächlich vorgefundenen religiösen Vorstellungen, Gemeinschaftsformen und Stellungnahmen zur Welt befaßt ist. Sie hat es, soweit sie in diese Vorstellungswelt sinnhaft wirklich einzudringen bemüht ist, mit vielfach äußerst esoterischen Gebilden zu tun. Wohl keine der Analysen spiritueller Zusammenhänge durch M. Weber rechtfertigt so sehr wie diese letzte Zwischenbetrachtung das Wort Goethes: »Es gibt eine zarte Empirie, die sich mit dem Gegenstand innigst identisch macht und dadurch zur eigentlichen Theorie wird« (Maximen und Reflexionen, Nr. 565).

441 *gedanklich konstruierte Typen* – d. h. die reinen Typen des idealen Grenzfalles.

443 *Zusammengehörigkeit* – Auf welche E. Troeltsch wiederholt sehr mit Recht nachdrücklich hingewiesen hat. (V.)
Trinität – Dreifaltigkeit: Gott Vater, Gott Sohn und Heiliger Geist.

444 *minimisieren* – mindern, verringern.

448 *Soteriologie* – (griech. sotér = Retter): Heilands- und Erlösungslehre.

449 *Reziprozität* – Gegenseitigkeit.

451 *Akkommodation* – Anpassung.

452 *Funktionsgötter* – Götter, deren Wesen und Wirken sich in einer einzigen Funktion erschöpft.

453 *homo politicus* – politisch eingestellter Mensch.
homo oeconomicus – Wirtschaftsmensch.

454 *Pathos* – Ergriffenheit, Feierlichkeit, Erhabenheit.

457 *Gebt dem Kaiser, was des Kaisers ist* – Wort Jesu (Ev. Marc., 12. Kap., Vers 17).
Kollaps – Zusammenbruch, hier: Umschlagen.

460 *Irrationalität der Wirkung* – Im Bhagavadgîtâ am konsequentesten theoretisch durchgeführt. (V.)

461 *Eschatologie* – Lehre von den letzten Dingen, Endzeitvorstellungen.
pánta moi éxestin – alles ist mir erlaubt.
Chiliastik – Glaube an ein baldiges Weltende.
jîvanmukti – die nach vollendeter Erreichung der Gnosis im Leben gewonnene Erlösung; es ist nach hinduistischer Lehre der höchste Heilsstand auf Erden. »Der durch vollkommenes Wissen erlöste jîvanmukta ist dem ethischen Vergeltungsmechanismus entronnen: an ihm haftet keine Tat« (M. Weber, Gesammelte Aufsätze zur Religionssoziologie, 2. Bd., S. 186).
Idole, Ikonen – Kultbilder.
Exorzismus – Geisterbeschwörung, Austreibung böser Geister.
apotropäisch – zauberischer Abwehr dienend.

462 *Tonalität* – Bezogenheit aller vorkommenden Klänge auf dasselbe tonale Zentrum (melodische und harmonische Tonalität).
Paramente – kultische Ausstattungsgegenstände, insbesondere liturgische Textilien (außer Gewändern).
rezipieren – aufnehmen.

463 *philiströs* – beschränkt.
Inappellabilität – Unmöglichkeit, Einspruch (Berufung) gegen ein Urteil einzulegen.

464 *Tridentiner Konzil* – das Konzil der Gegenreformation in Trient (1545–1563) zur Kirchenreform und Feststellung der Irrlehren.
magische Orgiastik – Oder ungewollte Folge der orgiastischen Erregung. Die Gründung der Skopzen-(Kastraten-)Sekte in Rußland ging aus dem Streben hervor, dieser als sündlich gewerteten Folge des orgiastischen Tanzes (Radenije) der Chlysten zu entrinnen. (V.)
Tribaden – weibliche gleichgeschlechtlich Liebende.

465 *temporär* – zeitweilig.
Ritual – Kultordnung.

466 *Archilochos* – altgriechischer fahrender Ritter und Sänger (um 650 v. Chr.).
Sappho – griechische Dichterin von der Insel Lesbos (um 600 v. Chr.).
Aspasia – Geliebte des Perikles, die er später ehelichte.
Rede des Perikles – aus des THUKYDIDES zweitem Buch über den Peloponnesischen Krieg (dt. Übertragung von RUDOLF G. BINDING, Insel-Bücherei, Nr. 368, S. 30/31).
Ausspruch des Demosthenes – Wir haben unsere Frauen, um ebenbürtige Kinder zu zeugen und eine treue Hüterin unseres häuslichen Besitzes zu haben; wir haben die Hetäre der Freude wegen.

467 *bacchantisch* – rauschhaft.
krypto- – heimlich, im Verborgenen.
Ritterminne – Die Liebe als Passion ... ist unsere europäische Spezialität: bekanntlich gehört ihre Erfindung den provençalischen Ritter-Dichtern zu, jenen prachtvollen erfinderischen Menschen des »gai sabér«, denen Europa so vieles und beinahe sich selbst verdankt (FRIEDRICH NIETZSCHE, Jenseits von Gut und Böse, IX Nr. 260; KTA Bd. 76, S. 204). Zur Genesis der erotischen Kultur im Abendland vgl. ferner STENDHAL (H. Beyle), Über die Liebe. 51. und 52. Kap.).
Cortegiano – BALDASSARRE CASTIGLIONE (1478–1529), Il Libro del Cortegiano (Venedig 1528; Quarta edizione riveduta e corretta, besorgt von Vittorio Cian, Florenz 1947, dt. Übersetzung von Fritz Baumgart, Bremen 1960; dazu siehe JACOB BURCKHARDT, Die Kultur der Renaissance in Italien, Gesamtausgabe, 5. Bd. 1930, S. 277 f., 321).

468 *Lettres Portugaises* – Portugiesische Briefe der Marianna Alcoforado (dt. Übertragung von RAINER MARIA RILKE, Inselbücherei, Nr. 74).

469 *kommunikabel* – mitteilbar.
das Lebendigste – Anklang an die Verszeile in FRIEDRICH HÖLDERLINS Ode Sokrates und Alkibiades: »Wer das Tiefste gedacht, liebt das Lebendigste...«.
Individuation – Besonderung, Vereinzelung.

470 *Idiosynkrasie* – Überempfindlichkeit, Übersteigerung.
Tolstoj – Namentlich in »Krieg und Frieden«. Im übrigen stehen Nietzsches bekannte Analysen im »Willen zur Macht« der Sache nach damit völlig in Einklang, trotz und gerade wegen des klar erkannten umgekehrten Wertvorzeichens. (V.)

471 *copula carnalis* – fleischliche Vereinigung.
Konkupiszenz – Begierde, Sündhaftigkeit.

Raffinierung – Verfeinerung.
Residuen – Rückstände.
William Penn – (1644–1718), seit 1667 Quäker, gründete 1681 in Pennsylvanien einen von den Idealen des Quäkertums getragenen christlichen Staat.

472 *Spekulation* – frei schöpferisch entwerfende Vernunfttätigkeit.

473 *Athanasius* – Kirchenlehrer (295–373 n. Chr.), Hauptverfechter der Lehre von der Wesensgleichheit (nicht Wesensähnlichkeit) des Sohnes mit dem Vater, die auf dem Konzil von Nizäa (325 n. Chr.) gegen die Arianer zum Dogma erhoben wurde.

477 *Akzidens* – nicht im Wesen liegendes Zufällige.
integrierend – wesentlich, unerläßlich, notwendig.

478 *nominell* – dem Namen nach.

479 *Kultur* – der hier behandelten, sozusagen transzendenten Tragik der Kultur steht deren immanente Tragik gegenüber: siehe Georg SIMMELS Darstellung der Eigenkultivierung und Selbstvervollkommnung des Individuums, der Kultur als Lebensvollendung des Einzelnen und zugleich als objektive Vergegenständlichung und der damit in sich selbst gegebenen tragischen Konfliktslage (Der Begriff und die Tragödie der Kultur, in: Philosophische Kultur, 3. Aufl. 1923).
Perfektibilität – Vervollkommnungsfähigkeit.

480 *antagonistisch* – widerstreitend.

481 *Potenz* – hier: Steigerung.

482 *Pluralismus* – Vielheit.

PERSONENVERZEICHNIS

SACHREGISTER